경영정보처리
with Excel & Access

김종기 · 김진성 · 김상희 지음

Management Information Processing

도서출판 홍릉

경영정보처리

with **Excel & Access**

인　쇄 : 2024년 2월 21일 초판 1쇄
발　행 : 2024년 2월 28일 초판 1쇄

저　자 : 김종기 · 김진성 · 김상희
발행인 : 송 준
발행처 : 도서출판 홍릉
주　소 : 01093 서울시 강북구 인수봉로 50길 10
등　록 : 1976년 10월 21일 제5-66호

전　화 : 02-999-2274~5, 903-7037
팩　스 : 02-905-6729
e-mail : hongpub@hongpub.co.kr
http://www.hongpub.co.kr
ISBN : 979-11-5600-157-7(93320)

정　가 : 27,000원

PREFACE

본 교재는 Microsoft Office 2019 버전으로 작성되었으며, 데이터 분석에 가장 많이 활용되고 있는 Excel과 Access의 내용을 다루고 있습니다.

기업의 업무에서 가장 많이 사용하는 프로그램을 말하자면 Excel과 Access가 항상 높은 순위에 위치할 것입니다. 따라서 많은 기업과 대학교에서는 필수 업무교육과 전공필수 과목으로 Excel과 Access 교육이 이루어지고 있습니다. 실제로 기업의 업무에 있어서 각종 데이터를 저장 · 관리해야 하고 수많은 데이터에서 업무에 필요한 정보를 찾아야 하고 이를 통해 어려운 수식을 활용하여 실무 문서를 작성하는 일을 접하게 될 것입니다. 이러한 이유로 많은 기업과 대학교에서는 업무의 효율성 제고를 위해 Excel과 Access의 활용을 적극적으로 독려하고 있습니다.

Excel은 단순히 문서를 작성하는 데 사용하는 프로그램이 아니라 강력한 계산 기능을 탑재한 최고의 스프레드시트 프로그램으로 복잡한 계산과 수식을 간단명료하게 정리해서 쉽게 결과물을 도출하고, 방대한 데이터를 비교 및 분석하는데 탁월한 프로그램입니다. 또한 데이터의 입력을 도와주는 기능으로부터 표를 간단히 만드는 기능, 더욱이 데이터를 분석 및 예측 결과를 시각적으로 보여주는 차트 기능까지 Excel의 기능은 끝이 없을 정도입니다.

최근에는 학교에서 리포트 혹은 실험 보고서를 작성할 때, 기업에서 기획서 혹은 결과 보고서를 작성할 때 단순히 텍스트로만 작성하기보다는 차트로 시각화하는 것을 선호하고 있습니다. 데이터에 대한 빠른 이해를 돕기 위해 차트 작성이 필수 요소가 되는 만큼 Excel은 데이터를 분석, 계산, 시각화하는데 탁월한 프로그램으로 자리매김하고 있습니다.

Access는 데이터베이스를 만들어 각종 데이터를 수집 · 저장하고 저장된 데이터를 손쉽게 관리할 수 있도록 도와주는 프로그램입니다. 최근 데이터에 대한 관리와 활용이 중요하게 인식되고 있는 만큼 사무 업무에서 데이터베이스에 대한 개념적 이해는 매우 중요한 요소가 되고 있습니다. 본 교재는 테이블과 관계 만들기, 사용자에게 친숙한 입 · 출력 양식 만들기, 외부 소스에서 데이터 가져오기, 필요한 데이터를 빠르게 찾을 수 있도록 도와주는 쿼리 작성하기, 업무 양식에 맞추어 출력물을 만드는 보고서 만들기 등을 쉽게 이해할 수 있도록 체계적으로 설명하고 있습니다.

무엇보다 본 교재는 Excel과 Access를 효율적으로 마스터할 수 있도록 쉬운 예제를 제공하고 있습니다. 실력을 향상하는 가장 좋은 방법이 직접 실습해보는 것인 만큼 본 교재는 실습 예제를 중심으로 내용을 구성하였으며 언제든지 홈페이지에서 예제를 다운로드하여 직접 따라 해볼 수 있도록 준비하였습니다.

본 교재를 통해 Excel과 Access에 관한 여러분의 실력이 일취월장하시기를 바라며 누구나 Excel과 Access의 마스터가 될 수 있도록 여러분의 곁에서 최선을 다해 돕도록 하겠습니다.

김사합니나.

"거인의 어깨 위에 올라서서 더 넓은 세상을 바라보라"

– 아이작 뉴턴

CONTENTS

I Excel

Ⅱ Access

I

Excel

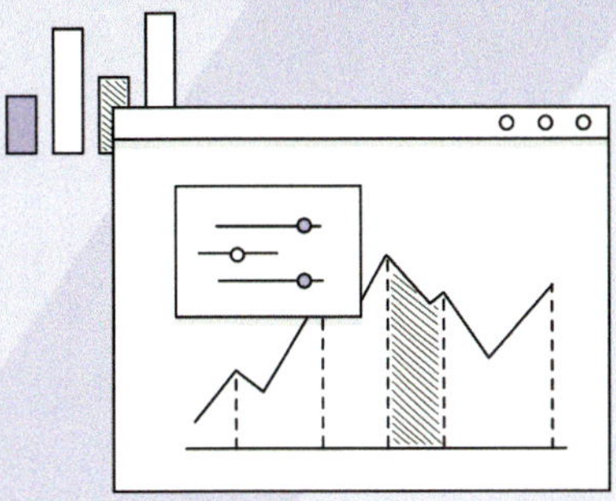

CHAPTER

01

엑셀의 이해

1 스프레드시트 프로그램

2 엑셀 2019의 구성요소

3 데이터 입력 및 편집

마이크로소프트(Microsoft)사의 엑셀(Excel)은 계량 데이터의 계산과 분석을 위해 제작된 어플리케이션으로 스프레드시트(spreadsheet) 프로그램으로 불린다. 일반적으로 스프레드시트는 회계분야에서 재무제표와 손익계산서 등과 같은 정산표로 불리며, 열과 행으로 구성된 양식을 의미한다.

엑셀은 하나 또는 여러 개의 워크시트(worksheet)의 열과 행에 입력된 수식을 계산할 수 있도록 만들어졌으며, 제품 판매실적, 사원급여, 증권수익률 등 데이터의 계산이 필요한 작업을 정확하고 효율적으로 처리하여 사용자의 생산성을 높여 주는 역할을 한다. 또한, 필요한 기능을 이식(add-in)하여 사용할 수 있기 때문에 다양한 활용목적을 지원하는 확장성이 뛰어나다는 특징이 있다.

1 스프레드시트 프로그램

오래전부터 사람들은 회계자료의 기록을 위해 수많은 열(column)과 행(row)을 종이에 그어 계산하는 스프레드시트 형식을 사용해 왔다. 컴퓨터가 개발된 이후 1960년대 중반에 들어서 회계업무와 재무자료의 분석을 위해 메인프레임 컴퓨터용 스프레드시트 프로그램이 사용되기 시작하였지만 대중에게는 그다지 알려지지 않았다. 이후 1970년대 중반에 마이크로컴퓨터(microcomputer)라는 개념이 정립되기 시작하였으며 1978년에 이르러서야 최초의 마이크로컴퓨터용 스프레드시트 소프트웨어가 개발되었다. 이때부터 스프레드시트 소프트웨어는 사용의 편리성으로 인해 대중에게 빠르게 확산되기 시작하였고 비즈니스 분석이나 데이터 기록 또는 분석을 위한 도구로 폭넓게 활용되기 시작하였다.

초기의 스프레드시트 소프트웨어로는 비지칼크(VisiCalc), 멀티플랜(Multiplan), 매직칼크(MagiCalc), 슈퍼칼크(SuperCalc), 로터스(Lotus) 1-2-3, 쿼트로 프로(Quattro Pro) 등이 널리 사용되었다. 국내에서도 이들의 저작권을 사들여 한글화하여 한글 칼크, 한글 멀티플랜 등이 출시되었으며, 자체 개발을 통해 이들과 유사한 하나 스프레드시트, 셈벗 등이 시장에 출현하였다. 이 가운데 몇몇 프로그램은 엑셀보다 우수한 함수, 빠른 계산속도, 매크로기능 등을 가진 것도 있었지만 점차 엑셀에게 자리를 양보하게 되었다. 오늘날 스프레드시트 프로그램 시장에서 강력하게 군림하고 있는 엑셀은 로터스 1-2-3을 근간으로 한 프로그램이며, 로터스 1-2-3 또한 비지칼크를 근간으로 한 제품이었다.

가. 비지칼크

1964년 캘리포니아대학교(University of California at Berkeley)의 Mattessich 교수는 기업의 회계분야에 적용할 수 있는 전자 스프레드시트와 관련된 주요 개념을 저술하였다. 「Simulation of the Firm through a Budget Computer Program」이라는 제목으로 출판된 책에서 메인프레임 컴퓨터를 이용하여 재무자료를 분석하고 그 결과를 스프레드시트 형식으로 출력할 수 있도록 하는 프로그램을 포트란(Fortran) Ⅳ를 이용하여 개발하였다. 하지만 프로그래밍의 어려움과 과다한 시간 소요로 인해 일반사용자에게는 많이 알려지지 않았다.

최초의 마이크로컴퓨터용 스프레드시트로 출시된 비지칼크는 1978년 하버드 경영대학원(Harvard Business School) MBA 과정에 있었던 브리클린(D. Bricklin)과 친구인 프랭크스톤(B. Frankston)에 의해 개발되었다. 오늘날에는 응용프로그램들이 잘 발달되어 있어 학생들이 일일이 재무제표와 손익계산서 등의 양식을 손으로 작성할 필요가 없지만, 당시에는 반복적으로 정산표를 만드는 일은 지루하고 힘든 작업이었다. 이에 브리클린은 기말 프로젝트를 위해 회계분석 사례를 준비하던 중 사람들이 컴퓨터에 데이터를 입력하고 결과를 확인할 수 있도록 전자칠판과 분필의 개념을 착안하게 되었다. 눈으로 확인할 수 있는 계산기(visible calculator)를 만들겠다는 단순한 아이디어에서 출발한 5열 20행의 IBM PC-DOS용 프로그램인 비지칼크(VisiCalc)는 이후 애플(Apple)-Ⅱ 컴퓨터 버전으로도 개발되어 애플사가 도약할 수 있는 발판을 제공하였다.

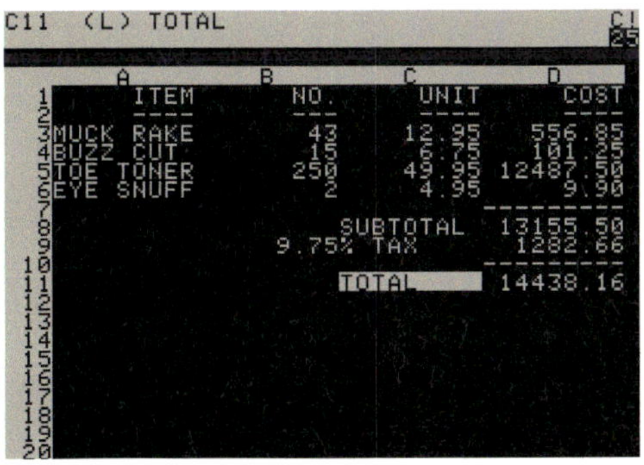

그림 1-1-1 비지칼크(VisiCalc)

나. 로터스 1-2-3

오늘날 윈도우(Windows) 스프레드시트의 표준이라 불리는 로터스 1-2-3는 카포(M. Kapor)가 설립한 로터스(Lotus Development)사에서 개발된 스프레드시트이다. 1980년대 초반 스프레드시트 프로그램 시장에서는 여러 종류의 유사한 인터페이스와 기능을 갖춘 소프트웨어들이 난립하고 있었다. 더욱이 1983년 9월 비지칼크 개발자와 운영자금을 출원한 VisiCorp 사이에

법정 다툼이 발생하자 비지칼크의 시장 대응력이 약해진 틈을 타 로터스사에서 1-2-3를 출시하게 되었다.

1-2-3가 1983년 출시 당시 495달러의 다소 비싼 가격이었으나 뛰어난 성능으로 인해 얼마 후 비지칼크의 시장점유율을 따라잡게 되었다. 애플의 매킨토시(Apple Macintosh)에서 작동되는 1-2-3는 워크시트에서 워드프로세스가 가능하였고, 차트와 데이터베이스 도구를 지원할 수 있는 고급기능을 포함하고 있었다. 이후 윈도우 기반의 유사 제품들이 출현하는 데 많은 영향을 미치게 된 1-2-3는 스프레드시트 시장에서 표준으로 자리매김하게 된다.

1985년 1-2-3는 스프레드시트 프로그램 중 가장 많이 팔린 제품으로 선정되었으며, 꾸준한 판매량의 증가로 인하여 비지칼크의 판권을 사들이게 된다. 재미있는 점은 카포가 비지칼크 제품관리자로 6개월 동안 근무한 경험이 있으며, 자신이 개발한 비지플롯(Visiplot)과 비지트렌드(Visitrend)를 VisiCorp에 백만 달러에 판매한 이력을 가진 인물이었다. 다음의 그림에서 보면 1-2-3의 통합 워크시트 형태 및 인터페이스는 지금의 엑셀과 유사함을 알 수 있다.

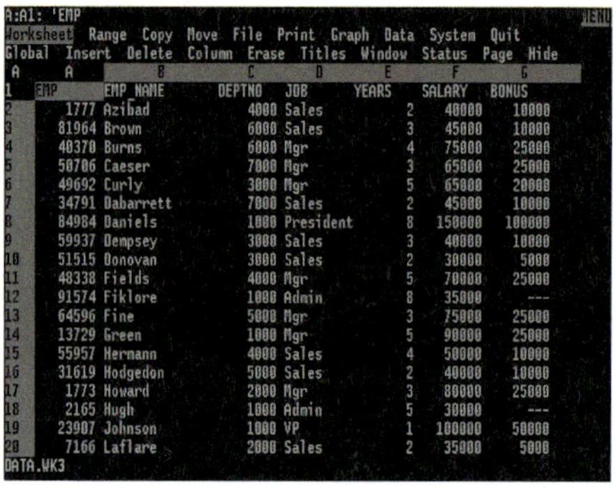

그림 1-1-2 DOS용 로터스 1-2-3

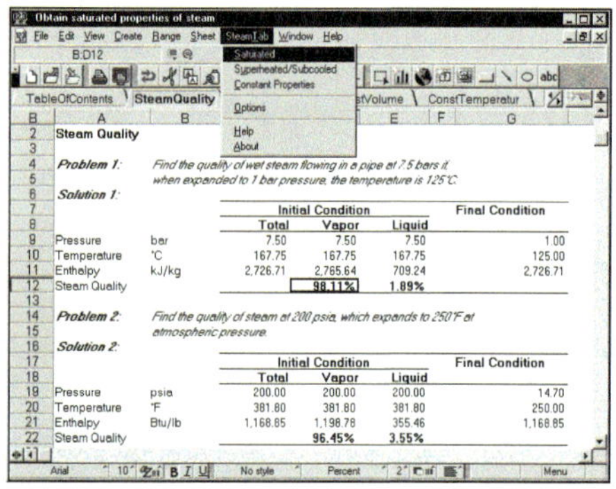

그림 1-1-3 Windows용 로터스 1-2-3

다. 엑셀

엑셀 2003은 엑셀 2002에 이어 윈도우 XP 계열에 맞추어 출시된 스프레드시트 프로그램으로 버전(version)은 엑셀 11에 해당한다. 1982년 마이크로소프트에서 DOS용 멀티플랜이라는 스프레드시트 프로그램을 개발하여 당시 시장을 장악하고 있던 1-2-3를 겨냥하였지만 사용자 인터페이스가 좋지 않았고, 사용하기가 까다로워 경쟁상대가

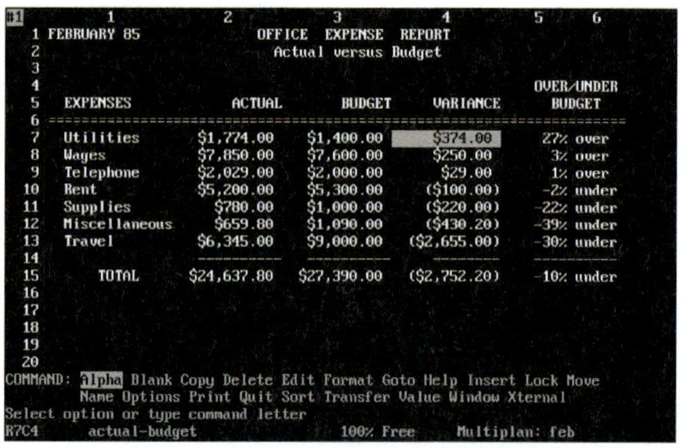

그림 1-1-4 멀티플랜(Multiplan)

되지 못했다.
엑셀로 이름을 붙이고 처음 출시된 버전은 1987년 출시된 엑셀 2였다. 이는 마이크로소프트가 윈도우를 기반으로 개발한 것이지만 당시 MS-Windows가 그다지 유명하지 않았을 뿐만 아니라 매킨토시 2에 탑재되어 보급되면서 매킨토시 버전과 일치시키기 위해 붙여진 것이다. 다음의 엑셀 2를 실행시킨 화면을 통해 알 수 있듯이 1-2-3에 비해 상대적으로 인터페이스가 뒤처져 있었다.

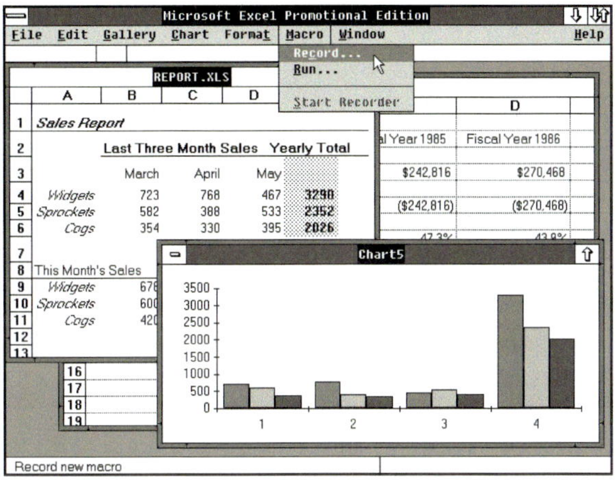

그림 1-1-5 엑셀 2

엑셀 3은 1990년에 출시되었으며, 엑셀 2에 도구 모음, 그리기 모음, 추가 기능, 3차원 차트 등의 여러 주요 기능들이 사용자 편의에 맞추어 통합 및 추가되었다. 1992년 엑셀 4가 MS-Windows 3.1의 성공과 더불어 사용성이 향상되자 스프레드시트 프로그램 시장에 적지 않은 반향을 일으켰으며, 이를 시작으로 초보 사용자들 사이에 빠르게 보급되었다.
1993년에 엑셀 5가 출시되었으며, 다중 워크시트의 개념과 VBA가 추가됨으로써 사용자만을 위한 기능을 만들 수 있도록 기능성 위주로 변화하였다. 1995년 출시된 엑셀 95(버전 7)는 기존 엑셀 5와 인터페이스 차이는 없었으나 현재까지 사용되고 있는 32 비트(bit) 코드 형식이 최초로 적용된 제품이었다. 엑셀에는 버전 6이 없는데 이는 엑셀 95가 출시될 당시 윈도우 95에 OLE 2가 실행될 수 있도록 프로그램 형식이 변경되었고, 이에 맞춰 제작된 워드 7과 버전을 동일하게 맞추기 위해 엑셀 7로 출시되었기 때문이다.
1997년 출시된 엑셀 97(버전 8)에서는 도구 모음과 메뉴 모음에 많은 변화가 있었으며, 인터넷의 발전과 더불어 온라인에서 지원받을 수 있도록 제작되었다. 1999년에 출시된 엑셀 2000(버전 9)은 HTML을 지원하며, 자동교정, 피벗 테이블, 피벗 차트, 클립보드 등의 기능이 확장되었다. 또한, 엑셀 97과 호환을 위해 표준 이진(binary) 파일 형식을 그대로 지원하였다.
2001년 6월 출시된 엑셀 2002(버전 10)는 기존보다 사용자를 위한 배려에 중점을 두었다. 예를 들어 작업 중 프로그램 간 충돌로 인해 오류가 발생하면 오류 이전 상태로 돌아갈 수 있도록 하였고, 장시간 사용하지 않았던 엑셀 파일을 복구할 수 있도록 지원하였다. 특히 사용자가 만든 수식에서 에러를 추적하여 자동으로 수정할 수 있도록 편의성을 높인 점이 특징이다.

엑셀 2003(버전 11)에서 큰 변화는 통합문서에서 XML을 지원하는 기능이 추가되었다는 점이다. 이로써 워크시트에서 XML 문서를 바로 읽거나 편집할 수 있게 되었으며, 작업창을 이용해 XML을 구현할 수 있도록 하였다. 또한, XML 스키마를 사용하여 워크시트의 특정 부분으로부터 데이터 추출이 가능하게 하여 편집기능을 향상시켰다.

본 장에서 엑셀 2019의 기본적인 구성요소와 워크시트(worksheet)에서의 다양한 데이터 편집기능 그리고 엑셀 2019에서 소개하는 새로운 기능에 대해 알아보도록 하겠다.

2 엑셀 2019의 구성요소

가. 엑셀 2019의 기본구성

엑셀 2019 프로그램을 시작하면 다음 그림과 같은 초기화면이 나타난다. 먼저 엑셀에서는 화면 레이아웃을 사용자가 원하는 테마와 배경으로 변경할 수 있다.

[파일] 탭 > [계정] 을 클릭하고 'Office 테마'에서 선택 가능한 4가지 테마 중 하나를 선택할 수 있다. 그림 1-6은 'Office 테마'로 **"흰색"**을 선택하고, 'Office 배경:'으로 **"배경 없음"**을 선택하였다.

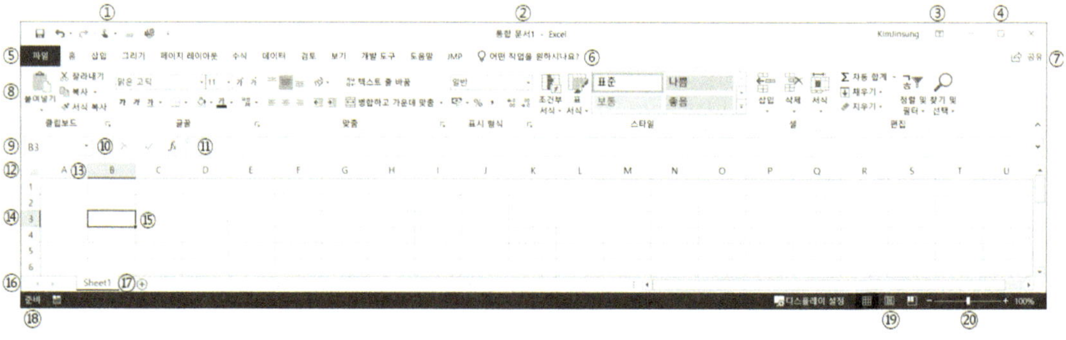

그림 1-2-1 엑셀 화면 구성

① 빠른 실행 도구 모음 ② 제목 표시줄 ③ 리본 메뉴 표시 옵션 ④ 창 조절 ⑤ 명령 탭 ⑥ 설명 ⑦ 공유 ⑧ 리본 메뉴 ⑨ 이름상자 ⑩ 함수 삽입 단추 ⑪ 수식 입력줄 ⑫ 모두 선택 ⑬ 열 머리글 ⑭ 행 머리글 ⑮워크시트 ⑯ 시트 탭 이동 버튼 ⑰ 시트 및 시트 추가 버튼 ⑱ 상태 표시줄 ⑲ 화면 보기 선택 ⑳ 확대/축소

1) 빠른 실행 도구 모음

프로그램 제일 상단에 표시된 [빠른 실행 도구 모음]은 프로그램 작성 시 자주 사용하는 기능들을 모아 놓은 곳으로 기본적으로 [저장], [실행취소], [다시 실행]과 같은 도구들이 제공된다. 여기에 [열기]나 [빠른 인쇄]와 같은 도구를 추가하려면 [빠른 실행 도구 모음 사용자 지정]을 클릭하여 나타난 목록에서 '기타 명령(M)...'을 클릭하여 나타난 「Excel 옵션」 대화상자의 [빠른 실행 도구 모음]에서 사용자가 원하는 기능을 추가할 수 있다.

그림 1-2-2 빠른 실행 도구 4모음

그림 1-2-3 빠른 실행 도구 모음 추가

이밖에 「Excel 옵션」 대화상자의 [빠른 실행 도구 모음]에서는 화면에 표시된 도구들([저장], [실행취소], [다시 실행])의 표시 순서 또한 변경할 수 있다.

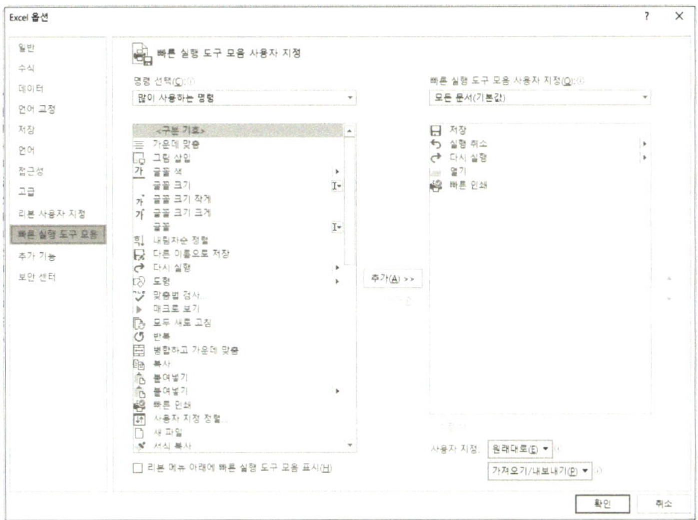

그림 1-2-4 「Excel 옵션」 대화상자

2) 명령 탭

[빠른 실행 도구 모음] 아래에는 그림 1-10과 같은 명령 탭을 볼 수 있다. 명령 탭은 기본적으로 [파일], [홈], [삽입], [페이지 레이아웃], [수식], [데이터], [검토], [보기] 메뉴로 구성된다.

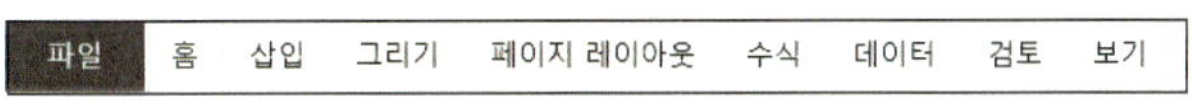

그림 1-2-5 명령 탭

[파일] 탭을 제외한 [홈], [삽입], [페이지 레이아웃], [수식], [데이터], [검토], [보기] 탭을 클릭하면 탭과 연결된 형태로 하단에 그와 관련된 명령들이 그룹 형태의 리본 메뉴로 표시된다.

3) 리본 메뉴

리본 메뉴는 사용자가 원하는 메뉴를 빠르게 사용할 수 있도록 만들어진 아이콘과 명령들의 집합으로 서로 관련된 명령들을 그룹화하여 표시한다. 일반적으로 [리본 메뉴]는 그룹 형태로 자주 사용되는 명령들을 표시하지만 모든 명령이 포함된 것은 아니다.

먼저 [리본 메뉴]에 표시된 명령 외에 다른 명령을 추가하고자 할 경우에는 「Excel 옵션」 대화상자의 [리본 사용자 지정]에서 표시되지 않은 명령들을 추가할 수 있다. 그리고 [리본 메뉴]에 표시된 명령 외에 다른 명령을 선택하고자 할 경우에는 각 그룹의 오른쪽 하단의 ⧉ 아이콘을 클릭하여 나타난 각 대화상자에서 선택할 수 있다. 이 아이콘(⧉)은 [리본 메뉴]에 표시된 기능 외에 다른 기능이 있는 경우에만 그룹의 오른쪽 하단에 나타난다. 예를 들어 **[홈] 탭 > [글꼴] 그룹**에서 오른쪽 하단의 ⧉ 아이콘을 클릭하면 「셀 서식」 대화상자가 나타나는데, 「셀 서식」 대화상자를 통해 더 많은 명령을 선택할 수 있다. 「셀 서식」 대화상자는 단축키 Ctrl+Shift+F, Ctrl+1 키를 눌러 호출할 수 있다.

엑셀 작업 도중 때때로 [리본 메뉴]를 줄여 워크시트를 더욱 넓게 사용하고 싶을 경우가 있는데 화면에 표시된 리본 메뉴를 최소화하려면 '명령 탭'을 더블클릭하거나 Ctrl+F1 키를 누른다. 아울러 화면에서 더 많은 데이터를 보려면 일시적으로 전체 화면 보기로 전환할 수도 있다. Ctrl+Shift+F1 키를 눌러 전체 화면 보기로 전환할 수 있는데 전체 화면 보기는 리본 메뉴, 수식 입력줄, 상태 표시줄 모두를 감추어 워크시트만 표시한다(기본 화면으로 복귀하여면 다시 Ctrl+Shift+F1 키를 누른다).

다음은 각 탭에 해당하는 [리본 메뉴]에 대한 간략한 설명이다. [홈] 탭과 함께 [삽입], [페이지 레이아웃], [수식], [데이터], [검토], [보기] 등의 탭으로 구성되며, 각 탭을 클릭함으로써 다양한 기능(명령)을 활용할 수 있다. 다양한 기능들은 연관된 기능(명령)별로 그룹화하여 구성하고 있다.

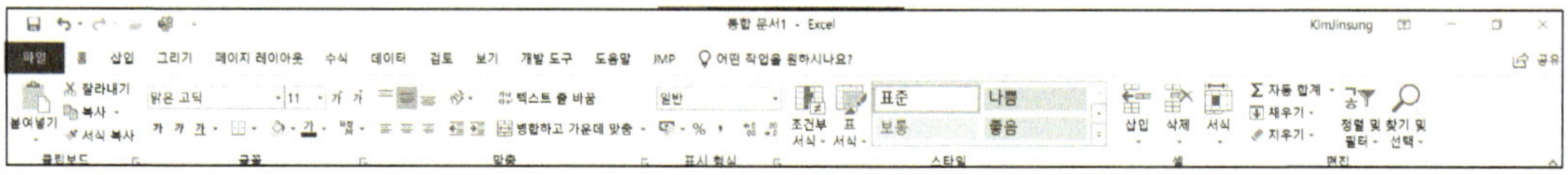

그림 1-2-6 홈 탭

4) 수식 입력줄

[이름 상자] 오른쪽의 [수식 입력줄]은 셀에 입력된 내용을 표시하여 주거나 길이가 긴 문자열이나 숫자, 기호 등을 셀에 직접적으로 입력하기 불편한 경우 쉽게 입력할 수 있도록 지원해 준다. 또한 엑셀에서 사용하는 다양한 종류의 수식을 입력하기에 편리하다.

그림 1-2-7 수식 입력줄

그림 1-2-7과 같은 [수식 입력줄]에 함께 위치한 [취소 ✖]는 [수식 입력줄]에 입력한 모든 내용을 한꺼번에 지우는 기능이고, [입력 ✔]은 [수식 입력줄]에 입력한 모든 내용을 셀에 반영하는 기능이다. [함수 삽입 fx]은 [함수 마법사]를 사용하여 수식을 만들 경우에 사용한다.

이 중 「함수 마법사」를 사용하는 방법을 살펴보면, 먼저 수식을 입력할 셀을 클릭하고 [수식 입력줄]의 [함수 삽입 fx]을 클릭한다. [수식 입력줄]에 등호(=)가 자동으로 삽입됨과 동시에 다음 그림과 같은 「함수 마법사」 대화상자가 나타난다.

「함수 마법사」의 [범주 선택(C):]과 [함수 선택(N):]에서 사용할 함수를 선택한다. 만약 사용할 함수명을 정확히 모를 경우에는 [함수 검색(S):]에서 수행하고자 하는 작업에 대한 간단한 설명을 입력하여 찾을 수 있다. 예를 들어 **더하기**를 입력하거나 **곱하기**를 입력하면 해당 작업이 가능한 함수를 보여준다. [함수 선택(N):] 목록에서 해당 함수를 선택한 후 [확인] 단추를 클릭하면 [함수 인수] 대화상자가 나타난다. 여기에 함수에 포함하고자 하는 셀 주소를 입력하거나 워크시트에 직접 드래그하여 선택한 후 [확인] 단추를 클릭한다.

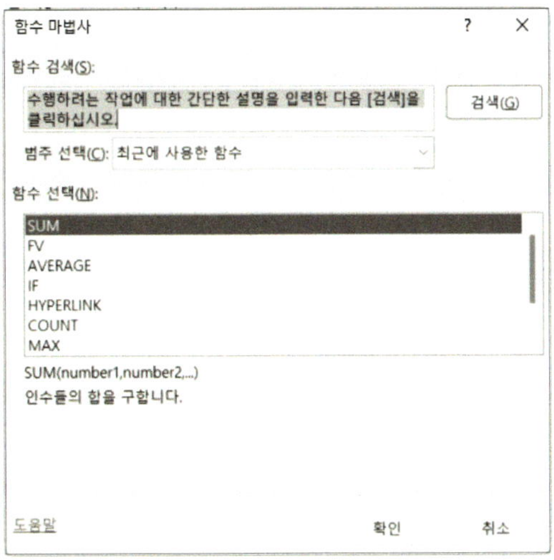

그림 1-2-8 「함수 마법사」 대화상자

5) 워크시트

워크시트는 데이터 입력 및 편집 작업을 하기 위한 기본 영역으로 열과 행으로 구성된 수많은 셀들로 구성된다. 엑셀 2019의 워크시트는 A부터 XFD(2^{14}=16,384)열과 1부터 1,048,576(2^{20})행으로 구성되며, 열과 행이 만나는 교차점을 워크시트의 기본단위인 셀(cell)이라고 한다. A열과 1행이 교차되어 활성화된 각각의 셀을 '셀 주소' 또는 '셀 참조'라고 하며, 이처럼 열과 행이 만나는 워크시트의 셀에서 데이터를 입력하거나 편집 작업을 한다.

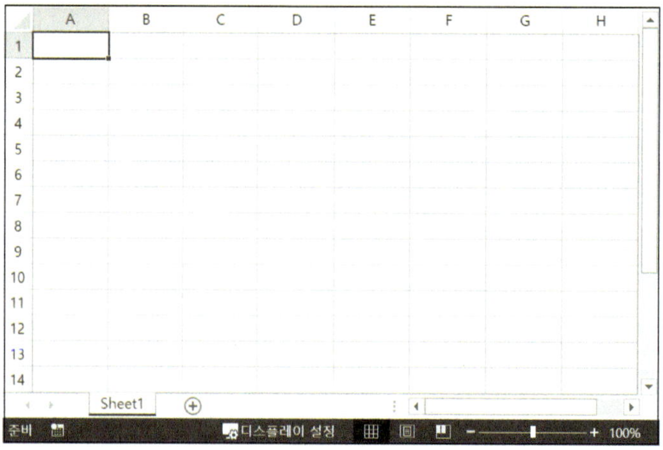

그림 1-2-9 워크시트

6) 시트 탭 표시줄

워크시트의 하단에는 그림 1-2-10과 같이 [시트 탭 표시줄]이 있다. [시트 탭 표시줄]에 표시된 Sheet1, Sheet2, Sheet3을 시트 탭(sheet tab)이라고 하며, [시트 탭]을 클릭하여 사용자가 원하는 다른 시트로 이동할 수 있다. 사용자는 필요에 따라 워크시트 이름을 변경할 수 있으며, 새로운 워크시트를 삽입 또는 삭제할 수도 있다. 그리고 워크시트를 다른 위치로 이동하거나 복사할 수 있으며, 워크시트를 숨겨 화면에 표시되지 않도록 할 수도 있다. 통합 문서에는 기본적으로 세 개의 워크시트가 나타나지만 기본 워크시트의 수를 변경하고 싶다면 **[파일] 탭 > [옵션]**을 클릭하여 「Excel 옵션」 대화상자의 [일반] 메뉴에서 변경할 수 있다. 아울러 [시트 탭 표시줄]의 표시된 시트를 빠르게 이동하고자 하는 경우에는 Ctrl+Page Up 또는 Ctrl+Page Down 키를 눌러 이동할 수 있다.

그림 1-2-10 시트 탭 표시줄

실습파일 : 데이터편집.xlsx

나. 엑셀 기본 작업

1) 셀, 행, 열 삽입

워크시트의 [삽입] 기능은 새로운 데이터를 입력하기 위해 현재 셀의 위쪽이나 왼쪽에 행이나 열을 삽입하기 위한 기능이다. 여러 행(열)을 삽입하고자 하는 경우에는 삽입하고자 하는 행(열)의 개수만큼 행(열) 머리글을 선택한 다음 [삽입] 기능을 통해 삽입할 수 있다.

예를 들어 '삼손전자 사원급여 내역'에 대한 제목을 입력하기 위해 두 개의 행을 삽입하고자 하는 경우, 먼저 **실습파일 [행열삽입] 시트**에서 행을 삽입할 위치 바로 아래의 두 행을 선택한다. 즉 행 머리글 1과 2를 선택한 다음 **[홈] 탭 > [셀] 그룹**에서 [삽입]을 클릭하고 [셀 삽입(I)...]이나 [시트 행 삽입(R)]을 선택하면 그림 1-2-11의 두 번째 그림과 같이 워크시트 상단에 두 개의 새로운 행이 삽입된다. 이때 A1 셀에 **삼손전자 사원급여 내역** 이라는 제목을 입력한다.

행머리글 선택

	A	B	C	D	E	F	G	H	I	J	K
1	사번	이름	부서	직급	성별	기본급	상여금	급여액	건강보험료	국민연금	실급여액
2	H613021	강태욱	개발	부장	남	3000000	360000	3360000	142128	165312	3052560
3	H613022	김성현	기획	차장	남	2950000	354000	3304000	139759.2	162556.8	3001684
4	H613023	김영길	인사	부장	남	2900000	348000	3248000	137390.4	159801.6	2950808
5	H613024	염철목	구매	차장	남	2850000	342000	3192000	135021.6	157046.4	2899932

⇩

[셀 삽입(E)]이나
[시트 행 삽입(R)] 선택

	A	B	C	D	E	F	G	H	I	J	K
1											
2											
3	사번	이름	부서	직급	성별	기본급	상여금	급여액	건강보험료	국민연금	실급여액
4	H613021	강태욱	개발	부장	남	3000000	360000	3360000	142128	165312	3052560
5	H613022	김성현	기획	차장	남	2950000	354000	3304000	139759.2	162556.8	3001684

⇩

행 삽입 결과

	A	B	C	D	E	F	G	H	I	J	K
1	삼손전자 사원급여 내역										
2											
3	사번	이름	부서	직급	성별	기본급	상여금	급여액	건강보험료	국민연금	실급여액
4	H613021	강태욱	개발	부장	남	3000000	360000	3360000	142128	165312	3052560
5	H613022	김성현	기획	차장	남	2950000	354000	3304000	139759.2	162556.8	3001684

그림 1-2-11 행 삽입과 데이터 입력

2) 행, 열 삭제

워크시트의 [삭제] 기능 역시 [삽입] 기능과 비슷한 절차를 가진다. 먼저 삭제하고자 하는 행(열)을 선택한 다음 **[홈] 탭 > [셀] 그룹**에서 [삭제]를 클릭하고 [셀 삭제(D)...]나 [시트 행 삭제(R)]를 선택한다.

행머리글 선택

	A	B	C	D	E	F	G	H	I	J	K
1	삼손전자 사원급여 내역										
2											
3	사번	이름	부서	직급	성별	기본급	상여금	급여액	건강보험료	국민연금	실급여액
4	H613021	강태욱	개발	부장	남	3000000	360000	3360000	142128	165312	3052560
5	H613022	김성현	기획	차장	남	2950000	354000	3304000	139759.2	162556.8	3001684

⇩

행 삭제 결과

	A	B	C	D	E	F	G	H	I	J	K
1	삼손전자 사원급여 내역										
2	사번	이름	부서	직급	성별	기본급	상여금	급여액	건강보험료	국민연금	실급여액
3	H613021	강태욱	개발	부장	남	3000000	360000	3360000	142128	165312	3052560
4	H613022	김성현	기획	차장	남	2950000	354000	3304000	139759.2	162556.8	3001684
5	H613023	김영길	인사	부장	남	2900000	348000	3248000	137390.4	159801.6	2950808

그림 1-2-12 행 삭제

3) 실행 취소

[실행 취소]는 데이터 입력 오류를 취소하거나 잘못 삭제된 데이터를 이전 상태로 복원시키고자 할 경우에 사용한다. [빠른 실행 도구 모음]에서 [실행 취소 ↶]를 클릭하거나 Ctrl+Z 키를 눌러 실행 취소를 할 수 있다.

[실행 취소]는 이전의 100개 작업까지 기억하여 복원하며 취소된 작업을 다시 실행하고자 할 때 [다시 실행 ↷] 또는 Ctrl+Y 키를 누른다.

4) 셀 범위의 선택

워크시트에 입력된 데이터에 다양한 기능을 적용하기 위해서는 우선적으로 셀 범위를 효율적으로 선택하는 것이 중요하다. 연속된 셀을 선택하기 위해서는 마우스 포인터가 굵은 십자(✚) 모양일 때 사용자가 원하는 셀 범위를 드래그하여 연속된 셀을 선택할 수 있다. 다음 그림은 A1 셀에서 K1 셀까지(A1:K1)의 연속된 셀 범위를 선택한 화면으로 이를 보다 간편하게 범위 지정하는 방법은 먼저 A1셀을 선택한 뒤 Shift 키를 누른 채 K1 셀을 선택하면 된다.

	A	B	C	D	E	F	G	H	I	J	K
1	사번	이름	부서	직급	성별	기본급	상여금	급여액	건강보험료	국민연금	실급여액
2	H613021	강태욱	개발	부장	남	3000000	360000	3360000	142128	165312	3052560
3	H613022	김성현	기획	차장	남	2950000	354000	3304000	139759.2	162556.8	3001684

그림 1-2-13 연속된 셀 범위 선택

위와 다르게 따로 떨어져 있는 셀을 선택하고자 하는 경우 다음 그림과 같이 Ctrl 키를 누른 채 해당 셀을 클릭하면 떨어져 있는 여러 개의 셀을 범위로 선택할 수 있다. 이를 보다 간편하게 범위 지정하는 방법은 Shift+F8 키를 누른 후 해당 셀을 선택하면 된다.

	A	B	C	D	E	F	G
1	사번	이름	부서	직급	성별	기본급	상여금
2	H613021	강태욱	개발	부장	남	3000000	360000
3	H613022	김성현	기획	차장	남	2950000	354000
4	H613023	김영길	인사	부장	남	2900000	348000
5	H613024	염철목	구매	차장	남	2850000	342000
6	H613025	탁무용	영업	부장	남	2800000	336000

그림 1-2-14 불연속 셀 범위 선택

이 밖에도 Shift+Space Bar 키는 한 행 전체를 선택하며, Ctrl+Space Bar 키는 한 열 전체를 선택한다. 그리고 Ctrl+Shift+Space Bar 키나 Ctrl+A 키는 워크시트 전체를 선택할 수 있는데 워크시트의 빈 영역에서 키를 누르면 워크시트 전체가 선택되지만 입력된 데이터 내에서 키를 누르면 워크시트 전체가 아닌 데이터 전체만 선택된다. 데이터와 무관하게 워크시트 전체를 선택하는 다른 방법으로는 행 머리글과 열 머리글이 만나는 좌측 상단 모서리를 클릭하여 워크시트 전체를 선택할 수 있다.

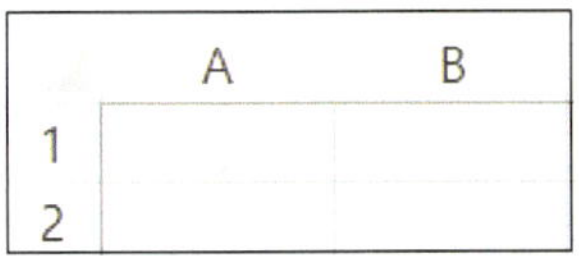

그림 1-2-15 전체 셀 선택

5) 워크시트 저장하기

워크시트에 입력된 데이터를 저장하려면 [빠른 실행 도구 모음]에서 [저장하기]를 클릭하거나 [파일] 탭에서 [저장]을 클릭한다. 또는 Ctrl+S 키를 눌러 저장할 수 있다.

6) 워크시트 내 이동과 셀의 선택

워크시트와 셀을 자유롭게 이동하기 위해서 다음의 표 1-2-1에서 제공하는 단축키들을 알아둘 필요가 있다.

표 1-2-1 워크시트 이동 단축키

단축키	이동방향	단축키	이동방향
Enter↵ 키	한 셀 아래쪽으로 이동	Page Up (Page Down) 키	한 화면 위쪽(아래쪽)으로 이동
Tab 키	한 셀 오른쪽으로 이동	Alt+Page Up 키	한 화면 왼쪽으로 이동
Shift+Enter↵ 키	한 셀 위쪽으로 이동	Alt+Page Down 키	한 화면 오른쪽으로 이동
Shift+Tab 키	한 셀 왼쪽으로 이동	Ctrl+Home 키	A1 셀로 이동
Home 키	현재 행의 A열로 이동	Ctrl+End 키	데이터가 있는 마지막 셀로 이동

3 데이터 입력 및 편집

엑셀은 워크시트의 셀에 데이터를 입력하는 작업부터 시작한다. 데이터 입력을 위해 먼저 마우스나 키보드를 사용하여 셀을 선택한 후 해당 셀에 데이터를 입력한 다음 엔터(Enter↵) 또는 탭(⇆) 키를 눌러 다음 셀로 이동한다. 이때 사용자가 데이터 입력을 위해 선택한 곳을 '셀 포인터'라고 부른다.

실습파일 : 데이터편집.xlsx

가. 데이터의 형식

일반적으로 엑셀 워크시트에 입력하는 데이터 형식은 크게 두 가지로 문자(열)나 숫자가 될 것이다. 하지만 엑셀 워크시트에 입력 가능한 데이터는 문자(열), 숫자 외에도 날짜/시간, 논리값, 수식, 통화 등 다양한 데이터 형식을 입력할 수 있다.

1) 문자열

워크시트의 셀에 입력하는 문자(열)에는 문자, 숫자, 기호, 공백 등을 포함할 수 있으며, 워크시트에 입력한 데이터가 문자(열)일 경우에는 셀의 왼쪽으로 정렬되어 표시된다. 하지만 실습파일 [문자열] 시트의 D 열에 입력한 전화번호 및 주민등록번호와 같이 숫자와 기호('–')가 함께 입력된 데이터는 셀의 왼쪽으로 정렬되는데, 이는 숫자에 기호 또는 문자가 섞여 있을 경우에는 해당 데이터를 문자(열)로 인식하기 때문이다.

아울A 열에 입력한 학번 및 사번과 같이 숫자로만 입력한 데이터라 할지라도 특정 개체를 식별하기 위해 사용된 숫자 데이터는 문자(열)로 인식되게 하는 것이 바람직하다. 이처럼 숫자를 문자로 인식하게 하려면 숫자를 입력 전에 어퍼스트로피(')를 입력한 다음 숫자를 입력하면 그림 1-3-1과 같이 A2:A4 범위의 숫자 셀의 왼쪽으로 정렬하여 표시된 것을 확인할 수 있다. 아울러 A5 셀에 =TYPE(A4) 수식을 입력하여 A4에 입력된 1003을 엑셀이 어떻게 인식하는지 확인할 수 있다. TYPE 함수는 인수가 숫자이면 1, 문자(열)이면 2, 논리값이면 4, 오류값이면 16, 배열이면 64, 복합데이터이면 128로 결과를 반환한다.

A2 | fx | '1001

	A	B	C	D
1	사번	구분	성별	전화번호
2	1001	김예찬	male	111-1111
3	1002	김예서	female	222-2222
4	1003	김지수	female	333-3333
5	2	2	2	2

그림 1-3-1 문자(열) 입력

2) 숫자

워크시트에 입력하는 숫자는 정수, 실수, 분수, 과학표기, 산술표기와 같이 계산을 위해 사용되는 일련의 값(value)을 의미한다. 숫자 데이터는 문자(열)과는 달리 셀의 오른쪽으로 렬된다. 숫자 데이터 중 1/4와 같이 분수를 입력하기 위해 1/4을 입력하면 엑셀은 해당 데이터를 분수가 아닌 날짜 형식으로 인식한다. 따라서 분수를 입력하려면 0 1/4와 같이 0(zero) 과 함께 입력해야 한다.

실습파일 [숫자] 시트의 F2:F4 범위에 입력된 숫자 데이터(인증번호)를 한꺼번에 문자(열) 형식으로 변경하려면, 먼저 숫자 데이터가 입력된 F2:F4 범위를 선택한 다음 [홈] 탭 > [표시 형식] 그룹에서 일반 (표시 형식) 을 클릭하여 하위 메뉴에서 [가나다 텍스트]를 선택한다.

[표시 형식]을 사용하여 숫자 형식을 텍스트 형식으로 변경했다고 해서 데이터의 속성이 변경하는 것은 아니다. 즉 F2:F4 범위의 숫자 데이터들이 한꺼번에 셀의 왼쪽으로 정렬되었다 하더라도 데이터의 속성이 텍스트로 변경된 것은 아니다. 이를 확인하기 위해 F5 셀에서 =TYPE(F4)를 입력하면 숫자 1을 반환하게 되는데 이는 엑셀이 F4 셀의 데이터 속성을 숫자로 인식하고 있다는 것이다.

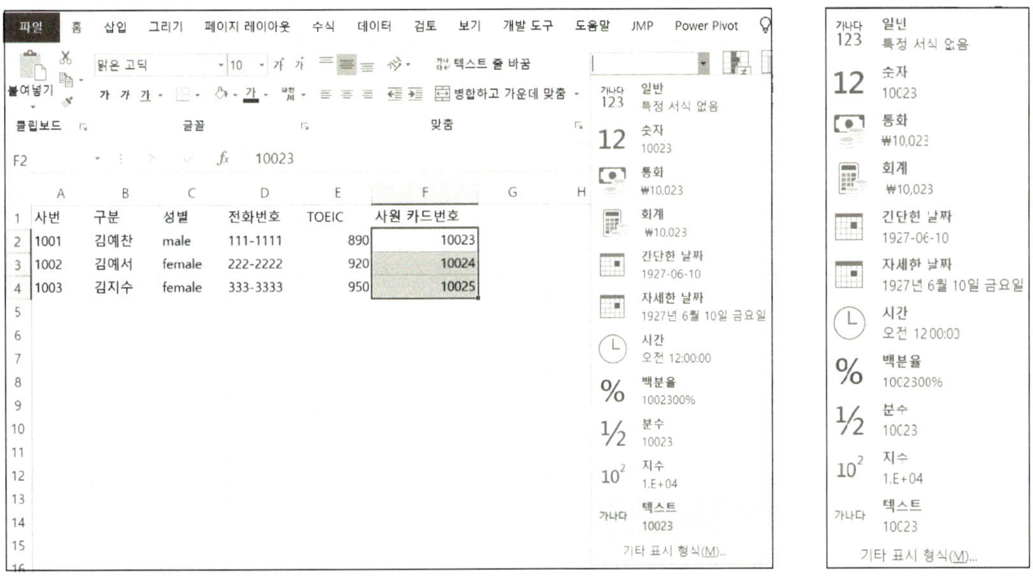

그림 1-3-2 숫자 입력과 텍스트 형식으로 변경

3) 날짜/시간

워크시트에 입력하는 날짜/시간은 단순히 작업에 필요한 날짜와 시간을 표시하기 위해서이기도 하지만 특정 날짜를 기준으로 시간의 흐름을 계산하기 위해서 입력하기도 한다.

워크시트에 현재 날짜 및 시간을 빠르게 입력하는 방법을 살펴보면, 먼저 현재 날짜를 입력하고자 할 경우 Ctrl+;(세미콜론) 키를 눌러 입력할 수 있으며, 현재 시간을 입력하고자 할 경우 Ctrl+

Shift+; 키를 눌러 입력할 수 있다. 일반적으로 워크시트에 표시되는 날짜 및 시간은 제어판의 '국가 및 언어'에서 설정한 형식을 기반으로 한다.

사용자가 직접 날짜를 입력할 경우에는 년, 월, 일 사이에 하이픈(–)이나 슬래시(/)를 사용하여 입력하며, 시간을 입력할 경우에는 시, 분, 초 사이에 :(콜론)을 사용하여 입력한다.

하지만 날짜를 입력하는 규칙이 분기 및 분수를 입력하는 방식과 유사하기 때문에 분기 및 분수를 입력할 때 주의해야 한다. 예를 들어 **실습파일 [날짜&시간] 시트**에서 사용자가 1사분기를 표현하기 위해 셀에 **1/4**를 입력하거나 분수를 표현하기 위해 **1/4** 를 입력할 경우 엑셀은 해당 데이터를 **01월 04일**과 같은 날짜형식으로 인식하게 된다. 이때 **1/4** 앞에 작은따옴표(')를 함께 입력하거나 **[홈] 탭 > [표시 형식] 그룹**에서 [표시 형식]을 클릭하여 하위 메뉴에서 **[가나다 텍스트]**를 선택하는 방법이 있다.

	A	B	C
1	구분	입력키	결과
2	오늘날짜	Ctrl + ;	2023-01-24
3	현재시간	Ctrl + Shift + ;	11:14 PM
4	날짜(슬래쉬)	1/4	01월 04일
5	분기표기	'1/4	1/4
6	분수표기	0 1/4	1/4

그림 1-3-3 날짜/시간 입력

4) 메모

메모는 특정 셀의 내용을 설명하거나 다른 사람과 공유하기 위해 사용한다. 작성된 메모는 수식 계산에 영향을 주지 않기 때문에 적절히 사용된다면 업무의 생산성을 높일 수 있다. 메모는 **[검토] 탭 > [메모] 그룹**에서 [새 메모]를 통해 작성하거나 Shift+F2 키를 눌러 작성하면 된다. 메모를 작성한 후 셀 포인터를 다른 곳으로 옮기면, 셀의 오른쪽 상단에 빨간 표시( )로 메모가 있음을 알려 준다. **실습파일 [메모] 시트**에서 메모가 삽입된 G1 셀 위에 마우스 커서를 올리면 메모 내용을 확인할 수 있다.

	A	B	C	D	E	F	G	H	I
1	이름	성별	전호번호	기본급	상여금	급여액	국민연금	Sam: 국민연금 비율 =근로소득의 4.92%	
2	김예찬	male	111-1111	3,000,000	360,000	3,360,000	165,312		
3	김예서	female	222-2222	2,950,000	330,000	3,280,000	161,376		
4	김지수	female	333-3333	2,800,000	336,000	3,136,000	154,291		
5									

그림 1-3-4 메모 작성

5) 논리

논리 형식은 수식에 IF, 논리곱(AND), 논리합(OR), 부정(NOT) 논리함수를 사용하여 조건에 대한 참(true)과 거짓(false)을 판단할 때 사용한다. 이러한 논리 형식에 대한 설명은 '제4장 논리 함수와 배열 수식'에서 다룬다.

6) 수식

수식은 워크시트에 입력된 데이터를 사용하여 계산을 수행하는 계산방식을 의미한다. 수식은 항상 등호(=)로 시작해야 하며 등호 뒤의 수식에는 함수, 참조, 연산자, 상수가 포함될 수 있다. 예를 들어 원의 넓이를 구하는 수식을 보면 =PI()*A2^2에서 PI()는 함수, A2는 셀 참조, * 와 ^는 연산자, 2는 상수로 정의한다. 함수는 제4장에서 자세하게 다루게 될 것이다.

수식에서 사용되는 연산자에는 산술 연산자, 비교 연산자, 연결 연산자, 참조 연산자로 구성된다. 산술 연산자는 기본적으로 수학 연산에서 사용되는 더하기(+), 빼기(−), 곱하기(*), 나누기(/), 백분율(%), 거듭제곱(^)과 같은 연산자를 사용한다. 비교 연산자는 두 값을 비교하여 참(TRUE)이나 거짓(FALSE)과 같은 논리 결과값을 구할 때 사용하며, 같음(=), 크다(>), 작다(<), 크거나 같다(>=), 작거나 같다(<=), 같지 않다(<>)와 같은 연산자를 사용한다. 연결 연산자는 두 개 이상의 텍스트를 하나로 연결할 때 사용하며 앰퍼샌드(&) 연산자를 사용한다. 참조 연산자는 셀 범위를 지정할 때 사용하며 콜론(:)이나 쉼표(,)와 같은 연산자를 사용한다.

표 1-3-1 수식의 예

수식	설명
=5+2 * 3	2와 3을 곱한 결과에 5를 더한다.
=A1+A2+A3	셀 A1, A2, A3의 값을 더한다.
=SQRT(A1)	셀 A1의 제곱근을 구한다.
=A1>A2	셀 A1에 5, A2에 3이 입력되어 있다면 결과값 TRUE가 표시된다.
="대한"&"민국"	"대한"과 "민국"의 문자열을 결합하여 "대한민국"이 표시된다.
=SUM(A1:A3,B2)	셀 A1에서 A3까지의 영역의 값과 B2의 값을 더한다.

실습파일 [수식] 시트에서는 학생들의 시험 점수가 입력되어 있으며 D열, E열, F열에 입력된 각각의 시험 점수를 통해 총점(G열)을 구하고자 한다. 아울러 총점은 각 시험 점수에 가중치를 부여하여 계산하고자 한다. 예를 들어 김예찬의 받은 시험 점수 가운데 컴퓨터활용(D2 셀)에는 가중치 0.3 을 부여하고, 시사상식(E2 셀)에는 가중치 0.2 를 부여하고, TOEIC(F2 셀)에는 가중치 0.5 를 부여하여 G2 셀에 수식 =D2*0.3+E2*0.2+F2*0.5 을 작성하여 총점을 구한다.

G2 =D2*0.3+E2*0.2+F2*0.5

	A	B	C	D	E	F	G
1	사번	이름	성별	컴퓨터활용	시사상식	TOEIC	총점
2	1001	김예찬	male	90	80	890	488
3	1002	김예서	female	100	90	920	508
4	1003	김지수	female	80	90	950	517

그림 1-3-5 총점 수식

그림 1-3-3을 보면 김예찬의 총점에 해당하는 G2 셀에는 수식에 대한 결과값만 표시되어 있다. 따라서 G2 셀에 입력한 수식을 보기 위해서는 [수식 입력줄]을 확인해야 한다. 만약 그림 1-3-4와 같이 워크시트에 입력한 수식을 [수식 입력줄]이 아닌 각 셀에 직접 표시하고자 한다면 Ctrl+~(물결) 키를 눌러 워크시트에 모든 수식을 표시할 수 있다.

G2 =D2*0.3+E2*0.2+F2*0.5

	A	B	C	D	E	F	G
1	사번	이름	성별	컴퓨터활용	시사상식	TOEIC	총점
2	1001	김예찬	male	90	80	890	=D2*0.3+E2*0.2+F2*0.5
3	1002	김예서	female	100	90	920	=D3*0.3+E3*0.2+F3*0.5
4	1003	김지수	female	80	90	950	=D4*0.3+E4*0.2+F4*0.5

그림 1-3-6 수식 표시

가. 상대참조와 절대참조와 혼합참조

참조(reference)는 수식에서 사용할 값이나 데이터가 있는 위치를 의미하며, 셀 참조는 다른 셀에 입력된 데이터 값이나 수식을 가져와 사용한다는 의미로 상대참조와 절대참조 그리고 혼합참조로 구분할 수 있다.

1) 상대참조

먼저, 상대참조(relative reference)는 워크시트의 기본적인 셀 참조방식으로 결과값이 나타나는 셀의 위치를 특정 행(열)만큼 복사하면 수식에 포함된 참조 셀의 위치도 상대적으로 특정 행(열)만큼 변경되는 것을 말한다.

그림 1-3-7은 사원들의 급여액을 계산하기 위해 상대참조를 사용한 예이다. '강태욱 부장'의 급여액(H2 셀)은 =F2+G2로 계산되며, '김성현 부장'의 급여액(H3 셀)은 =F3+G3으로 계산된다. 여기에서 '강태욱 부장'의 급여액(H2 셀)의 결과값을 구하기 위해 사용된 수식 =F2+G2을 H3 셀로 복사할 경우 H2 셀에서 사용된 수식 =F2+G2이 복사한 행만큼 상대적으로 한 행 아래로 변경되어 =F3+G3으로 바뀐다. 이처럼 수식을 복사할 때 수식에 사용된 셀 주소가 상대적으로 복사한 행(열)만큼 변경되는 것을 상대참조라고 한다.

	A	B	C	D	E	F	G	H
1	사번	이름	부서	직급	성별	기본급	상여금	급여액
2	H613021	강태욱	개발	부장	남	3000000	360000	=F2+G2
3	H613022	김성현	기획	차장	남	2950000	354000	3304000

그림 1-3-7 상대참조를 사용한 급여액 계산

2) 절대참조

절대참조(absolute reference)는 수식에 포함되어 있는 참조 셀의 위치가 항상 고정되어 있는 참조를 의미한다. 즉, 결과값이 나타나는 셀의 위치를 특정 행(열)만큼 복사하더라도 수식에 포함된 참조 셀의 위치가 바뀌지 않고 원래 참조 셀을 그대로 유지하는 참조를 말한다. 절대참조는 수식에 포함된 셀의 행과 열 앞에 $(달러) 기호를 붙여 절대참조를 만들 수 있으며, F4 키를 눌러 신속하게 변경할 수도 있다.

예를 들어 모든 사원의 상여금을 12%로 책정하여 그림 1-3-8과 같이 N2 셀에 12%를 입력하였다면 '강태욱 부장'의 상여금(G2 셀)은 기본급과 상여금 비율을 곱한 =F2*N2로 구할 수 있다. 그리고 G2 셀을 G3 셀로 복사하게 되면 G2 셀에 입력한 수식이 복사한 행만큼 상대적으로 =F3*N3으로 바뀌게 된다.

이때 G2 셀에서 사용한 수식 =F2*N2에서 F2 셀은 복사한 행만큼 상대적으로 변경되어야 하지만, N2 셀은 변경되어서는 안된다. 이처럼 원래의 셀 참조 N2 셀을 그대로 유지하기 위해 열(N)과 행(2) 앞에 $(달러) 기호를 붙여 셀 참조를 고정해 주어야 하는데 $N$2와 같은 참조를 절대참조라고 한다.

	A	B	C	D	E	F	G	L	M	N
1	사번	이름	부서	직급	성별	기본급	상여금		[참조]	
2	H613021	강태욱	개발	부장	남	3000000	=F2*$N$2		상여금 비율	12%
3	H613022	김성현	기획	차장	남	2950000	354000		건강보험료 비율	4.23%
4	H613023	김영길	인사	부장	남	2900000	348000		국민연금 비율	4.92%
5	H613024	염철목	구매	차장	남	2850000	342000			
6	H613025	탁무용	영업	부장	남	2800000	336000			

그림 1-3-8 절대참조를 사용한 상여금 계산

3) 혼합참조

혼합참조는 위와 같이 열($N)과 행($2) 앞에 모두 $(달러) 기호를 붙이는 것이 아니라 열이나 행 중 한 곳에만 $(달러) 기호를 붙여서 셀 참조를 혼합하여 사용하는 것을 말한다. N$2와 같은 경우를 예를 들면 N$2는 행(2)에만 절대참조하여 N$2를 참조하는 결과 셀을 특정 행만큼 이동하다 하더라도 N$2는 상대적으로 변경되지 않는다. 하지만 N$2를 참조하는 결과 셀을 특정 열만큼 이동한다면 N$2는 상대적으로 변경된다. 이처럼 열이나 행 중 한 곳에만 $(달러) 기호를 붙여줌으로써 보다 유연한 셀 참조 형식을 만들 수 있다.

B2 =$A2*B$1

	A	B	C	D	E	F	G
1	상여금비율 / 기본급	10%	12%	14%	16%	18%	20%
2	2,000,000	200,000	240,000	280,000	320,000	360,000	400,000
3	2,200,000	220,000	264,000	308,000	352,000	396,000	440,000
4	2,400,000	240,000	288,000	336,000	384,000	432,000	480,000
5	2,600,000	260,000	312,000	364,000	416,000	468,000	520,000
6	2,800,000	280,000	336,000	392,000	448,000	504,000	560,000
7	3,000,000	300,000	360,000	420,000	480,000	540,000	600,000

그림 1-3-9 혼합참조를 사용한 상여금 계산

셀 참조의 유형을 혼합참조로 변경하려면 참조 셀을 선택하고 F4 키를 눌러 셀 참조 형식을 변경할 수 있다. 이때 F4키를 누르는 횟수에 따라 참조 형식이 변경되는데, F4 키를 누를 때 마다 참조 형식은 아래와 같이 변경된다.

A1 상대주소 → F4 → $A$1 절대주소 → F4 → A$1 혼합주소 → F4 → $A1 혼합주소 → F4 → A1 상대주소

나. 셀 서식 변경

워크시트에 데이터를 입력하고 편집하는 다양한 방법과 [셀 서식]을 통해 데이터 형식을 지정하는 방법 등 데이터 편집기능에 대해 살펴본다. [셀 서식]은 워크시트에 입력된 데이터에 글꼴, 테두리, 채우기 등을 지정하여 줌으로써 사용자의 가독성을 높여주는 기능을 제공한다.

입력한 데이터에 서식을 적용하기 위해 마우스 오른쪽 버튼을 클릭하여 나타난 바로가기 메뉴에서 [셀 서식(F)...]을 선택하거나, 키보드의 Ctrl + 1 키를 눌러 나타난 「셀 서식」 대화상자를 사용한다. 「셀 서식」 대화상자는 그림 1-3-10과 같이 [표시형식], [맞춤], [글꼴], [테두리], [채우기], [보호] 탭으로 구성된다.

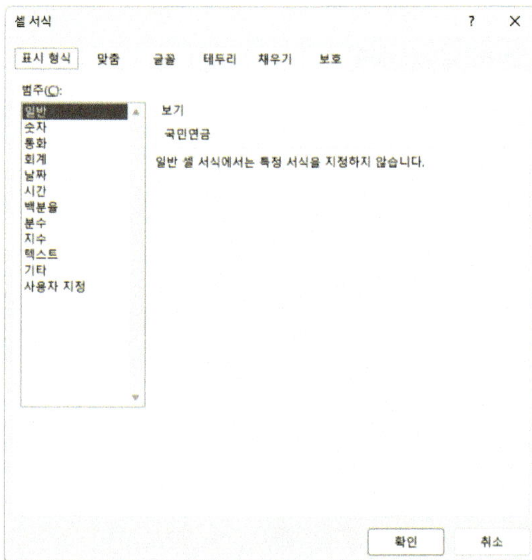

그림 1-3-10 「셀 서식」 대화상자

1) 표시형식

「셀 서식」 대화상자의 [표시형식] 탭은 셀에 입력된 데이터의 형식을 가장 적절히 표현할 수 있도록 숫자, 통화, 회계, 날짜/시간, 백분율, 사용자 지정 등의 형식으로 설정할 수 있는 기능을 가지고 있다. **실습파일의 [회계] 시트**에는 삼손전자의 사원급여 내역에 대한 기본급, 상여금, 급여액, 건강보험료, 국민연금, 실급여액이 입력되어 있다. 금액과 관련된 숫자 데이터에 앞에 '원화(₩)' 표시를 위해 [셀 서식]을 적용해 보자.

이를 위해 먼저 그림 1-3-11과 같이 **F2:K16** 범위를 선택한 다음 Ctrl + 1 키를 눌러 「셀 서식」 대화상자를 불러온다. 그리고 「셀 서식」 대화상자의 [표시 형식] 탭을 클릭한 후 [범주(C):] 목록에서 **통화** 또는 **회계** 를 선택한다. 이때 '통화' 형식은 단순 통화형식으로 표시되며, 통화 기호는 데이터값의 왼쪽에 붙어서 표시된다. 반면 '회계' 형식은 통화 기호와 함께 소수점 자리에 맞춰 정렬되어 표시되며, 통화 기호는 셀의 왼쪽 가장자리에 데이터값과 떨어져 표시된다. 일반적으로 '원화(₩)'와 같이 통화 기호를 빠르게 표시하는 방법은 **[홈] 탭 > [표시 형식] 그룹**에서의 단추를 클릭하여 **₩한국어**를 선택하는 방법이다. 그림 1-3-11는 회계 형식이 적용된 결과를 보여주며, 표 1-3-2는 「셀 서식」 대화상자의 [표시 형식] 탭에서 설정할 수 있는 각 범주의 특성을 보여준다.

	A	B	C	D	E	F	G	H	I	J	K
1	사번	이름	부서	직급	성별	기본급	상여금	급여액	건강보험료	국민연금	실급여액
2	H613021	강태욱	개발	부장	남	₩ 3,000,000	₩ 360,000	₩ 3,360,000	₩ 142,128	₩ 165,312	₩ 3,052,560
3	H613022	김성현	기획	차장	남	₩ 2,950,000	₩ 354,000	₩ 3,304,000	₩ 139,759	₩ 162,557	₩ 3,001,684
4	H613023	김영길	인사	부장	남	₩ 2,900,000	₩ 348,000	₩ 3,248,000	₩ 137,390	₩ 159,802	₩ 2,950,808
5	H613024	염철목	구매	차장	남	₩ 2,850,000	₩ 342,000	₩ 3,192,000	₩ 135,022	₩ 157,046	₩ 2,899,932
6	H613025	탁무용	영업	부장	남	₩ 2,800,000	₩ 336,000	₩ 3,136,000	₩ 132,653	₩ 154,291	₩ 2,849,056
7	H613026	도명환	생산	부장	남	₩ 2,750,000	₩ 330,000	₩ 3,080,000	₩ 130,284	₩ 151,536	₩ 2,798,180
8	H613027	박소연	기획	차장	여	₩ 2,700,000	₩ 324,000	₩ 3,024,000	₩ 127,915	₩ 148,781	₩ 2,747,304
9	H613028	이상일	구매	과장	남	₩ 2,650,000	₩ 318,000	₩ 2,968,000	₩ 125,546	₩ 146,026	₩ 2,696,428
10	H613029	김종탁	생산	과장	남	₩ 2,600,000	₩ 312,000	₩ 2,912,000	₩ 123,178	₩ 143,270	₩ 2,645,552
11	H613030	김미나	구매	대리	여	₩ 2,550,000	₩ 306,000	₩ 2,856,000	₩ 120,809	₩ 140,515	₩ 2,594,676
12	H613031	이은정	생산	과장	여	₩ 2,500,000	₩ 300,000	₩ 2,800,000	₩ 118,440	₩ 137,760	₩ 2,543,800
13	H613032	이승현	구매	과장	남	₩ 2,450,000	₩ 294,000	₩ 2,744,000	₩ 116,071	₩ 135,005	₩ 2,492,924
14	H613033	전유안	영업	대리	여	₩ 2,400,000	₩ 288,000	₩ 2,688,000	₩ 113,702	₩ 132,250	₩ 2,442,048
15	H613034	박종만	인사	과장	남	₩ 2,350,000	₩ 282,000	₩ 2,632,000	₩ 111,334	₩ 129,494	₩ 2,391,172
16	H613035	이경희	개발	대리	여	₩ 2,300,000	₩ 276,000	₩ 2,576,000	₩ 108,965	₩ 126,739	₩ 2,340,296

그림 1-3-11 표시형식 – 회계형

표 1-3-2 셀 서식 표시 형식

범주	내용	예시
일반	기본 형식이며 오른쪽 맞춤이다. 이때 특별한 서식 코드는 없다.	10.23 50215
숫자	숫자에 쉼표나 소수점을 표시할 수 있으며, 음수일 때 색깔이나 괄호를 가질 수 있다.	3.141592 (3.141592)
통화	일반적인 통화서식으로 통화기호 표시가 가능하며, 음수일 때 색깔이나 괄호를 가질 수 있다. 통화기호는 숫자값 바로 왼쪽에 나타난다.	₩12,345 (₩12,345)
회계	특별한 통화서식으로 통화값을 나타내고 있는 열을 소수점 자리에 맞춰 정렬하는 데 사용한다. 이때 통화기호는 셀의 왼편에 자동 정렬된다.	₩␣␣␣␣␣␣12345 ₩␣␣␣␣␣␣␣␣␣12
날짜	일반적인 날짜 서식으로 날짜의 표준 스타일을 나타낸다.	2008/02/15 2008-02-15
시간	일반적인 시간 서식으로 연대기 값을 몇 가지 표준 스타일로 나타낸다.	02:00 PM 14:00:20
백분율	선택된 셀의 값에 100을 곱하여 그 결과에 백분율 기호(%)를 붙여 나타낸다.	98% 64.36%
분수	숫자를 분수값으로 나타내는 서식으로 자릿수와 분모의 개수를 설정한다.	1/4 3/9
지수	많은 자릿수를 포함하는 숫자에 대한 지수 표현이다.	1E+30 145+20
텍스트	입력된 숫자를 텍스트로 변경하는 서식으로 숫자들을 셀의 왼쪽에 정렬하여 나타낸다.	엑셀2010 2009.12.25
기타	문자의 숫자 패턴을 따르는 서식들의 집합으로 우편번호, 전화번호, 주민등록번호 등이 있다.	621-749 82-02-900
사용자 지정	모든 표준서식과 사용자가 새로 지정하는 서식들의 목록이다.	G/표준 ## ?/?

2) 사용자 지정 형식

'사용자 지정' 형식은 일반, 숫자, 통화, 회계 등과 같이 엑셀에서 제공하는 형식이 아닌 사용자가 직접 원하는 형식을 작성하는 방식이다. '사용자 지정' 형식은 크게 두 가지로 조건이 없는 사용자 지정 형식과 조건이 있는 사용자 지정 형식으로 나눌 수 있다.

먼저 가장 일반적인 '사용자 지정' 형식을 살펴보기 위해 **실습파일 [사용자지정] 시트**에서 **B3:C7** 범위를 선택한 다음 Ctrl + 1 키를 눌러 「셀 서식」 대화상자의 [표시 형식] 탭에서 [사용자 지정]을 선택한다. 그리고 오른쪽 [형식(T):]에서 화면에 표시할 형식으로 **#,##0**를 직접 입력한다. 그림 1-3-13은 사용자 지정 형식이 적용된 결과를 보여주며, 표 1-3-3은 '사용자 지정' 형식에서 사용하는 서식기호에 대한 설명을 보여준다.

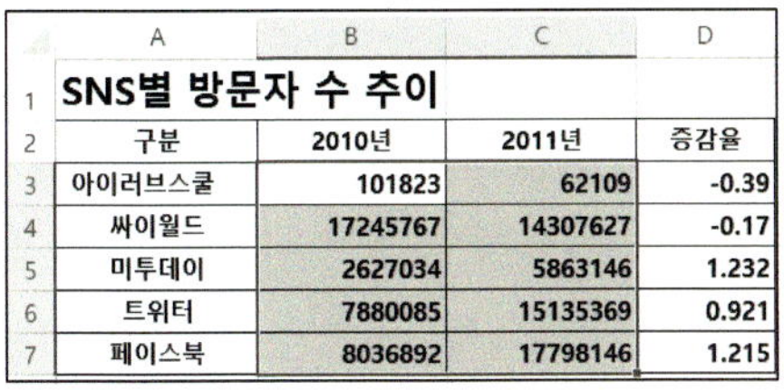

	A	B	C	D
1	SNS별 방문자 수 추이			
2	구분	2010년	2011년	증감율
3	아이러브스쿨	101823	62109	-0.39
4	싸이월드	17245767	14307627	-0.17
5	미투데이	2627034	5863146	1.232
6	트위터	7880085	15135369	0.921
7	페이스북	8036892	17798146	1.215

그림 1-3-12 B3:C7 범위 선택

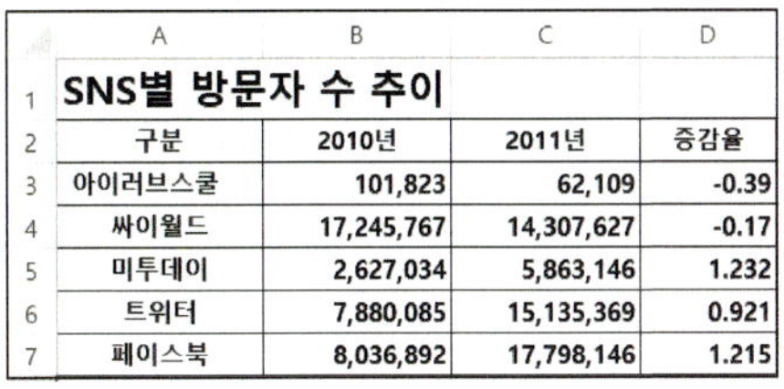

	A	B	C	D
1	SNS별 방문자 수 추이			
2	구분	2010년	2011년	증감율
3	아이러브스쿨	101,823	62,109	-0.39
4	싸이월드	17,245,767	14,307,627	-0.17
5	미투데이	2,627,034	5,863,146	1.232
6	트위터	7,880,085	15,135,369	0.921
7	페이스북	8,036,892	17,798,146	1.215

그림 1-3-13 '사용자 지정' 형식 적용 결과

표 1-3-3 사용자 지정 서식기호

서식문자	의미	예시	입력	결과
#	자릿수에 대한 위치를 표시하는 문자로 유효한 0에만 표시하도록 하는 방법이다.	##.###	3.141592 42.100	3.142 42.1
0	유효하지 않은 0이라도 표시된 0의 개수에 맞게 0을 삽입하도록 하는 방법이다.	000.0000	72.5 3.14	072.5000 003.1400
?	소수점을 기준으로 앞뒤의 유효하지 않은 0 대신 공란을 채워 자릿수를 정렬하는 방법이다.	??.??	5.63 70.3	␣5.63 70.3␣
,	숫자의 천(1,000) 단위를 구분한다.	#,###	4200	4,200
%	값에 100을 곱하고, 백분율 기호로 표기한다.	##%	.25	25%
[ ]	특정 조건에 만족하는 데이터에만 색깔을 지정하거나 조건을 입력한다([검정], [녹색], [흰색], [파랑], [자홍], [노랑], [녹청], [빨강]).	[빨강]##0 [파랑]@	123 한류	123 한류
yy	yy는 두 자리 연도, yyyy는 네 자리로 연도를 표기한다.	yy"년" yyyy"년"	2009 2009	09년 2009년
m	m은 1~12, mm은 01~12, mmm은 Jan에서 Dec, mmmm은 January~December로 월을 표기한다.	mm"월" mmmm	12 12	12월 December
d	d는 1~31, dd는 01~31, ddd는 Sun~Sat, dddd는 Sunday~Saturday로 요일을 표기한다.	dd"일" ddd	13 7	13일 Sat
텍스트	표시된 문자를 셀 안에 있는 값에 추가한다.	"H"#####	613022	H613022
$	표준서식 문자들로 각각 사용자 지정 숫자서식이 지정된 상태로 나타난다.	$#.000	314.1	$314.100
/	소수 부분을 포함한 수치를 분수서식으로 표기한다.	# ??/??	2.25	2 1/4
_(밑줄)	밑줄 다음에 오는 문자의 폭만큼 공백을 함께 표기한다.	#,##0_-	1234	1,234␣

3) 사용자 지정 작성법

'사용자 지정' 형식은 사용자가 지정한 범위 내에 포함된 '양수', '음수', '0', '텍스트'에 대해서 사용자가 직접 각각의 데이터에 해당하는 적절한 표시형식이나 서식을 설정하는 방법이다. '사용자 지정' 형식을 설정할 경우에는 반드시 표 1-3-4와 같이 사용자 지정 형식 지침을 따라야 한다.

'사용자 지정'은 네 개의 구역으로 구성되며, 각 구역은 세미콜론(;)으로 구분한다. 아울러 각 구역은 **〈양수〉; 〈음수〉; 〈0〉; 〈텍스트〉** 순으로 설정해야 한다(네 개의 구역을 모두 설정할 필요는 없다). 그리고 조건과 함께 데이터에 표시할 색깔을 설정할 경우에는 **[색깔][조건]** 순서로 작성해야 한다(**[빨간색][<=100];[파란색][>100]**). 색깔을 지정할 경우에는 [검정], [녹색], [흰색], [파랑], [자홍], [노랑], [녹청], [빨강]의 8가지 색 코드를 사용할 수 있다.

표 1-3-4 사용자 지정 형식 지침

형식 문법	[색깔] [조건] 형식
형식 순서	양수 서식 ; 음수 서식 ; 0 서식 ; 텍스트 서식
사례	#,##0.0_– ; [파랑] –#,##0.0_– ; 0.0_– ; (@)_–

예를 들어 **#,##0.0_– ; [파랑] –#,##0.0_– ; 0.0_– ; (@)_–**와 같이 입력된 '사용자 지정' 형식을 설명하면 다음과 같다. 먼저, 양수와 음수로 입력된 값은 모두 천단위마다 콤마(,)를 표시하며, 소수점 이하 값이 없더라도 소수 첫째 자리까지 0을 표시하여 준다. 특히, 음수값일 경우에는 음수 표시(–)와 함께 파랑색으로 표시되며, 입력된 값 0일 경우에도 0.0으로 표시되도록 한다. 그리고 입력된 모든 텍스트 앞뒤에는 괄호를 붙여 함께 나타나도록 한다. '@' 기호는 문자열로 입력된 모든(all) 값을 의미한다. 그리고 각 구역에 끝에 입력된 '_–'는 오른쪽에 공백을 추가하라는 기호이다.

'사용자 지정' 형식에 대한 지침에 따라 입력된 데이터에 '사용자 지정' 형식을 적용해 보자. 이를 위해 **실습파일 [사용자지정] 시트**에서 **D3:D7** 범위를 선택한 다음 Ctrl+1 키를 눌러 「셀 서식」 대화상자의 [표시 형식] 탭에서 [사용자 지정]을 선택한다. 그리고 오른쪽 [형식(T):]에서 **[파랑]#,##0.0%;[빨강]–#,##0.0%;0.0%;@**을 입력한다. 그림 1-3-15는 '사용자 지정' 형식이 적용된 결과를 보여준다.

	A	B	C	D
1	SNS별 방문자 수 추이			
2	구분	2010년	2011년	증감율
3	아이러브스쿨	101,823	62,109	-0.39
4	싸이월드	17,245,767	14,307,627	-0.17
5	미투데이	2,627,034	5,863,146	1.232
6	트위터	7,880,085	15,135,369	0.921
7	페이스북	8,036,892	17,798,146	1.215

그림 1-3-14 D3:D7 범위 선택

	A	B	C	D
1	SNS별 방문자 수 추이			
2	구분	2010년	2011년	증감율
3	아이러브스쿨	101,823	62,109	-39.0%
4	싸이월드	17,245,767	14,307,627	-17.0%
5	미투데이	2,627,034	5,863,146	123.2%
6	트위터	7,880,085	15,135,369	92.1%
7	페이스북	8,036,892	17,798,146	121.5%

그림 1-3-15 '사용자 지정' 형식 적용 결과

4) 조건이 없는 사용자 지정

조건이 없는 '사용자 지정' 형식은 서식 순서에 따라서 설정해야 하나 네 개의 구역 모두를 지정할 필요는 없다. 예를 들어 삼손전자 사원급여 내역에서 모든 금액을 천 단위마다 쉼표(,)로 표시하며, 소수점 첫째 자리까지만 표기하고, 금액 뒤에는 '원'이라는 통화 표시를 입력하며, 음수는 빨강색으로 괄호로 묶어 표시하고자 한다.

이를 위해 먼저 실습파일 [조건없는사용자지정] 시트에서 F2:K15 범위를 선택한다. '사용자 지정' 형식을 두 개의 구역으로 설정할 경우 첫 번째 구역에는 데이터가 양수 또는 0일 경우에 적용할 형식을 작성하고 두 번째 구역에는 데이터가 음수일 경우에 적용할 형식을 작성한다. 이러한 지침과 함께 Ctrl+1 키를 눌러 「셀 서식」 대화상자의 [표시 형식] 탭에서 [사용자 지정]을 선택한 다음 오른쪽 [형식(T):]에서 **#,##0.0"원"; [빨강](#,##0.0)"원"**을 입력한다.

표 1-3-5 서식 순서에 따른 사용자 지정 형식

#,##0.0"원"; [빨강](#,##0.0)"원"

	A	B	C	D	E	F	G	H	I	J	K
1	사번	이름	부서	직급	성별	기본급	상여금	급여액	건강보험료	국민연금	실급여액
2	H613021	강태욱	개발	부장	남	3000000	360000	3360000	142128	165312	3052560
3	H613022	김성현	기획	차장	남	2950000	354000	3304000	139759.2	162556.8	3001684
4	H613023	김영길	인사	부장	남	2900000	348000	3248000	137390.4	159801.6	2950808
5	H613024	염철목	구매	차장	남	2850000	342000	3192000	135021.6	157046.4	2899932
6	H613025	탁무용	영업	부장	남	2800000	336000	3136000	132652.8	154291.2	2849056
7	H613026	도명환	생산	부장	남	2750000	330000	3080000	130284	151536	2798180
8	H613027	박소연	기획	차장	여	2700000	324000	3024000	127915.2	148780.8	2747304
9	H613028	이상일	구매	과장	남	2650000	318000	2968000	125546.4	146025.6	2696428
10	H613029	김종탁	생산	과장	남	2600000	312000	2912000	123177.6	143270.4	2645552
11	H613030	김미나	구매	대리	여	2550000	306000	2856000	120808.8	140515.2	2594676
12	H613031	이은정	생산	과장	여	2500000	300000	2800000	118440	137760	2543800
13	H613032	이승현	구매	과장	남	2450000	294000	2744000	116071.2	135004.8	2492924
14	H613033	전유안	영업	대리	여	2400000	288000	2688000	113702.4	132249.6	2442048
15	H613034	박종만	인사	과장	남	2350000	282000	2632000	111333.6	129494.4	2391172

그림 1-3-16 F2:K15 범위 선택

⇩

	A	B	C	D	E	F	G	H	I	J	K
1	사번	이름	부서	직급	성별	기본급	상여금	급여액	건강보험료	국민연금	실급여액
2	H613021	강태욱	개발	부장	남	3,000,000.0원	360,000.0원	3,360,000.0원	142,128.0원	165,312.0원	3,052,560.0원
3	H613022	김성현	기획	차장	남	2,950,000.0원	354,000.0원	3,304,000.0원	139,759.2원	162,556.8원	3,001,684.0원
4	H613023	김영길	인사	부장	남	2,900,000.0원	348,000.0원	3,248,000.0원	137,390.4원	159,801.6원	2,950,808.0원
5	H613024	염철목	구매	차장	남	2,850,000.0원	342,000.0원	3,192,000.0원	135,021.6원	157,046.4원	2,899,932.0원
6	H613025	탁무용	영업	부장	남	2,800,000.0원	336,000.0원	3,136,000.0원	132,652.8원	154,291.2원	2,849,056.0원
7	H613026	도명환	생산	부장	남	2,750,000.0원	330,000.0원	3,080,000.0원	130,284.0원	151,536.0원	2,798,180.0원
8	H613027	박소연	기획	차장	여	2,700,000.0원	324,000.0원	3,024,000.0원	127,915.2원	148,780.8원	2,747,304.0원
9	H613028	이상일	구매	과장	남	2,650,000.0원	318,000.0원	2,968,000.0원	125,546.4원	146,025.6원	2,696,428.0원
10	H613029	김종탁	생산	과장	남	2,600,000.0원	312,000.0원	2,912,000.0원	123,177.6원	143,270.4원	2,645,552.0원
11	H613030	김미나	구매	대리	여	2,550,000.0원	306,000.0원	2,856,000.0원	120,808.8원	140,515.2원	2,594,676.0원
12	H613031	이은정	생산	과장	여	2,500,000.0원	300,000.0원	2,800,000.0원	118,440.0원	137,760.0원	2,543,800.0원
13	H613032	이승현	구매	과장	남	2,450,000.0원	294,000.0원	2,744,000.0원	116,071.2원	135,004.8원	2,492,924.0원
14	H613033	전유안	영업	대리	여	2,400,000.0원	288,000.0원	2,688,000.0원	113,702.4원	132,249.6원	2,442,048.0원
15	H613034	박종만	인사	과장	남	2,350,000.0원	282,000.0원	2,632,000.0원	111,333.6원	129,494.4원	2,391,172.0원

그림 1-3-17 '사용자 지정' 형식 적용 결과

5) 조건을 포함한 사용자 지정

'사용자 지정' 형식에서는 특정 조건을 만족하는 숫자에 대해서만 형식이 적용되도록 할 수 있다. 이때 조건은 비교연산자와 값으로 구성되며, 대괄호([ ])로 표시한다.

예를 들어 그림 1-3-18과 같이 건강보험료에 해당하는 I열의 데이터값이 130,000원 이상이면 '▲' 표시와 함께 파랑색으로 표시하고 130,000원 미만이면 '▼' 표시와 함께 빨강색으로 표시하고자 한다.

이를 위해 먼저 **실습파일 [조건있는사용자지정] 시트**에서 **I2:I15** 범위를 선택한다. 그리고「셀 서식」대화상자의 [표시 형식] 탭에서 [사용자 지정]을 선택한 오른쪽 [형식(T):]에서 표 1-3-6과 같이 사용자 지정 형식을 입력한다.

사용자 지정 형식을 입력하는 과정에서 '▲' 기호는 한글 "ㅁ"을 입력한 후 키보드의 '한자' 키를 눌러 선택할 수 있다. 그림 1-3-18은 건강보험료에 대한 데이터에 조건을 포함한 '사용자 지정' 형식이 적용한 결과를 보여준다.

표 1-3-6 조건을 포함한 사용자 지정 형식

[파랑][>=130000] ▲#,##0.0"원"; [빨강][<130000] ▼#,##0.0"원"

	A	B	C	D	E	F	G	H	I	J	K
1	사번	이름	부서	직급	성별	기본급	상여금	급여액	건강보험료	국민연금	실급여액
2	H613021	강태욱	개발	부장	남	3000000	360000	3360000	▲142,128.0원	165312	3052560
3	H613022	김성현	기획	차장	남	2950000	354000	3304000	▲139,759.2원	162556.8	3001684
4	H613023	김영길	인사	부장	남	2900000	348000	3248000	▲137,390.4원	159801.6	2950808
5	H613024	염철목	구매	차장	남	2850000	342000	3192000	▲135,021.6원	157046.4	2899932
6	H613025	탁무용	영업	부장	남	2800000	336000	3136000	▲132,652.8원	154291.2	2849056
7	H613026	도명환	생산	부장	남	2750000	330000	3080000	▲130,284.0원	151536	2798180
8	H613027	박소연	기획	차장	여	2700000	324000	3024000	▼127,915.2원	148780.8	2747304
9	H613028	이상일	구매	과장	남	2650000	318000	2968000	▼125,546.4원	146025.6	2696428
10	H613029	김종탁	생산	과장	남	2600000	312000	2912000	▼123,177.6원	143270.4	2645552
11	H613030	김미나	구매	대리	여	2550000	306000	2856000	▼120,808.8원	140515.2	2594676
12	H613031	이은정	생산	과장	여	2500000	300000	2800000	▼118,440.0원	137760	2543800
13	H613032	이승현	구매	과장	남	2450000	294000	2744000	▼116,071.2원	135004.8	2492924
14	H613033	전유안	영업	대리	여	2400000	288000	2688000	▼113,702.4원	132249.6	2442048
15	H613034	박종만	인사	과장	남	2350000	282000	2632000	▼111,333.6원	129494.4	2391172

그림 1-3-18 조건을 포함한 '사용자 지정' 형식 적용

6) 맞춤

[맞춤] 탭은 특정 셀이나 셀 범위 내에 입력된 데이터의 표시 방향을 변경하거나 데이터의 위치를 가로나 세로로 맞추거나, 셀 내에서 텍스트를 줄 바꿈 하거나, 셀에 맞추어 텍스트 크기를 줄이거나, 여러 개의 셀을 하나의 셀로 병합할 수 있는 기능들을 제공한다.

여러 가지 맞춤 기능 중 **실습파일 [맞춤] 시트**에서 셀 병합 기능을 살펴보자. 이를 위해 먼저 A1 셀에

삼손전자 사원급여 내역 제목을 입력한 다음, A1:K1 범위를 선택하고 「셀 서식」 대화상자의 [맞춤] 탭에서 **셀 병합(M)**을 선택한다. 아울러 셀 병합 기능은 주로 **[홈] 탭 〉[맞춤] 그룹**에서 [병합하고 가운데 맞춤]을 클릭하여 실행한다.

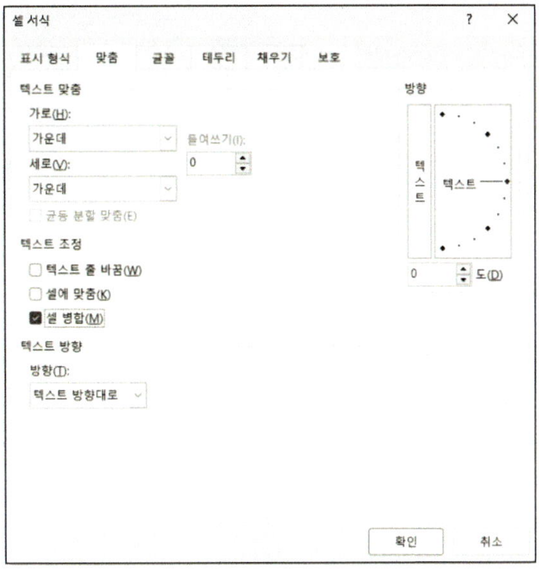

그림 1-3-19 셀 병합 선택

	A	B	C	D	E	F	G	H	I	J	K
1	삼손전자 사원급여 내역										
2											
3	사번	이름	부서	직급	성별	기본급	상여금	급여액	건강보험료	국민연금	실급여액
4	H613021	강태욱	개발	부장	남	3000000	360000	3360000	142128	165312	3052560
5	H613022	김성현	기획	차장	남	2950000	354000	3304000	139759.2	162556.8	3001684

그림 1-3-20 A1:K1 범위 셀 병합 결과

7) 글꼴

[글꼴] 탭은 워크시트에 입력된 데이터에 대한 글꼴, 글꼴 스타일, 크기, 밑줄, 글자색, 첨자 등을 설정할 수 있는 기능들을 제공한다. [글꼴] 탭의 기능은 한글 워드프로세스의 편집기능과 동일한 기능으로 보면 이해가 쉽다.

예를 들어 그림 1-3-21과 같이 제목에 해당하는 A1:K1 범위의 글꼴을 변경할 수 있다. 이를 위해 먼저 **실습파일 [글꼴] 시트**에서 **A1:K1** 범위를 선택한다. 그리고「셀 서식」 대화상자의 [글꼴] 탭에서 [글꼴(F):]로는 **HY견고딕**, [글꼴 스타일(O):]로는 **기울임꼴**, [크기(S):]로는 **11**을 선택한다. 이 밖에도 단축키를 사용하여 글꼴을 쉽게 변경할 수 있는데, 글꼴을 굵게 할 때는 Ctrl+2, 기울임꼴은 Ctrl+3, 밑줄은 Ctrl+4, 취소선은 Ctrl+5 키를 사용할 수 있다.

	A	B	C	D	E	F	G	H	I	J	K
1	*사번*	*이름*	*부서*	*직급*	*성별*	*기본급*	*상여금*	*급여액*	*건강보험료*	*국민연금*	*실급여액*
2	H613021	강태욱	개발	부장	남	3000000	360000	3360000	142128	165312	3052560
3	H613022	김성현	기획	차장	남	2950000	354000	3304000	139759.2	162556.8	3001684
4	H613023	김영길	인사	부장	남	2900000	348000	3248000	137390.4	159801.6	2950808
5	H613024	염철목	구매	차장	남	2850000	342000	3192000	135021.6	157046.4	2899932

그림 1-3-21 글꼴 설정

8) 테두리

[테두리] 탭은 사용자가 지정한 셀 범위에 테두리를 그려 표 형태로 표시하여 주는 기능을 제공한다. 실습파일 [테두리] 시트의 입력된 데이터에 테두리를 적용하고자 한다면 먼저 테두리를 적용할 A1:K16 범위 선택한 다음 「셀 서식」 대화상자의 [테두리] 탭을 클릭한다. 그리고 [스타일(S):] 목록에서 실선 을 선택하고, [미리 설정]에서 '윤곽선(O)' 단추와 '안쪽(I)' 단추를 각각 클릭하면 1-3-20과 같이 테두리를 적용할 수 있다.

9) 채우기

[채우기] 탭은 셀에 색깔을 채워 넣어 데이터의 내용을 강조하는 기능을 제공한다. 예를 들어 그림 1-3-22와 같이 '삼손전자 사원급여 내역'의 필드명(제목)을 다른 범위에 입력된 데이터와 구별되도록 배경색을 다르게 변경할 수 있다.

이를 위해 먼저 실습파일 [채우기] 시트에서 A1:K1 범위를 선택한다. 그리고 「셀 서식」 대화상자의 [채우기] 탭에서 사용자가 원하는 색깔을 선택할 수 있다. 이 밖에도 [채우기 효과(I)...] 단추를 클릭하여 셀에 그라데이션 효과를 줄 수도 있다.

	A	B	C	D	E	F	G	H	I	J	K
1	사번	이름	부서	직급	성별	기본급	상여금	급여액	건강보험료	국민연금	실급여액
2	H613021	강태욱	개발	부장	남	3000000	360000	3360000	142128	165312	3052560
3	H613022	김성현	기획	차장	남	2950000	354000	3304000	139759.2	162556.8	3001684
4	H613023	김영길	인사	부장	남	2900000	348000	3248000	137390.4	159801.6	2950808
5	H613024	염철목	구매	차장	남	2850000	342000	3192000	135021.6	157046.4	2899932

그림 1-3-22 채우기 설정

10) 보호

[보호] 탭은 다른 사용자가 워크시트에 입력된 내용을 임의로 변경하지 못하도록 셀 범위를 지정하여 해당 셀을 잠그거나 데이터를 숨기는 기능을 제공한다.

[보호] 탭에서의 [잠금(L)]은 셀 내용이나 서식이나 데이터를 변경할 수 없도록 하며 [숨김(I)]은 [수식 입력줄]에 입력된 내용이 표시되지 않도록 한다. 하지만 「셀 서식」 대화상자의 [보호] 탭에서 [잠금(L)]

을 선택하는 것만으로 데이터가 보호되는 것은 아니다.

실습파일 [보호] 시트에서 A1:K16 범위의 데이터를 변경 및 삭제할 수 없도록 설정하기 위해서는 아래의 절차를 따르도록 한다.

1. Ctrl+A 키를 눌러 워크시트 전체를 선택한다. 그리고 그림 1-3-23과 같이 「셀 서식」 대화상자의 [보호] 탭에서 [잠금(L)] 선택을 해제한 다음 [확인] 단추를 클릭한다.
2. 워크시트에서 보호하고자 하는 셀 범위 **A1:K16**를 선택한다. 그리고 「셀 서식」 대화상자의 [보호] 탭에서 [잠금(L)]을 선택한 다음 [확인] 단추를 클릭한다.
3. **[검토] 탭 > [변경 내용] 그룹**의 [시트보호]를 클릭하여 그림 1-3-24와 같이 「시트 보호」 대화상자에서 [시트 보호 해제 암호(P):]를 입력하고 [확인] 단추를 클릭한다. 「암호 확인」 대화상자에서 방금 입력한 암호를 다시 입력하고 [확인]을 클릭한다.

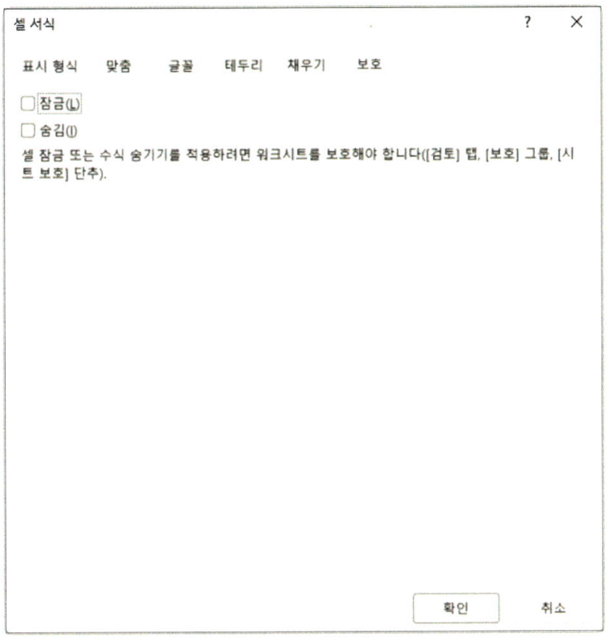

그림 1-3-23 잠금 해제

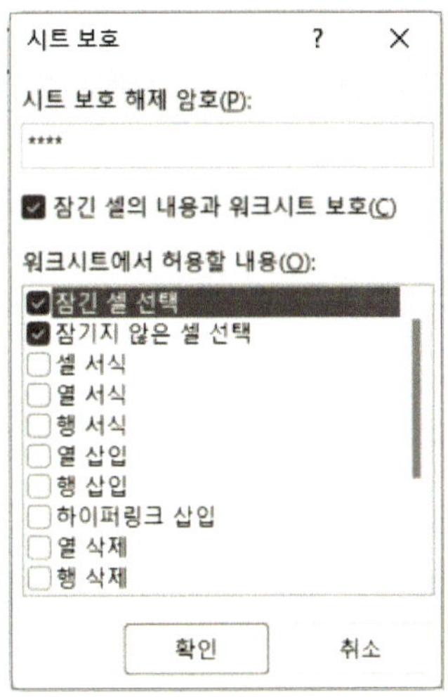

그림 1-3-24 「시트 보호」 대화상자

연습문제

01 다음은 삼손전자 부산 대리점의 2022년 매출실적에 관한 내용이다. 워크시트에 입력된 데이터를 기반으로 제시된 내용을 처리하시오.

	A	B	C	D	E	F
1	삼손(주) 부산 대리점 매출실적 현황					
2						단위(천원)
3	대리점	1/4 분기	2/4 분기	3/4 분기	4/4 분기	2012년 총매출액
4	해운대구	55000	75000	93000	65000	
5	서구	81000	86000	66000	84000	
6	남구	71000	76000	73000	45000	
7	북구	61000	46500	88000	64000	
8	금정구	51000	56000	53000	54000	
9	동래구	41000	46000	76000	44000	
10	사상구	32000	45800	33500	54500	
11	사하구	65000	26000	44000	46500	
12	합 계					

(1) A1 셀에 입력된 제목은 글꼴(맑은 고딕), 글자크기(18pt), 글꼴 스타일(굵게), 글자색(빨강), 밑줄(실선)으로 설정하고, A1:F1 범위는 '병합하고 가운데 맞춤'으로 설정하시오.

(2) F2 셀에 입력된 '단위(천 원)'은 오른쪽 맞춤으로 설정하시오.

(3) F4:F11 범위와 B12:F12 범위에는 각 대리점에 대한 2022년 총매출액과 분기별 합계를 표시하시오.

(4) A3:F12 범위는 '모든 테두리(⊞)'를 적용하고, '굵은 바깥쪽 테두리(⊡)'를 적용하여 표시하시오.

02 다음은 금정(주)의 2022년도 자재별 매입현황에 관한 내용이다. 워크시트에 입력된 데이터를 기반으로 제시된 내용을 처리하시오.

	A	B	C	D
1	금정㈜ 자재별 매입현황			
2				
3	일자	거래처명	매입수량	단가
4	2022-09-09	화성개발(주)	290	115000
5	2022-09-12	신성건설(주)	500	115000
6	2022-09-13	대보건설산업(주)	150	78000
7	2022-09-15	HS건설(주)	320	29000
8	2022-09-15	신성건설(주)	210	115000
9	2022-09-17	화성개발(주)	330	85000
10	2022-09-17	대보건설산업(주)	400	115000
11	2022-09-18	대보건설산업(주)	120	78000
12	2022-09-19	신성건설(주)	80	324000

(1) A 열의 너비를 20으로 하고, 일자를 '사용자 지정' 표시 형식을 사용하여 'OO년 OO월 OO일'의 날짜 형식으로 표시하시오.

(2) C4:C12 범위는 '사용자 지정' 표시 형식을 사용하여 숫자 뒤에 '개'가 표시되도록 하시오. 만약 데이터 값이 0인 경우에도 '0개'가 표시되도록 하시오(표시 예 : 290 → 290개, 0 → 0개).

(3) D4:D12 범위는 원화 표시(₩)와 천단위마다 쉼표(,)가 표시되도록 하시오.

(4) A1 셀에 입력된 제목은 글꼴(맑은 고딕), 글자크기(16pt), 글꼴 스타일(굵게), 글자색(빨강), 밑줄(실선)으로 설정하고, A1:D1 범위는 '병합하고 가운데 맞춤'으로 설정하시오.

(5) A3:D3 범위는 글꼴 스타일(굵게), 정렬(가운데 맞춤)으로 설정하시오.

(6) A3:D12 범위는 '모든 테두리( )'를 적용하고, '굵은 바깥쪽 테두리( )'를 적용하여 표시하시오.

(7) B 열(거래처명)과 C 열(매입수량) 사이에 다음의 자재코드 데이터를 추가하시오. 이때 자재코드의 데이터 표시 형식은 '텍스트'로 지정하시오.

자재코드
0001
0004
0007
0001
0002
0001
0003
0004
0005

03 다음은 문창(주)의 사원별 급여현황에 관한 내용이다. 워크시트에 입력된 데이터를 기반으로 제시된 내용을 처리하시오.

	A	B	C	D	E	F	G
1	2022년 12월 급여지급액						
2							
3	사 번	성 명	부 서	기본급	상여금	세금공제액	실급여액
4	218-01-113	강태욱	개발팀	4000000			
5	218-01-114	탁무용	영업팀	1900000			
6	218-01-115	권성훈	생산팀	3500000			
7	218-01-116	이원주	기획팀	1700000			
8	218-01-117	장영수	생산팀	1000000			
9	218-01-118	이종민	인사팀	2800000			
10	합계						
11	사원평균 급여 지급액						

(1) E4:G4 범위에는 다음의 수식을 사용하여 결과를 표시하시오.

① 상여금(E4 셀) = 기본급 × 60%

② 세금공제액(F4 셀) = (기본급 + 상여금) × 5%

③ 실급여액(G4 셀) = (기본급 + 상여금) − 세금공제액

(2) [자동 채우기]를 사용해 E4:G4 범위에 계산된 결과를 E5:G9 범위로 복사하시오.

(3) D10:G10 범위에는 기본급, 상여금, 세금공제액, 실급여액의 합계를 표시하시오.

(4) G11 셀에는 사원 평균 급여액을 표시하시오.

(5) 다음에 제시된 서식에 따라 데이터를 편집하시오.

① A1 셀의 제목은 [셀 스타일]–'제목2'로 설정하고, A1:G1 범위를 '병합하고 가운데 맞춤'으로 설정하시오.

② A3:G3 범위는 글꼴(맑은 고딕), 글자크기(12pt), 글꼴 스타일(굵게), 정렬(가운데 맞춤)으로 설정하시오.

③ A4:C9 범위는 글꼴(맑은 고딕), 글자크기(10pt), 정렬(가운데 맞춤), 표시 형식(텍스트)로 설정하시오.

④ D4:G11 범위는 글꼴(맑은 고딕), 글자크기(10pt), 표시 형식(통화)로 설정하시오.

⑤ A10 셀은 글꼴(맑은 고딕), 글자크기(12pt), 글꼴 스타일(굵게), 정렬(가운데 맞춤)으로 설정하고, A10:C10 범위S,S '병합하고 가운데 맞춤'으로 설정하시오.

⑥ A11 셀은 글꼴(맑은 고딕), 글자크기(12pt), 글꼴 스타일(굵게), 정렬(가운데 맞춤)으로 설정하고, A11:F11 범위는 '병합하고 가운데 맞춤'으로 설정하시오.

⑦ A3:G11 범위는 '모든 테두리(⊞)'를 적용하고, '굵은 바깥쪽 테두리(□)'를 적용하여 표시하시오.

04 **다음은 미래실업(주)의 2012년 경상이익 관련 자료이다. 워크시트에 입력된 데이터를 기반으로 제시된 내용을 처리하시오.**

	A	B	C	D	E	F	G	H	I	J
1	미래실업㈜의 2022년 경상이익									
2										
3	구분	1/4분기	2/4분기	3/4분기	4/4분기	2022년 합계	2023년 목표		[참조]	
4	수입(천원)	100000	110000	120000	125000				지출비율	60%
5	판매경비(천원)	55000	60000	55000	65000				2023년 목표비율	119%
6	총수익(천원)									
7	지출(천원)									
8	경상이익(천원)									

(1) A1셀의 제목은 글꼴(맑은 고딕), 글자크기(20pt), 글꼴 스타일(굵게), 글자색(검정), 밑줄(실선)으로 설정하고, A1:G1 범위는 '병합하고 가운데 맞춤'으로 설정하시오.

(2) A3:G3 범위는 글꼴 스타일(굵게), 정렬(가운데 맞춤), 채우기(노랑)으로 설정하시오.

(3) '사용자 지정' 표시 형식을 적용해 모든 금액에는 천단위마다 쉼표(,)를 표시하고, 금액 뒤에 '원' 을 함께 표시하시오.

(4) 다음의 수식을 해당 셀에 입력하시오.

① 총수익(B6 셀) = 수입 − 판매경비

② 지출(B7 셀) = 판매경비 × 60%

③ 경상이익(B8 셀) = 총수익 − 지출

④ 2022년 합계(F4 셀) = 1/4분기 + 2/4분기 + 3/4분기 + 4/4분기 (수입)

⑤ 2023년 목표(G4 셀) = 2022년 합계 × 119%

(5) [자동 채우기]를 사용해 B6:B8 범위에 계산된 결과를 C6:E8 범위로 복사하고, F4:G4 범위에 계산된 결과를 F5:G8 범위로 복사하시오.

05 **다음은 기상청에서 2022년 한 해 동안 관측한 평균기온 평년차에 관한 내용이다. 워크시트에 입력된 데이터를 기반으로 제시된 내용을 처리하시오.**

	A	B	C	D	E	F	G	H	I	J	K	L	M	N	O
1	2022년 평균기온 평년차(관측소 100~199)														
2															
3	지점번호	관측지점	1월	2월	3월	4월	5월	6월	7월	8월	9월	10월	11월	12월	전년
4	100	대관령	1	-15	-6	18	-4	23	10	9	10	2	13	-45	2
5	101	춘천	5	-13	-3	15	3	15	9	2	14	7	8	-43	1
6	105	강릉	2	-15	-8	13	-15	22	12	15	4	3	15	-39	0
7	108	서울	0	-16	-11	11	3	8	4	-3	10	3	17	-41	-1
8	112	인천	13	-1	3	17	14	10	2	-2	7	0	14	-42	3
9	114	원주	15	-3	2	22	7	18	10	3	21	9	16	-39	7
10	115	울릉도	3	-13	-9	8	-12	18	8	12	5	4	12	-41	-1

(1) A1 셀의 제목은 글꼴(HY견고딕), 글자크기(24pt), 글꼴 스타일(굵게), 글자색(파랑), 밑줄(실선)으로 설정하고, A1:O1 범위는 '병합하고 가운데 맞춤'으로 설정하시오.

(2) C4:O34 범위는 '사용자 지정' 표시 형식을 사용해 평년차 데이터 값이 양수일 경우 '빨강', 음수일 경우 '파랑', 0일 경우에는 '검정'으로 표시하시오.

(3) A3:B34 범위의 데이터는 가운데 맞춤으로 정렬한 다음, 표시 형식을 '텍스트'로 지정하시오.

06 **다음은 7월 7일 하루 동안 효원공업사의 부품납품현황에 관한 내용이다. 워크시트에 입력된 데이터를 기반으로 제시된 내용을 처리하시오.**

	A	B	C	D	E	F	G
1	효원공업사 납품현황(7월 7일)						
2							
3	부품번호	납품처	납품수량	납품단가	납품액	할인액	실납품액
4	A101	싱가폴	51	3000			
5	A102	싱가폴	48	5000			
6	A103	싱가폴	59	4500			
7	A101	홍콩	80	2000			
8	A102	홍콩	40	5300			
9	A103	홍콩	65	4200			
10	A101	대만	45	3300			
11	A102	대만	84	4000			
12	A103	대만	58	2700			
13	A101	일본	47	3700			
14	A102	일본	39	5500			
15	A103	일본	68	3900			

(1) A1 셀의 제목은 글꼴(궁서), 글자크기(20pt), 글꼴 스타일(굵게), 밑줄(실선)으로 설정하고, A1:G1 범위는 '병합하고 가운데 맞춤'으로 설정하시오.

(2) A3:G3 범위는 글꼴(맑은 고딕), 글자크기(11pt), 글꼴 스타일(굵게), 정렬(가운데 맞춤), 채우기(노랑)으로 설정하시오

(3) 다음의 수식을 해당 셀에 입력하시오.

① 납품액(E4 셀) = 납품수량 × 납품단가

② 할인액(F4 셀) = 납품액 × 5%

③ 실납품액(G4 셀) = 납품액 − 할인액

(4) [자동 채우기]를 사용해 E4:G4 범위에 계산된 결과를 E5:G15 범위로 복사하시오.

(5) 납품수량은 '사용자 지정' 표시 형식을 통해 70개 이상이면 [녹색]에 숫자 뒤에 '(A)'가 함께 표시되고, 50개 이상이면 [파랑색]에 숫자 뒤에 '(B)'가 함께 표시되고, 그 외에 [빨강색]으로 숫자 뒤에 '(C)'가 함께 표시되도록 하시오(표시 예 : 51(B), 48(C)).

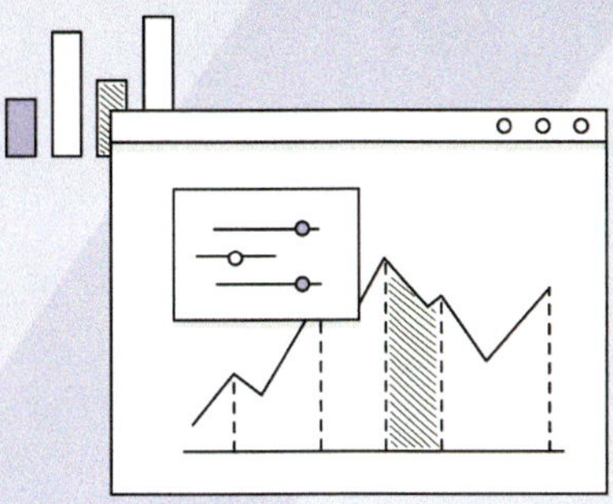

CHAPTER

02

엑셀의 데이터 편집

1 이름 상자

업무에 필요한 데이터의 크기가 점점 커지는 가운데, =SUM(A5000:A5049)과 같은 수식을 사용하는 방대한 데이터가 저장된 워크시트에서 작업을 해야 할 경우가 생긴다. 해당 수식이 실행되기 위해서는 A5000:A5049 셀에 포함된 내용을 먼저 찾아야 한다. A5000:A5049 셀에 미국 50개 주에서 판매한 매출 내역이 포함되어 있다면 수식 =SUM(A5000:A5049) 보다는 =SUMM(US매출액) 수식이 직관적으로 더 쉽게 이해할 수 있다. 이름 상자는 개별 셀의 이름 또는 셀 범위의 이름을 정의하는 방법을 제공하며 정의된 이름은 특정 수식에서 셀 주소 대신에 사용할 수 있다.
셀 범위를 이름으로 정의하는 방법에는 다음과 같이 세 가지 방법이 있다.

- ○ 이름 상자에 직접 정의할 이름을 입력하는 방법
- ○ [수식] 탭 > [정의된 이름] 그룹에서 [선택 영역에서 만들기]를 클릭하는 방법
- ○ [수식] 탭 > [정의된 이름] 그룹에서 [이름 정의] 또는 [이름 관리자]를 클릭하는 방법

실습파일 : 이름상자.xlsx

자주 사용하는 셀이나 범위를 쉬운 이름으로 정의해 놓고 편하게 사용할 수 있는 방법이 있나요?

특정 셀 주소나 범위를 사용자가 쉽고 빠르게 사용할 수 있도록 이름으로 정의하여 사용하고자 할 때 그림 2-1-1과 같이 A 열 머리글 위에 있는 '이름 상자'를 활용할 수 있다.
[이름 상자]를 활용해 이름을 정의하기 위해 실습파일 [투자수익률] 시트의 C3:C76 범위를 선택하고 A열 머리글 위에 있는 '이름 상자'를 클릭한 다음 Stock을 입력하고 Enter↵ 키를 누르면 손쉽게 이름을 정의할 수 있게 된다.
아울러 '이름 상자'에 포함된 작은 화살표를 클릭하면 현재 통합 문서에 정의해 놓은 이름 모두를 확인할 수 있으며, F3 키를 눌러 「이름 붙여넣기」 대화상자를 통해서도 통합 문서에 정의된 모든 이름을 확인할 수 있다.
새로운 이름을 만들기 전에는 정의하려는 이름이 이미 존재하는지 혹은 선택한 셀이나 범위가 이미 다른 이름에서 사용하고 있는지 확인해야 한다. 아울러 정의하려는 이름은 대소문자를 구분하지 않기 때문에 엑셀에서는 stock, Stock, STOCK을 모두 같은 이름으로 취급한다.

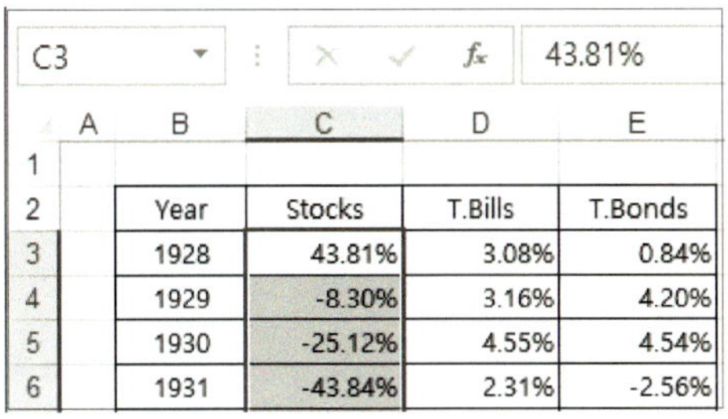

C3 | 43.81%

	A	B	C	D	E
1					
2		Year	Stocks	T.Bills	T.Bonds
3		1928	43.81%	3.08%	0.84%
4		1929	-8.30%	3.16%	4.20%
5		1930	-25.12%	4.55%	4.54%
6		1931	-43.84%	2.31%	-2.56%

그림 2-1-1 이름상자

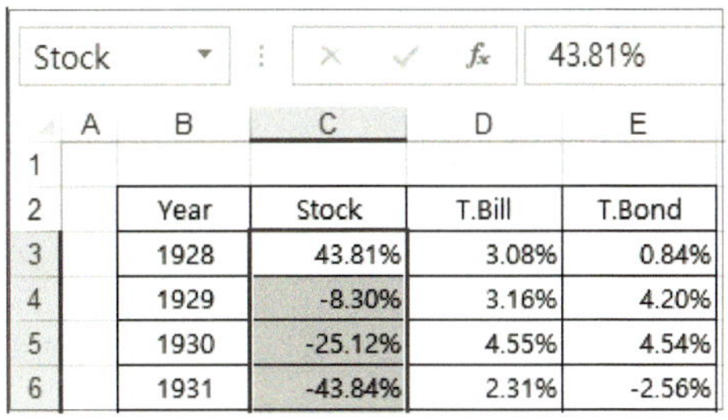

Stock | 43.81%

	A	B	C	D	E
1					
2		Year	Stock	T.Bill	T.Bond
3		1928	43.81%	3.08%	0.84%
4		1929	-8.30%	3.16%	4.20%
5		1930	-25.12%	4.55%	4.54%
6		1931	-43.84%	2.31%	-2.56%

그림 2-1-2 이름 정의

이제 커서를 C79 셀에 두고 그림 2-1-3과 같이 수식 =AVERAGE(stork)를 입력하면 해당 수식은 C3:C76 범위의 값에 대한 평균을 계산하게 된다. 이처럼 함수식을 작성할 때 셀 주소 대신에 정의된 이름을 사용하게 되면 자동 채우기 핸들 기능을 사용하지 못한다는 것을 염두에 둬야 한다. 참고로 완성된 수식을 그림 2-1-3과 같이 C80 셀에 텍스트 형식으로 그대로 표시하려면 =FORMULATEXT(C79)를 입력하면 된다.

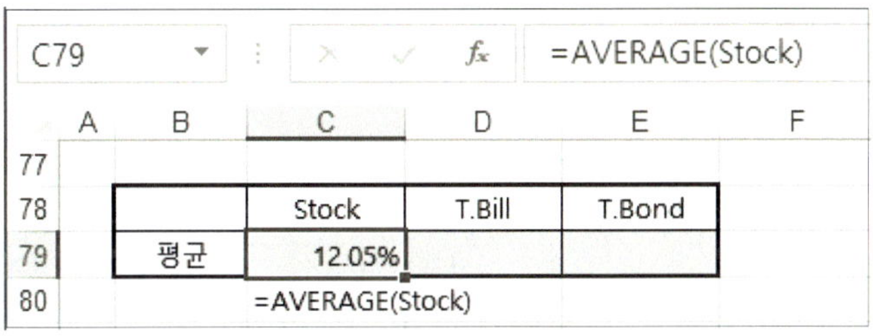

C79 | =AVERAGE(Stock)

	A	B	C	D	E	F
77						
78			Stock	T.Bill	T.Bond	
79		평균	12.05%			
80			=AVERAGE(Stock)			

그림 2-1-3 수식 계산 – [이름상자] 이용

다음으로 [선택 영역에서 만들기]를 통해 이름을 정의하는 방법을 살펴보자. 이번에는 실습파일 [투자수익률] 시트의 D2:D76 범위를 선택(필드명 포함)한다. 그리고 [수식] 탭 > [정의된 이름] 그룹에서 [선택 영역에서 만들기]를 클릭한다. 그림 2-1-4와 같이 「선택 영역에서 이름...」 대화상자에서 첫 행(T) 확인란을 선택하고 '확인' 단추를 클릭한다.

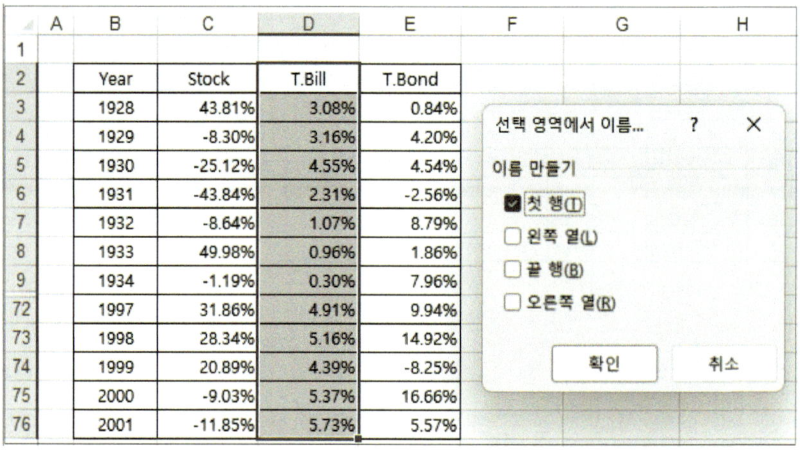

그림 2-1-4「선택 영역에서 이름」대화상자

이제 엑셀은 D2 셀의 값을 통해 D3:D76 범위에 대한 이름을 정의하게 된다. '이름 상자' 포함된 작은 화살표 T.Bill 를 클릭하면 정의된 이름을 모두 확인할 수 있다.

이제 커서를 D79 셀에 두고 그림 2-1-5와 같이 수식 =AVERAGE(T.Bill)을 입력하면 해당 수식은 D3:D76 범위의 값에 대한 평균을 계산하게 된다.

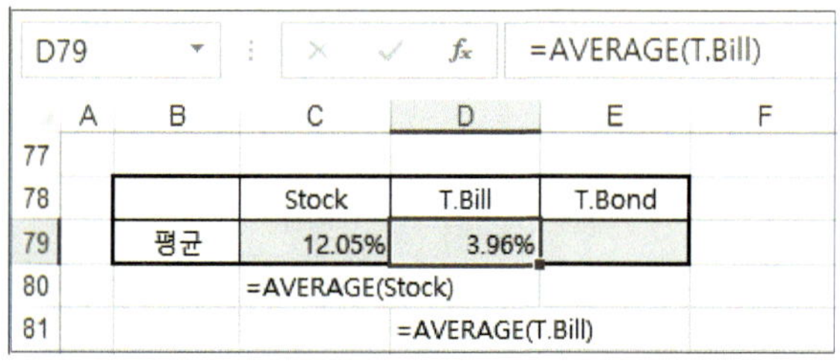

그림 2-1-5 수식 계산 - [선택 영역에서 만들기] 이용

엑셀 2019의 자동 완성 기능은 정의된 이름을 더욱 쉽게 사용할 수 있도록 도와준다. 수식을 입력하는 과정에서 =AVERAGE(T.을 입력하면 그림 2-1-6과 같이 T.으로 시작하는 정의된 이름과 함수가 표시된다. 표시된 상태에서 키보드의 ↓ 키로 T.Bill을 선택한 다음 Tab 키를 누르면 쉽고 빠르게 함수식을 완성할 수 있다.

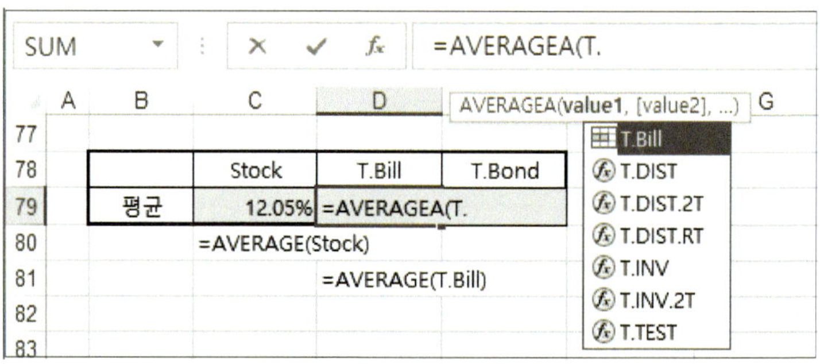

그림 2-1-6 자동 완성 기능

다음으로 [이름 정의]를 통해 이름을 정의하는 방법을 살펴보자. 이번에는 실습파일 [투자수익률] 시트의 빈 곳에 커서를 두고 [수식] 탭 > [정의된 이름] 그룹에서 [이름 정의]을 클릭하면 그림 2-1-7과 같이 「새 이름」 대화상자가 나타난다.

「새 이름」 대화상자의 '이름(N):' 상자에서는 T.Bond를 입력하고 '참조 대상(R):' 상자에서는 E3:D76 범위를 워크시트에서 선택한 다음 '확인' 단추를 클릭한다.

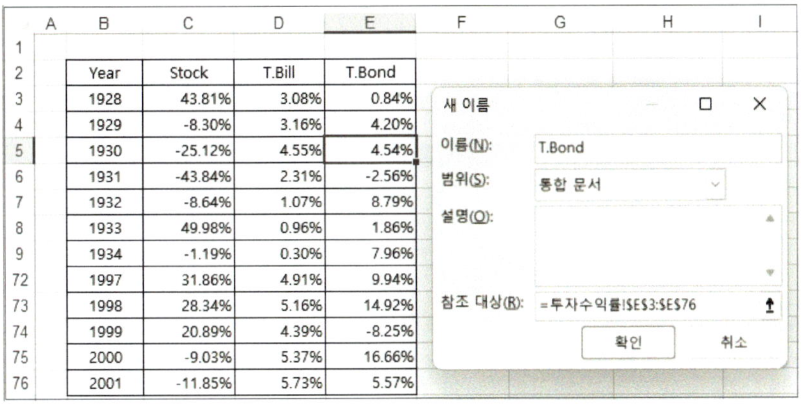

그림 2-1-7 「새 이름」 대화상자에서 이름 정의

이제 커서를 E79 셀에 두고 그림 2-1-8과 같이 수식 =AVERAGE(T.Bond)을 입력하면 해당 수식은 E3:E76 범위의 값에 대한 평균을 계산하게 된다.

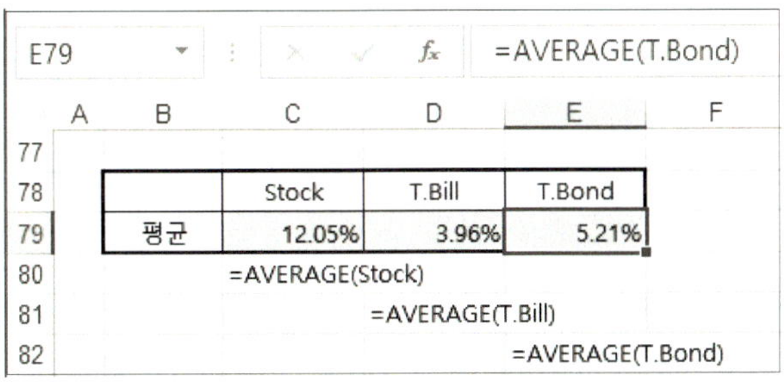

그림 2-1-8 수식 계산 - [이름 정의] 이용

지금까지 이름을 정의하는 3가지 방법에 대해서 살펴보았다. 엑셀 2019에는 정의된 이름을 쉽게 편집하거나 삭제하는 방법을 제공하고 있다. [수식] 탭 > [정의된 이름] 그룹에서 [이름 관리자]를 클릭하면 「이름 관리자」 대화상자가 나타난다. 「이름 관리자」 대화상자에서는 그림 2-1-9와 같이 지금까지 정의한 3개의 이름이 표시되어 있다. 「이름 관리자」 대화상자의 상단에 있는 편집(E) 단추와 삭제(D) 단추를 통해 더 이상 필요 없는 이름을 삭제하거나 편집할 수 있다. 예를 들어 이미 정의된 T.Bond 이름을 삭제하려면 그림 2-1-9와 같이 표시된 「이름 관리자」 대화상자에서 원하는 이름을 선택한 다음 키보드의 Delete 키를 눌러 삭제하거나 **삭제(D)** 단추를 클릭하여 삭제하면 된다. 만약 다수의 정의된 이름을 한꺼번에 삭제하려고 한다면 먼저 삭제할 이름을 선택하고 Ctrl 키나(떨어져 있는 이름 선택) Shift 키를 누르고(연속적으로 나열된 이름 선택) 삭제할 다른 이름을 선택하면 된다. 이렇게 삭제할 이름을 선택한 후 키보드의 Delete 키를 누르거나 **삭제(D)** 단추를 클릭하여 삭제하면 된다.

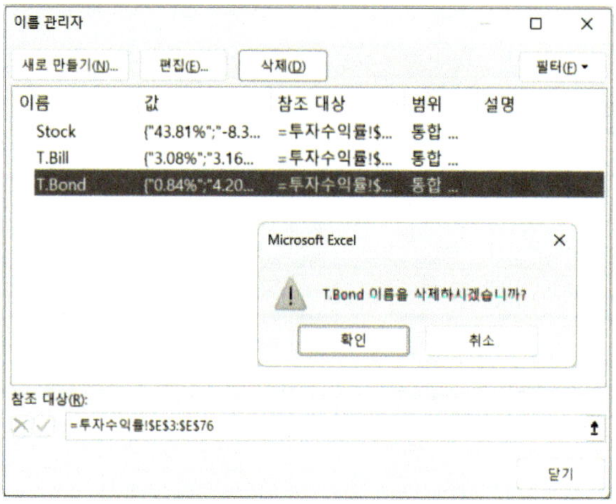

그림 2-1-9 정의된 이름 삭제

2 데이터 편집

엑셀 2019의 선택하여 붙여넣기 기능을 사용하면 특정 셀 또는 범위에 저장된 데이터 외에도 서식, 수식, 유효성 검사, 주석 등을 대상 셀에 복사할 수 있다. 먼저 복사하고자 하는 특정 셀에 커서를 두고 Ctrl+C 키를 누르고 **[홈] 탭 > [클립보드] 그룹**에서 [붙여넣기] 아이콘에 포함된 작은 화살표를 클릭하면 여러 종류의 '**붙여넣기 옵션**'이 나타난다. 그림 2-2-1과 같이 **[붙여넣기 옵션]**을 사용하여 본 예제에서는 다음과 같은 작업을 수행해 보자.

- 수식이 아닌 셀에 표시된 값만 워크시트의 다른 영역에 붙여넣는다.
- 열의 데이터를 행에 붙여넣거나 행의 데이터를 열에 붙여넣는다.
- 복사한 데이터를 대상 셀의 데이터(숫자)와 더하기, 빼기, 곱하기, 나누기를 할 수 있다.

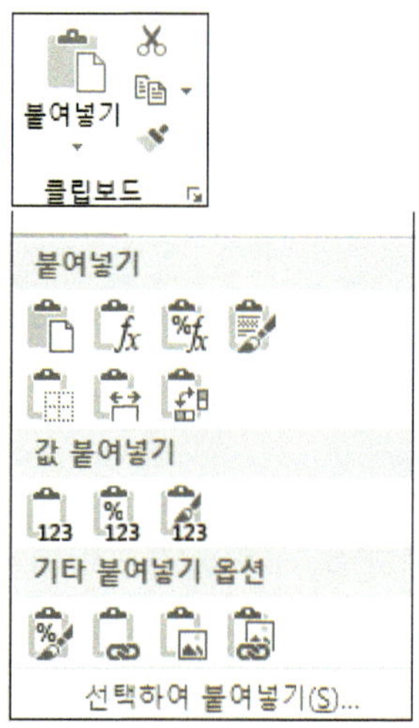

그림 2-2-1 붙여놓기 옵션

실습파일 : 붙여넣기옵션.xlsx

수식을 작성한 다음에 셀에 표시된 결과만을 복사하려고 하는데 자꾸 결과가 아닌 수식이 복사된다. 어떻게 하면 셀에 표시된 결과만 복사할 수 있을까요?

실습파일 [값붙여넣기] 시트의 B2:E7 범위에는 슬램덩크 팀의 주전 농구 선수 5명의 이름과 함께 2022년과 2023년 시즌의 게임 수, 득점, 게임당 평균 점수가 기록되어 있다.

	A	B	C	D	E	F
1						
2		2022년	게임	득점	평균 점수	
3		강백호	4	28	7.00	
4		서태웅	4	28	7.00	
5		채치수	5	35	7.00	
6		송태섭	6	22	3.67	
7		정대만	6	15	2.50	
8						
9						
10		2023년	게임	득점	평균 점수	2022년 점수
11		강백호	3	22	7.33	7.00
12		서태웅	4	25	6.25	7.00
13		채치수	6	20	3.33	7.00
14		송태섭	5	20	4.00	3.67
15		정대만	7	34	4.86	2.50

그림 2-2-2 슬램덩크 팀의 주전 선수의 점수

2022년 시즌의 평균 점수와 2023년 시즌의 평균 점수를 비교하기 위해 E3:E7 범위의 평균 점수를 복사하여 F11:F15 범위로 붙여넣고자 한다.

먼저 E3:E7 범위를 선택하고 Ctrl+C 키를 누른 다음 F11 셀로 이동하여 Ctrl+V 키를 누른다. 이때 그림 2-2-3과 같이 원하는 값이 복사되지 않는다. 기본적으로 엑셀은 셀의 값이 데이터가 아닌 수식일 경우 셀에 표시된 결과값을 복사하는 것이 아니라 수식을 복사하도록 되어 있다. 즉 E3 셀의 수식이 왼쪽에 위치한 =D3/C3로 계산한 것 같이 복사된 F11 셀의 수식 또한 왼쪽에 위치한 =E11/D11로 계산하게 된다. 이러한 이유로 전혀 다른 결과값이 표시되는 것이다.

만약 수식을 복사하지 않고 셀에 표시된 결과값을 그대로 복사하려면 선택하여 붙여넣기를 통해 붙여넣어야 한다.

	E	F
1		
2	평균 점수	
3	7.00	
4	7.00	
5	7.00	
6	3.67	
7	2.50	
8		
9		
10	평균 점수	2022년 점수
11	7.33	0.33
12	6.25	0.25
13	3.33	0.17
14	4.00	0.20
15	4.86	0.14

그림 2-2-3 붙여넣기 오류

먼저 E3:E7 범위를 선택하고 Ctrl+C 키를 누른 다음 F11 셀로 이동하여 마우스 오른쪽 버튼을 클릭하여 표시된 단축 메뉴에서 선택하여 붙여넣기(S)...를 클릭한다. 그림 2-2-4와 같이 나타난 「선택하여 붙여넣기」 대화상자에서 '값(V)' 옵션을 선택하고 '확인' 단추를 클릭한다. 이제 F11:F15 범위에는 수식이 아닌 결과값이 복사된 것을 확인할 수 있다.

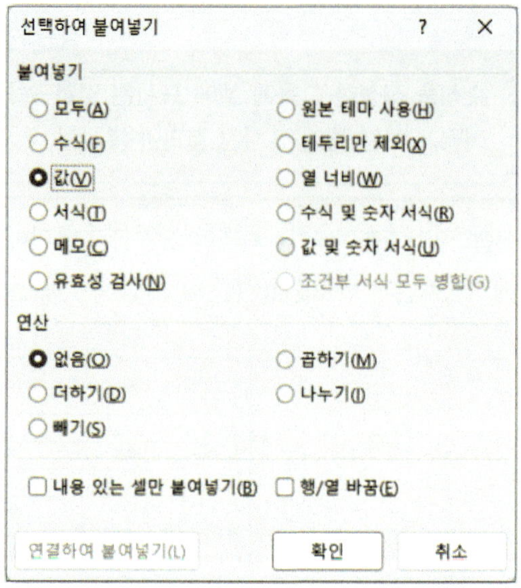

그림 2-2-4 「선택하여 붙여넣기」 대화상자

> 행 단위로 입력된 데이터를 열 단위로 바꿔서 보고 싶은데 어떻게 하면 행과 열을 회전하듯 바꾸어서 재배치할 수 있을까요?

때때로 데이터의 가독성 문제로 행 단위로 입력된 데이터를 열 단위로 데이터를 재정렬해야 하는 경우가 발생한다. 그림 2-2-5와 같이 행 단위로 나열된 데이터를 열 단위로 나열되게 하려면 선택하여 붙여넣기에서 '행/열 바꿈' 기능을 사용하면 된다.

예를 들어 실습파일 [행열바꿈] 시트에서 행 단위로 나열된 B3:B7 범위의 5명의 선수 이름을 B10:F10 범위의 열 단위로 나열하고자 한다.

	A	B	C	D	E	F	G
1							
2			게임	득점	평균 점수		
3		강백호	4	28	7.00		
4		서태웅	4	28	7.00		
5		채치수	5	35	7.00		
6		송태섭	6	22	3.67		
7		정대만	6	15	2.50		
8							
9							
10		강백호	서태웅	채치수	송태섭	정대만	
11							
12							
13			강백호	서태웅	채치수	송태섭	정대만
14		게임	4	4	5	6	6
15		득점	28	28	35	22	15
16		평균 점수	7.00	7.00	7.00	3.67	2.50

그림 2-2-5 행/열 바꿈

먼저 B3:B7 범위를 선택한 다음 Ctrl+C 키를 눌러 데이터를 복사한다. 그리고 B10 셀에서 마우스 오른쪽 버튼을 클릭하고 단축 메뉴에서 [선택하여 붙여넣기(S)...]를 클릭한 다음, 그림 2-2-4와 같이 「선택하여 붙여넣기」 대화상자의 맨 아래 섹션에서 '행/열 바꿈(E)' 확인란을 클릭하면 5명의 선수 이름이 열 단위로 바뀐 것을 확인할 수 있다.

다음으로 B2:E7 범위의 전체 내용에 대해서 행/열을 바꾸어 표시해 보자. 먼저 B2:E7 범위를 선택하고 Ctrl+C 키를 누른다. 그리고 B13 셀을 클릭하고 마우스 오른쪽 버튼을 클릭하여 [선택하여 붙여넣기(S)...]을 선택한 다음, 그림 2-2-4와 같이「선택하여 붙여넣기」 대화상자에서 [행/열 바꿈(E)]을 선택하고 '확인' 단추를 클릭한다.

'선택하여 붙여넣기'를 좀 더 빠르게 적용하고 싶다면, 먼저 특정 범위를 선택하고 Ctrl+C 키를 누른 다음, 마우스 오른쪽 버튼을 클릭하여 나타난 단축 메뉴에 표시된 그림 2-2-6과 같은 붙여넣기 옵션 아이콘을 바로 사용하면 된다.

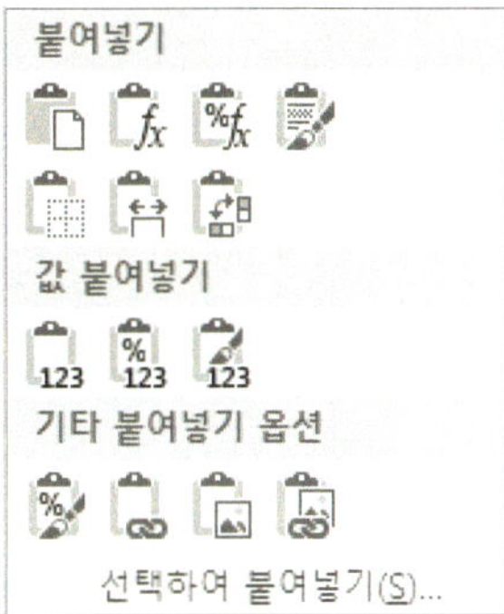

그림 2-2-6 붙여넣기 옵션

대표적인 아이콘 모양을 잘 기억해 두면 필요할 때마다 단축 메뉴에서 곧바로 사용할 수 있어 매우 편리하다. 붙여넣기 옵션에 표시된 대표적인 7가지 아이콘은 다음과 같은 동작을 수행한다.

모두 붙여넣기	값 붙여넣기	수식 붙여넣기	원본 열 너비 유지	행/열 바꿈	서식 붙여넣기	연결하여 붙여넣기

웹사이트에서 월별 미국 국채 금리가 기록된 엑셀 파일을 다운 받았다. 파일을 열어보니 이자율에 대한 5%가 5로, 8%가 8로 입력되어 있다. 하지만 이자율을 계산에 포함하려면 5를 0.05로 바꾸어야 한다. 어떻게 하면 쉽게 바꿀 수 있을까요?

실습파일 [나누기] 시트에는 1970년 1월과 1987년 2월 사이의 3개월물 단기국채에 대한 이자율이 기록되어 있다. C3 셀의 데이터 값 8.01은 1970년 1월 3개월물 단기국채에 대한 이자율이 8.01%라는 의미이다.

해당 데이터를 사용해 국채 수익률과 관련된 다양한 계산을 하려고 한다. 하지만 그림 2-2-7과 같이 C 열에 입력된 이자율은 백분율로 표시되어 있지 않기 때문에 국채 수익률과 관련된 계산에 사용하기가 어렵다. 따라서 C 열의 입력된 이자율을 100으로 나누어 백분율 형식으로 사전에 준비해 두어야 한다. 이를 위해 그림 2-2-8과 같이 「선택하여 붙여넣기」 대화상자의

'연산' 섹션을 사용하면 특정 범위의 숫자를 주어진 값으로 쉽게 계산할 수 있다.

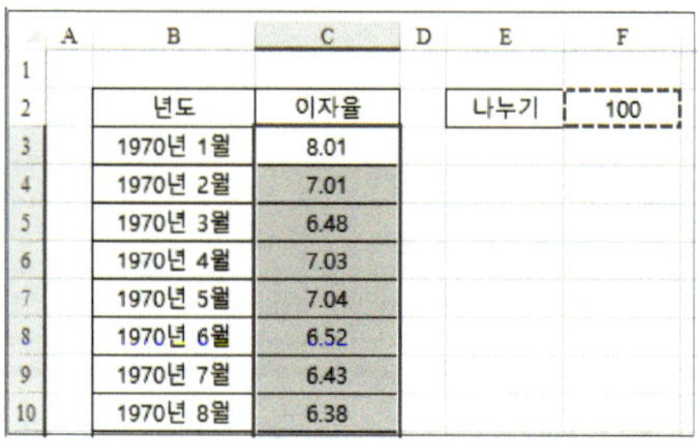

그림 2-2-7 복사하기

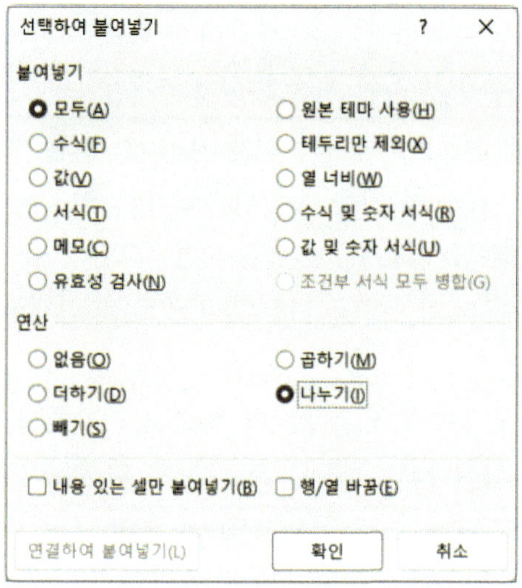

그림 2-2-8 「선택하여 붙여넣기」 대화상자

이를 위해 먼저 나누기 연산에 사용할 제수(divisor) 100이 입력된 F2 셀에 선택하고 Ctrl+C 키를 누른다. 다음으로 C3 셀을 클릭하고 Ctrl+Shift를 누른 채 키보드의 **아래쪽 화살표** ↓ 키를 누르면 C3:C208까지의 범위가 한꺼번에 선택된다.

다음으로 선택한 범위(C3:C208) 위에서 마우스 오른쪽 버튼을 클릭하고 **선택하여 붙여넣기(S)...**를 선택한 다음 그림 2-2-8과 같이 「선택하여 붙여넣기」 대화상자의 '연산' 섹션에서 **나누기(I)**를 선택하고 '확인' 단추를 클릭한다.

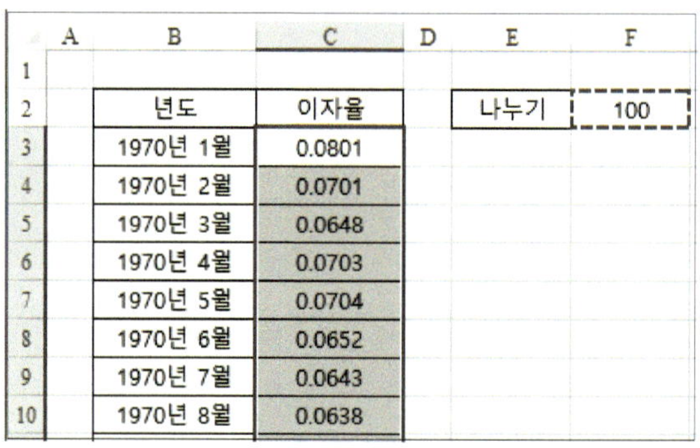

그림 2-2-9 나누기 연산 결과

그림 2-2-9를 보면 C 열에 입력된 숫자가 100으로 나누어진 것을 확인할 수 있다. 만약 다시 원래의 값으로 되돌리고 싶다면 동일한 절차로 **곱하기(M)**를 선택하면 된다.

3 표 서식

'표 서식' 기능은 사용자가 일일이 특정 서식을 설정할 필요 없이 미리 정의된 서식을 사용함으로써 표 전체를 한꺼번에 여러 서식으로 적용할 수 있다. 표 서식에는 크게 '밝게', '보통', '어둡게'의 세 가지 유형으로 구분되며 이 중 사용자가 원하는 스타일 적절히 선택하여 적용하면 된다.

실습파일 : 표서식.xlsx

실습파일 [직원명단] 시트의 데이터에 '표 서식'을 적용하기 위해 먼저 커서를 데이터 범위 내에 위치한다. 다음으로 [홈] 탭 > [스타일] 그룹에서 [표 서식]을 클릭하고 목록에서 파랑, 표 스타일 밝게 9를 선택한다. 다음으로 그림 2-3-1과 같이 「표 만들기」 대화상자에서 서식을 적용할 B2:L17 범위를 선택하고 '확인' 단추를 클릭한다. 이때 커서를 데이터 내부에 두고 '표 서식'을 선택하였기 때문에 자동으로 표 서식을 적용할 범위가 선택되어 있다.

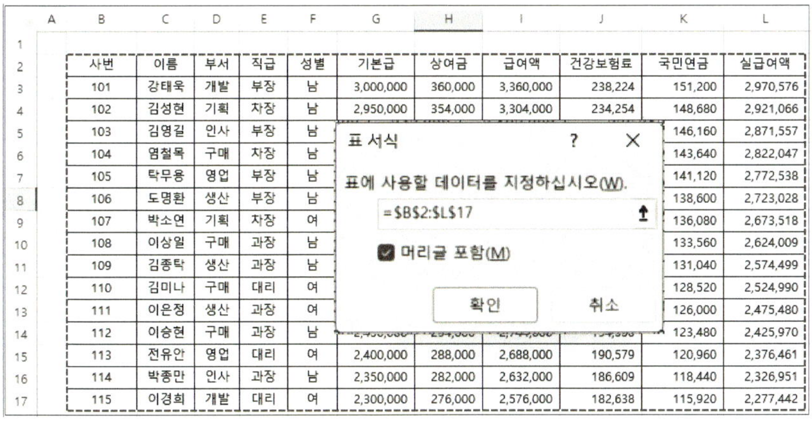

사번	이름	부서	직급	성별	기본급	상여금	급여액	건강보험료	국민연금	실급여액
101	강태욱	개발	부장	남	3,000,000	360,000	3,360,000	238,224	151,200	2,970,576
102	김성현	기획	차장	남	2,950,000	354,000	3,304,000	234,254	148,680	2,921,066
103	김영길	인사	부장	남					146,160	2,871,557
104	염철목	구매	차장	남					143,640	2,822,047
105	탁무용	영업	부장	남					141,120	2,772,538
106	도명환	생산	부장	남					138,600	2,723,028
107	박소연	기획	차장	여					136,080	2,673,518
108	이상일	구매	과장	남					133,560	2,624,009
109	김종탁	생산	과장	남					131,040	2,574,499
110	김미나	구매	대리	여					128,520	2,524,990
111	이은정	생산	과장	여					126,000	2,475,480
112	이승현	구매	과장	남					123,480	2,425,970
113	전유안	영업	대리	여	2,400,000	288,000	2,688,000	190,579	120,960	2,376,461
114	박종만	인사	과장	남	2,350,000	282,000	2,632,000	186,609	118,440	2,326,951
115	이경희	개발	대리	여	2,300,000	276,000	2,576,000	182,638	115,920	2,277,442

그림 2-3-1 표 서식을 적용하기 위한 「표 만들기」 대화상자

그림 2-3-2와 같이 표 서식을 적용한 다음 새로운 데이터를 입력해 보면 '표 서식'의 기능을 이해할 수 있다. 먼저 커서를 B18 셀에 두고 새로운 데이터 116을 입력하고 Enter↵ 키를 누르면 이미 적용된 표 서식과 수식이 자동으로 적용이 되는 것을 볼 수 있다.

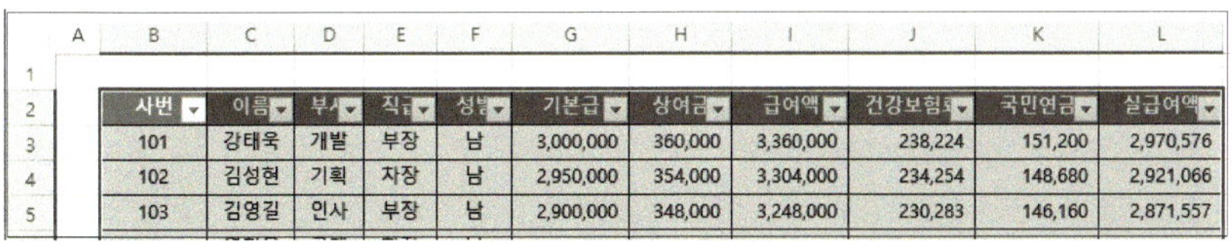

사번	이름	부서	직급	성별	기본급	상여금	급여액	건강보험료	국민연금	실급여액
101	강태욱	개발	부장	남	3,000,000	360,000	3,360,000	238,224	151,200	2,970,576
102	김성현	기획	차장	남	2,950,000	354,000	3,304,000	234,254	148,680	2,921,066
103	김영길	인사	부장	남	2,900,000	348,000	3,248,000	230,283	146,160	2,871,557

그림 2-3-2 표 서식 '표 스타일 밝게 9' 적용

엑셀 2013부터 슬라이서 기능이 추가되었다. 데이터를 효과적으로 표시하는데 슬라이서 기능이 얼마나 도움이 될까요?

엑셀 2013부터 '슬라이서'를 사용하여 대량의 데이터에서 원하는 데이터만을 필터링하여 표시할 수 있다. 아울러 그림 2-3-2와 같이 '표 서식'이 적용되어 있으면 슬라이서 기능을 손쉽게 이용할 수 있다. 이미 '표 서식'을 적용된 **실습파일 [직원명단_슬라이서] 시트**에서 커서를 데이터 내에 두고 **[디자인] 탭 > [도구] 그룹**에서 [슬라이서 삽입]을 클릭한다.

「슬라이서 삽입」 대화상자에서 '부서'와 '직급' 열에 대한 슬라이서를 만들기 위해 그림 2-3-3과 같이 선택하고 '확인' 단추를 클릭한다.

워크시트를 보면 '부서'와 '직급' 슬라이서가 추가된 것을 확인할 수 있다. 추가된 2개의 슬라이서를 적절한 위치에 배치한 다음, 그림 2-3-4와 같이 '부서' 슬라이서에서는 **구매**를 선택하고 '직급' 슬라이서에서는 **과장**을 선택한다. 최종적으로 필터링 결과를 보면 구매 부서에 근무하는 과장은 **이상일**과 **이승현**이라는 것을 알 수 있다.

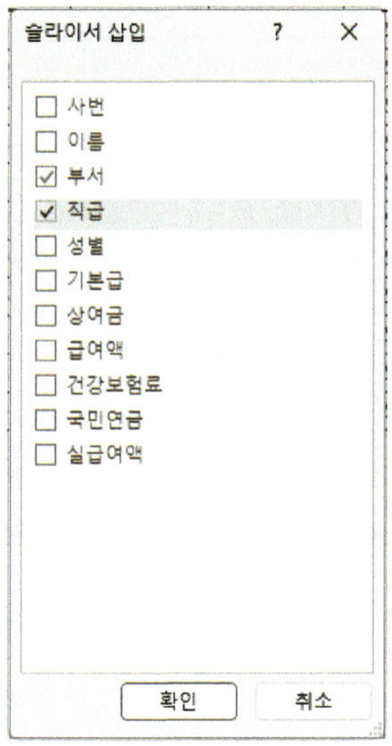

그림 2-3-3 「슬라이서 삽입」 대화상자

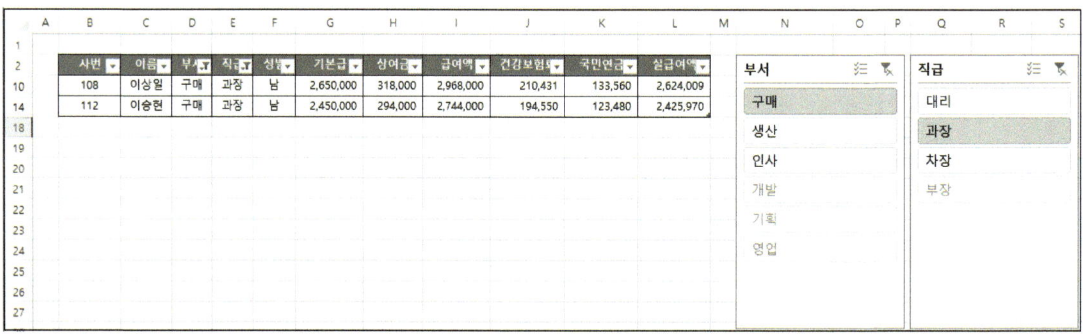

그림 2-3-4 슬라이서를 적용한 필터링 결과

엑셀의 중복된 항목 제거 기능은 어떻게 사용하면 효과적으로 사용할 수 있을까요?

'중복된 항목 제거'는 특정 열을 기준으로 중복된 데이터가 있는 경우 하나의 행만 남기고 나머지 행을 제거하는 기능을 제공한다. 예를 들어 [직원명단] 시트에 입력된 데이터 중 동일한 이름, 부서, 직급을 가진 직원이 2명 이상이 존재한다면 이는 분명히 중복으로 입력한 결과일 것이다.

따라서 직원명단 가운데 중복해서 입력된 데이터가 있다면 해당 데이터를 제거해 주어야 한다. 그림 2-3-5를 보면 16행과 18행의 데이터가 중복으로 입력된 것을 확인할 수 있는데, '표 서식'이 적용되어 있으면 '중복된 항목 제거' 기능을 손쉽게 이용할 수 있다.

이미 '표 서식'을 적용된 **실습파일 [직원명단_중복된항목제거] 시트**에서 커서를 데이터 내에 두고 **[디자인] 탭 > [도구] 그룹**에서 [중복된 항목 제거]를 클릭한다.

그리고 「중복된 항목 제거」 대화상자에서 **모두 선택 취소(U)** 단추를 클릭하여 이미 선택된 필드를 취소한 다음 그림 2-3-5와 같이 **이름, 부서, 직급, 성별**을 선택하고 '확인' 단추를 클릭한다.

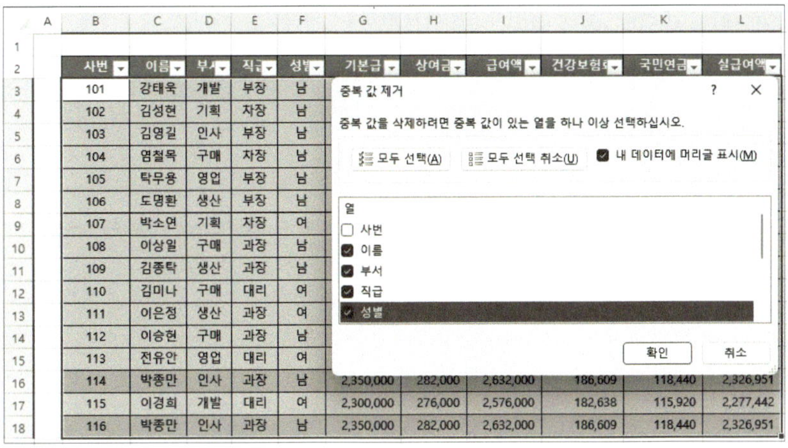

그림 2-3-5 중복된 항목 제거를 위한 「중복된 항목 제거」 대화상자

만약 본 예제와 같이 중복된 데이터가 있다면(16행과 18행 중복) 중복된 행 중에 처음 행(16행)을 남기고 나머지 행(18행)을 제거하게 된다. 그러나 중복된 데이터가 없다면 "중복된 값이 없습니다" 메시지가 표시된다.

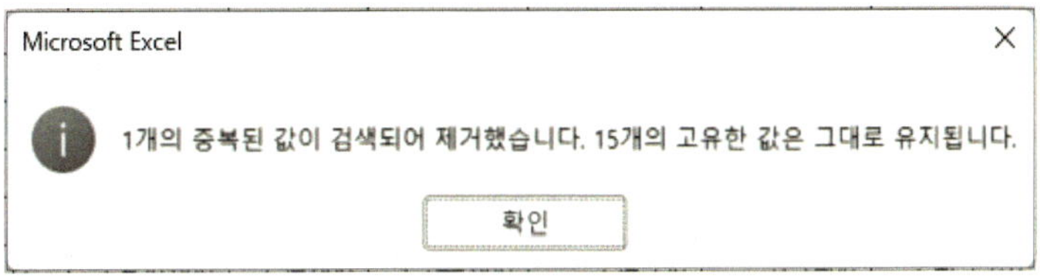

그림 2-3-6 중복된 항목 제거 메시지

4 조건부 서식

조건부 서식을 사용하면 셀 범위의 특정 내용을 기준으로 지정한 특정 범위에 적절한 서식을 지정할 수 있다. 예를 들어 학생들의 시험 점수를 기록한 데이터에서 조건부 서식을 사용하여 평점이 A인 학생의 이름을 파랑색으로 강조할 수 있다.

기본적으로 특정 범위의 서식을 지정하기 위한 조건을 설정할 때 엑셀 2019는 범위에 포함된 각 셀을 확인하여 지정한 조건(예: 평점 = "A")이 충족하는지를 확인하게 된다. 그런 다음 엑셀은 조건을 충족하는 모든 셀에 사용자가 지정한 서식을 적용하게 된다. 셀의 내용이 조건을 충족하지 않으면 셀의 서식이 변경되지 않은 상태로 그대로 유지된다.

실습파일 : 조건부서식.xlsx

먼저 조건부 서식 옵션을 보려면 서식을 적용할 범위를 선택한다. 그런 다음 **[홈] 탭 > [스타일] 그룹**에서 [조건부 서식]을 클릭하여 그림 2-4-1과 같이 '조건부 서식' 메뉴를 연다.

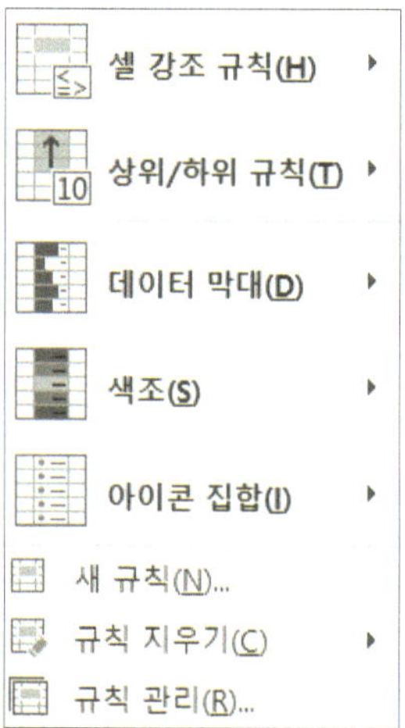

그림 2-4-1 조건부 서식 하위 메뉴

○ **'셀 강조 규칙(H)'**을 사용하여 다음 기준 중 하나를 충족하는 셀에 사용자가 지정한 서식을 적용할 수 있다.
- 특정 숫자보다 크거나 작은 데이터
- 특정 문자열과 일치하는 데이터
- 현재 날짜를 기준으로 특정 날짜 범위 내에 속하는 데이터

- 선택한 범위의 데이터 중 하나 이상 중복된 데이터

○ **'상위/하위 규칙(T)'** 을 사용하여 다음 기준 중 하나를 충족하는 셀에 사용자가 지정한 서식을 적용할 수 있다.
- 특정 범위 내의 숫자 중 가장 크거나 작은 n 번째 데이터
- 특정 범위 내의 숫자 중 상위 또는 하위 n% 데이터
- 특정 범위의 평균값보다 높거나 낮은 데이터

○ **'데이터 막대(D)', '색조(S)', '아이콘 집합(I)'**을 사용하여 선택한 범위의 데이터 중 큰 값, 작은 값, 중간 값에 해당하는 데이터를 구별하여 준다.

○ **'색조(S)'**를 사용하면 작은 값에 해당하는 데이터는 빨간색으로 표시하고 큰 값에 해당하는 데이터는 파란색으로 표시할 수 있다. 또한 선택한 범위의 값이 작은 값에서 큰 값으로 증가함에 따라 색조에 대한 그라데이션 효과를 적용할 수 있다.

○ **'아이콘 집합(I)'**을 사용하면 최대 5개의 아이콘(기호)을 사용하여 서로 다른 값에 대해 각각 다른 아이콘으로 표시할 수 있다. 예를 들어 위쪽을 가리키는 화살표는 큰 값에 해당하는 데이터와 연결하고 오른쪽을 가리키는 화살표는 중간 값에 해당하는 데이터에 연결하고 아래쪽을 가리키는 화살표는 작은 값에 해당하는 데이터에 연결하여 나타낼 수 있다.

○ **'새 규칙(N)...'**을 사용하면 「새 서식 규칙」 대화상자를 통해 사용자가 직접 수식을 만들어 서식을 적용할 셀을 결정할 수 있다. 예를 들어 선택한 범위의 데이터 중에 평균값을 초과하는 셀에 대해서 녹색 서식을 적용할 수 있다.

○ **'규칙 지우기(C)'**를 사용하면 선택한 범위 또는 전체 워크시트에 적용된 모든 조건부 서식을 삭제할 수 있다.

○ **'규칙 관리(R)...'**를 사용하면 「조건부 서식 규칙 관리자」 대화상자를 통해 워크시트에 적용된 모든 조건부 서식 규칙을 확인할 수 있으며 특정 조건부 서식 규칙을 편집, 삭제할 수 있을 뿐만 아니라 적용된 여러 조건부 서식 규칙의 순서를 변경할 수 있다.

조건부 서식 기능을 이용해 특정 값보다 큰 데이터 또는 중복으로 입력된 데이터를 강조하고 싶은데 어떻게 하면 될까요?

실습파일 [셀강조규칙] 시트의 데이터에서 숫자, 텍스트, 날짜 등 다양한 형태의 데이터를 사용자가 원하는 조건과 서식으로 강조하는 방법을 살펴보자. 예를 들어 '학번'에 해당하는 C3:C17 범위에 있는 데이터 중 중복된 값이 있으면 빨간색으로 강조하여 표시하려고 한다. 이를 위해 먼저 **C3:C17** 범위를 선택하고 **[홈] 탭 > [스타일] 그룹**에서 [조건부 서식]을 클릭하고 [셀 강조 규칙(H)]의 하위 메뉴에서 [중복 값(D)...]을 선택한다. 그리고 「중복 값」 대화상자에서 그림 2-4-2와 같이 **진한 빨강 텍스트가 있는 연한 빨강 채우기**를 선택하고 '확인'을 클릭한다. 조건부

서식 결과를 확인해 보면 C3:C17 범위의 데이터 중 학번 202371785에 대해 빨강 채우기가 적용된 것을 확인할 수 있다.

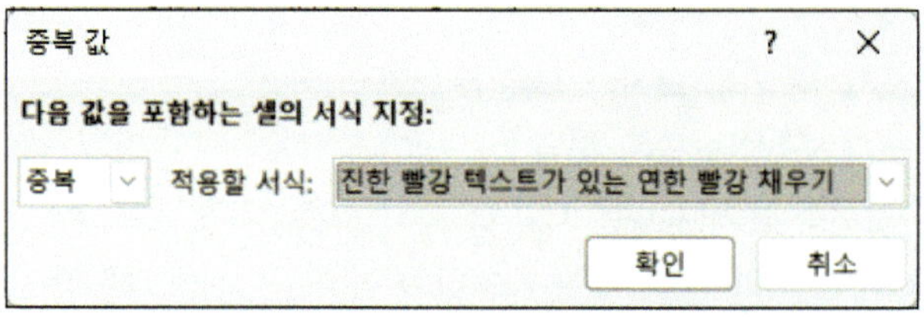

그림 2-4-2 「중복 값」 대화상자

다음으로 '출신지역'에 해당하는 E3:E17 범위에서 광역시 출신에 대해서 녹색 채우기로 강조해 보자. 이를 위해 먼저 E3:E17 범위를 선택한 다음 [조건부 서식]을 클릭하고 [셀 강조 규칙(H)]의 하위 메뉴에서 [텍스트 포함(T)...]을 선택한다. 그리고 「텍스트 포함」 대화상자에서 왼쪽 상자에 광역시를 입력하고 '적용할 서식:'에서는 진한 녹색 텍스트가 있는 녹색 채우기를 선택하여 그림 2-4-3과 같이 완성한다. 조건부 서식 결과를 확인해 보면 E3:E17 범위의 데이터 중 광역시가 포함된 데이터에 대해 녹색 채우기가 적용된 것을 확인할 수 있다.

그림 2-4-3 「텍스트 포함」 대화상자

다음으로 '합계'에 해당하는 L3:L17 범위에서 89점보다 큰 점수에 대해서 노랑 채우기로 강조해 보자. 이를 위해 먼저 L3:L17 범위를 선택한 다음 [조건부 서식]을 클릭하고 [셀 강조 규칙(H)]의 하위 메뉴에서 [보다 큼(G)...]을 선택한다. 그리고 「텍스트 포함」 대화상자에서 왼쪽 상자에 89를 입력하고 '적용할 서식:'에서는 진한 노랑 텍스트가 있는 노랑 채우기를 선택하여 그림 2-4-4와 같이 완성한다. 조건부 서식 결과를 확인해 보면 L3:L17 범위의 데이터 중 90점 이상인 데이터에 대해 노랑 채우기가 적용된 것을 확인할 수 있다.

그림 2-4-4 「보다 큼」 대화상자

조건부 서식 기능을 이용해 상위/하위 10%에 해당하는 데이터 또는 평균을 초과하는 데이터를 강조하고 싶은데 어떻게 하면 될까요?

실습파일 [상위하위규칙] 시트에는 섭씨온도를 기준으로 1850~2017년 기간의 지구 온도에 대한 연간 편차가 기록되어 있다. 여러 단체에서 주장하듯 만약 지구 온난화가 발생하고 있다면 최근 몇 년 동안의 온도가 지난 과거의 온도보다 높아야 한다.

이를 시각적으로 표현하기 위해 **실습파일** [하위하위규칙] **시트**의 데이터에서 가장 따뜻했던 20년을 찾아 빨강 채우기로 강조해 보자. 이를 위해 먼저 온도를 기록한 C3:C170 범위를 선택한다. 선택할 범위가 매우 큰 경우 C3 셀을 선택하고 Ctrl+Shift+↓ 키를 누르면 큰 범위도 손쉽게 선택할 수 있다.

[홈] 탭 > [스타일] 그룹에서 [조건부 서식]을 클릭하고 [상위/하위 규칙(T)]의 하위 메뉴에서 [상위 10개 항목(T)...]을 선택한다. 그리고 「상위 10개 항목」 대화상자에서 기본값을 20으로 변경하고 '적용할 서식:'에서 **진한 빨강 텍스트가 있는 연한 빨강 채우기**를 그대로 두고 '확인' 단추를 클릭하여 그림 2-4-5와 같이 완성한다. 조건부 서식 결과를 확인해 보면 C3:C170 범위의 데이터 중 1995~2017년이 가장 따뜻한 20년에 해당한다는 것을 알 수 있다.

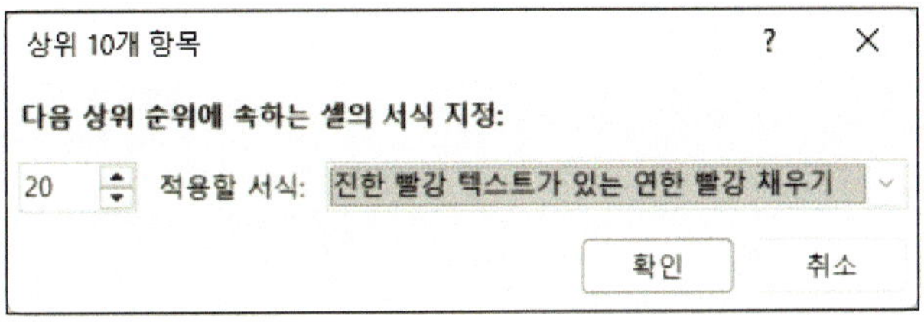

그림 2-4-5 「상위 10개 항목」 대화상자

다음으로 그동안의 지구 온도 중 상위 10%와 하위 10%에 해당하는 온도와 연도는 어떻게 되는지 살펴보자. 먼저 D3:D170 범위를 선택한 다음 **[조건부 서식]**을 클릭하고 [상위/하위 규칙(T)]의 하위 메뉴에서 [상위 10%(P)...]를 선택한다. 그리고 「상위 10%」 대화상자에서 기본값 10%를 그대로 두고 '적용할 서식:'을 **진한 녹색 텍스트가 있는 녹색 채우기**를 선택하여 그림 2-4-6과 같이 완성한다. 조건부 서식 결과를 확인해 보면 D3:D170 범위의 데이터 중 1998~2017년이 가장 따뜻한 10%에 해당한다는 것을 알 수 있다.

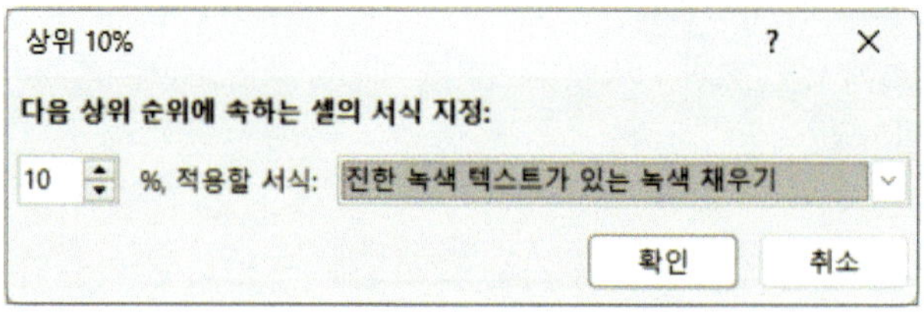

그림 2-4-6「상위 10%」대화상자

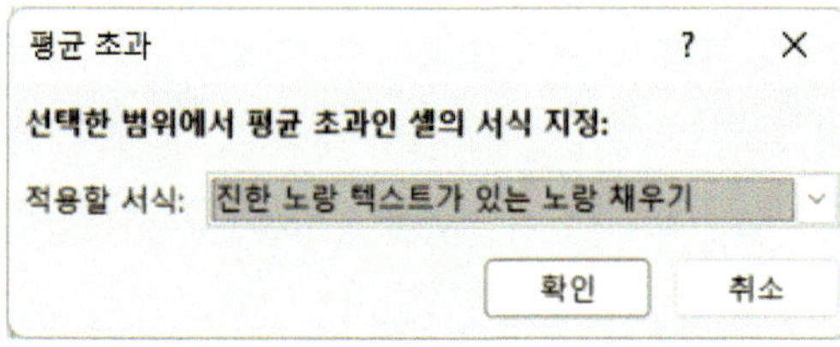

그림 2-4-7「평균 초과」대화상자

마지막으로 그동안 관측된 지구 온도의 평균값과 비교하여 평균보다 높은 온도가 되었던 연도는 어떻게 되는지 살펴보자. 먼저 E3:E170 범위를 선택한 다음 [조건부 서식]을 클릭하고 [상위/하위 규칙(T)]의 하위 메뉴에서 [평균 초과(A)...]를 선택한다. 그리고「평균 초과」대화상자에서 그림 2-4-7과 같이 진한 노랑 텍스트가 있는 노랑 채우기를 선택한다. 조건부 서식 결과를 확인해 보면 E3:E170 범위의 데이터 중 1926~2017년이 평균 온도보다 따뜻한 연도였다는 것을 알 수 있다.

조건부 서식 기능을 사용해 데이터 막대를 표시하고 싶은데 어떻게 하면 될까요?

워크시트에 입력된 숫자에 대한 가독성을 높이기 위해 숫자에 해당하는 크기만큼 데이터 막대로 표현할 수 있다. 조건부 서식의 데이터 막대, 색조, 아이콘 집합 기능은 숫자들의 차이를 시각적으로 표시하는데 매우 효율적인 방법이다.

먼저 [데이터 막대] 기능에 대해서 살펴보자. 실습파일 [데이터막대] 시트의 H3:H10 범위를 선택한 다음 [홈] 탭 > [스타일] 그룹에서 [조건부 서식]을 클릭한다. 그리고 [데이터 막대(D)]의 하위 메뉴에서 [그라데이션 채우기] 섹션에서 첫 번째 파랑 데이터 막대를 선택한다. 데이터 막대는 입력된 값에 따라 자동으로 막대의 크기가 달라지기 때문에 각 과목을 이수하는 데 걸리는 기간에 따라 파란색 막대의 길이가 서로 다르게 표시된 것을 확인할 수 있다.

하지만 데이터 막대는 입력된 값의 최소값과 최대값에 따라 자동으로 조정되기 때문에 최소값과 최대값이 변하게 되면 데이터 막대 전체가 변하게 된다. 따라서 데이터 막대를 설정할 때 그림 2-4-8과 같이 최소값과 최대값으로 설정하기보다는 특정 범위의 숫자를 직접 입력하는 것이 나을 수 있다.

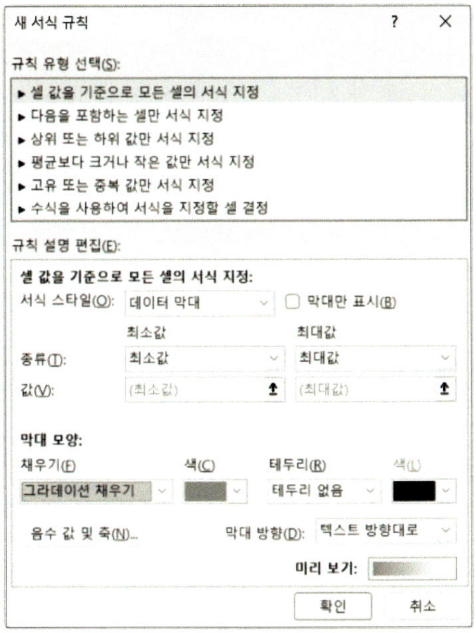

그림 2-4-8 데이터 막대 서식 - 최소값, 최대값

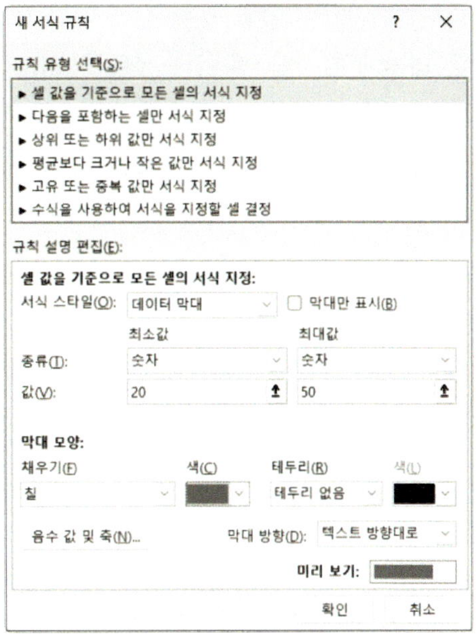

그림 2-4-9 데이터 막대 서식 – 숫자

이를 위해 먼저 G3:G10 범위를 선택한 다음, [홈] 탭 > [스타일] 그룹에서 [조건부 서식]을 클릭한다. 그리고 [데이터 막대(D)]의 하위 메뉴에서 [기타 규칙(M)]을 선택한다. 그리고 「새 서식 규칙」 대화상자에서 '최소값'을 숫자 – 20으로 입력하고 '최대값'을 숫자 – 50으로 입력한 다음 '채우기(F)'를 칠로 선택하고 '확인' 단추를 클릭하여 그림 2-4-9와 같이 완성한다.

그림 2-4-10에서처럼 G 열에 적용한 데이터 막대는 최소 수용인원 20명에서 최대 수용인원 50명으로 제한을 둔다는 의미이며, G3:G10 범위에 입력된 값이 20보다 작으로 데이터 막대를 표시하지 않고, 50보다 크면 데이터 막대는 셀을 가득 채우게 된다.

	A	B	C	D	E	F	G	H
1								
2		No	과목명	전공	강사	수강료	수강인원	기간(월)
3		1	경영정보처리	경영정보시스템	김진성	95,000	45	2
4		2	데이터베이스관리	경영정보시스템	김종기	90,000	50	5
5		3	금융시장론	재무	강상문	80,000	30	3
6		4	조직관리론	인사	곽신미	75,000	25	1
7		5	재무관리	재무	박민희	85,000	22	6
8		6	국제마케팅	마케팅	서민아	70,000	35	2
9		7	조직행위론	인사	최수용	90,000	60	3
10		8	디지털마케팅	마케팅	신종무	75,000	30	4

그림 2-4-10 데이터 막대 서식 적용 결과

데이터 막대는 양수 값과 음수 값에 따라 데이터 막대의 방향을 다르게 표시할 수 있다. **실습파일 [음수데이터막대] 시트**에는 삼성전자의 2023년 12월 01일부터 15일 동안의 주가 변동률이 기록되어 있다. 해당 데이터에 단색 채우기 막대를 적용하기 위해 먼저 음수 값이 포함된 **C3:C15** 범위를 선택한 다음 **[홈] 탭 > [스타일] 그룹**에서 **[조건부 서식]**을 클릭한다. 그리고 **[데이터 막대(D)]**의 하위 메뉴에서 **[단색 채우기]** 세션에서 첫 번째 **파랑 데이터 막대**를 선택한다. 그림 2-4-11과 같이 양수 값과 음수 값에 대해서 단색 데이터 막대의 방향이 서로 다르게 표시된 것을 확인할 수 있다.

	A	B	C
1			
2		날짜	변동율
3		2023-12-15	0.27%
4		2023-12-14	0.41%
5		2023-12-13	-0.95%
6		2023-12-12	0.68%
7		2023-12-11	0.55%
8		2023-12-10	0.00%
9		2023-12-08	1.54%
10		2023-12-07	-0.[illegible]8%
11		2023-12-06	0.70%
12		2023-12-05	-1.9[illegible]%
13		2023-12-04	0.83%
14		2023-12-03	0.00%
15		2023-12-01	[illegible]0%

그림 2-4-11 음수 값에 대한 데이터 막대

> 데이터값에 따라 색상을 다르게 표시하고 싶은데 어떻게 하면 될까요?

다음으로 [색조] 기능을 활용하여 다양한 색상이 적용되도록 설정해 보자. **실습파일 [색조] 시트**에는 그림 2-4-12와 같이 미국 주식 S&P500, 단기국채, 장기국채에 대한 연간 수익률이 기록되어 있으며 연간 수익률에 따라 '녹색-노랑-빨강' 3가지 색상을 적용하여 표시하고 있다. 가장 높은 수익률에 대해서는 녹색으로 표시하고 가장 낮은 수익률에 대해서는 빨간색, 중간 수익률에 대해서는 노란색으로 표시하였다.

이를 위해 먼저 **C3:C90** 범위를 선택한 다음 **[홈] 탭 > [스타일] 그룹**에서 **[조건부 서식]**을 클릭한다. 그리고 **[색조(S)]**의 하위 메뉴에서 첫 번째 **[녹색-노랑-빨강 색조]**를 선택하면 그림 2-4-12와 같이 데이터 값에 따라 3가지 색상으로 표시할 수 있다.

	A	B	C	D	E
1					
2		년도	S&P500	단기국채	장기국채
3		1928	43.81%	3.08%	0.84%
4		1929	-8.30%	3.16%	4.20%
5		1930	-25.12%	4.55%	4.54%
6		1931	-43.84%	2.31%	-2.56%
7		1932	-8.64%	1.07%	8.79%
8		1933	49.98%	0.96%	1.86%
9		1934	-1.19%	0.32%	7.96%
10		1935	46.74%	0.18%	4.47%
11		1936	31.94%	0.17%	5.02%
12		1937	-35.34%	0.30%	1.38%
13		1938	29.28%	0.08%	4.21%
14		1939	-1.10%	0.04%	4.41%
15		1940	-10.67%	0.03%	5.40%

그림 2-4-12 세 가지 색조 적용

아울러 색조 기능은 2가지 색으로 지정할 수도 있다. 이를 위해 먼저 **D3:D90** 범위를 선택한 다음 **[홈] 탭 > [스타일] 그룹**에서 **[조건부 서식]**을 클릭한다. 그리고 **[색조(S)]**의 하위 메뉴에서 3번째 행의 **[녹색-흰식 색조]**를 선택하면 그림 2-4-12와 같이 데이터 값에 따라 2가지 색상으로 표시할 수 있다. 다음으로 대화상자를 통해 3가지 색상을 지정할 수 있는데, **E3:E90** 범위를 선택한 다음 **[홈] 탭 > [스타일] 그룹**에서 **[조건부 서식]**을 클릭한다. 그리고 **[색조(S)]**의 하위 메뉴에서 **[기타 규칙(M)]**을 선택한다. 그리고 「새 서식 규칙」 대화상자에서 '서식 스타일(O):'로 **3가지 색조**를 선택하고 '종류(T):'를 **백분율**로 변경한 다음 최소값, 중간값, 최대값에 대한 '색(C):'에서 원하는 색상을 선택하여 그림 2-4-13과 같이 완성한다.

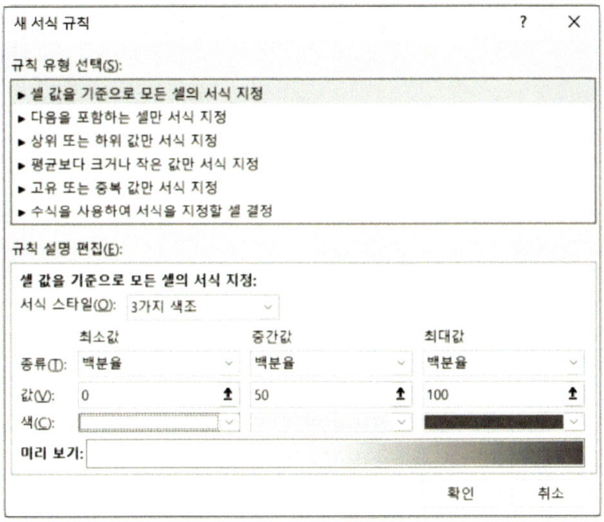

그림 2-4-13「새 서식 규칙」대화상자

그림 2-3-12의 C 열에 적용된 색조를 통해 알 수 있듯이 1931년과 2008년(금융위기)은 주식이 매우 크게 폭락했던 해로 기억된다. 이처럼 빨간색과 녹색의 변화를 통해 주식에 있어 변동성이 가장 컸던 해가 언제인지를 빠르게 파악할 수 있다.

데이터값에 따라 아이콘 모양을 다르게 표시하고 싶은데 어떻게 하면 될까요?

다음으로 [아이콘 집합] 기능을 사용하여 수치적 차이를 화살표와 같은 아이콘으로 표현해 보자. 아이콘 집합은 3~5개의 다양한 기호로 구성되며 숫자 크기에 따라 적절한 아이콘을 연결할 수 있다. 예를 들어 주식의 경우 양수와 음수, 상승과 하락을 색상 외에도 화살표로 표현하면 주식의 변동률을 빠르게 이해할 수 있다.

이를 위해 **실습파일 [아이콘집합] 시트**의 **C3:C90** 범위를 선택한 다음 **[홈] 탭 > [스타일] 그룹**에서 [조건부 서식]을 클릭한다. 그리고 **[아이콘 집합(I)]**의 하위 메뉴에서 **[기타 규칙(M)]**을 선택한다. 그리고「새 서식 규칙」대화상자에서 '아이콘 스타일(C):'로 3가지 컬러 삼각형 ▼▭▲을 선택한다. 다음으로 녹색 삼각형에는 **>, 0, 숫자**로 변경하고, 노란색 삼각형에는 **>=, 0, 숫자**로 변경하고 나머지 빨간색 삼각형은 그대로 둔다. 이렇게 설정한 상태에서 마지막으로 **노란색 삼각형**을 **셀 아이콘 없음**으로 변경한 다음 '확인' 단추를 클릭하여 그림 2-4-14와 같이 완성한다.

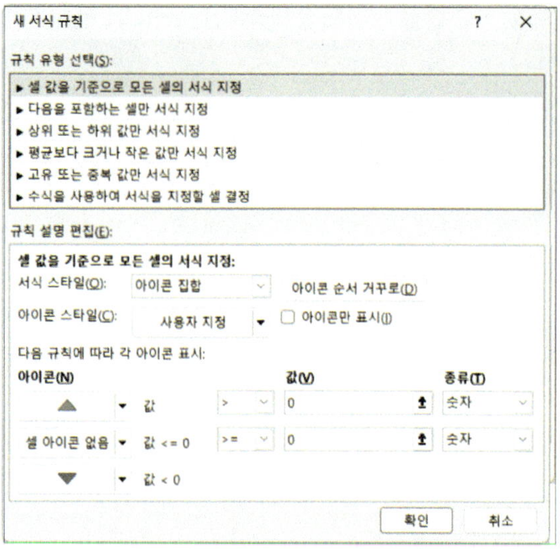

그림 2-4-14 「새 서식 규칙」 대화상자

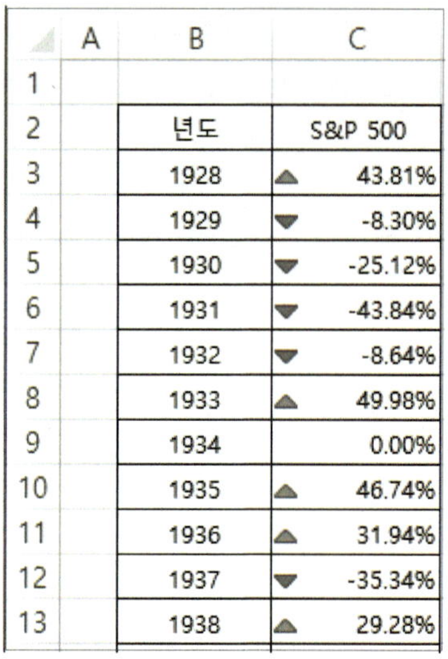

그림 2-4-15 아이콘 집합 적용

> 학기 말 점수 합계가 80점 이상인 학생에 대해서 행 전체에 셀 배경색을 노랑색으로 적용하고 싶은 경우 어떻게 하면 될까요?

실습파일 [수식사용조건부서식] 시트에는 학기 말 학생들의 성적을 평가하기 위한 각종 데이터가 기록되어 있다. 조건부 서식은 일반적으로 조건을 만족하는 개별 셀에 대해서 서식을 적용한다. 하지만 그림 2-4-16과 같이 점수 합계(L 열)가 90점 이상인 학생에 대해서 행 전체에 서식을 적용하고자 할 때는 다른 방법을 사용해야 한다.

특정 조건 만족하는 행 전체에 서식을 적용하는 방법으로 알아보자. 먼저 서식을 적용할 B3:N17 범위를 선택한 다음 [홈] 탭 > [스타일] 그룹에서 [조건부 서식]을 클릭하고 [새 규칙(N)]을 선택한다. 그리고 「새 서식 규칙」 대화상자의 '규칙 유형 선택(S):'으로 ▶수식을 사용하여 서식을 지정할 셀 결정을 선택한 다음 '다음 수식이 참인 값의 서식 지정(O): 상자에 =$L4>=90 수식을 입력하여 그림 2-4-16과 같이 완성한다. 수식을 완성한 다음 '서식(F)...' 단추를 클릭하여 그림 2-4-17과 같이 채우기 탭을 선택하여 노랑색 채우기를 선택한다.

이때 주의할 점은 수식을 작성(=$L4>=90)할 때 반드시 셀 주소의 숫자 앞에 붙는 $ 표시는 지워주어야 한다. 즉 수식에 입력하는 셀 주소를 $L4로 입력하지 않고 $L$4 또는 L4로 입력하면 오류가 발생한다.

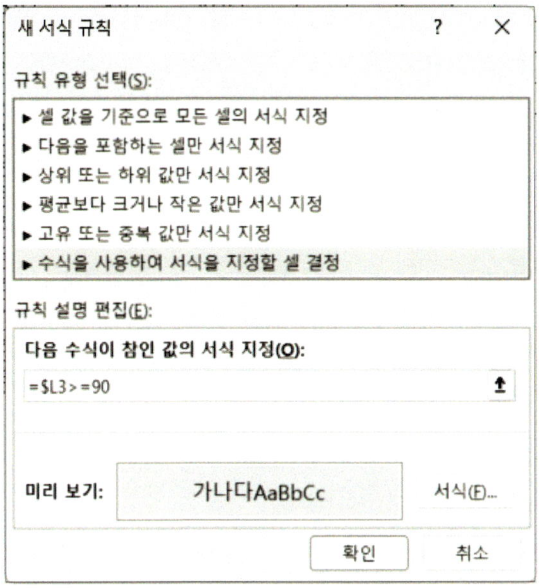

그림 2-4-16 「새 서식 규칙」 대화상자 – 수식

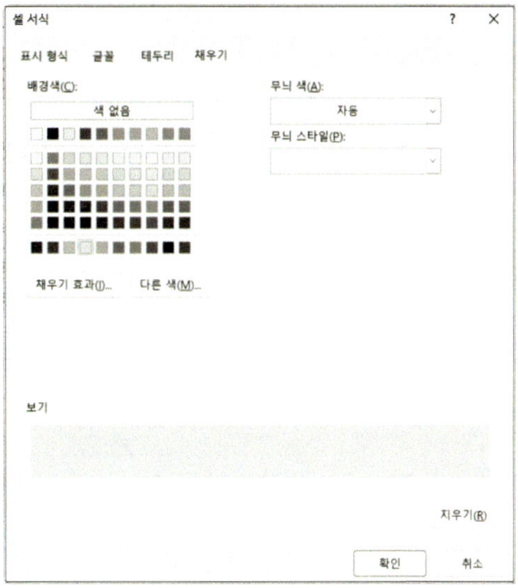

그림 2-4-17 「셀 서식」 대화상자

그림 2-4-18을 보면 합계 점수가 90점 이상인 학생에 대해서 행 전체가 노랑색으로 적용된 것을 확인할 수 있다. 이처럼 조건부 서식에 수식을 사용하면 복잡하고 다양한 조건과 서식을 적용할 수 있다. 아래 내용은 그림 2-4-18과 같은 성적 데이터에 적용할 수 있는 다른 수식을 보여준다.

- 평균 점수보다 높은 학생에 대한 서식 적용 : =$L3>AVERAGE($L$3:$L$17)
- 평점이 F인 학생에 대한 서식 적용 : =N3 = "F"
- 전공이 경영학과인 1학년 학생에 대한 서식 적용 : =AND($D3=1,$E3="경영")

No	학번	학년	전공	성명	중간(35)	기말(35)	발표(10)	출석(15)	과제(5)	합계	순위	평점
1	202271557	2	경영	정우영	18.0	15.0	10.0	15.0	5.0	63.0	12	D
2	202371232	1	경제	김예서	35.0	32.8	10.0	15.0	5.0	97.8	1	A
3	202271630	2	경영	손흥민	23.9	20.0	10.0	15.0	5.0	81.9	7	B
4	202371366	1	무역	조규성	17.3	26.7	10.0	15.0	5.0	74.0	9	C
5	202271955	2	회계	김예찬	25.0	35.0	10.0	15.0	5.0	90.0	3	A
6	202271471	2	경영	이강인	33.0	25.0	10.0	7.0	5.0	80.0	8	B

그림 2-4-18 수식을 적용한 조건부 서식

조건부 서식을 적용한 후 작성한 규칙은 언제든지 편집 및 삭제하거나 순서를 바꿀 수 있다. 예를 들어 커서를 조건부 서식이 적용된 범위에 두고 **[홈] 탭 > [스타일] 그룹**에서 **[조건부 서식]**을 클릭하고 **[규칙 관리(R)...]**를 선택한다. 그림 2-4-19와 같이 「조건부 서식 규칙 관리자」 대화상자를 통해 해당 범위에 적용된 규칙들을 확인할 수 있다.

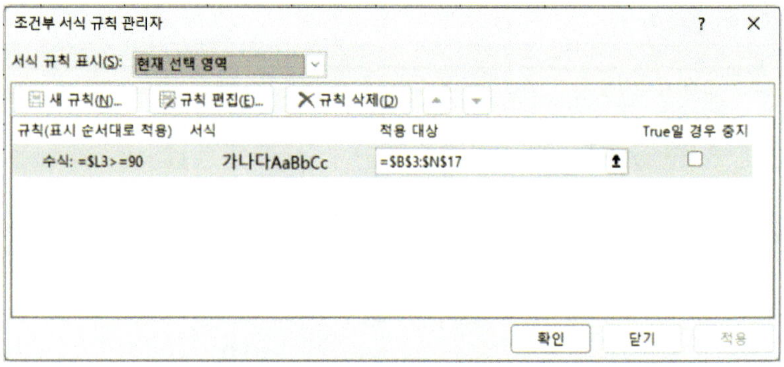

그림 2-4-19 「조건부 서식 규칙 관리자」 대화상자

「조건부 서식 규칙 관리자」 대화상자를 통해 적용된 규칙을 편집하고자 한다면 **규칙 편집(E)...** 단추를 클릭하여 서식 규칙을 재설정할 수 있으며, 적용된 규칙을 삭제하고자 한다면 **규칙 삭제(D)...** 단추를 클릭하면 된다. 하지만 이는 조건부 서식이 적용된 범위를 알고 있을 때 해당 위치에 커서를 둠으로써 가능하다.

만약 조건부 서식이 적용된 범위를 알지 못한 채 조건부 서식을 삭제하고자 한다면 **[홈] 탭 > [스타일] 그룹**에서 **[조건부 서식]**을 클릭하고 **[규칙 지우기(C)...]**를 선택한 다음 **시트 전체에서 규칙 지우기(E)**를 선택하면 해당 워크시트에 적용된 모든 조건부 서식을 삭제할 수 있다.

연습문제

01 다음은 2023년 1월 26일 기준 코스피100에 대한 종목별 EPS, BPS, 배당수익이 기록되어 있다. 해당 데이터를 사용하여 원하는 결과를 도출하시오.

	A	B	C	D	E	F	G	H	I	J	K	L	M
1	종목코드	종목명	주가	대비	등락률	EPS	BPS	주당배당금	배당수익률	시가총액	주식수	PER	PBR
2	005930	삼성전자	63600	200	0.32	5777	43611	1444	2.27%	380275148			
3	373220	LG에너지솔루션	504000	20000	4.13	3963	39831	0	0.00%	118404000			
4	000660	SK하이닉스	91300	-100	-0.11	13989	90394	1540	1.69%	66393816			
5	207940	삼성바이오로직스	792000	-6000	-0.75	5879	74551	0	0.00%	56369808			
6	051910	LG화학	664000	12000	1.84	47108	278455	12000	1.81%	46943908			
7	006400	삼성SDI	658000	9000	1.39	17492	219885	1000	0.15%	45247061			
8	005380	현대차	168800	3100	1.87	18979	289609	5000	2.96%	36088557			
9	035420	NAVER	201500	-500	-0.25	110854	157641	511	0.25%	33055891			
10	035720	카카오	62800	200	0.32	3221	23018	53	0.08%	28017150			

(1) A1:J101 범위에 입력된 데이터에서 첫 행(A1:J1)을 사용하여 각 열에 이름을 정의하시오.

(2) 정의된 이름을 사용하여 '주식수'에 대한 K2:K101 범위의 값, 'PER'에 대한 L2:L101 범위의 값, 'PBR'에 대한 M2:M101 범위의 값을 구하시오.

- ○ 주식수 = 시가총액 / 주가
- ○ PER(Price Earning Ratio) = 주가 / EPS
- ○ PBR(Price Book-value Ratio) = 주가 / BPS

(3) 등락률에 대해서 양수일 경우에는 녹색 위쪽 화살표로 표현되고, 등락률이 음수일 경우에는 빨간색 아래쪽 화살표로 표현한다. 그리고 나머지(0 값)는 혼동을 막기 위해 화살표를 표시하지 않도록 한다.

(4) 배당수익률에 대해서 데이터의 크기를 직관적으로 보기 위해 단색 채우기 막대를 적용하시오.

(5) A2:M101 범위에서 PER가 3 미만이거나 PBR이 1 미만이고 배당수익률이 4% 이상인 행 전체에 대해서 글꼴 스타일을 '굵은 기울임꼴', 글꼴 색을 '빨강' 으로 적용하시오. 단, 규칙 유형은 '수식을 사용하여 서식을 지정할 셀 결정' 을 사용하고 한 개의 규칙으로만 작성하시오.

02 다음은 2023년 1월 26일 기준 확진자가 많은 순으로 상위 50개 국가에 대한 코로나19에 관한 실시간 데이터이다. 해당 데이터를 사용하여 원하는 결과를 도출하시오.

	A	B	C	D	E	F	G	H	I
1	번호	국가	확진자	인구수	사망자	완치자	치명률	완치률	발생률
2	1	미국US	104015451	331002651	1130962	101028013			31.4
3	2	인도IN	44682338	1380004385	530738	44149694			3.2
4	3	프랑스FR	39498186	65273511	164008	39217818			60.5
5	4	독일DE	37715000	83783942	165139	37304000			45.0
6	5	브라질BR	36780868	212559417	696645	35795631			17.3
7	6	일본JP*	32251766	126476461	66310	21494405			25.5
8	7	대한민국KR	30075652	51269185	33296	969524			58.7
9	8	이탈리아IT	25415630	60461826	186488	24929092			42.0
10	9	영국GB	24259240	67886011	203229	23990081			35.7

(1)A1:I51 범위에 입력된 데이터에서 첫 행(A1:I1)을 사용하여 각 열에 이름을 정의하시오.

(2) 정의된 이름을 사용하여 '치명률'에 대한 G2:G51 범위의 값, '완치률'에 대한 H2:H51 범위의 값을 구하시오.

> ○ 치명률(%) = 사망자 / 확진자
> ○ 완치률(%) = 완치자 / 확진자

(3)발생률에 해당하는 I2:I51 범위의 데이터 값은 백분율로 입력되어야 하지만 숫자로 입력되어 있어 있기 때문에 해당 셀을 참조하는 수식이 복잡해진다. 따라서 I2:I51 범위의 데이터 값을 숫자(31.4)에서 백분률(31.4%) 로 붙여넣기 옵션을 사용하여 한꺼번에 변경하시오.

(4) 발생률에 해당하는 I2:I51 범위의 데이터 값에 따라 3 색조 [녹색-노랑색-흰색 색조] 색상이 적용되도록 하시오. 데이터 값이 백분율로 입력되어 있기 때문에 100%에 대해서는 녹색, 50%에 대해서는 노랑색, 0%에 대해서는 흰색으로 적용하시오.

(5) E1:E51 범위에서 사망자의 수가 평균 사망자의 수보다 많은 경우 글꼴 색을 '빨강색', 글꼴 스타일을 '굵게' 로 적용하시오. 단, 규칙 유형은 '수식을 사용하여 서식을 지정할 셀 결정' 을 사용하고 한 개의 규칙으로만 작성하시오.

(6) A2:H51 범위에서 인구수가 5천만명 이상이고, 발생률이 50% 이상인 데이터의 행 전체에 대해서 채우기 배경색을 '노랑색' 으로 적용하시오. 단, 규칙 유형은 '수식을 사용하여 서식을 지정할 셀 결정' 을 사용하고 한 개의 규칙으로만 작성하시오.

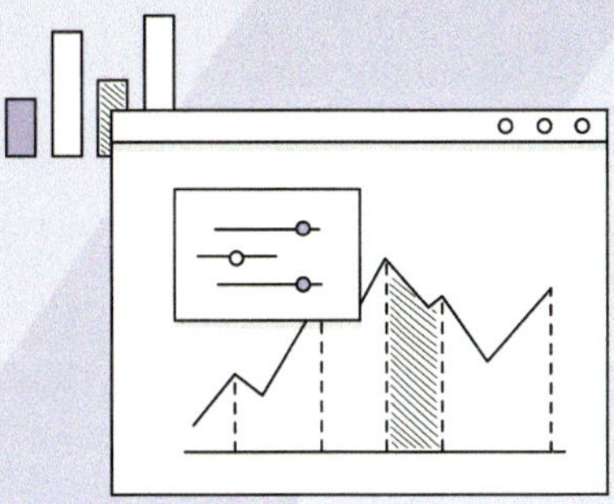

CHAPTER

03

데이터 다루기

이 장에서는 외부에서 작성된 다양한 종류의 데이터를 워크시트로 가져오는 방법과 워크시트에 작성된 데이터를 다른 프로그램에서도 사용할 수 있도록 다양한 파일 형식으로 내보내는 방법들을 살펴본다. 또한 워크시트에 입력된 데이터를 보다 효율적으로 다루기 위해 하나 이상의 열에서 입력된 텍스트, 숫자, 날짜 및 시간을 기준으로 데이터를 정렬하는 기능과 원하는 조건에 맞는 데이터를 검색하는 필터 기능에 대해 살펴본다.

1 외부 데이터 다루기

엑셀에서는 텍스트 파일, MS 액세스, HTML 형식의 파일을 워크시트로 가져와 사용할 수 있는 호환 기능이 있다. 다른 프로그램에서 작성된 데이터가 워크시트에서 필요하다면 이를 다시 입력하기보다는 외부 데이터를 가져와 사용하는 것이 편리하다.

실습파일 : 댈러스.docx

워드 파일(.docx)로 작성된 업무 파일을 받았다. 워드 파일을 확인해 보니 엑셀로 작업하는 것이 더욱 효율적이라는 판단이 든다. 어떻게 하면 워드 파일의 데이터를 엑셀로 가져올 수 있을까요?

엑셀 2019 에서는 데이터 분석에 필요한 데이터 파일을 워드 파일(.docx) 또는 텍스트(.txt) 파일로부터 가져올 수 있다. 실습파일과 같이 워드 문서를 엑셀로 가져오려면 먼저 텍스트 파일(.txt)로 변환하는 과정을 거쳐야 한다. 그런 다음 엑셀의 텍스트 가져오기 기능을 사용하여 해당 워드 파일을 엑셀로 가져올 수 있다.
엑셀의 텍스트 가져오기 기능을 통한 데이터 추출 방법에는 표 3-1-1과 같이 원본 데이터의 저장 형태에 따라 두 가지 옵션 중에 하나를 선택할 수 있다.

표 3-1-1 원본 데이터의 저장 형태에 따른 데이터 추출 옵션

방법	설명
고정 너비	엑셀로 가져올 각 열의 모든 항목이 같은 길이로 저장되었을 때 고정 너비 옵션을 선택한다.
구분	엑셀로 가져올 각 열의 모든 항목이 탭, 세미콜론, 쉼표, 공백 등의 기호로 구분되었을 때 구분 옵션을 선택한다.

먼저 실습파일로 준비된 댈러스.docx 워드 파일을 살펴보자. 해당 데이터는 2002-2003 시즌 동안 Dallas(댈러스) 팀이 치른 경기에 대한 출전 라인업 명단, 라인업에 대한 등급(MBA 평균 득점 대비 점수), 게임 번호, 라인업의 경기 시간, 경기 상대팀에 대한 정보가 기록되어 있다.

그림 3-1-1의 첫 번째 행을 살펴보면 첫 번째 라인업인 Bell, Finley, LaFrentz, Nash, Nowitzki 선수는 Sacramento(새크라멘토)팀을 상대로 9.05분 동안 경기를 뛰었으며 NBA 평균 점수보다 낮은 19.79점(48분당)을 득점한 것을 알 수 있다.

```
Bell     Finley    LaFrentz  Nash      Nowitzki   -19.79  695#  9.05m  SAC  DAL*
Finley   Nash      Nowitzki  Van Exel  Williams   -11.63  695#  8.86m  SAC  DAL*
Finley   LaFrentz  Nash      Nowitzki  Van Exel   102.98  695#  4.44m  SAC  DAL*
Bradley  Finley    Nash      Nowitzki  Van Exel   -44.26  695#  4.38m  SAC  DAL*
Bradley  Nash      Nowitzki  Van Exel  Williams     9.71  695#  3.05m  SAC  DAL*
Bell     Finley    LaFrentz  Nowitzki  Van Exel  -121.50  695#  2.73m  SAC  DAL*
Bell     LaFrentz  Nowitzki  Van Exel  Williams    39.35  695#  2.70m  SAC  DAL*
Bradley  Finley    Nowitzki  Van Exel  Williams    86.87  695#  2.45m  SAC  DAL*
Bradley  Nash      Van Exel  Williams  Rigaudeau  -54.55  695#  2.32m  SAC  DAL*
Finley   LaFrentz  Van Exel  Williams  Rigaudeau  -26.40  695#  1.73m  SAC  DAL*
Bradley  Finley    Nash      Nowitzki  Williams    91.89  695#  1.70m  SAC  DAL*
```

그림 3-1-1 워드 파일

해당 워드 파일의 데이터를 엑셀로 가져오려는 경우 먼저 데이터의 저장 형태를 살펴보아야 한다. 그림 3-1-1과 같이 데이터의 각 열이 동일한 간격으로 저장되어 있지 않은 경우 **고정 너비** 옵션을 사용할 수 없게 된다. 그림 3-1-1의 데이터의 각 열은 공백으로 구분되어 있으므로 본 예제에서는 **구분** 옵션을 사용하게 된다.

하지만 데이터 중 Van Exel 선수의 이름과 같이 하나의 이름 가운에 공백이 존재하게 되면 **공백**을 기준으로 각 열을 나눌 경우 Van Exel은 두 개의 열로 나뉘어 가져오게 된다.

이와 같은 문제를 해결하기 위해서는 먼저 Word의 '바꾸기(Ctrl+H)' 기능을 사용할 수 있는데 그림 3-1-1의 데이터에서 키보드 Ctrl+H 키를 눌러 「찾기 및 바꾸기」 대화상자를 열고 [바꾸기(P)] 탭을 클릭한 다음 '찾을 내용(N):' 상자에서 Van Exel을 입력하고 '바꿀 내용(I)' 상자에서 Exel을 입력한 다음 '**모두 바꾸기(A)**'를 클릭하면 그림 3-1-2와 같이 Van Exel → Exel로 변경하게 된다.

```
Bell     Finley    LaFrentz  Nash      Nowitzki   -19.79  695#  9.05m  SAC  DAL*
Finley   Nash      Nowitzki  Exel      Williams   -11.63  695#  8.86m  SAC  DAL*
Finley   LaFrentz  Nash      Nowitzki  Exel       102.98  695#  4.44m  SAC  DAL*
Bradley  Finley    Nash      Nowitzki  Exel       -44.26  695#  4.38m  SAC  DAL*
Bradley  Nash      Nowitzki  Exel      Williams     9.71  695#  3.05m  SAC  DAL*
Bell     Finley    LaFrentz  Nowitzki  Exel      -121.50  695#  2.73m  SAC  DAL*
Bell     LaFrentz  Nowitzki  Exel      Williams    39.35  695#  2.70m  SAC  DAL*
Bradley  Finley    Nowitzki  Exel      Williams    86.87  695#  2.45m  SAC  DAL*
Bradley  Nash      Exel      Williams  Rigaudeau  -54.55  695#  2.32m  SAC  DAL*
```

그림 3-1-2 워드 파일에서 데이터 정제

다음으로 워드 파일(댈러스.docx)을 텍스트 파일(댈러스경기.txt)로 변환해 주어야 한다. 이를 위해 먼저 **댈러스.docx** 파일을 열고 **[파일] 탭 > [다른 이름으로 저장]**을 클릭한 다음 오른쪽 섹션에서 파일명을 **댈러스경기**로 입력하고 파일 형식 목록에서 **일반 텍스트(*.txt)**를 선택한 다음 '저장' 단추를 클릭한다.

그리고 「파일 변환」 대화상자에서 '텍스트 인코딩:'에 대해 **Windows(기본값)(W)** 옵션을 선택한 다음 '확인' 단추를 클릭한다. 이렇게 하여 **댈러스경기.txt** 파일이 저장된 것을 확인한 후 Word 문서를 닫는다. 다음으로 엑셀에서 **댈러스경기.txt** 파일을 열기 위해, 새 통합 문서에서 **[파일] 탭 > [열기]**를 클릭하고 [찾아보기]를 클릭한다. 「열기」 대화상자에서 .txt 파일이 저장된 폴더로 이동, 오른쪽의 파일 형식 목록에서 **모든 파일(*.*)**을 선택하여 나타난 **댈러스경기.txt** 파일을 선택한 다음 최종적으로 '열기' 단추를 클릭한다.

그림 3-1-3과 같이 「텍스트 마법사」 대화상자 – 3단계 중 1단계를 볼 수 있다.

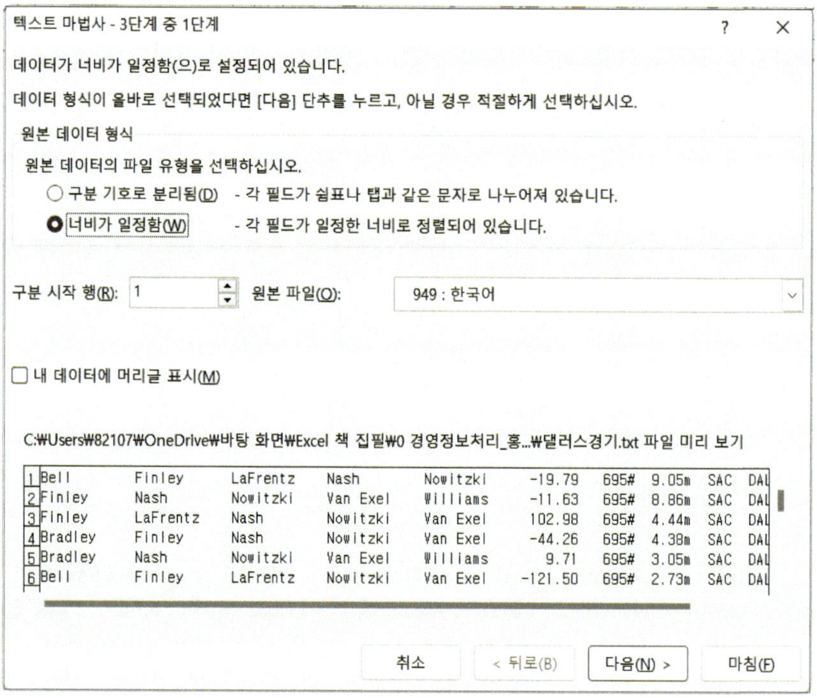

그림 3-1-3 「텍스트 마법사」 1단계

본 예제에서는 실습파일 데이터 저장 형태에 따라 1단계에서 **구분 기호로 분리된(D)** 옵션을 선택하여 데이터에 포함된 공백을 기준으로 필드를 나누고자 한다.

그러나 만약 **너비가 일정함(W)**을 선택하고 '다음(N)' 단추를 클릭하면 그림 3-1-4와 같이 「텍스트 마법사」 대화상자의 2단계가 나타나는데 해당 단계에서는 필드 나누기와 관련하여 구분선을 추가, 삭제, 이동하는 방법을 설명하고 있다.

하지만 대량의 외부 데이터를 엑셀로 가져올 때 데이터의 저장 간격이 동일하지 않은 경우가 많으므로 '너비가 일정함(W)' 옵션을 통한 필드 나누기는 쉽지 않다.

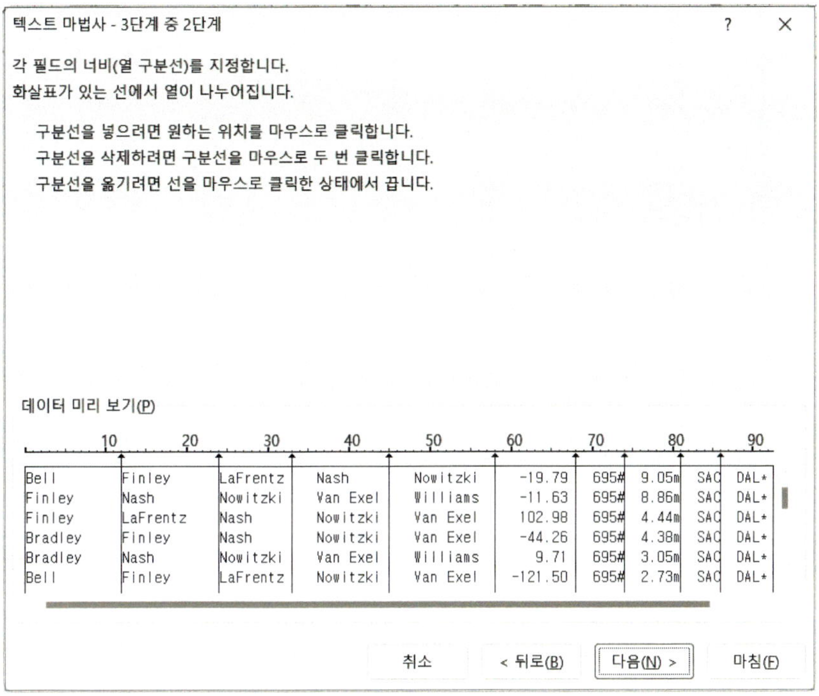

그림 3-1-4 「텍스트 마법사」 2단계

따라서 1단계에서는 '**구분 기호로 분리됨(D)**' 옵션을 선택한 다음 '다음(N)' 단추를 클릭한다. 그리고 「텍스트 마법사」 대화상자의 2단계에서는 그림 3-1-5와 같이 구분 기호 옵션에서 '**공백(S)**'을 선택한다.

연속된 구분 기호를 하나로 처리(R) 옵션을 선택하면 항목 간에 연속적으로 여러 개의 공백이 포함되어 있나고 하너라도 하나의 공백으로 처리하게 된다. 그리고 실습파일을 비롯해 일반적인 데이터 입력 시 공백과 함께 탭(⭾)을 사용해 각 항목을 구분하는 경우가 많기 때문에 **탭(T)**은 선택된 상태로 그대로 유지하는 것이 좋다.

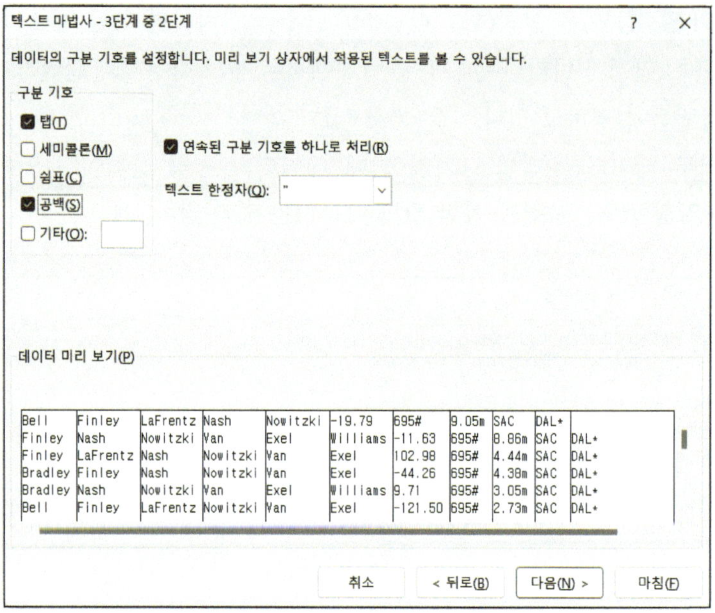

그림 3-1-5 「텍스트 마법사」 대화상자의 2단계

「텍스트 마법사」 대화상자의 2단계에서 선택을 마친 후 '다음(N)' 단추를 클릭하면 그림 3-1-6과 같이 「텍스트 마법사」 대화상자의 3단계로 이동한다. 3단계에서는 **'일반(G)'** 옵션을 선택하여 엑셀이 숫자 데이터를 숫자로, 날짜 데이터를 날짜로, 나머지 값은 텍스트로 처리하도록 한다.

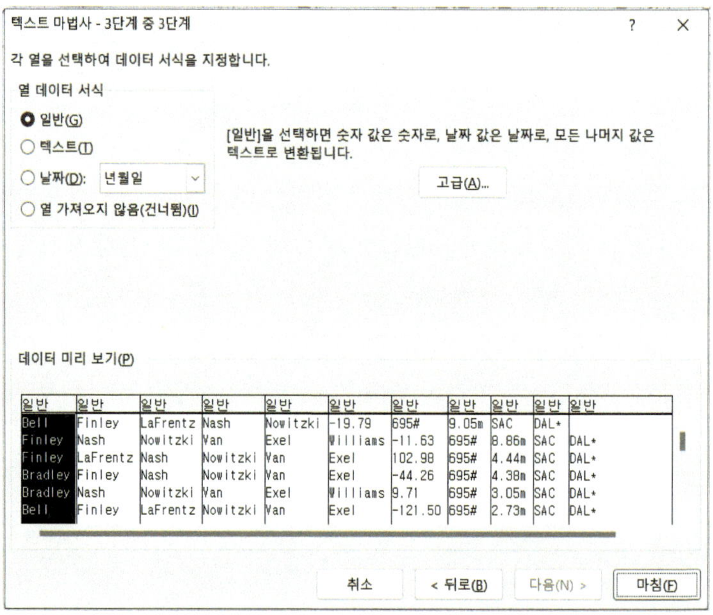

그림 3-1-6 「텍스트 마법사」 대화상자 3단계

그리고 최종적으로 '마침' 단추를 클릭하면 그림 3-1-7과 같이 「텍스트 마법사」 대화상자가 원본 텍스트 파일에 저장된 데이터를 엑셀로 가져오게 된다.

	A	B	C	D	E	F	G	H	I	J
1	Bell	Finley	LaFrentz	Nash	Nowitzki	-19.79	695#	9.05m	SAC	DAL*
2	Finley	Nash	Nowitzki	Exel	Williams	-11.63	695#	8.86m	SAC	DAL*
3	Finley	LaFrentz	Nash	Nowitzki	Exel	102.98	695#	4.44m	SAC	DAL*
4	Bradley	Finley	Nash	Nowitzki	Exel	-44.26	695#	4.38m	SAC	DAL*
5	Bradley	Nash	Nowitzki	Exel	Williams	9.71	695#	3.05m	SAC	DAL*
6	Bell	Finley	LaFrentz	Nowitzki	Exel	-121.5	695#	2.73m	SAC	DAL*
7	Bell	LaFrentz	Nowitzki	Exel	Williams	39.35	695#	2.70m	SAC	DAL*
8	Bradley	Finley	Nowitzki	Exel	Williams	86.87	695#	2.45m	SAC	DAL*
9	Bradley	Nash	Exel	Williams	Rigaudeau	-54.55	695#	2.32m	SAC	DAL*
10	Finley	LaFrentz	Exel	Williams	Rigaudeau	-26.4	695#	1.73m	SAC	DAL*
11	Bradley	Finley	Nash	Nowitzki	Williams	91.89	695#	1.70m	SAC	DAL*
12	Bell	Finley	Nash	Nowitzki	Exel	34.18	695#	1.05m	SAC	DAL*
13	LaFrentz	Nash	Nowitzki	Exel	Williams	-50.9	695#	1.02m	SAC	DAL*
14	Bell	Bradley	Finley	Nash	Nowitzki	1.42	695#	1.00m	SAC	DAL*
15	Bradley	Finley	Exel	Williams	Rigaudeau	46.75	695#	0.93m	SAC	DAL*
16	Bell	Bradley	Nowitzki	Exel	Williams	-314.43	695#	0.60m	SAC	DAL*
17	Bell	Finley	LaFrentz	Nash	Nowitzki	123.62	686#	6.05m	UTA	DAL*
18	Finley	LaFrentz	Nash	Nowitzki	Exel	62.3	686#	5.80m	UTA	DAL*
19	LaFrentz	Nash	Nowitzki	Exel	Williams	-10.09	686#	5.68m	UTA	DAL*
20	Bell	Bradley	Finley	Nash	Nowitzki	-30.32	686#	5.60m	UTA	DAL*
21	Bell	Finley	Nowitzki	Exel	Williams	-42.93	686#	4.75m	UTA	DAL*

그림 3-1-7 외부 데이터 가져오기 결과

A~E열에는 라인업 명단이 표시되며, F열에는 각 라인업의 등급(MBA 평균 득점 대비 득점한 점수)이 표시되며, G열에는 게임 번호가, H열에는 각 라인업의 게임 시간이, I~J열에는 게임에 참여한 두 팀이 표시된다. 이렇게 가져온 데이터를 엑셀 통합 문서(.xlsx)로 저장한 후 엑셀의 모든 분석 기능을 활용해 댈러스(Dallas) 라인업에 대한 성과를 분석할 수 있다. 예를 들어 Nowitzki 선수의 경기 투입 여부에 따른 팀의 평균 점수가 어떻게 달라지는지를 계산할 수 있다.

2 데이터 변환

비즈니스 분석가에게는 텍스트 파일 뿐만 아니라 웹, 데이터베이스, 기타 원본으로부터 데이터를 엑셀로 가져와야 하는 일이 자주 발생한다. 따라서 비즈니스 분석가는 형식이 다른 외부 데이터를 엑셀로 변환하는 방법을 알아야 한다.

엑셀 2019는 다른 프로그램에서 만든 외부 파일로부터 데이터를 가져오는 기능을 제공할 뿐만 아니라 외부 파일의 데이터 변경 사항이 자동으로 업데이트되도록 만들어 준다. 본 예제에서는 외부 데이터를 엑셀로 손쉽게 가져오는 방법뿐만 아니라 파워 쿼리(Power Query)를 사용하여 데이터 분석에 필요한 형식 변경 및 다양한 추출 방법에 대해 알아본다.

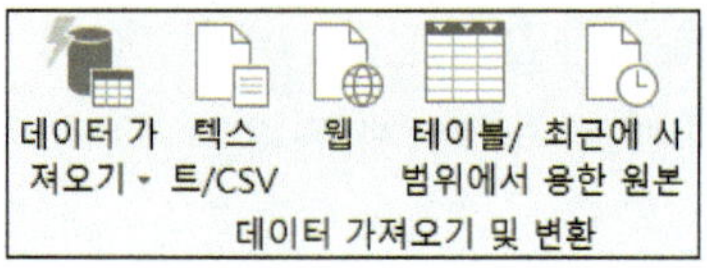

그림 3-2-1 데이터 가져오기 및 변환 그룹

그림 3-2-1과 같이 **[데이터] 탭 > [데이터 가져오기 및 변환] 그룹**에서 [데이터 가져오기]를 클릭한 다음 원본 데이터의 형식에 따라 그림 3-2-2와 같이 '데이터베이스에서(D)'에 데이터를 가져오거나 '기타 원본에서(O)'를 사용하여 다양한 형식의 데이터를 분석에 필요한 데이터로 변환하여 엑셀로 가져올 수 있다.

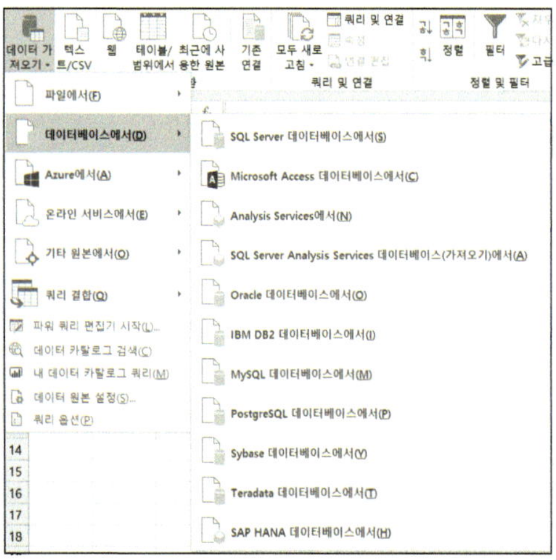

그림 3-2-2 데이터베이스에서 데이터 가져오기

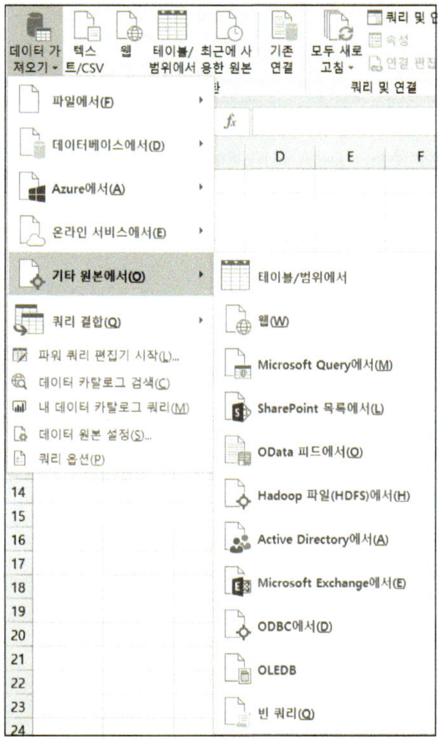

그림 3-2-3 기타 원본에서 데이터 가져오기

> 야후 파이낸스 사이트에는 매일의 비트코인 가격이 기록되어 있다. 웹사이트의 데이터를 어떻게 하면 엑셀로 가져올 수 있을까요? 그리고 어떻게 하면 매일 업데이트되는 데이터가 엑셀에 자동으로 반영되도록 할 수 있을까요?

많은 사람이 비트코인의 가격 변화에 매료되어 자신의 투자 포트폴리오에 비트코인을 포함하고 있다. 웹에서 제공하는 비트코인 가격을 엑셀로 가져오는 방법과 관련하여 지난 100일 동안의 비트코인 가격을 엑셀로 가져온 후 언제든지 최신 데이터가 업데이트되도록 만들어 보자.
이를 위해 먼저 일일 비트코인 가격이 포함된 URL이 필요하다. Yahoo Finance에는 일일 비트코인 데이터를 제공하고 있으며 해당 URL은 아래 표와 같다.

Bitcoin USD (BTC-USD)	https://finance.yahoo.com/quote/BTC-USD/history/

해당 URL을 통해 주식에 대한 데이터를 원하면 /quote/ 뒤의 텍스트를 주식의 티커 기호로 바꾸면 된다. 예를 들어 Microsoft 주가는 https://finance.yahoo.com/quote/MSFT/history/ 의 URL을 웹 브라우저에 입력함으로써 손쉽게 확인할 수 있다.
실습파일 [비트코인] 시트의 A1셀에 커서를 두고 **[데이터] 탭 > [테이버 가져오기 및 변환] 그룹**에서 [데이터 가져오기]를 클릭하고 '기타 원본에서(O)' 에서 **웹(W)**을 선택하면 그림 3-2-4와 같이 「웹에서」 대화상자가 나타난다.
대화상자에서 Bitcoin USD에 대한 URL인 https://finance.yahoo.com/quote/BTC-USD/history/을 입력하고 '확인' 단추를 클릭한다. 이때 「웹 콘텐츠 액세스」 대화상자를 통해 인증 방법을 선택하는데 일반적으로 웹 페이지에 접근 자격이 필요하지 않은 **익명**을 선택한 다음 '연결' 단추를 클릭한다.

그림 3-2-4 웹에서 데이터 가져오기 - URL 입력

그림 3-2-5 웹 콘텐츠 접근을 위한 인증 방법 선택

다음으로 그림 3-2-6과 같이 「탐색 창」 대화상자에 해당 URL에 포함된 모든 테이블 목록이 표시된다. 대화상자의 왼쪽 섹션의 Table 0을 클릭하면 해당 URL에서 가져올 데이터(일일 비트코인 가격 정보)가 미리보기로 표시된다.

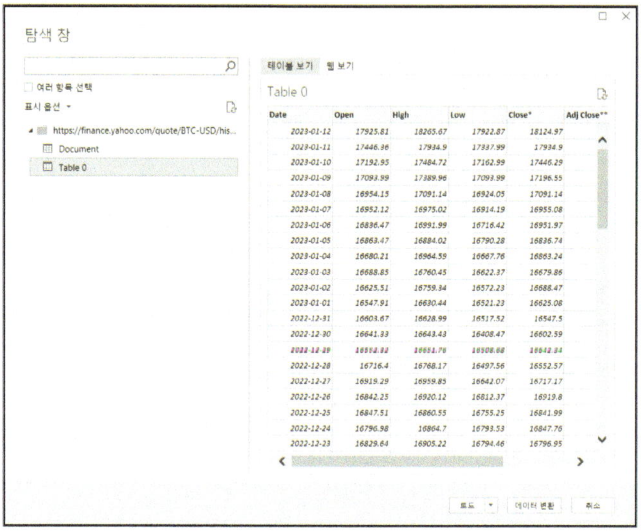

그림 3-2-6 「탐색 창」 대화상자

그리고 「탐색 창」 대화상자 아래에 '로드' 단추를 클릭하면 표시된 데이터 전체를 엑셀 통합 문서에 즉시 로드할 수 있다. 하지만 웹에 표시된 전체 데이터가 아닌 일부 데이터만 추출 및 변환해서 가져올 수도 있다. 이러한 경우 '데이터 변환' 단추를 클릭하여 그림 3-2-7과 같이 「Power Query 편집기」 대화상자를 실행한다.

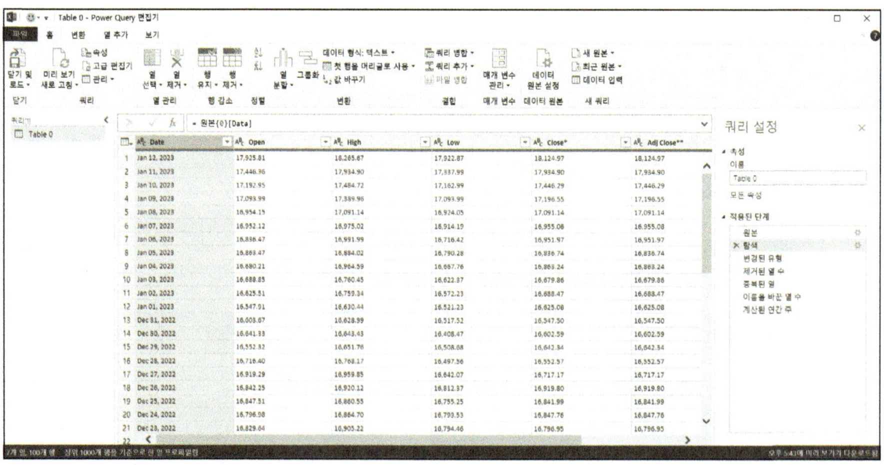

그림 3-2-7 「Power Query 편집기」 대화상자

예를 들어 표시된 전체 데이터에서 Date 열과 Adj Close 열만 필요하다고 가정하자. 이러한 경우 키보드의 Ctrl 키를 눌러 제거하려는 열을 선택한 다음 마우스 오른쪽 버튼을 클릭하고 단축 메뉴에서 **열 제거**를 선택하면 Date 열과 Adj Close 열만 남게 할 수 있다.

	Date	Open	High	Low	Close*	Adj Close**
1	Jan 12, 2023	17,925.81	18,265.67	17,922.87	18,124.97	
2	Jan 11, 2023	17,446.36	17,934.90	17,337.99	17,934.90	
3	Jan 10, 2023	17,192.95	17,484.72	17,162.99	17,446.29	
4	Jan 09, 2023	17,093.99	17,389.96	17,093.99	17,196.55	
5	Jan 08, 2023	16,954.15	17,091.14	16,924.05	17,091.14	
6	Jan 07, 2023	16,952.12	16,975.02	16,914.19	16,955.08	
7	Jan 06, 2023	16,836.47	16,991.99	16,716.42	16,951.97	
8	Jan 05, 2023	16,863.47	16,884.02	16,790.28	16,836.74	

복사
열 제거
다른 열 제거
예제의 열 추가...
중복된 항목 제거
오류 제거
값 바꾸기...
채우기

그림 3-2-8 「Power Query 편집기」 대화상자에서 열 제거

그리고 'Date' 열을 활용하여 **년도 주차(주 번호)**를 표시하고 싶다면, 먼저 Date 열을 마우스 오른쪽 버튼을 클릭하고 단축 메뉴에서 **열 복제**를 선택한다. 그리고 복제된 열에서 마우스 오른쪽 버튼을 클릭한 다음 단축 메뉴에서 **이름 바꾸기...** 를 선택하고 해당 열의 이름을 Week of Year로 변경한다. 다음으로 'Week of Year' 열에서 마우스 오른쪽 버튼을 클릭하고 단축 메뉴에서 **[변화] > [주] > [연간 주]**를 선택하면 그림 3-2-9와 같이 년간 주(주 번호)로 변환된다.

	Date	Adj Close**	Week of Year
1	2023-01-12	18124.97	2
2	2023-01-11	17934.9	2
3	2023-01-10	17446.29	2
4	2023-01-09	17196.55	2
5	2023-01-08	17091.14	2
6	2023-01-07	16955.08	1
7	2023-01-06	16951.97	1
8	2023-01-05	16836.74	1
9	2023-01-04	16863.24	1
10	2023-01-03	16679.86	1
11	2023-01-02	16688.47	1
12	2023-01-01	16625.08	1
13	2022-12-31	16547.5	53
14	2022-12-30	16602.59	53
15	2022-12-29	16642.34	53

그림 3-2-9 「Power Query 편집기」 대화상자에서 데이터 변화

이제 웹 데이터를 엑셀로 가져올 준비가 되었다. 「Power Query 편집기」 대화상자의 **[홈] 탭 > [닫기 및 로드]**를 클릭하면 지금까지 작성한 데이터를 엑셀로 가져온다. 그림 3-2-10과 같이 비트코인 가격에 대한 최근 100일의 데이터를 볼 수 있다.

	A	B	C
1	Date	Adj Close**	Week of Year
2	2023-01-12	18123.96	2
3	2023-01-11	17934.9	2
4	2023-01-10	17446.29	2
5	2023-01-09	17196.55	2
6	2023-01-08	17091.14	2
7	2023-01-07	16955.08	1
8	2023-01-06	16951.97	1
9	2023-01-05	16836.74	1
10	2023-01-04	16863.24	1
11	2023-01-03	16679.86	1
12	2023-01-02	16688.47	1
13	2023-01-01	16625.08	1
14	2022-12-31	16547.5	53
15	2022-12-30	16602.59	53

그림 3-2-10 웹 데이터를 엑셀로 가져온 결과

지금까지의 절차를 통해 외부의 웹 데이터를 엑셀 통합 문서로 가져올 수 있었다. 다음으로 비트코인 가격이 매일 달라지는 것과 같이 웹 데이터에 변화가 엑셀에 자동으로 업데이트되도록 작성해 보자. 이를 위한 가장 손쉬운 방법은 그림 3-2-10과 같이 가져온 데이터 안에 커서를 놓고 **[쿼리] 탭 > [로드] 그룹**에서 [새로 고침]을 클릭하거나 마우스 오른쪽 버튼을 클릭한 다음 단축 메뉴에서 **새로 고침(R)**을 선택하면 된다.

만약 웹 데이터의 변화를 정기적으로 또는 파일을 열 때마다 새로 고치려면 **[데이터] 탭 > [쿼리 및 연결] 그룹**에서 [모두 새로 고침] 단추를 매번 클릭하거나 **[모두 새로 고침]**의 하위 메뉴에서 **[연결 속성(O)...]**을 클릭하여「쿼리 속성」대화상자를 실행한다.

「쿼리 속성」 대화상자에서는 업데이트에 대한 새로 고침 방법을 설정할 수 있다. 그림 3-2-11과 같이 업데이트를 60분마다 새로 고치도록 설정할 수 있다.

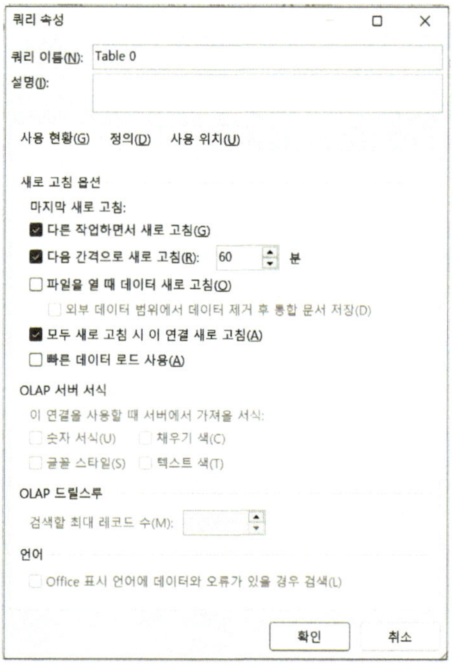

그림 3-2-11 「쿼리 속성」 대화상자

3 데이터 정렬

데이터 정렬은 사용자가 데이터를 분석하는데 있어서 가장 기본적인 역할을 제공하는 기능으로 특정 열을 기준으로 데이터를 오름차순이나 내림차순으로 정렬하여 표시하는 기능이다. 데이터 정렬은 사용자가 데이터를 쉽고 빠르게 검색할 수 있는 기능을 제공함과 동시에 특정 기준을 만족하는 데이터를 모아서 표시하므로 데이터를 이해하는 데 도움을 준다.

데이터 정렬은 하나 또는 여러 개의 열에서 텍스트, 숫자, 날짜 및 시간을 기준으로 데이터를 정렬할 수 있다. 이 밖에도 데이터 정렬은 사용자가 지정한 목록을 기준으로 정렬할 수 있으며 셀 색, 글꼴 색, 아이콘 집합을 비롯한 서식을 기준으로도 정렬할 수 있다. 데이터를 정렬할 때 숨겨진 열이나 행에 대해서는 정렬되지 않으므로 정렬 전에 숨겨진 열과 행이 있는지 확인할 필요가 있다.

실습파일 : 데이터정렬.xlsx

판매내역이 기록된 데이터에서 특정 열을 기준으로 정렬하려면 어떻게 해야 하나요?

실습파일 [메이크업] 시트에는 화장품을 제조하는 중소기업에 소속된 판매원들이 2021년부터 2023까지 4개의 지역에서 판매한 화장품 판매내역이 그림 3-3-1과 같이 기록되어 있다. 총 1,891개에 이르는 판매내역에는 판매번호, 판매원, 날짜, 제품, 판매개수, 판매액, 지역에 대한 정보가 담겨있다.

	A	B	C	D	E	F	G	H
1								
2								(단위:천원)
3		판매번호	판매원	날짜	제품	판매개수	판매액	지역
4		1	서태웅	2021-04-01	립 글로스	45	₩ 548.82	남부
5		2	이달재	2021-03-10	파운데이션	50	₩ 608.03	중서부
6		3	강백호	2022-02-25	립스틱	9	₩ 114.88	중서부
7		4	이달재	2023-05-22	립 글로스	55	₩ 668.30	서부
8		5	정병욱	2021-06-17	립 글로스	43	₩ 522.41	중서부
9		6	송태섭	2022-11-27	아이 라이너	58	₩ 703.96	중서부
10		7	점대만	2021-03-21	아이 라이너	8	₩ 103.20	중서부

그림 3-3-1 화장품 판매내역

먼저 손쉽게 데이터를 정렬하는 방법을 살펴보자. 그림 3-3-1의 데이터에서 판매원을 기준으로 가나다 순으로 정렬하고자 할 경우, 커서의 위치를 판매원이 입력된 C4:C1894 범위 중 아무 곳에나 위치한다.

그리고 **[데이터] 탭 > [정렬 및 필터] 그룹**에서 **[오름차순 정렬]**을 클릭하면 판매원의 이름순으로 정렬된다. 정렬된 데이터를 원래의 정렬 상태로 되돌리고 싶다면 커서의 위치를 판매번호가 입력된 B4:B1894 범위 중 아무 곳에나 위치시킨 다음 (텍스트 오름차순 정렬)을 클릭하면 된다.

그림 3-3-2 정렬 및 필터 그룹

이처럼 단지 정렬할 기준이 되는 열에 커서를 위치시킴으로써 손쉽게 정렬할 수 있다. 날짜를 기준으로 최신 날짜부터 오래된 날짜순()으로 정렬하고자 경우, 판매액을 기준으로 판매액이 높은 순에서 낮은 순()으로 정렬하고자 할 경우에도 동일한 절차로 정렬할 수 있다.

엑셀 2019에서는 이처럼 하나의 열을 기준으로 손쉽게 정렬할 수 있을 뿐만 아니라 여러 열을 기준으로도 정렬할 수도 있다. 예를 들어 다음과 같은 기준으로 데이터를 정렬하고자 할 때 엑셀 2019의 데이터 정렬 기능에 대해 살펴보자.

> 판매원의 이름순으로 정렬한 다음, 판매원이 판매한 제품별로 정렬하고 싶다. 만약 동일한 제품에 대해서는 판매개수가 큰 값에서 작은 값으로 정렬하고 판매개수가 같다면 판매날짜 순으로 정렬하려고 한다.

엑셀 2007 이전 버전에서는 3가지 이상의 조건으로 정렬하기가 어려웠다. 하지만 엑셀 2019에서는 최대 64개의 조건을 적용할 수 있다. 그림 3-3-1의 판매내역에 대해서 여러 조건을 기준으로 정렬하려면 먼저 데이터 전체(B3:H1894)를 선택해야 한다. 데이터 전체를 선택하는 손쉬운 두 가지 방법은 다음과 같다.

- 데이터의 왼쪽 위 모서리(B3 셀)에 커서를 두고 Ctrl+Shift+→ 를 누른 다음 Ctrl+Shift+↓ 를 누른다.
- 데이터의 아무 곳에나 커서를 놓고 Ctrl+Shift+* 를 누른다.

이렇게 데이터 전체를 선택한 다음 **[데이터] 탭 > [정렬 및 필터] 그룹**에서 [정렬]을 클릭하면 그림 3-3-3과 같이 「정렬」 대화상자가 나타난다. 선택한 데이터 범위의 첫 번째 행에는 데이터의 제목(머리글)이 포함되어 있으므로 그림 3-3-3 「정렬」 대화상자의 오른쪽 상단에 위치한 **내 데이터에 머리글 표시(H)** 확인란을 선택한다. 그런 다음 앞서

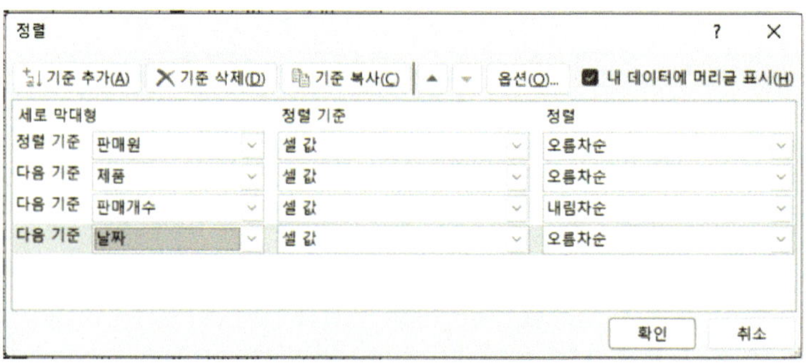

그림 3-3-3 「정렬」 대화상자 – 셀 값 기준

제시한 4가지 조건에 따라 아래와 같이 차례대로 선택한다.

1. 판매원(C열)의 값을 오름차순으로 정렬하기 위해 '정렬 기준' 목록에서 **'판매원'**을 선택하고, '정렬 기준'은 '셀 값'으로 그대로 두고, '정렬'은 **'오름차순'**을 선택한다.
2. 그런 다음 '기준 추가(A)' 단추를 클릭하여 다음 기준을 추가한다. 그리고 제품(E열)의 값을 오름차순으로 정렬하기 위해 '정렬 기준'에서 **'제품'**을 선택, '정렬 기준'에서 '셀 값'을 선택, '정렬'에서 '오름차순'을 선택한다.
3. 그런 다음 '기준 추가(A)' 단추를 클릭하여 다음 기준을 추가한다. 그리고 판매개수(F열)의 값을 내림차순으로 정렬하기 위해 '정렬 기준' 에서 **'판매개수'**를 선택, '정렬 기준'에서 '셀 값'을 선택, '정렬'에서 **'내림차순'**을 선택하여 숫자가 큰 값에서 작은 값 순으로 정렬되도록 한다.
4. 그런 다음 '기준 추가(A)' 단추를 클릭하여 다음 기준을 추가한다. 그리고 날짜(D열)의 값를 오름차순으로 정렬하기 위해 '정렬 기준'에서 **'날짜'**를 선택, '정렬 기준'에서 '셀 값'을 선택, '정렬'에서 '오름차순'을 선택하여 날짜가 오래된 날짜에서 최신 날짜 순으로 정렬되도록 한다.

이러한 절차에 따라 그림 3-3-3과 같이 「정렬」 대화상자를 완성하고 '확인' 단추를 클릭하면 정렬된 최종 결과를 확인할 수 있다.

그림 3-3-4와 같이 정렬 결과를 살펴보면 먼저 강백호의 모든 판매내역이 상단에 정렬되고 표시되며 강백호가 판매한 제품 가운데 마스카라, 아이 라이너, 파운데이션, 립 글로스 순으로 정렬된다. 강백호가 판매한 제품 가운데 아이 라이너에 대해서는 많이 판매한 개수부터 작은 순으로 정렬되어 표시되며 판매개수가 같은 경우(11행과 12행 참조)에는 날짜순으로 정렬된다.

	A	B	C	D	E	F	G	H
1								
2								(단위:천원)
3		판매번호	판매원	날짜	제품	판매개수	판매액	지역
4		1578	강백호	2022-01-12	립 글로스	95	₩ 1,147.02	서부
5		1786	강백호	2022-10-03	립 글로스	93	₩ 1,123.50	동부
6		1003	강백호	2022-05-13	립 글로스	89	₩ 1,076.75	서부
7		1669	강백호	2023-07-05	립 글로스	89	₩ 1,074.86	동부
8		1085	강백호	2021-08-22	립 글로스	84	₩ 1,016.85	남부
9		948	강백호	2022-12-30	립 글로스	83	₩ 1,004.38	동부
10		822	강백호	2023-12-06	립 글로스	80	₩ 966.83	남부
11		897	강백호	2022-03-30	립 글로스	79	₩ 957.38	중서부
12		345	강백호	2022-10-14	립 글로스	79	₩ 959.02	남부
13		1354	강백호	2022-12-19	립 글로스	79	₩ 952.82	남부
14		173	강백호	2021-05-04	립 글로스	78	₩ 944.57	중서부
15		1485	강백호	2022-10-14	립 글로스	71	₩ 861.45	서부

그림 3-3-4 셀 값을 기준으로 정렬한 결과

그림 3-3-3과 같이 「정렬」 대화상자에서는 '정렬 기준'을 빠르게 추가(기준 추가)하거나 삭제(기준 삭제)할 수 있을 뿐만 아니라 '정렬 기준'을 손쉽게 복사(기준 복사)할 수도 있다.

그리고 **옵션(O)...**을 선택하여 정렬 작업을 대/소문자를 구분하여 정렬하도록 할 수 있으며, 정렬 방향을 '위쪽에서 아래쪽' 또는 '왼쪽에서 오른쪽'으로 정렬하도록 선택할 수도 있다(대부분 정렬 방향은 위쪽에서 아래쪽으로 정렬된다).

> 데이터를 살펴보니 중요한 값에 대해 특정 색으로 표시된 것을 확인하였다. 표시된 셀 색상 또는 글꼴 색상을 기준으로 데이터를 정렬할 수 있을까요?

실습파일 [색정렬] 시트를 살펴보면 판매원에 대한 C 열의 데이터 중 몇몇 데이터가 색상으로 강조된 것을 확인할 수 있다. 엑셀 2019에서 셀의 데이터 값(셀 값) 외에도 '셀 색'이나 '글꼴 색'으로 정렬할 수 있다.

판매원에 대한 C열을 기준으로 색상별로 정렬하려면, 먼저 커서를 데이터 내에 두고 **[데이터] 탭 > [정렬 및 필터] 그룹**에서 [정렬]을 클릭한 다음 「정렬」 대화상자에서 '기준 추가(A)' 단추를 클릭하여 그림 3-3-5와 같이 3개의 기준을 추가한다.

그리고 첫 번째 정렬 기준에서 **판매원**을 선택한 다음 '정렬 기준'을 클릭하여 **셀 색**을 선택한다(만약 **글꼴 색**을 선택하면 글꼴 색상으로 정렬된다). 그리고 '정렬' 목록에서 **녹색**을 선택한 다음 정렬 방법은 기본으로 설정된 **위에 표시**를 그대로 둔다. 동일한 절차로 두 번째, 세 번째 기준을 **노란색**과 **빨간색**으로 설정하고 '확인' 단추를 클릭하면 그림 3-3-6과 같이 셀 색을 기준으로 정렬된 것을 확인할 수 있다.

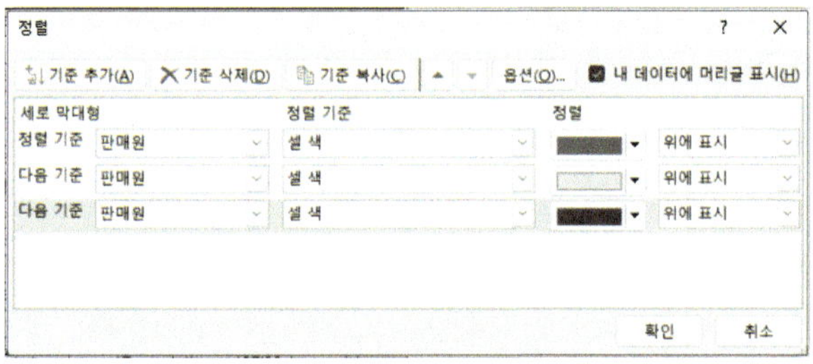

그림 3-3-5 「정렬」 대화상자 – 셀 색 기준

	A	B	C	D	E	F	G	H
1								
2								(단위:천원)
3		판매번호	판매원	날짜	제품	판매개수	판매액	지역
4		77	신호일	2022-08-09	아이 라이너	-2	-₩ 16.95	동부
5		96	정대만	2021-09-13	립스틱	51	₩ 621.19	중서부
6		156	이달재	2022-12-19	파운데이션	25	₩ 307.95	동부
7		14	이달재	2022-01-01	아이 라이너	18	₩ 225.89	남부
8		23	송태섭	2023-02-01	마스카라	25	₩ 309.23	중서부
9		28	채치수	2021-06-17	마스카라	41	₩ 501.08	서부
10		1	서태웅	2021-04-01	립 글로스	45	₩ 548.82	남부
11		2	이달재	2021-03-10	파운데이션	50	₩ 608.03	중서부
12		3	강백호	2022-02-25	립스틱	9	₩ 114.88	중서부
13		4	이달재	2023-05-22	립 글로스	55	₩ 668.30	서부

그림 3-3-6 셀 색을 기준으로 정렬한 결과

데이터를 살펴보니 수치 크기에 따라 특정 아이콘이 표시된 것을 확인하였다. 주식 필드에 대해서 아이콘 모양을 기준으로 데이터를 정렬할 수 있을까요?

실습파일 [아이콘정렬] 시트의 데이터 중 주식(C 열) 필드에 표시된 아이콘 모양을 기준으로 정렬하려면, 먼저 커서를 데이터 내에 두고 **[데이터] 탭 > [정렬 및 필터] 그룹**에서 [정렬]을 클릭한 다음 「정렬」 대화상자에서 '기준 추가(A)' 단추를 클릭하여 아이콘 종류만큼 2개의 기준을 추가한다.

그리고 「정렬」 대화상자의 첫 번째 정렬 기준에서 **주식**을 선택한 다음 '정렬 기준'을 클릭하여 **조건부 서식 아이콘**을 선택한다. 그리고 '정렬' 목록에서 **위쪽 화살표** 아이콘을 선택한다. 동일한 절차로 두 번째 정렬 기준을 그림 3-3-7과 같이 완성한 다음 '확인' 버튼을 클릭하면 아이콘 모양을 기준으로 정렬된 것을 확인할 수 있다.

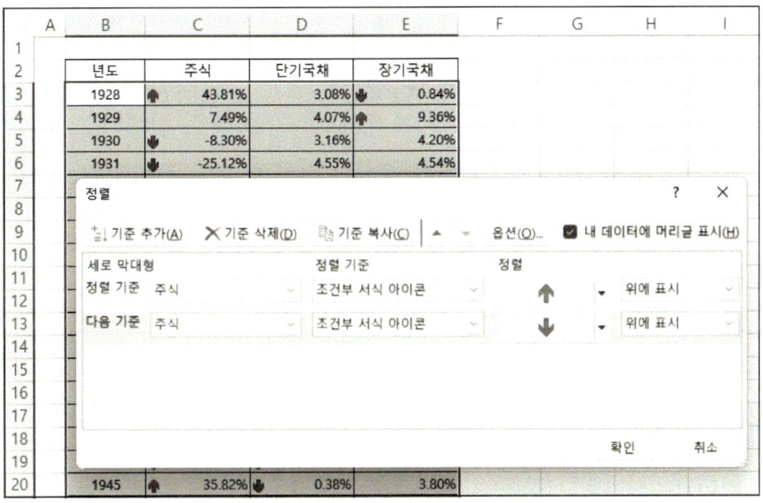

그림 3-3-7 「정렬」 대화상자 – 조건부 서식 아이콘 기준

직급이 높은 순서부터 낮은 순서로, 혹은 낮은 순서부터 높은 순서로 정렬할 수 있을까요?

실습파일 [직원명단] 시트에는 직원별 급여 내역이 기록되어 있다. 해당 데이터를 직급이 낮은 순에서 높은 순으로 정렬하고 싶다면, 먼저 커서를 데이터 내에 두고 **[데이터] 탭 > [정렬 및 필터] 그룹**에서 [정렬]을 클릭한다. 그리고 그림 3-3-8과 같이 「정렬」 대화상자의 첫 번째 정렬 기준을 **직급**으로 선택한 다음 '정렬 기준'을 **셀 값**으로 선택하고 '정렬'에서 **사용자 지정 목록...**을 선택한다.

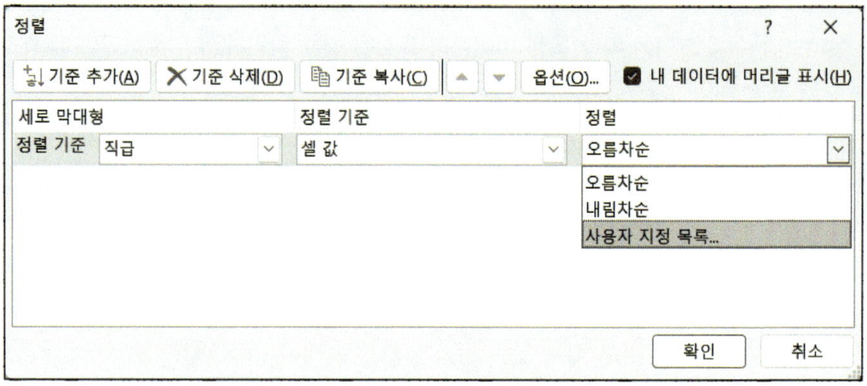

그림 3-3-8 「정렬」 대화상자 - 사용자 지정 목록

그림 3-3-9와 같이 「사용자 지정 목록」 대화상자의 **사용자 지정 목록(L)**에서 맨 위에 있는 **새 목록**을 선택한 다음 오른쪽 **목록 항목(E)**에서 정렬 기준으로 사용할 항목을 **사원-주임-대리-과장-차장-부장-이사-상무-전무-부사장-사장** 순으로 입력한다. 그리고 **추가** 단추를 클릭하면 방금 입력한 직급이 사용자 지정 목록에 추가된 것을 확인할 수 있다.

그림 3-3-10과 같이 **사용자 지정 목록(L)**에 추가된 직급 순서를 선택하고 **확인** 단추를 클릭한 다음 「정렬」 대화상자의 **확인** 단추를 클릭하여 설정한 정렬을 데이터에 반영한다.

앞으로 직장에서 작성한 데이터를 직급순으로 정렬하고자 할 경우 **사용자 지정 목록...**에서 작성한 직급을 기준으로 언제든지 정렬할 수 있다.

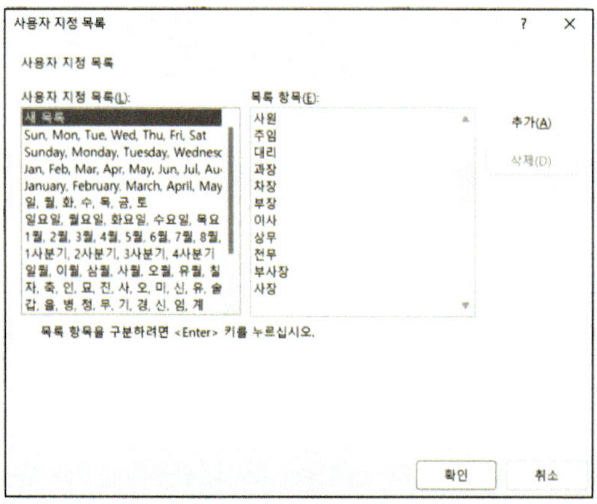

그림 3-3-9 「사용자 지정 목록」 대화상자

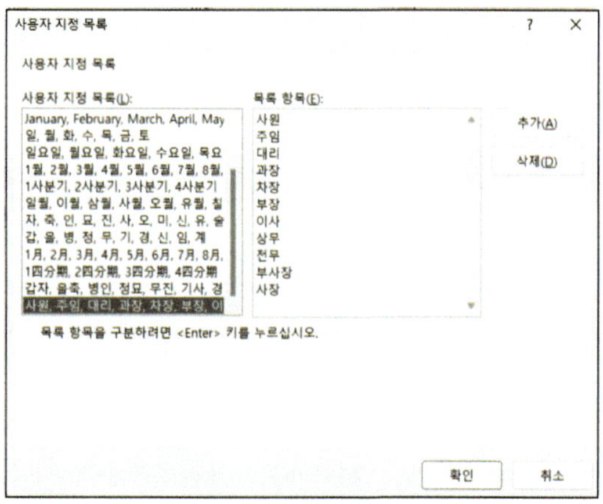

그림 3-3-10 사용자 지정 목록 추가

다음으로 정렬을 위한 **사용자 지정 목록...**에 원하는 데이터 순서를 추가하는 다른 방법에 대해서 알아보자. **실습파일 [사용자지정정렬] 시트**에는 음악 용어와 관련하여 음악 템포(빠르기)가 기록되어 있다. 이처럼 C3:C16 범위에 **사용자 지정 목록...**에 추가할 데이터가 미리 준비되어 있다

면 앞선 방법보다 더 손쉽게 해당 데이터를 **사용자 지정 목록...**에 추가할 수 있다.

템포 용어(한글)	템포용어(영문)	의미	BPM
그라베	Grave	느리고 장중하게	25~45
라르고	Largo	느리고 폭이 넓게	40~60
렌토	Lento	느리고 무겁게	45~60
라르게토	Larghetto	라르고보다 조금 빠르게	60~66
아다지오	Adagio	느리고 여유있게	66~76
안단테	Andante	느린 걸음 속도로	76~108
안단티노	Andantino	안단체보다 조금 빠르게	80~108
모데라토	Moderato	보통 빠르게	108~120
알레그레토	Allegretto	조금 빠르게	112~120
알레그로	Allegro	빠르고 화려하게	120~156
비바체	Vivace	빠르고 활발하게	156~176
비바치시모	Vivacissimo	매우 빠르고 경쾌하게	172~176
프레스토	Presto	대단히 빠르게	168~200
프레스티시모	Presissimo	프레시토보다 더 빠르게	200~

그림 3-3-11 음악 템포 데이터

먼저 **[파일] 탭 > [옵션]**을 클릭한다. 그리고 그림 3-3-12와 같이 「Excel 옵션」 대화상자의 왼쪽 창에서 **고급**을 클릭하고 아래로 스크롤한 다음 '일반' 섹션 하단에서 **사용자 지정 목록 편집(O)...** 단추를 클릭한다.

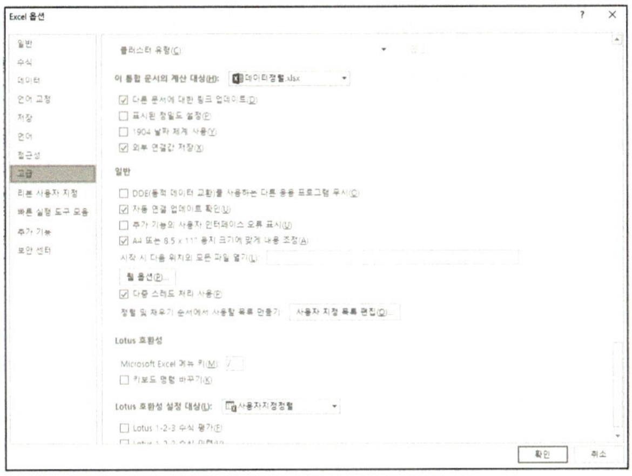

그림 3-3-12 「Excel 옵션」 대화상자

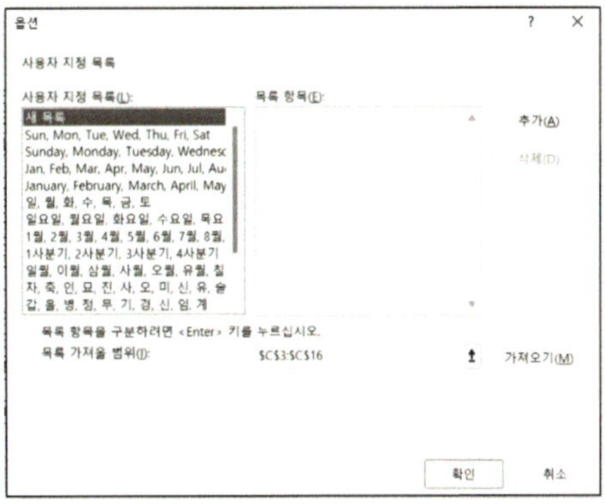

그림 3-3-13 목록 가져올 범위

다음으로 그림 3 3 13과 같이 「사용자 지정 목록」 대화상자의 **목록 가져오기 범위(I)**에서 워크시트에 표시된 추가할 데이터 범위 **C3:C16**을 선택한 다음 '가져오기(M)' 단추를 클릭한다. 그러면 워크시트에 입력된 음악 템포가 **사용자 지정 목록(L)**에 표시된 것을 확인할 수 있다. 그런 다음 **확인** 단추를 클릭하고 마지막으로 「Excel 옵션」 대화상자를 닫는다.

이제 워크시트의 G3 셀에 **Grave**를 입력한 다음 채우기 핸들을 이용해 아래로 끌게 되면 Grave – Largo – Lento – ...순으로 템포(빠르기)가 나열되는 것을 확인할 수 있다.

4 데이터 필터

데이터 필터는 워크시트에 입력된 데이터 중 사용자가 원하는 필드나 레코드를 검색하여 추출해 내는 기능이다. 엑셀에서의 필터는 검색조건을 설정하는 방식에 따라 [필터]와 [고급 필터]의 두 가지로 구분된다.

실습파일 : 자동필터.xlsx

가. 자동 필터

[필터]는 셀 범위 내의 데이터 중에서 사용자가 원하는 데이터를 신속하게 찾을 수 있도록 사용자가 지정한 값에 해당하는 데이터만을 표시해 주는 기능이다. [필터]를 사용해 필요한 데이터를 추출하기 위해서는 먼저 다음 그림과 같이 셀 포인터를 데이터 범위 내에 위치한 후 **[데이터] 탭 > [정렬 및 필터]** 그룹에서 [필터]를 클릭한다. 워크시트에 [필터]가 적용되면 각 필드명의 오른쪽에 [필터 버튼]이 나타나는데 이를 클릭하여 필터 유형을 선택할 수 있는 목록이 표시된다.

실습파일 [DATA] 시트에는 그림 3-4-1과 같이 어느 중소기업의 1,891개의 화장품 판매내역에 대한 정보가 기록되어 있다. 관리자는 워크시트에 저장된 데이터에서 필요한 데이터만을 추출하고 싶어 한다. 이에 [필터] 기능은 아래와 같은 질문에 대해서 원하는 해답을 찾도록 도와준다.

(단위:천원)

판매번호	판매원	날짜	제품	판매개수	판매액	지역
1	서태웅	2021-04-01	립글로스	45	₩ 360	남부
2	이달재	2021-03-10	파운데이션	50	₩ 250	중서부
3	강백호	2022-02-25	립스틱	9	₩ 90	중서부
4	이달재	2023-05-22	립글로스	55	₩ 440	서부
5	정병욱	2021-06-17	립글로스	43	₩ 344	중서부
6	송태섭	2022-11-27	아이라이너	58	₩ 406	중서부
7	정대만	2021-03-21	아이라이너	8	₩ 56	중서부
8	송태섭	2023-12-17	립글로스	72	₩ 576	중서부
9	강백호	2023-07-05	아이라이너	75	₩ 525	남부
10	서태웅	2023-08-07	립글로스	24	₩ 192	동부

그림 3-4-1 화장품 판매내역

서태웅이 동부 지역에서 판매한 립스틱에 대한 판매내역을 추출하려고 하는데, 어떻게 하면 될까요?

[필터]를 적용하기에 앞서 자동 필터는 AND 조건을 사용하며, 원본 데이터에 필터링 결과를 보여

준다는 특징을 가진다. **실습파일 [서태웅–동부–립스틱] 시트**의 데이터 내에 커서를 두고 **[데이터] 탭 > [정렬 및 필터] 그룹**에서 [필터]를 클릭한다. 그림 3-4-2와 같이 데이터의 첫 번째 행의 각 필드명에 필터 화살표 ▾가 표시된다.

	A	B	C	D	E	F	G	H
1								
2								(단위:천원)
3		판매번ㅎ ▾	판매원 ▾	날짜 ▾	제품 ▾	판매개수 ▾	판매액 ▾	지역 ▾
4		1	서태웅	2021-04-01	립글로스	45	₩ 360	남부
5		2	이달재	2021-03-10	파운데이션	50	₩ 250	중서부

그림 3-4-2 열 머리글에 필터 화살표 표시

각 필드명에 표시된 필터 화살표 ▾를 사용하여 해당 열의 입력된 데이터를 필터링할 수 있다. 예를 들어 **판매원**(C3 셀)의 필터 화살표 ▾를 클릭하면 그림 3-4-3과 같은 선택 메뉴가 표시된다. 판매원(C 열)에 입력된 데이터의 형식이 텍스트이기 때문에 선택 메뉴는 텍스트 필터에 대한 메뉴가 나타난다.

본 예제의 질문에 따라 우선 서태웅에 대한 데이터를 추출해야 하므로 그림 3-4-4와 같이 **모두 선택**에 대한 확인란을 취소한 다음 **서태웅**에 대한 확인란만 선택하고 '확인' 단추를 클릭한다.

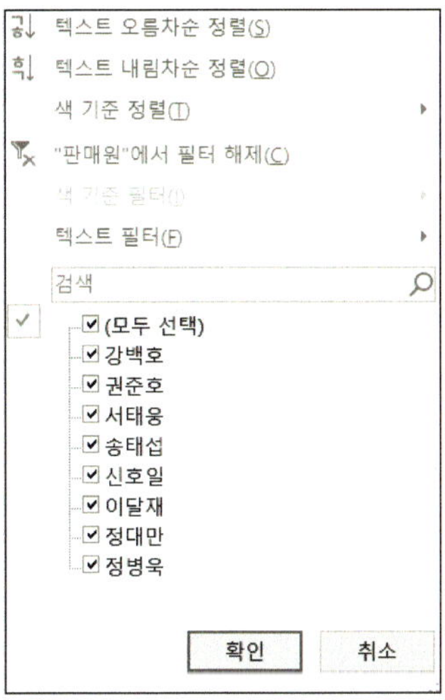

그림 3-4-3 필터 선택 메뉴

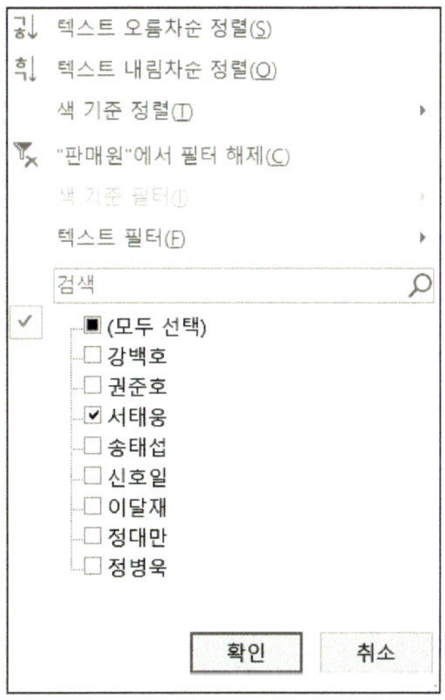

그림 3-4-4 필터링 값 선택

이제 데이터를 확인해 보면 서태웅의 판매내역만 표시된 것을 확인할 수 있다. 다음으로 **제품**(E4 셀)의 필터 화살표 ▾를 클릭한 다음 선택 메뉴에서 **립스틱**에 대한 확인란만 선택하고 '확인' 단추를 클릭한다. 다음으로 **지역**(H3 셀)의 필터 화살표 ▾를 클릭한 다음 선택 메뉴에서 **동부**에 대한 확인란만 선택하고 '확인' 단추를 클릭한다.

최종적으로 그림 3-4-5와 같이 워크시트에는 서태웅이 동부 지역에서 판매한 립스틱에 대한 판매내역이 추출된 것을 확인할 수 있다. 필터링 적용이 완료되며 필터가 적용된 판매원(C3 셀), 제품(E3 셀), 지역(H3 셀)의 필터 화살표가 깔때기 기호 로 변경되며, 행 번호 또한 필터링 된 것을 보여주기 위해 파란색으로 표시된다.

	A	B	C	D	E	F	G	H
1								
2								(단위:천원)
3		판매번호	판매원	날짜	제품	판매개수	판매액	지역
108		105	서태웅	2022-09-22	립스틱	77	₩ 770	동부
209		206	서태웅	2022-01-01	립스틱	51	₩ 510	동부
541		538	서태웅	2023-10-01	립스틱	63	₩ 630	동부
1190		1187	서태웅	2021-06-17	립스틱	15	₩ 150	동부
1725		1722	서태웅	2022-08-31	립스틱	84	₩ 840	동부
1777		1774	서태웅	2023-09-20	립스틱	43	₩ 430	동부
1819		1816	서태웅	2023-02-12	립스틱	73	₩ 730	동부
1863		1860	서태웅	2022-10-03	립스틱	18	₩ 180	동부

그림 3-4-5 필터링 결과 – 서태웅–립스틱–동부

만약 필터링 결과를 해제하여 원본 데이터로 돌아가려면 그림 3-4-6과 같이 **[데이터] 탭 > [정렬 및 필터] 그룹**에서 [지우기]를 클릭하면 된다.

그림 3-4-6 필터 지우기

> 송태섭이 판매한 립스틱과 마스카라에 대한 판매내역을 추출하려고 하는데, 어떻게 하면 될까요?

실습파일 [송태섭–립스틱과마스카라] 시트의 데이터 내에 커서를 두고 **[데이터] 탭 > [정렬 및 필터] 그룹**에서 [필터]를 클릭한다.

그리고 **판매원**(C3 셀)의 필터 화살표 를 클릭한 다음 선택 메뉴에서 **송태섭**을 선택한다. 그리고 **제품**(E3 셀)의 필터 화살표 를 클릭한 다음 선택 메뉴에서 **립스틱**과 **마스카라**를 선택한다. 그림 3-4-7은 최종적인 필터링 결과를 보여준다.

	A	B	C	D	E	F	G	H
1								
2								(단위:천원)
3		판매번호	판매원	날짜	제품	판매개수	판매액	지역
20		17	송태섭	2023-04-30	마스카라	66	₩ 660	남부
26		23	송태섭	2023-02-01	마스카라	25	₩ 250	중서부
132		129	송태섭	2022-07-07	마스카라	77	₩ 770	서부
174		171	송태섭	2021-05-26	립스틱	60	₩ 600	동부
191		188	송태섭	2021-02-06	마스카라	- 5	-₩ 50	동부
192		189	송태섭	2023-05-22	마스카라	- 4	-₩ 40	서부
201		198	송태섭	2021-02-06	마스카라	60	₩ 600	동부
237		234	송태섭	2021-07-09	립스틱	- 3	-₩ 30	남부

그림 3-4-7 필터링 결과 - 정대만과송태섭-립스틱과마스카라-동부와서부

판매개수가 90개 보다 크고 판매액이 930,000원 보다 큰 판매내역을 추출하려고 하는데, 어떻게 하면 될까요?

실습파일 [판매개수>90–판매액>93만원] 시트의 데이터 내에 커서를 두고 [데이터] 탭 > [정렬 및 필터] 그룹에서 [필터]를 클릭한다.

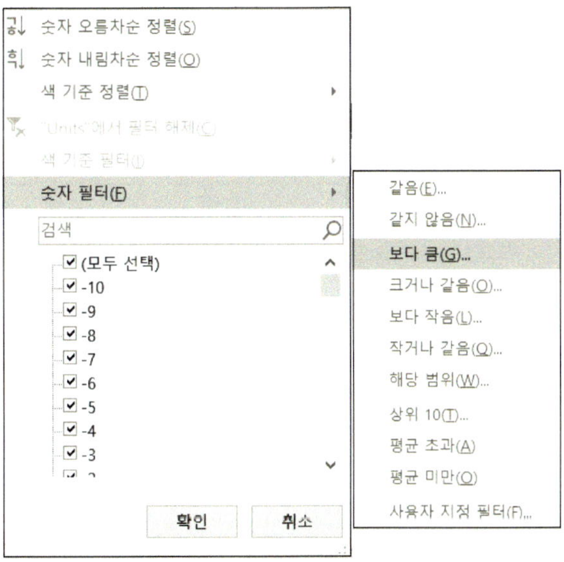

그림 3-4-8 숫자 필터 - 보다 큼

그리고 판매개수(F3 셀)의 필터 화살표 [▾]를 클릭한 다음 그림 3-4-8과 같은 선택 메뉴에서 '숫자 필터(F)'의 하위 메뉴에서 보다 큼(G)...을 선택한다. 다음으로 그림 3-4-9와 같이 「사용자 지정 자동 필터」 대화상자에서 '판매개수' 상자에 90을 입력하고 '확인' 단추를 클릭한다.

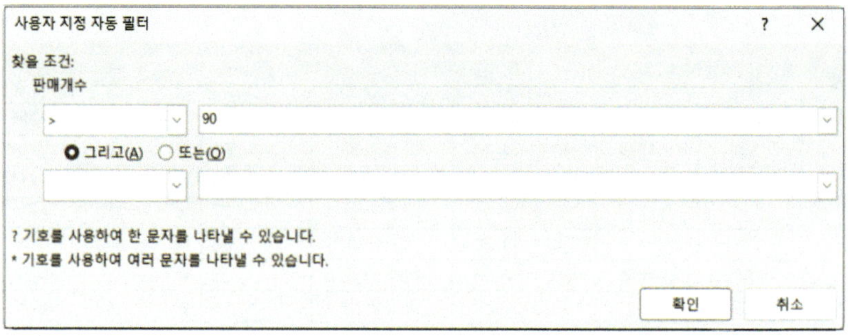

그림 3-4-9 「사용자 지정 자동 필터」 대화상자

다음으로 **판매액**(G3 셀)으로 이동하여 필터 화살표 ▾를 클릭한 다음 필터 메뉴에서 **숫자 필터(F) – 보다 큼(G)...**을 선택하고 「사용자 지정 자동 필터」 대화상자에서 **930**을 입력한 다음 '확인' 단추를 클릭한다. 그림 3-4-10은 최종적으로 필터링 결과를 보여준다.

	A	B	C	D	E	F	G	H
1								
2								(단위:천원)
3		판매번호	판매원	날짜	제품	판매개수	판매액	지역
289		286	서태웅	2023-07-27	마스카라	94	₩ 940	서부
338		335	강백호	2021-05-26	마스카라	94	₩ 940	중서부
450		447	채치수	2023-10-01	마스카라	94	₩ 940	서부
599		596	송태섭	2022-10-03	마스카라	94	₩ 940	동부
632		629	이달재	2021-07-31	마스카라	94	₩ 940	동부
1016		1013	권준호	2023-05-11	립스틱	95	₩ 950	남부
1025		1022	채치수	2022-02-14	마스카라	94	₩ 940	동부
1198		1195	정대만	2021-06-06	마스카라	94	₩ 940	서부
1678		1675	강백호	2021-09-13	마스카라	94	₩ 940	중서부

그림 3-4-10 필터링 결과 – 판매개수와 판매액

> 특정 기간인 2022년 12월과 2023년 1월 사이에 판매된 모든 판매내역을 추출하려고 하는데, 어떻게 하면 될까요?

실습파일 [2022년12월-2023년1월] 시트의 데이터 내에 커서를 두고 **[데이터] 탭 > [정렬 및 필터] 그룹**에서 [필터]를 클릭한다. 그리고 **날짜**(D3 셀)의 필터 화살표 ▾를 클릭하면 그림 3-4-11과 같이 연도 목록을 볼 수 있다. 연도 왼쪽에 있는 ⊞ 기호를 클릭하면 월 목록이 표시된다.

먼저 **(모든 선택)**을 취소한 다음 2022년 앞의 ⊞ 기호를 클릭하여 **12월**을 선택한 다음 2023년 앞의 ⊞ 기호를 클릭하여 **1월**을 선택한다. 선택을 마치고 '확인' 단추를 클릭하면 그림 3-4-12와 같이 필터링 결과를 확인할 수 있다.

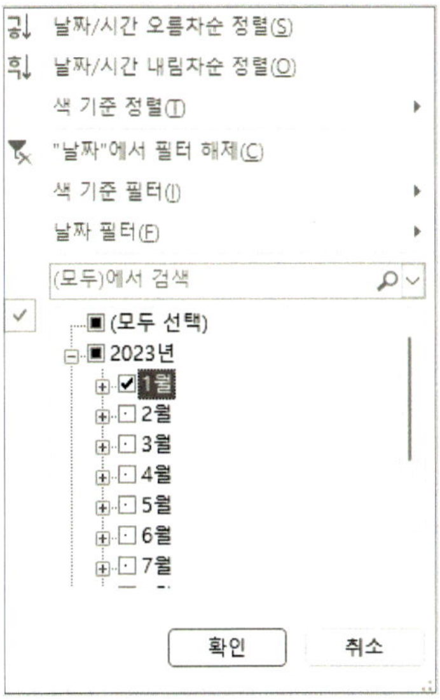

그림 3-4-11 날짜 필터 선택

	A	B	C	D	E	F	G	H
1								
2								(단위:천원)
3		판매번호	판매원	날짜	제품	판매개수	판매액	지역
53		50	정대만	2022-12-08	립글로스	8	₩ 64	중서부
75		72	신호일	2023-01-10	립글로스	69	₩ 552	동부
82		79	정병욱	2022-12-19	아이라이너	26	₩ 182	남부
93		90	송태섭	2023-01-21	립글로스	75	₩ 600	남부
109		106	권준호	2023-01-21	파운데이션	39	₩ 195	남부
118		115	강백호	2023-01-10	아이라이너	57	₩ 399	서부
150		147	권준호	2022-12-30	파운데이션	81	₩ 405	서부
159		156	이달재	2022-12-19	파운데이션	25	₩ 125	동부
172		169	강백호	2022-12-19	마스카라	19	₩ 190	동부

그림 3-4-12 필터링 결과 – 2022년 12월과 2023년 1월

평소 중요한 제품에 대해 셀 배경을 빨간색으로 표시하고 있다. 셀 색이 적용된 데이터를 추출하고 싶은데, 어떻게 하면 될까요?

실습파일 [색필터] 시트의 데이터 내에 커서를 두고 **[데이터] 탭 > [정렬 및 필터] 그룹**에서 [필터]를 클릭한 다음 **제품**(E3 셀)의 필터 화살표 ▾를 클릭한 다음 그림 3-4-13과 같이 **색 기준 필터(I)**의 하위 메뉴에서 추출하고자 하는 색상 **빨강색**을 선택한다. 필터링 결과를 보면 그림 3-4-14와 같이 빨강색 색상의 셀만 표시된 것을 확인할 수 있다.

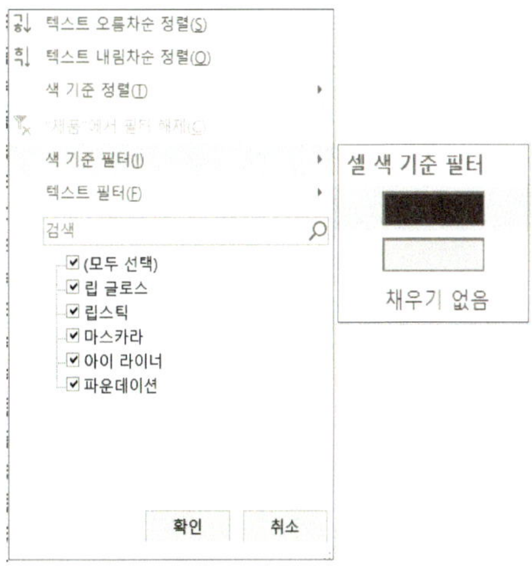

그림 3-4-13 색 기준 필터

	A	B	C	D	E	F	G	H
1								
2								(단위:천원)
3		판매번호	판매원	날짜	제품	판매개수	판매액	지역
11		8	송태섭	2023-12-17	립글로스	72	₩ 576	중서부
247		244	강백호	2021-09-24	파운데이션	84	₩ 420	동부
292		289	정병욱	2021-05-26	립스틱	56	₩ 560	남부

그림 3-4-14 필터링 결과 - 셀 색상

> 판매액이 가장 높은 상위 5%의 판매내역 중 서태웅이 판매한 내역은 어떻게 되나요?

실습파일 [상위5%-서태웅] 시트의 데이터 내에 커서를 두고 **[데이터] 탭 > [정렬 및 필터] 그룹**에서 [필터]를 클릭한다. 그리고 **판매액**(G3 셀)의 필터 화살표 [▾]를 클릭하고 **숫자 필터(F)**의 하위 메뉴에서 **상위 10(T)...**를 선택한다. 그리고 그림 3-4-15와 같이 「상위 10 자동 필터」 대화상자의 값을 **상위 – 5 – %**로 바꾼 다음 '확인' 단추를 클릭한다.
다음으로 **판매원**(C3 셀)의 필터 화살표 [▾]를 클릭한 다음 그림 3-4-16과 같이 **(모든 선택)**을 취소하고 **서태웅**에 대한 확인란만 선택한다.

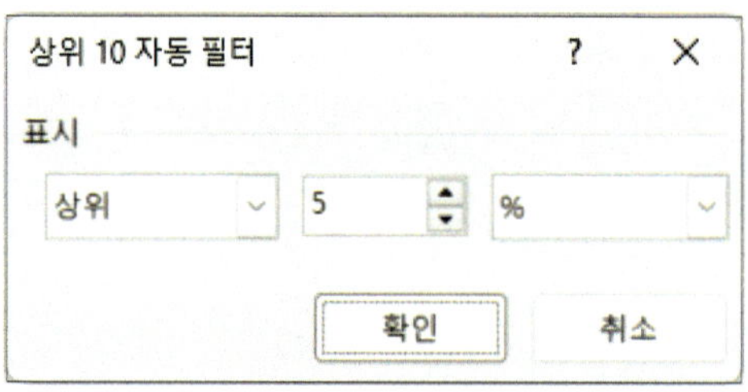

그림 3-4-15 「상위 10 자동 필터」 대화상자

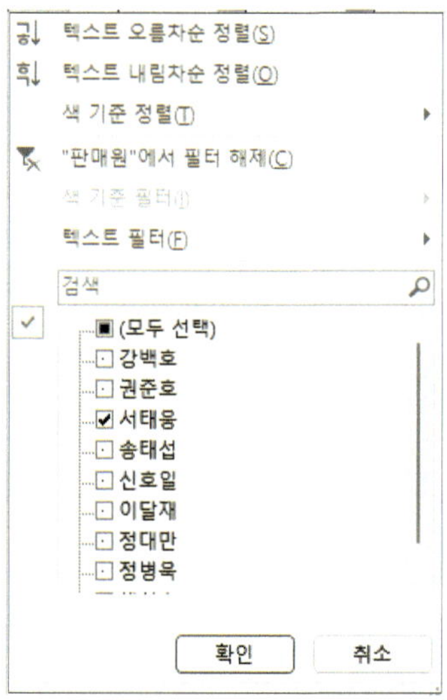

그림 3-4-16 서태웅 선택

이제 판매액이 높은 상위 5%의 판매내역 중에 서태웅이 판매한 내역을 확인할 수 있다. 그림 3-4-17과 같이 필터링 결과를 보면 판매액이 높은 상위 5%개의 제품 중 서태웅은 총 8개의 제품은 판매한 것을 알 수 있다.

	A	B	C	D	E	F	G	H
1								
2								(단위:천원)
3		판매번호	판매원	날짜	제품	판매개수	판매액	지역
60		57	서태웅	2022-01-01	마스카라	84	₩ 840	남부
289		286	서태웅	2023-07-27	마스카라	94	₩ 940	서부
675		672	서태웅	2021-09-13	립스틱	88	₩ 880	서부
727		724	서태웅	2021-08-11	립스틱	92	₩ 920	중서부
1100		1097	서태웅	2022-01-01	마스카라	81	₩ 810	남부
1498		1495	서태웅	2021-07-20	마스카라	93	₩ 930	남부
1648		1645	서태웅	2021-02-28	립스틱	92	₩ 920	남부
1725		1722	서태웅	2022-08-31	립스틱	84	₩ 840	동부

그림 3-4-17 필터링 결과 - 상위 5%의 판매내역 중 서태웅의 판매내역

> 필터링 결과에 필요 없는 데이터가 있다면 해당 데이터를 어떻게 삭제할 수 있나요?

실습파일 [신호일-립스틱-동부] 시트의 필터링된 데이터에서 **행 번호 503**을 선택하고 키보드의 Del 키를 눌러 해당 데이터를 삭제한다. 그림 3-4-1과 같이 필터링 결과에 해당 행이 삭제된 것을 확인한 다음 변경된 내용을 필터링 결과에 반영하기 위해서는 **[데이터] 탭 > [정렬 및 필터] 그룹**에서 **[다시 적용]**을 클릭한다.

	A	B	C	D	E	F	G	H	I
1									
2								(단위:천원)	
3		판매번호	판매원	날짜	제품	판매개수	판매액	지역	
503									
509		506	신호일	2021-02-17	립스틱	67	₩ 670	동부	
691		688	신호일	2023-03-06	립스틱	36	₩ 360	동부	
763		760	신호일	2022-01-23	립스틱	12	₩ 120	동부	
846		843	신호일	2023-07-27	립스틱	34	₩ 340	동부	
1232		1229	신호일	2021-09-24	립스틱	92	₩ 920	동부	
1781		1778	신호일	2022-08-31	립스틱	24	₩ 240	동부	
1815		1812	신호일	2023-05-22	립스틱	67	₩ 670	동부	

그림 3-4-18 필터링 결과에서 필요 없는 데이터 삭제

⇩

	A	B	C	D	E	F	G	H	I
1									
2								(단위:천원)	
3		판매번호	판매원	날짜	제품	판매개수	판매액	지역	
509		506	신호일	2021-02-17	립스틱	67	₩ 670	동부	
691		688	신호일	2023-03-06	립스틱	36	₩ 360	동부	
763		760	신호일	2022-01-23	립스틱	12	₩ 120	동부	
846		843	신호일	2023-07-27	립스틱	34	₩ 340	동부	
1232		1229	신호일	2021-09-24	립스틱	92	₩ 920	동부	
1781		1778	신호일	2022-08-31	립스틱	24	₩ 240	동부	
1815		1812	신호일	2023-05-22	립스틱	67	₩ 670	동부	

그림 3-4-19 삭제된 데이터를 필터링 결과에 다시 적용

나. 고급 필터

[고급 필터]는 '서태웅이 판매한 파운데이션의 판매개수'를 검색하는 것과 같이 둘 이상의 필드에 대해서 여러 조건을 설정하여 복합적으로 검색하고자 할 때 유용한 기능이다. 이는 마치 [자동 필터]와 동일한 것처럼 보이지만 [자동 필터]의 부족한 기능을 **[고급 필터]**가 해결해 준다.

즉 [자동 필터]는 원본 데이터에 바로 필터링하는 데 반해 **[고급 필터]**는 원본은 그대로 두고 필터링 결과를 다른 위치에 표시할 수 있다. 또한 **[자동 필터]**는 둘 이상의 필드에 조건을 설정할 때 AND 조건으로만 필터링할 수 있지만 **[고급 필터]**는 AND와 OR 모든 조건으로 필터링할 수 있다.

이처럼 다양한 기능을 가진 **[고급 필터]**를 사용하기 위해서는 먼저 필터에 필요한 조건 범위를 별도의 위치에 미리 만들어야 하며, 조건 범위를 작성할 때는 다음 사항을 유의해야 한다.

- ○ 조건 범위의 첫 번째 행에는 반드시 열 머리글(필드명)이 입력되어야 한다.
- ○ 조건 범위에 여러 개의 조건을 작성할 때 AND 조건은 같은 행에 조건을 작성하고, OR 조건은 다른 행에 조건을 작성한다.

고급 필터를 작성하기 위해 조건 범위를 작성하는 다양한 방법에 대해서 알아보자.

<table>
<tr><th>조건</th><th>설명</th></tr>
<tr><td>AND</td><td>• 서태웅이 판매한 파운데이션에 대한 판매내역을 필터링한다.
• 판매원=서태웅 AND 제품=파운데이션
<table><tr><th>판매원</th><th>제품</th></tr><tr><td>서태웅</td><td>파운데이션</td></tr></table></td></tr>
<tr><td>AND</td><td>• 서태웅이 2023년부터 판매한 파운데이션에 대한 판매내역을 필터링한다.
• 판매원=서태웅 AND 날짜>=2023-01-01 AND 제품=파운데이션
<table><tr><th>판매원</th><th>날짜</th><th>제품</th></tr><tr><td>서태웅</td><td>>=2023-01-01</td><td>파운데이션</td></tr></table></td></tr>
<tr><td>OR</td><td>• 서태웅 또는 강백호의 판매내역을 필터링한다.
• 판매원=서태웅 OR 판매원=강백호
<table><tr><th>판매원</th></tr><tr><td>서태웅</td></tr><tr><td>강백호</td></tr></table></td></tr>
</table>

CHAPTER 01 02 03 04 05 06 07 08 09 10 11

<table>
<tr>
<td>AND, OR 혼합</td>
<td>
• 서태웅이 50개 이상 판매한 제품 또는 강백호가 50개 이상 판매한 제품에 대한 판매내역을 필터링한다.
• (판매원=서태웅 AND 판매개수>=50) OR (판매원=강백호 AND 판매개수>=50)
<table>
<tr><th>판매원</th><th>판매개수</th></tr>
<tr><td>서태웅</td><td>>=50</td></tr>
<tr><td>강백호</td><td>>=50</td></tr>
</table>
</td>
</tr>
<tr>
<td>AND, OR 혼합</td>
<td>
• 강 씨 또는 송 씨가 남부 지역이 아닌 지역에서 판매한 립스틱에 대한 판매내역을 필터링한다.
• (판매원=강* AND 지역<>남부 AND 제품=립스틱) OR (판매원=송* AND 지역<>남부 AND 제품=립스틱)
<table>
<tr><th>판매원</th><th>지역</th><th>제품</th></tr>
<tr><td>강*</td><td><>남부</td><td>립스틱</td></tr>
<tr><td>송*</td><td><>남부</td><td>립스틱</td></tr>
</table>
</td>
</tr>
</table>

실습파일 : 고급필터.xlsx

권준호 또는 신호일이 2023년 첫 6개월 동안 50개 이상 판매한 파운데이션의 판매내역을 필터링하고 싶을 때 어떻게 하면 될까요?

[자동 필터] 기능을 사용하여 여러 필드에 필터링을 적용하였을 경우 각 필터는 AND 조건으로만 필터링 된다. 예를 들어 **실습파일 [신호일+권준호] 시트**의 데이터에 [자동 필터] 기능을 통해 필터링할 때 2023년에 신호일이 판매한 립스틱 또는 2023년에 정병욱이 판매한 파운데이션에 대한 판매내역을 한 번에 찾을 수 없다. 이러한 한계를 극복하여 AND와 OR 조건을 혼합하여 원하는 데이터를 필터링하려면 **[고급 필터]** 기능을 사용해야 한다.

[고급 필터]를 사용하려면 먼저 필터링할 데이터에 적용할 조건 범위를 먼저 작성해야 한다. 워크시트 임의의 위치에 조건 범위를 작성한 다음, 필터링 결과를 자동 필터처럼 원본 데이터에 필터링 결과를 표시할지 아니면 다른 위치에 필터링 결과를 표시할지 선택할 수 있다.

본 예제와 같이 권준호 또는 신호일 판매원이 2023년 첫 6개월 동안 50개 이상 판매한 파운데이션의 판매내역을 필터링하려는 것이다. 따라서 그림 3-4-20과 같이 J3:N5 범위에 AND와 OR 조건이 혼합된 조건을 작성한다.

	J	K	L	M	N
1					
2					
3	판매원	날짜	날짜	판매개수	제품
4	신호일	>=2023-01-01	<=2023-06-30	>=50	파운데이션
5	권준호	>=2023-01-01	<=2023-06-30	>=50	파운데이션

그림 3-4-20 고급 필터 조건 – AND와 OR 조건

작성한 조건 범위의 첫 행인 J3:N3 범위는 원본 데이터의 필드명과 똑같이 입력해야 한다(조건 범위에 입력하는 필드명은 원본 데이터의 필드명을 복사하는 것을 추천한다).

다음으로 J4:N4 범위에 입력한 조건은 판매원 신호일이 날짜 2023-01-01~2005-06-30일 사이에 50개 이상 판매한 파운데이션 제품에 대한 판매내역을 필터링한다는 의미이며, 조건 범위 J5:N5 범위에 입력된 조건은 판매원 권준호가 날짜 2023-01-01~2023-06-30일 사이에 50개 이상 판매한 파운데이션 제품에 대한 판매내역을 필터링한다는 의미이다.

조건 범위 작성을 완료한 다음 커서를 원본 데이터 내 아무 셀을 선택하고, **[데이터] 탭 > [정렬 및 필터]** 그룹에서 [고급]을 클릭한다. 그리고 그림 3-4-21과 같이 「고급 필터」 대화상자를 완성하고 '확인' 단추를 클릭한다.

만약 필터 결과를 다른 장소에 복사하기를 원한다면 「고급 필터」 대화상자에서 '다른 장소에 복사(O)'를 선택한다. '목록 범위(L):'에는 데이터의 전체 범위 B3:H1894가 자동으로 지정된다. '조건 범위(C):'에는 미리 적어 놓은 조건 J3:N5 범위를 지정한다. 그리고 '복사 위치(T):'에는 필터 결과를 복사할 시작 위치 J8을 지정한 다음 '확인' 단추를 클릭한다.

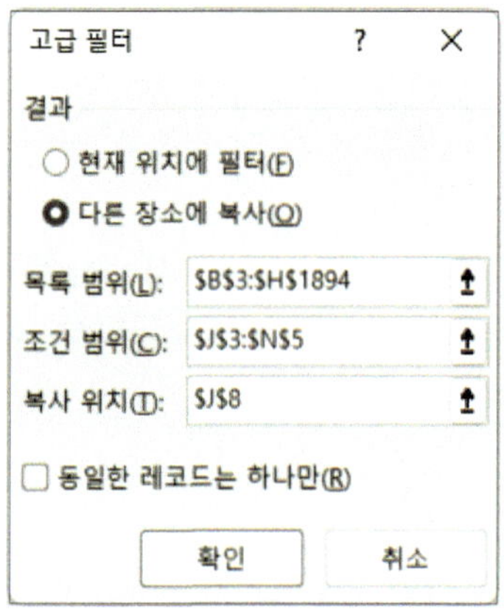

그림 3-4-21 「고급 필터」 대화상자

그림 3-4-22와 같이 필터링 결과는 J8 셀에서부터 표시되며, 최종적으로 4개의 조건을 모두 만족하는 데이터가 필터링 된 것을 확인할 수 있다.

	I	J	K	L	M	N	O	P
7								
8		판매번호	판매원	날짜	제품	판매개수	판매액	지역
9		375	권준호	2023-03-17	파운데이션	72	₩ 360	남부
10		377	신호일	2023-03-06	파운데이션	88	₩ 440	중서부
11		916	신호일	2023-01-10	파운데이션	57	₩ 285	남부
12		1353	권준호	2023-06-13	파운데이션	91	₩ 455	서부
13		1422	신호일	2023-04-30	파운데이션	52	₩ 260	서부

그림 3-4-22 고급 필터 결과 – AND, OR 혼합 조건

> 판매단가가 10,000원 이상인 제품을 필터링하고 싶은데, 어떻게 하면 될까요?

해당 조건을 만족하는 데이터를 필터링하려고 조건 범위를 작성하는 과정에서 이상한 점을 발견하게 된다. 원본 데이터에 판매단가 필드가 존재하지 않는다. 판매단가는 =판매액/판매단가로 계산할 수 있지만, 원본 데이터에는 판매단가를 기록하고 있지 않다.
이처럼 조건으로 비교할 값이 원본 데이터에 존재하지 않을 때 수식으로 조건을 작성하여 필터링할 수 있다. 수식을 작성하여 조건을 만들 때 다음 사항을 유의하여야 한다.

- 수식은 반드시 =(등호)로 시작해야 한다.
- 수식의 결과값은 반드시 TRUE 또는 FALSE로 표시되어야 한다.
- 조건 범위에 입력하는 필드명(열 머리글)은 원본 데이터의 필드명(열 머리글)과 같으면 안된다(조건 범위의 필드명은 비워 두거나 원본 데이터의 필드명과 다른 이름의 필드명을 사용).
- 조건에 사용되는 수식에서 첫 번째 데이터 행의 셀을 참조하는 주소는 상대주소를 사용해야 한다.
- 그리고 수식의 다른 참조 주소는 모두 절대 절대주소를 사용해야 한다.

조건	설명
상대주소 >= 상수	• 단가가 10,000원 이상인 제품에 대한 판매내역을 필터링한다. 판매단가 =(G4/F4)>=10 — FALSE로 표시
상대주소 > 절대주소	• 평균 판매개수보다 많이 판매한 판매내역을 필터링한다. 평균값 =F4>AVERAGE($F$4:$F$1894) — FALSE로 표시

그림 3-4-23과 같이 **실습파일 [판매단가] 시트**의 J4 셀에 수식으로 조건을 입력하면 TRUE 또는 FALSE로 결과값을 표시한다. [고급 필터]는 TRUE로 계산된 행에만 플래그(깃발)를 지정하게 된다. 본 예제의 경우 J4 셀에 수식 **=(G4/F4)>=10**를 입력함에 따라 해당 셀의 값을 계산하여 FALSE로 표시하며, 계속해서 =(G5/F5)>=10, =(G6/F6)>=10, =(G7/F7)>=10, ... =(G1894/F1894)>=10에 이르기까지 각 행의 결과값이 TRUE인지 FALSE인지 계산하여 TRUE에 해당하는 행에만 플래그를 지정한다. 최종적으로 [고급 필터]는 플래그를 지정한 행을 추출함으로써 필터링 결과를 표시하는 것이다.
아울러 조건 범위의 필드명은 J3 셀과 같이 원본 데이터의 필드명과 다른 이름의 필드명을 사용하거나 비워 두어야 한다.

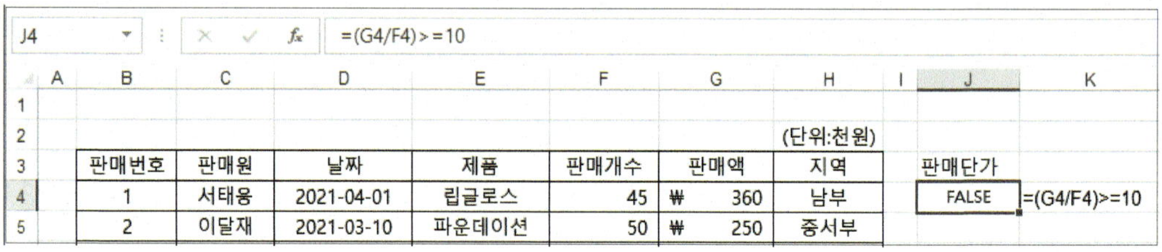

그림 3-4-23 고급 필터 결과 – 수식 작성

조건에 맞는 데이터 중에 원하는 열만 추출하고 싶은데, 어떻게 하면 될까요?

고급 필터는 조건을 만족하는 행을 추출하여 다른 위치에 필터링 결과를 복사할 수 있다. 또한 다른 위치로 필터링 결과를 복사하는 과정에서 사용자가 원하는 열 만을 추출할 수도 있다.

이를 위해 먼저 그림 3-4-25와 같이 **실습파일 [추출위치] 시트**의 J7:F7 범위에 추출하고자 하는 필드명(열 머리글)을 미리 입력해 놓는다.

그리고 그림 3-4-24와 같이 「고급 필터」 대화상자에서 **다른 장소에 복사(O)**를 선택한 다음, **복사 위치(T):**에 미리 입력해 놓은 필드명의 범위 **J7:F7**을 지정하고 '확인' 단추를 클릭한다.

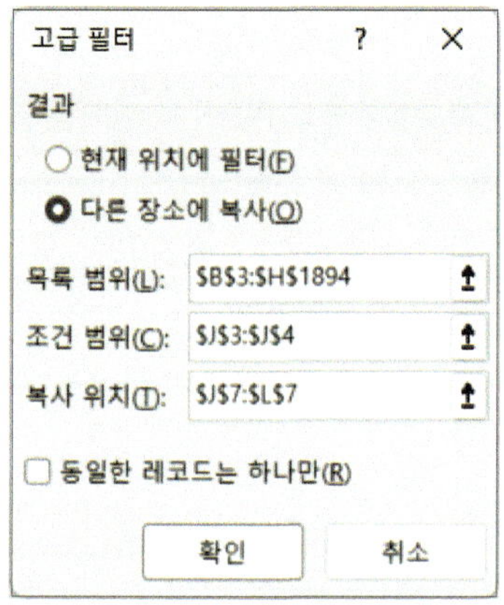

그림 3-4-24 「고급 필터」 대화상자 – 복사 위치

이 밖에도 고급 필터에서는 필터링 결과 중에 중복된 행(레코드)이 있을 경우 하나만 표시하도록 지정할 수도 있다. 「고급 필터」 대화상자의 **동일한 레코드는 하나만(R)** 확인란을 선택하면 동일한 값을 가진 데이터 행은 한 번만 표시해 준다.

최종적으로 필터링 결과를 보면 그림 3-4-24와 같이 가장 높은 판매액을 기록한 판매원은 권준호임을 알 수 있다.

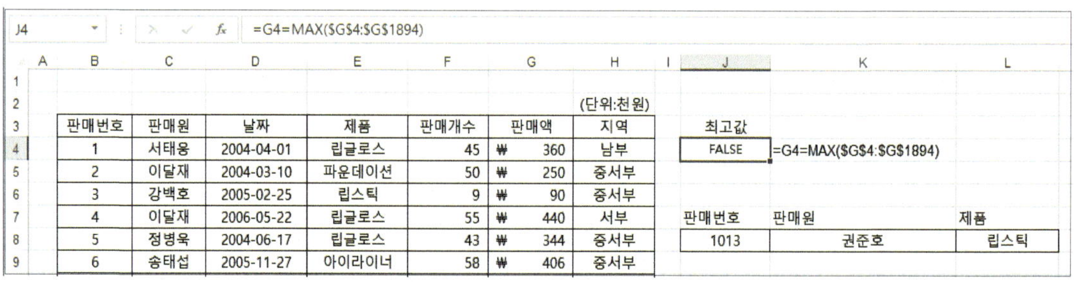

그림 3-4-25 고급 필터 – 추출하고자 하는 열 지정

5 유효성 검사

엑셀에서 많은 정보를 입력할 때 때때로 입력 오류가 발생하기도 한다. 엑셀 2019의 데이터 유효성 검사 기능을 사용하면 심각한 입력 오류의 가능성을 크게 줄일 수 있다. 데이터 유효성 검사를 설정하려면 먼저 데이터 유효성 검사를 적용할 셀 범위를 선택한다. 그리고 **[데이터] 탭 > [데이터 도구] 그룹**에서 [데이터 유효성 검사]를 클릭한다. 그리고 「데이터 유효성」 대화상자에서 셀에 입력하는 데이터 형식 또는 값을 제한함으로써 입력 데이터의 정확성과 일관성을 유지할 수 있도록 만들어 준다.

실습파일 : 유효성검사.xlsx

프로농구 게임 결과를 엑셀에 입력하는 업무를 맡고 있다. 한번은 게임 결과를 입력하는 과정에서 100점 대신 1,000점을 입력해서 분석을 망친 경험이 있다. 앞으로 이러한 유형의 오류가 발생하지 않도록 하려면 어떻게 하면 될까요?

홈(Home)팀이 득점한 점수는 C3:C12 범위에 입력하고 상대(Away)팀이 득점한 점수는 D3:D12 범위에 입력한다. 이때 C3:D12 범위에 입력되는 값은 50~200점 사이의 정수 값만 입력되어야 한다. 이를 위해 먼저 **실습파일 [정수] 시트의 C3:D12** 범위를 선택한 다음, **[데이터] 탭 > [데이터 도구] 그룹**에서 [데이터 유효성 검사]를 클릭한다. 그리고 「데이터 유효성」 대화상자의 '설정] 탭을 클릭하고 그림 3-5-1과 같이 '제한 대상(A):' 목록에서 **정수**를 선택하고, '제한 방법(D):' 목록에서 **해당 범위**를 선택하고, '최소값(M):'과 '최대값(X):'에 각각 **50**, **200**을 입력한 다음 '확인' 단추를 클릭한다.

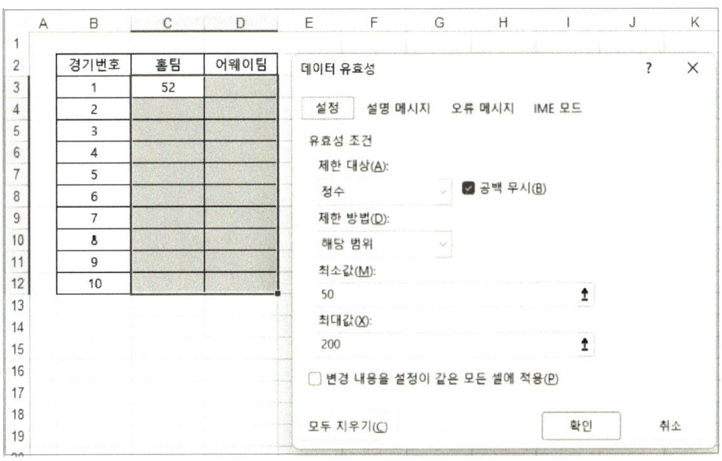

그림 3-5-1 「데이터 유효성」 대화상자

모든 설정을 완료한 이후에 C3:D12 범위에 잘못된 값(50보다 작거나 200을 초과하는 값)을 입력할 경우에는 그림 3-5-2와 같이 입력 데이터 오류 메시지를 표시한다.

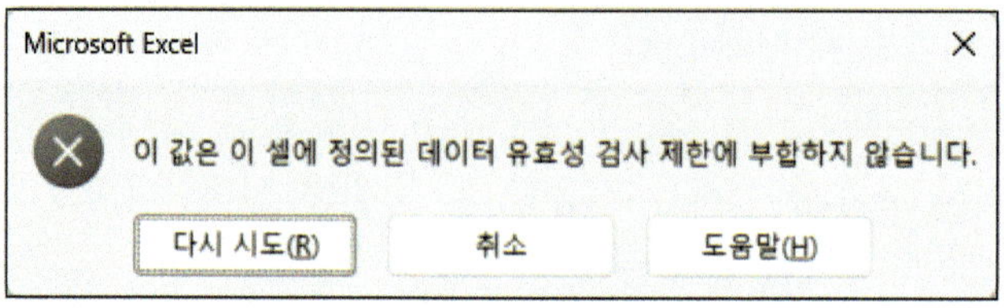

그림 3-5-2 입력 데이터 오류 메시지

데이터 유효성 검사 기능에는 오류 경고와 관련하여 오류 아이콘, 오류 제목, 오류 메시지와 같이 오류 경고에 대한 유형을 변경할 수 있다. 즉 잘못된 값을 입력한 사용자에게 안전하게 입력할 수 있는 데이터 유형을 알려주는 메시지를 사용자가 직접 만들 수 있다.

예를 들어 사용자에게 **50~200 사이의 정수를 입력하십시오.**라는 오류 경고는 엑셀의 기본적인 오류 메시지보다 정확한 정보를 제공한다.

오류 메시지 유형 변경은 「데이터 유효성」 대화상자의 [오류 메시지] 탭을 클릭하고 그림 3-5-3과 같이 '스타일(Y):' 목록에서 **중지**를 선택하고, '제목(T):' 상자에 **입력 오류**를 입력하고, '오류 메시지(E):' 상자에 **50~200 사이의 정수를 입력하십시오.**라고 입력한 다음 '확인' 단추를 클릭한다.

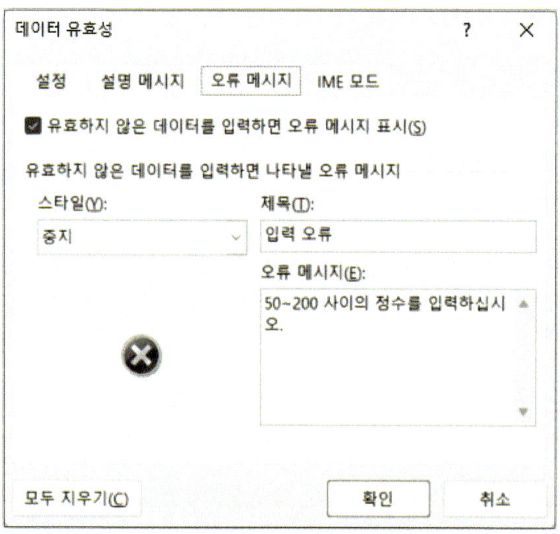

그림 3-5-3 「데이터 유효성」 대화상자 - 오류 메시지

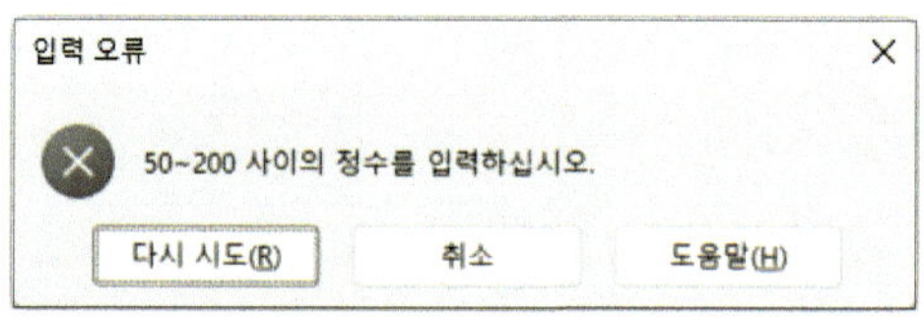

그림 3-5-4 오류 메시지 - 중지

아울러 데이터 유효성 검사 기능은 오류 발생 가능성을 막기 위해 사전에 입력 방법에 관한 메

시지를 표시해 준다. 예를 들어 점수를 입력하기 전에 입력할 범위에 커서를 두게 되면 **50~200 사이의 정수를 입력하십시오.**라는 설명 메시지가 표시되어 사용자로 하여금 정확한 데이터를 입력할 수 있도록 유도해 준다.

설명 메시지는「데이터 유효성」대화상자의 **[설명 메시지]** 탭을 클릭하고 그림 3-5-5와 같이 '제목(T):' 상자에 **입력 범위**를 입력하고, '설명 메시지(E):' 상자에 **50~200 사이의 정수를 입력하십시오.**라고 입력한 다음 '확인' 단추를 클릭한다.

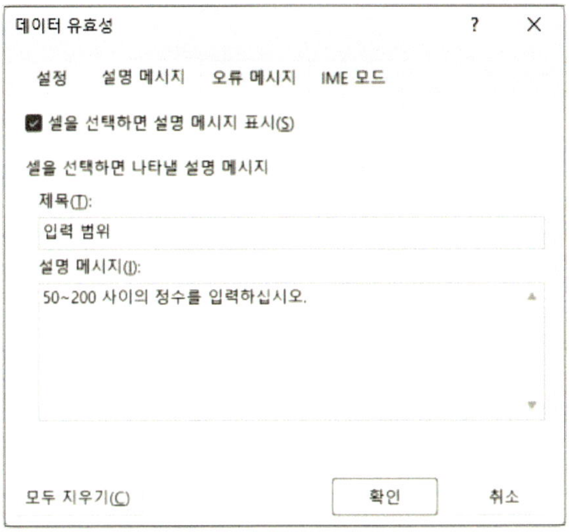

그림 3-5-5「데이터 유효성」대화상자 – 설명 메시지

그림 3-5-6 설명 메시지 표시

> 매년 연초마다 새로운 사업이 시작되는 날짜와 사업 금액을 입력해야 하는 업무를 담당하고 있다. 한번은 날짜를 입력하는데 전년도 날짜를 입력해서 큰 문제가 발생한 적이 있다. 이러한 유형의 오류가 발생하지 않도록 하려면 어떻게 하면 될까요?

2024년 초에 새로운 사업에 대한 시작 날짜를 C3:C20 범위에 입력한다고 가정하자. 입력 때마다 2024-01-10과 같이 2024년이 정확한 입력되고 있는지 확인하고 싶다.

이를 위해 먼저 **실습파일 [날짜] 시트**의 **B3:B20** 범위를 선택한 다음, **[데이터] 탭 > [데이터 도구] 그룹**에서 **[데이터 유효성 검사]**를 클릭한다.「데이터 유효성」대화상자의 [설정] 탭을 클릭하고 그림 3-5-7과 같이 '제한 대상(A):' 목록에서 이번에는 **날짜**를 선택하고, '제한 방법(D):' 목록에서는 **>=**를 선택하고, '시작 날짜(S):'에서는 **2024-01-01**을 입력한 다음 '확인' 단추를 클릭한다.

이제 B3:B20 범위에 2024-01-01전의 날짜를 입력할 수 없게 된다. 만약 B3:B20 범위에 실수로 2023년-01-01을 입력하게 되면 엑셀은 오류 메시지를 표시한다.

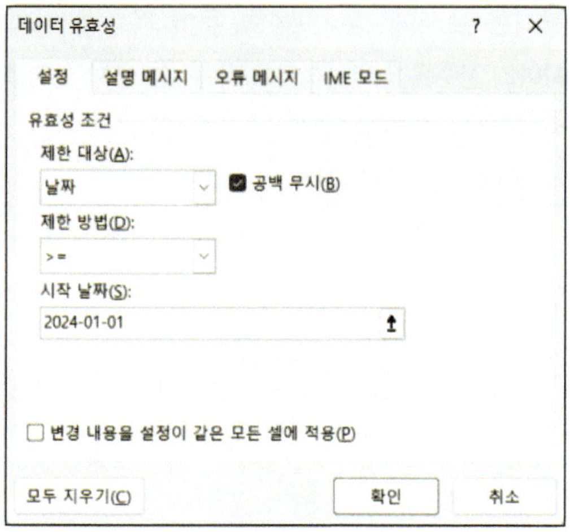

그림 3-5-7 「데이터 유효성」 대화상자 – 날짜

> 회계 업무를 하다 보면 바쁘게 숫자를 입력하다가 숫자를 잘 못 입력하는 경우가 있다. 특히 숫자가 아닌 기호 등을 입력하는 경우가 있는데 이럴 때 경고 메시지를 띄워주는 방법은 있나요?

데이터 유효성 검사는 엑셀에서 제한을 두고 있는 대상 외에도 사용자가 직접 수식을 사용하여 유효한 데이터만 입력되도록 제한을 둘 수 있다. 예를 들어 선택한 범위에 입력된 값이 수식에서 정의한 조건을 만족(참)하면 입력을 허용하고 만족하지 않으면(거짓) 입력을 허용하지 않도록 할 수 있다. 이와 관련하여 엑셀의 ISNUMBER 함수는 특정 셀에 입력한 값이 숫자이면 참(TRUE)을 반환하고 숫자가 아닌 값이면 거짓(FALSE)를 반환한다.

실습파일 [숫자] 시트의 E3:E12 범위를 선택한 다음 [데이터] 탭 > [데이터 도구] 그룹에서 [데이터 유효성 검사]를 클릭한다. 「데이터 유효성」 대화상자의 [설정] 탭을 클릭하고 그림 3-5-8과 같이 '제한 대상(A):' 목록에서 이번에는 사용자 지정을 선택하고, '수식(F):' 상자에는 =ISNUMBER(E3)을 입력한 다음 '확인' 단추를 클릭한다.

이제 E3:E12 범위에 숫자가 아닌 기호나 텍스트 값을 입력하면 엑셀은 오류 메시지를 표시한다. 예를 들어 E5 셀에 5-를 잘못 입력하면 오류 메시지가 나타나는데, 이는 수식의 경우 =ISNUMBER(E3)으로 입력하여도 엑셀은 자동으로 지정한 범위 E3:E12까지 해당 기능을 적용하기 때문이다.

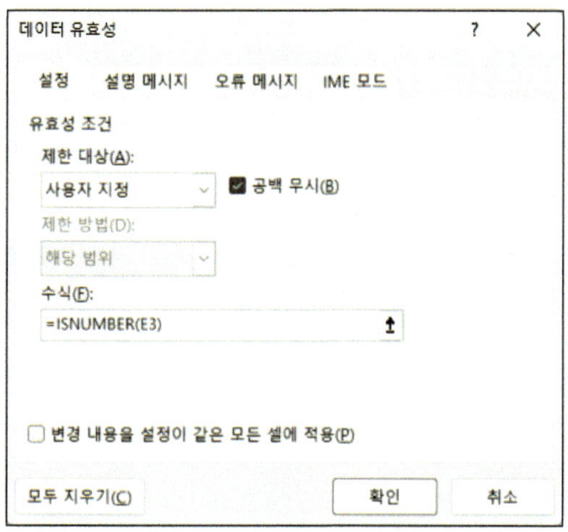

그림 3-5-8 「데이터 유효성」 대화상자

예를 들어 E5 셀에 커서를 두고 다시 **[데이터] 탭 > [데이터 도구] 그룹**에서 [데이터 유효성 검사]를 클릭하면 「데이터 유효성」 대화상자의 수식이 자동으로 **=ISNUMBER(E5)**로 변경된 것을 확인할 수 있다.

> MLB 경기를 볼 때마다 각 팀의 연고지와 점수를 입력하고 있다. 연고지를 약어로 입력할 때 매번 실수가 발생하는데, 어떻게 하면 실수를 줄일 수 있을까요?

직접 입력하는 방식보다 목록 상자를 통해 입력하는 방식을 추천한다. 즉 [MLB] 시트의 D4:D20 범위에 주 약자를 직접 입력하는 방식보다 [50개주] 시트에 미리 입력해 놓은 주 약자를 목록으로 등록하였다가 사용하는 것이 입력 오류를 최소화하는 방법이 될 것이다.

이처럼 다른 범위에 입력된 데이터를 목록으로 등록하기 위해서는 먼저 해당 범위를 이름 정의하는 것이 매우 효율적이다. 따라서 **실습파일 [50개주] 시트**의 **B3:B52** 범위를 선택한 다음 그림 3-5-9와 같이 '이름상자'에서 **abbrev**를 입력하여 이름을 미리 정의해 놓는다.

그림 3-5-9 이름상자

다음으로 **실습파일 [MLB] 시트**의 **D4:D20** 범위를 선택한 다음 **[데이터] 탭 > [데이터 도구] 그룹**에서 [데이터 유효성 검사]를 클릭한다.

그리고 「데이터 유효성」 대화상자의 [설정] 탭을 클릭하고 그림 3-5-10과 같이 '제한 대상(A):' 목록에서 **목록**을 선택하고, '원본(S):' 상자에는 **=abbrev**를 입력한 다음 '확인' 단추를 클릭한다.

이제 D4:D20 범위에 주 약어를 입력하려면 그림 3-5-11과 같이 주 약자에 대한 드롭다운 목록에서 원하는 데이터를 선택할 수 있다. 물론 D4:D20 범위에 키보드로 직접 주 약자를 입력할 수도 있지만 목록에 없는 데이터를 입력하면 오류 메시지를 표시한다.

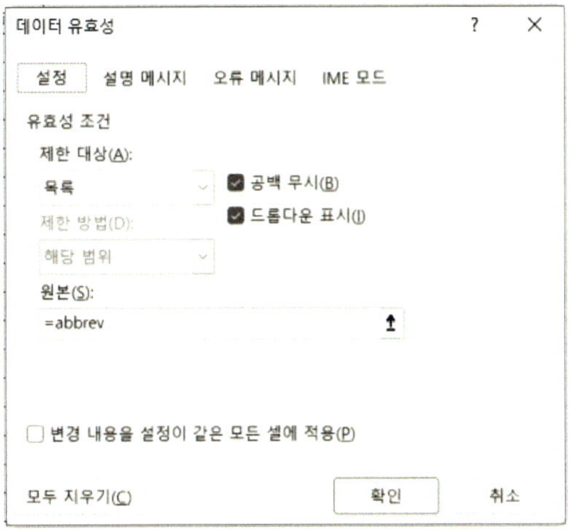

그림 3-5-10 「데이터 유효성」 대화상자 – 목록

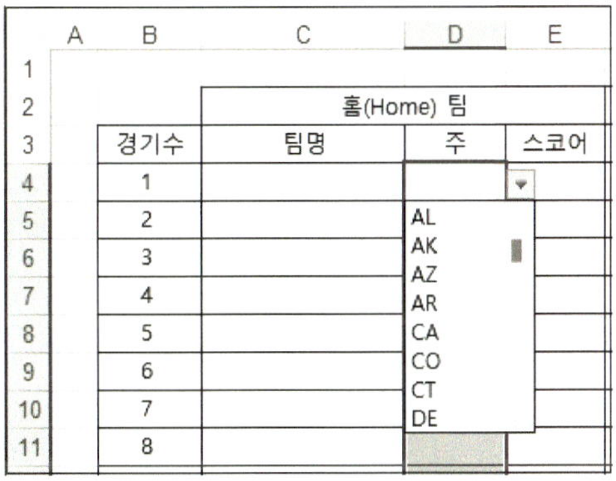

그림 3-5-11 주 약어 목록

만약 워크시트에서 드롭다운 목록을 더 이상 사용하지 않으려면 설정해 놓은 유효성 검사를 제거할 수 있다. 먼저 유효성 검사가 적용된(드롭다운 목록) 셀 범위를 선택한 다음 **[데이터] 탭 > [데이터 도구] 그룹**에서 **[데이터 유효성 검사]**를 클릭한다. 그리고 그림 3-5-10과 같이 「데이터 유효성」 대화상자의 **[설정]** 탭에 있는 **모두 지우기(C)**를 클릭한 다음 '확인' 단추를 클릭한다.

이러한 절차로 이미 설정된 유효성 검사를 제거할 수 있지만 때때로 유효성 검사가 어디에 적용되어 있는지 찾기 어려울 때가 있다. 이러한 경우 해당 워크시트에서 Ctrl+G 키를 누르고 그림 3-5-12와 같이 나타난 「이동」 대화상자에서 **옵션(S)...**를 클릭한 다음 「이동 옵션」 대화상자에서 그림 3-5-13과 같이 **데이터 유효성(V)**과 **모두(L)**를 선택하고 '확인' 단추를 클릭하면 유효성 검사가 적용된 셀 범위가 선택된다.

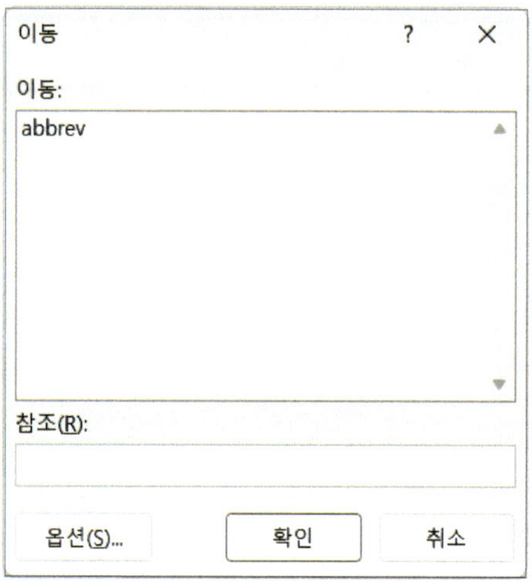

그림 3-5-12 「이동」 대화상자

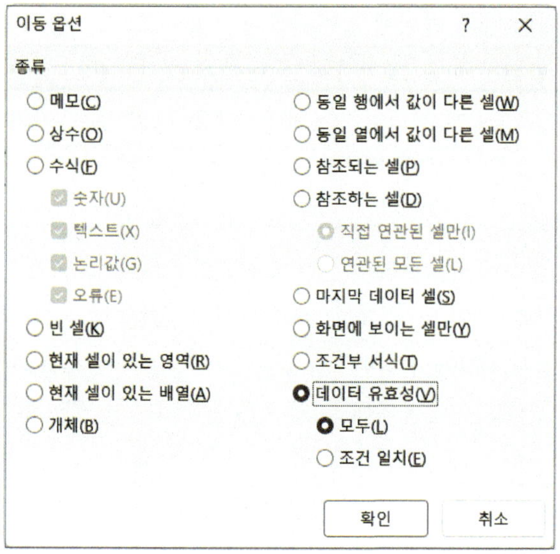

그림 3-5-13 「이동 옵션」 대화상자

연습문제

01 다음은 국립대학교의 학과에 관한 현황자료이다. 워크시트에 입력된 데이터를 기반으로 제시된 내용을 처리하시오.

	A	B	C	D	E	F	G
1	번호	설립일	학교명	시도	본분교	학과수	폐교여부
2	1	1979-01-18	강릉대학교	강원	본교	68	
3	2	1970-03-01	강원대학교	강원	본교	147	
4	3	1951-10-06	경북대학교	대구	본교	104	
5	4	1948-08-14	경상대학교	경남	본교	119	
6	5	1948-07-31	공주대학교	충남	본교	137	
7	6	1979-01-18	군산대학교	전북	본교	27	
8	7	1980-03-01	금오공과대학교	경북	본교	12	
9	8	1946-10-31	목포대학교	전남	본교	67	
10	9	1993-03-01	목포해양대학교	전남	본교	4	
11	10	1996-07-06	부경대학교	부산	본교	127	
12	11	1946-05-15	부산대학교	부산	본교	105	
13	12	1946-08-22	서울대학교	서울	본교	145	
14	13	1946-08-22	서울대학교(수원)	경기	제2캠퍼스		폐교
15	14	1982-03-10	순천대학교	전남	본교	41	
16	15	1991-02-28	안동대학교	경북	본교	53	
17	16	1987-03-01	여수대학교	전남	본교	54	
18	17	1951-10-06	전남대학교	광주	본교	82	
19	18	1951-10-06	전북대학교	전북	본교	66	
20	19	1952-05-27	제주대학교	제주	본교	91	
21	20	1969-03-21	창원대학교	경남	본교	70	

(1) 다음의 조건을 만족하는 레코드를 [필터]를 사용해 검색하시오.

① [필터1] 시트에서 학과수가 100개 이상인 대학교를 검색하시오.

② [필터2] 시트에서 1990년대 이후 설립된 학과수가 50개 미만인 대학교를 검색하시오.

③ [필터3] 시트에서 시・도가 부산 또는 전남인 대학교를 검색하시오.

02 다음은 삼손전자의 급여 관리에 관한 내용이다. 워크시트에 입력된 데이터를 기반으로 제시된 내용을 처리하시오.

	A	B	C	D	E
1	성명	직급	성별	부서	기본급
2	정소영	5	여	영업부	₩ 1,200,000
3	김선우	3	남	기획실	₩ 1,615,000
4	강민규	1	여	생산부	₩ 3,430,000
5	신정훈	1	남	생산부	₩ 3,550,000
6	이승훈	2	여	영업부	₩ 2,086,000
7	정민수	3	남	생산부	₩ 1,687,000
8	이상호	2	남	총무부	₩ 2,125,000
9	임경원	4	남	기획실	₩ 1,221,000
10	장영호	3	남	생산부	₩ 1,548,000
11	정명욱	1	여	기획실	₩ 2,572,000
12	서민주	3	여	기획실	₩ 1,764,000
13	김하나	3	여	총무부	₩ 1,403,000
14	박미경	5	여	총무부	₩ 1,025,000

(1) 다음의 조건을 만족하는 레코드를 [필터]를 사용해 검색하시오.

① [필터4] 시트에서 기본급이 작은 하위 3명의 사원을 검색하시오.

② [필터5] 시트에서 남성 사원 중 기본급이 2,000,000원 이상인 사원을 검색하시오.

③ [필터6] 시트에서 기획실에서 근무하는 기본급이 1,300,000원 이상에서 1,700,000원 이하인 사원을 검색하시오.

(2) [2번] 시트에서 다음의 조건을 만족하는 레코드를 [고급 필터]를 사용해 검색하시오.

① 영업부에 근무하는 사원을 검색하시오. 검색조건은 G2:H4 범위 내에 입력하고 검색 결과는 G7 셀에 표시하시오.

② 생산부에서 근무하는 남성 사원을 검색하시오. 검색조건은 J2:L4 범위 내에 입력하고, 검색 결과는 J7 셀에 표시하시오.

③ 총무부에서 근무하는 여성 사원 중 급여가 1,300,000원 이상인 사원을 검색하시오. 검색조건은 N2:Q4 범위 내에 입력하고, 검색 결과는 N7 셀에 표시하시오.

④ 직급이 3급이면서 기획실 또는 생산부에서 근무하는 사원을 검색하시오. 검색조건은 S2:T5 범위 내에 입력하고, 검색 결과는 S7 셀에 표시하시오.

03 다음은 텍스트 파일로 저장된 삼손전자의 상품 주문내역에 관한 내용이다. 다음에 제시된 내용을 참고하여 데이터를 처리하시오.

외부데이터.txt - Windows 메모장

파일(F) 편집(E) 서식(O) 보기(V) 도움말(H)

주문번호	지점명	주문일시	담당자	배송일시	배송담당자	고객번호	주문자	주문자 연락처	제품코드	주문수량
1	부산지점	2008-08-15	김영웅	2008-08-20	유영훈	9	김은경	(051) 468-2549	ST-20-01	1400
2	대구지점	2008-08-15	박명화	2008-08-20	이상일	12	김영민	(053) 236-1982	KD-41-01	2500
3	서울본점	2008-08-15	강상현	2008-08-20	김재민	4	박정현	(02) 8231-7683	HD-33-01	800
4	대전지점	2008-08-15	이유민	2008-09-01	신기수	7	장우영	(02) 443-6932	ST-20-01	1300
5	부산지점	2008-08-15	김영웅	2008-09-01	유영훈	6	한승민	(051) 552-3566	TD-41-01	2500
6	부산지점	2008-08-15	김영웅	2008-09-01	유영훈	4	김영수	(051)702 -6282	HD-33-01	1100
7	서울본점	2008-08-15	강상현	2008-09-01	김재민	7	이기쁨	(02) 4537 -3341	ST-20-01	1000
8	춘천지점	2008-08-15	양은하	2008-09-01	이기훈	3	최상수	(033) 253-2525	HD-33-01	700
9	대전지점	2008-08-15	이유민	2008-09-01	신기수	2	나승희	(02) 741 -4215	ST-20-01	1200
10	부산지점	2008-08-15	김영웅	2008-09-01	유영훈	20	박재현	(051) 626-2670	TD-41-01	1100

(1) 텍스트 파일로 저장된 외부데이터.txt 파일을 [3번] 시트의 A1 셀로 가져오시오.

(2) [3번] 시트에서 다음의 조건을 만족하는 레코드를 [고급 필터]를 사용해 검색하시오.

① 주문지점이 부산지점이며, 주문수량이 1,500개 이상 접수된 주문을 검색하시오. 검색조건은 M2:N4 범위 내에 입력하고, 검색 결과는 P2 셀에 표시하시오.

② 성이 '김'씨나 '박'씨인 주문자 중에 주문수량이 1,100개 이상인 주문을 검색하시오. 검색조건은 M7:N10 범위 내에 입력하고, 검색 결과는 P7 셀에 표시하시오.

③ 서울본점에서 ST-20-01 제품을 주문하였거나 부산지점에서 TD-41-01을 주문한 레코드를 검색하시오. 검색조건은 M13:N16 범위 내에 입력하고, 검색결과는 P13 셀에 표시하시오.

04 **다음은 예찬(주) 사원의 인적사항에 관한 내용이다. 워크시트에 입력된 데이터를 기반으로 제시된 내용을 처리하시오.**

	A	B	C	D	E	F
1	사원번호	성명	호봉	성별	부서	기본급
2	271035	강민규	10	여	생산1	₩1,200,000
3	975204	김선우	13	남	연구2	₩1,764,000
4	968242	김하나	13	여	자재	₩2,125,000
5	892301	박경석	15	남	생산2	₩3,550,000
6	209179	서민주	13	여	총무	₩1,615,000
7	282013	정민수	11	남	생산2	₩1,025,000
8	234107	이상호	12	남	연구1	₩1,403,000
9	267155	이승훈	12	여	영업	₩1,548,000
10	959268	임경원	14	남	총무	₩2,572,000
11	992228	장영호	13	남	생산2	₩2,086,000
12	288054	정명욱	11	여	자재	₩1,221,000
13	981196	신정훈	13	남	생산1	₩1,687,000
14	927272	정우현	15	남	영업	₩3,430,000

(1) [4번] 시트에서 다음의 조건을 만족하는 레코드를 [고급 필터]를 사용해 검색하시오.

① 호봉이 12 호봉 이상인 남성 중 정씨 성을 가진 사원을 검색하시오. 검색조건은 H2:J4 범위 내에 입력하고, 검색 결과는 A17 셀에서부터 사원번호, 성명이 표시되도록 하시오.

② 생산부 사원 중 기본급이 가장 높은거나 자재부 사원 중 기본급이 가장 높은 사원을 검색하시오. 검색조건은 H7:I9 범위 내에 입력하고 검색 결과는 D17 셀에서부터 사원번호, 성명, 기본급이 표시되도록 하시오.

③ 기본급이 평균 이상의 기본급을 받는 직원을 검색하시오. 검색조건은 H12:I14 범위 내에 입력하고 검색 결과는 H17 셀에서부터 사원번호, 성명, 부서가 표시되도록 하시오.

05 **다음은 한국카드(주)의 부산지역 고객들의 4개월간 카드사용내역에 관한 내용이다. 워크시트에 입력된 데이터를 기반으로 제시된 내용을 처리하시오.**

	A	B	C	D	E	F	G	H	I	J	K	L	M
1	No	고객명	거주구	나이	성별	1월	2월	3월	4월	결재합계액	평균결재액	등급	비고
2	1	배철수	동구	35	남	64,000	189,720	37,810	20,000	311,530	77,883	D	-
3	2	정영희	서구	24	여	55,440	5,854,460	548,420	9,752,120	16,210,440	4,052,610	S	우대
4	3	김영희	남구	30	여	5,442,230	6,745,610	59,480	3,400	12,250,720	3,062,680	S	우대
5	4	나철수	북구	25	남	28,410	778,430	548,320	8,547,800	9,902,960	2,475,740	A	-
6	5	이영희	동구	36	여	78,120	781,230	5,784,320	48,420	6,692,090	1,673,023	A	우대
7	6	장영희	서구	45	여	574,810	481,210	5,465,210	481,100	7,002,330	1,750,583	B	우대
8	7	강철수	남구	48	남	154,870	7,549,640	786,420	486,320	8,977,250	2,244,313	A	-
9	8	감영희	북구	62	여	5,780	678,000	187,620	486,120	1,357,520	339,380	C	-
10	9	장철수	동구	34	남	349,210	5,489,710	487,800	78,200	6,404,920	1,601,230	A	-
11	10	권철수	서구	27	남	188,710	768,510	8,763,200	486,420	10,206,840	2,551,710	S	-

(1) [5번] 시트에서 거주 지역(거주구)별로 오름차순 정렬한 후 평균 결재액이 높은 순에서 낮은 순으로 데이터를 정렬하시오.

(2) [6번] 시트에서 고객 등급이 S-A-B-C-D 순서로 표시되도록 우선순위를 정의하고, [사용자 정의 정렬]을 통해 등급이 높은 순에서 낮은 순으로 데이터를 정렬하시오.

06 **다음은 효원(주) 부설 연구소의 신입사원 채용점수에 관한 내용이다. 워크시트에 입력된 데이터를 기반으로 제시된 내용을 처리하시오.**

	A	B	C	D	E	F	G	H	I
1	이름	성별	최종학력	서류점수(100)	필기점수(100)	면접점수(100)	총점(300)	등급	합격/불합격
2	고아라	여	학사	92	95	96	283	B	합격
3	남현정	남	석사	87	80	92	259	E	합격
4	정호영	남	석사	80	77	70	227	F	불합격
5	황원일	남	학사	90	82	92	264	D	합격
6	박용민	남	석사	95	90	88	273	C	합격
7	김세나	여	학사	86	76	90	252	E	합격
8	김경옥	여	석사	77	95	92	264	D	합격
9	임혜경	여	학사	80	95	96	271	C	합격
10	이승준	남	학사	72	86	85	243	F	불합격
11	최성자	여	석사	91	80	88	259	E	합격
12	박준영	남	학사	80	91	86	257	E	합격
13	유대현	남	학사	75	82	84	241	F	불합격
14	배대혁	남	학사	84	70	96	250	E	합격
15	김총명	여	학사	96	100	95	291	A	합격

(1) [7]번 시트에서 [유효성 검사]를 사용하여 다음의 지시사항을 처리하시오.

① C2:C15 범위에는 학력 제한(K2:K4 범위)에 따라 목록을 통해서만 입력받도록 제한 대상을 설정하시오.

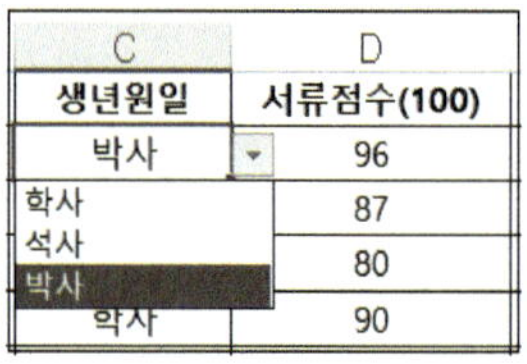

② D2:F15 범위에는 0~100점 사이의 점수만 입력되도록 제한 대상을 지정하시오. 아울러 D2:F15 범위의 셀을 클릭할 경우 왼쪽 그림과 같이 설명 메시지가 표시되도록 하고, 만약 0~100점 사이의 점수가 아닌 값이 입력될 경우에는 오른쪽 그림과 같이 오류 메시지가 표시되도록 하시오.

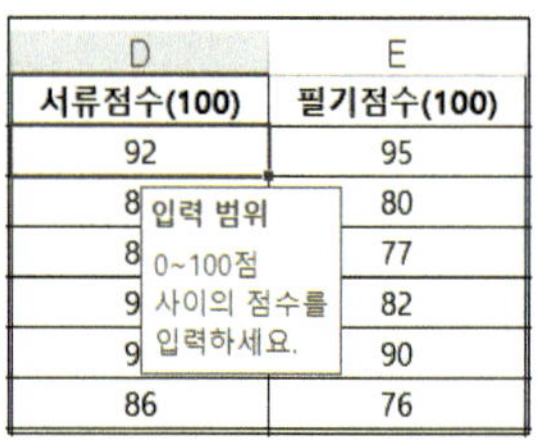

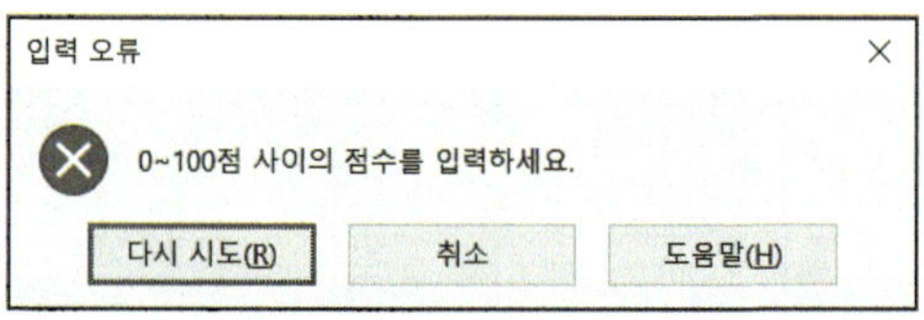

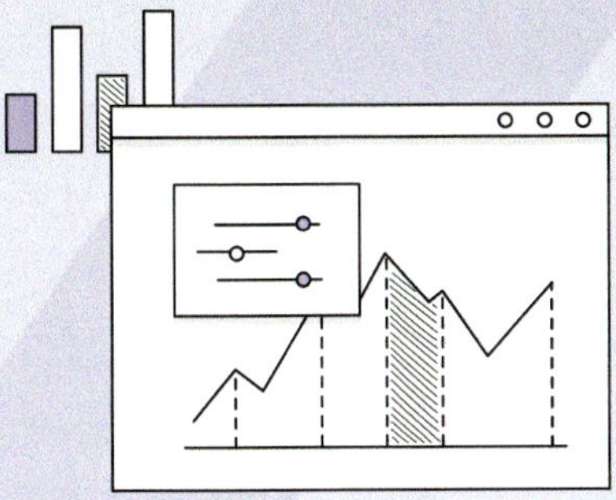

CHAPTER

04

함수와 배열수식

1 엑셀 함수의 개요

본 장에서는 엑셀의 핵심 기능인 함수에 대해 살펴본다. 함수는 사용자가 반복적인 계산을 필요로 하거나 수식 입력이 어려운 계산법에서 쉽게 결과값을 얻을 수 있도록 미리 정의된 수식을 의미한다. 그림 4-1-1에서처럼 연구점수와 경력점수에 대한 총점과 평균을 구하고자 할 경우, 수식을 사용하여 결과값을 구하는 방법과 함수를 포함한 함수식을 사용하여 결과값을 구하는 방법으로 나누어 볼 수 있다.

실습파일 [함수개요] 시트의 준비된 데이터에서 수식을 사용하여 결과값을 구하는 방법을 살펴보자. 먼저 F10셀에 =F4+F5+F6+F7+F8+F9, =(F4+F5+F6+F7+F8+F9)/6을 입력하여 연구점수에 대한 합계와 평균을 구할 수 있다. 하지만 이처럼 수식에 사용하는 참조 주소(F4, F5, F6, F7, F8, F9)가 매우 많은 경우에는 수식을 사용하는 것이 효율적이지 못하다.

따라서 특정 계산 절차를 미리 정의해 둔 함수를 사용한다면 참조 주소가 많아 복잡해 보이는 계산식을 간단하게 처리할 수 있다. 즉, F10의 합계 수식 =F4+F5+F6+F7+F8+F9 보다는 합계 함수를 사용한 함수식 =SUM(F4:F9)을 사용하는 것이, F11의 평균 수식 =(F4+F5+F6+F7+F8+F9)/6 보다는 평균 함수를 사용한 함수식 =AVERAGE(F4:F9)을 사용하는 것이 계산 작업을 보다 효율적으로 만든다.

	A	B	C	D	E	F	G	H	I
1		삼손전자(주) 연구원 평가 점수표							
2									
3		번호	이름	성별	학과	연구점수	경력점수	합계	평균
4		1	정지훈	남	경영	82	75		
5		2	김도진	남	경제	95	90		
6		3	김태평	남	무역	78	80		
7		4	김태연	여	경영	100	100		
8		5	신세경	여	무역	79	80		
9		6	송혜교	여	경제	64	76		
10		합계							
11		평균							

그림 4-1-1 수식을 위한 데이터

함수는 [수식 입력줄]에 직접 입력하거나 「함수 마법사」 대화상자를 이용해 필요한 함수를 선택하여 사용할 수 있다. 다음은 SUM 함수의 사용 예이다.

=SUM(F4:F9, G4:G9)

함수식은 반드시 등호(=)로 시작하며 그 뒤로 함수의 이름, 여는 괄호, 쉼표로 구분한 인수, 닫는 괄호의 순서로 작성한다. 인수(factor 또는 number)는 숫자, 문자, 논리값, 배열, #N/A와 같은 오류값, 셀 참조 등의 값들을 말하며 상수, 수식 또는 다른 함수가 될 수도 있다. 하나의 함수식에는 다수의 함수를 중첩해서 사용할 수 있으며, 동일한 함수로 최대 7개까지 가능하며, 다른 함수를 포함할 경우 64개까지 사용할 수 있다.

예를 들어 다음의 IF 함수식에는 AVERAGE, MAX, MIN 함수를 중첩하여 사용하였는데, 셀 범위 F4셀에서 G4셀의 평균이 90 이상이면 F4셀에서 G4셀 중 최대값을 표시하고, 그렇지 않은 경우 F4셀에서 G4셀 중 최소값을 표시하도록 작성한 구문이다.

```
=IF(AVERAGE(F4:G4)>=90,MAX(F4:G4),MIN(F4:G4))
```

또한, 함수식에 산술연산자(+, −, *, /, ^)와 각종 특수 연산자(논리, 비교, 참조, 텍스트)를 활용하여 다양한 수식을 표현할 수 있다. 비교 연산자는 값을 비교하거나 논리식에 사용되며 다음의 표와 같이 활용한다.

표 4-1-1 비교 연산자

비교 연산자	의미	비교식	사례
=	같다	A1과 A2가 같다	A1=A2
>	보다 크다	A1이 A2 보다 크다	A1>A2
<	보다 작다	A1이 A2 보다 작다	A1<A2
>=	크거나 같다	A1이 A2보다 크거나 같다	A1>=A2
<=	작거나 같다	A1이 A2보다 작거나 같다	A1<=A2
<>	같지 않다	A1과 A2는 같지 않다	A1<>A2

함수식을 보다 쉽게 입력하면서 함수식 작성 시 발생할 수 있는 오류를 최소화하기 위한 방법으로 수식 자동완성 기능을 사용할 수 있다. 수식 자동완성 기능은 워크시트나 수식 입력줄에서 함수를 입력하기 시작하면 해당 입력 문자와 일치하는 함수 목록이 다음 그림과 같이 표시된다.

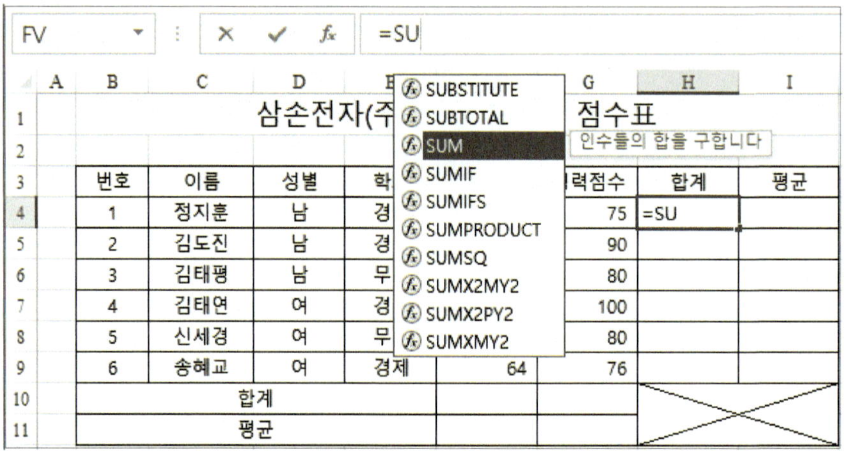

그림 4-1-2 수식 자동 완성 기능

표시된 함수 목록에서 ↑, ↓ 키를 눌러 원하는 함수를 선택한 후 Tab 키를 누르면 해당 함수가 자동으로 완성됨과 동시에 함수에 입력할 인수에 대한 설명이 다음 그림과 같이 표시된다.

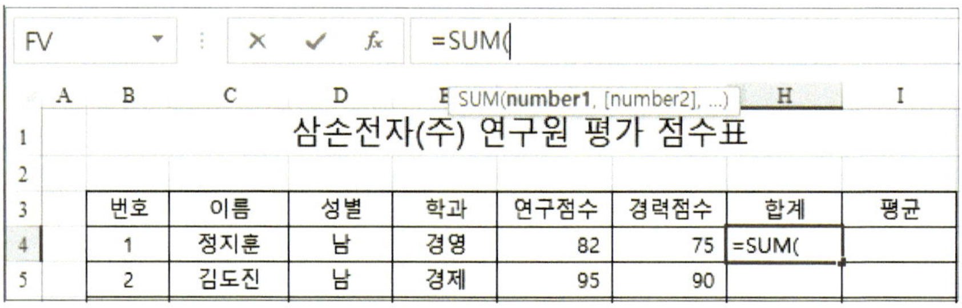

그림 4-1-3 수식 자동 완성 기능을 이용한 함수 선택

함수 마법사를 이용하면 워크시트나 수식 입력줄에 함수식을 직접 작성하지 않고 「함수 마법사」 대화상자에서 함수에 필요한 인수(셀 참조, 셀 영역 등)를 입력하여 보다 편리하게 함수를 이용할 수 있다. 「함수 마법사」 대화상자는 여러 가지 방법을 통해 불러올 수 있다. **[수식] 탭 > [함수 라이브러리] 그룹**에서 **[*fx* 함수 삽입]**을 클릭하거나 **[수식 입력줄]** 왼쪽에 있는 '*fx*'(함수 삽입) 단추를 클릭하거나 단축키 Shift + F3 키를 눌러 「함수 마법사」 대화상자를 불러 올 수 있다.

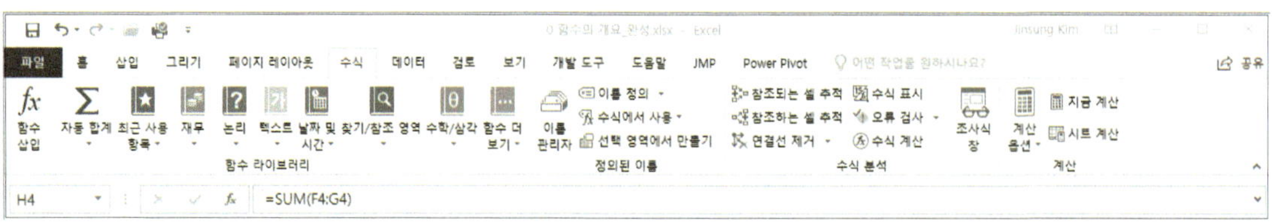

그림 4-1-4 함수 마법사 호출

「함수 마법사」 대화상자의 구성을 살펴보면 먼저 [함수 검색(S):]은 사용자가 원하는 함수의 기능을 직접 입력하고 검색하는 창으로 곱하기를 입력하고 오른쪽의 [검색(G)] 단추를 클릭하면 아래의 [함수 선택(N):]에 검색어(곱하기)에 해당하는 함수들을 표시하여 준다. 그리고 [범주 선택(C):]은 엑셀에서 사용 가능한 함수들을 기능별로 분류하여 범주로 표시하여 주며 [함수 선택(N):]은 [범주 선택(C):]에서 선택한 관련 함수들을 표시하여 사용자가 원하는 함수를 선택할 수 있도록 보여준다.

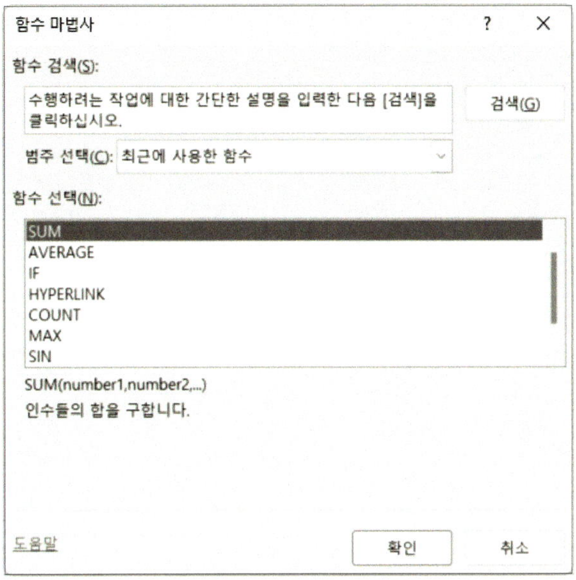

그림 4-1-5 함수 마법사 대화상자

함수들을 기능별로 분류한 범주는 다음 표와 같이 재무, 날짜/시간, 수학/삼각, 통계, 찾기/참조영역, 데이터베이스, 텍스트, 논리, 정보, 공학, 큐브, Compatibility(호환성)가 있다.

표 4-1-2 함수의 종류

범주	내용
재무	재무 및 회계에서 사용하며 투자액의 미래가치(FV)와 순현재가치(NPV), 채권이나 정기적금의 이자율, 수익률, 감가상각 등을 계산하는 함수
날짜 및 시간	날짜와 시간을 계산할 때 사용하는 함수
수학/삼각	데이터의 합계, 절대값, 반올림 등 수학적 계산과 사인, 코사인 등 삼각 함수를 계산하는 함수
통계	데이터의 평균, 분산, 표준편차 등 통계값을 계산할 때 사용
찾기/참조영역	셀을 참조하거나 행과 열의 위치를 찾을 때 사용하는 함수
데이터베이스	데이터 목록에서 합계, 평균, 최대, 최소 등의 조건을 만족하는 레코드를 검색하고 추출할 때 사용하는 함수
텍스트	텍스트의 위치, 길이, 숫자를 문자열로 변경하거나 문자열을 수식으로 바꾸는 등 텍스트를 다룰 때 사용하는 함수
논리	조건이 참(true)인지 거짓(false)인지를 확인하거나 복수의 조건을 검사할 때 사용하는 함수
정보	함수의 에러를 처리하거나 데이터의 정보 표시, 종류를 판단할 때 사용하는 함수
공학	복소수, 제곱근의 계산이나 참조값을 2, 8, 10, 16진법으로 변환할 때 사용하는 함수
큐브	SQL 서버 분석 서비스(Server Analysis Services)와 연동하는 함수로 온라인 분석 프로세싱(OLAP)을 지원하는 함수
Compatibility (호환성)	엑셀 2010에서 이름이 바뀐 기존 버전의 함수를 사용할 수 있도록 지원하는 함수

2 기술통계 함수

일반적으로 통계(statistics)는 자료의 분석방법에 따라 기술통계와 추론통계로 나뉜다. 기술통계(descriptive statistics)는 자료를 수집, 분류, 정리 및 요약하는 데 중점을 두고, 추론통계(inferential statistics)는 표본에 내포된 정보를 바탕으로 모집단의 특성을 추정한다. 본 절에서는 기술통계에서 사용되는 통계함수의 활용에 대해 살펴보며, 추론통계는 제6장 통계분석에서 다루도록 하겠다.

실습파일 : 기술통계함수.xlsx

데이터 집합에 대한 다양한 통계를 쉽게 볼 수 있는 방법은 없나요?

엑셀 2019는 평균, 중앙값, 최빈값, 표준 편차, 분산 등과 같은 데이터의 특성을 이해할 수 있도록 데이터 집합에 대한 다양한 통계를 제공한다. **실습파일 [기술통계] 시트**에는 애플과 포드의 월별 주식 수익률에 대한 데이터가 기록되어 있다. 두 기업의 주식 수익률에 대한 기술 통계값을 확인하려면 커서를 워크시트 아무 곳에 두고 **[데이터] 탭 > [분석] 그룹**에서 [데이터 분석]을 클릭한다. 그리고 그림 4-2-1과 같이 「통계 데이터 분석」 대화상자에서 **기술 통계법**을 선택한 다음 그림 4-2-2와 같이 「기술 통계법」 대화상자를 완성한 다음 '확인' 단추를 클릭한다.

만약 **[데이터] 탭**에 '데이터 분석'이 보이지 않으면,

1. [파일] 탭을 클릭 – '옵션' 메뉴를 클릭
2. 표시된 「엑셀 옵션」 대화상자의 왼쪽 메뉴에서 '추가 기능'을 클릭
3. 오른쪽 아래 '관리(A):' 리스트에서 '엑셀 추가 기능'을 선택하고 '이동(G)...' 단추를 클릭
4. 나타난 「추가 기능」 대화상자에서 '분석 도구'를 선택하고 '확인' 단추를 클릭한다.

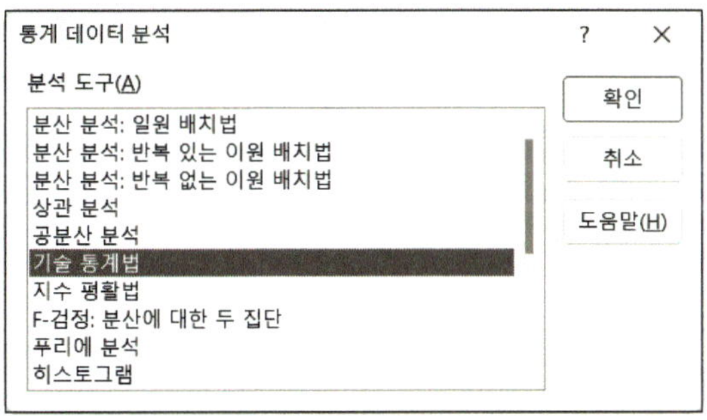

그림 4-2-1 「통계 데이터 분석」 대화상자

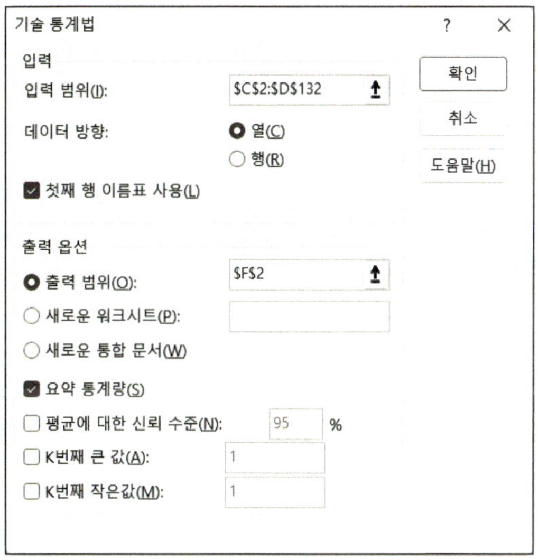

그림 4-2-2 「기술 통계법」 대화상자

「기술 통계법」 대화상자의 '입력 범위(I):'에는 C2:D132 (첫째 행 이름표 포함)를 선택한다. 그리고 아래 표와 같이 「기술 통계법」 대화상자의 나머지 부분을 완성한다.

- 두 기업의 주식 수익률은 B 열과 C 열에 각각 저장되어 있기 때문에 '데이터 방향:' 옵션에서 열(C)을 선택한다.
- 데이터 범위의 첫 번째 행에는 데이터가 아닌 레이블(제목)이 포함되어 있으므로 첫째 행 이름표 사용(L)을 체크한다.
- 출력 옵션에서 출력 범위(O):를 선택하고 현재 워크시트의 F2 셀을 선택한다.

○ 요약 통계량(S)을 체크하여 애플과 포드의 월별 주식 수익률에 대한 가장 일반적인 기술 통계 측정값을 표시한다.

	A	B	C	D	E	F	G	H	I
1									
2		날짜	애플	포드		애플		포드	
3		1990-03-30	0.121518984	0.022284122					
4		1990-04-30	0.047404062	-0.035422344		평균	0.032875	평균	0.009277
5		1990-05-31	0.258620679	0.115819208		표준 오차	0.009671	표준 오차	0.007864
6		1990-06-29	0.04109589	-0.020565553		중앙값	0.02715	중앙값	-0.00542
7		1990-07-31	-0.125	-0.020997375		최빈값	#N/A	최빈값	#N/A
8		1990-08-31	-0.075187966	-0.131367296		표준 편차	0.110267	표준 편차	0.089664
9		1990-09-28	0.024390243	-0.088050313		분산	0.012159	분산	0.00804
10		1990-10-31	0.011904762	0.013793103		첨도	0.918855	첨도	0.474825
11		1990-11-30	0.13333334	0.013605442		왜도	0.027131	왜도	0.22394
12		1990-12-31	0.041522492	-0.05821918		범위	0.668683	범위	0.51694
13		1991-01-31	0.303986698	0.054545455		최소값	-0.34353	최소값	-0.24032
14		1991-02-28	0.057324842	0.100689657		최대값	0.325153	최대값	0.276619
15		1991-03-28	0.022891566	-0.044303797		합	4.273789	합	1.206006
16		1991-04-30	-0.067137808	-0.052980132		관측수	130	관측수	130

그림 4-2-3 기술 통계법 결과

그림 4-2-3은 애플과 포드의 월별 주식 수익률에 대한 기본적인 기술 통계량을 보여준다. 기술 통계량에는 평균(mean), 중앙값(median), 최빈값(mode)의 세 가지 대표 값이 포함되어 있으며 만약 데이터 집합에 최빈값이 없는 경우에는 G7 셀과 I7 셀과 같이 #N/A (Not Available, No Answer) 오류가 표시된다.

> 수강생 중에 키가 상위 10%에 들기 위해서는 몇 cm가 되어야 할까요?
> 어느 수강생의 키가 180cm이라면 상위 몇 %에 해당하는 키일까요?

PERCENTILE.INC 함수는 데이터 집합에서 k 번째 백분위수 값을 찾아 주는 함수로 기존의 PERCENTILE 함수가 엑셀 2010부터 PERCENTILE.INC와 PERCENTILE.EXC 함수로 세분화되었다. PERCENTILE.INC 함수는 데이터 집합에서 백분위수 0과 1에 해당하는 값을 포함하여 결과를 계산하고, PERCENTILE.EXC 함수는 0과 1에 해당하는 값을 제외하여 결과를 계산한다. PERCENTILE 계열의 세 함수는 모두 동일한 구문으로 작성된다. 이때 k 인수는 백분위수를 말하며 참조범위의 데이터를 오름차순으로 계산한다.

아울러 함수명에 .INC (includes)를 포함된 PERCENTILE.INC과 PERCENTRANK.INC 함수는 이전의 PERCENTILE, PERCENTRANK 함수와 동일한 결과를 제공한다.

함수식	=PERCENTILE.INC(array, k)
인수설명	• array : 순위를 정하고자 하는 데이터 배열 또는 참조범위 • k : 0에서 1사이 범위의 백분위수

실습파일 [PERCENTILE, PERCENTRANK] 시트의 데이터에서 수강생 중에 키가 상위 10%에 들기 위해서는 몇 cm가 되어야 하는지 알고 싶다면 C16 셀에 수식 =PERCENTILE(G3:G12,90%)를 입력한다. 이때 k 인수에 10%를 입력하면 오름차순으로 정렬된 수강생의 키에서 제일 작은 키부터 10%에 해당하는 값을 찾는다. 따라서 본 예제에서의 상위 10%라는 의미는 큰 키를 의미하는 것으로 k 인수를 0.9 또는 90%로 입력해야 한다. C16 셀에 계산된 결과를 보면 수강생의 키가 상위 10%에 들기 위해서는 180.5cm가 되어야 한다는 것을 알 수 있다.

번호	이름	성별	학과	나이	키	몸무게
1	박소연	여	무역	23	159	51
2	박진희	여	회계	25	160	46
3	탁무용	남	경제	25	164	56
4	김종탁	남	경영	29	167	74
5	김민정	여	경영	20	170	59
6	이은정	여	경영	21	171	50
7	도명환	남	회계	21	175	58
8	장성희	여	경영	20	178	68
9	이상일	남	무역	26	180	88
10	전유안	여	경제	28	185	49

PERCENTRANK EXC	PERCENTRANK INC
9.0%	0.0%
18.1%	11.1%
27.2%	22.2%
36.3%	33.3%
45.4%	44.4%
54.5%	55.5%
63.6%	66.6%
72.7%	77.7%
81.8%	88.8%
90.9%	100.0%

	PERCENTRANK EXC	PERCENTRANK INC
10%	159.1	159.9
20%	160.8	163.2
30%	164.9	166.1
40%	168.2	168.8
50%	170.5	170.5
60%	173.4	172.6
70%	177.1	175.9
80%	179.6	178.4
90%	184.5	180.5

PERCNTILE.INC 함수
[조건] 수강생 중에 키가 상위 10%에 들기 위해서는 몇 Cm 가 되어야 할까요?
[결과] **180.5** =PERCENTILE(F2:F26,90%)

PERCNTRANK.INC 함수
[조건] 어느 수강생의 키가 180cm 이라면 상위 몇 % 에 해당하는 키일까요?
[결과] **11%** =1-PERCENTRANK.INC(F2:F16,180)
18% =1-PERCENTRANK.EXC(F2:F16,180)
11% =1-PERCENTRANK(F2:F16,180)

그림 4-2-4 PERCENTILE 함수와 PERCENTRANK 함수

PERCENTRANK.INC 함수는 데이터 집합에서 특정 값의 백분율 순위를 찾아 주는 함수로 기존의 PERCENTRANK 함수가 엑셀 2010부터 PERCENTRANK.INC와 PERCENTRANK.EXC 함수로 세분화되었다. PERCENTRANK.INC 함수는 데이터 집합에서 백분위수 0과 1에 해당하는 값을 포함하여 결과를 계산하고, PERCENTRANK.EXC 함수는 0과 1에 해당하는 값을 제외하여 계산한다. PERCENTRANK 계열의 세 함수는 모두 동일한 구문으로 작성된다. 이때 x 인수는 백분위수를 확인할 값을 말한다.

함수식	=PERCENTRANK.INC(array, x, [significance])
인수설명	• array : 상대 순위를 정하고자 하는 데이터 배열 또는 참조범위 • x : 백분위수를 확인할 값 • significance : 백분위수의 유효 자릿수를 나타내는 값 (생략하면 PERCENTRANK는 세 자릿수 (0.xxx)를 사용)

실습파일 [PERCENTILE, PERCENTRANK] 시트의 데이터에서 수강생의 키가 180cm 일 때 상위 몇 %에 해당하는지를 알고 싶다면 C20 셀에 수식 =1-PERCENTRANK.INC(G3:G12,180)을 입력한다. 이때 x 인수에 180을 입력하면 오름차순으로 정렬된 수강생의 키에서 제일 작은 키부터 180cm에 해당하는 백분율을 찾는다. 따라서 180cm의 키가 상의 몇 %에 해당하는지를 찾기 위해서는 PERCENTRANK.INC 함수의 결과값인 백분율을 1에서 빼주어야 한다. C20 셀에 계산된 결과를 보면 수강생의 키 180cm는 상위 11%에 해당하는 것을 알 수 있다. 만약 결과값 0.112로 표시되어 표시 형식을 백분율로 바꾸려면 해당 셀을 선택한 후 [홈] 탭 > [표시형식] 그룹에서 [% 아이콘]을 클릭하면 된다. 아울러 C20, C21, C22 셀은 PERCENTRANK 계열 함수들의 반환 값을 비교한 것으로 PERCENTILE 함수는 PERCENTILE.INC 함수와 같은 값을 반환하는데 반해 PERCENTRANK.EXC 함수는 백분위수 0과 1에 해당하는 값을 제외하여 결과를 계산하기 때문에 185cm와 159cm를 뺀 나머지 데이터에서 키 180cm에 해당하는 백분위수 18% 값을 반환한다.

- PERCENTTILE과 PERCENTRANK 함수는 사용법이 유사하여 헷갈릴 경우가 많다.
- PERCENTTILE 함수는 숫자 값을 반환하는데 반해 PERCENTRANK 함수는 % 값을 반환한다.

데이터 집합에서 두 번째로 큰 숫자 또는 두 번째로 작은 숫자를 어떻게 찾을 수 있을까요?

실습파일 [MAX, MIN, LARGE, SMALL] 시트의 성적에 해당하는 C3:C61 범위에서 가장 높은 점수가 몇 점인지 알고 싶다면 먼저 커서를 H2 셀에 두고 수식 =MAX(C3:C61)를 입력하면 가장 높은 점수가 100점이라는 것을 알 수 있다. 반대로 가장 낮은 점수를 알고 싶다면 커서를 H3 셀에 두고 수식 =MIN(C3:C61)를 입력하면 가장 낮은 점수가 80점이라는 것을 알 수 있다.

함수식	=LARGE(array, k) =SMALL(array, k)
인수설명	• array : k번째 큰[작은] 값을 찾고자하는 배열 또는 참조범위 • k : 배열 또는 참조범위에서 가장 큰[작은] 값과의 상대적인 순위

MAX와 MIN함수는 가장 높은 점수와 가장 낮은 점수를 반환하는 함수로 만약 두 번째, 세 번째... 에 해당하는 점수를 알고 싶은 경우에는 LARGE 또는 SMALL 함수를 사용하면 된다. 두 번째로 높은 점수가 몇 점인지 알고 싶다면 커서를 H4 셀에 두고 수식 =LARGE(C3:C61,2)를 입력하면 두 번째로 높은 점수가 99점인 것을 알 수 있다. 이때 k 인수에 입력하는 2는 두 번째를 의미하는 숫자로 만약 다섯 번째로 높은 점수를 알고 싶다면 k 인수에 5를 입력하면 된다. 이와는 반대로 두 번째로 낮은 점수를 알고 싶다면 커서를 H5 셀에 두고 =SMALL(C3:C61,2)를 입력하면 두 번째로 낮은 점수가 80점인 것을 알 수 있다.

	A	B	C	D	E	F	G
1							
2		이름	성적		가장 높은 점수	100	=MAX(C3:C61)
3		이보람	93		가장 낮은 점수	80	=MIN(C3:C61)
4		김영수	84		두번째로 높은 점수	99	=LARGE(C3:C61,2)
5		박현정	88		두번째로 낮은 점수	80	=SMALL(C3:C61,2)
6		김지연	100				
7		김고은	86				
8		허민석	86				
9		이효선	95				
10		김수빈	92				
11		이영주	88				
12		박영수	94				

그림 4-2-5 MAX, MIN, LARGE, SMALL 함수

> 성적이 입력된 데이터 집합에서 학생들의 순위를 어떻게 매길 수 있을까요?

RANK 함수는 셀 범위(ref)에서 특정 숫자(number)의 순위를 매길 때 사용한다. 일반적으로 순위를 매길 경우 셀 범위(ref)의 숫자에서 가장 큰 숫자에서 순위 1등(성적)을 매기거나, 혹은 가장 작은 숫자에 순위 1등(달리기 속도)를 매길 수 있다. 이때 동일한 데이터가 여러 개가 존재하여 같은 순위가 매겨질 때 순위는 최상위 순위를 매기게 된다(1등, 2등, 2등, 4등...). 엑셀 2010부터는 RANK 함수와 동일한 결과를 반환하는 RANK.EQ 함수 외에도 동일한 순위에 대해 평균값을 순위로 반환하는 RANK.AVG 함수가 추가되었다.

함수식	=RANK.EQ(number, ref, [order])
인수설명	• number : 지정한 셀의 순위가 산출되는 수 • ref : 순위를 매기고 싶은 전체 데이터의 목록을 참조하는 인수 • order : 순위를 결정하는 방법을 정의하는 수(0 : 내림차순, 1 : 오름차순)(생략될 경우 0으로 인식)

실습파일 [RANK] 시트에서 D3 셀에 수식 **=RANK.EQ(C3,$C$3:$C$61,0)**를 입력한 다음 해당 수식을 D4:D61으로 복사하면 성적에 대한 전체 범위 C3:C61에서 각 숫자가 몇 번째에 해당하는 값인지를 순위를 반환하게 된다.

예를 들어 C6 셀의 100점은 전체 범위(C3:C61)에서 1등에 해당하며, C13 셀의 97점은 전체 범위(C3:C61)에서 5등에 해당한다. RANK 함수의 특징은 C7과 C8 셀과 같이 86점으로 동점일 경우 두 셀 모두 45등으로 표시하며 다음 순위는 47등으로 넘어가게 된다.

엑셀 2010부터 세분화된 RANK.AVG 함수는 이처럼 여러 점수가 동점의 경우 각각에 반환되는 순위를 평균 계산하여 순위를 표시한다. 예를 들어 RANK.AVG 함수를 사용한 E7과 E8 셀의 결과를 보면 86점에 적용되는 45등과 46등을 평균 계산하여 45.5등으로 표시하게 된다.

	A	B	C	D	E
1					
2		이름	성적	RANK.EQ	RANK.AVG
3		이보람	93	20	21.5
4		김영수	84	48	49
5		박현정	88	38	39
6		김지연	100	1	1
7		김고은	86	45	45.5
8		허민석	86	45	45.5
9		이효선	95	12	14
10		김수빈	92	24	24.5
11		이영주	88	38	39
12		박영수	94	17	18
13		강민정	97	5	6.5
14		이소라	91	26	27
15		김희경	92	24	24.5

그림 4-2-6 RANK 함수

데이터에 극단적인 값이 포함되어 있다면 AVERAGE 함수를 그대로 사용해도 될까요?

데이터 집합에 극단적인 값이 포함되어 있을 경우 통계적 대푯값으로 가장 많이 사용되는 평균(Average) 값을 왜곡할 수 있다. 이러한 경우 일반적으로 데이터 집합의 가운데 값에 해당하는 중앙값(Median)을 사용하기도 한다. 하지만 중앙값은 데이터를 크기 순서로 나열한 후 가장 가운데 값을 대푯값으로 산정하기 때문에 데이터 집합의 각 숫자들의 변화를 반영하지 못한다. **실습파일 [MEDIAN, TRIMMEAN] 시트**의 데이터 집합 1(K3:K13)과 데이터 집합 2(M3:M13)를 비교해 보면 데이터 집합 2를 대표하는 숫자가 데이터 집합 1을 대표하는 숫자보다 낮아야 하지만 K14와 M14 셀의 중앙값 결과를 보면 두 결과 모두 동일하게 5가 반환된다.

○ 데이터 집합 1 : −5, −3, 0, 1, 3, 5, 7, 9, 11, 13, 15
○ 데이터 집합 2 : −20, −18, −15, −10, −8, 5, 6, 7, 8, 9, 10

TRIMMEAN 함수는 데이터 집합에 극단적인 값이 포함되어 있을 경우 데이터 집합의 상단과 하단의 값을 제외한 나머지 데이터를 통해 평균을 구한다. 따라서 TRIMMEAN 함수는 AVERAGE 함수보다 극단값에 의한 왜곡에 대한 영향을 적게 받는다.

함수식	=TRIMMEAN(array, percent)
인수설명	• array : 필수 요소로 양 끝에 있는 데이터는 제외하고 평균을 구하려는 데이터 배열 또는 범위를 말한다. • percent : 필수 요소로 계산에서 제외할 데이터 항목이다. 예를 들어 percent가 0.2 이면 20개의 항목으로 데이터 집합에서 양 끝에 두 개씩 4개의 항목을 제외한다.

TRIMMEAN 함수의 두 번째 영역인 percent 는 데이터 집합에서 제외할 항목을 말하며 만약 0.1 또는 10%를 입력하면 데이터 집합에서 상위 5%와 하위 5%를 삭제한다는 의미이다. 실습파일 [MEDIAN, TRIMMEAN] 시트의 G5 셀에 수식 =TRIMMEAN(C3:C61,0.1)을 입력하면 성적에 대한 C3:C61 범위에서 상위 5%와 하위 5%의 성적을 제외하고 나머지 데이터로 평균을 계산하여 90.04를 반환한다.

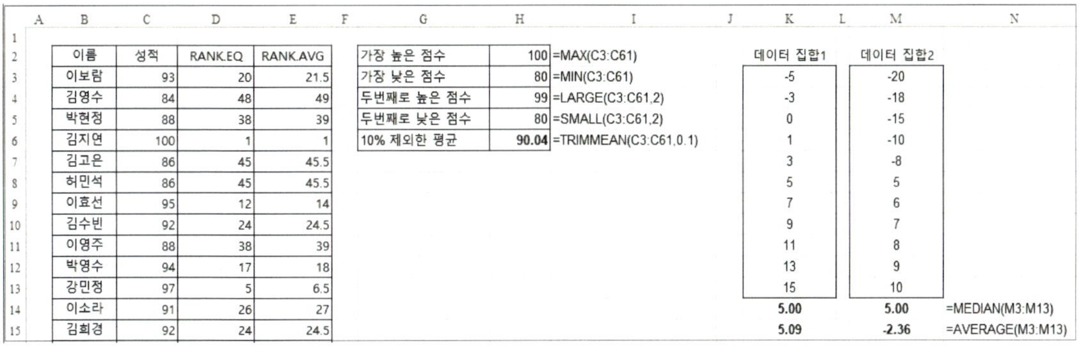

	A	B	C	D	E	F	G	H	I	J	K	L	M	N
1														
2		이름	성적	RANK.EQ	RANK.AVG		가장 높은 점수	100	=MAX(C3:C61)		데이터 집합1		데이터 집합2	
3		이보람	93	20	21.5		가장 낮은 점수	80	=MIN(C3:C61)		-5		-20	
4		김영수	84	48	49		두번째로 높은 점수	99	=LARGE(C3:C61,2)		-3		-18	
5		박현정	88	38	39		두번째로 낮은 점수	80	=SMALL(C3:C61,2)		0		-15	
6		김지연	100	1	1		10% 제외한 평균	**90.04**	=TRIMMEAN(C3:C61,0.1)		1		-10	
7		김고은	86	45	45.5						3		-8	
8		허민석	86	45	45.5						5		5	
9		이효선	95	12	14						7		6	
10		김수빈	92	24	24.5						9		7	
11		이영주	88	38	39						11		8	
12		박영수	94	17	18						13		9	
13		강민정	97	5	6.5						15		10	
14		이소라	91	26	27						**5.00**		**5.00**	=MEDIAN(M3:M13)
15		김희경	92	24	24.5						**5.09**		**-2.36**	=AVERAGE(M3:M13)

그림 4-2-7 MEDIAN, TRIMMEAN 함수

셀 범위를 선택하면 해당 데이터에 대한 통계를 손쉽게 확인하는 방법은 없나요?

실습파일 [MEDIAN, TRIMMEAN] 시트의 데이터에서 K3:K13 범위를 선택한다. 엑셀 화면의 하단에 표시된 상태 표시줄은 선택한 셀 범위에 대한 기본적인 통계 결과를 보여준다.
그림 4-2-8과 같은 상태 표시줄에서 마우스 오른쪽 버튼을 클릭하면 표시된 통계 결과 외에 다른

형태의 통계 결과(최소값, 최대값)를 표시하도록 선택할 수 있다.

그림 4-2-8 상태 표시줄에 표시된 기본적인 통계 결과

재무 분석가들이 주식의 평균 수익률을 계산할 때 왜 기하 평균을 사용하나요?

실습파일 [GEOMEAN] 시트에는 그림 4-2-9와 같이 두 개의 주식 종목에 대한 평균 수익률이 기록되어 있다. 두 주식을 비교해 볼 때, 주식 A가 주식 B 보다 더 나은 투자처럼 보인다. 그러나 두 주식에 대한 평균(Average)을 계산해 보면 주식 A의 평균 수익률(C7 셀)이 5%인데 반해 주식 B의 평균 수익률(D7 셀)은 10%로 주식 B가 더 나은 투자로 보인다.

실제로 주식 A는 손실 없는 투자이기 때문에 손실이 있는 주식 B 보다 더 나은 투자로 보이지만 평균을 계산해 보면 전혀 다른 결과로 나타난다. 이에 기하 평균(Geomean)을 통해 평균 수익률을 다시 계산해 보면 주식 A의 평균 수익률(C14 셀)은 5%인데 반해 주식 B의 평균 수익률(D14 셀)은 -7.8%로 주식 A가 더 나은 투자로 바뀌게 된다.

	A	B	C	D	E
1					
2			주식 A	주식 B	
3			0.05	-0.50	
4			0.05	0.70	
5			0.05	-0.50	
6			0.05	0.70	
7		산술 평균	**5.0%**	**10.0%**	
8					
9					
10			1.05	0.50	
11			1.05	1.70	
12			1.05	0.50	
13			1.05	1.70	
14		기하 평균	**5.0%**	**-7.8%**	=GEOMEAN(D10:D13)-1

C3:D6 범위의 데이터에 각각 1을 더한 값이다.

그림 4-2-9 GEOMEAN 함수

함수식	=GEOMEAN(number1, [number2], ...)
인수설명	• number : 기하 평균을 계산할 인수로 1~255개까지 지정할 수 있다. • 주의사항 – 인수는 숫자이거나 숫자를 포함한 이름, 배열 또는 참조 영역일 수 있다. – 인수 목록에 직접 입력하는 논리값, 텍스트로 나타낸 숫자 등은 계산에 포함된다. – 배열 또는 참조 인수에 텍스트, 논리값 또는 빈 셀이 있는 경우 이러한 값은 포함되지 않지만 값이 0인 셀은 포함된다. – 인수가 오류 값이거나 숫자로 변환할 수 없는 텍스트이면 오류가 발생한다. – 데이터 항목이 0 이하이면 GEOMEAN에서는 #NUM! 오류 값을 반환한다.

GEOMEAN 함수는 변동 복리의 평균 증가율 등을 손쉽게 계산하는데 적합한 함수이다. 하지만 GEOMEAN 함수는 데이터 값이 0 이하일 경우 오류가 발생하므로 주식 B와 같이 음수 값을 가진 데이터는 계산하지 못한다. 따라서 그림 4-2-9에서 처럼 C3:D6 범위의 데이터 값에 각각 1을 더하여 C10:D13 범위의 데이터 값을 양수로 재구성하였다. 그리고 최종적으로 C14 셀에 기하 평균을 구하는 수식 =GEOMEAN(C10:C13)-1 에 -1을 포함하도록 하였다.

3 수학 및 삼각 함수

수학 및 삼각 함수는 합계, 곱셈, 반올림, 절대값 등 수치 계산을 위해 주로 사용되며, 사인(sine)이나 코사인(cosine) 등과 같은 삼각함수를 적용할 때도 유용하다. 대표적인 수학 함수로는 PRODUCT, SUM, SUMPRODUCT, SUBTOTAL 등이 있다.

실습파일 : 수학함수..xlsx

그림 4-3-1은 작년 한 해 동안 구입한 컴퓨터, 소모품에 대한 단가와 구매수량을 작성한 목록이다. 수학/삼각 함수는 다음 그림과 같이 구매수량에 따른 구매금액 및 연간 총구매금액 등을 계산하는 경우에 많이 사용된다.

	A	B	C	D	E	F	G	H	I	J	K	L
1												
2		구매품목				전반기	전반기	후반기	후반기	연간	연간	비고
3		대분류	중분류	소분류	단가(천원)	구매수량	구매금액	구매수량	구매금액	구매수량	구매금액	
4			개인용	일반 PC	₩ 1,161	139	161,379	84	97,524	223	258,903	
5			컴퓨터	모니터 일체형	₩ 1,043	10	10,430	7	7,301	17	17,731	
6			노트북	노트북	₩ 1,250	73	91,250	43	53,750	116	145,000	
7				레이저	₩ 285	51	14,535	28	7,980	79	22,515	
8		컴퓨터	프린터	잉크젯	₩ 280	8	2,240	3	840	11	3,080	
9				프린터 복합기	₩ 3,000	1	3,000	0	0	1	3,000	
10			모니터	CRT 모니터	₩ 305	33	10,065	19	5,795	52	15,860	17"
11				LCD 모니터	₩ 451	11	4,961	7	3,157	18	8,118	17"
12			합계				297,860		176,347	517	474,207	
13				인쇄용지	₩ 10	294,054	2,940,540	3,416	34,160	297,470	2,974,700	
14				사무용지	₩ 15	331,268	4,969,020	3,778	56,670	335,046	5,025,690	
15			종이	테이프	₩ 2	538	1,076	242	484	780	1,560	
16				필기구	₩ 1	1,392	1,392	413	413	1,805	1,805	
17				필기구 소모품	₩ 8	1,392	11,136	562	4,496	1,954	15,632	
18		소모품		기타 사무용품	₩ 17	1,438	24,446	331	5,627	1,769	30,073	
19				복사기용 토너	₩ 187	438	81,906	156	29,172	594	111,078	
20			카트리지	프린터용 토너	₩ 136	1,070	145,520	385	52,360	1,455	197,880	
21				잉크젯 용	₩ 49	1,853	90,797	332	16,268	2,185	107,065	보충용
22			기타	잉크 보충 장치	₩ 27	24	648	7	189	31	837	
23			합계				8,266,481		199,839	643,089	8,466,320	
24		총계					8,564,341		752,372	643,606	8,940,527	

그림 4-3-1 수학 및 삼각 함수 예제

나. PRODUCT 함수

구매 데이터에서 전반기 구매금액을 구하기 위한 적절한 수식은 무엇인가요?

PRODUCT 함수는 인수로 입력된 셀 또는 참조범위의 모든 값을 곱하여 반환한다.

함수식	= PRODUCT(Number1, [Number2], ...)
인수설명	• Number[#] : 곱해야 할 셀, 참조범위, 해당 데이터 등을 입력

실습파일 [SUM, PRODUCT] 시트에서 전반기 구매금액(F 열)과 후반기 구매금액(I 열)을 구하고자 할 경우 각각의 구매금액은 '단가×구매수량'으로 계산된다. PRODUCT 함수를 사용하여 각각의 구매금액을 구하려면 먼저 전반기 구매금액에 대한 G4 셀에 커서를 두고 =PRODUCT(E4,F4)을 입력한 다음 해당 수식을 G5:G11 범위로 복사한다.

그리고 후반기 구매금액에 대한 I4 셀에서 =PRODUCT(E4,H4)으로 입력한 다음 해당 수식을 I5:I11 범위로 복사하면 그림 4-3-2와 같은 결과를 얻을 수 있다.

G4 =PRODUCT(E4,F4)

구매품목				전반기	전반기	후반기	후반기
대분류	중분류	소분류	단가(천원)	구매수량	구매금액	구매수량	구매금액
	개인용	일반 PC	₩ 1,161	139	**161,379**	84	**97,524**
	컴퓨터	모니터 일체형	₩ 1,043	10	**10,430**	7	**7,301**
	노트북	노트북	₩ 1,250	73	**91,250**	43	**53,750**

그림 4-3-2 PRODUCT 함수

다. SUM 함수

> 합계나 총계를 구하기 위해 가장 일반적으로 사용되는 함수는 무엇인가요?

SUM 함수는 셀 또는 참조범위의 데이터 합계를 구하기 위해 사용되는 가장 일반적인 함수이다.

함수식	= SUM(Number1, [Number2], ...)
인수설명	• Number[#] : 합계값이나 합을 구해야 할 셀, 참조범위, 해당 데이터 등을 지정하며, 255개까지 사용할 수 있다.

실습파일 [SUM, PRODUCT] 시트에서 전반기 구매금액(G 열)을 구한 다음 대분류에 대한 소계(G12 셀)를 구하고자 할 경우 SUM 함수를 사용한다. 예를 들어 컴퓨터에 대한 전반기 구매금액의 합계를 구하려면 커서를 G12 셀에 두고 =SUM(G4:G11) 수식을 입력한다. 아울러 소모품에 대한 전반기 구매금액의 합계를 구하려면 커서를 G23 셀에 두고 =SUM(G13:G22) 수식을 입력한다.

다음으로 전반기 구매금액에 대한 총계를 구하려면 커서를 G24 셀에 두고 =SUM(G12,G23) 수식을 입력하면 된다.

구매품목				전반기	전반기
대분류	중분류	소분류	단가(천원)	구매수량	구매금액
컴퓨터	개인용	일반 PC	₩ 1,161	139	**161,379**
	컴퓨터	모니터 일체형	₩ 1,043	10	**10,430**
	노트북	노트북	₩ 1,250	73	**91,250**
	프린터	레이저	₩ 285	51	**14,535**
		잉크젯	₩ 280	8	**2,240**
		프린터 복합기	₩ 3,000	1	**3,000**
	모니터	CRT 모니터	₩ 305	33	**10,065**
		LCD 모니터	₩ 451	11	**4,961**
	소계				**297,860**
소모품	종이	인쇄용지	₩ 10	30	**300**
		사무용지	₩ 15	20	**300**
		테이프	₩ 2	538	**1,076**
		필기구	₩ 1	1,392	**1,392**
		필기구 소모품	₩ 8	1,392	**11,136**
		기타 사무용품	₩ 17	1,438	**24,446**
	카트리지	복사기용 토너	₩ 187	438	**81,906**
		프린터용 토너	₩ 136	1,070	**145,520**
		잉크젯 용	₩ 49	1,853	**90,797**
	기타	잉크 보충 장치	₩ 27	24	**648**
	소계				**357,521**
총계					**655,381**

그림 4-3-3 SUM 함수

라. SUMPRODUCT 함수

중간 계산 없이 소계를 바로 계산하는 방법은 어떻게 되나요?

SUMPRODUCT 함수는 주어진 배열(대응되는 행 또는 열)의 모든 데이터를 서로 곱한 뒤 그 곱의 합계를 계산하는 함수이다. 이때 서로 대응되는 배열의 크기는 서로가 같아야 하며 만약 같지 않으면 #VALUE! 오류가 발생한다. 그리고 배열 항목이 숫자 데이터가 아닐 경우에는 이를 '0'으로 처리하여 계산한다.

함수식	= SUMPRODUCT(array1, [array2], [array3], ...)
인수설명	• array[#] : 계산해야 할 셀, 참조범위, 해당 데이터 등을 지정하며, 255개까지 배열을 사용할 수 있다. • 인수로 사용되는 배열의 차원은 동일해야 하며, 차원이 같지 않을 경우 #Value! 오류를 나타낸다.

실습파일 [SUMPRODUCT] 시트에서 컴퓨터에 대한 후반기 구매금액의 후반기 구매수량(H4:H11)을 각각 곱한 다음 얻어진 결과를 다시 더 함으로써 계산할 수 있다. 이처럼 SUMPRODUCT 함수는 PRODUCT 함수와 SUM 함수를 각각 따로 사용해야 하는 복잡한 절차를 간소화시켜 준다. 즉 후반기 구매금액에 대한 I4:I11 범위의 결과가 없어도 I12 셀에 =SUMPRODUCT(E4:E11,H4:H11)를 입력하여 컴퓨터 품목에 대한 후반기 구매금액을 손쉽게 계산할 수 있다.

I12 =SUMPRODUCT(E4:E11,H4:H11)

구매품목				전반기 구매수량	전반기 구매금액	후반기 구매수량	후반기 구매금액
대분류	중분류	소분류	단가(천원)				
컴퓨터	개인용 컴퓨터	일반 PC	₩ 1,161	139	161,379	84	
		모니터 일체형	₩ 1,043	10	10,430	7	
	노트북	노트북	₩ 1,250	73	91,250	43	
	프린터	레이저	₩ 285	51	14,535	28	
		잉크젯	₩ 280	8	2,240	3	
		프린터 복합기	₩ 3,000	1	3,000	-	
	모니터	CRT 모니터	₩ 305	33	10,065	19	
		LCD 모니터	₩ 451	11	4,961	7	
	소계				297,860		**176,347**

그림 4-3-4 SUMPRODUCT 함수

마. SUBTOTAL 함수

숨겨진 행을 제외하고 보이는 행만 자동으로 계산하는 방법은 어떻게 되나요?

SUBTOTAL 함수는 참조범위의 부분합을 계산할 때 사용하며, 함수식은 다음과 같다.

함수식	= SUBTOTAL(function_num, ref1, [ref2], ...)
인수설명	• function_num : 부분합 계산을 위해 적용할 함수의 번호(1~11)를 의미한다. • ref[#] : 부분합을 계산할 셀, 참조범위, 해당 데이터 등을 입력

SUBTOTAL 함수는 다음과 같이 11개의 함수를 함수번호(Function_num)로 지정하며, 사용자가 원하는 함수를 함수명 대신 함수번호로 입력한다. 이때 함수번호는 1~11까지의 함수번호와 101~111까지의 함수번호로 구분하여 입력할 수 있는데, 1~11은 숨겨진 행의 데이터 값까지 계산에 포함하고자 할 때 사용하며, 101~111은 숨겨진 행의 데이터 값은 무시하고 계산을 하고자 할 때 사용한다.

표 4-3-1 SUBTOTAL 함수번호

함수	함수번호(숨겨진 값 포함)	함수번호(숨겨진 값 무시)
AVERAGE	1	101
COUNT	2	102
COUNTA	3	103
MAX	4	104
MIN	5	105
PRODUCT	6	106
STDEV	7	107
STDEVP	8	108
SUM	9	109
VAR	10	110
VARP	11	111

실습파일 [SUBTOTAL] 시트에서 연간 구매수량에 대한 총계(J24 셀)을 구하기 위해서는 먼저 대분류에 해당하는 컴퓨터의 연간 구매수량 합계(J12 셀)와 소모품의 연간 구매수량 합계(J23 셀)를 각각 구해야 한다. 이때 일반적으로 SUM 함수를 사용하게 되는데, SUM 함수가 아닌 SUBTOTAL 함수를 사용하게 되면 차후 총계를 구하기 위한 수식을 작성할 때보다 손쉽게 수식을 작성할 수 있게 된다.

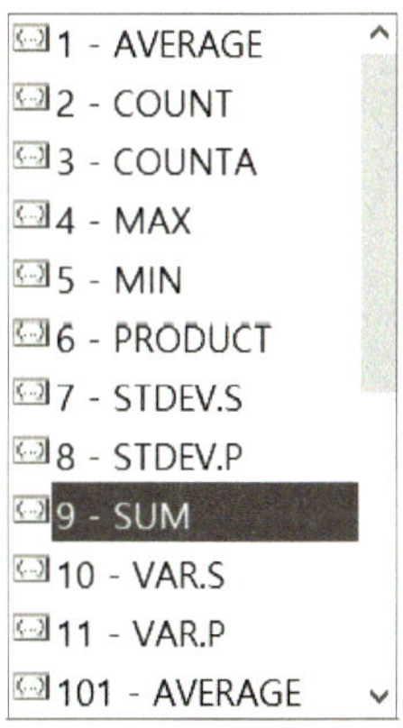

그림 4-3-5 함수 번호

소계와 총계에 해당하는 부분합을 손쉽게 계산해 주는 SUBTOTLA 함수를 사용하기 위해 먼저 J12 셀에서 =SUBTOTAL(을 입력한다. 그러면 그림 4-3-5와 같이 [function_num]을 선택할 수 있도록 목록이 표시된다. 여기에서

9-SUM 을 선택하고 [Tab] 키를 누른다. 그리고 콤마(,)를 입력한 다음 연간 구매수량에 대한 J4:J11 범위를 선택하고)를 닫아준다.

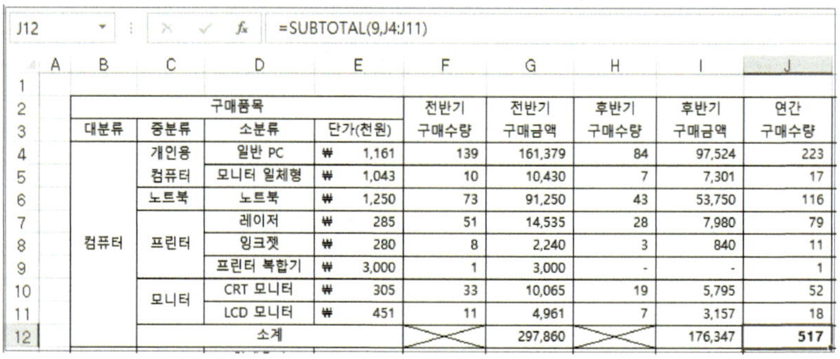

J12 =SUBTOTAL(9,J4:J11)

대분류	중분류	소분류	단가(천원)	전반기 구매수량	전반기 구매금액	후반기 구매수량	후반기 구매금액	연간 구매수량
컴퓨터	개인용	일반 PC	₩ 1,161	139	161,379	84	97,524	223
	컴퓨터	모니터 일체형	₩ 1,043	10	10,430	7	7,301	17
	노트북	노트북	₩ 1,250	73	91,250	43	53,750	116
	프린터	레이저	₩ 285	51	14,535	28	7,980	79
		잉크젯	₩ 280	8	2,240	3	840	11
		프린터 복합기	₩ 3,000	1	3,000	-	-	1
	모니터	CRT 모니터	₩ 305	33	10,065	19	5,795	52
		LCD 모니터	₩ 451	11	4,961	7	3,157	18
	소계				297,860		176,347	517

그림 4-3-6 SUBTOTAL 함수

다음으로 동일한 절차로 소모품에 대한 연간 구매수량의 합계를 구하기 위해 J23 셀에서 =SUBTOTAL(9,J13:J22)를 입력한다. 마지막으로 연간 구매수량의 총계를 구하기 위해 J24 셀에서 =SUBTOTAL(109,J4:J23)를 입력한다.

SUBTOTAL 함수가 SUM 함수와 다른 점은 연간 구매수량의 총계를 구하기 위한 수식(=SUBTOTAL(109,J4:J23))에서 알 수 있듯이 SUBTOTAL 함수는 참조범위 내에 포함되어 있는 SUBTOTAL 함수의 결과값(J12과 J23 셀)을 계산에서 포함시키지 않는다.

또한 SUBTOTAL 함수의 또 다른 기능은 참조범위 내에 포함된 숨겨진 행의 값을 계산에 포함시키지 않을 수 있다는 것이다. 이를 예제를 통해 살펴보려면 먼저 그림 4-3-7과 같이 대분류 소모품에 해당하는 행머리글 13에서 23까지의 범위를 지정한 후 마우스 오른쪽 단추를 클릭하여 바로가기 메뉴에서 [숨기기(H)]를 선택해 13행에서 23행을 숨긴다.

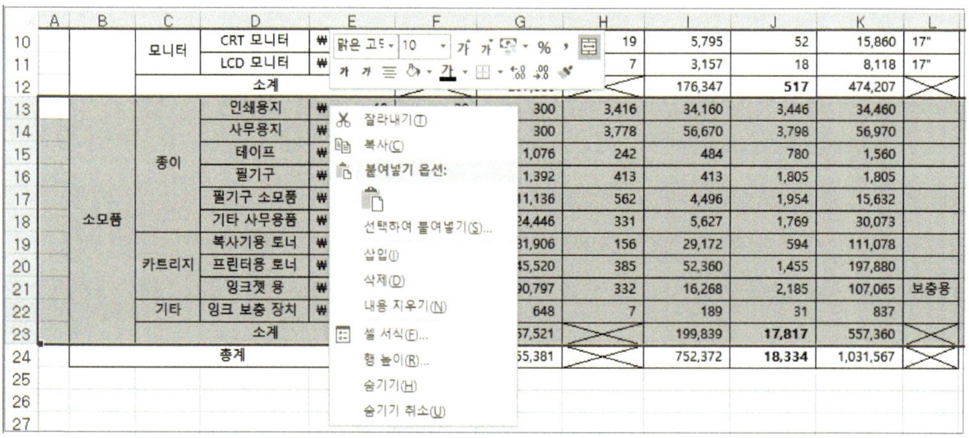

그림 4-3-7 소모품 행 숨기기

이처럼 대분류 소모품을 숨긴 다음 연간 구매수량의 총계(J24 셀)의 결과값을 확인해 보면 그림 4-3-8과 같이 숨겨진 데이터 값이 제외된 517개로 바뀐 것을 확인할 수 있다.

이는 표 4-3-1에 따라 J24 셀에 대한 수식 =SUBTOTAL(109,J4:J23)을 입력할 때 옵션 109로 입력하였기 때문이다. 만약 함수 번호를 9로 입력하게 되면 SUBTOTAL 함수는 숨겨진 행의 값을 포함하여 계산하게 된다.

	A	B	C	D	E	F	G	H	I	J	K	L
1												
2		구매품목				전반기 구매수량	전반기 구매금액	후반기 구매수량	후반기 구매금액	연간 구매수량	연간 구매금액	비고
3		대분류	중분류	소분류	단가(천원)							
4		컴퓨터	개인용 컴퓨터	일반 PC	₩ 1,161	139	161,379	84	97,524	223	258,903	
5				모니터 일체형	₩ 1,043	10	10,430	7	7,301	17	17,731	
6			노트북	노트북	₩ 1,250	73	91,250	43	53,750	116	145,000	
7			프린터	레이저	₩ 285	51	14,535	28	7,980	79	22,515	
8				잉크젯	₩ 280	8	2,240	3	840	11	3,080	
9				프린터 복합기	₩ 3,000	1	3,000	-	-	1	3,000	
10			모니터	CRT 모니터	₩ 305	33	10,065	19	5,795	52	15,860	17"
11				LCD 모니터	₩ 451	11	4,961	7	3,157	18	8,118	17"
12			소계				297,860		176,347	**517**	474,207	
24		총계					655,381		352,694	**517**	474,207	

그림 4-3-8 숨겨진 행을 제외한 연간 구매수량의 총계

4 논리 함수

논리함수는 주어진 조건을 확인하고 그 결과를 반환하는 함수로 IF, AND, OR, NOT, IFS, 등이 있다.

실습파일 : 논리함수.xlsx

가. IF 함수

IF 함수는 지정한 조건에 대해 참(true)과 거짓(false)을 판별할 때 사용하는 함수이다.

함수식	= IF(logical_test, value_if_true, value_if_false)
인수설명	• logical_test : 참과 거짓을 판정하는 논리식 • value_if_true : 논리식의 판정결과 참일 경우 나타내어야 하는 값 • value_if_false : 논리식의 판정결과 거짓일 경우 나타내어야 하는 값

본 예제는 삼손전자의 대리점별 주문내역에 대한 내용으로 결제금액에 따라 배송비를 다르게

적용함으로써 대리점을 차별적으로 관리하려고 한다. 이를 위한 계산 방법은 그림 4-4-1과 작성하였다.

(단가:천원)

주문일자	대리점	제품코드	수량	단가	주문금액	결제수단	세금	결제금액	비고	배송비
2023-10-02	부산	M2001	205	₩ 15.00	₩ 3,075.0	현금	₩ 307.5	₩ 3,382.5	초과	₩ -
2023-10-03	대구	M1001	100	₩ 175.00	₩ 17,500.0	카드	₩ 1,925.0	₩ 19,425.0	미달	₩ -
2023-10-04	서울	M1002	105	₩ 35.00	₩ 3,675.0	카드	₩ 404.3	₩ 4,079.3	미달	₩ 40.8
2023-10-05	대전	M2001	100	₩ 15.00	₩ 1,500.0	현금	₩ 150.0	₩ 1,650.0	미달	₩ 16.5
2023-10-06	대구	M1003	150	₩ 20.00	₩ 3,000.0	카드	₩ 330.0	₩ 3,330.0	적정	₩ 33.3
2023-10-07	부산	M2003	170	₩ 186.00	₩ 31,620.0	카드	₩ 3,478.2	₩ 35,098.2	적정	₩ -
2023-10-08	서울	M1003	220	₩ 20.00	₩ 4,400.0	현금	₩ 440.0	₩ 4,840.0	초과	₩ -
2023-10-09	광주	M2001	110	₩ 15.00	₩ 1,650.0	현금	₩ 165.0	₩ 1,815.0	미달	₩ 18.2
2023-10-10	대전	M1002	200	₩ 35.00	₩ 7,000.0	카드	₩ 770.0	₩ 7,770.0	초과	₩ -
2023-10-11	춘천	M2002	121	₩ 320.00	₩ 38,720.0	현금	₩ 3,872.0	₩ 42,592.0	미달	₩ -
총 계					₩ 112,140.0		₩ 11,842.0	₩ 123,982.0		

그림 4-4-1 심손진자의 대리점별 주문내역

- 주문금액(G열) = 수량 × 단가
- 세금(I열) : 결제수단이 '현금'일 경우 세금(부가세)은 주문금액의 10%를 적용하고, 그 외에는 부가세에 카드 수수료 1%를 더하여 주문금액의 11%를 적용하도록 한다.
- **결제**금액(J열) = 주문금액 + 세금
- 비고(K열) : 수량(E열)이 200개 이상일 경우 초과 주문에 대해 '초과'로 표시하고, 100개 이상의 주문에 대해서는 '적정'으로, 100개 미만일 경우 '미달'로 표시하도록 한다.
- 주문방식(L열) : 비고(K열)가 '초과'이거나 주문금액(J열)이 500만원 이상인 경우에는 배송비를 무료로 처리함으로써 대리점주들의 만족도를 향상시키며, 그 외에는 주문금액의 1%를 배송비로 처리하도록 한다.
- 총계 : 수량, 단가, 주문금액, 세금, 결제금액 항목별 총합계

실습파일 [IF] 시트에서 2023년 10월 2일에 발생한 부산 대리점의 주문금액을 계산하기 위해 먼저 커서를 G4 셀에 두고 수식 =E4*F4를 입력한다. 그리고 세금을 계산하기 위해 커서를 I4 셀에 두고 수식 =IF(H4>="현금",G4*10%,G4*12%)를 입력한다.

다음으로 결제금액은 주문금액과 세금을 합한 값으로 커서를 I4 셀에 두고 수식 =G4+I4를 입력한다. 그리고 비고는 수량이 200개 이상이면 "초과", 100개 이상이면 "적정", 100개 미만이면 "미달"이 표시되도록 한다. 이를 위해 사용되는 IF 문은 표시할 결과가 3가지이기 때문에 중첩된 IF 함수를 사용하여 =IF(E4>=200, "초과", IF(E4>=100, "적정", "미달"))을 입력한다.

마지막으로 배송비는 비고가 '초과'이거나 결제금액이 500만원 이상일 경우 배송비를 무료로 하고 그 외에는 배송비를 주문금액의 1%로 한다. 이를 위해 IF 함수와 OR 함수를 함께 사용해

야 한다. 커서를 L4 셀에 두고 수식 =IF(OR(K4="초과",J4>=5000),0,J4*1%)을 입력한다.
IF 함수는 다음과 같이 다른 함수와 함께 사용하거나 IF 함수를 64개까지 중첩하여 사용할 수 있다. 하지만 서로 다른 IF 함수를 64개까지 중첩하게 되면 올바른 입력이 어려울 뿐만 아니라 데이터 변경 시 IF 문 관리가 어려워진다. 따라서 중첩된 IF 함수를 작성해야 할 경우 VLOOKUP 함수를 사용하면 복잡한 수식을 간소화할 수 있다.

표 4-4-1 IF 함수의 예

수식	내용
=IF(G4>=70, AVERAGE(D4:E4), 0)	G4 셀 값이 70 이상이면 D4:E4 범위의 값을 평균 계산하여 표시하고, 그렇지 않으면 0점을 표시한다.
=IF(G4>=95, "A+", IF(G4>=90, "A", IF(G4>=85, "B+", IF(G4>=80, "B", ₩ IF(G4>=75, "C+", IF(G4>=70, "C", IF(G4>=65, "D+", IF(G4>=60, "D", "F"))))))))	G4 셀의 값이 95점 이상이면 "A+", 90점 이상 "A", 85점 이상 "B+", 80점 이상 "B", 75점 이상 "C+", 70점 이상"'C", 65점 이상 "D+", 60점 이상 "D", 그렇지 않으면 "F"로 표시한다.

나. AND/OR 함수

AND 함수는 논리곱으로 모든 조건식을 만족할 경우에는 참(TRUE), 하나의 조건이라도 만족하지 않을 경우에는 거짓(FALSE)값을 반환한다. 일반적으로 AND 함수는 단독으로 사용하기보다는 주로 IF 함수와 함께 사용된다.

함수식	=AND(logical1, [logical2])
인수설명	• logical : TRUE 또는 FALSE를 결과값으로 갖는 값, 수식 또는 참조 영역

실습파일 [AND, OR, NOT] 시트에는 은행원의 보험 가입 실적에 따른 보너스 금액과 인사고과 점수 그리고 교육 대상자를 계산하는 수식이 입력되어 있다. 은행원별 지급되는 보너스 금액은 판매금액이 목표금액인 900 만원 이상이고 판매건수가 목표건수인 5건 이상이면 판매금액의 2%를 보너스로 지급하고 그 외에는 보너스를 지급하지 않도록 한다.
이처럼 IF 함수의 조건이 두 가지 이상인 경우, 두 가지 이상의 모든 조건이 만족하는 경우 AND 함수를 사용하여 조건을 하나로 묶어주어야 한다. 따라서 은행원별 보너스 금액에 대한 E7 셀의 수식은 =IF(AND($C$3<=C7,$C$4<=D7),C7*2%,0)으로 입력하면 된다.

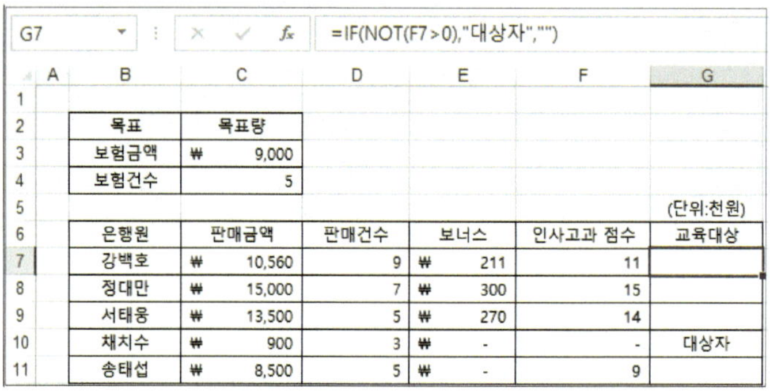

G7 =IF(NOT(F7>0),"대상자","")

	A	B	C	D	E	F	G
1							
2		목표	목표량				
3		보험금액	₩ 9,000				
4		보험건수	5				
5							(단위:천원)
6		은행원	판매금액	판매건수	보너스	인사고과 점수	교육대상
7		강백호	₩ 10,560	9	₩ 211	11	
8		정대만	₩ 15,000	7	₩ 300	15	
9		서태웅	₩ 13,500	5	₩ 270	14	
10		채치수	₩ 900	3	₩ -	-	대상자
11		송태섭	₩ 8,500	5	₩ -	9	

그림 4-4-2 AND, OR, NOT 함수

OR 함수는 논리합으로 조건식 중 하나라도 만족할 경우에는 참(TRUE), 하나라도 만족하지 않을 경우에는 거짓(FALSE)값을 반환한다.

함수식	=OR(logical1, [logical2])
인수설명	• logical : TRUE 또는 FALSE를 결과값으로 갖는 값, 수식 또는 참조 영역

예를 들어 그림 4-4-2의 인사고과 점수를 살펴보면 보험에 대한 판매금액이 목표금액인 900만원 이상이거나 판매건수가 목표건수인 5건 이상이면 판매금액*0.1%를 인사고과 점수로 반영하고 그 외에는 인사고과 점수를 반영하지 않는다.

이처럼 IF 함수의 조건이 두 가지 이상인 경우, 두 가지 이상의 조건 중 하나라도 만족하는 경우 OR 함수를 사용하여 조건을 하나로 묶어주어야 한다. 따라서 인사고과 점수에 대한 F7 셀의 수식은 =IF(OR($C$3<=C7,$C$4<=D7),C7*0.1%,0)으로 입력하면 된다.

다. NOT 함수

NOT 함수는 주어진 조건에 참과 거짓을 바꿔서 출력하는 함수로 NOT 함수 역시 단독으로 사용되지 않고 일반적으로 IF 함수와 함께 사용된다.

함수식	=NOT(logical)
인수설명	• logical : TRUE 또는 FALSE를 결과값으로 갖는 값, 수식 또는 참조 영역

예를 들어 그림 4-4-2의 교육 대상을 살펴보면 인사고과 점수가 입력되지 않았을 때 "대상자"로 표시하고 그 외에는 공백으로 표시하도록 한다. 따라서 교육 대상자에 대한 G7 셀의 수식은 =IF(NOT(F7>0),"대상자","")으로 입력하면 된다. 이 때 인사고과 점수에 관한 IF 함수식에 NOT 사용하는 이유는 간혹 인사고과 점수가 마이너스일 경우가 있기 때문이다.

라. IFS 함수

IFS 함수는 하나 이상의 조건이 충족되는지 확인하고 첫 번째 TRUE 조건에 해당하는 값을 반환한다. IFS는 여러개의 중첩된 IF 문 대신에 사용할 수 있으며, 여러 조건을 사용해도 중첩된 IF 보다는 이해하기가 쉽다. 하지만 조건에 대한 결과를 여러 번 입력해야 하는 경우에는 SWITCH 함수나 VLOOKUP 함수가 더욱 편리하다.

함수식	=IF(logical_test1, value_if_true1, [logical_test2, value_if_true2]...)
인수설명	• logical_test1 : TRUE 또는 FALSE로 계산되는 조건 • value_if_true1 : logical_test1이 TRUE로 계산되는 경우에 반환될 결과

실습파일 [IFS] 시트에는 성적에 따른 평점과 그에 따른 장학금 지급에 대한 데이터가 기록되어 있다. IFS 함수를 사용하여 점수에 따른 정확한 평점과 장학금 액수를 표시하고자 한다.

평점(D3 셀)에 대해서는 점수(C3 셀)가 90 이상이면 "A", 80 이상이면 "B", 70 이상이면 "C", 60 이상이면 "D", 60 미만이면 "F"가 표시되도록 한다. 이를 위해 커서를 D3 셀에 두고 수식 =IFS(C3>=90,"A",C3>=80,"B",C3>=70,"C",C3>=60,"D",C3<60,"F")을 입력한다.

다음으로 장학금(E3 셀)에 대해서는 평점(D3 셀)이 "A"이면 100만원, "B"이면 50만원, "C"이면 10만원을 지급하고 그 외에는 장학금을 지급하지 않는 것으로 표시한다.

이를 위해 커서를 E3 셀 두고 수식 =IFS(D3="A",1000,D3="B",500,D3="C",100,TRUE,0)을 입력한다. 해당 수식 마지막에 TRUE, 0을 입력하는 것은 수식에 포함된 모든 조건을 만족하지 않을 때 표시할 결과값을 의미한다.

E4 | =IFS(D4="A",1000,D4="B",500,D4="C",100,TRUE,0)

(단위:천원)

직원	점수	평점	장학금
강백호	91.0	A	1,000
강해린	82.8	B	500
서태웅	65.8	D	-
김민지	76.2	C	100
송태섭	68.5	D	-
하니팜	98.4	A	1,000
모지혜	76.4	C	100
이혜인	65.8	D	-

점수	평점
0	F
60	D
70	C
80	B
90	A

그림 4-4-3 IFS 함수

마. IFERROR 함수

IFERROR 함수는 수식에서 오류가 발생할 경우 오류를 대신하여 사용자가 지정한 값을 반환하도록 하는 함수이다. 오류가 발생하지 않을 경우에는 수식 결과를 그대로 반환한다.

함수식	=IFERROR(value, value_if_error)
인수설명	• value : 오류를 검사할 인수 • value_if_error : 수식이 오류로 평가되는 경우 반환될 결과, 오류의 유형은 #N/A, #VALUE!, #REF!, #DIV/0!, #NUM!, #NAME?, #NULL! 이 있다.

실습파일 [IFERROR] 시트에는 제품별 판매내역이 기록되어 있다. 그림 4-4-4를 살펴보면 수익(C열)과 판매개수(D열)가 기록되어 있지만 개당 판매가격(E열)이 기록되어 있지 않아 수식을 통해 계산하려 하였다. 하지만 D5 셀과 같이 판매개수가 0인 경우 개당 판매가격에 대한 수식 =C5/D5는 오류가 발생한다. 이러한 경우 IFERROR 함수를 사용하여 오류를 대처할 값을 사용자가 직접 입력할 수 있다.

이를 위해 먼저 커서를 F4 셀에 두고 수식 =IFERROR(C4/D4,0)을 입력하고 해당 수식을 F5:F8로 복사하면 IFERROR 함수에 의해 오류가 발생한 셀의 값이 숫자 0으로 대체되는 것을 확인할 수 있다.

F4 =IFERROR(C4/D4,0)

	A	B	C	D	E	F	G
1							
2						(단위:천원)	
3		제품	수익	판매개수	판매가격	IFERROR	
4		립스틱	₩ 1,500	100	₩ 15.0	15	=IFERROR(C4/D4,0)
5		립라이너	₩ -	-	#DIV/0!	0	=IFERROR(C5/D5,0)
6		립글로즈	₩ 350	35	₩ 10.0	10	=IFERROR(C6/D6,0)
7		립밤	₩ 180	15	₩ 12.0	12	=IFERROR(C7/D7,0)
8		립틴트	₩ -	-	#DIV/0!	0	=IFERROR(C8/D8,0)

그림 4-4-4 IFERROR 함수

5 통계 함수

가. COUNT, COUNTA, COUNTBLANK, COUNTIF, COUNTIFS 함수

FM 라디오 방송국에서는 2023년 10월 한 달 동안 재생한 인기 발라드 노래 목록을 공개하였다. 해당 리스트에는 각 노래에 대해 가수 이름, 노래 제목, 노래 길이, 재생된 날짜가 기록되어 있다. 시청자 게시판에 올라오는 다양한 질문에 대한 답변을 달아보자.

실습파일 : 통계함수.xlsx

재생 목록에 있는 각 가수별 노래가 각각 얼마나 많이 재생되었나요?

실습파일 [라디오방송] 시트의 E2:I52 범위에는 일정 기간에 재생된 인기 발라드 노래 목록이 기록되어 있다. COUNT, COUNTIF, COUNTIFS 함수를 통해 질문에 대한 답변을 구할 수 있다. 각 가수별 노래가 얼마나 많이 재생되었는지를 구하기 위해 먼저 B5:B12 범위에 각 가수의 이름을 입력한다. 그리고 C5 셀에 커서를 두고 수식 =COUNTIF(F3:F52,B5)를 입력하고 해당 수식을 C6:C12 범위로 복사한다.

함수식	=COUNTIF(range, criteria)
인수설명	• range : 지정한 조건에 부합하는 셀의 개수를 세려는 셀 범위 • criteria : 숫자, 식, 셀 참조 또는 텍스트의 형식으로 된 조건(조건은 반드시 큰따옴표 안에 작성함)

셀 범위 C5:C12의 결과를 보면 임재범의 곡은 8번 재생되었으며, 이승철의 곡은 7번 재생된 것을 알 수 있다. 수식을 작성하는 다른 방법으로 조건이 입력된 셀 주소(B5 셀)를 대신하여 가수 이름을 직접 조건에 입력하여 =COUNTIF(F3:F52,"임재범")으로 작성할 수도 있다. 이때 임재범과 같은 텍스트는 따옴표("")로 묶어주어야 하며 해당 기준은 대소문자를 구분하지는 않는다.

C5 =COUNTIF(F3:F52,B5)

행	B	C
2	count	8
3	counta	8
4	countblank	-
5	임재범	8
6	이승철	7
7	신승훈	6
8	박효신	7
9	김동률	5
10	김연우	7
11	여행스케치	7
12	김광석	3
13	재생된 전체 노래 횟수	50
14	평균 재생된 길이	4

번호	가수	제목	길이	날짜
1	임재범	고해	5.34	2023-10-01
2	임재범	비상	4.3	2023-10-01
3	이승철	희야	5.16	2023-10-01
4	임재범	너를위해	4.07	2023-10-02
5	신승훈	보이지않는사랑	4.2	2023-10-02
6	이승철	긴하루	3.41	2023-10-03
7	박효신	야생화	5.15	2023-10-03
8	박효신	눈의꽃	5.4	2023-10-03
9	김동률	기억의습작	4.39	2023-10-04
10	임재범	비상	4.3	2023-10-04
11	김연우	그대라서	3.43	2023-10-05
12	임재범	고해	5.34	2023-10-05

그림 4-5-1 가수별 재생한 노래 목록

임재범 외에 다른 가수의 노래가 재생된 횟수는 몇 번인가요?

엑셀 수식에서는 산술 연산자(+, −, *, /, %, ^)외에도 다양한 비교 연산자를 사용할 수 있다. 아래의 표 4-5-1은 엑셀에서 사용하는 비교 연산자 보여준다.

표 4-5-1 비교 연산자

비교 연산자	의미	예제	설명
=	같음	A=B	A와 B가 같다
>	보다 큼	A>B	A가 B보다 크다
<	보다 작음	A<B	B가 A보다 크다
>=	크거나 같음	A>=B	A가 B보다 크거나 같다
<=	작거나 같음	A<=B	B가 A보다 크거나 같다
<>	같지 않음	A<>B	A와 B는 같지 않다

질문에 대한 답을 구하기 위해 커서를 C16 셀에 두고 수식 =COUNTIF(F3:F52,"<>임재범")을 입력한다. 반환된 결과를 보면 임재범이 아닌 다른 가수의 노래가 재생된 횟수가 42번임을 알 수 있다. 엑셀은 같지 않음에 대한 기호 <>를 텍스트로 처리하며 임재범 또한 텍스트이기 때문에 <>임재범을 따옴표("")로 함께 묶어주어야 한다. 아울러 수식 =COUNTIF(F3:F52,"<>"&B5)을 사용하여도 동일한 결과를 얻을 수 있는데 앰퍼샌드(&) 기호는 < > 연산자와 B5 셀을 연결하는 역할을 한다.

C16 =COUNTIF(F3:F52,"<>임재범")

	B	C	E	F	G	H	I
15			13	여행스케치	옛친구에게	4.5	2023-10-06
16	임재범 외에 다른 가수의 노래가 재생된 횟수	42	14	박효신	좋은사람	3.57	2023-10-06
17	노래 길이가 5분 이상인 노래가 재생된 횟수	18	15	신승훈	보이지않는사랑	4.2	2023-10-07
18	평균 길이 보다 더 긴 노래가 재생된 횟수	24	16	김연우	이별택시	5.27	2023-10-07
19	성이 김씨인 가수의 노래가 재생된 횟수	15	17	박효신	야생화	5.15	2023-10-07
20	다섯 글자 이름의 가수의 노래가 재생된 횟수	7	18	김광석	거리에서	5.46	2023-10-08
21	2023-10-10까지 재생된 노래의 횟수	24	19	박효신	숨	4.45	2023-10-08
22	박효신 노래 중 길이가 5분 이상인 노래의 재생 횟수	5	20	김연우	여전히아름다운지	4.16	2023-10-09
23	김연우 노래 중 길이가 4분대 영역인 노래의 재생 횟수	3	21	여행스케치	운명	5.14	2023-10-09
24			22	김연우	사랑한다는흔한말	5.15	2023-10-10
25			23	김연우	눈물나는날에는	4.49	2023-10-10
26			24	이승철	희야	5.16	2023-10-10
27			25	이승철	그사람	2.03	2023-10-11

그림 4-5-2 COUNT, COUNTA, COUNTBLANK COUNTIF, COUNTIFS

> 노래 길이가 5분 이상인 노래의 재생된 횟수는 몇 번인가요?

먼저 C17 셀에 커서를 두고 수식 =COUNTIF(H3:H52, ">=5")을 입력하면 노래 길이가 5분 이상인 노래의 재생된 횟수를 확인할 수 있다. 같지 않음(< >)과 동일하게 크거나 같음(>=) 역시 텍스트로 처리되므로 >=5를 따옴표("")로 함께 묶어주어야 한다. 반환된 결과를 보면 길이가 5분 이상인 노래의 재생 횟수가 18번이라는 것을 알 수 있다.

재생 목록에 기록된 모든 노래의 평균 길이보다 더 긴 노래가 재생된 횟수는 몇 번인가요?

먼저 C14 셀에 커서를 두고 수식 =AVERAGE(H3:H52)를 입력하면 목록에 기록된 노래들의 평균 길이를 계산한다. 그런 다음 C18 셀에 커서를 두고 수식 =COUNTIF(H3:H52,">"&C14)을 입력하면 목록에 기록된 모든 노래의 평균 길이 보다 더 긴 노래가 재생된 횟수를 확인할 수 있다.
COUNTIF 수식에 임퍼샌드(&)를 사용하여 조건이 입력된 C14 셀을 참조하도록 하였다.
반환된 결과를 보면 전체 노래의 평균 길이 보다 더 긴 노래가 재생된 횟수는 24번이라는 것을 알 수 있다.

가수 성명에서 성이 김 씨인 가수의 노래는 몇 번이나 재생되었나요?

질문에 대한 답을 구하기 위해 우선 와일드카드 문자에 대해 이해할 필요가 있다. 대표적인 와일드카드 문자로는 물음표(?)와 별표(*)가 있다. 와일드카드 문제에 대한 설명과 예제는 아래의 표 4-5-2에서 설명하고 있다.

표 4-5-2 와일드 카드 문자

문자	설명	예제
* (Asterisk)	임의의 문자열을 의미한다. 문자열의 어느 위치에서나 애스터리스크(*)를 사용할 수 있다. 즉, *wh*는 단어에 wh가 있는 모든 문자열을 찾는다.	wh*는 what, white, why 등을 찾지만 awhile, watch 등을 찾지 않는다. *able은 cable, table, stable, comfortable을 찾는다.
? (Question mark)	특정 위치에 있는 한 문자를 의미한다. ? 하나는 0~1문자를 의미한다. 즉, b??? 는 b로 시작하는 1~4 문자를 의미하므로 b???은 ball을 찾지만, b??는 ball을 찾지 않는다.	b?ll은 ball, bell, bill을 찾지만, baell은 찾지 않는다.

수식을 작성하기 위해 C19 셀에 커서를 두고 수식 =COUNTIF(F3:F52,"김*")를 입력한다. 해당 수식은 김으로 시작하는 성을 가진 가수의 노래가 재생된 횟수를 계산하며 반환된 결과를 보면 김으로 시작하는 성을 가진 가수 김동률(5번), 김연우(7번), 김광석(3번)의 곡을 합한 값 15번과 동일한 결과를 보여준다.

다섯 글자 이름의 가수의 노래가 재생된 횟수는 몇 번인가요?

해당 질문에 대한 수식에도 와일드카드 문자인 물음표(?)를 사용해야 한다. 물음표(?)는 특정 위치에 있는 한 문자를 의미하는 것으로 문자의 개수만큼 물음표(?)로 대신 사용할 수 있다. 따라서 C20 셀에 커서를 두고 수식 =COUNTIF(F3:F52,"?????")를 입력하면 다섯 글자 이름의 가수의 노래가 재생된 횟수를 확인할 수 있다. 반환된 결과를 보면 다섯 글자 이름의 가수는 여행스케치 밖에 없으므로 C11 셀의 결과 7번과 동일한 결과를 보여준다.

2023년 10월 10일까지 몇 개의 노래가 재생되었나요?

COUNTIF 함수를 사용하여 특정 날짜를 기준으로도 원하는 결과를 얻을 수 있다. 특정 날짜를 조건으로 입력할 때 이후 날짜(>=)와 이전 날짜(<=)에 해당하는 비교 연산자를 주의하여 사용해야 한다. 먼저 C21 셀에 커서를 두고 수식 =COUNTIF(I3:I52,"<=2023-10-10")을 입력하면 2023년 10월 10일까지 재생된 노래는 24개임을 알 수 있다.

박효신 노래 중에 길이가 5분 이상인 노래가 재생된 횟수는 몇 번인가요?

가수에 대한 F 열의 셀 값이 박효신이며, 노래 길이에 대한 H 열의 셀 값이 5인 이상인 행이 몇 개인지를 계산하려고 한다. 해당 질문과 같이 여러 조건이 포함되어 있는 경우 COUNTIF 함수가 아닌 COUNTIFS 함수를 사용해야 한다.

먼저 C22 셀에 커서를 두고 수식 =COUNTIFS(F3:F52,"박효신",H3:H52,“>=5”) 을 입력한다. 반환된 결과를 보면 박효신의 노래 중에 길이가 5분 이상인 노래는 5번 재생된 것을 알 수 있다.

김연우의 노래 중에 길이가 4분대 영역인 노래가 재생된 횟수는 몇 번인가요?

해당 질문과 같이 여러 조건을 만족하는 노래의 개수를 구하기 위해 COUNTIFS 함수를 사용하면 쉽게 해답을 찾을 수 있다.

먼저 C23 셀에 커서를 두고 수식 =COUNTIFS(F3:F52,"김연우",H3:H52,">=4",H3:H52,"<5")을 입력하면 김연우의 노래 중 길이가 4분대 영역인 노래의 재생된 횟수가 3번임을 알 수 있다.

재생 목록에 등장하는 가수는 총 몇 명인가요?

COUNT 함수는 셀 범위에 포함된 숫자 값의 개수를 구해준다. 예를 들어 B5:C12 범위의 데이터를 확인해 보면 B5:B12 범위에는 텍스트가, C5:C12 범위에는 숫자가 입력되어 있다. 따라서 목록에 기록된 가수가 총 몇 명인지를 확인하기 위해 숫자가 입력된 셀 범위를 이용하여 C2 셀에 커서를 두고 수식 =COUNT(C5:C12)를 입력하면 8명이라는 원하는 결과를 얻을 수 있다. COUNT 함수는 셀 범위에 포함된 숫자만 카운트하는 함수로 공백, 기호, 텍스트는 카운트하지 못한다.

이에 반해 COUNTA 함수는 셀 범위에 입력된 모든 데이터의 개수를 계산한다. 즉 COUNTA 함수는 셀 범위에 입력된 텍스트, 숫자, 기호, 공백(띄어쓰기)의 모든 데이터를 카운트하는 함수로 C3 셀에 커서를 두고 수식 =COUNTA(B5:B12)을 입력하면 동일한 결과 8을 반환하게 된다.

재생 목록을 기록하는 과정에서 실수로 입력을 빼먹은 빈 셀의 개수는 몇 개인가요?

COUNTBLANK 함수는 셀 범위에 포함된 빈 셀의 개수를 계산한다. 예를 들어 F2:I51 범위에 혹시 실수로 입력하지 못해 비어 있는 셀이 있는지를 확인하기 위해 C4 셀에 커서를 두고 수식 =COUNTBLANK(F3:I52)을 입력하면 결과는 0을 반환하게 된다.

나. SUMIF, AVERAGEIF, SUMIFS, AVERAGEIFS, MAXIFS, MINIFS 함수

SUMIF와 SUMIFS 함수는 엑셀 함수를 범주별로 구분할 때 수학 함수에 속하지만, 함수 사용에 대한 이해를 돕기 위해 AVERAGEIF, AVERAGEIFS, MAXIFS, MINIFS 와 같은 통계 함수와 같이 설명하였다.

화장품 회사의 판매 관리자로 근무하는 당신은 2023년 10월 한 달 동안 사원별 판매내역에 대한 데이터를 가지고 있다. 판매내역 데이터는 판매원, 날짜, 제품, 개수, 판매액으로 구성되어 있다. 상사로부터 수시로 받는 질문에 대해 해답을 찾아보자.

사원별로 각각 얼마씩 판매했는지 판매액의 합계는 어떻게 계산하나요?

실습파일 [화장품판매] 시트에는 2023년 10월 한 달간의 판매내역 데이터가 기록되어 있다. 사원별로 판매액의 합계를 계산하기 위해 그림 4-5-3과 같이 커서를 C3 셀에 두고 수식 =SUMIF(F3:F32,B3,J3:J32)을 입력한 다음 해당 수식을 C4:C11 범위로 복사한다.

함수식	= SUMIF(range, criteria, [sum_range])
인수설명	• range : criteria 인수가 지정한 조건을 적용할 범위 • criteria : 숫자, 수식 또는 조건문으로 구성된 검색조건 • [sum_range] : 합을 계산해야 할 실제 범위(생략가능)

SUMIF 함수는 판매원에 대한 F3:F32 범위에서 "권준호"를 찾아 기억한 다음, 같은 행에 위치한 판매액의 값을 모두 더하여 표시한다. 수식을 작성하는 다른 방법으로 조건에 입력된 B3 셀 주소 대신에 =SUMIF(F3:F32,"권준호",J3:J32)와 같이 사원의 성명을 직접 입력해도 된다. 반환된 결과를 보면 권준호의 총 판매액은 14,185,000원임을 알 수 있다.

C3 =SUMIF($F$3:$F$32,B3,$J$3:$J$32)

	A	B	C	D	E	F	G	H	I	J
1			(단위: 천원)							(단위:천원)
2		판매원	판매액 합계		판매번호	판매원	날짜	제품	판매개수	판매액
3		권준호	₩ 14,185		1	서태웅	2023-10-01	립글로스	450	₩ 3,150
4		이달재	₩ 19,967		2	이달재	2023-10-01	파운데이션	505	₩ 15,150
5		강백호	₩ 12,810		3	강백호	2023-10-01	립스틱	94	₩ 940
6		정병욱	₩ 15,910		4	이달재	2023-10-02	립글로스	556	₩ 3,892
7		송태섭	₩ 21,730		5	정병욱	2023-10-05	립글로스	430	₩ 3,010
8		정대만	₩ 27,415		6	송태섭	2023-10-06	아이라이너	583	₩ 2,915
9		서태웅	₩ 6,254		7	정대만	2023-10-07	아이라이너	84	₩ 420
10		신호일	₩ 16,889		8	송태섭	2023-10-09	립글로스	725	₩ 5,075
11		채치수	₩ 8,895		9	강백호	2023-10-10	아이라이너	750	₩ 3,750
12					10	서태웅	2023-10-12	립글로스	242	₩ 1,694
13		2023-10-15 이후 판매된 총 판매액	₩ 97,549		11	강백호	2023-10-12	마스카라	434	₩ 6,510
14		판매된 립글로스의 총 판매개수	3,168		12	강백호	2023-10-17	립글로스	230	₩ 1,610
15		신호일을 제외한 다른 사원의 평균 판매액	₩ 4,710		13	권준호	2023-10-17	립스틱	496	₩ 4,960
16		신호일이 판매한 립스틱의 총 판매액	₩ 6,800		14	이달재	2023-10-17	아이라이너	185	₩ 925
17		신호일이 판매한 립스틱의 평균 판매개수	680		15	정병욱	2023-10-18	파운데이션	80	₩ 2,400

그림 4-5-3 SUMIF, SUMIFS, AVERAGEIF, AVERAGEIFS 함수

> 2023년 10월 15일 이후에 판매된 제품의 총 판매금액는 어떻게 계산하나요?

먼저 커서를 C13 셀에 두고 수식 =SUMIF(G3:G32,")=2023-10-15",J3:J32)을 입력한다. SUMIF 함수는 날짜에 대한 G3:G32 범위에서 '2023-10-15' 이후의 날짜를 찾아 기억한 다음, 같은 행에 위치한 판매액의 값을 모두 더하여 표시한다. 반환된 결과를 보면 해당 날짜 이후에 판매된 제품의 총 판매액은 97,549,000원임을 알 수 있다.

> 10월 한 달 동안 립글로스는 총 몇 개를 판매했는지 어떻게 계산하나요?

먼저 커서를 C14 셀에 두고 수식 =SUMIF(H3:H32,"립글로스",I3:I32)을 입력한다. SUMIF 함수는 제품에 대한 H2: H1892 범위에서 "립글로스"를 찾아 기억한 다음, 같은 행에 위치한 판매개수의 값을 모두 더하여 표시한다. 반환된 결과를 보면 10월 한 달 동안 총 판매된 립글로스는 3,168개임을 알 수 있다.

> 신호일을 제외한 다른 사원이 거둔 평균 판매액은 어떻게 계산하나요?

먼저 C15 셀에 커서를 두고 수식 =AVERAGEIF(F3:F32,"<>신호일",J3:J32)을 입력한다. SUMIF 함수와 사용 방법이 같은 AVERAGEIF 함수는 판매원에 대한 F3:F32 범위에서 "신호일"이 아닌 행을 찾아 기억한 다음, 같은 행에 위치한 판매액의 값을 모두 더하여 표시한다. 반환된 결과를 보면 신호일을 제외한 다른 판매원이 거둔 총 판매액은 127,166,000원임을 알 수 있다.

> 신호일이 판매한 립스틱의 총 판매액과 평균 판매개수는 어떻게 계산하나요?

해당 질문에는 2가지 조건(판매원="신호일", 제품="립스틱")이 포함되어 있다. 따라서 C16 셀에 커서를 두고 수식 =SUMIFS(J3:J32,F3:F32,"신호일",H3:H32,"립스틱")을 입력한다.

함수식	= SUMIFS(sum_range, criteria_range1, criteria1, [criteria_range2, criteria2], …)
인수설명	• sum_range : 합계를 계산할 한 개 이상의 셀 범위로 숫자, 이름, 참조 범위가 포함될 수 있다. 빈 값이나 텍스트 값은 무시 • criteria_range1 : 조건을 적용할 범위 • criteria : 숫자, 수식 또는 조건문으로 구성된 검색조건 • criteria_range2, criteria2, ... : 추가로 지정할 범위와 검색조건으로 최대 127개까지 지정

SUMIFS 함수는 SUMIF 함수와 다르게 sum_rang를 처음에 입력하고, 다음으로 조건을 입력한다. 그리고 조건에 포함된 2가지 조건은 AND 조건으로 계산하게 된다.

즉 SUMIFS 함수는 2가지 조건 모두를 만족하는 행을 찾아 기억한 다음, 같은 행에 위치한 판매액의 값을 모두 더하여 표시한다. 반환된 결과를 보면 신호일이 판매한 립스틱의 총 판매액은 6,800,000원임을 알 수 있다.

다음으로 신호일이 판매한 립스틱에 대한 평균 판매개수를 구한다. 해당 질문은 평균 판매개수를 구하는 것이므로 AVERAGEIFS 함수를 사용한다. AVERAGEIFS 함수는 SUMIFS 함수와 사용 방법이 같다.

먼저 커서를 C17 셀에 두고 수식 =AVERAGEIFS(I3:I32,F3:F32,"신호일",H3:H32,"립스틱")을 입력한다. 반환된 결과를 보면 신호일이 판매한 립스틱의 평균 판매개수는 680개임을 알 수 있다.

> 특정 조건을 만족하는 데이터만 추출해서 최대값과 최소값을 구하고 싶은데, 어떻게 계산하나요?

실습파일 [토익점수] 시트에는 그림 4-5-4와 같이 한국 대학교 학생들의 토익 시험 점수가 기록되어 있다. 데이터에서 학과별과 성별로 가장 높은 토익 점수가 몇 점인지 알고 싶다.

먼저 B3:B6 범위에 학과를 입력하고, C2:D2 범위에 성별을 입력한다. 그리고 학과와 성별이 교차하는 C3 셀에 커서를 두고 수식 =MAXIFS($J$3:$J$17,$H$3:$H$17,$B3,$G$3:$G$17,C$2)을 입력한다. 이때 함수식에 포함된 셀 주소를 절대주소로 설정하면 채우기 핸들을 통해 손쉽게 나머지 토익 점수도 손쉽게 구할 수 있다.

반환된 결과를 보면 경영학과 여학생의 최고 토익 점수는 960점이고, 경제학과 남학생의 최고 토익 점수는 920점인 것을 알 수 있다.

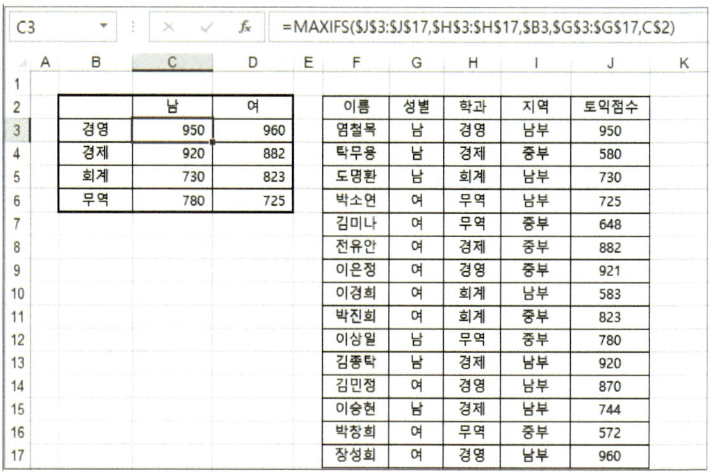

C3 =MAXIFS($J$3:$J$17,$H$3:$H$17,$B3,$G$3:$G$17,C$2)

	남	여
경영	950	960
경제	920	882
회계	730	823
무역	780	725

이름	성별	학과	지역	토익점수
염철목	남	경영	남부	950
탁무용	남	경제	중부	580
도명환	남	회계	남부	730
박소연	여	무역	남부	725
김미나	여	무역	중부	648
전유안	여	경제	중부	882
이은정	여	경영	중부	921
이경희	여	회계	남부	583
박진희	여	회계	중부	823
이상일	남	무역	중부	780
김종탁	남	경제	남부	920
김민정	여	경영	남부	870
이승현	남	경제	남부	744
박창희	여	무역	중부	572
장성희	여	경영	남부	960

그림 4-5-4 MAXIFS 함수

6 찾기 함수

찾기/참조 함수는 조건을 만족하는 값을 찾거나 참조할 수 있도록 지원하는 함수로 대표적으로 INDEX, MATCH, VLOOKUP, HLOOKUP, LOOKUP, CHOOSE, SWITCH 등이 있다.

실습파일 : 찾기함수..xlsx

가. INDEX 함수

INDEX 함수는 참조범위에서 주어진 위치에 해당하는 값을 반환하는 함수로 배열형과 참조형의 두 가지가 있다. 먼저, 배열형 INDEX 함수는 지정한 셀 범위에서 좌측 최상단을 기준으로 N번째 셀 값 또는 N행 M열 번째 셀 값을 반환한다.

함수식	[배열형] =INDEX(array, row_num, [column_num])
인수설명	• array : 가져올 값이 있는 셀 범위나 배열 상수를 의미한다. 배열에 행이나 열이 하나만 있을 때는 row_num이나 column_num 인수의 생략이 가능하다. • row_num : 가져올 행 수 • column_num : 가져올 열 수

실습파일의 [INDEX(배열형)] 시트에는 학생들의 성적을 평가하기 위해 실제 교수님이 사용하고 있는 성

적 산출 모델이 작성되어 있다. 성적 산출 모델을 통해 학생들의 최종 성적, 순위, 평점, 과락 여부를 파악할 수 있다.

> 학생들의 성적이 계산한 결과에서 6번째로 높은 점수는 몇 점인지를 어떻게 알 수 있나요?

그림 4-6-1의 셀 범위 M3:M17에는 학생들의 성적이 계산되어 있다. 성적에 해당하는 M3:M17 범위에서 6번째 값을 찾기 위해 커서를 D21 셀에 두고 수식 =INDEX(M3:M17,6,1)을 입력한다. INDEX 함수는 M3:M17 범위에서 6번째 행과 1번째 열에 대한 값을 반환하게 된다. 반환된 결과를 보면 6번째로 높은 점수는 87.75점임을 알 수 있다.

다음으로 커서를 C24 셀에 두고 수식 =INDEX(C3:D17,6,1)을 입력한다. 이렇게 셀 범위를 이름과 학과에 해당하는 C3:D17로 바꿔 입력하여 해당 범위에서 6행 1열을 찾게 되면 6번째로 높은 성적을 받은 학생의 이름이 김영길임을 알 수 있게 된다. 아울러 커서를 C27 셀에 두고 수식 =INDEX(C3:D17,6,2)을 입력하면 성적이 6번째로 높은 학생의 학과가 경영학과임을 알 수 있게 된다.

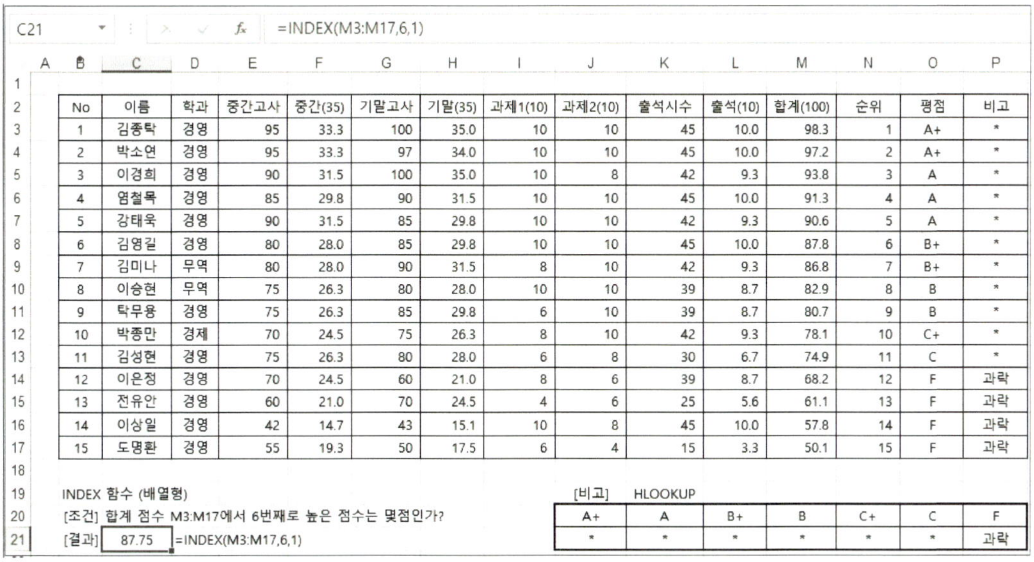

C21 =INDEX(M3:M17,6,1)

No	이름	학과	중간고사	중간(35)	기말고사	기말(35)	과제1(10)	과제2(10)	출석시수	출석(10)	합계(100)	순위	평점	비고
1	김종탁	경영	95	33.3	100	35.0	10	10	45	10.0	98.3	1	A+	*
2	박소연	경영	95	33.3	97	34.0	10	10	45	10.0	97.2	2	A+	*
3	이경희	경영	90	31.5	100	35.0	10	8	42	9.3	93.8	3	A	*
4	염철목	경영	85	29.8	90	31.5	10	10	45	10.0	91.3	4	A	*
5	강태욱	경영	90	31.5	85	29.8	10	10	42	9.3	90.6	5	A	*
6	김영길	경영	80	28.0	85	29.8	10	10	45	10.0	87.8	6	B+	*
7	김미나	무역	80	28.0	90	31.5	8	10	42	9.3	86.8	7	B+	*
8	이승현	무역	75	26.3	80	28.0	10	10	39	8.7	82.9	8	B	*
9	탁무용	경영	75	26.3	85	29.8	6	10	39	8.7	80.7	9	B	*
10	박종만	경제	70	24.5	75	26.3	8	10	42	9.3	78.1	10	C+	*
11	김성현	경영	75	26.3	80	28.0	6	8	30	6.7	74.9	11	C	*
12	이은정	경영	70	24.5	60	21.0	8	6	39	8.7	68.2	12	F	과락
13	전유안	경영	60	21.0	70	24.5	4	6	25	5.6	61.1	13	F	과락
14	이상일	경영	42	14.7	43	15.1	10	8	45	10.0	57.8	14	F	과락
15	도명환	경영	55	19.3	50	17.5	6	4	15	3.3	50.1	15	F	과락

INDEX 함수 (배열형)

[조건] 합계 점수 M3:M17에서 6번째로 높은 점수는 몇점인가?

[결과] 87.75 =INDEX(M3:M17,6,1)

[비고] HLOOKUP

A+	A	B+	B	C+	C	F
*	*	*	*	*	*	과락

그림 4-6-1 배열형 INDEX 함수

다음으로 참조형 INDEX 함수는 셀 영역에서 주어진 조건의 위치 값을 반환하는 것은 배열형 INDEX 함수와 유사하나 따로 떨어져 있는 영역을 지정하여 위치 값을 반환할 수 있다.

함수식	[참고형] =INDEX(reference, row_num, [column_num], [area_num)
인수설명	• reference : 셀의 참조범위(영역별 참조범위를 콤마(,)로 구분하여 설정할 수 있음). reference 인수가 다수의 참조범위를 가지고 있을 경우 나열된 참조범위의 순서에 따라 번호를 매기게 됨 • row_num : 참조범위에서 행의 수 • column_num : 참조범위에서 열의 수 • area_num : 행과 열이 만나는 셀의 값을 반환하기 위한 참조의 범위를 의미함.

실습파일의 [INDEX(참조형)] 시트에서 참조형 INDEX는 중간고사 점수에 해당하는 E3:F17 범위와 기말고사 점수에 해당하는 G3:H17 범위를 동시에 INDEX 함수의 범위로 지정할 수 있다. 먼저 커서를 C22 셀에 두고 수식 =INDEX((E3:F17,G3:H17),6,1,2)을 입력한다. INDEX 함수에서 [area_num] 인수를 2로 지정하였기 때문에 두 번째 영역인 기말고사 점수(G3:H17)에서 6행 1열의 값을 찾아 85점을 반환하게 된다.

C22 =INDEX((E3:F17,G3:H17),6,1,2)

No	이름	학과	중간고사	중간(35)	기말고사	기말(35)	과제1(10)	과제2(10)	출석시수	출석(10)	합계(100)	순위	평점	비고
1	김종탁	경영	95	33.3	100	35.0	10	10	45	10.0	98.3	1	A+	*
2	박소연	경영	95	33.3	97	34.0	10	10	45	10.0	97.2	2	A+	*
3	이경희	경영	90	31.5	100	35.0	10	8	42	9.3	93.8	3	A	*
4	염철목	경영	85	29.8	90	31.5	10	10	45	10.0	91.3	4	A	*
5	강태욱	경영	90	31.5	85	29.8	10	10	42	9.3	90.6	5	A	*
6	김영길	경영	80	28.0	85	29.8	10	10	45	10.0	87.8	6	B+	*
7	김미나	무역	80	28.0	90	31.5	8	10	42	9.3	86.8	7	B+	*
8	이승현	무역	75	26.3	80	28.0	10	10	39	8.7	82.9	8	B	*
9	탁무용	경영	75	26.3	85	29.8	6	10	39	8.7	80.7	9	B	*
10	박종만	경제	70	24.5	75	26.3	8	10	42	9.3	78.1	10	C+	*
11	김성현	경영	75	26.3	80	28.0	6	8	30	6.7	74.9	11	C	*
12	이은정	경영	70	24.5	60	21.0	8	6	39	8.7	68.2	12	F	과락
13	전유안	경영	60	21.0	70	24.5	4	6	25	5.6	61.1	13	F	과락
14	이상일	경영	42	14.7	43	15.1	10	8	45	10.0	57.8	14	F	과락
15	도명환	경영	55	19.3	50	17.5	6	4	15	3.3	50.1	15	F	과락

INDEX 함수 (참조형)

[조건] 두 영역으로 구성된 셀 범위 중간(E3:F17) 점수와 기말(G3:H17) 점수에서 6번째로 높은 기말점수의 원점수는 몇 점인가?

[결과] 85.0 =INDEX((E3:F17,G3:H17),6,1,2)

[비고] HLOOKUP

A+	A	B+	B	C+	C	F
*	*	*	*	*	*	과락

그림 4-6-2 참조형 INDEX 함수

나. MATCH 함수

MATCH 함수는 한 열(행)의 셀 영역에서 조건을 조회하고, 해당 영역의 시작(첫 번째) 셀부터 조건의 상대적 위치를 반환한다.

함수식	=MATCH(lookup_value, lookup_array, [match_type])
인수설명	• lookup_value : Lookup_array에서 찾으려는 값(대소문자의 구분 없이 사번, 이름, 코드 등의 숫자, 텍스트, 논리값 또는 셀 참조) • lookup_array : Lookup_Value가 포함된 셀들의 범위(이때, Lookup_array는 배열 또는 배열 참조) • [match_type] : lookup_array에서 lookup_value를 찾는 방법으로 −1, 0, 1 세 가지가 있다. 생략하면 1로 간주한다. ※ 참고 ① [match_type]이 1일 경우 lookup_value보다 작거나 같은 값 중 가장 큰 값을 찾는다(lookup_array는 반드시 오름차순 정렬) ② [match_type]이 0일 경우 lookup_value와 정확하게 일치하는 값을 찾는다. ③ [match_type]이 −1일 경우 lookup_value보다 크거나 같은 값 중 가장 작은 값을 찾는다(lookup_array는 반드시 내림차순 정렬)

전체 학생 중에서 박종만 학생은 몇 등을 했는지 어떻게 알 수 있나요?

실습파일의 [MATCH] 시트에서 박종만 학생이 몇 등을 했는지 알기 위해서는 먼저 성적이 기록된 데이터에서 박종만 학생의 이름을 찾아야 할 것이다. 이를 위해 커서를 C21 셀에 두고 수식 =MATCH("박종만",C3:C17,0)을 입력한다. 반환된 결과를 보면 이름이 기록된 C 열에서 박종만 학생은 10번째에 위치해 있는 것을 알 수 있다. 그림 4-6-3과 같이 성적 데이터가 순위를 기준으로 정렬이 되어 있다면 박종만 학생의 등수는 10등이라는 것을 알 수 있다.

C21 =MATCH("박종만",C3:C17,0)

No	이름	학과	중간고사	중간(35)	기말고사	기말(35)	과제1(10)	과제2(10)	출석시수	출석(10)	합계(100)	순위	평점	비고
1	김종탁	경영	95	33.3	100	35.0	10	10	45	10.0	98.3	1	A+	*
2	박소연	경영	95	33.3	97	34.0	10	10	45	10.0	97.2	2	A+	*
3	이경희	경영	90	31.5	100	35.0	10	8	42	9.3	93.8	3	A	*
4	염철목	경영	85	29.8	90	31.5	10	10	45	10.0	91.3	4	A	*
5	강태욱	경영	90	31.5	85	29.8	10	10	42	9.3	90.6	5	A	*
6	김영길	경영	80	28.0	85	29.8	10	10	45	10.0	87.8	6	B+	*
7	김미나	무역	80	28.0	90	31.5	8	10	42	9.3	86.8	7	B+	*
8	이승현	무역	75	26.3	80	28.0	10	10	39	8.7	82.9	8	B	*
9	탁무용	경영	75	26.3	85	29.8	6	10	39	8.7	80.7	9	B	*
10	박종만	경제	70	24.5	75	26.3	8	10	42	9.3	78.1	10	C+	*
11	김상현	경영	75	26.3	80	28.0	6	8	30	6.7	74.9	11	C	*
12	이은정	경영	70	24.5	60	21.0	8	6	39	8.7	68.2	12	F	과락
13	전유안	경영	60	21.0	70	24.5	4	6	25	5.6	61.1	13	F	과락
14	이상일	경영	42	14.7	43	15.1	10	8	45	10.0	57.8	14	F	과락
15	도명환	경영	55	19.3	50	17.5	6	4	15	3.3	50.1	15	F	과락

MATCH 함수
[조건] 박종만환 학생의 이름이 C3:C17 범위에서 몇 번째에 위치하는가?
[결과] 10 =MATCH("박종만",C3:C17,0)

[비고] HLOOKUP

A+	A	B+	B	C+	C	F
*	*	*	*	*	*	과락

그림 4-6-3 MATCH 함수

MATCH 함수를 사용할 때는 [match_type]을 주의하여야 한다. MATCH 함수의 [match_type]을 0으로 지정하면 함수는 셀 범위의 데이터 중에 정확하게 일치하는 데이터를 찾게 된다. 따라서 셀 범위에서 학생 이름의 위치를 찾고자 할 때는 [match_type]을 0으로 지정하는 것이 바람직하다.

반면에 찾고자 하는 값이 성적이나 임금과 같은 숫자 데이터 중에서 가장 근사치의 값을 찾고자 할 때는 [match_type]에 1이나 −1을 사용한다. 아울러 [match_type]을 1로 지정하려면 먼저 셀 범위(lookup_ array)를 반드시 오름차순으로 정렬해 주어야 한다. 그런 다음 INDEX 함수는 정렬된 셀 범위에서 찾고자 하는 값의 위치를 찾아 준다.

예를 들어 중간고사 원점수에 해당하는 E3:E17 범위에서 60점은 몇 번째에 위치하는지를 알려면 먼저 E 열을 기준으로 정렬한 다음, 수식 =MATCH(60,E3:E17,1)을 입력한다.

다음으로 [match_type]을 −1로 지정하려면 셀 범위(lookup_array)가 반드시 내림차순으로 정렬되어 있어야 한다. 그런 다음 INDEX 함수는 정렬된 범위에서 찾고자 하는 값의 위치를 찾아 준다. 예를 들어 기말고사 원점수에 해당하는 G3:G17 범위에서 75점이 몇 번째에 위치하는지를 알려면 먼저 G 열을 기준으로 정렬한 다음, 수식 =MATCH(75,G3:G17,−1)을 입력한다.

> 성적 확인 기간에는 학생들의 성적 문의가 종종 발생한다. 이름을 입력하면 해당 학생의 성적과 순위를 빠르게 찾아 주는 모델을 만들고 싶은데 어떻게 하면 될까요?

실습파일의 [INDEX+MATCH] 시트에는 학생들의 성적, 순위, 평점 등이 기록되어 있다. 그림 4-6-4의 C22 셀과 같이 학생 이름을 입력하면 D22와 E22 셀에 각각 문의한 학생의 성적과 순위를 표시하고자 한다.

D22 =INDEX(B3:P17, MATCH(C22, C3:C17, 0),MATCH(D21, B2:P2,0))

	A	B	C	D	E	F	G	H	I	J	K	L	M	N	O	P
1																
2		No	이름	학과	중간고사	중간(35)	기말고사	기말(35)	과제1(10)	과제2(10)	출석시수	출석(10)	합계(100)	순위	평점	비고
3		1	강태욱	경영	90	31.5	85	29.8	10	10	42	9.3	90.6	5	A	*
4		2	김미나	무역	80	28.0	90	31.5	8	10	42	9.3	86.8	7	B+	*
5		3	김성현	경영	75	26.3	80	28.0	6	8	30	6.7	74.9	11	C	재수강
6		4	김영길	경영	80	28.0	85	29.8	10	10	45	10.0	87.8	6	B+	*
7		5	김종탁	경영	95	33.3	100	35.0	10	10	45	10.0	98.3	1	A+	*
8		6	도명환	경영	55	19.3	50	17.5	6	4	15	3.3	50.1	15	F	재수강
9		7	박소연	경영	95	33.3	97	34.0	10	10	45	10.0	97.2	2	A+	*
10		8	박종만	경제	70	24.5	75	26.3	8	10	42	9.3	78.1	10	C+	재수강
11		9	염철목	경영	85	29.8	90	31.5	10	10	45	10.0	91.3	4	A	*
12		10	이경희	경영	90	31.5	100	35.0	10	8	42	9.3	93.8	3	A	*
13		11	이상일	경영	42	14.7	43	15.1	10	8	45	10.0	57.8	14	F	재수강
14		12	이승현	무역	75	26.3	80	28.0	10	10	39	8.7	82.9	8	B	*
15		13	이은정	경영	70	24.5	60	21.0	8	6	39	8.7	68.2	12	F	재수강
16		14	전유안	경영	60	21.0	70	24.5	4	6	25	5.6	61.1	13	F	재수강
17		15	탁무용	경영	75	26.3	85	29.8	6	10	39	8.7	80.7	9	B	*
18																
19		INDEX + MATCH 함수								[비고]	HLOOKUP					
20		[조건]	학생 이름을 입력하면 성적과 순위를 표시하시오.							A+	A	B+	B	C+	C	F
21		[결과]	이름	합계(100)	순위					*	*	*	*	*	재수강	재수강
22			이상일	57.8	14											

그림 4-6-4 INDEX+MATCH 함수

이를 위해 먼저 C21:E21 범위에 제목에 해당하는 '이름', '합계(100)', '순위'를 입력한다. 이때 입력한 제목은 원본 데이터의 제목(B2:P2)과 같아야 한다. 그런 다음 커서를 D22 셀에 두고 수식 =INDEX(B3:P17,MATCH(C22,C3:C17,0),MATCH(D21,B2:P2,0))을 입력한다.

여기에서 MATCH(C22,C3:C17,0)는 행에 대한 함수로서 C22 셀에서 입력한 이름의 위치를 찾아 행 번호의 역할을 하게 된다. 그리고 MATCH(D21,B2:P2,0)는 열에 대한 함수로서 D21에 입력한 제목의 위치를 찾아 열 번호의 역할을 하게 된다.

이렇게 INDEX 함수와 MATCH 함수를 결합함으로써 C22 셀에 문의한 학생의 이름 이상일을 입력하면 해당 학생의 성적 57.8과 순위 14등이 결과를 반환되게 된다.

다. VLOOKUP/HLOOKUP 함수

VLOOKUP과 HLOOKUP 함수는 주어진 값이 참조목록에 포함되는지 검색하고 조건을 만족하는 값을 반환하는 함수이다.

예를 들어 그림 4-6-5에서 평점(O 열)을 입력해야 하는 상황에서 일반적으로 합계(100)에 입력된 성적으로 보고 평점을 입력하게 된다. 이때 VLOOKUP 함수를 사용하면 보다 정확하고 빠르게 평점을 입력할 수 있다.

함수식	=VLOOKUP(lookup_value, table_array, col_index_num, [range_lookup])
인수설명	• lookup_value : 참조목록인 table_array의 첫 번째 열에서 조회하고자 하는 값 • table_array : lookup_value로 선택된 값을 조회하는 참조목록 • col_index_num : 수직 참조목록(table_array)의 첫 번째 열에서 lookup_value의 근삿값 또는 정확한 값을 찾았을 경우 같은 행에서 구하고자 하는 값이 있는 열의 번호 • [range_lookup] : 근삿값을 찾는 경우 참(true : 기본값), 텍스트와 같이 정확히 일치하는 값을 찾을 경우 거짓(false)

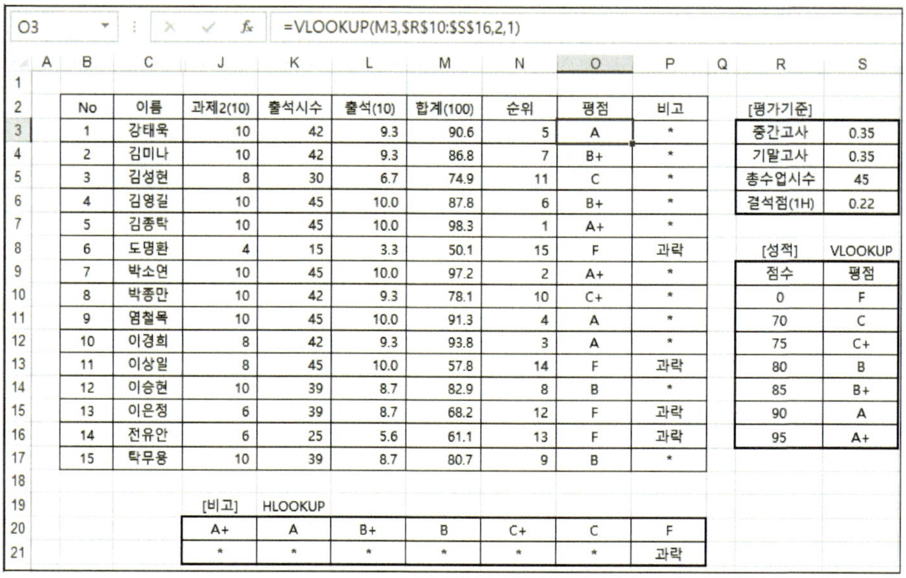

O3 =VLOOKUP(M3,$R$10:$S$16,2,1)

No	이름	과제2(10)	출석시수	출석(10)	합계(100)	순위	평점	비고
1	강태욱	10	42	9.3	90.6	5	A	*
2	김미나	10	42	9.3	86.8	7	B+	*
3	김성현	8	30	6.7	74.9	11	C	*
4	김영길	10	45	10.0	87.8	6	B+	*
5	김종탁	10	45	10.0	98.3	1	A+	*
6	도명환	4	15	3.3	50.1	15	F	과락
7	박소연	10	45	10.0	97.2	2	A+	*
8	박종만	10	42	9.3	78.1	10	C+	*
9	염철목	10	45	10.0	91.3	4	A	*
10	이경희	8	42	9.3	93.8	3	A	*
11	이상일	8	45	10.0	57.8	14	F	과락
12	이승현	10	39	8.7	82.9	8	B	*
13	이은정	6	39	8.7	68.2	12	F	과락
14	전유안	6	25	5.6	61.1	13	F	과락
15	탁무용	10	39	8.7	80.7	9	B	*

[평가기준]

중간고사	0.35
기말고사	0.35
총수업시수	45
결석점(1H)	0.22

[성적] VLOOKUP

점수	평점
0	F
70	C
75	C+
80	B
85	B+
90	A
95	A+

[비고] HLOOKUP

A+	A	B+	B	C+	C	F
*	*	*	*	*	*	과락

그림 4-6-5 VLOOKUP, HLOOKUP 함수

VLOOKUP과 HLOOKUP 함수에서 LOOKUP은 사전적으로 '찾다'를 의미하며, LOOKUP 앞에 붙는 'V'와 'H'는 참조 범위에서 값을 찾을 때 수직(Vertical) 방향으로 찾으러 가는지, 아니면 수평(Horizontal) 방향으로 찾아가는지에 따라 다르게 붙는다. 즉, VLOOKUP 함수는 수직 방향으로 입력된 참조 범위에서 원하는 값을 찾을 때 사용하고, HLOOKUP 함수는 수평 방향으로 입력된 참조 범위에서 원하는 값을 찾을 때 사용한다.

> 한 학기를 마무리하면서 학생들의 중간 성적, 기말 성적, 출석 시수, 과제 점수 등을 토대로 평점을 산출해야 한다. 평점을 어떻게 정확하고 빠르게 매길 수 있을까요?

실습파일 [VLOOKUP, HLOOKUP, LOOKUP] 시트에는 학생들의 시험 점수가 계산되어 있다. 최종 합계 점수를 기준으로 평점을 부여하고자 하는데, 합계 점수가 95점 이상이면 'A+', 90점 이상 'A', 85점 이상 'B+', 80점 이상 'B', 75점 이상 'C+', 70점 이상 'C', 그 외는 모두 'F'로 부여하고자 한다. 평점을 구하기 위한 참조 테이블은 그림 4-6-6과 같이 미리 입력해 놓았다. 참조 테이블의 첫 번째 열(R10:R16)에는 점수가 입력되어 있고, 두 번째 열(S10:S16)에는 평점이 입력되어 있다. 따라서 평점을 구하기 위해 절차를 생각해 보면 학생의 합계 점수를 가지고 참조 테이블의 첫 번째 열을 수직 방향으로 찾아가게 되는데, 이렇듯 참조 테이블을 수직 방향으로 찾아갈 때 VLOOKUP 함수를 사용하게 된다. 아울러 VLOOKUP 함수를 위한 참조 테이블을 작성할 때 주의할 점은 참조 테이블의 첫 번째 열(R10:R16)의 값은 반드시 오름차순으로 입력되어 있어야 한다.

VLOOKUP 함수에 대한 이해를 바탕으로 강태욱 학생의 평점을 구해보자. 먼저 커서를 O3 셀에 두고 수식 =VLOOKUP(M3,$R$10:$S$16,2,1)을 입력한다. 이는 강태욱 학생의 합계 점수인 M3 셀의 값 '90.6'을 가지고 참조 테이블인 R10:S16 범위의 첫 번째 열에서 근삿값을 찾아 '90' 이에 대응되는 두 번째 열의 값 'A'를 반환하도록 하는 것이다.

VLOOKUP 함수를 수식 입력줄에 직접 입력하는 방법 외에도 함수 마법사를 사용하면 입력 시 발생하는 오류를 줄일 수 있다. 먼저 키보드 Shift+F3 키를 눌러 「함수 마법사」 대화상자에서 VLOOKUP 함수를 선택한다. 그리고 그림 4-6-7과 같이 대화상자를 완성한다.

	R	S
8	[성적]	VLOOKUP
9	점수	평점
10	0	F
11	70	C
12	75	C+
13	80	B
14	85	B+
15	90	A
16	95	A+

그림 4-6-6 참조 테이블

- 'lookup_value' 에는 조회 값 M3를 입력한다.(강태욱의 합계 점수)
- 'table_array' 에는 M3 값이 참조하는 참조 테이블 $R$10:$S$16을 입력한다.(절대주소)
- 'col_index_num' 에는 반환하는 값이 있는 열 번호 2를 입력한다.
- 'range_lookup' 에서는 근사치 값을 찾기 위해 TRUE 또는 숫자 1을 입력한다.

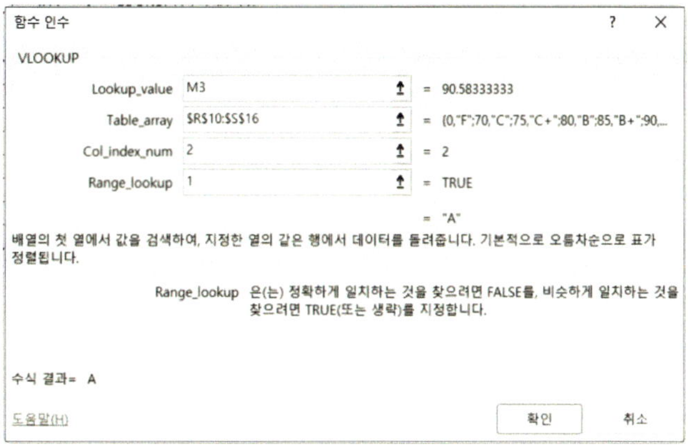

그림 4-6-7 VLOOKUP 함수 마법사

> 평점에 따라 과락 여부를 표시하고자 합니다. 어떻게 표시할 수 있을까요?

평점에 따른 과락 여부를 비고(P 열)에 표시하고자 한다. 과락 여부는 학생의 평점(O 열)에 따라 판단할 수 있는데 'F' 학점에 대해서 과락으로 표시한다. 예를 들어 그림 4-6-5의 평점(O3)에 따라 과락 여부를 판단하기 위해 참조 테이블(J20:P21)을 찾게 된다. 이때 평점(O3)는 참조 테이블(J20:P21)의 첫 번째 행을 수평 방향으로 찾아 이에 대응되는 데이터 값을 반환하게 되는데 참조 테이블을 수평으로 찾기 때문에 비고에는 HLOOKUP 함수를 사용한다.

함수식	=HLOOKUP(lookup_value, table_array, row_index_num, [range_lookup])
인수설명	• lookup_value : 참조목록인 table_array의 첫 번째 행에서 조회하고자 하는 값 • table_array : lookup_value로 선택된 값을 조회하는 참조목록 • row_index_num : 수평 참조목록(table_array)의 첫 번째 행에서 lookup_value의 근삿값 또는 정확한 값을 찾았을 경우 같은 열에서 구하고자 하는 값이 있는 행의 번호 • [range_lookup] : 근삿값을 찾는 경우 참(true : 기본값), 텍스트와 같이 정확히 일치하는 값을 찾을 경우 거짓(false)

HLOOKUP 함수에 대한 이해를 바탕으로 강태욱 학생의 과락 여부를 구하기 위해 커서를 P3 셀 두고 수식 =HLOOKUP(O3,$J$20:$P$21,2,0)을 입력한다. 이는 강태욱 학생의 평점인 'A'를 가지고 참조 테이블인 J20:P21 범위의 첫 번째 행에서 일치하는 값을 찾아 이에 대응되는 2번째 행의 값인 '*'를 반환하도록 하는 것이다. 이때 주의할 점은 조회하는 값이 텍스트이기 때문에 [Range_lookup] 인수는 'FALSE' 또는 숫자 '0'을 입력하여 정확하게 일치하는 값을 찾도록 해야 한다.
HLOOKUP에 대한 「함수 마법사」 대화상자를 그림 4-6-10과 같이 완성한다.

- ❍ 'lookup_value' 에는 조회 값 O3를 입력한다.(강태욱의 평점)
- ❍ 'table_array' 에는 O3 값이 참조하는 참조 테이블 $J$20:$P$21를 입력한다.(절대주소)
- ❍ 'col_index_num' 에는 반환하는 값이 있는 열 번호 2를 입력한다.
- ❍ 'range_lookup' 에서는 정확한 값을 찾기 위해 FALSE 또는 숫자 0을 입력한다.

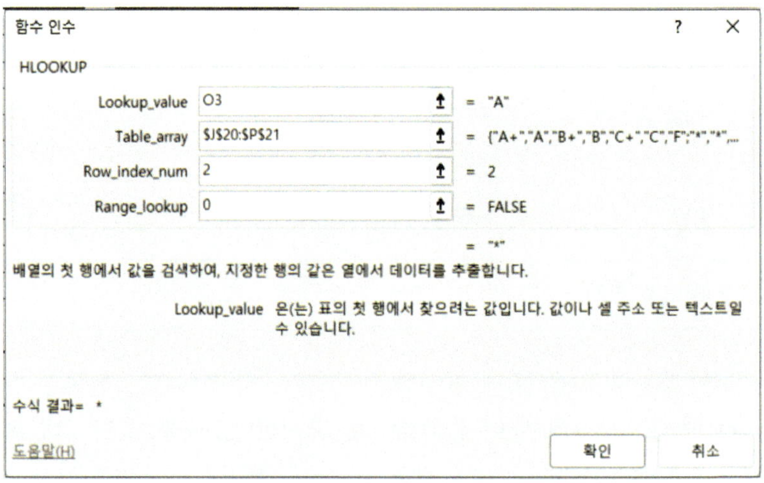

그림 4-6-8 VLOOKUP 함수 마법사

라. LOOKUP 함수

LOOKUP 함수는 한 열(행)이나 여러 열(행)에서 조건을 만족하는 값을 구하는 함수로 벡터형과 배열형의 두 가지가 있다. 먼저, 벡터형 LOOKUP은 한 열(행)의 참조 범위에서 값을 조회하고, 이에 대응되는 열(행)의 값을 반환한다. 즉, 값을 조회하는 영역과 반환될 값을 가진 셀 영역을 각각 따로 지정하는 방식이다.

함수식	[벡터형] =LOOKUP(lookup_value, lookup_vector, [result_vector])
인수설명	• lookup_value : lookup_vector의 첫째 행 또는 열 범위에서 검색하는 값 • lookup_vector : lookup_value를 조회하는 한 행 또는 한 열만 포함하는 범위 • [result_vector] : lookup_vector와 크기가 같은 한 행 또는 한 열에 대응되는 범위

> 합계 점수가 80점인 경우 예상되는 순위를 어떻게 알 수 있을까요?

실습파일 [LOOKUP] 시트에서 합계 점수가 80점일 때 예상되는 순위가 몇 등인지 또는 합계 점수가 70점일 때 예상되는 평점은 어떻게 되는지 등을 판단하고자 할 때 LOOKUP 함수를 사용할 수 있다. 이때 주의할 점은 데이터 범위에 존재하지 않는 값은 찾지 못한다. 예를 들어 학생들의 점수 중 최저점수가 48.4점인데 찾고자 하는 점수 [Lookup_value] 인수에 40점을 입력하면 '#N/A' 오류가 발생하게 된다. 또한, 참조되는 데이터 범위 [Lookup_vector] 인수는 반드시 오름차순으로 정렬되어 있어야 한다.

U4 =LOOKUP(80,M3:M17,N3:N17)

No	이름	과제2(10)	출석시수	출석(10)	합계(100)	순위	평점	비고
6	도명환	4	15	3.3	50.1	15	F	과락
11	이상일	8	45	10.0	57.8	14	F	과락
14	전유안	6	25	5.6	61.1	13	F	과락
13	이은정	6	39	8.7	68.2	12	F	과락
3	김성현	8	30	6.7	74.9	11	C	*
8	박종만	10	42	9.3	78.1	10	C+	*
15	탁무용	10	39	8.7	80.7	9	B	*
12	이승현	10	39	8.7	82.9	8	B	*
2	김미나	10	42	9.3	86.8	7	B+	*
4	김영길	10	45	10.0	87.8	6	B+	*
1	강태욱	10	42	9.3	90.6	5	A	*
9	염철목	10	45	10.0	91.3	4	A	*
10	이경희	8	42	9.3	93.8	3	A	*
7	박소연	10	45	10.0	97.2	2	A+	*
5	김종탁	10	45	10.0	98.3	1	A+	*

LOOKUP함수 (벡터형)
합계 점수가 80점인 경우 예상되는 순위는 얼마인가요?
10 =LOOKUP(80,M3:M17,N3:N17)

LOOKUP함수 (배열형)
합계 점수가 75점인 경우 예상되는 평점은 어떻게 되나요?
C =LOOKUP(75,M3:O17)

그림 4-6-9 벡터형 LOOKUP, 배열형 LOOKUP 함수

그림 4-6-9를 보면 합계 점수에 해당하는 M 열이 오름차순 되어 있는 것을 볼 수 있다. LOOKUP 함수에 대한 이해를 바탕으로 합계 점수에 따른 예상 순위를 찾기 위해 커서를 U4 셀에 커서를 두고 수식 =LOOKUP(80,M3:M17,N3:N17)을 직접 입력하거나 벡터형 LOOKUP에 대한 「함수 마법사」 대화상자를 그림 4-6-11과 같이 완성한다.

- ○ 'lookup_value' 에는 조회 값 80를 입력한다.
- ○ 'lookup_vactor' 에는 80점이 참조하는 참조 범위 M3:M17을 입력한다.
- ○ 'result_vector' 에는 조회 결과에 대응하는 순위에 대한 참조 범위 N3:N17을 입력한다.

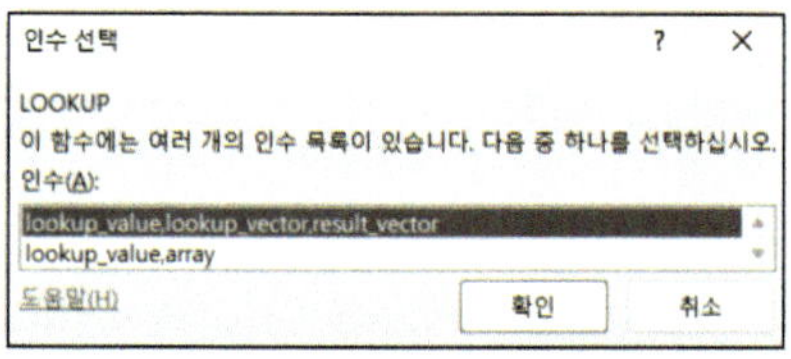

그림 4-6-10 벡터형/배열형 선택

그림 4-6-11 벡터형 LOOKUP 함수 마법사

반환된 결과를 보면 합계 점수가 80점일 경우 예상되는 순위는 10등임을 알 수 있다.

> 합계 점수가 75점인 경우 예상되는 평점을 어떻게 알 수 있을까요?

배열형 LOOKUP은 벡터형 LOOKUP과 참조 범위를 다르게 설정한다. 즉 벡터형 LOOKUP은 참조 범위가 되는 조회 열(행)과 이에 대응하는 결과 열(행)을 각각 따로 설정하는 데 반해, 배열형 LOOKUP은 참조 범위가 되는 조회하는 열(행)과 대응하는 결과 열(행)을 하나의 범위로 설정한다. 다시 말해 배열형 LOOKUP은 참조 범위(array)의 첫 번째 열에서 원하는 값을 찾아 이에 대응하는 마지막 열의 값을 반환하게 된다.

함수식	[배열형] =LOOKUP(lookup_value, array)
인수설명	• lookup_value : LOOKUP으로 지정된 인수가 첫 번째 배열에서 검색하는 값 • array : lookup_value와 비교할 텍스트, 숫자 또는 논리값을 포함하는 셀의 참조범위

그림 4-6-9에서처럼 합계 점수에 따른 예상되는 평점을 찾기 위해 배열형 LOOKUP 함수를 사용해 보자. 먼저 커서를 U8 셀에 커서를 두고 수식 =LOOKUP(75,M3:O17)을 직접 입력하거나 배열형 LOOKUP에 대한 「함수 마법사」 대화상자를 그림 4-6-13과 같이 완성한다.

- ○ 'lookup_value' 에는 조회 값 75를 입력한다.
- ○ 'array' 에는 75점이 참조하는 참조 범위 M3:O17을 입력한다.

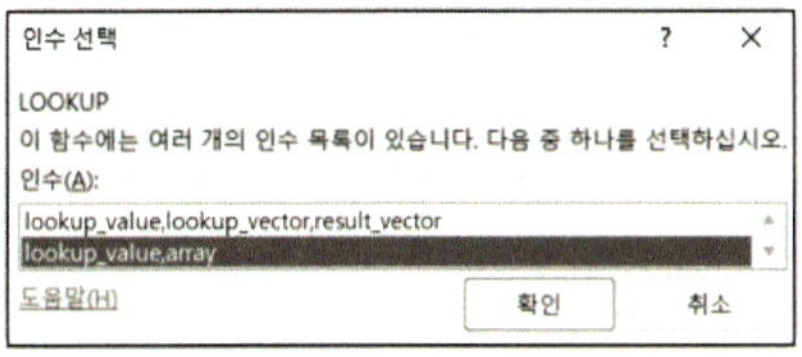

그림 4-6-12 벡터형/배열형 선택

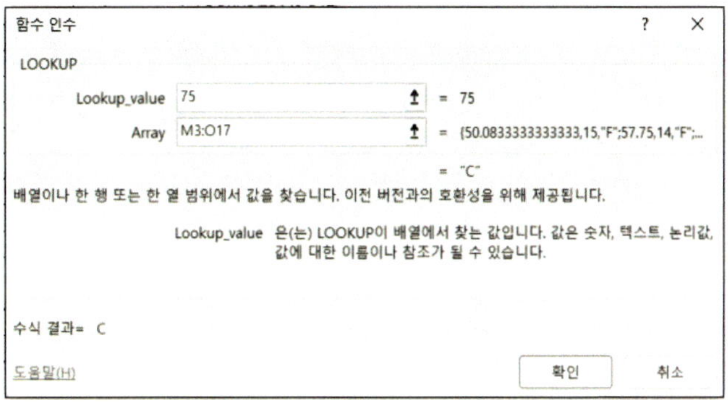

그림 4-6-13 배열형 LOOKUP 함수 마법사

마. CHOOSE 함수

CHOOSE 함수는 특정 값을 사용하여 목록에서 하나의 값을 반환한다. 예를 들어 수식 =CHOOSE(3,"우리","나라","대한","민국",2023)를 살펴보면 [index_num]에 입력한 3에 따라 세 번째 값에 해당하는 대한을 반환하게 된다.

함수식	=CHOOSE(index_num, value1, [value2], ...)
인수설명	• index_num : value1, value2, ... 중 선택할 값을 지정하는 인수로 Index_num이 1이면 value1을, 2이면 value2를 반환한다. • value1, value2... : 수식, 문자열, 참조 등을 의미하며 254개까지 입력할 수 있다 ※ index_num이 1보다 작거나 목록의 마지막 값의 수보다 크면 #VALUE! 오류가 발생한다 (index_num이 분수이면 소수점 이하를 잘라 정수로 변환한다)

분기에 따른 매출액을 자동으로 계산해 주는 방법은 없나요?

실습파일 [CHOOSE] 시트에는 분기에 따른 제품별 판매수량이 기록되어 있다. 그림 4-6-14와 같이 분기별 매출액을 빠르게 확인하기 위해 C2 셀에 입력한 값(분기)에 따라 해당 분기에 대한 판매수량의 합계를 표시하도록 CHOOSE 함수를 사용해 보자.

이를 위해 커서를 C3 셀에 두고 수식 =SUM(CHOOSE(C2,C6:C9,D6:D9,E6:E9,F6:F9))을 입력한다. 이를 통해 C2 셀에 3을 입력하면 CHOOSE 함수는 세 번째에 해당하는 E6:E9 범위를 선택하게 된다. 그런 다음 SUM 함수가 E6:E9 범위의 값을 더하여 187을 반환하게 된다.

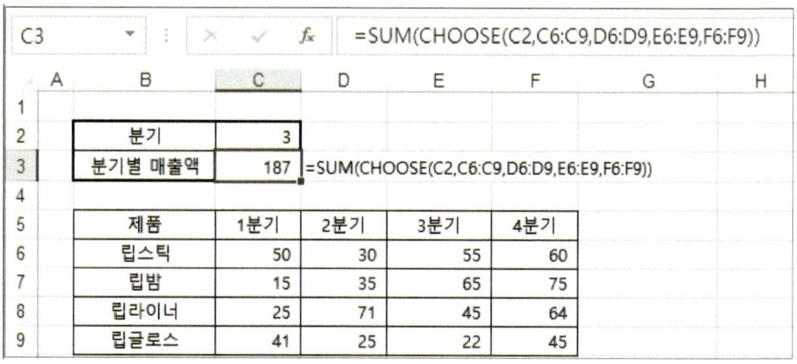

C3 =SUM(CHOOSE(C2,C6:C9,D6:D9,E6:E9,F6:F9))

	A	B	C	D	E	F	G	H
1								
2		분기	3					
3		분기별 매출액	187	=SUM(CHOOSE(C2,C6:C9,D6:D9,E6:E9,F6:F9))				
4								
5		제품	1분기	2분기	3분기	4분기		
6		립스틱	50	30	55	60		
7		립밤	15	35	65	75		
8		립라이너	25	71	45	64		
9		립글로스	41	25	22	45		

그림 4-6-14 CHOOSE 함수

바. SWITCH 함수

SWITCH 함수는 하나의 값을 값 목록과 비교하여 일치하는 첫 번째 항목에 해당하는 결과를 반환한다. 일치하는 항목이 없으면 선택적 기본값이 반환된다. SWITCH 함수는 최대 126개의 값 및 결과를 사용할 수 있다.

함수식	=SWITCH(expression, value1, result1, [default or value2, result2],···
인수설명	• expression : value1...value126에 대해 비교되는 값 • value1...126 : value N은 식에 대해 비교되는 값이다. • result1...126 : result N은 해당 value N 인수가 식과 일치할 때 반환되는 값이다. • default : 기본값은 value N 식에 일치하는 항목이 없는 경우에 반환되는 값이다. ※ index_num이 1보다 작거나 목록의 마지막 값의 수보다 크면 #VALUE! 오류가 발생한다 (index_num이 분수이면 소수점 이하를 잘라 정수로 변환한다).

특정 날짜를 입력하면 해당 날짜가 무슨 요인지를 어떻게 알 수 있을까요?

실습파일 [SWITCH] 시트에 특정 날짜를 입력하면 해당 날짜에 대한 요일을 알려주는 요일 계산기가 구축되어 있다. 본인의 생년월일을 입력해 자신이 무슨 요일에 태어났는지 알 수 있다.

그림 4-6-15와 같이 커서를 C4 셀에 두고 수식 =SWITCH(WEEKDAY(C3),1,"일요일",2,"월요일",3,"화요일",4,"수요일",5,"목요일",6,"금요일",7,"토요일","오류")을 입력한다. SWITHCH 함수에 포함된 WEEKDAY(B2)

은 날짜에 대한 요일을 숫자로 반환하는 함수로 1950년 6월 25일에 대한 결과값으로 1을 반환한다. 그런 다음 SWITCH 함수는 1에 해당하는 항목을 찾아 결과 인수 일요일을 반환하게 되는 것이다. 만약 일치하는 항목이 없는 경우에는 #N/A! 오류가 반환되게 되는데, SWITCH 함수에서는 일치하는 항목이 없는 것을 고려하여 [default] 인수를 사용하도록 하고 있다. 이에 따라 해당 함수에서는 원하는 값이 없을 경우 '오류'를 표시하도록 하였다.

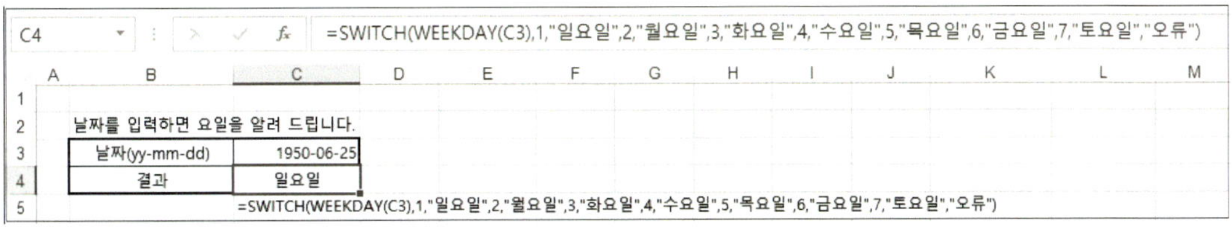

그림 4-6-15 SWITCH 함수

7 데이터베이스 함수

데이터베이스 함수는 DSUM, DAVERAGE, DCOUNT, DMAX, DGET과 같이 함수 앞에 데이터베이스 함수임을 나타내는 'D' 약자가 함께 표시된다. 데이터베이스 함수는 특정 셀과 참조범위를 조회하고 값을 반환하는 함수로 데이터베이스 함수의 기능을 제대로 활용하기 위해서는 데이터베이스 함수식에서 사용하는 인수들을 정확히 알고 있어야 한다. 모든 데이터베이스 함수식은 대부분 동일한 방식으로 작성된다.

데이터베이스 함수는 데이터 목록이나 참조 범위를 테이블의 개념으로 사용한다. 즉, 데이터 목록에서 개별 열을 '필드'로, 개별 행을 '레코드'로 보고 전체 데이터 목록을 필드의 집합으로 본다. 이때 주의할 점은 데이터 목록에서 데이터는 항상 필드(열) 기준으로 입력되어야 한다.

피벗 테이블은 유용한 도구인 데 반해 필요한 것보다 훨씬 더 많은 정보를 제공한다. 데이터베이스 통계 기능을 사용하면 피벗 테이블을 만들지 않고도 질문에 해답을 쉽게 찾을 수 있다. SUM, AVERAGE, COUNT, MAX, MIN과 같은 함수에 간단하게 사용할 수 있을 만큼 매우 익숙하나. 이러한 함수와 나른 함수에 D(데이터베이스를 나타냄)를 접두사로 붙여 데이터베이스 통계함수를 만든다. SUM 함수가 셀 범위의 모든 셀을 더하는데 반면 DSUM 함수를 사용하면 조건을 사용하여 셀 범위에서 일부 데이터만을 지정할 수 있다.

실습파일 : 데이터베이스함수..xlsx

실습파일의 [DATABASE] 시트에는 화장품을 제조하는 중소기업에 소속된 직원들이 2023년 한

달 동안 서울과 부산에서 판매한 화장품 판매내역이 기록되어 있다. 화장품 판매내역에는 번호, 성명, 날짜, 제품, 개수, 판매액, 지역에 대한 정보가 담겨있다.

	A	B	C	D	E	F	G	H
1								(단위:천원)
2		번호	성명	날짜	제품	판매개수	판매액	지역
3		1	강호동	2023-10-01	립글로스	450	₩ 3,150	부산
4		2	김종민	2023-10-01	파운데이션	505	₩ 15,150	서울
5		3	이승기	2023-10-01	립스틱	94	₩ 940	서울
6		4	김종민	2023-10-02	립글로스	556	₩ 3,892	부산
7		5	이수근	2023-10-05	립글로스	430	₩ 3,010	서울
8		6	은지원	2023-10-06	아이라이너	583	₩ 2,915	서울
9		7	지상렬	2023-10-07	아이라이너	84	₩ 420	서울
10		8	은지원	2023-10-09	립글로스	725	₩ 5,075	서울
11		9	이승기	2023-10-10	아이라이너	750	₩ 3,750	부산
12		10	강호동	2023-10-12	립글로스	242	₩ 1,694	서울

그림 4-7-1 화장품 판매내역

여러 데이터베이스 함수 중 DSUM 함수는 데이터베이스에서 특정 조건을 만족하는 데이터만 추출하여 합계를 구하고자 할 때 사용하는 함수이다. 예를 들어 그림 4-7-1과 같은 데이터베이스에서 서울에서 판매된 립스틱에 대한 판매금액의 합계를 구할 때 DSUM 함수가 사용할 수 있다. 이 때 DSUM 함수는 지역 필드(H열)에서 '서울'을 찾아 플래그를 지정한 다음, 플래그로 지정한 행과 같은 행에 위치한 판매금액의 값만을 더하게 되는 것이다.

함수식	=DSUM(database, field, criteria)
인수설명	• database : 워크시트에서 원본 데이터 목록의 셀 범위를 의미한다. • field : 데이터베이스 함수에서 사용할 열의 항목을 의미한다. • criteria : 찾을 조건이 들어 있는 셀 범위를 의미한다.

가. DSUM 함수

> 이승기가 판매한 립스틱의 판매금액은 얼마인지 어떻게 계산하나요?

먼저 데이터베이스 함수를 사용하기에 앞서 판매내역에 대한 데이터베이스 B2:H32 범위를 'data' 라는 이름으로 정의한다. 그런 다음 워크시트에 별도의 검색조건을 입력한다.

검색조건을 입력할 때 (1) 검색조건을 입력하는 범위의 첫 번째 행에는 반드시 열 머리글(제목)이 입력되어야 한다. (2) 여러 개의 조건을 입력할 경우 AND 조건은 같은 행에 조건을 작성하고 OR 조건은 다른 행에 조건을 작성한다.

이러한 데이터베이스 함수에 대한 이해를 토대로 그림 4-7-2와 같이 검색조건을 K2:L3 범위에 먼저 입력한다. 다음으로 커서를 J3 셀에 두고 수식 =DSUM(data,6,K2:L3)을 입력한다.

이를 통해 DSUM 함수는 조건에 해당하는 행에 플래그를 지정하고, 플래그로 지정한 행과 같은 위치에 있는 판매액의 값을 더하게 된다. 반환 결과를 보면 이승기가 판매한 립스틱의 판매액은 940,000원임을 알 수 있다.

아울러 DSUM 함수를 작성할 때 합계(SUM) 필드로 지정한 열 번호 6 대신에 필드명 판매액을 직접 입력 =DSUM(data,"금액",J1IK2)하거나 판매액에 해당하는 셀 주소 G2를 입력=DSUM(data,G2,K2:L3) 하여도 된다.

그림 4-7-2 DSUM 함수 - AND 조건

이처럼 2개 이상의 AND 조건을 만족하는 데이터 합계를 구하고자 할 때 DSUM 함수를 사용하지만 SUMIFS 함수를 다음과 같이 =SUMIFS(G3:G32,C3:C32,"이승기",E3:E32,"립스틱") 사용할 수도 있다. 하지만 SUMIFS 함수는 2개 이상의 조건에 대해 AND 조건으로만 검색할 수 있다는 한계를 가진다. 따라서 2개 이상의 OR 조건으로 검색하고자 할 경우 DSUM 함수가 SUMIFS 함수보다 더 유용하게 사용된다.

DSUM 함수를 수식 입력줄에 직접 입력하는 방법 외에도 함수 마법사를 사용하면 입력 오류를 줄일 수 있다. 먼저 Shift+F3 키를 눌러「함수 마법사」 대화상자에서 DSUM 함수를 선택한다. 그리고 그림 4-7-3과 같이 대화상자의

- 'Database' 에는 필드명을 포함한 데이터베이스 B2:H32를 입력하거나 미리 설정한 이름으로 data를 입력한다.
- 'Field' 에는 데이터베이스의 열 번호에 해당하는 6을 입력하거나, 필드명의 셀 주소 G2를 입력하거나, 필드명 "판매액" 직접 입력한다.
- 'Criteria' 에는 검색조건이 입력된 K2:L3 범위를 입력한다.

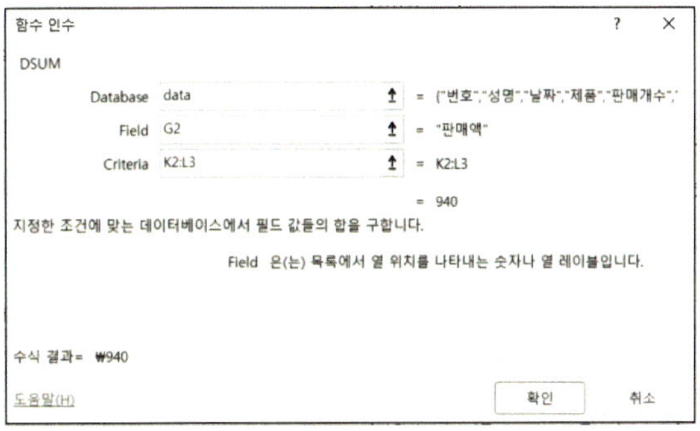

그림 4-7-3 DSUM 함수 마법사

차태현 또는 김종민이 판매한 제품의 판매금액은 얼마인지 어떻게 계산하나요?

먼저 그림 4-7-4와 같이 K6:K7 범위에 검색조건을 입력한다. K6:K7 범위에 입력한 검색조건은 OR 조건으로 검색하도록 조건을 서로 다른 행에 입력하였다. 그리고 커서를 J6 셀에 두고 수식 =DSUM(data,6,K5:K7)을 입력하면 차태현 또는 김종민이 판매한 제품의 판매액을 더하여 계산하게 된다.

DSUM 함수는 검색조건에 따라 데이터베이스에서 성명이 **차태현** 이거나 **김종민**인 모든 행에 플래그를 지정한다. 그런 다음 플래그로 지정한 행과 같은 위치에 있는 판매액의 값들을 더하게 된다.

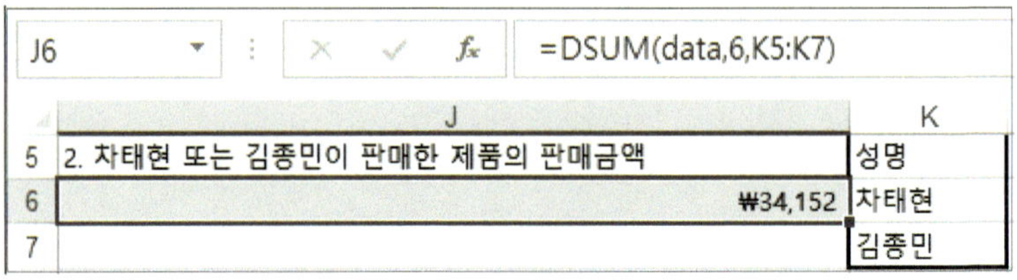

그림 4-7-4 DSUM 함수 - OR 조건

> 은지원 또는 이수근이 서울 지역에서 판매한 립글로스의 판매금액은 얼마인지 어떻게 계산하나요?

먼저 그림 4-7-5와 같이 K9:M11 범위에 검색조건을 입력한다. 그리고 커서를 J10 셀에 두고 수식 =DSUM(data,6,K9:M11)을 입력한다. DSUM 함수는 검색조건에 따라 데이터베이스에서 은지원 또는 이수근이 서울 지역에서 판매한 립글로스의 판매액을 더하게 된다. 반환된 결과를 보면 총 8,085,000원을 판매한 것으로 나타났다.

그림 4-7-5 DSUM 함수 - AND, OR 조건

만약 해당 문제를 SUMIFS 함수로 계산한다면 다음과 같이 입력함으로써 DSUM 함수와 동일한 결과를 얻을 수 있다.

```
=SUMIFS(G3:G32,C3:C32,"은지원",H3:H32,"서울",E3:E32,"립글로스")
+SUMIFS(G3:G32,C3:C32,"이수근",H3:H32,"서울",E3:E32,"립글로스")
```

> 2023년 10월 10일~20일 사이에 노홍철이 판매한 립글로스의 판매금액은 얼마인지 어떻게 계산하나요?

먼저 그림 4-7-6과 같이 K13:N14 범위에 검색조건을 입력한다. 해당 문제는 2023년 10월 10과 20일 사이에 발생한 판매내역을 찾는 것이다. 이처럼 10일~20일과 같이 특정 기간에 대한 조건식은 AND 조건으로 처리하여 같은 행에 조건을 입력한다. 즉 M14:N14 범위에 입력한 검색조건과 같이 같은 행에 >=2023-10-10, <=2023-10-20으로 입력한다.

J14 | =DSUM(data,6,K13:N14)

	J	K	L	M	N
13	4. 10~20일 사이에 이승기가 판매한 립글로스의 판매금액	성명	제품	날짜	날짜
14	₩1,610	이승기	립글로스	>=2023-10-10	<=2023-10-20

그림 4-7-6 DSUM 함수 – AND 조건, 날짜 조건

다음으로 커서를 J4 셀에 두고 수식 =DSUM(data,6,K13:N14)을 입력한다. 반환 결과를 보면 2023년 10월 10일~20일 사이에 이승기가 판매한 립글로스의 총 판매액은 1,610,000원임을 알 수 있다. 만약 해당 문제를 SUMIFS 함수로 계산한다면 다음과 같이 바꿀 수 있다.

```
=SUMIFS(G3:G32,C3:C32,"이승기",E3:E32,"립글로스",D3:D32,">=2023-10-10",D3:D32,"<=2023-10-20")
```

나. DAVERAGE 함수

> 노홍철이 서울에서 판매한 립스틱의 평균 개수는 얼마인지 어떻게 계산하나요?

먼저 그림 4-7-7과 같이 K16:M17 범위에 검색조건을 입력한다. 해당 문제는 평균 개수를 구하는 문제이므로 DAVERAGE 함수를 사용한다. 검색조건을 입력하였다면 커서를 J17 셀에 두고 수식 =DAVERAGE(data,5,K16:M17)을 입력한다. 반환된 결과를 보면 노홍철이 서울에서 판매한 립스틱의 평균 판매개수는 680임을 알 수 있다.

J17 | =DAVERAGE(data,5,K16:M17)

	J	K	L	M
16	5. 노홍철이 서울에서 판매한 립스틱의 평균 개수	성명	제품	지역
17	680	노홍철	립스틱	서울

그림 4-7-7 DAVERAGE 함수 – AND 조건

만약 해당 문제를 AVERAGEIFS 함수로 계산한다면 다음과 같이 바꿀 수 있다.

```
=AVERAGEIFS(F3:F32,C3:C32,"노홍철",H3:H32,"서울",E3:E32,"립스틱")
```

다. DCOUNT 함수

> 서울이 아닌 지역에서 판매한 립스틱의 판매 건수를 알려면 어떻게 계산하나요?

먼저 그림 4-7-8과 같이 K19:L20 범위에 검색조건을 입력한다. 해당 문제는 건수를 구하는 문제이므로 DCOUNT 함수를 사용한다. 검색조건을 입력하였다면 커서를 J20 셀에 두고 수식 =DCOUNT(data,5,K19:L20)을 입력한다. 반환된 결과를 보면 서울이 아닌 다른 지역에서 판매한 립스틱의 판매 건수는 4건이 있음을 알 수 있다.

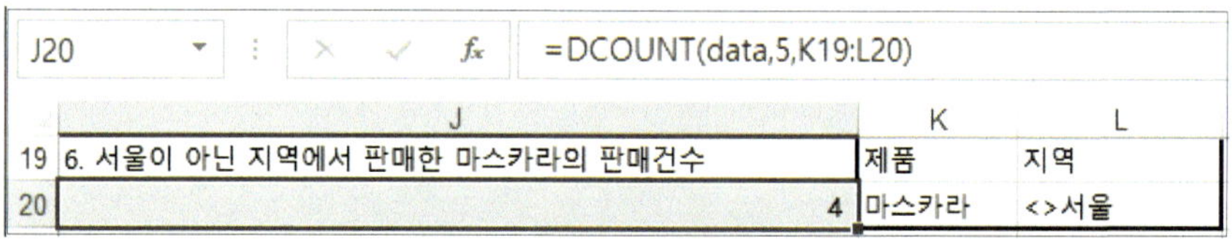

그림 4-7-8 DCOUNT 함수 – NOT 조건

DCOUNT 함수는 COUNT 함수와 동일하게 숫자를 카운트하는 함수이기 때문에 [field] 값에는 숫자가 포함된 열을 지정해 주어야 한다. 따라서 수식 =DCOUNT(data,5,K19:L20)에서 [field] 값으로 5를 지정한 이유는 데이터베이스의 5번째 열(E 열)이 숫자이기 때문이다.
만약 해당 문제를 COUNTIFS 함수로 계산한다면 다음과 같이 바꿀 수 있다.

```
=COUNTIFS(E3:E32,"마스카라",H3:H32,"<>서울")
```

라. DMAX/DMIN 함수

> 이승기가 서울에서 판매한 실적 중 가장 많이 판매한 개수를 알려면 어떻게 계산하나요?

먼저 그림 4-7-9와 같이 K22:L23 범위에 검색조건을 입력한다. 해당 문제는 최고값 또는 최소값을 구하는 문제이므로 DMAX 및 DMIN 함수를 사용한다. 검색조건을 입력하였다면 커서를

J23 셀에 두고 수식 =DMAX(data,F2,K22:L23)을 입력한다. 반환된 결과를 보면 이승기가 서울에서 판매한 실적 중 가장 많이 판매한 개수는 434개라는 것을 알 수 있다.

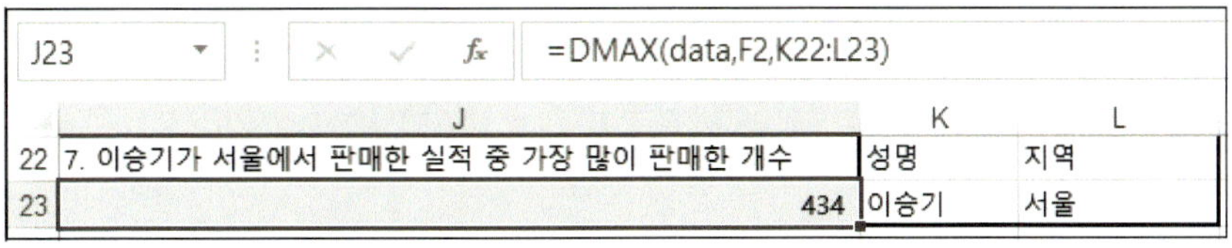

그림 4-7-9 DMAX 함수 – AND 조건

만약 해당 문제를 MAXIFS 함수로 계산한다면 다음과 같이 바꿀 수 있다.

```
=MAXIFS(F3:F32,C3:C32,"이승기",H3:H32,"서울")
```

단가가 2만원 이상인 제품이 몇 개나 팔렸는지를 알려면 어떻게 계산하나요?

먼저 그림 4-7-10과 같이 K25:K26 범위에 검색조건을 입력한다. 하지만 검색조건을 입력하는 과정에서 데이터베이스에 단가 필드가 존재하지 않는다는 것을 알 수 있다. 이에 따라 K25:K26 범위에 입력하는 검색조건은 기존 방식과 다른 수식으로 작성하여야 한다. 즉 단가를 구하는 수식인 =G3/F3을 수식에 포함하여 검색조건을 =G3/F3>=20와 같은 수식으로 작성해야 한다.

이처럼 검색조건을 수식으로 작성하는 방법은 2장 – 5. 조건부 서식에서 배웠던 「새 서식 규칙」 대화상자의 ▶수식을 사용하여 서식을 지정할 셀 결정에서 수식을 설정했던 방법과 의미를 같이한다. 즉 작성된 수식에 따라 DGET 함수는 수식을 만족하는 행에 플래그(TRUE)를 지정한 다음, 플래그가 지정된 행만을 계산에 참여시키는 방식이다.

아울러 검색조건을 수식으로 작성할 때는 필드명 작성에 주의하여야 한다. 그림 4-7-10과 같이 검색조건의 필드명(K25 셀)은 데이터베이스의 필드명(제목)과 같아서는 안 된다. 즉 데이터베이스의 필드명에 해당하는 '번호', '성명', '날짜', '제품', '판매개수', '판매액', '지역'와 같은 제목으로 필드명으로 입력해서는 안된다.

검색조건을 입력하였다면 커서를 J26 셀에 두고 수식 =DSUM(data,5,K25:K26)을 입력한다. 반환 결과를 보면 2만원 이상인 제품이 1,450개 팔린 것을 알 수 있다.

그림 4-7-10 DSUM 함수 – 계산된 조건

마. DGET 함수

DGET 함수는 데이터베이스에서 지정한 조건에 맞는 하나의 값을 가져오는 함수이다. DGET 함수를 작성할 때 몇 가지 주의할 점이 있다. 만약 검색조건을 만족하는 행이 없다면 DGET 함수는 #VALUE 오류 메시지를 반환하며, 검색조건을 만족하는 행이 여러 개가 있다면 DGET 함수는 #NUM! 오류 메시지를 반환한다.

함수식	= DGET(database, field, criteria)
인수설명	• database : 데이터베이스를 구성하는 셀 범위를 말한다. • field : 데이터베이스 함수에서 사용할 열을 지정한다. field 인수는 "판매금액"과 같이 열 레이블을 큰따옴표("")로 묶어 텍스트로 지정하거나 열 레이블에 해당하는 셀 주소 B7를 입력 또는 클릭하거나 셀 범위의 첫째 열을 나타내는 숫자 1로 지정할 수 있다. • criteria : 지정한 조건이 있는 셀 범위를 말한다. 조건 범위의 첫 번째 행에는 하나 이상의 열 레이블이 포함되어야 한다.

대리점, 판매날짜, 판매금액이 기록된 데이터에서 대리점과 판매날짜를 입력하면 해당 대리점의 판매금액을 손쉽게 찾고 싶다. 어떻게 원하는 데이터를 손쉽게 찾을 수 있을까요?

실습파일의 [DGET]시트에는 대리점, 판매날짜, 판매금액이 기록되어 있다. 그림 4-7-11과 같이 대리점과 판매날짜를 입력하면 해당 판매금액을 손쉽게 찾아 주는 모델을 만들고자 한다.
이를 위해 먼저 G2:H3 범위에 검색조건을 입력한다. 그리고 커서를 F3 셀에 두고 수식 =DGET(B2:D22,3,G2:H3)을 입력한다. 반환된 결과를 보면 대전 대리점의 2023-10-04 매출액은 169,000원임을 알 수 있다.

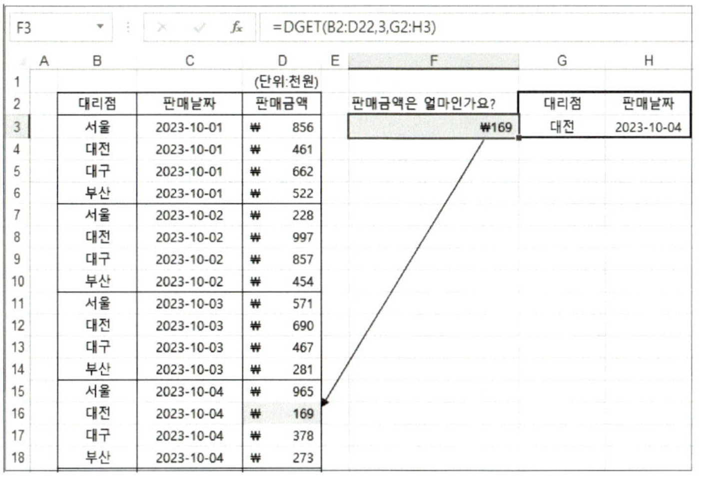

F3 =DGET(B2:D22,3,G2:H3)

	A	B	C	D	E	F	G	H
1				(단위:천원)				
2		대리점	판매날짜	판매금액		판매금액은 얼마인가요?	대리점	판매날짜
3		서울	2023-10-01	₩ 856		₩169	대전	2023-10-04
4		대전	2023-10-01	₩ 461				
5		대구	2023-10-01	₩ 662				
6		부산	2023-10-01	₩ 522				
7		서울	2023-10-02	₩ 228				
8		대전	2023-10-02	₩ 997				
9		대구	2023-10-02	₩ 857				
10		부산	2023-10-02	₩ 454				
11		서울	2023-10-03	₩ 571				
12		대전	2023-10-03	₩ 690				
13		대구	2023-10-03	₩ 467				
14		부산	2023-10-03	₩ 281				
15		서울	2023-10-04	₩ 965				
16		대전	2023-10-04	₩ 169				
17		대구	2023-10-04	₩ 378				
18		부산	2023-10-04	₩ 273				

그림 4-7-11 DGET 함수 - AND 조건

8 텍스트 함수

텍스트 함수는 문자의 위치, 자릿수를 계산하거나 숫자를 문자열로, 문자열을 숫자로 변경할 경우 사용한다. CONCATENATE, SUBSTITUTE, REPLACE, LEFT, RIGHT, MID, LEN 등의 함수를 사용하여 문자를 다양하게 다룰 수 있다.

실습파일 : 텍스트함수..xlsx

거래처로부터 받은 엑셀 데이터 또는 웹에서 내려받은 엑셀 데이터가 원하는 형식이 아닌 경우가 많다. 이런 경우 본인의 업무에 맞도록 필요한 형식으로 데이터를 변경, 결합, 치환 등의 작업을 해주어야 한다. 최근에는 빅데이터 분석과 관련하여 데이터를 정제하는 과정에서 텍스트 함수에 대한 이해는 매우 중요한 개념으로 받아들여지고 있다. **실습파일의 [텍스트함수]시트**에는 그림 4-8-1과 같이 텍스트 함수를 실습하기 위한 예제가 포함되어 있다.

	A	B	C	D	E	F
1						
2		데이터	문제	결과	함수식	
3		우리강산 푸르게	왼쪽 4글자	우리강산	=LEFT(B3,4)	
4			오른쪽 3글자	푸르게	=RIGHT(B3,3)	
5			3번째부터 2문자	강산	=MID(B3,3,2)	
6			연속된 공백 제거	우리강산 푸르게	=TRIM(B3)	
7			문자 개수	10	=LEN(B3)	
8			공백 제거된 문자 개수	8	=LEN(D6)	
9		Keep Green WORLD	첫번째 R 찾기(대소문자 구분)	14	=FIND("R",B9,1)	
10			첫번째 R 찾기(대소문자 구분 안함)	7	=SEARCH("R",B9,1)	=B12&" "&B13
11			첫번째 공백 찾기	5	=FIND(" ",B9,1)	
12		아름다운	여러 문자 결합	아름다운 금수강산	=CONCATENATE(B12," ",B13)	아름다운 금수강산
13		금수강산	강산을 나라로 치환	우리나라 푸르게	=REPLACE(B3,3,2,"나라")	우리강산 아름답게
14		Go!	문자 반복	Go!Go!Go!	=REPT(B14,3)	
15		$2,020	숫자만 표시	2020	=VALUE(B15)	=REPLACE(B3,8,3,"아름답게
16		keep it GOING	소문자로 변경	keep it going	=LOWER(B16)	
17			대문자로 변경	KEEP IT GOING	=UPPER(B16)	
18			첫번째 글자만 대문자로 변경	Keep It Going	=PROPER(D17)	
19			공백은 -(하이픈)으로 대체	keep-it-GOING	=SUBSTITUTE(B16," ","-")	
20			두번째 공백만 -(하이픈)으로 대체	keep it-GOING	=SUBSTITUTE(B16," ","-",2)	
21			구분 기호로 여러 문자 결합	아름다운-금수강산	=TEXTJOIN("-",TRUE,B12:B13)	

그림 4-8-1 텍스트 함수를 위한 예제

가. LEFT 함수

B3 셀의 문자열 **우리강산∨∨∨푸르게**에서 왼쪽부터 네 글자 **우리강산**이 필요하다면, 해당 문자를 추출하기 위해 LEFT 함수를 사용해야 한다. 커서를 D3 셀에 두고 수식 =LEFT(B3,4)를 입력하면 왼쪽부터 네 글자를 추출하여 **우리강산**이 반환된다.

함수식	=LEFT(text, [num_chars])
인수설명	• text : 추출할 문자(열)를 포함한 참조범위 또는 문자열 • num_chars : 텍스트 문자열의 왼쪽에서부터 k 개의 문자를 반환한다.

나. RIGHT 함수

B3 셀의 문자열 **우리강산∨∨∨푸르게**에서 오른쪽부터 세 글자 **푸르게**가 필요하다면, 해당 문자를 추출하기 위해 RIGHT 함수를 사용해야 한다. 커서를 D4 셀에 두고 수식 =RIGHT(B3,3)을 입력하면 오른쪽부터 세 글자를 추출하여 **푸르게**가 반환된다.

함수식	=RIGHT(text, [num_chars])
인수설명	• text : 추출할 문자(열)를 포함한 참조범위 또는 문자열 • num_chars : 텍스트 문자열의 오른쪽에서부터 k 개의 문자를 반환한다.

다. MID 함수

B3 셀의 문자열 우리강산∨∨∨푸르게에서 중간의 두 글자 강산이 필요하다면, 해당 문자를 추출하기 위해 MID 함수를 사용해야 한다. 커서를 D5 셀에 두고 수식 =MID(B3,3,2)를 입력하면 B3 셀의 문자열에서 세 번째 글자부터 시작하여 두 개의 글자를 추출하여 강산이 반환된다.

함수식	=MID(text, start_num, num_chars])
인수설명	• text : 추출할 문자(열)를 포함한 참조범위 또는 문자열 • start_num : 추출할 문자(열)의 시작위치 • num_chars : 텍스트 문자열의 k 문자에서 시작하여 다음 m 문자까지를 반환한다.

라. TRIM 함수

TRIM(text) 함수는 문자열에서 글자 사이의 한 개의 공백을 제외한 모든 공백을 제거해 준다. 커서를 D6 셀에서 두고 수식 =TRIM(B3)을 입력하면 B3 셀의 우리강산∨∨∨푸르게 사이에 입력된 3개의 공백 중 2개를 제거하여 우리강산∨푸르게이 반환된다. 아울러 TRIM 함수는 문자열의 시작과 끝에 있는 공백도 제거해 준다.

함수식	=TRIM(text)
인수설명	• text : 공백을 제거할 텍스트

마. LEN 함수

LEN(text) 함수는 문자열에 대한 글자 수(공백 포함)를 반환해 준다. 커서를 D7 셀에 두고 수식 =LEN(B3)을 입력하면 B3 셀의 우리강산∨∨∨푸르게의 글자 수(공백 포함)인 10이 반환된다. 아울러 커서를 D8 셀에서 =LEN(D6)을 입력하면 8이 반환되는데, 이는 D6 셀에는 이미 TRIM 함수를 통해 2개의 공백이 제거된 결과가 저장되어 있기 때문이다.

함수식	=LEN(text)
인수설명	• text : 길이를 확인하려는 문자열(공백도 문자로 계산한다)

바. FIND와 SEARCH 함수

FIND 함수는 문자열에서 찾으려는 단어의 위치를 숫자로 반환해 준다. FIND 함수는 대소문자를 구분하기 때문에 대문자와 소문자를 명확하게 입력해 주어야 하지만 SEARCH 함수는 대소문자를 구분하지 않는다. 아울러 FIND 함수는 와일드카드(*, ?, ~) 사용할 수 없지만, SEARCH 함수를 와

일드카드를 사용할 수 있다.

커서를 D9 셀에 두고 수식 =FIND("R",B9,1)을 입력하면, B9 셀의 Keep⌄Green⌄WORLD에서 첫 번째 대문자 R의 위치를 찾아 14를 반환해 준다. FIND는 대소문자를 구분하므로 Green의 소문자 r은 무시하게 된다. 아울러 커서를 D10 셀에 두고 수식 =SEARCH("R",A7,1)을 입력하면 SEARCH 함수는 R에 대한 대문자와 소문자를 구분하지 않기 때문에 Green의 소문자 r의 위치를 찾아 7을 반환해 준다.

다음으로 커서를 D11 셀에 두고 수식 =FIND(" ",B9,1)를 입력하면 Keep⌄Green⌄WORLD 문자열에서 첫 번째 공백의 위치를 찾아 5를 반환해 준다.

함수식	=FIND(find_text, within_text, [start_num])
인수설명	• find_text : 찾으려는 문자(열)(대소문자 구별함) • within_text : 찾으려는 문자(열)가 입력된 셀 • start_num : within_text에서 검색을 시작하고자 하는 위치(생략시 1로 간주)5를 입력하면 5번째 문자부터 검색을 시작

사. CONCATENATE와 & 함수

CONCATENATE(text1,text2, ...,text30) 함수는 최대 30개의 문자열을 하나의 문자열로 결합해 준다. 커서를 D12 셀에 두고 수식 =CONCATENATE(A11,"⌄⌄⌄",A12)를 입력하면 '우리강간'과 '⌄⌄⌄'과 '금수강산'을 결합하여 우리강산⌄⌄⌄금수강산을 반환해 준다.

아울러 연산자 & 기호는 CONCATENATE 함수를 대신해 사용할 수 있다. 예를 들어 커서를 F12 셀에 두고 수식 =A11&"⌄⌄⌄"&B12을 입력하면 우리강산⌄⌄⌄금수강산을 반환해 준다.

함수식	=CONCATENATE(text1, text2, ...)
인수설명	• text1, Text2, ... : 하나의 문자(열)로 합치려는 문자와 수식, 셀로 255개까지 지정할 수 있다.

아. REPLACE 함수

REPLACE 함수는 문자열의 일부를 지정된 단어 수만큼 다른 문자로 바꿔준다. 커서를 D13 셀에 두고 수식 =REPLACE(B3,3,2,"나라")를 입력하면 B3 셀의 문자열에서 세 번째부터 두 개의 단어인 강산를 나라로 바꾸어 우리나라⌄⌄⌄푸르게를 반환해 준다.

아울러 B3 셀에 입력된 우리강산⌄⌄⌄푸르게 문자열을 우리강산⌄⌄⌄아름답게로 바꾸고자 한다면 커서를 F13 셀에 두고 수식 =REPLACE(B3,8,3,"아름답게")를 입력하면 된다.

함수식	=REPLACE(old_text, start_num, num_chars(num_byte), new_text)
인수설명	• old_text : 바꾸려는 문자(열) • start_num : Old_text에서 바꾸려는 문자(열)의 시작위치 • num_char : Start_num부터 바뀌게 될 문자(열)의 수 • num_byte : Start_num부터 바뀌게 될 바이트의 수 • new_text : 새로 바뀌게 될 문자(열)

자. REPT 함수

REPT 함수는 문자열을 지정된 횟수만큼 반복해 준다. 커서를 D14 셀에 두고 수식 =REPT(B14,3)를 입력하면 Go!Go!Go!를 반환해 준다.

함수식	=REPT(text, number_times)
인수설명	• text : 반복할 텍스트 • number_times : 텍스트를 반복할 횟수를 지정하는 양수

차. VALUE 함수

VALUE 함수는 숫자이지만 텍스트 형식으로 표시된 값을 숫자로 변환해 준다. 예를 들어 특정 기호와 함께 표시된 50%와 $100을 50과 100으로 오직 숫자로만 표시해 준다. 커서를 D15 셀에 두고 수식 =VALUE(B15)를 입력하면 $2,020을 숫자로 변환하여 2023을 반환해 준다.

함수식	=VALUE(text)
인수설명	• text : 변환할 텍스트가 있는 셀 참조 또는 따옴표로 묶은 텍스트

카. LOWER, UPPER, PROPER 함수

LOWER 함수는 문자열을 모두 소문자로 변경해 준다. 먼저 커서를 D16 셀에 두고 수식 =LOWER(B16)를 입력하면 B16 셀의 문자열을 모두 소문자로 변경하여 keep∨it∨going을 반환해 준다. 반대로 UPPER 함수는 문자열을 모두 대문자로 변경해 준다. 커서를 D17 셀에 두고 수식 =UPPER(B16)을 입력하면 B16 셀의 모든 문자열을 대문자로 변경하여 KEEP∨IT∨GOING을 반환해 준다.

다음으로 PROPER 함수는 단어의 첫 글자를 대문자로 변경해 준다. 커서를 D18 셀에 두고 수식 =PROPER(D17)을 입력하면 단어의 첫 글자를 대문자로 변경하여 Keep∨It∨Going을 반환해 준다.

함수식	=LOWER(text)	=UPPER(text)
인수설명	• text : 소문자로 변환할 텍스트	• text : 대문자로 변환할 텍스트

타. SUBSTITUTE 함수

SUBSTITUTE 함수는 문자열에서 원하는 단어를 찾아 다른 단어로 대체해 준다. 예를 들어 B16 셀의 문자열에서 공백을 –(하이폰)으로 대체하고자 할 경우, 커서를 D19 셀에 두고 수식 =SUBSTITUTE(B16," ","–")를 입력하면 keep–it–GOING을 반환해 준다. 다음으로 커서를 D20 셀에 두고 수식 =SUBSTITUTE(A15," ","–",2)를 입력하면 두 번째 공백만 –(하이폰)으로 대체하여 keep⌵it–Going을 반환해 준다.

함수식	=SUBSTITUTE(text, old_text, new_text, [instance_num])
인수설명	• text : 바꿀 문자(열)이 포함된 셀 또는 문자(열) • old_text : 바꿀 문자(열) • new_text : Old_text를 대체할 문자(열) • instance_num : Old_text가 여러 번 있을 때 몇 번째 Old_text를 바꿀지 지정하는 숫자

파. TEXTJOIN 함수

TEXTJOIN 함수는 여러 셀에 입력된 문자열을 중간에 구분 기호를 포함하여 하나의 문자열로 결합해 준다. 커서를 D21 셀에 두고 수식 =TEXTJOIN("–",TRUE,B12:B13)을 입력하면 B12:B13 범위에 입력된 두 개의 문자를 –(하이폰)과 결합하여 아름다운–금수강산을 반환해 준다. TEXTJOIN 함수는 엑셀 2019 또는 Office 365 이상 버전에서 사용할 수 있다.

함수식	=TEXTJOIN(delimiter, ignore_empty, text1, [text2], …)
인수설명	• delimiter : 각 문자열을 연결할 구분기호 • ignore_empty : 범위 내에 빈 셀이 있을 경우, 빈 셀을 무시할지 여부 TRUE는 빈셀을 무시하고 결합 • texxt : 결합한 문자열이 들어 있는 셀 범위

> 협력사로부터 제품 ID, 제품 가격, 제품 설명이 기록된 엑셀 데이터를 받았다. 엑셀 데이터를 확인해 보니 하나의 문자열로 저장되어 있다. 하나의 문자열로 저장된 데이터를 각각의 의미를 가진 필드로 분리할 수 있을까요?

실습파일 [텍스트추출] 시트에는 협력사로부터 받은 엑셀 데이터가 저장되어 있다. 그림 4–8–2와 같이 해당 데이터는 하나의 문자열로 구성되어 있어 데이터를 이해하기가 매우 어렵다. 해당 데이터를 업무에 사용할 수 있도록 '제품 ID', '제품 가격', '제품 설명'으로 나누고자 한다.

	C	D
1		
2		원본 데이터
3		32592100AFES CONTROLLERPENTIUM/100,(2)1GB H 304.00
4		32592100JCP9 DESKTOP UNIT 225.00
5		325927008990 DESKTOP WINDOWS NT 4.0 SERVER 232.00
6		325926008990 DESKTOP WINDOWS NT 4.0 WKST 232.00
7		325921008990 DESKTOP, DOS OS 232.00

그림 4-8-2 하나의 문자열로 구성된 데이터

D3:D7 범위의 원본 데이터를 살펴보면 처음 12글자는 제품 ID에 해당하며, 마지막 8글자는 제품 가격에 해당하는 것을 알 수 있다(D3:D7 범위의 원본 데이터 끝에는 두 개의 공백이 포함되어 있다). 그리고 중간의 나머지 글자는 제품 설명에 해당하는 것을 알 수 있다.

본 예제는 대표적인 텍스트 함수로 사용되고 있는 LEFT, RIGHT, MID, VALUE, TRIM, LEN, CONCATENATE 함수를 사용하여 문제를 해결할 수 있다. 그럼 그림 4-8-3의 단계별 절차를 살펴보자.

원본 데이터 D10 셀에 입력된 데이터 끝에는 불필요한 두 개의 공백이 포함되어 있다. 이를 잘라내기 위해 커서를 D11 셀에 두고 =TRIM(D10)을 입력한다. 불필요한 공백이 제거되었는지를 확인하기 위해 커서를 F10 셀에 두고 수식 =LEN(D10)을 입력한다. 그리고 커서를 F11 셀에 두고 수식 =LEN(D11)을 입력하면 각각 52와 50을 반환해 준다. 이를 통해 2개의 공백이 제거된 것을 알 수 있다.

	A	B	C	D	E	F
8						
9		단계	설명	변경 데이터	함수식	문자열 길이
10		1	원본 데이터	32592100AFES CONTROLLERPENTIUM/100,(2)1GB H 304.00		52
11		2	데이터 절삭	32592100AFES CONTROLLERPENTIUM/100,(2)1GB H 304.00	=TRIM(D10)	50
12		3	제품ID	32592100AFES	=LEFT(D11,12)	12
13		4	제품 가격	304	=VALUE(RIGHT(D11,6))	3
14		5	제품 설명	CONTROLLERPENTIUM/100,(2)1GB H 3	=MID(D11,14,LEN(D11)-6-12)	32
15		6	데이터 결합	32592100AFESCONTROLLERPENTIUM/100,(2)1GB H 3304	=CONCATENATE(D12,D14,D13)	47

그림 4-8-3 문자 데이터 추출 절차

다음으로 '제품 ID'를 추출해야 한다. 제품 ID는 D11 셀의 데이터에서 가장 왼쪽 12글자를 말한다. 이를 위해 커서를 D12 셀에 두고 수식 =LEFT(D11,12)를 입력한다. 반환된 결과를 보면 D11 셀의 텍스트에서 가장 왼쪽 12글자를 추출하여 제품 ID를 구성한 것을 볼 수 있다.

하지만 그림 4-8-2의 D2:D7 범위에 입력된 데이터와 같이 '제품 ID'가 모두 일정하게 12글자가 아닌 경우일 수도 있다. 이런 경우에는 LEFT 함수를 사용할 수 없고, FIND 함수를 사용하여 첫 번째 공백의 위치를 찾아 '제품 ID'를 추출할 수 있다. 예를 들어 수식 =FIND(" ",D11)은 D11 셀의 데이터에서 공백의 위치를 찾아서 13을 반환한다. 따라서 제품 ID의 길이가 일정하지 않을 때는 LEFT 함수와 FIND 함수를 결합하여 D12 셀에서 =LEFT(D11, FIND(" ", D11)−1)을 입력하여도 제품 ID를 반환할 수 있다.

다음으로 '제품 가격'을 추출해야 한다. 제품 가격은 D11 셀의 데이터에서 가장 오른쪽 6 글자(소수점 포함)를 말한다. 이를 위해 커서를 D13 셀에 두고 수식 =VALUE(RIGHT(D11,6)) 을 입력한다. 반환된 결과를 보면 D11 셀의 데이터에서 가장 오른쪽 6글자를 추출하여 제품 가격을 구성한 것을 볼 수 있다. VALUE 함수는 RIGHT 함수로 추출된 데이터를 숫자 형식으로 변환해 준다. LEFT, RIGHT, MID 함수로 추출한 데이터는 일반적으로 텍스트 형식으로 추출되기 때문에 추출과 동시에 숫자 형식으로 변환하지 않으면 차후에 가격에 대한 계산을 수행할 때 문제가 발생할 수 있다.

다음으로 '제품 설명'을 추출해야 한다. 제품 설명은 D11 셀의 데이터에서 '제품 ID'와 '제품 가격'을 제외한 나머지 중간에 있는 문자열을 말한다. 이를 위해 커서를 D14 셀에 두고 수식=MID(D11,14, LEN(D11)−7−13)을 입력한다. 이때 수식 LEN(D11)은 D11 셀의 데이터 길이 50을 반환하며, 수식 LEN(D11)−7−13는 50에서 '제품 가격'을 의미하는 7개 글자(공백 포함)와 '제품 ID'를 의미하는 13개 글자(공백 포함)를 뺀 30을 반환한다. 따라서 최종적으로 수식 =MID(D11,14,30)은 14번째 글자에서부터 시작해 30개 글자를 추출하여 제품 설명을 구성하게 된다.

> 추출된 제품 ID, 제품 가격, 제품 설명을 다시 하나의 문자열로 합칠 수 있을까요?

여러 셀에 입력된 문자열을 다시 하나의 문자열로 결합하기 위해 CONCATENATE 함수를 사용할 수 있다. 실습파일 [텍스트추출] 시트에서 D15 셀에 수식 =CONCATENATE(D12,D14,D13)을 입력하면 그림 4-8-3과 같이 D12, D14, D13 셀에 입력된 각각의 문자열을 하나의 문자열로 결합해 준다. CONCATENATE 함수 대신에 & 기호를 사용하여 결합할 수도 있다. 수식 =D12&" "&D14&" "&D13을 입력하면 공백을 포함한 하나의 문자열로 만들 수 있다.

> 길이가 일정하지 않은 숫자 데이터를 각각의 의미 있는 필드로 분리할 수 있을까요?

실습파일 [숫자추출] 시트에는 길이가 일정하지 않은 숫자 데이터가 저장되어 있다.

그림 4-8-4의 B3:B6 범위의 데이터 살펴보면 동부, 북부, 남부 지역의 판매 개수를 −(하이폰)으로 연결하여 하나의 문자열로 저장해 놓았다. 해당 데이터를 분리하여 세 지역의 분기별 판매 개수를 명확히 구분하고자 한다.

이를 위해 먼저 첫 번째 −(하이폰)의 위치를 파악해야 한다. 첫 번째 −(하이폰)의 위치에 따라서

LEFT 함수를 사용하여 왼쪽에서 몇 번째 글자까지 추출해야 할지를 알 수 있다. 따라서 커서를 D3 셀에 두고 수식 =FIND("–",C3,1)을 입력한다.

다음으로 두 번째 –(하이폰)의 위치를 파악해야 한다. 첫 번째 –(하이폰)의 위치와 두 번째 –(하이폰)의 위치에 따라서 MID 함수를 사용하여 몇 번째 단어에서부터 몇 개의 단어를 추출해야 할지를 알 수 있다. 따라서 커서를 E3 셀에 두고 수식 =FIND("–",C3,D3+1)을 입력한다.

이렇게 –(하이폰)의 위치를 파악한 다음 커서를 F3 셀에 두고 수식 =LEFT(C3,D3–1)을 입력하면 동부에 대한 데이터를 추출할 수 있게 된다. 다음으로 커서를 G3 셀에 두고 수식 =MID(C3,D3+1,E3–D3–1)을 입력하면 북부에 대한 데이터를 추출할 수 있게 된다.

마지막으로 남부에 대한 데이터를 추출하기 위해 먼저 커서를 H3 셀에 두고 수식 =LEN(C3)을 입력하여 데이터 전체 길이를 파악한다. 그리고 I3 셀에 수식 =RIGHT(C3,H3–E3)을 입력하면 남부에 대한 데이터를 추출할 수 있게 된다.

	A	B	C	D	E	F	G	H	I
1									
2		분기	동부-북부-남부	첫번째 하이폰	두번째 하이폰	동부	북부	전체 길이	남부
3		1분기	10-300-40	3	7	10	300	9	40
4		2분기	150-9-800	4	6	150	9	9	800
5		3분기	50-23-1004	3	6	50	23	10	1004
6		4분기	8-100-57.5	2	6	8	100	10	57.5

그림 4-8-4 숫자 데이터 추출 절차

학기 말이 되면 학생들은 1부터 7까지의 척도로 교수에 대한 강의 평가를 하게 된다. 학생들이 부여한 각 등급별 점수 분포를 빠르게 파악하고 싶다. 어떤 방법으로 파악할 수 있을까요?

실습파일 [REPT] 시트에는 교육 평가 점수(1~7점)가 기록되어 있다. 학생들의 점수를 보면 2명의 학생이 1점을, 3명의 학생이 2점, 28명의 학생이 7점을 주었다. REPT 함수는 텍스트를 지정한 횟수만큼 반복해 주는 함수로 특정 기호를 반복적으로 표시할 때 사용할 수 있다.

그림 4-8-5와 같이 커서를 D3 셀에 두고 수식 =REPT("|",C3)을 입력하고 해당 수식을 D4:D9 범위로 복사한다. REPT 함수는 |(파이프) 문자를 C 열에 입력된 숫자만큼 반복해서 표시하여 준다.

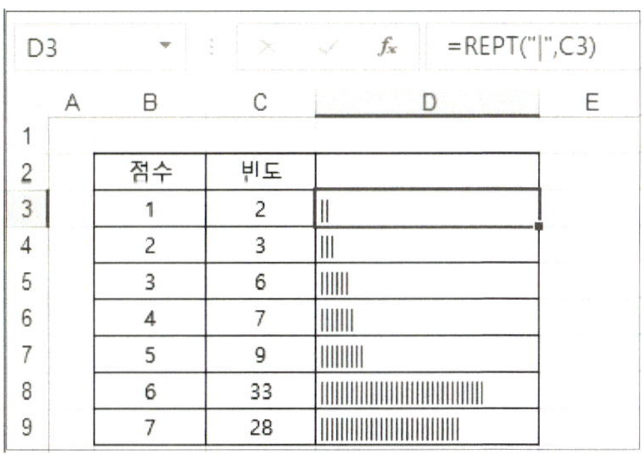

그림 4-8-5 REPT 함수

9 날짜 함수

날짜/시간 함수는 셀에 날짜와 시간을 입력하거나 이를 활용한 기간산출 또는 일련번호의 변환이 가능하며, 대표적인 함수로는 TODAY, NOW, WORKDAY, WORKDAY.INTL, NETWORKDAYS, NETWORKDAYS.INTL, YEAR, MONTH, DAY, WEEKDAY, DATE, DATEDIF 등이 있다.

실습파일 : 날짜함수..xlsx

협력사로부터 받은 엑셀 파일을 열어보니 날짜가 입력되어야 하는 곳에 44927과 같은 숫자가 표시되어 있다. 이 숫자는 무엇을 의미하며 날짜 형식으로 어떻게 변경하나요?

엑셀 작업을 하다 보면 때때로 날짜가 일련번호 형식으로 표시되어 있는 경우가 있다.
실습파일 [일련번호] 시트의 B2:B12 범위를 보면 44927과 같이 일련번호 형식으로 표시되어 있는 것을 볼 수 있다. 이는 1900년 1월 1일부터 해당 날짜 사이의 일 수를 나타낸 숫자로 예를 들어 특정 셀에 1900-01-03을 입력한 다음 해당 셀의 표시 형식을 숫자로 바꾸면 3이 반환된다. 이는 1900년 1월 1일과 1900년 1월 3일 사이에 3일이 지났음을 의미한다.
그림 4-9-1을 보면 C3:C12 범위에 일련번호 형식으로 표시된 날짜가 입력되어 있다. 이러한 일련번호를 년-월-일 형식으로 표시하려면 먼저 C3:C12 범위의 선택하고 선택한 범위 위에서 마우스 오른쪽 단추로 클릭한 다음 **셀 서식**을 클릭한다(「셀 서식」 대화상자는 Ctrl+1 키를 눌러 빠르게 호출할 수 있다).
그림 4-9-2와 같이 나타난 「셀 서식」 대화상자의 [표시 형식] 탭을 클릭하고 '범주(C):'에서 '날짜'를 선택한 다음 원하는 날짜 형식 2023-01-01을 선택하고 '확인' 단추를 클릭한다. 반대로 날짜 형식을 일련번호 형식으로 바꾸려면 「셀 서식」 대화상자의 [표시 형식] 탭에서 **일반**이나 **숫자** 선택하면 된다.

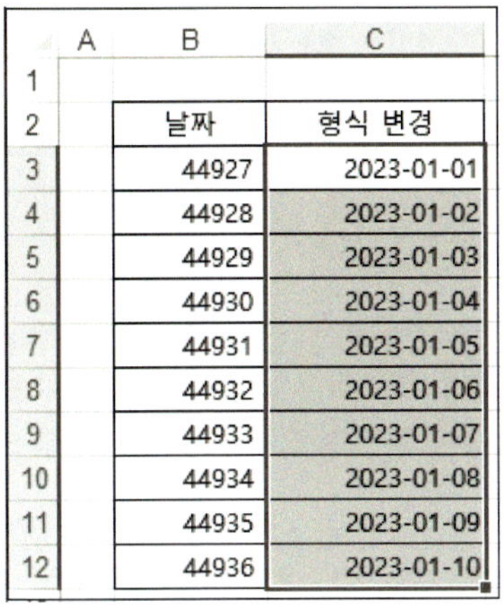

그림 4-9-1 일련번호 형식

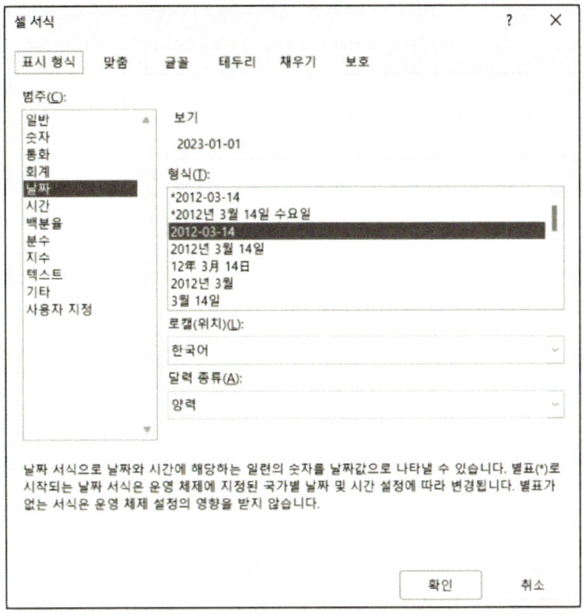

그림 4-9-2 「셀 서식」 대화상자

날짜 형식을 일련번호 형식으로 바꾸는 다른 방법은 DATEVALUE 함수를 사용하는 방법이 있다. 예를 들어 커서를 D3 셀에 두고 수식 =DATEVALUE("2023-01-01")을 입력하면 해당 날짜가 일련번호 형식으로 반환된다.

엑셀 파일을 열 때마다 자동으로 오늘 날짜가 표시되는 방법은 없나요?

엑셀 문서를 열 때마다 현재 날짜를 표시하기 위해 사용되는 함수는 TODAY 함수이다.
실습파일 [WORKDAY] 시트에서 커서를 G3 셀에 두고 수식 =TODAY()를 입력하면 손쉽게 현재 날짜를 표시할 수 있다. 아울러 현재 날짜를 빠르게 입력하는 다른 방법으로는 단축키 Ctrl+; (세미콜론) 키를 누르는 방법이 있다.
이처럼 현재 날짜를 입력하는 방법에는 (1) TODAY 함수을 사용하는 방법과, (2) 단축키(Ctrl+;) 키를 이용하는 방법이 있지만, TODAY 함수는 동적 날짜를 입력하는 방법으로 수식 =TODAY()로 날짜를 입력하면 엑셀 문서를 여는 날짜로 자동 변경된다. 이에 반해 단축키 Ctrl+; 키는 정적 날짜를 입력하는 방법으로 날짜를 변경하지 않는다.
TODAY 함수와 더불어 현재 날짜를 표시하기 위해 사용되는 함수에는 NOW 함수가 있다. NOW 함수는 워크시트에 현재 날짜와 시간을 동시에 표시해 준다. NOW 함수 또한 TODAY 함수와 같이 인수 없이 사용되며, 엑셀 문서를 열 때마다 입력된 날짜가 자동으로 변경된다.

	A	B	C	D	E	F	G	H	I	J
1										
2						오늘날짜 :	2024-01-18			
3		성명	시작날짜	종료날짜	100일경과	100일경과(공휴일)	100일경과(휴일지정)		공휴일	공휴일 날짜
4		김예찬	2023-01-03	2023-07-02	2023-05-23	2023-05-29	2023-04-29		신정(일)	2023-01-01
5		김지수	2023-01-03	2023-07-02	2023-05-23	2023-05-29	2023-04-29		설날(토)	2023-01-21
6		손홍민	2023-01-10	2023-07-09	2023-05-30	2023-06-05	2023-05-06		설날(일)	2023-01-22
7		김예서	2023-01-15	2023-07-14	2023-06-02	2023-06-09	2023-05-11		설날	2023-01-23
8		이강인	2023-01-20	2023-07-19	2023-06-09	2023-06-16	2023-05-17		설날(대체)	2023-01-24
9					↑	↑	↑		삼일절	2023-03-01
10					토,일 휴무	토, 일, 공휴일 휴무	일 휴무		어린이날	2023-05-05
11									석가탄신일(토)	2023-05-27
12									현충일	2023-06-06

그림 4-9-3 날짜 데이터- TODAY, NOW, WORKDAY 함수

> 인턴사원을 관리하면서 인턴사원이 100일 되는 날짜에 작은 이벤트를 마련하고자 한다. 근무 시작 이후 100일 되는 날짜를 어떻게 계산할 수 있나요? 만약 근무 날짜에 휴일이 포함되어 있다면 어떻게 해야 하나요?

실습파일 [WORKDAY] 시트에는 6개월 한시적으로 근무하는 인턴사원의 근무 일수가 기록되어 있다. WORKDAY 함수는 특정 날짜로부터 지정한 근무 일수의 이전 또는 이후에 해당하는 날짜를 표시한다(근무 일수에 주말과 휴일은 포함하지 않는다).

예를 들어 커서를 **E4** 셀에 두고 수식 **=WORKDAY(C4,100)**을 입력하면 2023-01-03부터 시작하여 100일이 지난 날짜를 계산하여 **2022-05-23**을 보여준다. 하지만 근무 날짜 가운데 M4:M12 범위와 같이 공휴일이 포함되어 있다면 실제 근무한 날짜를 가지고 100일이 지난 날짜를 계산할 때 2022-05-23은 아닐 것이다.

이에 WORKDAY 함수는 공휴일을 제외한 실제 근무한 날로 100일이 지난 날짜를 계산할 수 있다. 이에 커서를 **F4** 셀에 두고 수식 **=WORKDAY(C4,100,$J$4:$J$12)**를 입력하면 공휴일에 해당하는 J4:J12 범위의 날짜를 근무 날짜에 포함하지 않고 100일 지난 날짜를 계산하여 **2023-05-29**을 보여준다.

근무 일수에서 공휴일을 배제하는 다른 방법으로 공휴일에 대한 J4:J12 범위를 참조하는 대신 공휴일에 해당하는 일련번호를 { }로 묶어 WORKDAY 수식에 직접 입력하는 방법이 있다.

표 4-9-1 weekend 선택인수

weekend 숫자	요일
1 또는 생략	토요일, 일요일
2	일요일, 월요일
3	월요일, 화요일
4	화요일, 수요일
5	수요일, 목요일
6	목요일, 금요일
7	금요일, 토요일
11	일요일만
12	월요일만
13	화요일만
14	수요일만
15	목요일만
16	금요일만
17	토요일만

예를 들어 =WORKDAY(44929,100,{44927,44947,44948,44949,44950,44986,45051,45073,45083})을 입력하면 2023-01-03(44929)에서 일련번호로 작성된 공휴일을 제외하고 100일 지난 날짜를 일련번호 형식으로 45075를 보여준다.

다음으로 WORKDAY.INTL 함수는 날짜 계산에서 제외할 특정 요일(일요일만 휴일로 지정)을 직접 선택할 수 있다(WORKDAY.INTL 함수는 엑셀 2010부터 사용할 수 있다). 예를 들어 커서를 G4 셀에 두고 수식 =WORKDAY.INTL(C4,100,11)를 입력하면 근무 날짜 중에 일요일만을 휴무로 계산하여(토요일, 공휴일은 근무함) 2023-01-03부터 시작하여 100일이 지난 날짜가 2023-04-29임을 알 수 있다.

WORKDAY.INTL 함수 구문에서 세 번째 구역은 계산에서 제외할 요일을 지정하는 숫자로 표 4-9-1을 통해 각 숫자가 어떤 요일을 의미하는지 알 수 있다.

다음으로 휴일을 지정하는 다른 방식에는 0과 1로 구성된 일곱 개 숫자로 휴일을 표현할 수도 있다. 여기서 1은 휴일을 나타내며 숫자열의 첫 번째는 월요일부터 시작한다. 즉 0100000을 입력하면 화요일이 휴일이 되는 것이다.

따라서 커서를 G11 셀에 두고 수식 =WORKDAY.INTL(C4,100,"0000001")를 입력하면 G4 셀의 결과와 같은 결과를 얻을 수 있다. 아울러 E11 셀에 =WORKDAY.INTL(C4,100,"0000011")를 입력하면 E4 셀의 결과와 같은 결과를 얻을 수 있다.

인턴사원의 근무 시작 날짜와 종료 날짜 가운데 실제 근무 일수는 어떻게 계산할 수 있나요?

NETWORKDAYS 함수는 특정 날짜 사이의 근무 일수를 보여준다. 근무 일수에는 주말과 공휴일이 포함하지 않는다.

실습파일 [NETWORKDAYS] 시트에서 커서를 E4 셀에 두고 수식 =NETWORKDAYS(C4,D4)를 입력하면 인턴을 시작한 날짜 2023-01-03에서 종료 날짜 2023-07-01 사이의 근무 일수가 129일임을 보여준다. 또한 커서를 F4 셀에 두고 수식 =NETWORKDAYS(C4,D4,$K$4:$K$12)을 입력하면 공휴일에 해당하는 K4:K12 범위의 날짜를 근무 일수에 포함하지 않고 계산된 실제 근무 일수 124일을 보여준다.

아울러 NETWORKDAYS.INTL 함수도 WORKDAYS.INTL 함수와 동일하게 휴일을 직접 지정할 수 있다. 예를 들이 커서를 G4 셀에 두고 수식 =NETWORKDAYS.INTL(C4,D4,11)을 입력하면 2023-01-03부터 2023-07-02 사이의 날짜 중 일요일만을 휴무로 (토요일, 공휴일 근무함) 계산한 근무 일수가 155일임을 보여준다. 아울러 커서를 G11 셀에 두고 수식 =NETWORKDAYS.INTL(C4,D4,"0000001")을 입력하여도 G4 셀에 작성한 수식과 같은 결과를 보여준다(일요일만 휴무, 토요일과 공휴일은 근무함).

마지막으로 휴일을 지정하고, 공휴일을 근무 일수에 제외하여 날짜를 계산해 보자. 먼저 커서를 H4

셀에 두고 수식 =NETWORKDAYS.INTL(C4,D4,11,$K$4:$K$12)를 입력하면 일요일과 공휴일은 휴무로 지정하여(월~토요일 근무) 근무 일수를 계산한다. 따라서 일요일과 공휴일을 휴무로 지정한 인턴사원의 근무 일수는 148일임을 알 수 있으며, 일요일만 휴무로 지정한 인턴사원의 근무 일수(155일) 보다 작은 것을 알 수 있다.

	A	B	C	D	E	F	G	H	I	J	K
1											
2							오늘날짜 :	2024-01-18			
3		성명	시작날짜	종료날짜	총근무일	총근무일(공휴일)	총근무일(휴일지정)	총근무일(공휴일,휴일지정)		공휴일	공휴일 날짜
4		김예찬	2023-01-03	2023-07-02	129	124	155	148		신정(일)	2023-01-01
5		김지수	2023-01-03	2023-07-02	129	124	155	148		설날(토)	2023-01-21
6		손흥민	2023-01-10	2023-07-09	129	124	155	148		설날(일)	2023-01-22
7		김예서	2023-01-15	2023-07-14	130	125	155	148		설날	2023-01-23
8		이강인	2023-01-20	2023-07-19	129	124	155	148		설날(대체)	2023-01-24
9					↑	↑	↑	↑		삼일절	2023-03-01
10					토,일 휴무	토, 일, 공휴일 휴무	일 휴무	일, 공휴일 휴무(월~토 근무)		어린이날	2023-05-05
11										석가탄신일(토)	2023-05-27
12										현충일	2023-06-06

그림 4-9-4 날짜 데이터 - NETWORKDAYS 함수

> 날짜에서 년, 월, 일, 요일을 추출하는 수식은 어떻게 작성하나요?

실습파일 [날짜 형식] 시트의 C2 셀에는 특정 날짜 1950년 06월 25일이 입력되어 있다. 해당 날짜에서 연도, 월, 일, 요일을 추출하고자 한다.

이를 위해 먼저 커서를 C4 셀에 두고 수식 =YEAR(C2)을 입력하면 연도를 추출할 수 있고, C5 셀에 =MONTH(C2)을 입력하면 월을 추출할 수 있고, C6 셀에 =DAY(C2)을 입력하면 일을 추출할 수 있고, C7 셀에 =WEEKDAY(C2,1)를 입력하면 요일을 추출할 수 있다.

WEEKDAY 함수의 마지막 인수가 '1'이면 일요일을 시작으로 일(1), 월(2), 화(3)... 토(7)요일 순으로 각 요일에 해당하는 숫자를 반환하게 된다. 따라서 C7 셀의 결과가 1이라는 것은 한국전쟁이 일요일에 일어난 것을 알 수 있다.

DATE 함수는 세 개의 개별 값을 결합하여 날짜를 만들어 주는 함수이다. 예를 들어 커서를 C8 셀에 두고 수식 =DATE(C4,C5,C6)를 입력하면 각 셀에 표시된 년, 월, 일을 하나의 날짜로 결합할 수 있다. TEXT 함수는 셀에 입력된 값을 원하는 형식으로 텍스트화하는 함수이다. 예를 들어 커서를 C9 셀에 두고 수식 =TEXT(C3,"YYYY/MM")을 입력하면 C2 셀에 입력된 날짜를 원하는 형식으로 변경하여 1950/06으로 표시해 준다.

	A	B	C	D
1				
2		날짜	1950-06-25	
3				
4		년	1950	=YEAR(C2)
5		월	6	=MONTH(C2)
6		일	25	=DAY(C2)
7		요일	1	=WEEKDAY(C2,1)
8		결합	1950-06-25	=DATE(C4,C5,C6)
9		형식변경	1950/06	=TEXT(C2,"YYYY/MM")

그림 4-9-5 날짜 추출

10 재무 함수

사람들은 오늘의 1,000,000원이 내일의 1,000,000과 같다고 생각하지 않는다. 그 이유에는 여러 가지가 있겠지만 경제 성장과 함께 물가 상승과 상대적인 화폐 가치의 하락으로 발생하는 인플레이션(inflation)의 영향 때문이다. 이러한 이유로 사람들은 오늘의 1,000,000원을 내일의 1,000,000보다 더 좋아할 수밖에 없다. 따라서 이자(interest)의 개념은 이와 같은 시간 차이로 인해 발생하는 화폐의 가치로 설명되며, 화폐의 가치 또한 시간의 흐름에 따라 변화하여 미래가치(FV, future value)와 현재가치(PV, present value)가 달라진다.

실습파일 : 재무함수..xlsx

가. FV 함수

사회에 첫발을 들인 한 직장인이 미래의 내 집 마련을 위해 주택청약적금을 매월 말 300,000원씩 적립한다고 가정할 때 매년 4%의 이자율로 5년간 적립하였을 경우 5년 후에 받을 수 있는 금액이 얼마인가요?

FV(future value, 미래가치) 함수는 현재 일정금액을 특정 기간 동안 정기적으로 납입하고 일정한 이자율을 적용하는 투자에 대해서 만기액을 계산하는 함수이다. 이 때문에 FV를 종가(terminal value)라 부르기도 한다.

예를 들어 사회에 첫발을 들인 한 직장인이 미래의 내 집 마련을 위해 주택청약적금을 매월 말 300,000원씩 적립한다고 가정할 때 매년 4%의 이자율로 5년간 적립하였을 경우 5년 후에 받을 수 있는 금액이 얼마인지 FV 함수를 사용하면 알 수 있다.

함수식	=FV(rate, nper, pmt, pv, type)
인수설명	• FV 함수의 인수 중 [pmt]와 [pv]를 제외하고, [rate], [nper] [type]는 PV 함수와 동일하다. • pmt : 전체 기간 동안 변경되지 않는 정기적으로 적립하는 금액이다. 일반적으로 pmt에는 기타 비용과 세금을 제외한 원금과 이자만 포함된다. 만약, Pmt 인수를 생략한 경우 pv 인수를 반드시 포함시켜야 한다. • pv : 화폐의 현재가치 또는 앞으로 지불해야 할 일련의 납입금의 현재가치를 나타내는 총액이다. 만약 pv를 생략하면 0으로 간주하며, 이 경우 pmt 인수는 반드시 포함해야 한다. • type : 납입시점을 나타내는 것으로 0 또는 1로 표현한다. '0'일 경우 기말, '1'일 경우 기초를 의미하며, type을 생략할 경우 0으로 간주한다.

실습파일 [FV] 시트에서 그림 4-10-1과 같이 데이터를 입력한 다음 미래가치를 구하기 위해 커서를 C5 셀에 두고 [수식] 탭 > [함수 라이브러리] 그룹에서 [재무]를 클릭하여 나타난 함수목록에서 FV 함수를 선택한다. FV 함수의 [Rate] 인수, 즉 이자율은 월 단위로 계산되므로 C3/12를 입력하고, [Nper]는 전체 납입 횟수를 의미하는 것으로 5년 동안의 납입 횟수 60번이 입력된 C4를 입력한다. 그리고 [Pmt]는 일정 금액이 빠져나가는 것이므로 월납입액에 마이너스(−)를 붙여서 −C2를 입력한다. [Pv]는 생략하여 0으로 간주되도록 하고, [Type]은 기말 적립과 기초 적립을 구분하는 것으로 숫자 0을 입력하여 기말 적립금으로 인식되도록 한다.

	A	B	C
1			
2		월납입액	300000
3		연이자율	4%
4		기간(월)	60
5		미래가치(FV)	19,889,693

그림 4-10-1 FV 함수

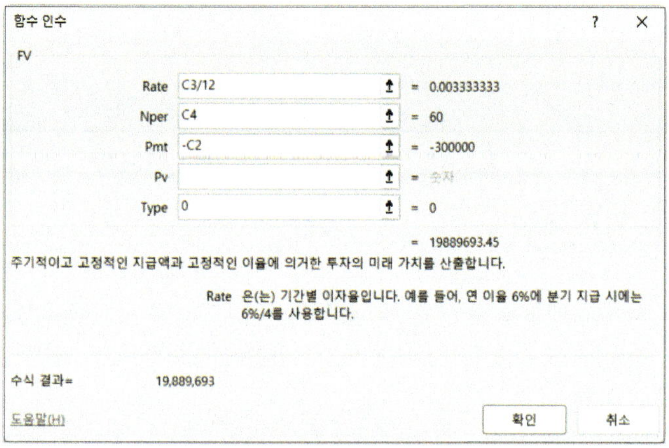

그림 4-10-2 FV 함수 마법사

따라서 C5 셀의 수식 =FV(C3/12,C4,−C2,,0)의 결과를 보면, 매년 4%의 이자율로 매월 말 300,000원씩 5년간 적립한다면 5년 후에 받을 수 있는 금액은 19,889,693원임을 알 수 있다.

나. PV 함수

어느 신혼부부가 내 집 마련하기 위해 여기저기 부동산에 알아보다가 한적한 시골 마을에서 마음에 드는 집을 찾게 되었다. 부동산 업체에서는 주택 구매를 위해 현금으로 5천만원을 일시불로 지불하는 방법과 5년 동안 여유를 두고 5%의 이자율로 매월 말 960,000원씩 지불하는 방법이 있다고 설명하였다. 어떠한 지불 방식이 손해를 보지 않고 집을 구매하는 방법일까요?

PV(present value, 현재가치) 함수는 투자액에 대해서 지금 시점의 가치를 계산하는 함수이다. 즉, 앞으로 발생할 일련의 현금흐름에 대한 현재가치의 총합이다.

함수식	= PV(rate, nper, pmt, fv, type)
인수설명	• rate : 해당 기간 동안 이자율, • nper : 연간 총납입 기간 또는 횟수 • pmt : 전체 기간 동안 변경되지 않는 정기적으로 납입하는 금액이다. 일반적으로 pmt에는 기타 비용과 세금을 제외한 원금과 이자만 포함된다. 만약, pmt 인수를 생략한 경우 fv 인수를 반드시 포함시켜야 한다. • fv : 미래가치 또는 최종 상환 후의 현금잔고를 의미한다. 예를 들어 대출금의 미래가치는 '0'이므로 생략할 경우 '0'으로 간주한다. • type : 납입시점을 나타내는 것으로 0 또는 1로 표현한다. '0'일 경우 기말, '1'일 경우 기초를 의미하며, type을 생략할 경우 0으로 간주한다.

예를 들어 어느 신혼부부가 내 집 마련하기 위해 여기저기 부동산에 알아보다가 한적한 시골에 마음에 드는 집을 찾았다. 부동산 업체에서는 주택 구매를 위해 현금으로 5천만원을 일시불로 지불하는 방법과 5년 동안 여유를 두고 5%의 이자율로 매월 말 960,000원씩 지불하는 방법이 있다고 설명하였다. 어떠한 지불 방식이 손해를 보지 않고 집을 구매하는 방법일까요?

먼저 실습파일 [PV] 시트에서 그림 4-10-3과 같이 데이터를 입력한다. 해당 예제는 투자액에 대한 현재가치(PV)를 안다면 어떤 구매방식이 나에게 유리한지 의사결정을 내리는 데 도움이 될 수 있다. 커서를 C5 셀에 두고 그림 4-10-4와 같이 PV 함수 마법사에서 [Rate]에 매달 이자율 C3/12를 입력하고, [Nper]에는 전체 납입횟수 60번이 입력된 C4를 입력한다. 그리고 [Pmt]에는 지불하는 금액을 의미하는 –C2를 입력하고, [Type]에는 기말 적립금에 해당하는 0을 입력한다.

	A	B	C
1			(단위:천원)
2		월납입액	960000
3		연이자율	5%
4		기간(월)	60
5		현재가치(PV)	50,871,078

그림 4-10-3 PV 함수

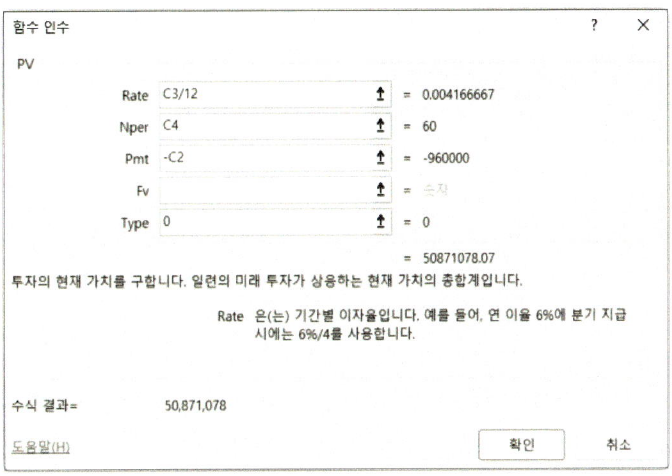

그림 4-10-4 PV 함수 마법사

따라서 C5 셀의 수식 =PV(C3/12,C4,-C2,,0)의 결과를 보면, 매년 5%의 이자율로 매월 말 960,000 원씩 납입할 경우 투자 금액의 현재가치는 50,871,078원이므로 여유가 있다면 매월 납입하는 방식 보다는 일시불로 50,000,000원을 지불하는 방식을 선택하는 것이 유리하다.

다. NPV 함수

초콜렛 팩토리라는 레스토랑이 새로운 지점을 열기 위해 오늘부터 1년 동안 5억원을 투자하고 그 후로 4년 동안 매년 1억원, 2억원, 3억원, 4억원의 수익을 얻을 수 있다고 가정할 때 해당 투자는 올바른 투자 인가요?

앞서 설명한 PV(현재가치) 함수는 현금 흐름이 투자 기간 동안 일정하다는 것을 가정하지만, NPV(net present value, 순현재가치) 함수는 투자 기간 동안 현금 흐름이 일정하지 않아도 된다는 특징이 있다. 주의할 점은 NPV의 현금 흐름은 기말에 이루어지며 현금 흐름은 정기성을 띤다는 점을 가정한다. 만약 현금 흐름 자체가 비정기적인 경우에는 XNPV 함수를 사용할 수 있다.

함수식	=NPV(rate, value1, value2, ...)
인수설명	• rate : 일정 기간 동안의 이자율을 의미한다. • value1, value2 : 지출과 수입을 표시하는 인수로 254개까지 사용할 수 있다.

NPV 함수는 투자가 기초 또는 기말에 이루어지느냐에 따라 다른 결과를 반환한다. 투자가 기초에 이루어질 경우 초기 투자액은 NPV 함수에 포함되지 않으며 초기 투자액을 제외한 나머지 현금 흐름을 NPV 함수에 포함시킨다. 그리고 최종적으로 NPV 함수가 반환한 결과에서 초기 투자액을 빼서 =NPV(Rate,…)-초기투자액의 수식을 완성한다. 이에 반해 투자가 기말에 이루어질 경우 순현재가치는 =NPV(Rate,초기투자액,…)과 같이 초기 투자액을 NPV 함수에 포함시킨다.

예를 들어 초콜렛 팩토리라는 레스토랑이 새로운 지점을 열기 위해 오늘부터 1년 동안 5억원을 투자하고 그 후로 4년 동안 매년 1억원, 2억원, 3억원, 4억원의 수익을 얻을 수 있다고 가정해 보자. 연이자율 5%에서 해당 투자는 올바른 투자인지 순현재가치를 통해 살펴보자. 이를 위해 실습파일 [NPV] 시트에서 그림 4-10-5와 같이 워크시트에 이자율에서부터 초기 투자금, 연도별 수익의 순서로 데이터를 입력한다. 이 때 C4 셀에 입력된 5억원은 투자비에 해당하는 항목이므로 값에 마이너스(-)를 반드시 붙여주어야 한다.

그리고 순현재가치를 구하기 위해 NPV 함수 마법사의 [Rate]에서 이자율 5%가 있는 C3 셀을 입력하고, [Value1]에는 초기 투자금인 5억원을 포함한 년도별 수익이 순서가 입력된 C4:C8 범위를 입력한다.

C9 | f_x | =NPV(C3,C4:C8)

	A	B	C	D	E	F
1						
2		투자가 기말에 이루어진 경우 (단위:천원)				
3		연 이자율	5%		현재가치(PV)	
4		초기 투자금	- 500,000		- 476,190	=PV($C$3,1,,-C4)
5		2025년	100,000		90,703	=PV($C$3,2,,-C5)
6		2026년	200,000		172,768	=PV($C$3,3,,-C6)
7		2027년	300,000		246,811	=PV($C$3,4,,-C7)
8		2028년	400,000		313,410	=PV($C$3,5,,-C8)
9		순현재가치(NPV)	347,501		347,501	=SUM(E4:E8)
10		투자 결정	-₩ 152,499			
11			=C9+C4			

그림 4-10-5 NPV 함수 - 기말 투자

따라서 C9 셀의 수식 =NPV(C3,C4:C8)의 결과를 보면, 5억원을 투자하고 앞으로 4년 동안 일정하지 않은 수익이 그림 4-10-5와 같이 얻게 될 경우 해당 투자액의 순현재가치는 347,501,200원으로 해당 투자는 올바른 투자가 아니라는 결론을 얻을 수 있다. NPV 함수를 통한 투자 결정에 관한 평가에서 NPV 함수로 반환된 결과가 0보다 크면 올바른 투자이고, 0보다 작으면 올바른 투자가 아니라고 판단할 수 있다.

다음으로 투자가 기초에 이루어지는 경우를 살펴보자. 실습파일 [NPV] 시트에서 그림 4-10-6과 같이 워크시트에 이자율에서부터 초기 투자금, 연도별 수익의 순서로 데이터를 입력한다. 이 때도 마찬가지로 C15 셀에 입력된 5억원은 투자비에 해당하는 항목이므로 값에 마이너스(-)를 반드시 붙여주어야 한다.

그리고 순현재가치를 구하기 위해 NPV 함수 마법사의 [Rate]에서 이자율 5%가 있는 C14 셀을 입력한다. 그리고 [Value1]에는 초기 투자금인 5억원을 포함하지 않은 년도별 수익이 순서가 입력된 C16:C19 범위를 입력한다.

그리고 C20 셀의 수식 =NPV(C14,C16:C19)+C15의 결과를 보면, 순현재가치는 364,876,260원으로 해당 투자는 올바른 투자가 아니라는 결론을 얻을 수 있다.

C20 | f_x | =NPV(C14,C16:C19)+C15

	A	B	C	D	E	F
12						
13		투자가 기초에 이루어진 경우 (단위:천원)				
14		연 이자율	5%		현재가치(PV)	
15		초기 투자금	- 500,000		- 500,000	=C15
16		2025년	100,000		95,238	=PV($C$14,1,,-C16)
17		2026년	200,000		181,406	=PV($C$14,2,,-C17)
18		2027년	300,000		259,151	=PV($C$14,3,,-C18)
19		2028년	400,000		329,081	=PV($C$14,4,,-C19)
20		순현재가치(NPV)	364,876		364,876	=SUM(E15:E19)
21		투자 결정	-₩ 135,124			
22			=C20+C15			

그림 4-10-6 NPV 함수 - 기초 투자

라. IRR 함수

> 5억원을 투자하여 새로운 레스토랑을 운영할 계획을 세우고 있다. 1차 연도 수익은 1억원, 2차 연도 수익은 2억원, 3차 연도 수익은 3억원, 4차 연도 수익은 4억원으로 예상된다면 해당 투자는 올바른 투자인가요?

IRR(internal rate of return, 내부수익률) 함수는 주기적인 현금 흐름에 대한 수익률을 계산하는 함수이다. 내부수익률은 주기적으로 발생하는 납입액(음수)과 수익액(양수)으로 구성되는 투자 이율을 의미하며, 이때 현금 흐름은 일정할 필요는 없다. 즉, 미래에 발생하는 현금 유입(양수)의 가치와 현금 유출(음수)의 가치를 일치시켜주는 할인율을 찾아 주는 함수이다.

함수식	=IRR(values, [guess])
인수설명	• value : 일정기간 동안의 현금흐름의 참조범위 • guess : IRR 결과의 근삿값으로 생략할 경우 0.1(10%)로 간주

예를 들어 5억원을 투자하여 새로운 레스토랑을 운영할 계획을 세우고 있다. 1차 년도 수익이 1억원이고, 2차 년도 수익이 2억원이고, 3차 년도 수식이 3억원이고, 4차 연도 수익이 4억원으로 예상된다면 해당 투자는 올바른 투자인가? 이러한 현금 흐름에 대한 내부수익을 계산하기 위해 먼저 실습파일 [IRR] 시트에서 그림 4-10-7과 같이 데이터를 입력한 다음 그림 4-10-8과 같이 IRR 함수 마법사를 완성한다.

그리고 C8 셀의 수식 =IRR(C3:C7)의 결과를 보면, 내부수익률은 27%로 나타났다. IRR 함수를 통한 투자 결정에 관한 평가에서 IRR 함수로 반환된 결과가 이자율(r) 보다 크면 수익성이 있는 올바른 투자로 판단할 수 있다. 즉 NPV≥0, IRR≥r일 경우에 올바른 투자로 평가할 수 있지만, NPV의 결과가 마이너스(-) 결과를 가지는 경우 IRR의 결과는 고려할 필요가 없다.

	A	B	C
1			(단위:천원)
2		연 이자율	5%
3		초기 투자금	-500000
4		2025년	100000
5		2026년	200000
6		2027년	300000
7		2028년	400000
8		내부수익률(IRR)	27%

그림 4-10-7 IRR 함수

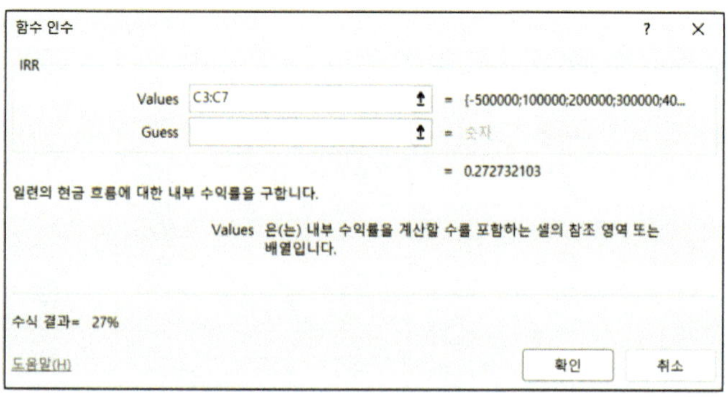

그림 4-10-8 IRR 함수 마법사

마. PMT 함수

> 어느 신혼부부가 내 집 마련을 위해 은행으로부터 1억원을 대출 받았을 때, 연 이자율이 5%로 4년간 매월 초에 대출금을 상환하고자 한다면 매월 얼마를 납입해야 할까요?

PMT 함수는 일정 금액을 정기적으로 납입하고 일정한 이자율이 적용되는 대출금을 계산하는 함수이다.

함수식	=PMT(rate, nper, pv, fv, type)
인수설명	• rate : 대출 또는 적금의 이자율 • nper : 대출 또는 적금의 총납입횟수 • pv : 투자에 대한 현재가치 • fv : 투자에 대한 미래가치, 대출금의 경우 0 • type : 납입시기를 의미한다(0 : 기말납입, 1 : 기초납입).

예를 들어 어느 신혼부부가 내 집 마련을 위해 은행으로부터 1억원을 대출받았을 경우 연이자율이 5%로 4년간 매월 초에 대출금을 상환하고자 한다면 매월 얼마를 납입해야 할까요?
먼저 **실습파일 [PMT] 시트**에서 그림 4-10-9와 같이 데이터를 입력한다. 그리고 그림 4-10-10과 같은 PMT 함수 마법사에서 [Rate]에는 연리 5%에 해당하는 C3/12를 입력하고, [Nper]에는 대출 상환기간이 4년에 해당하는 48개월이 입력된 C4를 입력한다. 그리고 [Pv]에는 대출금이 입력된 C2를 입력하고, [Type]에는 매월 초에 대출금 납입이 이루어지므로 숫자 0을 입력한다. 완성된 =PMT(C3/12,C4,C2,0,0) 수식 결과에 따르면 매달 2,303,000원 정도를 상환해야 한다는 것을 알 수 있다.

	A	B	C
1			(단위:천원)
2		대출금	100000
3		연이자율	5%
4		기간(월)	48
5		월납입액(기말)	-₩ 2,303

그림 4-10-9 PMT 함수

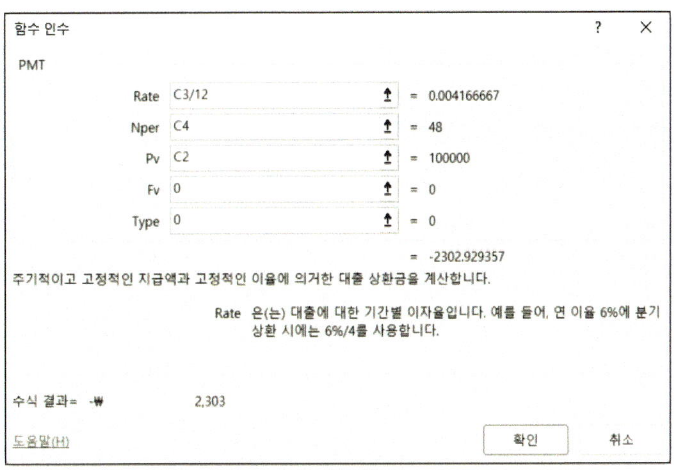

그림 4-10-10 PMT 함수 마법사

11 배열 수식

배열 수식은 표준 워크시트 함수로는 수행할 수 없는 복잡한 계산을 수행할 수 있는 효율적인 방법을 제공한다. 여기에서 배열(array)이란 비슷한 성격을 가진 데이터를 한곳에 일정한 형식으로 모아둔 데이터 집합으로 일차원 배열과 이차원 배열로 구분된다. 배열 수식은 일차원 및 이차원 배열 모두를 사용할 수 있으며 단지 배열 수식에 사용되는 각 배열 인수는 동일한 수의 행과 열을 포함해야 한다.

배열 수식은 하나의 셀에 단일 결과를 반환하는 방법과 셀 범위에 여러 결과를 반환하는 방법 두 가지가 있다. 배열 수식을 입력할 때는 먼저 배열 수식의 결과를 표시할 범위를 선택해야 한다. 그리고 선택한 범위의 첫 번째 셀에 배열 수식을 입력한 다음 Ctrl+Shift+Enter 키를 누른다.

실습파일 : 배열수식..xlsx

배열 수식(CSE 키)을 사용하면 데이터를 빠르게 입력할 수 있나요?

일차원 배열은 하나의 행(수평배열) 또는 하나의 열(수직배열)로 구성된 간단한 배열을 말한다. 일차원 배열에 배열 수식을 사용하여 데이터값을 입력하는 방법을 알아보자.

배열 수식은 일반적으로 수식을 입력하는 방식과 다르게 중괄호({ })를 사용해 구문을 완성하며, 수식을 작성한 후 Ctrl+Shift+Enter 키(CSE 키)를 눌러 배열 수식을 실행한다.

일반적으로 1에서 3까지 숫자를 셀에 입력하려면 A1 셀에 1을 입력하고 [자동 채우기]를 사용하면 되지만, 배열 수식의 경우 값들이 입력될 셀 범위를 먼저 선택하고 첫 번째 셀에서 ={1,2,3}을 입력한 다음 Ctrl+Shift+Enter 키를 누른다.

배열 수식을 실행하면 수식 앞뒤에 중괄호 { }가 자동으로 삽입되며, 선택된 범위에는 입력한 숫자들이 차례대로 입력된다. 이때 쉼표로 구분되는 값(1,2,3)을 배열 상수라고 한다.

배열 구문에서는 A1, A2, A3 셀과 같이 일차원 배열(수직)에 배열 상수를 입력할 때는 세미콜론(;)으로 구분하며, C1, D1, E1 셀과 같이 일차원 배열(수평)에 배열 상수를 입력할 때는 콤마(,)로 구분한다. 실습파일 [배열연습] 시트에서 A1:A3 범위를 선택하고 ={1;2;3}을 입력한 다음 Ctrl+Shift+Enter 키를 누르면 그림 4-11-2와 같이 일차원 배열에 여러 데이터를 한 번에 입력할 수 있다.

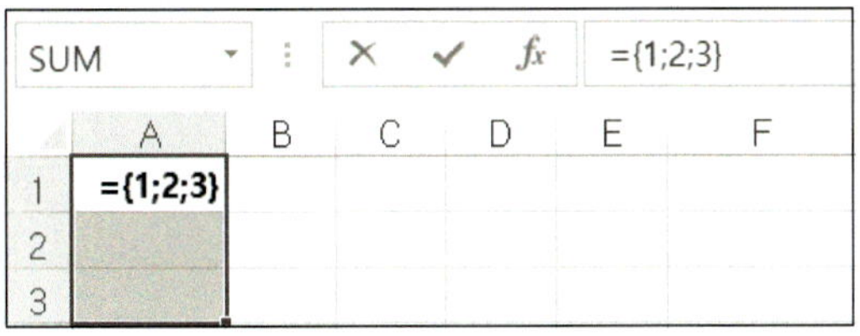

그림 4-11-1 일차원 배열에 데이터 입력

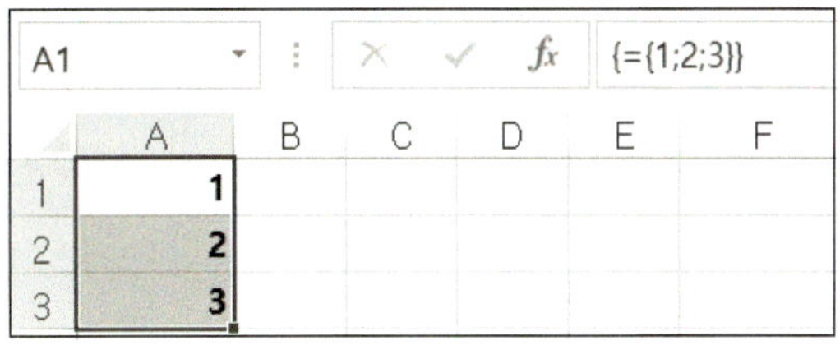

그림 4-11-2 일차원 배열에 데이터 입력 결과

다음으로 C1:E1 범위를 선택하고 ={1,2,3}을 입력한 다음 Ctrl+Shift+Enter 키를 누르면 그림 4-11-4와 같이 일차원 배열(수평)에 여러 데이터를 한 번에 입력할 수 있다.

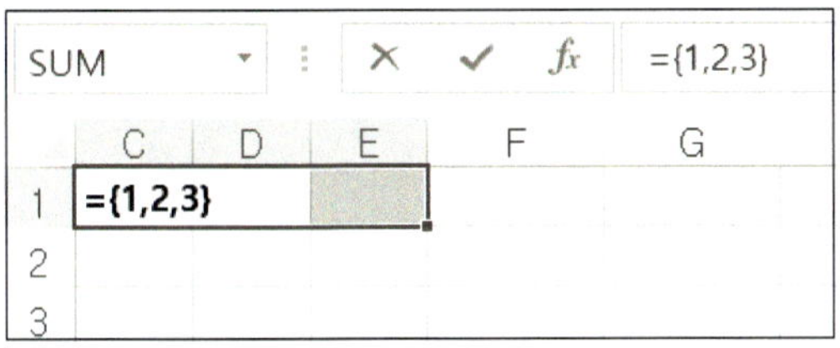

그림 4-11-3 일차원 배열에 데이터 입력

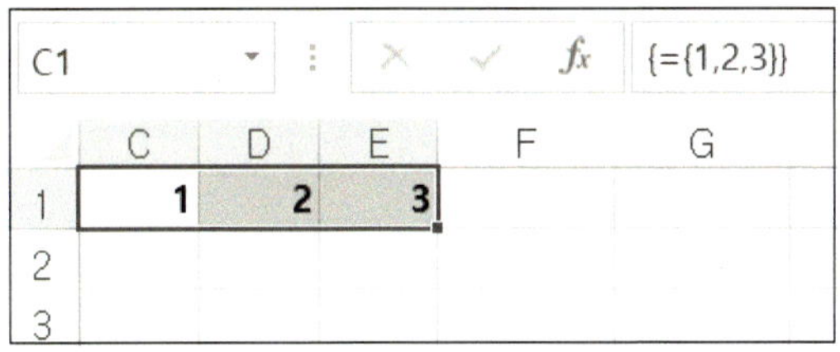

그림 4-11-4 일차원 배열에 데이터 입력 결과

아울러 여러 행과 열(이차원 배열)에 배열 상수를 입력하기 위해서는 각 행의 값을 콤마(,)로 구분한 다음 행의 끝에 세미콜론(;)을 사용하여 이차원 배열을 위한 배열 구문을 완성할 수 있다. 먼저 셀 범위를 A6:C7을 선택하고 ={1,2,3;4,5,6}을 입력한 다음 Ctrl+Shift+Enter 키를 누르면 그림 4-11-5와 같이 이차원 배열에 여러 데이터를 한 번에 입력할 수 있다.

아울러 작성한 배열 수식을 삭제하고자 할 때는 배열 수식이 포함된 모든 셀 범위를 선택하고 한번에 삭제해야 한다. 즉 그림 4-11-6과 같이 이차원 배열에 적용한 배열 수식을 삭제하고자 한다면 먼저 배열 수식이 작성된 A6:C7 범위를 선택한 다음 키보드 Del 키를 눌러 삭제할 수 있다.

그림 4-11-5 이차원 배열에 데이터 입력

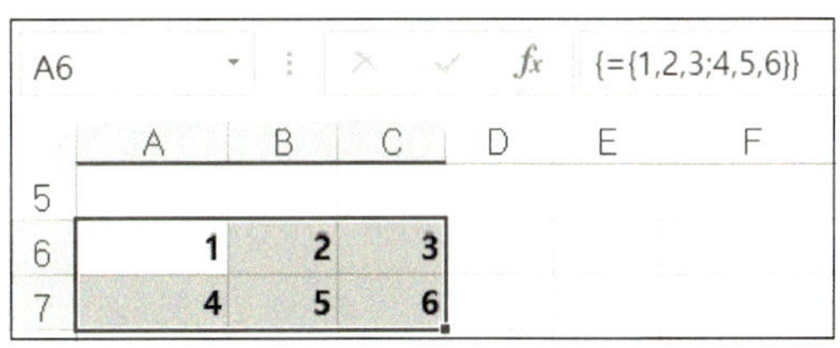

그림 4-11-6 이차원 배열에 데이터 입력 결과

배열 수식(CSE 키)을 사용하면 배열 범위의 데이터를 한 번에 계산할 수 있나요?

배열 수식을 사용하면 여러 셀에 수식 결과를 계산하는 방식과 하나의 셀에 수식 결과를 계산하는 방식으로 구분된다. 배열 수식을 사용하기 위해서는 반드시 배열 수식에 입력하는 배열 인수의 행 또는 열의 수가 정확히 일치해야 한다. 예를 들어 그림 4-11-7과 같이 구매액(E3:E8)을 구하기 위해 사용되는 수량에 대한 배열 C3:C8과 단가에 대한 배열 D3:D8의 수가 반드시 같아야 한다.

배열 수식으로 구매액을 계산하기 위해 **실습파일 [다중결과] 시트**에서 셀 범위 E3:E8을 선택하고 배열 수식으로 =C3:C8*D3:D8을 입력한 다음 Ctrl+Shift+Enter 키를 누르면 그림 4-11-8과 같이 여러 셀에 수식 결과를 한 번에 계산할 수 있다. 아울러 배열 단위로 계산된 결과(E3:E8)는 개별적으로 각각의 셀 값을 변경 또는 삭제할 수 없다. 만약 배열 단위로 계산된 결과를 삭제하려면 결과값 전체(E3:E8)를 선택할 다음 삭제를 해 주어야 한다.

SUM | =C3:C8*D3:D8

	A	B	C	D	E
1					
2		제품코드	수량	단가	구매액
3		M1001	205	15,000	=C3:C8*D3:D8
4		M1002	105	35,000	
5		M1003	150	15,000	
6		M2001	170	20,000	
7		M2002	110	35,000	
8		M2003	120	20,000	

그림 4-11-7 다중 셀에 배열 수식 입력

E3 | {=C3:C8*D3:D8}

	A	B	C	D	E
1					
2		제품코드	수량	단가	구매액
3		M1001	205	15,000	3,075,000
4		M1002	105	35,000	3,675,000
5		M1003	150	15,000	2,250,000
6		M2001	170	20,000	3,400,000
7		M2002	110	35,000	3,850,000
8		M2003	120	20,000	2,400,000

그림 4-11-8 배열 수식 계산 결과

> 주문금액을 계산하려고 하는데 별도의 중간 계산 없이 배열 수식을 사용해서 한 번에 계산할 수 있나요?

다음으로 함수와 함께 배열을 사용하는 방법에 대해 알아보자. 그림 4-11-9와 같이 **실습파일 [단일결과] 시트**의 F13 셀에 주문금액의 합계를 계산하고자 한다. 해당 수식은 수량(E3:E12)과 단가(F3:F12)을 곱한 결과를 다시 더하여 계산할 수 있다.

이처럼 곱하기와 더하기 계산을 한 번에 수행하는 함수는 SUMPRODUCT 함수로 커서를 F13 셀에 두고 =SUMPRODUCT(E3:E12,F3:F12)를 입력하고 Enter↵ 키를 누르면 주문금액의 합계 112,140,000을 구할 수 있다.

다음으로 배열 수식을 사용하여 동일하게 주문금액의 합계를 계산해 보자. 먼저 커서를 F14 셀에 두고 배열 수식 =SUM(E3:E12*F3:F12)를 입력한 다음 Ctrl+Shift+Enter 키를 누르면 SUMPRODUCT 함수와 똑같은 결과를 얻을 수 있다. 해당 배열 수식은 그림 4-11-8과 같이 구매액을 구하기 위해 사용했던 배열 수식 =C3:C8*D3:D8에 SUM 함수를 추가하여 SUMPRODUCT 함수와 같은 방식으로 계산하도록 한 것이다.

J3 {=SUM(($D$3:$D$12=H3)*$E$3:$E$12)}

주문일자	대리점	제품코드	수량	단가
2023-10-02	부산	M2001	205	15,000
2023-10-03	대구	M1001	100	175,000
2023-10-04	서울	M1002	105	35,000
2023-10-05	대전	M2001	100	15,000
2023-10-06	대구	M1003	150	20,000
2023-10-07	부산	M2003	170	186,000
2023-10-08	서울	M1003	220	20,000
2023-10-09	광주	M2001	110	15,000
2023-10-10	대전	M1002	200	35,000
2023-10-11	춘천	M2002	121	320,000
주문금액 합계 (SUMPRODUCT)				112,140,000
주문금액 합계 (배열수식)				112,140,000

제품코드	주문횟수	총주문수량
M1001	1	100
M1002	2	305
M1003	2	370
M2001	3	415
M2002	1	121
M2003	1	170

그림 4-11-9 배열 수식 결과

배열 수식이 논리값을 처리하는 방법에 대한 이해를 돕기 위해 실습파일 [배열상수] 시트의 예제를 좀 더 살펴보자.

D7 {=SUM(B3:B6*C3:C6)}

데이터1	데이터2	결과	
1	1	TRUE	=B3=C3
1	0	FALSE	=B4=C4
TRUE	1	1	=B5*C5
FALSE	1	0	=B6*C6
		2	

그림 4-11-10 논리값과 배열 수식의 관계

배열 수식으로 입력되는 배열 상수는 숫자, 텍스트, 논리값을 사용할 수 있다. 예를 들어 두 배열에 대한 비교 논리값을 수식을 인식한다. 그림 4-11-10과 같이 B3 셀의 1과 C3 셀의 1에 대한 D3 셀의 수식 =B3=C3의 결과값은 TRUE를 반환하고, D4 셀의 수식 =B4=C4의 결과값은 FALSE를 반환한다.

아울러 D5 셀의 수식 =B5*C5의 경우 B5 셀의 값인 TRUE를 1로 인식하고, *(곱하기) 연산자를 AND 연산으로 인식하여 결과값 1을 반환하게 된다.

이처럼 일반적인 수식에서도 논리값(TRUE/FALSE)를 계산에 참여시킬 수 있는 것처럼 배열 수식은 일반 함수로 수행할 수 없는 다양한 계산에 사용할 수 있다. 따라서 커서를 D7 셀에 두고 배열 수식 =SUM(B3:B6*C3:C6)를 입력한 다음 Ctrl+Shift+Enter 키를 누르면 D3:D6 범위의 결과값(TRUE, FALSE, 1, 0)을 SUM 함수로 더하여 2를 반환하게 된다.

이러한 배열 수식에 대한 이해를 토대로 그림 4-11-9와 같이 특정 제품(M1001)에 대한 주문횟수를 구해보자. 이를 위해 커서를 I3 셀에 두고 배열 수식 =SUM(($D$3:$D$12=H3)*1)를 입력한 다음 Ctrl+Shift+Enter 키를 누른다.

제품별 주문횟수에 대한 결과를 보기에 앞서 그림 4-11-11과 같이 해당 배열 수식이 처리되는 단계를 살펴보자. 먼저, D3:D12 범위의 배열 값과 H3 셀(M1001)을 비교하여 논리값 TRUE / FALSE 결과를 반환한다. 다음으로 배열 형태로 기억되어 있는 TRUE(1)와 FALSE(0)에 각각 1을 곱하여 1과 0의 결과값을 반환한다. 최종적으로 SUM 함수를 통해 이들 값을 모두 더하여 제품별로 주문횟수를 구하게 된다.

	(D3=H3)×1			("M2001"="M1001")×1			FALSE×1			–		
	(D4=H3)×1			("M1001"="M1001")×1			TRUE×1			1		
	(D5=H3)×1			("M1002"="M1001")×1			FALSE×1			–		
	(D6=H3)×1			("M2001"="M1001")×1			FALSE×1			–		
SUM	(D7=H3)×1	⇒	SUM	("M1003"="M1001")×1	⇒	SUM	FALSE×1	⇒	SUM	–	=	1
	(D8=H3)×1			("M2003"="M1001")×1			FALSE×1			–		
	(D9=H3)×1			("M1003"="M1001")×1			FALSE×1			–		
	(D10=H3)×1			("M2001"="M1001")×1			FALSE×1			–		
	(D11=H3)×1			("M1002"="M1001")×1			FALSE×1			–		
	(D12=H3)×1			("M2002"="M1001")×1			FALSE×1			–		

그림 4-11-11 단일 셀 배열 수식 절차 – 제품별 주문 횟수

다음으로 그림 4-11-9의 제품별 총 주문수량을 구해보자. 이를 위해 J3 셀에 커서를 두고 배열 수식 =SUM(($D$3:$D$12=H3)*$E$3:$E$12)를 입력한 다음 Ctrl+Shift+Enter 키를 누른다.

제품별 총 주문수량에 대한 결과를 보기에 앞서 그림 4-11-12과 같이 해당 배열 수식이 처리되는 단계를 살펴보자.

먼저, D3:D12 범위의 배열 값과 H3 셀(M1001)을 비교하여 논리값 TRUE / FALSE 결과를 반환한다. 다음으로 배열 형태로 기억되어 있는 TRUE(1)와 FALSE(0)에 주문수량(D2:D11)을 각각 곱하여 결과값을 반환한다. 최종적으로 SUM 함수를 통해 이들 값을 모두를 더하여 제품별 총 주문수량을 구하게 된다.

	(D3=H3)×205			("M2001"="M1001")×205			FALSE×205			–		
	(D4=H3)×100			("M1001"="M1001")×100			TRUE×100			100		
	(D5=H3)×105			("M1002"="M1001")×105			FALSE×105			–		
	(D6=H3)×100			("M2001"="M1001")×100			FALSE×100			–		
SUM	(D7=H3)×150	⇒	SUM	("M1003"="M1001")×150	⇒	SUM	FALSE×150	⇒	SUM	–	=	100
	(D8=H3)×170			("M2003"="M1001")×170			FALSE×170			–		
	(D9=H3)×220			("M1003"="M1001")×220			FALSE×220			–		
	(D10=H3)×110			("M2001"="M1001")×110			FALSE×110			–		
	(D11=H3)×200			("M1002"="M1001")×200			FALSE×200			–		
	(D12=H3)×121			("M2002"="M1001")×121			FALSE×121			–		

그림 4-11-16 단일 셀 배열 수식 절차 – 제품별 주문 수량의 합계

하지만 이러한 설명에도 불구하고 배열 수식을 이해하는 것을 쉽지 않다. 아울러 주문횟수에 해당하는 I3 셀의 배열 수식 =SUM(($D$3:$D$12=H3)*1) 대신에 =COUNTIF($D$3:$D$12,H3) 함수를 사용할 수 있으며, J3 셀의 배열 수식 =SUM(($D$3:$D$12=H3)*$E$3:$E$12) 대신에 일반 함수식 =SUMIF($D$3:$D$12,H3,$E$3:$E$12)을 사용할 수 있다.

일반 함수를 사용할 수 있음에도 불구하고 배열 수식을 사용하는 이유는 일반 함수와는 다르게 (1) 중간 계산과정 없이 결과값을 바로 계산할 수 있다는 점, (2) 메모리를 적게 사용하여 계산속도가 빠르다는 점, (3) 배열 단위로 계산된 결과는 개별적으로 삭제할 수 없으므로 일정부분 보호가 된다는 점, (4) 배열 수식을 쉽게 이해하기 어려워 초보자가 수식을 변경할 가능성이 적다는 점, (5) 배열 수식을 사용하지 않으면 불가능한 일부 계산을 수행할 수 있다는 점이 배열 수식을 이용하게 만드는 이유이기도 하다.

연습문제

01 다음은 화목 수목원에서 묘목 60그루의 높이를 측정한 결과이다. 워크시트에 입력된 데이터를 기반으로 제시된 내용을 처리하시오.

	A	B	C	D	E	F	G	H	I
1	138.6	144	149.5	146.1	158	164		기술통계함수	요약값
2	152.8	153.7	152.3	148.5	162	165		최대값	
3	153.8	143.2	152.7	144.2	153.7	168.7		최소값	
4	146.5	145	151.6	146.8	158.7	162.2		평균	
5	144	145.9	153.2	153.8	152.9	156		중앙값	
6	144.1	153.9	157.2	142.2	161.3	151.5		최빈수	
7	147.3	152.8	171	149.5	164.6	152.6		표준편차	
8	161.2	151.7	142.4	149	147.9	151		표본분산	
9	160.2	150.1	157.4	138.4	154.9	158.7		모집단의 표준편차	
10	146.6	155.5	156.9	144.3	160.2	149.9		모집단의 표본분산	
11								첨도	
12								왜도	

(1) [1번] 시트의 I2:I12 범위에 기술통계함수에 대한 결과를 구하시오.

(2) 기술통계 함수를 사용하여 다음의 질문에 대한 답을 구하시오.

① B15 셀에는 묘목의 높이가 상위 30%에 포함되기 위해서 몇 cm이어야 하는지를 구하시오(PERCENTILE.INC 함수).

② B17 셀에는 묘목의 높이가 하위 5%에 포함되기 위해서 몇 cm이어야 하는지를 구하시오(PERCENTILE.EXC 함수).

③ B19 셀에는 묘목의 높이가 150cm 이하가 총 몇 그루인지를 구하시오(COUNTIF 함수).

④ B21 셀에는 묘목의 높이가 3번째로 큰 것은 몇 cm인지를 구하시오(LARGE 함수).

⑤ B23 셀에는 묘목이 높이가 5번째로 작은 것은 몇 cm인지를 구하시오(SMALL 함수).

02 다음은 A, B, C 분반 학생들의 영어성적에 관한 내용이다. 워크시트에 입력된 데이터를 기반으로 제시된 내용을 처리하시오.

	A	B	C	D	E	F	G	H	I
1	분반	구분	듣기	읽기	쓰기	말하기	평균	합계	순위
2	A	이승훈	90	80	90	50			
3	B	김현준	50	90	40	80			
4	C	박수경	30	20	30	40			
5	A	안경숙	50	40	50	50			
6	B	신현미	60	50	90	60			
7	C	김수현	80	100	80	80			
8	A	문상원	70	30	70	95			
9	B	강애연	63	53	75	64			
10	C	강충기	80	58	94	70			
11	A	김규한	91	66	89	88			
12	B	김동구	67	66	88	55			
13	C	김병철	96	91	99	70			
14	평균								
15	합계								
16	최고점								
17	최소점								

(1) G2:H13 범위에는 학생별 평균과 합계를 구하고, C14:H15 범위에는 교과목별 평균과 합계를 구하시오(SUM, AVERAGE 함수).

(2) I2:I13 범위에는 합계 점수에 따라 가장 큰 점수에 대해서 순위 1 이, 가장 작은 점수에 대해서는 순위 12 가 표시되도록 순위를 구하시오(RANK 함수).

(3) C16:H17 범위에는 교과목별 최저점수와 최고점수를 구하시오(MAX, MIN 함수).

(4) L5 셀에는 읽기 점수의 상위 10%가 몇 점인지를 구하시오(PERCENTILE.INC 함수).

(5) L7 셀에는 말하기 점수의 하위 30%가 몇 점인지를 구하시오(PERCENTILE.EXC 함수).

(6) L9 셀에는 듣기, 읽기, 쓰기, 말하기 점수에서 50점 이하의 점수는 총 몇 건인지를 구하시오(COUNTIF 함수).

(7) L11 셀에는 평균 점수가 5번째로 큰 점수는 몇 점인지를 구하시오(LARGE 함수).

(8) L13 셀에는 합계가 2번째로 작은 점수는 몇 점인지를 구하시오(SMALL 함수).

03 다음은 효원(주)의 사원평가에 관한 내용이다. 워크시트에 입력된 데이터를 기반으로 제시된 내용을 처리하시오.

	A	B	C	D	E	F	G	H	I	J	K	L	M	N
1	사번	성명	부서	성별	직급	기본급	보너스	특별 보너스	실급여액	평가점수	비고		직급표	기본급여
2	03-01-303	김성주	개발부	남	부장					5.5			사원	1,510,000
3	03-01-306	이진희	개발부	여	대리					7.0			대리	1,670,000
4	03-01-307	이민희	개발부	여	차장					8.3			과장	1,810,000
5	03-01-318	경민지	개발부	여	사원					9.9			차장	2,050,000
6	03-01-301	권주영	기획부	남	과장					7.0			부장	2,560,000
7	03-01-304	한창수	기획부	남	대리					9.8				
8	03-01-305	이영희	기획부	여	사원					9.0				
9	03-01-316	정동수	기획부	남	차장					9.0				
10	03-01-319	박윤희	기획부	여	사원					10.0				
11	03-01-302	박강우	마케팅	남	과장					8.0				
12	03-01-311	조지희	마케팅	여	사원					8.3				
13	03-01-312	이동화	마케팅	남	사원					7.8				
14	03-01-308	마경수	영업부	남	차장					6.7				
15	03-01-309	장태식	영업부	남	사원					9.5				
16	03-01-310	윤혜라	영업부	여	사원					6.9				
17	03-01-317	나정석	영업부	남	과장					6.8				
18	총 합계													

(1) 기본급(F2:F17)에는 직급표(M1:N6)에 따라 사원은 1,510,000원, 대리는 1,670,000원, 과장은 1,810,000원, 차장은 2,050,000원, 부장은 2,560,000원이 표시되도록 하시오(VLOOKUP 함수).

(2) 보너스(G2:G17) = '기본급 × 35%' 수식으로 계산하시오.

(3) 특별 보너스(H2:H17) : 평가점수(J2:J17)가 8점 이상인 직원만 '평가점수 × 30,000'으로 계산하고 나머지는 0 이 표시되도록 하시오(IF 함수).

(4) 실급여액(I2:I17) = '기본급 + 보너스 + 특별보너스' 수식으로 계산하시오.

(5) 비고(K2:K17) : 평가점수(J2:J17)가 9점 이상은 "A", 8점 이상 "B", 7점 이상 "C", 6점 이상 "D", 그 이하는 "F" 가 표시되도록 하시오(IF 함수).

(6) 총합계(F18:I18) : 기본급, 보너스, 특별보너스, 실급여액에 대한 총합계를 구하시오. 만약 특정 부서를 숨기기 할 경우 특정 부서에 대한 데이터를 제외하고 계산되도록 하시오(SUBTOTAL 함수).

(7) B22 셀에는 개발부 직원에 대한 평가점수의 합계를 구하시오(SUMIF 함수).

(8) B24 셀에는 여자 직원 중 사원 직급을 가진 직원들의 실급여액의 합계를 구하시오(SUMIFS 함수).

04 **다음은 삼손전자의 대리점별 자재 주문금액에 관한 내용이다. 워크시트에 입력된 데이터를 기반으로 제시된 내용을 처리하시오.**

	A	B	C	D	E	F	G	H	I
1	주문일자	대리점	자재코드	수량	단가	주문금액	배송료	청구금액	비고
2	2022-10-03	대구	1001	100	175,000				
3	2022-10-05	대전	2001	100	15,000				
4	2022-10-06	서울	1002	105	35,000				
5	2022-10-09	광주	2001	110	15,000				
6	2022-10-11	춘천	2002	121	320,000				
7	2022-10-13	대구	1003	150	20,000				
8	2022-10-14	부산	2003	170	186,000				
9	2022-10-16	대전	1002	200	35,000				
10	2022-10-19	부산	2001	210	15,000				
11	2022-10-20	서울	1003	220	20,000				
12		평균							

(1) 주문금액(F2:F11) = '수량 × 단가' 수식으로 계산하시오.

(2) 배송료(G2:G11) : 주문금액이 10,000,000원 이상이면 주문금액의 2%로 부과하고, 그 외 주문금액은 5%를 부과한다.

(3) 청구금액(H2:H11) = 주문금액 + 배송료

(4) 비고(I2:I11) : 주문수량이 200개 이상일 경우 '▲'를 표시하고, 150개 이상일 경우 "*"를 표시하고 150개 미만은 경우 "▼"를 표시하시오(IF, HLOOKUP, VLOOKUP 함수 중 선택).

(5) 평균(D12:H12) : 수량, 단가, 주문금액, 배송료, 청구금액별 평균을 구하시오.

(6) B15 셀에는 부산 대리점에서 주문한 평균 주문금액을 구하시오(AVERAGEIF 함수).

(7) B17 셀에는 2022년 10월 09일에 주문된 주문금액은 얼마인지를 찾으시오(벡터형 LOOKUP 함수).

(8) C20 셀에는 B20 셀에 입력한 주문날짜에 따라 자재코드가 표시되도록 하시오(MATCH, INDEX 함수).

05 다음은 우수대학교의 어느 교과목에 관한 내용이다. 워크시트에 입력된 데이터를 기반으로 제시된 내용을 처리하시오.

	A	B	C	D	E	F	G	H	I	J	K
1	성명	과제(10)	중간(30)	기말(30)	출석(30)	합계(100)	합격판정	평점	성적우수자	보고서	재수강
2	강태욱	0	12	21	30						
3	권성훈	10	28	25	26						
4	김성현	8	24	11	30						
5	도명환	0	15	15	26						
6	박종만	10	24	15	30						
7	이승현	0	5	16	10						
8	이상훈	8	19	10	30						
9	이원주	0	24	15	26						
10	장성필	0	7	9	14						
11	탁무용	8	29	26	30						

(1) 합계(F2:F11) = 과제(10) + 중간(30) + 기말(30) + 출석(30)

(2) 합격판정(G2:G11) : 합계 점수가 70점 이상이면 '합격', 그렇지 않으면 '불합격'으로 표시하시오(IF 함수).

(3) 성적(H2:H11) : 해당 학생의 성적이 90점 이상이면 'A', 80점 이상 'B', 70점 이상 'C', 55점 이상 'D', 그 외는 'F'로 성적을 표시하시오(IF 함수).

(4) 성적우수자(I2:I11) : 중간고사가 25점 이상이고 기말고사가 25점 이상이면 '우수자'로 표시하고, 그 외에는 공백으로 표시하시오(IF, AND 함수).

(5) 보고서(J2:J11) : 중간고사가 10점 이하이거나 기말고사가 15점 이하이면 '대상자'로 표시하고 그 외에는 공백으로 표시하시오(IF, OR 함수).

(6) 재수강(K2:K11) : 평점이 'A', 'B', 'C'가 아닌 학생에 대해서 'O'를 표시하고, 그 외는 공백을 표시하시오(IF, NOT, OR 함수).

06 다음은 미래(주)의 원자재 출고현황에 관한 내용이다. 워크시트에 입력된 데이터를 기반으로 제시된 내용을 처리하시오.

	A	B	C	D	E
1	No.	출고일자	거래처명	제품코드	출고수량
2	1	2012-09-07	대보건설㈜	WO-001	9,000
3	2	2012-09-07	오서건설㈜	WO-002	1,170
4	3	2012-09-07	신성건설㈜	WO-001	4,523
5	4	2012-09-08	화인개발㈜	WO-004	1,270
6	5	2012-09-08	대보건설㈜	WO-002	2,800
7	6	2012-09-08	대보건설㈜	WO-001	3,289
8	7	2012-09-08	신성건설㈜	WO-003	2,171
9	8	2012-09-09	화인개발㈜	WO-001	1,530
10	9	2012-09-09	오서건설㈜	WO-004	2,992
11	10	2012-09-09	대보건설㈜	WO-001	1,050

(1) H1 셀에는 대보건설(주)이 출고한 'WO-001' 제품에 대한 출고수량의 합계를 표시하시오(DSUM 함수, 조건은 J1:K2 범위에 알맞게 입력하시오).

(2) H4 셀에는 출고일자 2022년 09월 08일에 대보건설(주)에서 출고한 평균 출고수량을 표시하시오(DAVERAGE 함수, 조건은 J4:K5 범위에 알맞게 입력하시오).

(3) H7 셀에는 화인개발(주)에서 출고한 제품에서 가장 오래전 출고한 제품의 날짜가 언제인지를 표시하시오(DMIN 함수, 조건은 J7:J8 범위에 알맞게 입력하시오).

(4) H1 셀에는 2022년 09월 09일 하루 동안 출고된 'WO-001' 제품 중 가장 큰 출고수량은 얼마인지를 표시하시오(DMAX 함수, 조건은 J10:K11 범위에 알맞게 입력하시오).

(5) H13 셀에는 출고수량이 3,000개 이상인 제품의 출고 횟수가 몇 번인지를 표시하시오(DCOUNT 함수, 조건은 J13:K14 범위에 알맞게 입력하시오).

(6) H16 셀에는 오서건설(주)이 2022년 09월 09일에 출고한 제품의 제품코드가 무엇인지를 표시하시오(DGET 함수, 조건은 J16:K17 범위에 알맞게 입력하시오).

07 다음은 붕붕 렌트의 차량 임대현황에 관한 내용이다. 워크시트에 입력된 데이터를 기반으로 제시된 내용을 처리하시오.

	A	B	C	D	E
1	차량	출고날짜	렌트비/1일	렌트일수	렌트수익
2	K8	2022-12-07	330,000	16	5,280,000
3	그렌저	2022-12-07	130,000	5	650,000
4	K8	2022-12-08	230,000	12	2,760,000
5	SM5	2022-12-24	230,000	9	2,070,000
6	K8	2022-12-25	330,000	4	1,320,000
7	그렌저	2022-12-25	130,000	20	2,600,000
8	K8	2022-12-31	330,000	2	660,000

(1) H1 셀에는 2022년 12월 20일 전에 임대된 K8 에 대한 렌트 수익의 합계는 얼마인지를 표시하시오(DSUM 함수, 조건은 J1:K2 범위에 알맞게 입력하시오).

(2) H4 셀에는 SM5 또는 그렌저의 평균 렌트 수익이 얼마인지를 표시하시오(DAVERAGE 함수, 조건은 J4:K6 범위에 알맞게 입력하시오).

(3) H8 셀에는 평균 렌트 수익보다 높은 제품의 렌트 일수의 합계를 표시하시오(DSUM 함수, 조건은 J8:J9 범위에 알맞게 입력하시오).

(4) H11 셀에는 가장 큰 렌트 일수 또는 가장 작은 렌트 일수에 대한 렌트 수익의 합계를 표시하시오(DSUM 함수, 조건은 J11:K13 범위에 알맞게 입력하시오).

08 다음의 문제를 재무함수를 사용하여 풀이하시오.

(1) 미래(주)에서는 40,000,000원을 가지고 정밀절삭 설비를 4년간 구매하려고 한다. 이 기계를 임대하는데 드는 비용은 연간 14%의 이자로 매달 700,000원이라고 할 경우 구매하는 것이 옳은지 아니면 임대하는 것이 옳은지 현재가치로 구하시오(C4 셀에 PV 함수를 사용하여 결과를 표시하시오).

(2) 미래(주)의 박철수 대리는 매달 150,000원씩 4년 만기 저축을 하고 있다. 이때 연이자율이 7%일 경우 만기에 찾을 수 있는 금액은 얼마인지 저축의 미래가치를 구하시오(C14 셀에 FV 함수를 사용하여 결과를 표시하시오).

(3) 미래(주)는 2023년에 새로운 골프채를 개발하기 위해 기말에 40,000,000원을 투자할 계획이다. 이때 이자율이 9%이고 향후 5년 동안 6,500,000원, 9,000,000원, 10,000,000원, 15,000,000원, 20,000,000원의 수익이 발생하면 이 투자의 순현재가치는 얼마인지 구하시오(C23 셀에 NPV 함수를 사용하여 결과를 표시하시오).

(4) 2023년에 신규 투자를 위해 95,000,000원을 투자할 경우 향후 4년 동안 20,000,000원, 25,000,000원, 30,000,000원, 50,000,000원의 수익이 발생한다면 이 투자의 내부수익율은 얼마인지 구하시오(G14 셀에 IRR 함수를 사용하여 결과를 표시하시오).

(5) 김예찬 차장이 자동차 구입을 위해 은행으로부터 10,000,000원을 대출하였다. 이때 연리 7.5%로 5년 동안 상환해야 한다면 지불해야 할 금액이 얼마인지 매월 초 납입과 매월 말 납입금에 대해 각각 구하시오(G25 셀과 H25 셀에 PMT 함수를 사용하여 결과를 구하시오).

09 다음은 문창(주) 사원의 인적사항에 관한 내용이다. 워크시트에 입력된 데이터를 기반으로 제시된 내용을 처리하시오.

	A	B	C	D	E	F	G	H	I	J	K	L	M	N	O	P
1	사번	사번변경	입사일	주민번호	성 명	직 급	성별	부서명	기본급	비고		부서번호	부서		직급번호	기본급
2	271035		2007-11-25	801017-13579XX	강민규	1						1	생산1		1	1,221,000
3	975204		1997-12-03	700428-13579XX	김선우	3						2	생산2		2	1,548,000
4	968242		1996-06-08	690203-24680XX	김하나	3						3	연구1		3	1,764,000
5	892301		1989-06-09	591128-13579XX	박경석	5						4	연구2		4	2,572,000
6	203179		2000-08-12	760701-24680XX	서민주	3						5	영업1		5	3,430,000
7	282013		2008-06-24	790428-13579XX	신정훈	1						6	영업2			
8	234107		2003-01-30	780102-13579XX	이상호	2						7	자재			
9	266155		2006-02-01	781125-13579XX	이승훈	2						8	총무			
10	959268		1995-11-20	651204-13579XX	임경원	4						9	기획			
11	992228		1999-03-15	740530-13579XX	장영호	3										
12	288054		2008-07-17	810524-13579XX	정명욱	1										
13	981196		1998-04-05	720501-24680XX	정민영	3										
14	927272		1992-09-16	640817-13579XX	정우현	5										

(1) 사번변경(B2:B14) : 사번의 앞의 세 자리와 뒤의 세 자리 사이에 '–'을 추가하여 표시하시오(LEFT, RIGHT 함수) (표시 예 : 271–411).

(2) 성별(G2:G14) : 주민번호 일곱 번째 숫자가 1일 경우에는 '남자', 2일 경우에는 '여자'가 표시되도록 하시오(IF, MID 함수).

(3) 부서명(H2:H14) : L2:M10 범위에서 사번(A2:A14)의 세 번째 숫자에 해당하는 값을 찾아 그와 관련된 부서명이 표시되도록 하시오(MID, INDEX 함수).

(4) 기본급(I2:I14) : O2:P6 범위에서 직급(F2:F14)에 해당하는 값을 찾아 그와 관련된 기본급이 표시되도록 하시오(VLOOKUP 함수).

(5) 비고(J2:J14) : 부서명(H2:H14) 뒤의 숫자가 1일 경우에는 '국내', 2일 경우에는 '해외'가 표시되도록 하시오(IF, RIGHT 함수).

10 **다음은 A, B, C 분반 학생들의 영어성적에 관한 내용이다. 워크시트에 입력된 데이터를 기반으로 제시된 내용을 처리하시오.**

	A	B	C	D	E	F	G	H	I	J	K	L	M
1	분반	구분	듣기	읽기	쓰기	말하기	평균	합계	순위		분반별 평균		
2	A	이승훈	90	80	90	50					A	B	C
3	B	김현준	50	90	40	80							
4	C	박수경	30	20	30	40							
5	A	안경숙	50	40	50	50							
6	B	신현미	60	50	90	60					분반별 합계		
7	C	김수현	80	100	80	80					A	B	C
8	A	문상원	70	30	70	95							
9	B	강애연	63	53	75	64							
10	C	강충기	80	58	94	70							
11	A	김규한	91	66	89	88							
12	B	김동구	67	66	88	55							
13	C	김병철	96	91	99	70							

(1) K3:M3 범위에는 분반별 쓰기 점수에 대한 평균을 배열 수식으로 구하시오.

(2) K8:M8 범위에는 분반별 말하기 점수에 대한 합계를 배열 수식으로 구하시오.

11 **다음은 부영텔레콤이 관리하는 대리점에서 2022년 7월 1일부터 10일까지 출고된 휴대폰에 관한 내용이다. 워크시트에 입력된 데이터를 기반으로 제시된 내용을 처리하시오.**

	A	B	C	D	E	F	G	H	I	J	K	L	M
1	일자	대리점명	제조사	모델명	출고가	출고량	판매금액		대리점	평균판매금액(C사)		일자	총출고량(A사)
2	2022-07-01	시대	A사	SHB250	750,200	20	15,004,000		대양			2022-07-01	
3	2022-07-01	시대	B사	SV550	693,000	30	20,790,000		대연			2022-07-02	
4	2022-07-01	대연	C사	I8500	533,500	40	21,340,000		동부			2022-07-03	
5	2022-07-02	대양	A사	SHV720	599,500	50	29,975,000		수인			2022-07-04	
6	2022-07-02	수인	C사	YM1000	698,500	10	6,985,000		시대			2022-07-05	
7	2022-07-03	대연	B사	SV550	693,000	20	13,860,000		주명			2022-07-06	
8	2022-07-03	대양	A사	SHB250	750,200	50	37,510,000					2022-07-07	
9	2022-07-03	동부	C사	PGS130	595,100	10	5,951,000					2022-07-08	
10	2022-07-03	시대	C사	PGS120	528,000	10	5,280,000					2022-07-09	
11	2022-07-04	동부	A사	SHS380	440,000	5	2,200,000					2022-07-10	

(1) J2:J7 범위에는 각 대리점별 C사 제품에 대한 평균 판매금액을 배열 수식으로 구하시오.

(2) M2:M11 범위에는 일자별 A사 제품의 출고량의 합계를 배열 수식으로 구하시오.

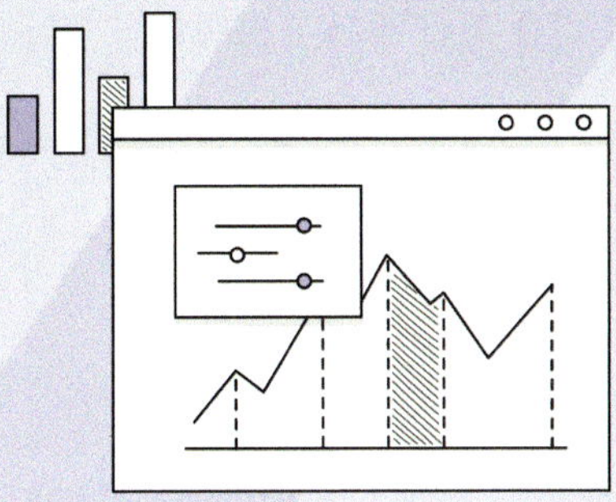

CHAPTER

05

데이터 분석

1 부분합

2 피벗 테이블

3 목표값 찾기

4 시나리오

5 해 찾기

6 데이터 표

7 통합

8 중복된 항목 제거

1 부분합

부분합(Subtotal)은 특정 열(성별, 학과, 직책, 지역 등)을 기준으로 데이터를 그룹화하여 통계적으로 요약하는 기능이다. 즉, 부분합은 특정 열을 기준으로 그룹화한 다음 계산 항목이 포함되어 있는 열에 대해서 그룹별로 합계나 개수, 평균 등을 자동으로 계산하는 기능을 제공한다.

부분합 기능을 실행하기 위해서는 우선적으로 해야 할 중요한 작업이 있다. 부분합을 실행하기 위해 그룹화 기준이 되는 특정 열이 반드시 정렬되어 있어야 한다는 것이다. 이는 부분합 기능이 데이터를 요약할 때 데이터를 분류하는 기능까지 지원하지 않기 때문이다.

그룹화 기준이 되는 특정 열을 정렬한 후 **[데이터] 탭 > [윤곽선] 그룹**에서 [부분합]을 클릭하면 「부분합」 대화상자가 그림 5-1-2와 같이 나타난다. 이때 주의할 점은 데이터 정렬과 마찬가지로 커서를 데이터 내에 두어야 한다는 것이다.

실습파일 : 부분합.xlsx

회사는 부서별로 급여액에 차이가 있는지를 확인하고 싶어 한다. 각 부서별로 실급여액에 대한 요약(합계, 평균 등)을 손쉽게 계산하는 방법이 있나요?

실습파일 [부분합] 시트에는 그림 5-1-1과 같이 어느 중소기업의 직원들에 대한 급여 명세가 기록되어 있다. 부서별로 실급여액에 대한 평균을 구해야 하므로 부분합을 하기에 앞서 반드시 **부서** (D 열)를 기준으로 데이터를 정렬해야 한다.

정렬

	A	B	C	D	E	F	G	H	I	J	K	L
1												
2		사번	이름	부서	직급	성별	기본급	상여금	급여액	건강보험료	국민연금	실급여액
3		H613021	강태욱	개발	부장	남	₩3,000,000	₩360,000	₩3,360,000	₩142,128	₩165,312	₩3,052,560
4		H613035	이경희	개발	대리	여	₩2,300,000	₩276,000	₩2,576,000	₩108,965	₩126,739	₩2,340,296
5		H613039	박창희	개발	대리	여	₩2,100,000	₩252,000	₩2,352,000	₩99,490	₩115,718	₩2,136,792
6		H613024	염철목	구매	차장	남	₩2,850,000	₩342,000	₩3,192,000	₩135,022	₩157,046	₩2,899,932
7		H613028	이상일	구매	과장	남	₩2,650,000	₩318,000	₩2,968,000	₩125,546	₩146,026	₩2,696,428
8		H613032	이승현	구매	과장	남	₩2,450,000	₩294,000	₩2,744,000	₩116,071	₩135,005	₩2,492,924
9		H613030	김미나	구매	대리	여	₩2,550,000	₩306,000	₩2,856,000	₩120,809	₩140,515	₩2,594,676
10		H613022	김성현	기획	차장	남	₩2,950,000	₩354,000	₩3,304,000	₩139,759	₩162,557	₩3,001,684
11		H613042	이영진	기획	사원	남	₩1,950,000	₩234,000	₩2,184,000	₩92,383	₩107,453	₩1,984,164
12		H613027	박소연	기획	차장	여	₩2,700,000	₩324,000	₩3,024,000	₩127,915	₩148,781	₩2,747,304
13		H613040	장성희	기획	사원	여	₩2,050,000	₩246,000	₩2,296,000	₩97,121	₩112,963	₩2,085,916
14		H613045	한지현	기획	사원	여	₩1,800,000	₩216,000	₩2,016,000	₩85,277	₩99,187	₩1,831,536
15		H613026	도명환	생산	부장	남	₩2,750,000	₩330,000	₩3,080,000	₩130,284	₩151,536	₩2,798,180

그림 5-1-1 부분합 데이터

커서를 데이터가 있는 **부서** 열에 두고 **[데이터] 탭 > [정렬 및 필터] 그룹**에서 [오름차순 정렬]을 클릭한다. 이렇게 **부서**를 기준으로 정렬이 마치면 커서를 데이터 내의 아무 곳에 커서를 두고 **[데이터] 탭 > [개요] 그룹**에서 [부분합]을 클릭한다. 그리고 「부분합」 대화상자에서 그림 5-1-2와 같이 여러 옵션을 완성한다.

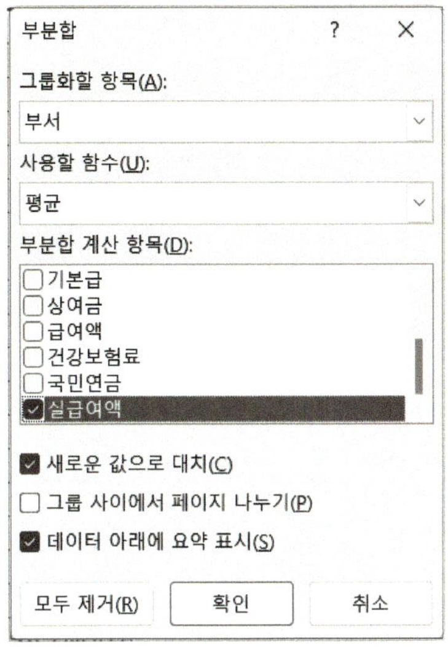

그림 5-1-2 「부분합」 대화상자

- '그룹화할 항목(A)' 목록에서 **부서**를 선택하여 각 부서별로 부분합이 생성되도록 한다.
- '사용할 함수(U)' 목록에서 계산하고자 하는 함수를 선택하는데 **평균**를 선택하여 실급여액에 대한 평균을 계산하도록 한다.
- '부분합 계산 항목(D)'에서는 **실급여액** 옵션을 선택하여 해당 열에 대한 합계가 계산되도록 한다.
- **새로운 값으로 대치(C)** 확인란을 선택하면 이전에 계산된 부분합이 있을 경우 이전 부분합을 현재 설정한 부분합으로 대치하도록 한다. 본 예제에서는 이전 부분합이 없으므로 해당 옵션에 대한 선택 여부는 중요하지 않지만 기본 설정에 따라 선택하도록 한다.
- 그룹 사이에서 페이지 나누기(P)' 확인란를 선택하면 각 그룹에 대한 부분합 뒤에 페이지 나누기를 한다. 그룹마다 페이지를 나누면 부분합 이후 그룹별로 개별 인쇄가 가능하다. 본 예제에서는 인쇄를 고려하지 않으므로 선택하지 않는다.
- **데이터 아래에 요약 표시(S)** 확인란을 선택하면 엑셀에서 부분합을 각 그룹 데이터 아래에 위치시킨다. 만약 확인란을 선택하지 않으며 부분합이 각 그룹 데이터 위에 생성된다.
- '모두 제거(R)' 단추를 클릭하면 데이터에 적용된 부분합을 제거할 수 있다.

그림 5-1-3의 부분합 결과를 살펴보면 개발부의 실급여액 평균은 2,509,883이며, 구매부의 실급여액 평균은 2,670,990, 기획부의 실급여액 평균은 2,330,121인 것을 알 수 있다.

	사번	이름	부서	직급	성별	기본급	상여금	급여액	건강보험료	국민연금	실급여액
3	H613021	강태욱	개발	부장	남	₩3,000,000	₩360,000	₩3,360,000	₩142,128	₩165,312	₩3,052,560
4	H613035	이경희	개발	대리	여	₩2,300,000	₩276,000	₩2,576,000	₩108,965	₩126,739	₩2,340,296
5	H613039	박창희	개발	대리	여	₩2,100,000	₩252,000	₩2,352,000	₩99,490	₩115,718	₩2,136,792
6		개발 평균									₩2,509,883
7	H613024	염철목	구매	차장	남	₩2,850,000	₩342,000	₩3,192,000	₩135,022	₩157,046	₩2,899,932
8	H613028	이상일	구매	과장	남	₩2,650,000	₩318,000	₩2,968,000	₩125,546	₩146,026	₩2,696,428
9	H613032	이승현	구매	과장	남	₩2,450,000	₩294,000	₩2,744,000	₩116,071	₩135,005	₩2,492,924
10	H613030	김미나	구매	대리	여	₩2,550,000	₩306,000	₩2,856,000	₩120,809	₩140,515	₩2,594,676
11		구매 평균									₩2,670,990
12	H613022	김성현	기획	차장	남	₩2,950,000	₩354,000	₩3,304,000	₩139,759	₩162,557	₩3,001,684
13	H613042	이영진	기획	사원	남	₩1,950,000	₩234,000	₩2,184,000	₩92,383	₩107,453	₩1,984,164
14	H613027	박소연	기획	차장	여	₩2,700,000	₩324,000	₩3,024,000	₩127,915	₩148,781	₩2,747,304
15	H613040	장성희	기획	사원	여	₩2,050,000	₩246,000	₩2,296,000	₩97,121	₩112,963	₩2,085,916
16	H613045	한지현	기획	사원	여	₩1,800,000	₩216,000	₩2,016,000	₩85,277	₩99,187	₩1,831,536
17		기획 평균									₩2,330,121

그림 5-1-3 부분합 결과

그림 5-1-3과 같이 데이터가 많아 부서별 부분합 결과를 확인하기 어려운 경우 행 번호 왼쪽에 표시된 1 2 3 단추를 클릭하여 데이터를 확장 및 축소할 수 있다.

먼저 2 단추를 클릭하면 그림 5-1-4와 같이 부서별 실급여액의 평균을 손쉽게 확인할 수 있으며, 1 단추를 클릭하면 전체 직원에 대한 실급여액의 평균을 확인할 수 있다. 즉 낮은 숫자를 클릭할수록 워크시트에 표시되는 내용은 축소된다.

	사번	이름	부서	직급	성별	기본급	상여금	급여액	건강보험료	국민연금	실급여액
6		개발 평균									₩2,509,883
11		구매 평균									₩2,670,990
17		기획 평균									₩2,330,121
23		생산 평균									₩2,452,223
28		영업 평균									₩2,353,015
33		인사 평균									₩2,378,453
34		전체 평균									₩2,442,048

그림 5-1-4 부분합 데이터 축소 – 2단계

> 직원들의 실급여액이 성별과 부서별로 차이가 있는지를 어떻게 확인할 수 있나요?

부분합에서는 두 개 이상을 기준으로 부분합을 중첩하여 표시할 수 있다. 예컨대, 성별에 따라 부서별로 실급여액에 대한 차이가 있는지를 확인하거나, 부서에 따라 직급별로 실급여액에 대한 차이가 있는지를 확인할 수 있다.

실습파일 [중첩부분합] 시트의 데이터를 사용해 성별에 따라 부서별로 실급여액에 대한 차이를 확인해 보자.

부분합을 시작하기 전에 반드시 그룹화할 기준으로 정렬이 되어 있어야 한다. 커서를 데이터 내에 두고 **[데이터] 탭 > [정렬 및 필터] 그룹**에서 **[정렬]**을 클릭한다. 그리고 「정렬」 대화상자에서 그림 5-1-5와 같이 **성별**을 기준으로 1차 정렬한 다음, **부서**를 기준으로 2차 정렬한다.

다음으로 **[데이터] 탭 > [개요] 그룹**에서 [부분합]을 클릭한 다음 「부분합」 대화상자에서 그림 5-1-6과 같이 **성별**을 기준으로 1차 부분합을 적용한 다음, 그림 5-1-7과 같이 **부서**를 기준으로 2차 부분합을 중첩하여 적용한다. 여기에서 주의할 점은 두 번째 부서를 기준으로 2차 부분합을 적용할 때 반드시 **새로운 값으로 대치(C)** 선택을 취소해야 한다.

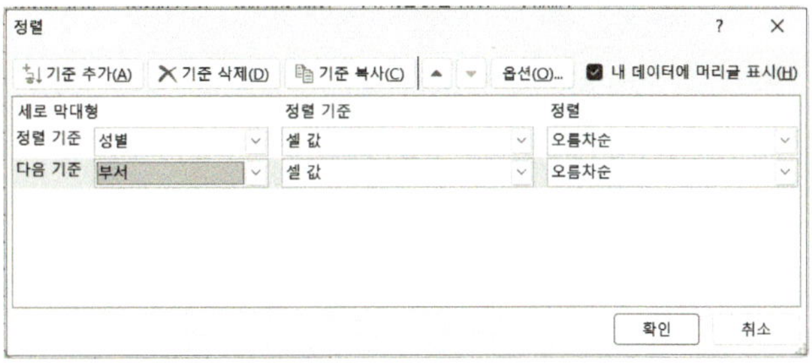

그림 5-1-5 「정렬」 대화상자

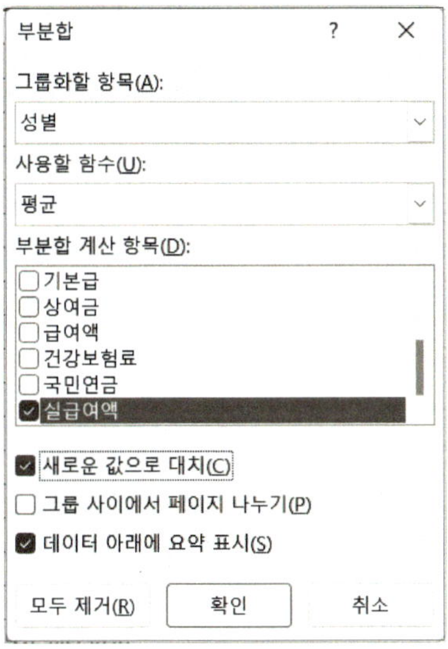

그림 5-1-6 중첩 부분합 : 성별

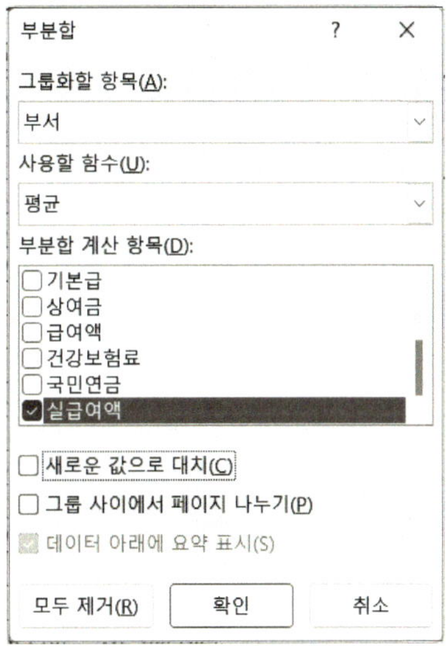

그림 5-1-7 중첩 부분합 : 부서

그림 5-1-8의 중첩 부분합 결과를 살펴보면 성별로 그룹화된 다음 각 그룹(성별) 내에서 부서별로 실급여액에 대한 평균을 확인할 수 있다. 그림 5-1-8과 같이 전체 데이터가 아닌 성별과 부서별에 대한 요약만을 표시하고 싶을 경우에는 3 단추 클릭하면 된다.

	사번	이름	부서	직급	성별	기본급	상여금	급여액	건강보험료	국민연금	실급여액
4			**개발 평균**								₩3,052,560
8			**구매 평균**								₩2,696,428
11			**기획 평균**								₩2,492,924
15			**생산 평균**								₩2,492,924
18			**영업 평균**								₩2,518,362
22			**인사 평균**								₩2,408,131
23					**남 평균**						₩2,561,970
26			**개발 평균**								₩2,238,544
28			**구매 평균**								₩2,594,676
32			**기획 평균**								₩2,221,585
35			**생산 평균**								₩2,391,172
38			**영업 평균**								₩2,187,668
40			**인사 평균**								₩2,289,420
41					**여 평균**						₩2,289,420
42					**전체 평균**						₩2,442,048

그림 5-1-8 중첩 부분합 결과

2 피벗 테이블

피벗 테이블(PivotTable)은 부분합의 확장형으로 데이터를 요약하기 위해 여러 번의 정렬을 해야 하거나 데이터가 복잡해 부분합을 구하기 어려운 경우에 사용한다. 피벗 테이블에서 피벗(pivot)이 중심축을 의미하듯이 테이블의 열과 행을 기준으로 복잡한 데이터를 하나의 요약된 표로 생성하기 때문에 데이터의 이해와 분석을 빠르게 할 수 있다.

실습파일 : 피벗테이블.xlsx

편의점을 운영하면서 어떻게 하면 보다 효율적으로 제품을 관리할 수 있을까 고민이 많다. 판매 데이터를 사용해 데이터를 효과적으로 요약하는 방법은 없나요?

실습파일 [편의점] 시트에는 그림 5-2-1과 같이 922개 제품의 판매 데이터가 기록되어 있다. 각 행에는 각 지역 매장에서 판매된 년도, 월, 지역, 카테고리, 제품, 판매개수, 판매금액이 포함되어 있다. 이처럼 행 단위로 입력된 데이터를 카테고리별, 제품별, 연도별로 판매개수와 판매금액을 요약해 보기 위해 피벗 테이블을 만들어 보자.

	년도	월	지역	카테고리	제품	판매개수	판매금액
1							(단위:천원)
3	2023	8	남부	우유	저지방	805	₩ 3,188
4	2023	3	남부	아이스크림	에디스	992	₩ 3,412
5	2023	1	동부	우유	분유	712	₩ 1,808
922	2023	2	북부	시리얼	레이즌 브랜	514	₩ 1,814
923	2021	5	북부	아이스크림	에디스	890	₩ 3,302
924	2023	8	동부	우유	초콜릿	602	₩ 1,595

그림 5-2-1 편의점의 제품 판매 데이터

피벗 테이블을 만들기 전에 데이터의 첫 번째 행에는 반드시 필드명(열 머리글)이 있어야 한다. 편의점 데이터의 2행에는 필드명(년도, 월, 지역, 카테고리, 제품, 판매개수, 판매금액)이 포함되어 있다. 이제 커서를 데이터 내에 두고 **[삽입] 탭 > [표] 그룹**에서 [피벗 테이블]을 클릭한다. 커서를 데이터 내에 두고 시작하였기 때문에 그림 5-2-2와 같이 「피벗 테이블 만들기」 대화상자의 '표 또는 범위 선택(S)'에 **B2:H924** 범위가 입력되게 된다. 아울러 **외부 데이터 원본 사용(U)**을 선택하면 외부의 데이터베이스를 피벗 테이블의 원본으로 사용할 수도 있다. 다음으로 「피벗 테이블 만들기」 대화상자의 **새 워크시트(N)** 옵션을 선택하여 피벗 테이블을 새 워크시트에 배치하도록 한다(만약 현재 워크시트에 피벗 테이블을 배치하고 싶다면 '기존 워크시트(E)'를 선택하고 현재 워크시트의 임의의 셀을 클릭하면 된다.

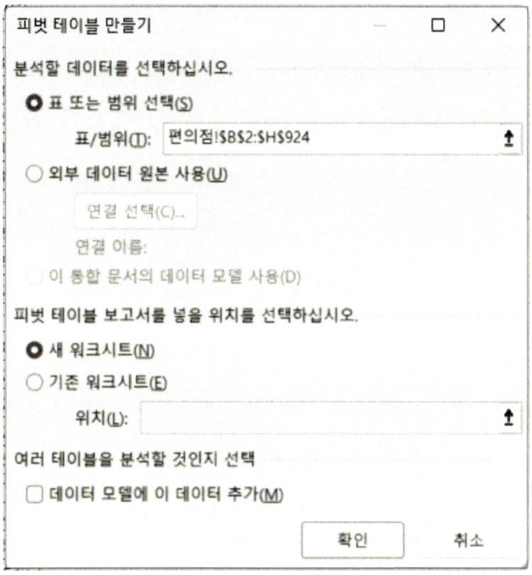

그림 5-2-2 「피벗 테이블 만들기」 대화상자

모든 설정을 완료한 후 '확인' 단추를 클릭하면 현재 워크시트 앞에 새로운 시트가 추가되면서 그림 5-2-3과 같이 '피벗 테이블 필드' 창이 나타난다.

'피벗 테이블 필드' 창에는 원본 데이터의 필드명(열 머리글)이 표시된다. 각 필드명을 그림 5-2-3과 같이 하단에 표시된 4개 영역('필터', '행', '열', '값')으로 끌어다 놓는다.

- 첫 번째 '필터' 영역으로 끌어온 필드는 피벗 테이블 영역의 왼쪽 위에 표시되며, **연도**에 대한 하위 집합(2021, 2022, 2023년)을 쉽게 필터링할 수 있도록 만들어 준다.
- 두 번째 '행'으로 끌어온 필드는 왼쪽 피벗 테이블 영역에 순서대로 표시된다. 예를 들어 그림 5-2-3과 같이 **카테고리**, **제품** 필드를 순서대로 '행' 영역으로 끌어오면 피벗 테이블은 먼저 카테고리별로 데이터를 그룹화(요약)하고, 각 카테고리 내에서 제품별로 데이터를 그룹화한다. 아울러 완성된 피벗 테이블은 그림 5-2-3의 행 영역의 필드명(카테고리, 제품) 순서를 재배치함으로써 피벗 테이블의 그룹화 순서를 손쉽게 바꿀 수 있다.
- 세 번째 '열'로 끌어온 필드는 왼쪽 피벗 테이블 영역의 위쪽 행에 표시된다. 예를 들어 그림 5-2-3과 같이 **지역**을 '열' 영역으로 끌어옴으로써 피벗 테이블을 행과 열로 구성된 테이블 형태로 만들어 준다.

그림 5-2-3 피벗 테이블 필드

- 네 번째 '값'으로 끌어온 필드는 피벗 테이블 영역의 행과 열이 교차하는 지점에 값으로 요약되어 표시된다. 예를 들어 **판매금액**을 '값' 영역으로 끌어오면 피벗 테이블은 행 필드와 열 필드가 교차하는 지점에 판매금액에 대한 합계를 요약하여 표시한다. 값 필드의 계산 방법에는 합계 외에도 평균, 개수 등으로 언제든지 변경할 수 있다.

그림 5-2-4의 피벗 테이블 결과를 살펴보면 B6 셀을 통해 과일이 남부 지역에서 얼마나 판매되었는지를 알 수 있으며, B 열을 통해 남부 지역에서 어떤 카테고리 제품이 가장 많이 판매되었는지를 알 수 있다.

다음으로 피벗 테이블은 다양한 레이아웃 형태를 제공한다. 피벗 테이블은 기본적으로 그림 5-2-4와 같이 행 필드를 서로 겹쳐서 표시하는 압축 형식으로 표시하지만, 그 밖에도 개요 형식, 테이블 형식으로 표시할 수도 있다. 피벗 테이블의 레이아웃을 변경하려면 먼저 커서를 피벗 테이블 내에 두고 **[디자인] 탭 > [레이아웃] 그룹**에서 [보고서 레이아웃]을 클릭한 다음 3가지 레이아웃 형식(압축 형식, 개요 형식, 테이블 형식) 중에서 하나를 선택하면 된다.

	A	B	C	D	E	F
1						
2	년도	(모두)				
3						
4	**합계 : 판매금액**	**열 레이블**				
5	**행 레이블**	**남부**	**동부**	**북부**	**서부**	**총합계**
6	**⊟과일**	**148305.95**	**117431.51**	**108607.25**	**155309.81**	**529654.52**
7	사과	33645.17	23541.54	24906.58	41853.23	123946.52
8	자두	37581.78	37488.77	26370.19	48609.27	150050.01
9	체리	33265.59	39921.5	34069.21	16378.3	123634.6
10	포도	43813.41	16479.7	23261.27	48469.01	132023.39
11	**⊟시리얼**	**133710.98**	**110796.76**	**133885.25**	**137318.9**	**515711.89**
12	레이즌 브랜	59296.22	47625.39	70929.59	78587.22	256438.42
13	스페셜K	38112.83	30865.5	36358.5	35668.93	141005.76
14	치리오스	36301.93	32305.87	26597.16	23062.75	118267.71
15	**⊟아이스크림**	**179819.27**	**99406.64**	**117641.02**	**114082.23**	**510949.16**
16	벤앤저리스	36935.3	21600.16	29723.28	28303.53	116562.27
17	브라이어스	75829.01	43578.08	47359.4	45136.08	211902.57
18	에디스	67054.96	34228.4	40558.34	40642.62	182484.32
19	**⊟우유**	**113826.51**	**148179.32**	**114299.53**	**135777.42**	**512082.78**
20	분유	31775.21	30971.12	22670.94	29578.19	114995.46
21	저지방	27286.31	36238.99	49449.65	51971.54	164946.49
22	전지	23857.19	52187.12	23481.21	24075.49	123601.01
23	초콜릿	30907.8	28782.09	18697.73	30152.2	108539.82
24	**총합계**	**575662.71**	**475814.23**	**474433.05**	**542488.36**	**2068398.35**

그림 5-2-4 피벗 테이블 결과 – 편의점

피벗 테이블을 작성한 다음 표시 형식을 변경하는 손쉬운 방법은 없나요?

피벗 테이블 완성 이후 그림 5-2-4와 같이 행과 열이 교차하는 지점의 판매금액을 보면 표시 형식과 관련하여 금액(₩) 및 콤마(,)가 표시되어 있지 않은 것을 볼 수 있다. 따라서 피벗 테이블에 표시된 수치에 대한 표시 형식을 변경하려면, 먼저 커서를 피벗 테이블의 행과 열이 교차하는 **판매금액**에 두고 [분석] 탭 > [활성 필드] 그룹에서 [필드 설정]을 클릭한다.

그림 5-2-5와 같이 「값 필드 설정」 대화상자에서 표시 형식(N) 단추를 클릭한 다음 「셀 서식」 대화상자에서 '통화'를 선택하여 피벗 테이블에 표시된 숫자들에 통화 형식으로 변경할 수 있다. 이 밖에도 값 필드 요약 기준(S)에서 평균을 선택하여 판매금액에 대한 요약값으로 평균으로 변경할 수도 있다.

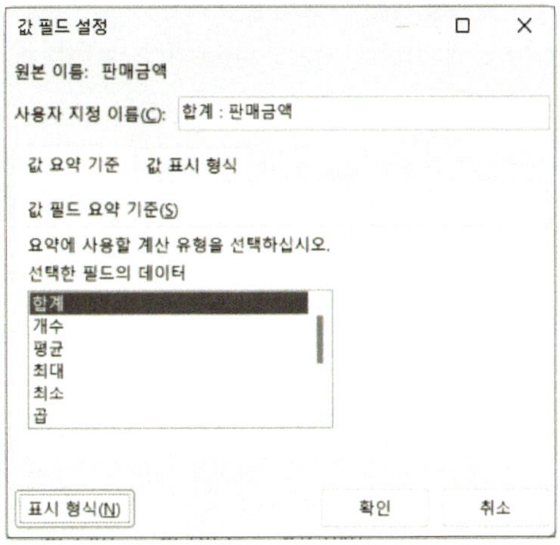

그림 5-2-5 「값 필드 설정」 대화상자

피벗 테이블의 표시 형식을 변경하는 다른 방법으로 그림 5-2-3의 '피벗 테이블 필드' 창의 Σ 값 영역에서 합계 : 판매금액 오른쪽에 있는 작은 화살표를 클릭하여 값 필드 설정(N)을 선택한 다음 동일한 절차로 표시 형식을 변경할 수도 있다.

피벗 테이블을 작성한 다음 표시된 필드를 축소 및 확장하려면 어떻게 해야 하나요?

피벗 테이블에 표시된 필드를 축소 및 확장(엑셀 2007에 도입된 기능) 함으로써 데이터에 대한 이해를 높일 수 있다. 그림 5-2-4와 같이 카테고리 앞에 빼기(–) 기호를 클릭하면 필드가 축소되면서 더하기(+) 기호로 변경된다. 반대로 더하기(+) 기호를 클릭하면 필드를 확장하여 표시할 수 있다. 예를 들어 A 열에 표시된 과일, 시리얼, 아이스크림, 우유 앞의 빼기(–) 기호를 클릭하면 그림 5-2-6과 같이 모든 데이터를 카테고리별로 축소하여 볼 수 있다.

필드마다 개별적으로 축소 및 확장하는 방법 외에도 전체 필드를 한꺼번에 축소 및 확장하는 방법도 있다. 먼저 더하기(+), 빼기(–) 기호가 있어 축소 및 확장 가능한 필드를 선택하고(그림 5-2-6에서는 A6 셀을 선택) [분석] 탭 > [활성 필드] 그룹에서 그림 5-2-7과 같이 [필드 확장] 단추(녹색 더하기 기호) 또는 [필드 축소] 단추(빨간색 빼기 기호)를 클릭하면 손쉽게 필드를 축소 및 확장할 수 있다.

	A	B	C	D	E	F
1						
2	년도	(모두)				
3						
4	합계 : 판매금액	열 레이블				
5	행 레이블	남부	동부	북부	서부	총합계
6	⊞과일	₩148,306	₩117,432	₩108,607	₩155,310	₩529,655
7	⊞시리얼	₩133,711	₩110,797	₩133,885	₩137,319	₩515,712
8	⊞아이스크림	₩179,819	₩99,407	₩117,641	₩114,082	₩510,949
9	⊞우유	₩113,827	₩148,179	₩114,300	₩135,777	₩512,083
10	총합계	₩575,663	₩475,814	₩474,433	₩542,488	₩2,068,398

그림 5-2-6 피벗 테이블 필드 확장 및 축소

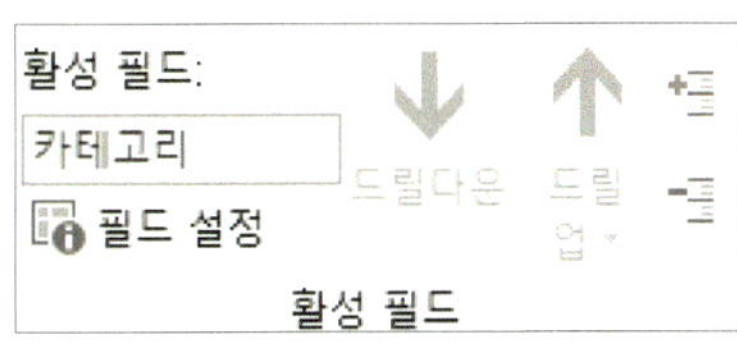

그림 5-2-7 활성 필드 확장 및 축소

> 피벗 테이블을 작성한 다음 피벗 테이블에 표시된 필드를 정렬하거나 필터링하는 방법이 없나요?

피벗 테이블은 기본적으로 모든 필드를 오름차순으로 정렬하여 표시한다. 그림 5-2-6과 같이 **카테고리**, **지역** 필드는 모두 오름차순으로 정렬된 것을 확인할 수 있다. 아울러 **과일**(A6 셀)에 대한 더하기(+) 기호 클릭해 확장해 보면 과일의 **제품** 종류도 알파벳 순으로 오름차순 정렬된 것을 볼 수 있을 것이다.

만약 **과일**에 대한 **제품**(사과, 자두, 체리, 포도)를 알파벳 역순으로 표시하고 싶다면, 먼저 **과일**(A6 셀)에 대한 더하기(+) 기호 클릭해 확장한 다음 커서를 **제품**이 표시된 **A7** 셀에 두고 그림 5-2-8과 같이 '피벗 테이블 필드' 창의 **필드** 영역에서 **제품** 필드 오른쪽에 있는 드롭다운 화살표를 클릭한다. 그리고 그림 5-2-9와 같이 표시된 단축 메뉴에서 **텍스트 내림차순 정렬**을 선택하면 **과일** 내의 **제품**이 내림차순으로 정렬된 것을 확인할 수 있다.

이와 같은 방법 외에도 손쉽게 정렬하는 방법으로는 **과일**(A6 셀)을 확장한 상태에서 **A7** 셀에 커서를 두고 마우스 오른쪽 버튼을 클릭하여 나타난 단축 메뉴에서 **정렬(S) > [텍스트 오름차순 정렬]**을 클릭하면 다시 원래대로 정렬을 되돌릴 수 있다.

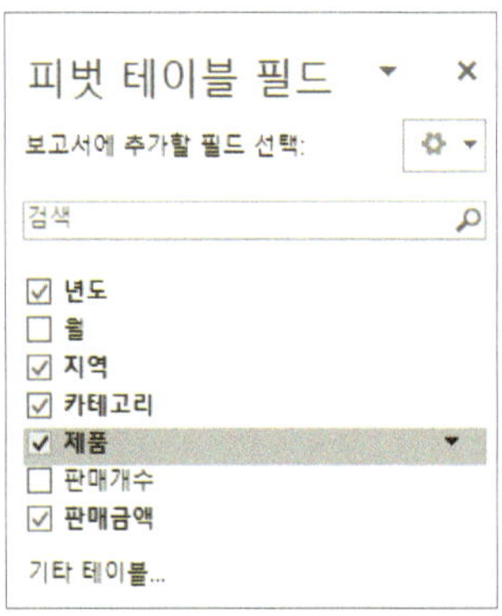

그림 5-2-8 피벗 테이블 필드 제품 선택

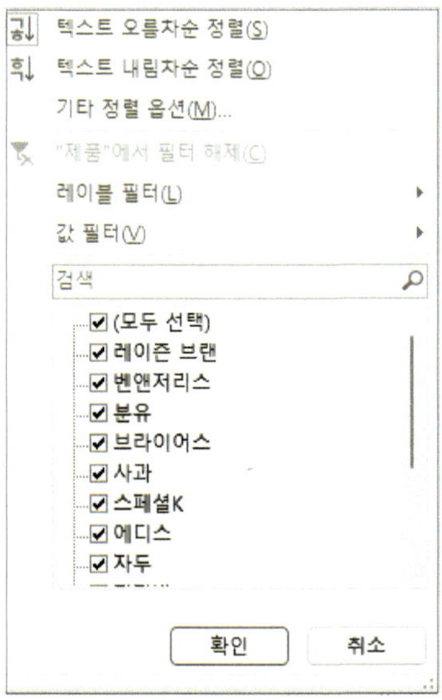

그림 5-2-9 필드 정렬

이 밖에도 피벗 테이블에서는 그림 5-2-9와 같이 필터링 옵션을 사용하여 원하는 제품만 피벗 테이블에 표시할 수 있다. 특별히 특정 제품만 필터링하여 표시하고 싶다면, 그림 5-2-9와 같은 단축 메뉴에서 피벗 테이블에 표시하고자 하는 제품만 선택하면 된다.

피벗 테이블에 대한 이해를 돕기 위해 데이터를 시각적으로 표현하는 방법은 없나요?

엑셀에서는 피벗 차트를 사용하여 피벗 테이블의 데이터를 시각적으로 표현할 수 있다. 피벗 차트는 원하는 방식으로 데이터를 배치할 수 있을 뿐만 아니라 데이터를 정렬 및 필드를 축소/확장할 수도 있다.

실습파일 [피벗차트] 시트의 판매 데이터를 이용해 연도별, 카테고리별로 판매개수의 변화를 살펴보자. 이를 위해 먼저 그림 5-2-10과 같이 피벗 테이블을 작성한다. '행' 영역으로 **년도** 필드를 끌어 놓고, '열' 영역으로 **카테고리** 필드를 끌어 놓고, '값' 영역으로 **판매개수** 필드를 끌어 놓는다.

	A	B	C	D	E	F
1						
2						
3	합계 : 판매개수	열 레이블				
4	행 레이블	과일	시리얼	아이스크림	우유	총합계
5	2021	60047	63689	56518	62974	243228
6	2022	53910	52489	56222	54117	216738
7	2023	61816	58671	55693	56981	233161
8	총합계	175773	174849	168433	174072	693127

그림 5-2-10 피벗 차트 데이터

피벗 테이블을 작성한 다음 커서를 피벗 테이블 내에 두고 **[분석] 탭 > [도구]** 그룹에서 [피벗 차트]를 클릭한다. 그리고 「차트 삽입」 대화상자에서 만들려는 차트 유형을 선택한다. 그림 5-2- 11과 같이 「차트 삽입」 대화상자에서 차트 유형에 대한 **세로막대형 > [묶은 세로 막대형]**을 선택한다. 그림 5-2-12와 같이 워크시트에 만들어진 차트 결과를 보면 2022년에는 시리얼이 가장 적게 판매되었다가 2023년부터는 조금씩 성장해 가는 것을 볼 수 있다. 피벗 차트의 특징은 피벗 차트 내의 **년도**와 **카테고리**를 통해 언제든지 차트에 표시되는 데이터를 필터링할 수 있다는 것이다.

그림 5-2-11 「차트 삽입」 대화상자

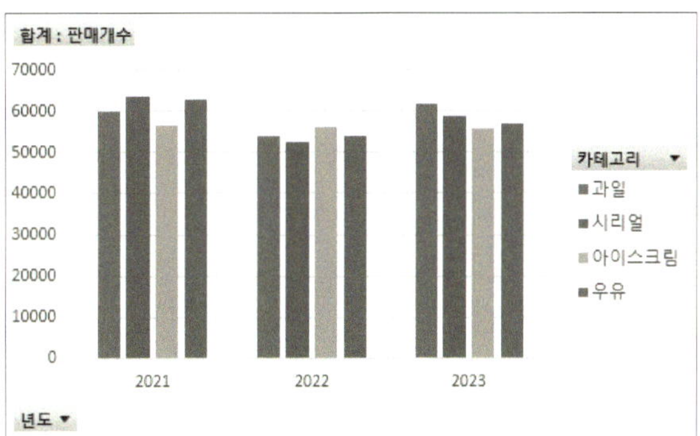

그림 5-2-12 피벗 차트

피벗 테이블에서 특정 데이터를 데이터 막대로 시각화하고 싶은데 피벗 테이블에서도 조건부 서식을 적용할 수 있나요?

실습파일 [피벗막대] 시트의 피벗 테이블을 이용해 판매금액에 대한 값을 데이터 막대로 시각화해 보자. 이를 먼저 그림 5-2-4와 같이 카테고리 내의 모든 제품을 표시하여 **제품별 판매금액**이 표시되도록 한다. 그리고 커서를 **B7** 셀에 두고 **[홈] 탭 > [스타일] 그룹**에서 [조건부 서식]을 클릭한 다음 **[데이터 막대(D)]**의 하위 메뉴에서 **[기타 규칙(M)...]**을 선택한다.

그리고 「새 서식 규칙」 대화상자에서 그림 5-2-13과 같이 '규칙 적용 대상(A):'에 셀 범위 **=$B$7**을 입력한 다음 바로 아래 옵션에서 **"제품" 및 "지역"에 대해 "합계 : 판매금액" 값을 표시하는 모든 셀(N)**을 선택하고 '확인' 단추를 클릭한다.

그림 5-2-14와 같이 피벗 테이블에 데이터 막대가 삽입된 것을 확인할 수 있다. 만약 「새 서식 규칙」 대화상자 옵션에서 **"합계 : 판매금액" 값을 표시하는 모든 셀(W)**을 선택하게 되면 데이터 막대에 총합계가 포함되므로 데이터 막대의 가독성이 떨어지게 된다.

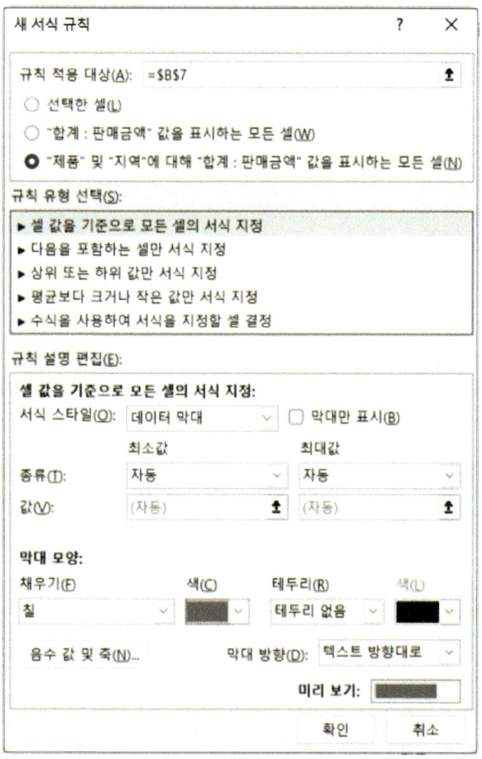

그림 5-2-13 「새 서식 규칙」 대화상자

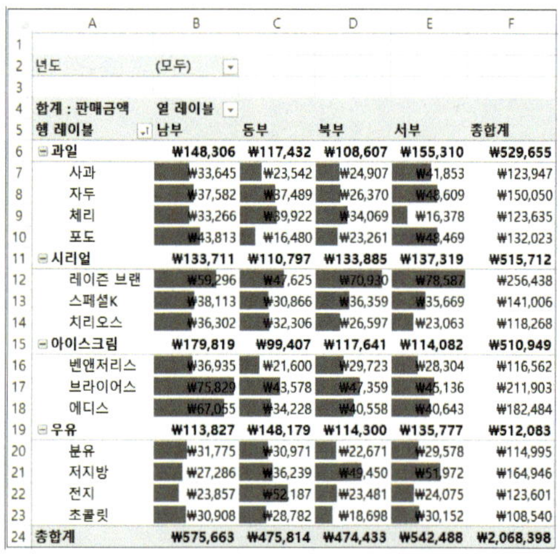

	A	B	C	D	E	F
1						
2	년도	(모두)				
3						
4	합계 : 판매금액	열 레이블				
5	행 레이블	남부	동부	북부	서부	총합계
6	⊟과일	₩148,306	₩117,432	₩108,607	₩155,310	₩529,655
7	사과	₩33,645	₩23,542	₩24,907	₩41,853	₩123,947
8	자두	₩37,582	₩37,489	₩26,370	₩48,609	₩150,050
9	체리	₩33,266	₩39,922	₩34,069	₩16,378	₩123,635
10	포도	₩43,813	₩16,480	₩23,261	₩48,469	₩132,023
11	⊟시리얼	₩133,711	₩110,797	₩133,885	₩137,319	₩515,712
12	레이즌 브랜	₩59,296	₩47,625	₩70,930	₩78,587	₩256,438
13	스페셜K	₩38,113	₩30,866	₩36,359	₩35,669	₩141,006
14	치리오스	₩36,302	₩32,306	₩26,597	₩23,063	₩118,268
15	⊟아이스크림	₩179,819	₩99,407	₩117,641	₩114,082	₩510,949
16	벤앤저리스	₩36,935	₩21,600	₩29,723	₩28,304	₩116,562
17	브라이어스	₩75,829	₩43,578	₩47,359	₩45,136	₩211,903
18	에디스	₩67,055	₩34,228	₩40,558	₩40,643	₩182,484
19	⊟우유	₩113,827	₩148,179	₩114,300	₩135,777	₩512,083
20	분유	₩31,775	₩30,971	₩22,671	₩29,578	₩114,995
21	저지방	₩27,286	₩36,239	₩49,450	₩51,972	₩164,946
22	전지	₩23,857	₩52,187	₩23,481	₩24,075	₩123,601
23	초콜릿	₩30,908	₩28,782	₩18,698	₩30,152	₩108,540
24	총합계	₩575,663	₩475,814	₩474,433	₩542,488	₩2,068,398

그림 5-2-14 피벗 테이블에 데이터 막대 삽입

> 원본 데이터를 변경한 다음 피벗 테이블에 변경된 값을 업데이트하려고 하는데 어떻게 하면 변경된 값을 업데이트할 수 있을까요?

실습파일 [패키지여행] 시트에는 여행객에 대한 여행경비, 나이, 성별이 기록되어 있다. 먼저 여행 데이터를 이용해 피벗 테이블을 작성해 보자. 커서를 데이터 내에 두고 **[삽입] 탭 > [표] 그룹**에서 [피벗 테이블]을 클릭한다. 그리고 그림 5-2-15와 같이 「피벗 테이블 만들기」 대화상자에서 **기존 워크시트**를 선택하고, 피벗 테이블의 위치로 F2 셀을 선택한다. 다음으로 '행' 영역으로 **나이** 필드를, '열' 영역으로 **성별** 필드를, '값' 영역으로 **여행경비** 필드를 끌어다 놓아 그림 5-2-16과 같이 피벗 테이블이 완성된다.

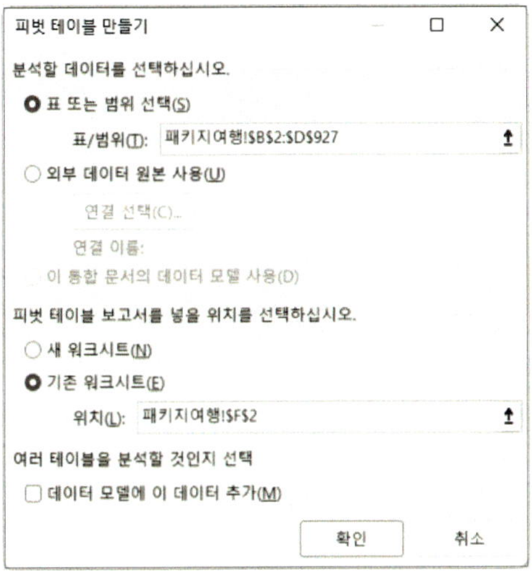

그림 5-2-15 「피벗 테이블 만들기」 대화상자

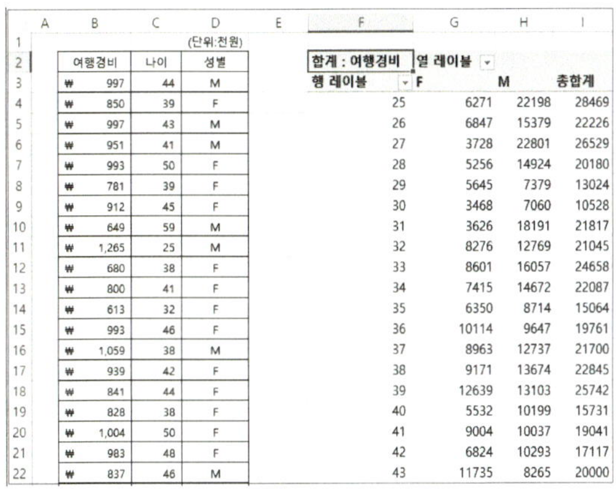

	A	B	C	D	E	F	G	H	I
1				(단위:천원)					
2		여행경비	나이	성별		합계 : 여행경비	열 레이블		
3		₩ 997	44	M		행 레이블	F	M	총합계
4		₩ 850	39	F		25	6271	22198	28469
5		₩ 997	43	M		26	6847	15379	22226
6		₩ 951	41	M		27	3728	22801	26529
7		₩ 993	50	F		28	5256	14924	20180
8		₩ 781	39	F		29	5645	7379	13024
9		₩ 912	45	F		30	3468	7060	10528
10		₩ 649	59	M		31	3626	18191	21817
11		₩ 1,265	25	M		32	8276	12769	21045
12		₩ 680	38	F		33	8601	16057	24658
13		₩ 800	41	F		34	7415	14672	22087
14		₩ 613	32	F		35	6350	8714	15064
15		₩ 993	46	F		36	10114	9647	19761
16		₩ 1,059	38	M		37	8963	12737	21700
17		₩ 939	42	F		38	9171	13674	22845
18		₩ 841	44	F		39	12639	13103	25742
19		₩ 828	38	F		40	5532	10199	15731
20		₩ 1,004	50	F		41	9004	10037	19041
21		₩ 983	48	F		42	6824	10293	17117
22		₩ 837	46	M		43	11735	8265	20000

그림 5-2-16 워크시트에 피벗 테이블 추가

완성된 피벗 테이블을 보면 나이가 오름차순으로 정렬되어 표시된 것을 볼 수 있다. 나이와 관련하여 데이터에 대한 특별한 의미를 부여하기 위해 나이를 연령대별로 그룹화할 필요가 있다. 이에 연령대별로 피벗 테이블 결과를 그룹화하려면, 먼저 나이가 표시된 F4:F43 범위 내에 커서를 두고 **[분석] 탭 > [그룹]** 그룹에서 [필드 그룹화]를 클릭하거나, 마우스 오른쪽 버튼을 클릭하여 **그룹(G)...**을 선택한다. 그림 5-2-17과 같이 「그룹화」 대화상자에서 나이에 대한 그룹 간격을 지정할 수 있다. 예를 들어 0세에서 10년 단위로 그룹화하게 되면 각 그룹은 그림 5-2-18과 같이 20~29세, 30~39세, 40~49세, 50~59, 60~69로 그룹화하게 된다.

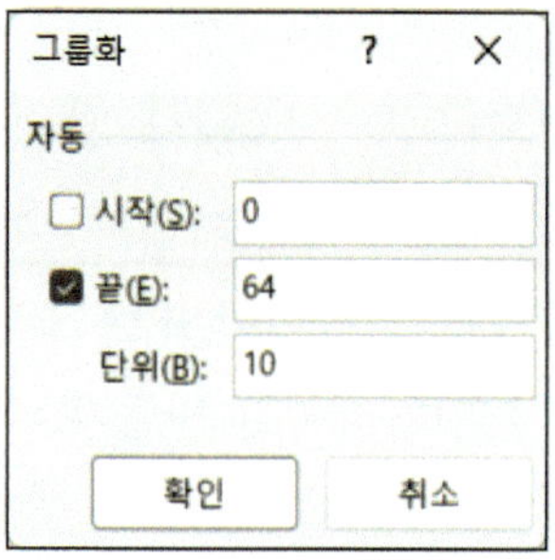

그림 5-2-17 「그룹화」 대화상자

	F	G	H	I
1				
2	합계 : 여행경비	열 레이블		
3	행 레이블	F	M	총합계
4	20-29	27747	82681	110428
5	30-39	78623	126624	205247
6	40-49	98943	107093	206036
7	50-59	148139	79071	227210
8	60-69	60180	30918	91098
9	총합계	413632	426387	840019

그림 5-2-18 나이 필드를 기준으로 그룹화

이제 데이터의 변경된 값을 피벗 테이블에 반영해 보자. 먼저 커서를 피벗 테이블 내에 두고 [분석] 탭 > [데이터] 그룹에서 [새로 고침]을 클릭하거나, 마우스 오른쪽 버튼을 클릭하여 나타난 단축 메뉴에서 새로 고침(R)을 선택하면 된다.
아울러 피벗 테이블의 위치를 변경(기존 워크시트 → 새 워크시트)하려면 [분석] 탭 > [동작] 그룹에서 [피벗 테이블 이동]을 클릭하여 피벗 테이블을 다른 위치로 이동할 수 있다.

3 목표값 찾기

내 집 마련을 위해 은행에서 대출을 받는 일을 매우 일반적인 일이다. 은행 대출이 필요한 상황에서 은행 이자율(고정금리), 대출금 상환 개월 수, 대출금 상환 금액은 반드시 고려해야 할 사항들이다. 매달 일정 금액을 상환할 수 있는 당신은 은행에서 얼마까지 대출받을 수 있는지 알고 싶다. 이처럼 원하는 결과를 얻는 데 필요한 입력 값이 무엇인지 알고 싶을 때 '목표값 찾기(Goal Seek)' 기능을 사용할 수 있다.

> 내 집 마련을 위해 여러 부동산 사이트를 검색하던 중 마침 좋은 아파트를 찾게 되었다. 현재 나의 재정 능력으로 매달 200만원을 납입할 수 있으며, 앞으로 15년은 회사를 다닐 수 있을 것 같다. 현재 은행 이자율 6%로 대출을 받는다면 나의 재정 능력으로 얼마까지 빌릴 수 있을까요?

실습파일 [대출원리금] 시트에는 나의 재정 능력과 관련하여 매월 납입 가능 금액 200만원과 대출 기간 15년과 은행 이자율(고정금리) 6%가 기록되어 있다. 현재 나의 재정 능력으로 은행에서 얼마까지 대출받을 수 있는지 알고 싶다.
이를 위해 먼저 그림 5-3-1과 같이 C3 셀에는 대출금 0을 입력하고, C4 셀에 상환 개월 수 180을 입력하고, C5 셀에 이자율 0.06(6%)을 입력한 다음, C7 셀에는 월 납입액에 대한 수식

=-PMT(C5/12,C4,C3)을 입력한다. 이렇게 PMT 모델을 완성한 다음 C3 셀에 200,000(2억원) 입력하면 C7 셀에는 PMT 수식에 따라 1,688(1,688,000원)이 표시된다. 즉 2억원을 대출받게 되면 매달 1,688,000원을 내야 한다는 것이다. 따라서 C3 셀에 0을 입력하는 이유는 아직 얼마의 대출을 받을 수 있는지 모르기 때문이다.

PMT는 재무 함수 중 하나로, 일정 금액을 정기적으로 납입하고 일정한 이자율이 적용되는 대출 상환금을 계산하여 준다.

PMT(rate, nper, pv, [fv], [type])

- rate : 필수 요소로 대출 이자율를 말한다.
- nper : 필수 요소로 대출금 총 상환 횟수를 말한다.
- pv : 필수 요소로 현재 가치, 즉 앞으로 지불할 일련의 상환금이 현재 가지고 있는 가치의 총합(원금)을 말한다.
- fv : 선택 요소로 마지막 결제가 이루어진 후 이루고자 하는 미래 가치 또는 현금 잔액을 말한다. fv를 생략하면 0(0)으로 가정된다.
- type : 선택 요소로 납입 시점을 0 또는 1로 나타낸다.

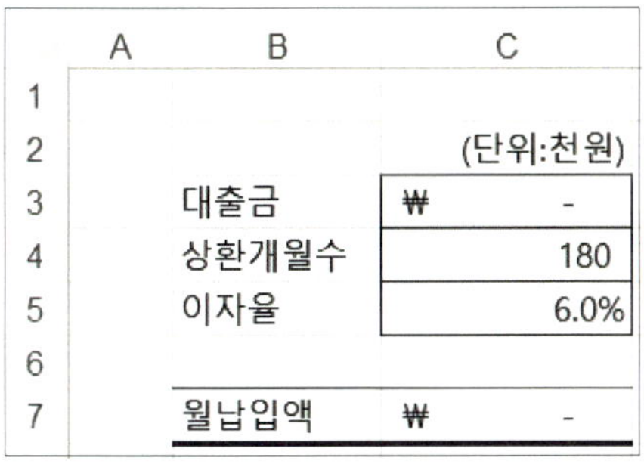

그림 5-3-1 PMT 모델

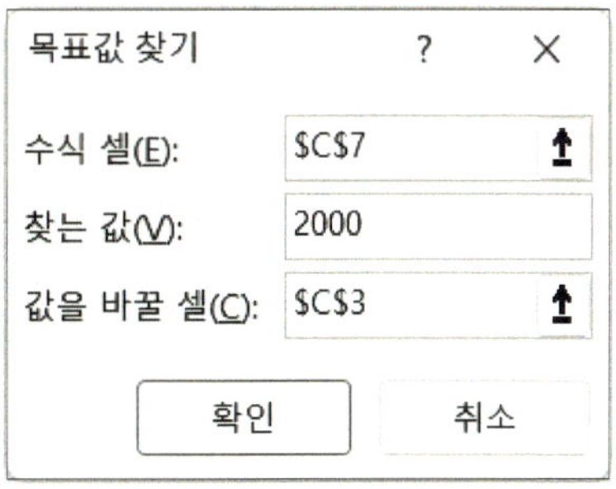

그림 5-3-2 「목표값 찾기」 대화상자

다음으로 [데이터] 탭 > [예측] 그룹에서 [가상 분석]의 하위 메뉴에서 [목표값 찾기(G)...]를 클릭한다. 그리고 그림 5-3-2와 같이 「목표값 찾기」 대화상자를 완성하고 '확인' 단추를 클릭한다. 그림 5-3-3의 목표값 찾기 결과를 살펴보면 월 납입할 수 있는 금액이 200만원일 경우 최대 237,007(2억3천7백만원)까지 대출받을 수 있음을 알 수 있다.

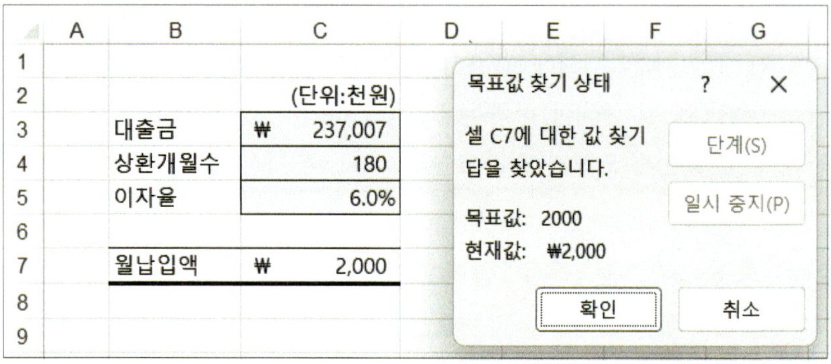

그림 5-3-3 목표값 찾기 결과

4 시나리오

시나리오(Scenario Manager)는 여러 상황에 따라 조건을 변화시켰을 때 결과의 변화를 비교・분석하고, 예측할 수 있도록 지원한다. 특히, 입력변수가 많아 목표값을 찾기 힘들거나 복잡한 데이터를 분석할 경우 결과값을 비교할 수 있어 매우 유용하다.

실습파일 : 시나리오.xlsx

보건복지부에서는 국민연금 급여액에 대해서 물가 상승을 반영해 5% 인상안을 발표하였다. 이와 함께 국민연금 고갈에 대비해 현행 9%의 보험료율을 12%와 15%로 인상하는 안을 동시에 발표하였다. 그리고 건강보험정책심의위원에서는 건강보험재정이 빠르게 고갈되고 있다는 평가에 따라 건강보험료율을 현행 7%에서 8%와 9%로 인상하는 안을 발표하였다.
이러한 보험료의 인상은 실급여액에 영향을 미쳐 나의 재정 계획에 변화를 가져오게 된다. 실제로 국민연금과 건강보험료가 인상된다면 내가 받게 될 실급여액은 어떻게 달라질까요?

건강보험료 및 국민연금의 인상 비율에 따른 실급여액의 변화를 시나리오 기능을 통해 살펴볼 수 있다. 따라서 본 예제에서는 예상되는 '건강보험료 비율', '국민연금 비율'에 대한 두 가지 시나리오로 작성하고 이를 기반으로 실급여액의 변화를 살펴보고자 한다.

시나리오	건강보험료 비율	국민연금 비율
3-1% 인상 시나리오	12%	8%
6-2% 인상 시나리오	15%	9%

먼저 두 가지 시나리오('건강보험료 비율', '국민연금 비율')에 따라 달라지는 실급여액을 확인하기 위해 **실습파일 [실급여액] 시트**에는 그림 5-4-1과 같이 실급여액 계산 모델이 구축되어 있다.

	A	B	C	D	E	F
1						
2		항목	금액		항목	비율
3		기본급	3,000,000		상여금 비율	12%
4		상여금	360,000		건강보험료 비율	9%
5		급여액	3,360,000		국민연금 비율	7%
6		건강보험료	302,400			
7		국민연금	235,200			
8						
9		**실급여액**	**2,822,400**			

그림 5-4-1 실급여액 계산 모델

두 가지 시나리오 작성을 위해 [실급여액] 시트에서 **[데이터] 탭 > [예측] 그룹**에서 [가상 분석]의 하위 메뉴에서 [시나리오 관리자(S)...]를 클릭한다. 그리고 그림 5-4-3-2와 같이 「시나리오 관리자」 대화상자에서 **추가(A)...** 단추를 클릭한 다음 「시나리오 추가」 대화상자를 그림 5-4-3과 같이 완성한다.

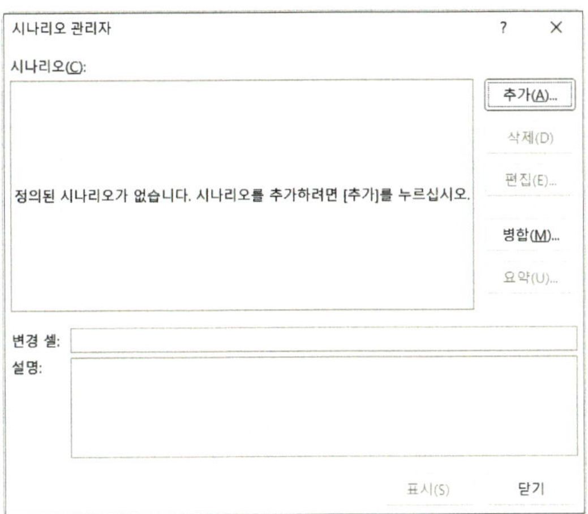

그림 5-4-2 「시나리오 관리자」 대화상자

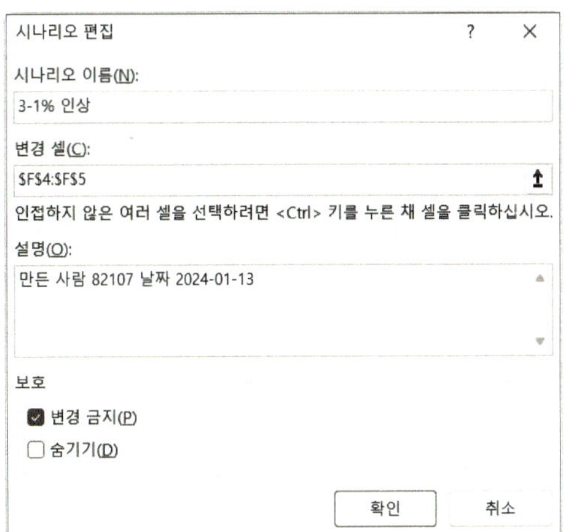

그림 5-4-3 「시나리오 편집」 대화상자

「시나리오 추가」 대화상자의 '시나리오 이름(N):'은 **3-1% 인상**으로 입력하고, 시나리오마다 변경되는 값에 해당하는 '변경 셀(C):'에는 **F4:F5**를 입력하고 '확인' 단추를 클릭한다.
다음으로 그림 5-4-4와 같이 「시나리오 값」 대화상자에서 3-1% 인상 시나리오에 해당하는 값을 입력한다. 3-1% 인상 시나리오의 경우 F4 셀(건강보험료 비율)에는 **0.12**를 입력하고, F5 셀(국민연금 비율)에는 **0.08**을 입력한다. 입력을 마치고 '확인' 단추를 클릭하면 다시 「시나리오 관리자」 대화상자로 돌아가며 방금 설정한 3-1% 인상 시나리오가 추가된 것을 확인할 수 있다.

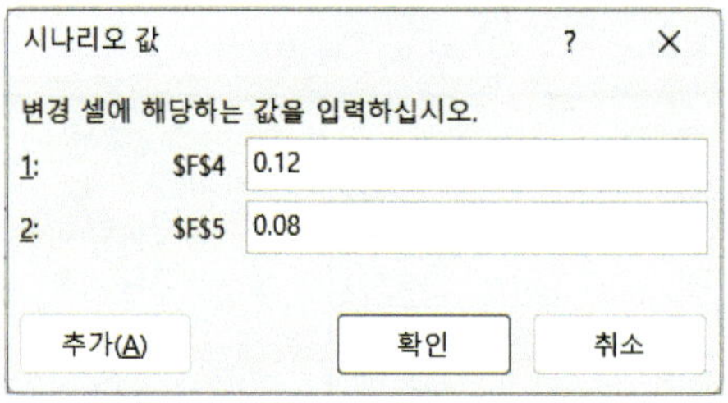

그림 5-4-4 「시나리오 값」 대화상자

동일한 절차로 두 번째 시나리오에 대해서 '시나리오 이름(n):'을 6-2% 인상으로 입력하고, 시나리오 값을 각각 0.15와 0.09를 입력한다. 작성을 마치면 「시나리오 관리자」 대화상자에는 그림 5-4-5와 같이 두 개의 시나리오가 표시된다.

이렇게 개별적으로 작성한 두 개의 시나리오를 한 번에 요약해서 보려면 시나리오 요약 보고서를 만들어 확인할 수 있다. 시나리오 요약 보고서를 작성하려면 먼저 그림 5-4-5와 같이 「시나리오 관리자」 대화상자에서 요약(U)... 단추를 클릭하고, 그림 5-4-6과 같이 「시나리오 요약」 대화상자에서 시나리오 요약(S)을 선택한 다음 '결과 셀(R):'에 =C9를 입력한다.

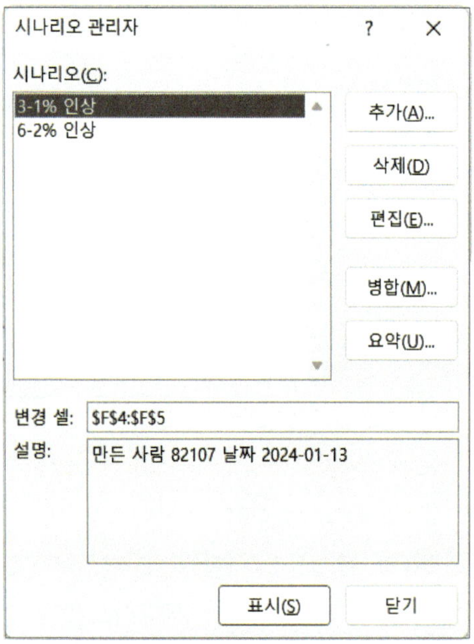

그림 5-4-5 두 가지 시나리오 작성

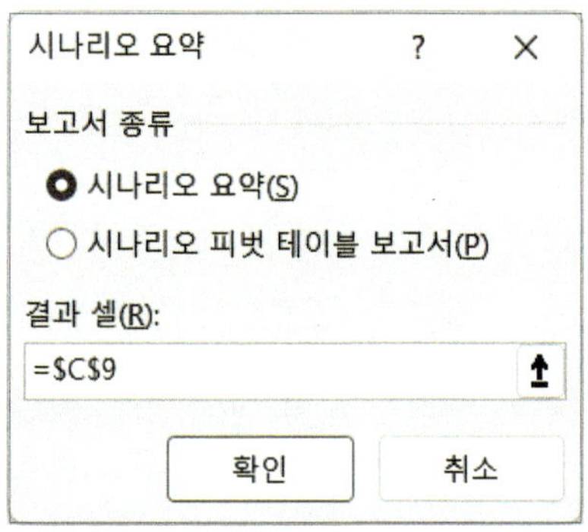

그림 5-4-6 「시나리오 요약」 대화상자

시나리오 요약 보고서는 현재 워크시트 앞에 '시나리오 요약' 이라는 이름으로 만들어진다. 그림 5-4-7은 완성된 시나리오 요약 보고서를 보여주며, 시나리오 요약 보고서를 통해 두 개의 시나리오 값에 따른 실급여액의 변화를 한 번에 알 수 있게 된다.

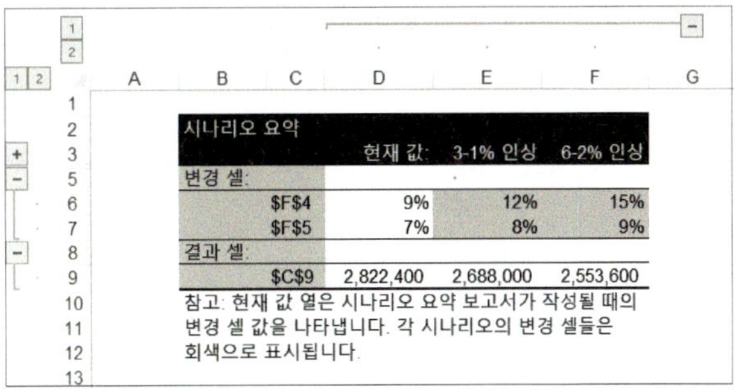

그림 5-4-7 시나리오 요약 보고서

5 해 찾기

해 찾기(Solver)는 최적의 값(만족하는 결과)을 찾기 위해 고려되는 변수들이 어떤 값을 가져야 하는지를 계산해 준다. 엑셀의 해 찾기 기능은 제한된 조건 내에서 목표 셀이 최적의 값을 찾기 위해 변경 셀의 값을 어떻게 조절해야 하는지에 대한 해답을 제공해 준다.

해 찾기는 엑셀에서 기본적으로 제공하지 않기 때문에 별도로 설치해 주어야 한다. 해 찾기를 설치하려면 **[파일] 탭 > [옵션]**을 클릭한 다음 「Excel 옵션」 대화상자의 왼쪽 창에서 **추가 기능**을 클릭한다. 그리고 대화상자의 오른쪽 창의 하단에 **관리(A):** 목록 상자에서 **Excel 추가 기능**을 선택하고 **이동** 단추를 클릭한다. 다음으로 「추가 기능」 대화상자에서 **해 찾기 추가 기능** 확인란을 선택하고 '확인' 단추를 클릭하면 **[데이터] 탭 > [분석] 그룹**에 [해 찾기]가 추가된다.

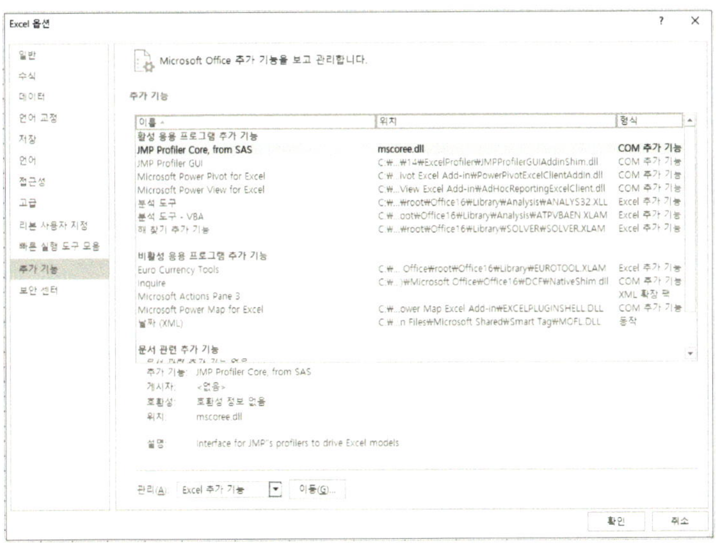

그림 5-5-1 「Excel 옵션」 대화상자

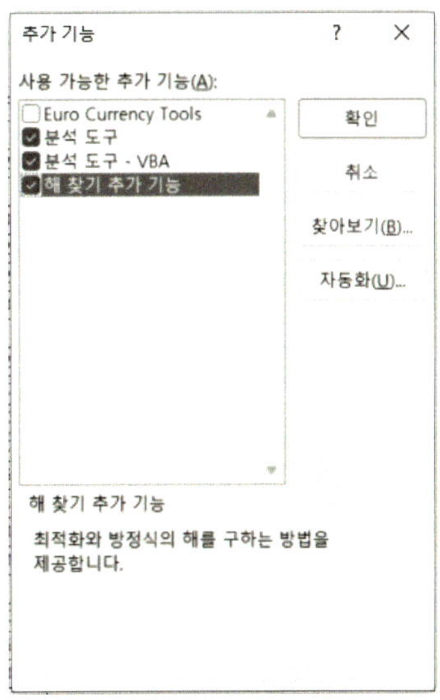

그림 5-5-2 「추가 기능」 대화상자

실습파일 : 해찾기.xlsx

회사는 영업사원의 수를 얼마로 유지해야 하는지에 대한 고민이 있다. 이는 영업사원의 수와 회사의 이익이 비선형 관계를 가지기 때문이다. 회사가 최대 이익을 내기 위해 몇 명의 영업사원을 고용해야 하는지를 어떻게 파악할 수 있을까요?

수확 체감의 법칙에 따르면 직원 수가 증가하면서 직원당 순익 규모가 커지다가 일정 구간이 지나면 직원당 순익 규모는 줄어들게 된다. 따라서 회사는 이익을 최대화하기 위해 몇 명의 직원을 고용해야 하는지를 파악하는 것이 중요한 이슈가 되고 있다.

엑셀의 해 찾기 기능은 이러한 문제를 해결하는데 도움을 준다. 엑셀에서 해 찾기 기능을 사용하기 위해서는 먼저 해 찾기 기능이 엑셀에 추가 설치되어 있는지 확인해야 한다. 이미 해 찾기 기능이 설치되었다면 두 번째, 계산 모델을 구축해야 한다. 계산 모델은 영업사원의 수와 이익 간의 비선형 관계가 존재하는지를 보여주기 위한 것이다. 이는 영업사원의 수가 증가할 때마다 이익이 커지다가 일정 시점에 도달하면 영업사원의 수 증가할 때마다 이익이 줄어드는 과정을 모델로 구축한 것이다.

	B	C
2	영업사원 수	20
3	영업사원 당 매출	75,000
4	수익률 감소	90%
5	영업사원 당 비용	45,000
6		
7	매출(revenue)	1,111,702
8	급여(salaries)	900,000
9	이익(profit)	211,702

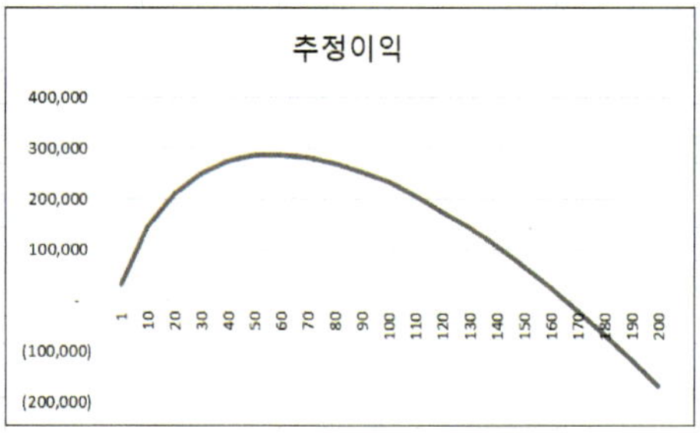

(단위:천원)

추정인원수	추정매출	추정급여	추정이익
1	75,000	45,000	30,000
10	595,746	450,000	145,746
20	1,111,702	900,000	211,702
30	1,601,291	1,350,000	251,291
40	2,074,509	1,800,000	274,509
50	2,535,913	2,250,000	285,913
60	2,988,116	2,700,000	288,116
70	3,432,808	3,150,000	282,808
80	3,871,170	3,600,000	271,170
90	4,304,072	4,050,000	254,072
100	4,732,180	4,500,000	232,180
110	5,156,021	4,950,000	206,021
120	5,576,021	5,400,000	176,021
130	5,992,531	5,850,000	142,531
140	6,405,846	6,300,000	105,846
150	6,816,217	6,750,000	66,217
160	7,223,859	7,200,000	23,859
170	7,628,959	7,650,000	(21,041)
180	8,031,682	8,100,000	(68,318)
190	8,432,173	8,550,000	(117,827)
200	8,830,560	9,000,000	(169,440)

그림 5-5-3 최적의 인원 수를 찾기 위한 해찾기 모델

- 매출(C7셀) =C3*(C2^C4)
- 급여(C8셀) =C5*C2
- 이익(C9셀) =C7-C8
- 추정매출(L3셀) =$C$3*(K3^$C$4)
- 추정급여(M3셀) =K3*$C$5
- 추정이익(N3셀) =L3-M3

세 번째, 해 찾기 기능에 포함된 여러 옵션에 대한 이해가 필요하다. 「해 찾기 매개 변수」 대화상자의 옵션은 크게 네 가지로 '목표 설정', '변경 셀 변경', '제약 조건에 종속', '해법 선택'으로 구분할 수 있다. 「해 찾기 매개 변수」 대화상자에 입력할 네 가지 구성요소를 살펴보자.

- 목표 셀 : 최대 이익을 내기 위한 셀(C9셀).
- 변경 셀 : 영업사원의 수(C2셀).
- 제약 조건 : 다음과 같은 제약이 있다.
  1. 영업사원(C2)은 반드시 고용해야 하는 값이므로 0보다 크거나 같아야 하며, 실수값이 아닌 정수값이어야 한다.
  2. 영업사원의 활동은 매출과 비용을 가져오므로 0보다 크거나 같아야 한다.
  3. 수익률 감소는 백분율(양수)로 표시되므로 0보다 크거나 같아야 한다.
- 해법 선택 : 'GRG 비선형'을 선택한다.

[데이터] 탭 > [분석] 그룹에서 [해 찾기]를 클릭하면 그림 5-5-4와 같이 「해 찾기 매개 변수」 대화상자가 나타난다.

'목표 설정(T):' 상자를 클릭한 다음 C9(이익)을 선택하고, '대상:'은 최대값(M)을 선택한다. 그리고 '변수 셀 변경(B):' 상자를 클릭한 다음 C2(영업사원 수)을 선택한다.

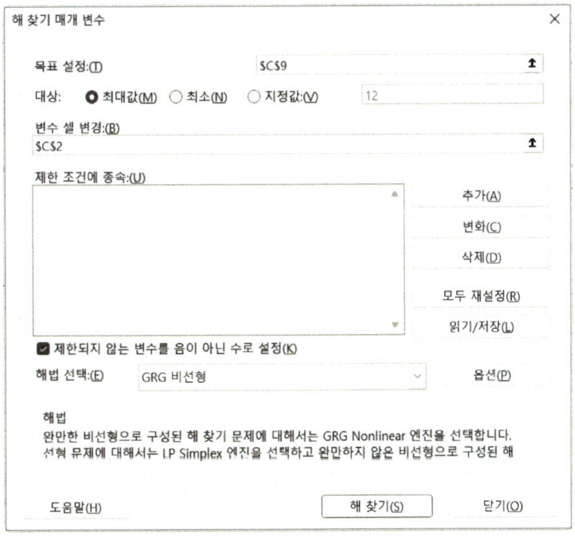

그림 5-5-4 「해 찾기 매개 변수」 대화상자

다음으로 '제한 조건에 종속(U):'에 제약 조건을 추가해 주어야 한다. 이를 위해 「해 찾기 매개 변수」 대화상자에서 추가(A) 단추를 클릭하여 그림 5-5-5와 같이 「제한 조건 추가」 대화상자를 표시한다.

「제한 조건 추가」 대화상자의 '셀 참조(E):' 상자를 클릭한 다음 C2를 선택한다. 그리고 중간 목록에서 >= 를 선택한 다음 '제약 조건(N):' 상자를 클릭하고 0을 입력한다. 이렇게 하면 첫 번째 제약 조건인 **영업사원은 반드시 고용해야 하는 값이므로 0보다 크거나 같아야 한다**라는 제약 조건(C2>=0)이 적용된다. 입력을 마치면 다음 조건을 적용하기 위해 **추가(A)** 단추를 클릭한다.

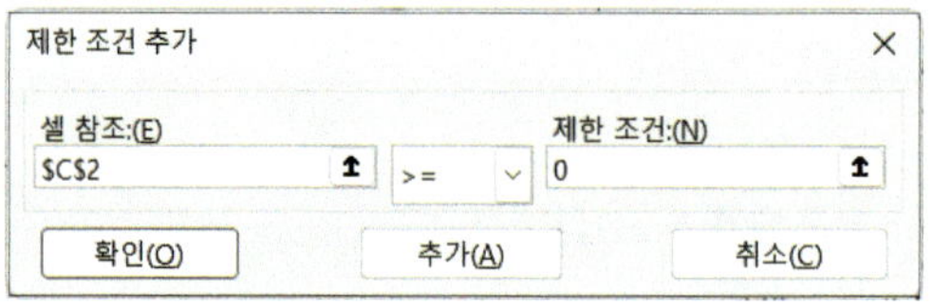

그림 5-5-5 「제한 조건 추가」 대화상자

그리고 **영업사원의 수는 실수값이 아닌 정수값이어야 한다**를 적용하기 위해 그림 5-5-6과 같이 영업사원 수에 대한 제약 조건을 입력한다.
「제한 조건 추가」 대화상자의 '셀 참조(E):' 상자에 C2를 선택하고, 중간 목록에서 int를 선택하여 소수점이 없는 정수로 표시되도록 한 다음 **추가(A)** 단추를 클릭한다.

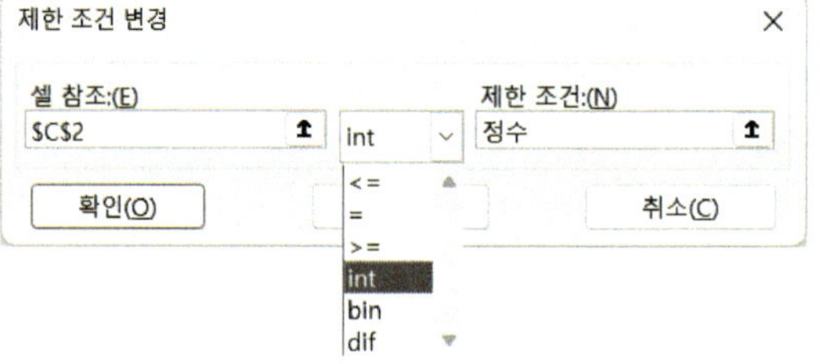

그림 5-5-6 「제한 조건 추가」 대화상자에 조건 추가

다음으로 두 번째 제약 조건인 **영업사원의 활동은 매출과 비용을 가져오므로 0보다 크거나 같아야 한다**와 세 번째 제약 조건인 **수익률 감소는 백분율(양수)로 표시되므로 0보다 크거나 같아야 한다**를 적용하기 위해 그림 5-5-7과 같이 제약 조건을 입력한다. 두 번째와 세 번째 제약조건을 함께 설정하는 이유는 제약조건에 대한 관계식(>=0)이 같기 때문이다.
「제한 조건 추가」 대화상자의 '셀 참조(E):' 상자에 C3:C5범위를 선택하고, 중간 목록에서 >=를 선택한 다음, '제약 조건(N):' 상자에 0을 입력한다.

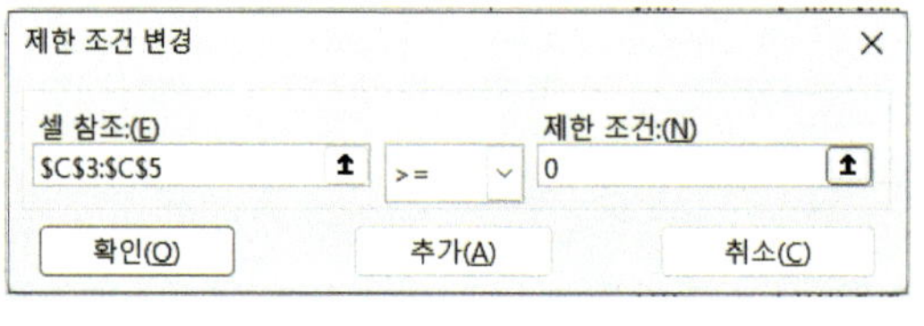

그림 5-5-7 「제한 조건 추가」 대화상자에 조건 추가

다음으로 그림 5-5-8과 같이 「해 찾기 매개 변수」 대화상자에서 '해법 선택(E): 목록에서 **GRG비선형**을 선택한다. 직원 수와 이익 간의 관계는 비선형에 관한 문제이기 때문에 해 찾기 방법 또한 GRG비선형으로 해답을 찾도록 설정하는 것이다.

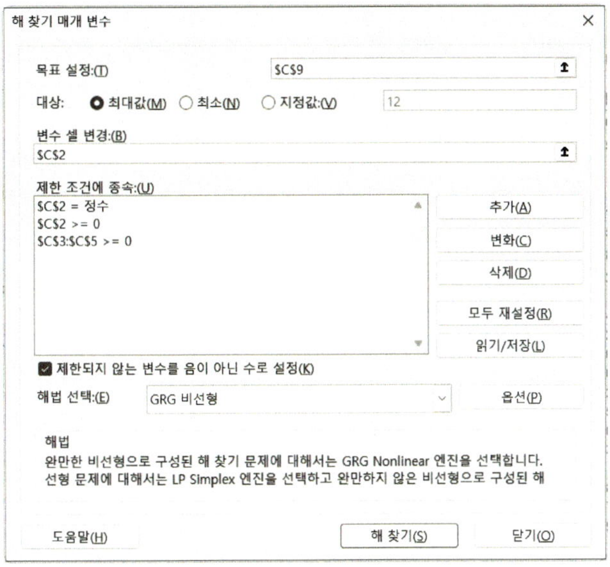

그림 5-5-8 「해 찾기 매개 변수」 대화상자 완성

이렇게 모든 설정이 끝나면 대화상자 아래 **해 찾기(S)** 단추를 클릭하고 「해 찾기 결과」 대화상자에서 **해 찾기 해 보존**을 선택 후 '확인' 단추를 클릭하면 해 찾기가 실행한다.

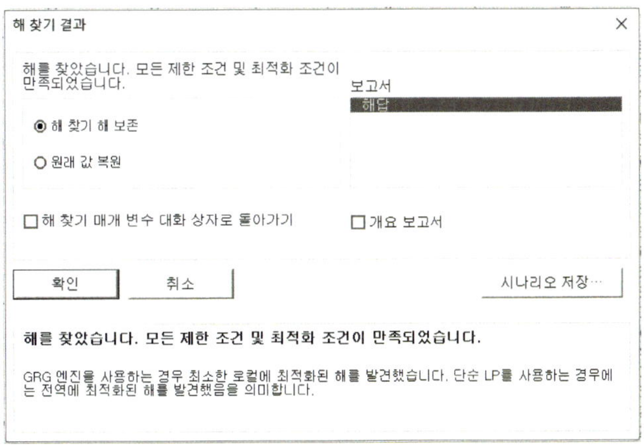

그림 5-5-9 「해 찾기 결과」 대화상자

그림 5-5-10은 해 찾기에 대한 솔루션 결과를 보여준다. 결과에 따르면 ① 영업사원 수(C2)가 음

수가 아니고, ② 동시에 실수가 아닌 정수값을 가지며, ③ 매출(C3), 수익률(C4), 비용(C5)이 0보다 크기 때문에 실현 가능한 솔루션으로 판단할 수 있다.

최종적으로 회사는 영업사원 수를 58명을 고용했을 때 최대 288,321(2억8천만원 정도)의 이익을 얻을 수 있음을 알 수 있다. 이는 N 열에 나열된 추정이익을 통해 알 수 있듯이 영업사원 수가 60명이 되는 시점에서 추정이익이 줄어드는 것을 확인할 수 있다.

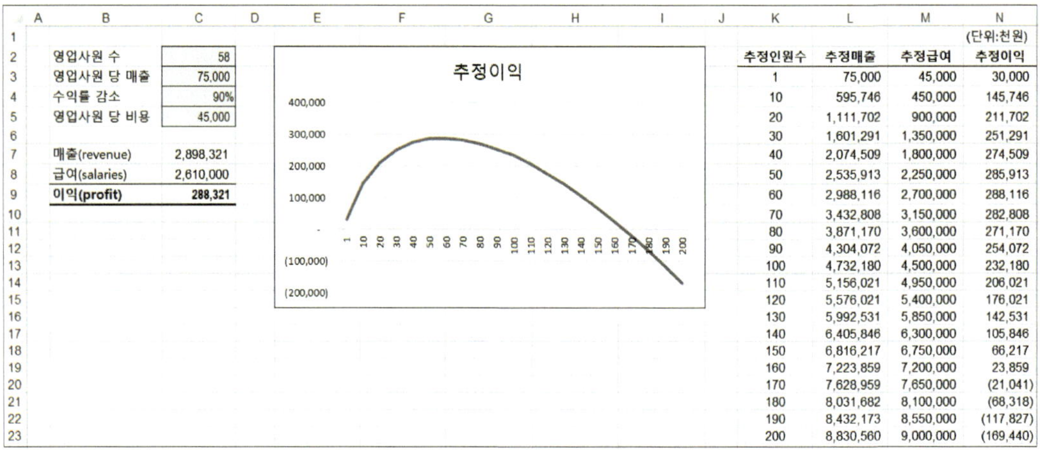

영업사원 수	58
영업사원 당 매출	75,000
수익률 감소	90%
영업사원 당 비용	45,000
매출(revenue)	2,898,321
급여(salaries)	2,610,000
이익(profit)	**288,321**

(단위:천원)

추정인원수	추정매출	추정급여	추정이익
1	75,000	45,000	30,000
10	595,746	450,000	145,746
20	1,111,702	900,000	211,702
30	1,601,291	1,350,000	251,291
40	2,074,509	1,800,000	274,509
50	2,535,913	2,250,000	285,913
60	2,988,116	2,700,000	288,116
70	3,432,808	3,150,000	282,808
80	3,871,170	3,600,000	271,170
90	4,304,072	4,050,000	254,072
100	4,732,180	4,500,000	232,180
110	5,156,021	4,950,000	206,021
120	5,576,021	5,400,000	176,021
130	5,992,531	5,850,000	142,531
140	6,405,846	6,300,000	105,846
150	6,816,217	6,750,000	66,217
160	7,223,859	7,200,000	23,859
170	7,628,959	7,650,000	(21,041)
180	8,031,682	8,100,000	(68,318)
190	8,432,173	8,550,000	(117,827)
200	8,830,560	9,000,000	(169,440)

그림 5-5-10 해 찾기 결과

6 데이터 표

데이터 표는 입력값의 변화에 따른 결과값의 변화를 표의 형태로 나타내는 민감도 분석(sensitivity analysis) 기능을 지원한다. 아울러 데이터 표는 행 입력 셀 또는 열 입력 셀 중 하나만 입력하여 계산하는 단방향 데이터 표와 행 입력 셀과 열 입력 셀 모두를 입력하는 양방향 데이터 표로 구분된다.

> **실습파일 : 데이터표.xlsx**
>
> 레모네이드를 판매하기 위해 동네 쇼핑몰에 새롭게 매장을 오픈할 계획을 가지고 있다. 개점을 앞두고 몇 잔을 팔면 손익분기점을 넘길 수 있는지 알고 싶다. 또한 레모네이드 판매가를 얼마로 할 때 가장 높은 이익을 낼 수 있지 알고 싶다. 어떻게 하면 알 수 있을까요?

실습파일 [손익분기점] 시트에는 그림 5-6-1과 같이 레모네이드 판매와 관련하여 손익분기점이 넘는 시점을 계산해 주는 손익분기점 모델이 작성되어 있다. 작성된 모델에 임의로 수요(C4 셀)에 1,000을 입력하였을 때 이익(C10 셀)을 보면 −1,300(1,300,000원) 손해가 된다는 것을 알 수 있다.

- C3 셀(판매가)에는 4(4천원)를 입력한다.
- C4 셀(수요)에는 임시로 1,000을 입력한다.
- C5 셀(원가)에는 가격*2%에 대한 수식 =C3*0.2를 입력한다.
- C6 셀(고정비)에는 4,500(450만원)을 입력한다.
- C7 셀(매출액)에는 가격*수요에 대한 수식 =C4*C3를 입력한다.
- C8 셀(변동비)에는 수요*원가에 대한 수식 =C5*C4를 입력한다.
- C10 셀(이익)에는 매출액-고정비-변동비에 대한 수식 =C7-C6-C8를 입력한다.

	A	B	C		D	E	F
1							
2			(단위:천원)				이익
3		판매가	₩	4.0			-₩ 1,300.00
4		수요		1,000		1,000	
5		원가	₩	0.8		1,100	
6		고정비	₩	4,500.0		1,200	
7		매출액	₩	4,000.0		1,300	
8		변동비	₩	800.0		1,400	
9						1,500	
10		**이익**	**-₩**	**1,300.00**		1,600	
11						1,700	
12						1,800	
13						1,900	
14						2,000	

그림 5-6-1 데이터 표를 위한 손익분기점 모델

손익분기점이 넘는 시점, 즉 이익(C10 셀)이 0이 되는 시점을 알기 위해 수요(C4 셀) 값을 하나씩 대입해 가는 것은 매우 비효율적인 일일 것이다. 따라서 특정 값(수요)의 변화가 어떤 결과(이익)를 가져오는지를 한꺼번에 계산하고자 할 때 데이터 표는 매우 효과적인 기능이 된다.

이를 위해 먼저 워크시트에 수요에 대한 여러 입력값을 나열해 주어야 한다. 그림 5-6-1과 같이 E4:E14 범위에 수요에 대한 값(1,000에서 2,000까지 100씩 증가)을 입력한다. 다음으로 F3 셀에는 이익이 계산되어 있는 셀 =C10을 입력한다(이때 C10 셀은 반드시 수식이 입력되어야 한다).

이렇게 데이터 표 만들기를 위한 준비가 끝났다면 그림 5-6-2와 같이 데이터 표 범위에 해당하는 E3:F14를 선택하고 [데이터] 탭 > [예측] 그룹에서 [가상 분석]의 하위 메뉴에서 [데이터 표]를 클릭한다. 그리고 「데이터 테이블」 대화상자에서 그림 5-6-3과 같이 '열 입력 셀(C):'에 C4를 선택한 다음 '확인' 단추를 클릭한다.

D	E	F
		이익
		-₩ 1,300.00
	1,000	
	1,100	
	1,200	
	1,300	
	1,400	
	1,500	
	1,600	
	1,700	
	1,800	
	1,900	
	2,000	

그림 5-6-2 데이터 표 범위 지정

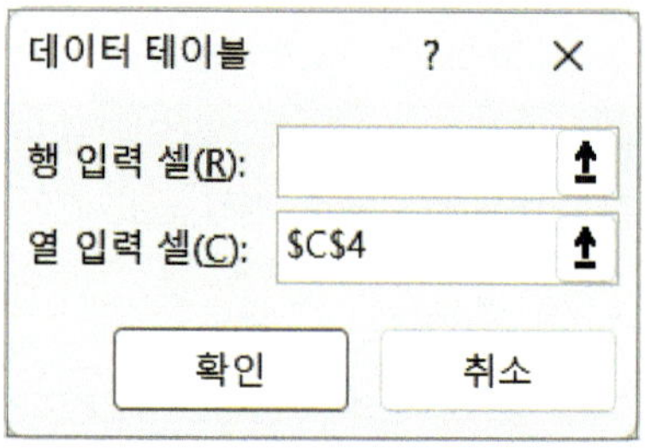

그림 5-6-3 「데이터 테이블」 대화상자

E	F
	이익
	-₩ 1,300.00
1,000	$ (1,300.00)
1,100	$ (980.00)
1,200	$ (660.00)
1,300	$ (340.00)
1,400	$ (20.00)
1,500	$ 300.00
1,600	$ 620.00
1,700	$ 940.00
1,800	$ 1,260.00
1,900	$ 1,580.00
2,000	$ 1,900.00

그림 5-6-4 데이터 표 결과

「데이터 테이블」 대화상자의 '열 입력 셀(C):'의 역할은 데이터 표의 E4:E14 범위에 해당하는 값이 차례대로 대입되는 위치를 나타내는 것으로 수요에 해당하는 C4를 입력하는 것이다. 그림 5-6-4의 데이터 표 결과를 보면 수요가 1,500부터 이익이 발생하는 것을 알 수 있다.

이처럼 하나의 변수만을 사용할 때 편의상 단방향 데이터 표라고 하며, 단방향 데이터 표에 대한 다른 예제로써 이미 해찾기 기능에서 다룬 예제를 살펴보자. 그림 5-6-5와 같이 E4:E24 범위에 예상되는 영업사원 수(1명에서 200명까지)를 입력한 다음 F3 셀에는 추정이익에 대한 수식이 작성된 =C10을 입력한다. 그리고 테이블 표 범위에 해당하는 E3:F24를 선택한 다음 그림 5-6-3과 같이「데이터 테이블」 대화상자의 '열 입력 셀(C):'에 C3을 입력하고 '확인' 단추를 클릭한다.

그림 5-6-5와 같이 F4:F24 범위에는 영업사원 수에 따른 이익의 변화를 확인할 수 있는데, 영업사원 수가 170명이 되는 순간에 이익은 마이너스가 됨을 알 수 있다.

	A	B	C	D	E	F
1						
2						추정이익
3		영업사원 수	58			288,321
4		영업사원 당 매출	75,000		1	30,000
5		수익률 감소	90%		10	145,746
6		영업사원 당 비용	45,000		20	211,702
7					30	251,291
8		매출(revenue)	2,898,321		40	274,509
9		급여(salaries)	2,610,000		50	285,913
10		**이익(profit)**	**288,321**		60	288,116
11					70	282,808
12					80	271,170
13					90	254,072
14					100	232,180
15					110	206,021
16					120	176,021
17					130	142,531
18					140	105,846
19					150	66,217
20					160	23,859
21					170	(21,041)
22					180	(68,318)
23					190	(117,827)
24					200	(169,440)

그림 5-6-5 단방향 데이터 표 결과

> 내 집 마련의 꿈을 이루기 위해 아파트를 구매할 계획을 가지고 있다. 은행에서 빌리는 대출금(상환 기간은 15년)은 나의 상환 능력에 따라 달라진다. 그리고 대출을 받았을 때 적용될 이자율 또한 은행마다 다르다. 대출 금액과 이자율에 따라 매월 납입해야 하는 금액이 어떻게 달라지는지 한눈에 알 수 있는 방법은 없을까요?

데이터 표를 효율적으로 사용하려면 의사결정 및 분석에 사용되는 엑셀 함수와 결합하여 작성하는 것이 좋다. 다음 문제는 두 개의 변수를 사용하는 양방향 데이터 표를 살펴보도록 하자.
양방향 데이터 표를 사용하여 PMT 함수에 대한 두 가지 입력(대출금, 이자율)이 변경될 때 월별 납입액이 어떻게 달라지는지를 한꺼번에 계산할 수 있다.
은행에서 15년 모기지로 대출을 받고 매달 월말에 상환금을 갚아 나간다고 가정해 보자.
그림 5-6-6과 같이 C3 셀에는 대출금(200,000), C4 셀에는 모기지 개월 수(180), C5 셀에는 연간 이자율(6%)을 입력한다. 그리고 C7 셀에는 수식 =-PMT(C5/12,C4,C3)을 입력하여 월 납입액을 계산한다.

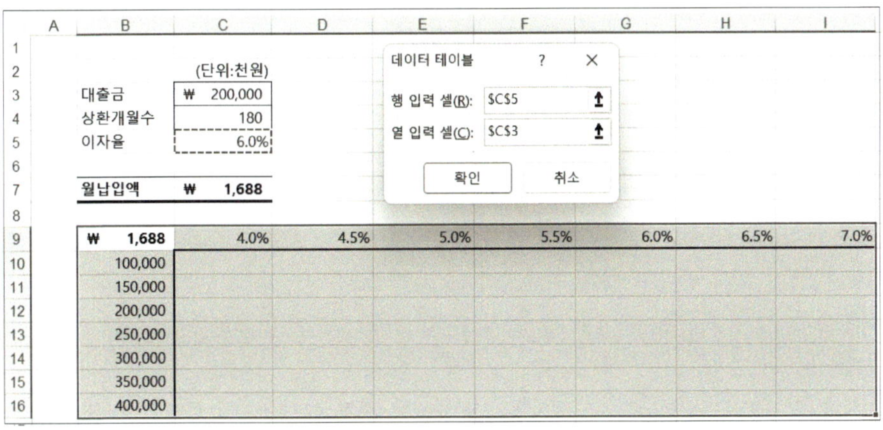

그림 5-6-6 양방향 데이터 표

대출금은 재정 능력에 따라 1억에서 4억까지를 받을 수 있으며, 연간 이자율은 4%에서 7% 사이가 될 것으로 예상된다. 이처럼 두 변수의 변화에 따라 매달 갚아야 하는 금액이 얼마가 되는지를 한꺼번에 계산하기 위해 양방향 데이터 표를 사용할 수 있다.
먼저 그림 5-6-6과 같이 B10:B16 범위에는 **대출금**의 변화를 입력하고, C9:I9 범위에는 **이자율**의 변화를 입력한다. 그리고 B9 셀에는 월 납입액에 대한 수식이 작성된 =C7를 입력한다. 다음으로 데이터 표 범위 B9:I16을 선택한 다음 **[데이터] 탭 > [예측] 그룹**에서 [가상 분석]의 하위 메뉴에서 [데이터 표]를 클릭한다.
그리고 「데이터 테이블」 대화상자의 '행 입력 셀(R):'에는 연간 이자율에 대한 C5를 입력하고 '열 입력 셀(C):'에는 대출금에 대한 C3을 입력한 다음 '확인' 단추를 클릭한다. 그림 5-6-7의 데이터 표 결과를 보면 연 5%의 이자율로 2억을 빌린다면 매월 1,581,590원을 내야 하는 것을 알 수 있다.

	A	B	C	D	E	F	G	H	I
1									
2			(단위:천원)						
3		대출금	₩ 200,000						
4		상환개월수	180						
5		이자율	6.0%						
6									
7		**월납입액**	**₩ 1,688**						
8									
9		**₩ 1,688**	4.0%	4.5%	5.0%	5.5%	6.0%	6.5%	7.0%
10		100,000	$739.69	$764.99	$790.79	$817.08	$843.86	$871.11	$898.83
11		150,000	$1,109.53	$1,147.49	$1,186.19	$1,225.63	$1,265.79	$1,306.66	$1,348.24
12		200,000	$1,479.38	$1,529.99	$1,581.59	$1,634.17	$1,687.71	$1,742.21	$1,797.66
13		250,000	$1,849.22	$1,912.48	$1,976.98	$2,042.71	$2,109.64	$2,177.77	$2,247.07
14		300,000	$2,219.06	$2,294.98	$2,372.38	$2,451.25	$2,531.57	$2,613.32	$2,696.48
15		350,000	$2,588.91	$2,677.48	$2,767.78	$2,859.79	$2,953.50	$3,048.88	$3,145.90
16		400,000	$2,958.75	$3,059.97	$3,163.17	$3,268.33	$3,375.43	$3,484.43	$3,595.31

그림 5-6-7 양방향 데이터 표 결과

다음은 데이터 표를 만들 때 주의해야 하는 몇 가지 참고 사항을 설명한다.

- 워크시트의 원본 데이터의 입력 값을 변경하면 데이터 표에서 계산한 값도 변경된다. 예를 들어 C4셀의 상환개월수를 120으로 변경할 경우 데이터 테이블의 월납입액도 변경된다.
- 데이터 표의 일부를 삭제하거나 편집할 수 없다. 만약 데이터 표를 삭제하고자 한다면 완성된 결과 범위 전체 C10:I16를 선택한 다음 키보드의 Del 키를 눌러 삭제할 수 있다.
- 완성된 데이터 표를 저장하려면 테이블 범위를 선택하고 임의의 다른 곳에 복사하면 원본 데이터의 입력 값을 변경해도 더 이상 데이터 표의 계산이 업데이트되지 않는다.
- 양방향 데이터 테이블를 설정할 때 행과 열 입력 셀을 혼동하지 않도록 주의한다. 행과 열을 바꾸어 입력하면 전혀 다른 결과를 가져온다.
- 대부분의 사람들은 워크시트 계산 모드를 자동으로 설정한다. 이 설정을 사용하면 원본 데이터를 변경하면 모든 데이터 표가 자동으로 다시 계산된다. 일반적으로 자동 계산 기능은 편리성을 제공하지만 데이터 표가 큰 경우 자동 재계산이 엄청나게 느릴 수 있다. 데이터 표의 지속적인 재계산으로 인해 작업 속도가 느려지면 [파일] 탭 > [옵션]을 클릭한 다음 「Excel 옵션」 대화상자에서 왼쪽 [수식] 탭을 클릭한다. 그런 다음 '계산 옵션' 섹션에서 '데이터 표만 수동(D)'을 선택한다. 데이터 표를 제외한 자동을 선택하면 F9(재계산) 키를 누를 때만 모든 데이터 표가 재계산된다. 또는 [수식] 탭 > [계산] 그룹에서 [계산 옵션]을 클릭한 다음 '데이터 표만 수동(E)'을 선택해도 원본 데이터의 변경이 데이터 표에 영향을 주지 않는다.

7 통합

기업에서 일반적으로 분기 또는 반기 데이터를 사용하는 이유는 연간 실적 데이터를 사용함에 따라 나타날 수 있는 과대, 과소 효과를 줄이기 위함이다. 따라서 많은 경우 분기별 또는 반기별로 입력된 동일한 형태의 데이터를 하나로 통합해야 하는 경우가 발생한다. 엑셀의 통합 기능은 여러 시트 및 여러 파일에 분산된 데이터를 하나로 통합하는 기능을 제공한다. 아울러 통합 기능을 사용하면 개별 데이터의 변경 사항이 통합된 데이터에 자동으로 반영되도록 할 수 있다.

실습파일 : 통합.xlsx

2023년 전반기에 한국, 미국, 독일, 러시아에서 판매한 제품의 판매내역을 기록하고 있다. 그리고 2023년 후반기에 한국, 미국, 독일에서 판매한 제품의 판매내역을 기록하고 있다. 한 해를 마무리하는 시점에서 국가별 판매내역을 집계하려고 합니다. 엑셀의 각 시트에 저장된 데이터를 하나로 합치는 방법은 없나요?

실습파일 [2023년전반기] 시트에는 한국, 미국, 독일, 러시아에서 판매한 제품의 판매실적이 기록되어 있다. 아울러 [2023년후반기] 시트에는 한국, 미국, 독일에서 판매한 제품의 판매실적이 기록되어 있다. 한 해를 마무리하는 시점에서 회사는 국가별 판매내역을 집계하여 하나의 표로 작성하려고 한다.

2023년 전반기 판매 실적

소속	목표	실적	직접경비	간접경비
한국	600,000	500,000	60,000	5,000
미국	15,000,000	13,250,216	1,590,026	132,502
독일	2,000,000	1,937,824	232,539	19,378
러시아	500,000	326,458	39,175	3,265
합계	18,100,000	16,014,498	1,921,740	160,145

그림 5-7-1 2023년 전반기 판매실적

2023년 후반기 판매실적

소속	목표	실적	직접경비	간접경비
한국	300,000	197,491	23,699	1,975
미국	12,000,000	11,502,050	1,380,246	115,021
독일	1,000,000	493,615	59,234	4,936
합계	13,300,000	12,193,156	1,463,179	121,932

그림 5-7-2 2023년 후반기 판매실적

엑셀의 통합 기능을 사용하면 해당 문제를 손쉽게 해결할 수 있다. 먼저 두 데이터를 하나로 통합하기 전에 새 워크시트를 만들어 준다. 본 예제에서는 실습파일에 [2023년판매실적] 시트를 미리 준비해 두었다. [2023년판매실적] 시트의 B3 셀에 커서를 두고 **[데이터] 탭 > [데이터 도구] 그룹**에서 [통합]을 클릭하면 그림 5-7-3과 같이 「통합」 대화상자가 나타난다.

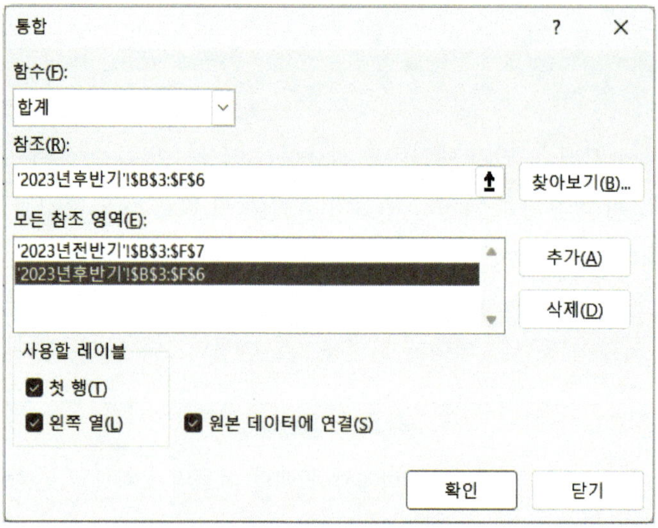

그림 5-7-3「통합」 대화상자

다음으로 「통합」 대화상자의 '함수(F):'에서는 반기별(전반기, 후반기) 판매실적에 대한 값을 합산하기 위해 **합계**를 선택한다. 그리고 '참조(R):' 상자에 커서를 두고 **[2023년전반기]** 시트를 클릭한 다음 **B3:F7** 범위를 선택하고 '추가' 단추를 클릭한다. 그림 5-7-3과 같이 '모든 참조 영역(E):' 에 방금 선택한 범위가 추가된 것을 확인할 수 있다.

그리고 다시 '참조(R):' 상자의 내용을 지운 다음 커서를 두고 **[2023년후반기]** 시트를 클릭한 다음 **B3:F6** 범위를 선택하고 '추가' 단추를 클릭한다.

마지막으로 '사용할 레이블' 위치 영역에서 **첫 행(T)과 왼쪽 열(L)** 확인란을 선택하여 통합할 데이터의 첫 행과 왼쪽 열에 있는 레이블(제목)을 기준으로 선택 범위를 하나로 통합하게 한다. 그리고 **원본 데이터에 연결(S)** 옵션을 선택하면 선택한 범위의 변경 사항을 통합 데이터에 반영할 수 있다.

「통합」 대화상자를 그림 5-7-3과 같이 완성한 다음 '확인' 단추를 클릭하면 [2023년판매실적] 시트에 그림 5-7-4와 같이 하나로 통합된 데이터 결과가 표시된다.

1 2		A	B	C	D	E	F	G
	1							
	2		2023년 판매 실적					
	3				목표	실적	직접경비	간접경비
+	6		한국		900,000	697,491	83,699	6,975
+	9		미국		27,000,000	24,752,266	2,970,272	247,523
+	12		독일		3,000,000	2,431,439	291,773	24,314
+	14		러시아		500,000	326,458	39,175	3,265

그림 5-7-4 데이터 통합 결과

이제 [2023전반기] 시트의 D7 셀로 이동하여 러시아 실적을 **2,000**으로 변경하면 [2023년판매실적] 시트의 E14 셀의 러시아 실적이 2,000으로 변경된 것을 확인할 수 있다. 이는 앞서 「통합」 대화상자에서 **원본 데이터에 연결(S)** 옵션을 선택하였기 때문이다. 아울러 통합 데이터가 저장된 [2023년판매실적] 시트에서 행머리글 왼쪽에 표시된 2를 클릭하면 통합 데이터에 사용된 원본 데이터 전체를 확인할 수 있다.

8 중복된 항목 제거

실습파일 : 중복된항목제거.xlsx

판매내역을 입력하는 과정에서 중복된 데이터를 입력할 경우 정확한 판매내역을 파악할 수 없게 된다. 중복 데이터가 입력되었는지를 어떻게 파악하고 동시에 삭제할 수 있을까요?

판매내역에는 판매원, 날짜, 제품 등에 대한 정보가 기록되어 있다. 데이터 목록을 보면 판매번호 11, 12번 데이터가 9, 10번 데이터와 중복된 것을 확인할 수 있다. 이처럼 중복된 데이터가 입력되었는지를 파악하고 동시에 중복된 데이터를 삭제하기 위해 먼저 **실습파일 [중복된항목제거] 시트**의 데이터 내에 커서를 두고 **[데이터] 탭 > [데이터 도구] 그룹**에서 [중복된 항목 제거]를 클릭한다. 그리고 그림 5-8-1과 같이 「중복 값 제거」 대화상자에서 **모두 선택** 단추를 클릭한 다음 **판매번호** 열만 선택 취소하고 '확인' 단추를 클릭한다.

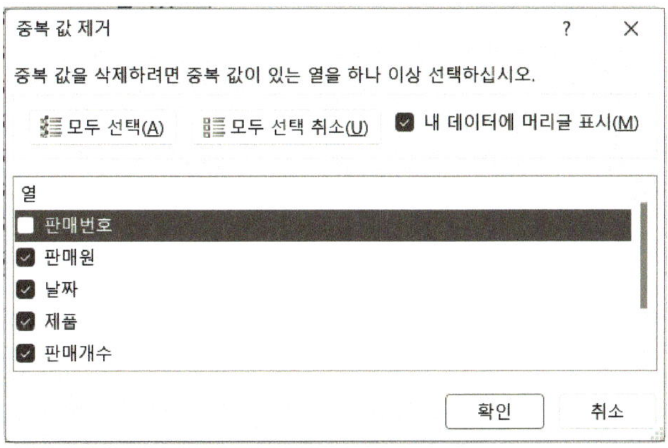

그림 5-8-1 중복 값 제거」 대화상자

중복 값 제거 기능은 중복된 데이터(2번 이상 중복 입력된 데이터) 중 첫 번째 발견된 데이터를 남겨두고 뒤에 중복 입력된 데이터를 삭제하는 방식이다. 따라서 그림 5-8-2와 같이 나타난 창에서 '확인' 단추를 클릭하면 2개의 중복된 값인 판매번호 11, 12번 데이터가 삭제된 결과를 확인할 수 있다.

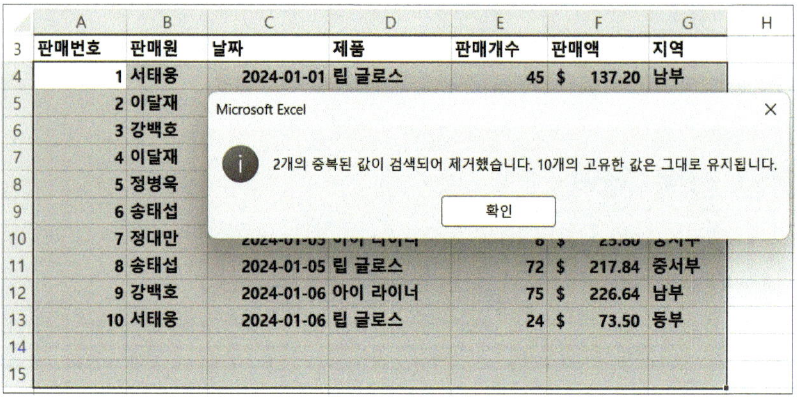

그림 5-8-2 중복된 값 제거 결과

'중복된 항목 제거' 기능을 통해 제거된 데이터를 복구하려면 Ctrl+Z키를 누르거나 빠른 실행 도구 모음의 [실행취소] 아이콘을 클릭한다.

연습문제

01 **다음은 한국카드(주)의 부산지역 고객들의 4개월간 카드사용내역에 관한 내용이다. 워크시트에 입력된 데이터를 기반으로 제시된 내용을 처리하시오.**

	A	B	C	D	E	F	G	H	I	J	K	L
1	No	고객명	거주지	나이	성별	1월	2월	3월	4월	결재액	등급	비고
2	1	배철수	동구	35	남	64,000	189,720	37,810	20,000	311,530	D	-
3	2	정영희	서구	24	여	55,440	5,854,460	548,420	9,752,120	16,210,440	S	우대
4	3	김영희	남구	30	여	5,442,230	6,745,610	59,480	3,400	12,250,720	S	우대
5	4	나철수	북구	25	남	28,410	778,430	548,320	8,547,800	9,902,960	A	-
6	5	이영희	동구	36	여	78,120	781,230	5,784,320	48,420	6,692,090	A	우대
7	6	장영희	서구	45	여	574,810	481,210	5,465,210	481,100	7,002,330	B	우대
8	7	강철수	남구	48	남	154,870	7,549,640	786,420	486,320	8,977,250	A	-
9	8	강영희	북구	62	여	5,780	678,000	187,620	486,120	1,357,520	C	-
10	9	장철수	동구	34	남	349,210	5,489,710	487,800	78,200	6,404,920	A	-
11	10	권철수	서구	27	남	188,710	768,510	8,763,200	486,420	10,206,840	S	-
12	11	전영희	남구	30	여	546,213	274,800	483,420	878,220	2,182,653	C	우대
13	12	하영희	북구	46	여	100,000	5,745,100	400,000	8,165,000	14,410,100	S	우대
14	13	이철수	동구	27	남	354,600	78,100	788,420	87,620	1,308,740	B	-
15	14	최영희	서구	61	여	3,598,720	78,100	78,200	37,810	3,792,830	C	우대
16	15	금영희	남구	21	여	5,892,110	28,410	187,620	48,420	6,156,560	A	우대
17	16	류철수	북구	36	남	657,560	100,000	481,100	8,810	1,247,470	C	-
18	17	안철수	동구	28	남	5,485,610	59,480	189,720	154,870	5,889,680	A	-
19	18	한영희	서구	39	여	9,677,540	187,620	1,300,000	78,200	11,243,360	S	우대
20	19	정철수	남구	40	남	8,810	28,410	37,810	481,100	556,130	D	-
21	20	박철수	북구	35	남	874,560	189,720	154,870	48,420	1,267,570	C	-

(1) 다음의 조건에 따라 [피벗 테이블]을 작성하시오. 피벗 테이블 보고서의 위치는 새 워크시트에 표시되도록 하시오.

① 피벗테이블 필드 구성 : 필터(등급), 행(고객명), 열(거주지), 값(결재액의 합계)

② 등급이 S 인 고객만 표시하시오.

③ 데이터 값은 통화 기호와 함께 천단위마다 콤마(,)를 표시하시오.

④ 행의 총합계는 표시되지 않도록 설정하시오.

	A	B	C	D
1	등급	S		
2				
3	합계 : 결재액	거주지		
4	고객명	남구	북구	서구
5	권철수			₩10,206,840
6	김영희	₩12,250,720		
7	정영희			₩16,210,440
8	하영희		₩14,410,100	
9	한영희			₩11,243,360
10	총합계	₩12,250,720	₩14,410,100	₩37,660,640

(2) [부분합]을 사용하여 거주지별로 결재액에 대한 평균을 요약하시오.

02 다음은 삼손전자의 급여 관리에 관한 내용이다. 워크시트에 입력된 데이터를 기반으로 제시된 내용을 처리하시오.

	A	B	C	D	E	F
1	사번	성명	직급	성별	부서	기본급
2	272	정소영	5	여	영업부	₩1,200,000
3	204	김선우	3	남	총무부	₩1,615,000
4	35	강민규	1	여	생산부	₩3,430,000
5	13	신정훈	1	남	생산부	₩3,550,000
6	155	이승훈	2	여	영업부	₩2,086,000
7	196	정민수	3	남	생산부	₩1,687,000
8	107	이상호	2	남	자재부	₩2,125,000
9	268	임경원	4	남	총무부	₩1,221,000
10	228	장영호	3	남	생산부	₩1,548,000
11	54	정명욱	1	여	자재부	₩2,572,000
12	179	서민주	3	여	총무부	₩1,764,000
13	242	김하나	3	여	자재부	₩1,403,000
14	301	박윤경	5	여	생산부	₩1,025,000

(1) 다음의 조건에 따라 [피벗 테이블]을 작성하시오. 피벗 테이블 보고서의 위치는 새 워크시트에 표시되도록 하시오.

① 피벗테이블 필드 구성 : 필터(성별), 행(직급), 열(부서), 값(기본급의 평균)

② 호봉이 높은 순에서부터 낮은 순으로 표시되도록 하시오.

③ 데이터 값은 통화 기호와 함께 천단위마다 콤마(,)를 표시하시오.

④ 행 및 열의 총합계가 표시되지 않도록 하시오.

	A	B	C	D	E
1	성별	(모두)			
2					
3	평균 : 기본급	부서			
4	호봉	생산부	영업부	자재부	총무부
5	5	₩1,025,000	₩1,200,000		
6	4				₩1,221,000
7	3	₩1,617,500		₩1,403,000	₩1,689,500
8	2		₩2,086,000	₩2,125,000	
9	1	₩3,490,000		₩2,572,000	

(2) [중첩부분합]을 사용하여 성별로 기본급의 평균을 계산한 다음 부서별로 직원의 개수를 요약하시오.

03 **삼손전자는 새로 출시된 에어컨을 판매하기에 앞서 시장조사를 실시하였다. 시장조사 결과 1대당 480,000원에 판매할 수 있으며, 현재의 생산방식으로 연간 최대 3,000대를 공급할 수 있는 것으로 나타났다. 또한, 에어컨 생산을 위한 '공장 임대료와 기계 구입비'는 연간 1,250,000,000원이 고정비로 투입되며, 대당 75,000원의 부품비용과 1,500원의 조립비용이 소요됨을 파악하였다. 이때 총수익내 영업비 비율은 14%로 나타났다. 이에 따라 삼손전자(주)는 다음의 여러 조건을 감안하여 수요량의 변화에 따른 이익을 평가하고자 한다. 워크시트에 입력된 데이터를 기반으로 제시된 내용을 처리하시오.**

	A	B	C	D	E	F	G
1		[수익항목]	[이익]				순이익
2		판매가격(원)	₩480,000				-₩241,100,000
3		연간 판매량(대)	3,000			3,000	
4						3,100	
5		[비용항목]				3,200	
6		부품비용(원/대)	75,000			3,300	
7		조립비용(원/대)	1,500			3,400	
8		생산고정비용(원)	₩1,250,000,000			3,500	
9		수익내 영업비 비율(%)	14%			3,600	
10					판매량	3,700	
11		[이익항목]				3,800	
12		총수익	₩1,440,000,000			3,900	
13	비용	생산고정비용	₩1,250,000,000			4,000	
14		생산비용	₩229,500,000			4,100	
15		영업비용	₩201,600,000			4,200	
16		총비용	₩1,681,100,000			4,300	
17		순이익	-₩241,100,000			4,400	

(1) 삼손전자의 수익과 비용을 산출하는 방식은 다음과 같으며, 이를 참고해 '이익' 열의 순이익(C17 셀)을 계산하시오.

① 총수익 = 판매가격 × 연간 판매량

② 생산비용 = (부품비용 × 연간 판매량) + (조립비용 × 연간 판매량)

③ 영업비용 = 총수익 × 14%

④ 총비용 = 생산고정비용 + 생산비용 + 영업비용

⑤ 순이익 = 총수익 − 총비용

(2) 연간 판매량(C3 셀)이 얼마일 때 손익분기점에 도달할 수 있는지를 [목표값 찾기]를 통해 계산하시오.

(3) 삼손전자가 연간 판매량을 최소 3,000대에서 최대 4,500대 사이 100단위씩 판매가 가능하다면 연간 판매량의 변화에 따라 순이익이 어떻게 바뀌는지를 [데이터 표]를 통해 나타내시오.

04 다음은 삼손전자의 제품개발을 위한 최적 투자에 관한 내용이다. 워크시트에 입력된 데이터를 기반으로 제시된 내용을 처리하시오.

	A	B	C	D	E	F	G
1	투자액	45,000,000					
2	제조원가			[시나리오]	높은 투자	보통	낮은 투자
3	재료비	9,000,000		투자액	₩ 66,000,000.00	₩ 45,000,000.00	₩ 12,000,000.00
4	노무비	7,000,000		제조원가	₩ 30,000,000.00	₩ 20,000,000.00	₩ 8,000,000.00
5	경비	4,000,000					
6							
7	이익						
8	총지출						
9	관리비	2,200,000					
10	홍보비	3,400,000					
11	인건비	1,900,000					
12	순이익						

(1) 삼손전자(주)의 이익과 지출을 산출하는 방식은 다음과 같다. 이를 참고해 순이익을 계산하시오

① 제조원가 = 재료비 + 노무비 + 경비

② 이익 = 투자액 − 제조원가

③ 총지출 = 관리비 + 홍보비 + 인건비

④ 순이익 = 이익 − 총지출

(2) D2:G4 범위에 입력된 세 가지 시나리오에 따라 [시나리오]를 작성한 다음, 시나리오에 따른 '순이익'의 변화를 시나리오 요약을 통해 표시하시오.

05 다음은 삼손전자의 제품별 목표량과 생산량에 관한 내용이다. 워크시트에 입력된 데이터를 기반으로 제시된 내용을 처리하시오.

	A	B	C	D	E	F	G	H
1		[표1] 1분기				[표2] 2분기		
2		제품명	목표량	생산량		제품명	목표량	생산량
3		냉장고	135	125		냉장고	100	92
4		믹서기	100	110		믹서기	75	55
5		세탁기	120	130		세탁기	65	52
6		건조기	115	103		건조기	41	40
7		청소기	90	93		청소기	50	51
8								
9		[표3] 3분기				[표4] 4분기		
10		제품명	목표량	생산량		제품명	목표량	생산량
11		냉장고	205	200		냉장고	50	80
12		믹서기	150	145		믹서기	45	40
13		세탁기	100	120		세탁기	33	32
14		건조기	145	150		건조기	30	30
15		청소기	130	145		청소기	30	25

(1) 1분기부터 4분기까지 삼손전자의 제품별 목표량과 생산량에 대한 합계을 J2셀에서부터 표시되도록 [통합]을 통해 구하시오.

(2) 냉장고, 세탁기, 건조기에 대한 평균 생산량을 J10 셀에서부터 표시되도록 [통합]을 통해 구하시오.

CHAPTER

06

차트 만들기

1 엑셀의 차트

2 차트 만들기

3 스파크라인

4 트리맵 차트

5 지도 차트

차트(Chart)는 워크시트에 입력된 데이터를 막대나 선과 같은 그림으로 표현함으로써 사용자가 데이터를 더욱 쉽고 직관적으로 이해할 수 있도록 도와준다.
엑셀 차트에는 워크시트의 여러 열이나 행에 있는 데이터를 한 종류의 차트로 생성하는 표준형 차트와 서로 다른 종류의 정보를 강조하기 위해 2개 이상의 차트를 결합하여 생성한 혼합형 차트가 있다.

1 엑셀의 차트

가. 차트의 구성요소

차트를 구성하고 있는 요소는 다음과 같이 차트 영역, 그림 영역, 항목(X) 축, 값(Y) 축, 눈금선, 범례 등이 있다. 먼저, 차트 영역은 차트의 모든 내용을 표현한 곳이며, 그림 영역은 워크시트의 데이터가 막대나 선으로 표현된 부분을 의미한다. 차트 제목은 서식도구를 사용하여 글꼴, 스타일을 적용할 수 있으며, 범례는 막대나 선의 색깔별로 데이터를 구분할 수 있도록 한다.

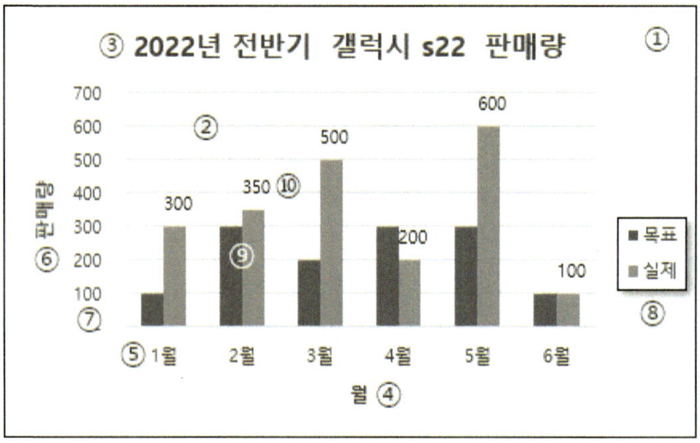

① 차트 영역
② 그림 영역
③ 차트 제목
④ 가로축 제목
⑤ 가로축 값
⑥ 세로축 제목
⑦ 세로축 값
⑧ 범례
⑨ 데이터 계열
⑩ 데이터 레이블

그림 6-1-1 차트의 구성요소

나. 차트의 종류

차트를 작성하거나 차트 종류를 변경하고 싶을 때는 [모든 차트] 목록에서 원하는 차트 유형을 선택하거나 [서식 파일]을 선택하여 작성할 수 있다. 차트 유형에는 다음과 같이 16종류의 차트가 있으며, 개별 차트마다 세부 차트를 포함하고 있어 원하는 모양과 서식으로 편집이 가능하다.

① 세로 막대형 차트

기간 변화에 따른 값의 변화를 나타내거나 특정 시기의 개별 항목을 수직으로 비교할 때 사용한다.

하위 차트	하위 차트 이름	차트 작성 예	비고
	묶은 세로 막대형과 3차원 묶은 세로 막대형	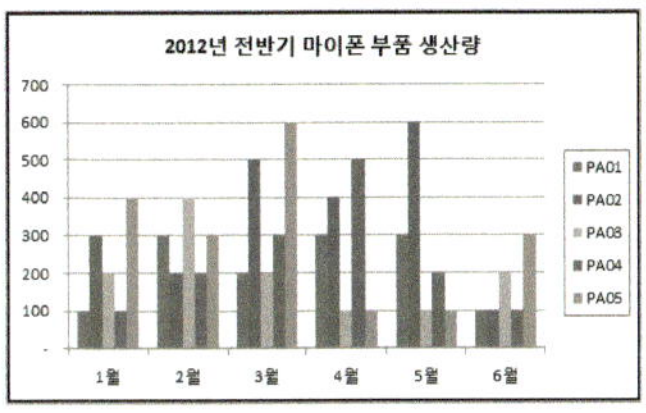 묶은 세로 막대형 차트	
	누적 세로 막대형과 3차원 누적 세로 막대형		
	100% 기준 누적 세로 막대형과 3차원 100% 기준 누적 세로 막대형		
	3차원 세로 막대형		

② 꺾은선형 차트

특정 시기에 대한 값의 변화를 연속적으로 나타내며, 값의 변화나 추세를 나타내는 데 효과적이다.

하위 차트	하위 차트 이름	차트 작성 예	비고
	꺾은선형과 표식이 있는 꺾은선형	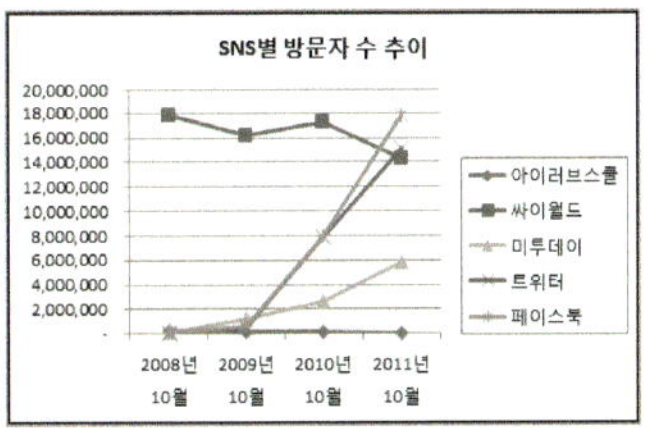 데이터 표시가 있는 꺾은선형 차트	숫자 레이블이 10개를 넘는 경우에는 분산형 차트를 사용한다.
	누적 꺾은선형과 표식이 있는 누적 꺾은선형		
	100% 기준 누적 꺾은선형과 표식이 있는 100% 기준 누적 꺾은선형		
	3차원 꺾은선형		

③ **원형 차트**

각 항목을 전체에 대한 백분율로 보여 줌으로써 구성비나 기여도를 볼 때 사용한다.

하위 차트	하위 차트 이름	차트 작성 예	비고
	원형과 3차원 원형	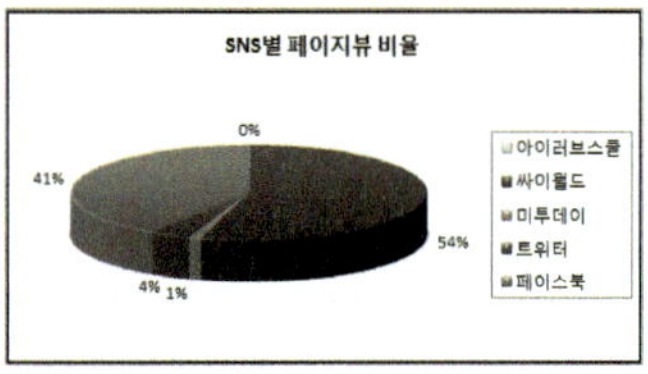 3차원 원형 차트	• 데이터 계열이 하나인 경우 • 데이터 값이 0이나 음수가 아닌 경우 • 항목이 7개 이하인 경우
	원형 대 원형과 원형 대 가로 막대형		
	쪼개진 원형과 3차원 쪼개진 원형		

④ **가로 막대형 차트**

특정 시기의 값을 나타내거나 항목들 사이의 수평으로 비교된 내용을 나타낼 때 사용한다.

하위 차트	하위 차트 이름	차트 작성 예	비고
	묶은 가로 막대형과 3차원 묶은 가로 막대형	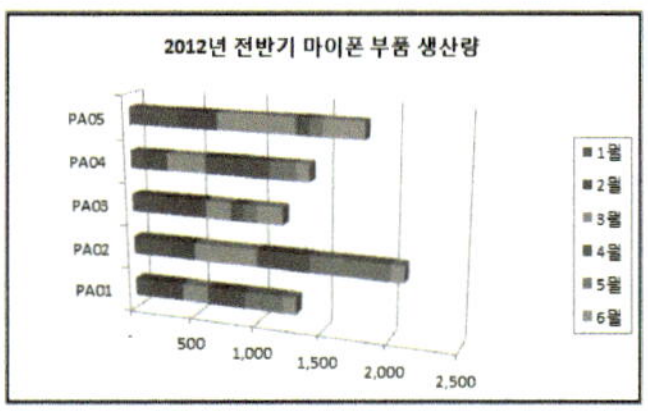 3차원 누적 가로 막대형 차트	
	누적 가로 막대형과 3차원 누적 가로 막대형		
	100% 기준 누적 가로 막대형과 3차원 효과의 100% 기준 누적 가로 막대형		

⑤ **영역형 차트**

시기별 변동 크기 자체를 강조해서 나타내고, 전체에 대한 부분의 관계를 나타낼 때 사용한다.

하위 차트	하위 차트 이름	차트 작성 예	비고
	영역형과 3차원 영역형	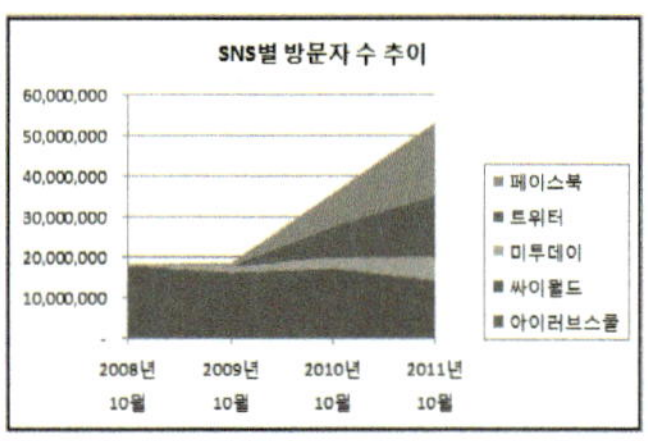 누적 영역형 차트	
	누적 영역형과 3차원 누적 영역형		
	100% 기준 누적 영역형과 3차원 100% 기준 누적 영역형		

⑥ 분산형 차트

항목의 값을 점으로 표시하여 여러 데이터 값들의 흩어진 정도와 이들 사이의 관계를 보여 줄 때 사용한다.

하위 차트	하위 차트 이름	차트 작성 예	비고
	표식만 있는 분산형	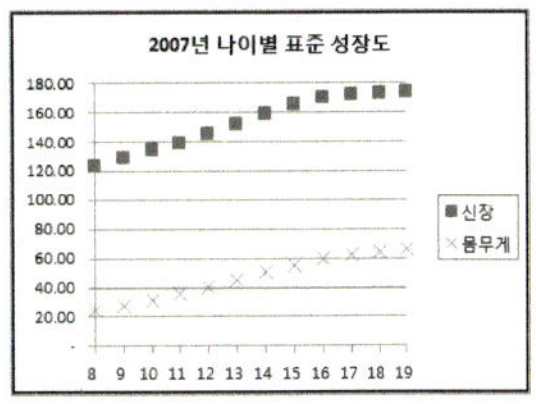 표식만 있는 분산형 차트	• 가로축의 눈금 간격을 변경하려는 경우 • 가로축의 데이터 요소 수가 많은 경우
	곡선 및 표식이 있는 분산형과 곡선이 있는 분산형		
	직선 및 표식이 있는 분산형과 직선이 있는 분산형		

⑦ 주식형 차트

세로 막대형과 꺾은선형 차트를 결합시킨 형태로 주식의 거래량, 최고가, 최저가, 개시가, 종가 등을 비교하여 주가의 동향을 파악하고자 할 때 사용하며, 과학용 데이터 분석에도 사용할 수 있다.

하위 차트	하위 차트 이름	차트 작성 예	비고
	고가-저가-종가	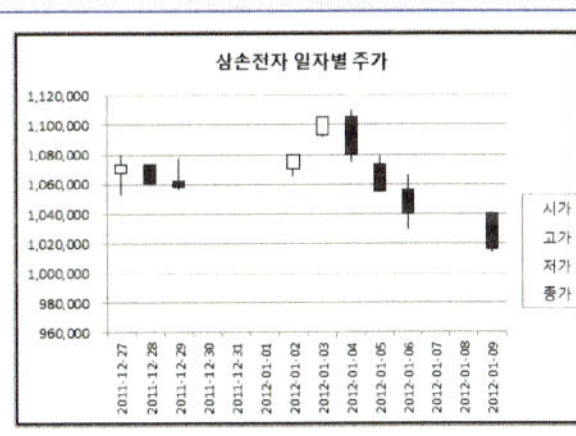 시가-고가-저가-종가 차트	
	시가-고가-저가-종가		
	거래량-높음-낮음-종가		
	거래량-시가-고가-저가-종가		

⑧ 표면형 차트

개별 데이터들의 집합을 연결하여 3차원 표면으로 표시하며, 두 데이터 집합 간에 최적의 조합을 찾을 때 유용하다.

하위 차트	하위 차트 이름	차트 작성 예	비고
	3차원 표면형	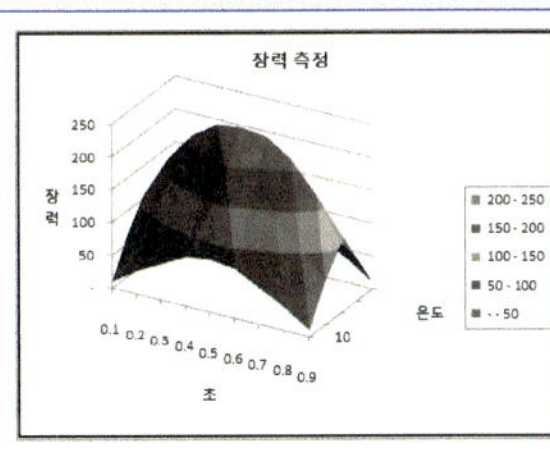 3차원 표면형 차트	항목과 데이터 계열이 모두 숫자값인 경우에 사용
	3차원 표면형(골격형)		
	표면형(조감도)		
	표면형(골격형 조감도)		

⑨ 도넛형 차트

원형 차트와 유사하게 비율을 나타내지만 원형 차트는 하나의 계열을 가지는 반면 도넛형은 다중계열을 가질 수 있다.

하위 차트	하위 차트 이름	차트 작성 예	비고
	도넛형	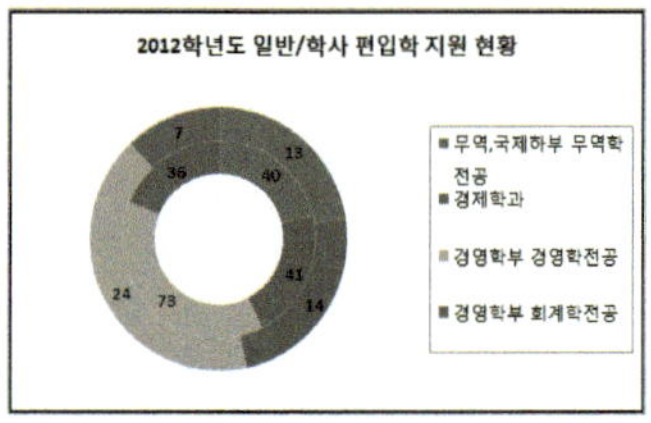	
	쪼개진 도넛형	도넛형 차트	

⑩ 방사형 차트

중심점에서 퍼져 나온 데이터 계열의 값들의 크기를 비교할 때 사용된다.

하위 차트	하위 차트 이름	차트 작성 예	비고
 	방사형과 표식이 있는 방사형	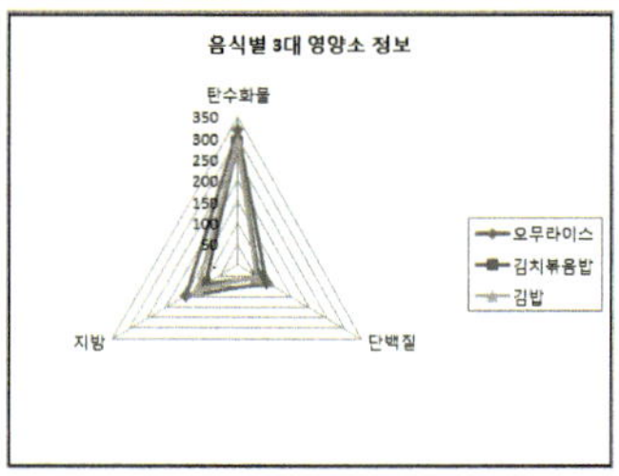	
	채워진 방사형	표식이 있는 방사형 차트	

2 차트 만들기

실습파일 : 차트만들기.xlsx

엑셀은 차트를 손쉽게 만드는 방법은 제공하고 있나요?

실습파일 [추천차트] 시트에는 삼손전자의 2022년 전반기 갤럭시s22의 목표 판매량과 실제 판매량이 기록되어 있다. 해당 데이터를 사용하여 차트를 손쉽게 만드는 방법에는 아래와 같이 크게 세 가지 방법이 있다.

먼저 차트를 만들기 위한 데이터 범위 **A1:C7**를 선택한 다음

1. **[삽입] 탭 > [차트] 그룹**에서 [추천차트]을 클릭한 다음 「차트 삽입」 대화상자에서 묶은 세로 막대형 차트를 선택하고 '확인' 단추를 클릭한다.
2. 키보드의 Alt+F1 키를 누르면 세로 막대형 차트가 워크시트에 자동으로 만들어진다.
3. 키보드 F11 키를 누르면 'Chart1'이라는 새로운 워크시트와 함께 차트가 자동으로 만들어진다.

	A	B	C
1	전반기	목표	실제
2	1월	100	300
3	2월	300	350
4	3월	200	500
5	4월	300	200
6	5월	300	600
7	6월	100	100

그림 6-2-1 차트 데이터

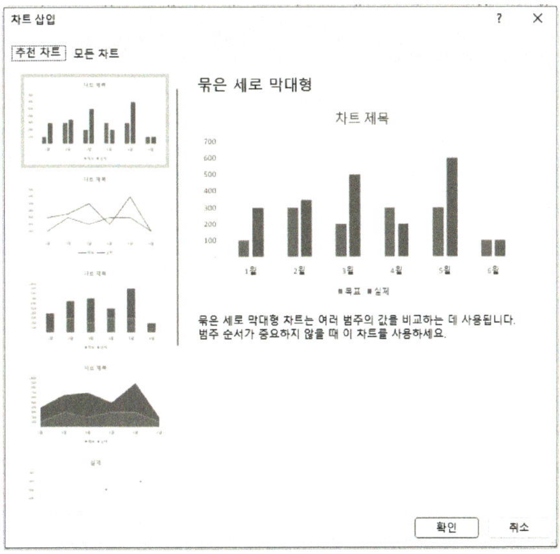

그림 6-2-2 「차트 삽입」 대화상자 – [추천 차트] 탭

이 밖에도 사용자가 다양한 차트 종류에서 원하는 차트를 선택하고 싶다면 그림 6-2-3과 같이 **[삽입] 탭 > [차트] 그룹**에서 원하는 차트를 직접 선택하거나 오른쪽 하단의 ◲ 아이콘을 클릭한 다음 그

림 6-2-4와 같이 「차트 삽입」 대화상자에서 [모든 차트] 탭을 클릭하여 원하는 차트 종류를 선택하는 방법이 있다.

그림 6-2-2 차트 그룹

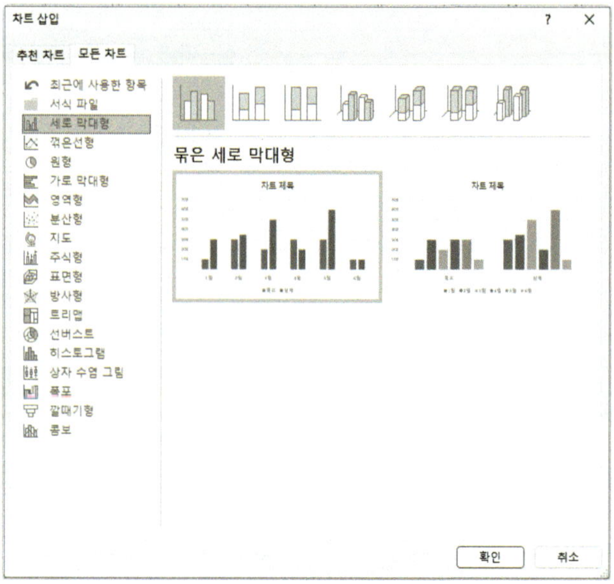

그림 6-2-4 「차트 삽입」 대화상자 – [모든 차트] 탭

차트를 작성하기 전에 먼저 커서의 위치를 데이터 내에 두고 **[삽입] 탭 > [차트] 그룹**에서 오른쪽 하단의 아이콘을 클릭한 다음 「차트 삽입」 대화상자에서 [모든 차트] 탭을 클릭한다.
그리고 왼쪽 세션에서 [세로 막대형]을 선택한 다음 오른쪽에 그와 관련된 여러 종류의 세로 막대형 차트 중에 첫 번째 '묶은 세로 막대형'을 선택하고 [확인] 단추를 클릭한다.

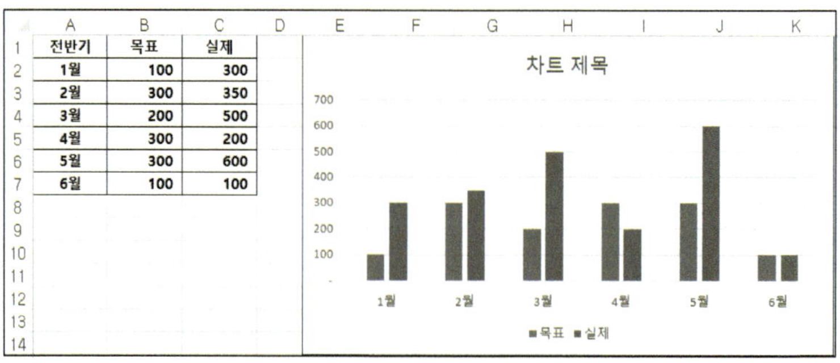

전반기	목표	실제
1월	100	300
2월	300	350
3월	200	500
4월	300	200
5월	300	600
6월	100	100

그림 6-2-5 묶은 세로 막대형 차트

그림 6-2-5와 같이 차트가 만들어지면 차트 영역(차트 내부 빈 영역)을 클릭하고 마우스로 드래그하여 원하는 위치로 이동할 수 있고 차트 테두리를 마우스로 드래그하여 차트 크기를 조절할 수 있다.

차트 작성을 완료한 후에 데이터 일부를 표시하지 않으려고 한다. 차트를 삭제하지 않고 차트에 반영된 데이터를 어떻게 변경할 수 있나요?

차트 작성에 있어 데이터 설정은 가장 중요한 작업 중의 하나이다. 차트는 사용자가 설정한 데이터를 시각적으로 표현하는 기능이기 때문에 차트 작성을 위한 데이터의 원본 설정이 잘못된 경우에는 예상치 못한 다른 모양으로 나타날 수 있다. 본 예제에서는 전반기 데이터를 사용해 만들어진 차트를 1분기 데이터만을 사용해 차트를 재구성하는 방법을 살펴보자.

먼저 **실습파일 [데이터변경] 시트**에서 완성된 차트를 선택한다. 그리고 **[디자인] 탭 > [데이터] 그룹**에서 **[데이터 선택]**을 클릭하면 그림 6-2-6과 같이 「데이터 원본 선택」 대화상자가 나타난다.

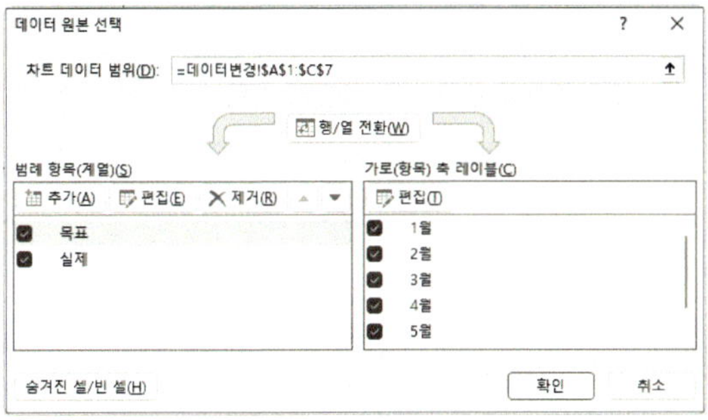

그림 6-2-6 데이터 변경 전 - 전반기 데이터

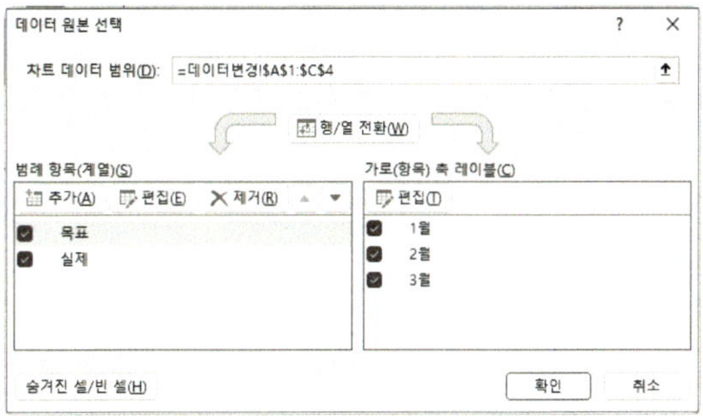

그림 6-2-7 데이터 변경 후 - 1분기 데이터

다음으로「데이터 원본 선택」 대화상자의 [차트 데이터 범위(D):]를 클릭하고 그림 6-2-7과 같이 이미 입력된 데이터 범위를 지우고 워크시트에서 변경할 데이터 범위 **A1:C4**를 새로 선택한 다음 [확인] 단추를 클릭한다. 그림 6-2-8과 같이 「데이터 원본 선택」 대화상자에서 입력한 데이터에 따라 '묶은 세로 막대형' 차트가 변경된 것을 확인할 수 있다.

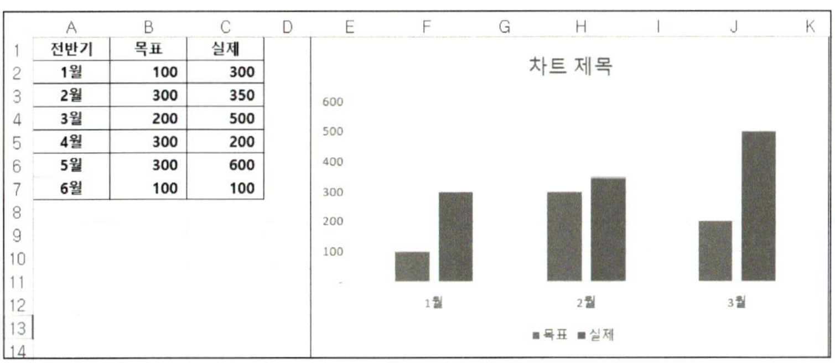

그림 6-2-8 변경된 차트

완성된 차트에서 X축에 표시된 '1월, 2월, 3월'과 범례에 표시된 '목표, 실제'의 위치를 교환하여 차트를 재배열하려면 어떻게 해야 하나요?

X축에 표시된 '1월, 2월, 3월'과 범례에 표시된 '목표, 실제'의 위치를 교환하여 차트를 재배열하는 방법을 살펴보자. 먼저 **실습파일 [행열전환] 시트**에서 이미 완성된 차트를 선택한 다음 **[디자인] 탭 > [데이터] 그룹**에서 **[행/열 전환]**을 클릭하면 손쉽게 X축(가로축) 항목과 범례 항목의 위치를 바꿀 수 있다.

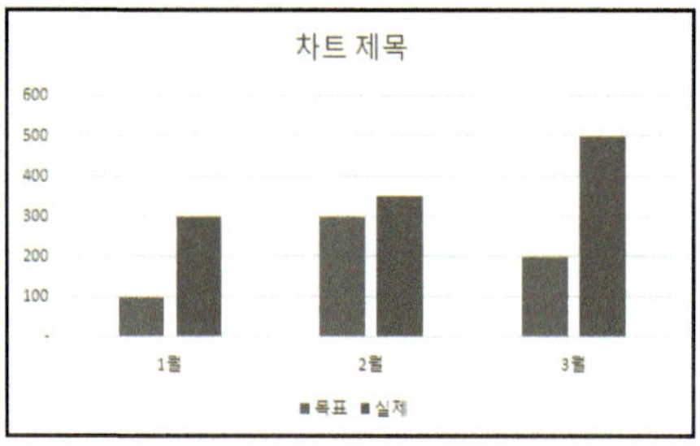

그림 6-2-9 행/열 전환 전 차트

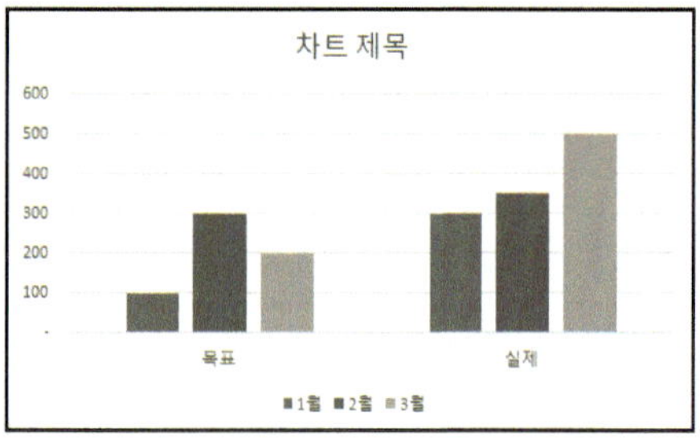

그림 6-2-10 행/열 전환 후 차트

완성된 2차원 차트를 3차원 차트로 변경하려면 어떻게 해야 하나요?

2차원 차트를 3차원 차트로 변경하기 위해서 먼저 **실습파일 [3차원차트] 시트**에서 그림 6-2-11과 같이 완성된 차트를 선택한 다음 **[삽입] 탭 > [차트] 그룹**에서 [막대형 차트 삽입]의 하위 메뉴에서 [3차원 세로 막대형] 중 첫 번째 '3차원 묶은 세로 막대형'을 선택한다.
또는 성된 차트를 선택한 다음 **[디자인] 탭 > [종류] 그룹**에서 [차트 종류 변경]을 클릭하여 나타난 「차트 종류 변경」 대화상자에서 [세로 막대형]의 '3차원 묶은 세로 막대형'을 선택하고 [확인] 단추를 클릭한다. '묶은 세로 막대형' 차트가 그림 6-2-11과 같이 '3차원 묶은 세로 막대형' 차트로 변경된 것을 확인할 수 있다.

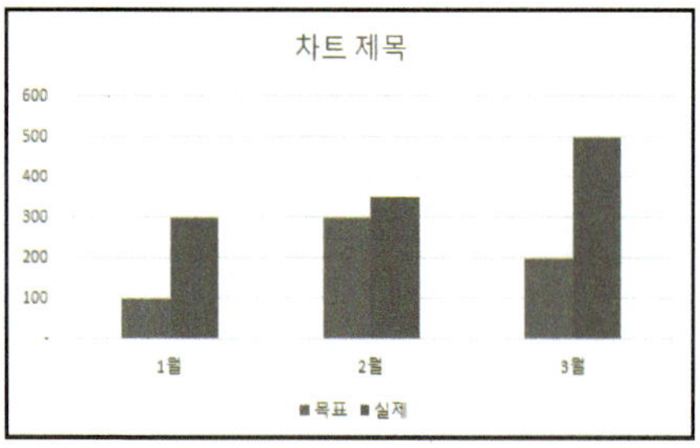

그림 6-2-11 2차원 묶은 세로 막대

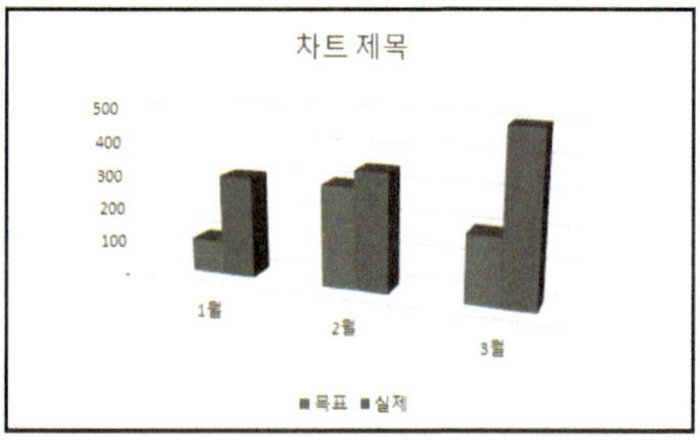

그림 6-2-12 3차원 묶은 세로 막대

완성된 차트에서 특정 계열(실적)만 차트 종류를 변경하려면 어떻게 해야 하나요?

차트 종류의 변경은 모든 계열을 한꺼번에 변경하는 방법뿐만 아니라 특정 계열에 대해서만 차트의 종류를 변경할 수도 있다. 그림 6-2-13과 같이 완성된 차트를 보면 데이터의 변화를 직관적으로 비교하기가 어렵다. 따라서 차트에 대한 이해를 돕기 위해 두 계열을 서로 다른 차트로 변경할 필요가 있다. 이에 '실제' 계열에 대해서만 '표식이 있는 꺾은선형' 차트로 변경해 보도록 하자.

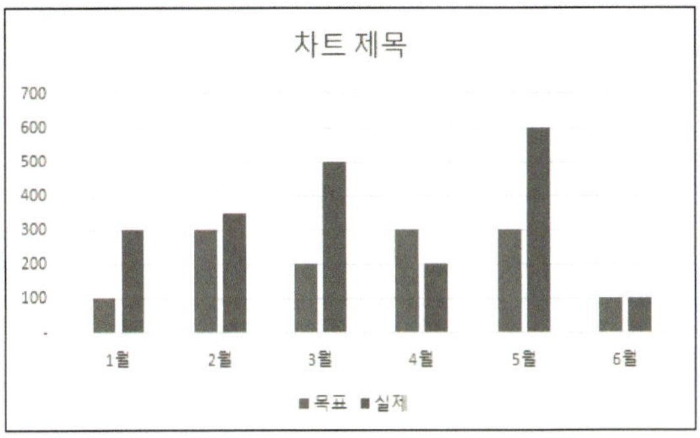

그림 6-2-13 차트 종류 변경 전

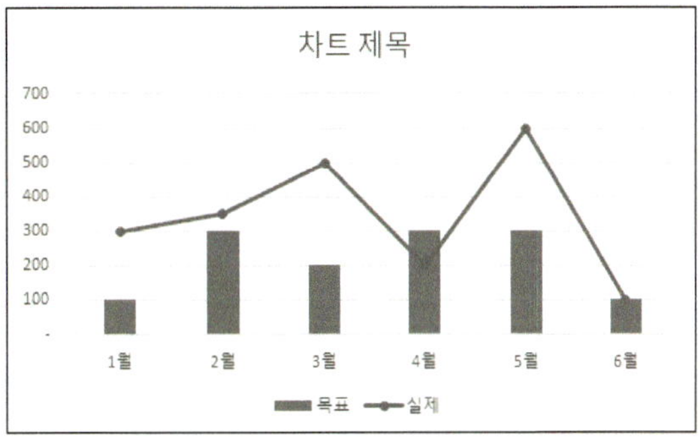

그림 6-2-14 차트 종류 변경 후 - 콤보 차트

이를 위해 먼저 **실습파일 [차트변경] 시트**에서 완성된 차트를 선택한 다음 **[디자인] 탭 > [종류] 그룹**에서 **[차트 종류 변경]**을 클릭하여 나타난 「차트 종류 변경」 대화상자에서 [콤보]를 선택한다.

그리고 그림 6-2-15의 [계열 이름:]에서 **실제**에 대한 차트 종류를 **표식이 있는 꺾은선형**을 선택하고 [확인] 단추를 클릭한다.

그림 6-2-14와 같이 '목표' 계열과 '실적' 계열이 서로 다른 차트로 변경됨으로써 두 계열에 대한 데이터 변화를 쉽게 비교할 수 있다.

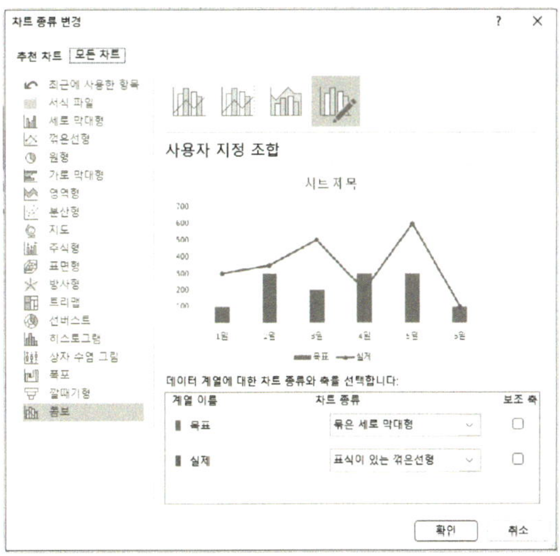

그림 6-2-15 「차트 종류 변경」 대화상자 - [콤보]

만약 '목표' 계열과 '실제' 계열의 값의 차이가 크다면 차트 왼쪽에 표시된 y축으로 두 계열 값 모두를 표시하기가 어렵게 된다. 이러한 경우에는 그림 6-2-15에서 **실제** 계열을 **표식이 있는 꺾은선형**으로 선택하면서 바로 옆에 **보조 축**을 선택하면 계열의 크기를 나타내는 y축이 두 계열에 따라 차트의 왼쪽과 오른쪽에 나누어 표시된다.

연도별 판매 데이터를 이용해 세로형 막대 차트를 만들었는데 완성된 차트가 예상과 다르게 X축에 표시되어야 할 연도가 데이터에 포함되어 있다. 어디가 잘못된 걸까요?

실습파일 [이상한차트] 시트에는 2019~2022년 동안의 실제 판매액이 기록되어 있다. 먼저 세로 막대형 차트를 만들기 위해 A1:B5 범위를 선택한 다음 키보드의 Alt+F1 키를 눌러 세로 막대형 차트를 워크시트에 만들었다.

하지만 그림 6-2-16의 첫 번째 차트와 같이 x축 계열에 '년도' 데이터가 표시되어 이상한 차트가 만들어지게 된다. 이러한 경우에는 A12:B16 범위에서 A12 셀의 '년도' 제목을 지우고 다시 차트를 만들어 보면 그림 6-2-16의 두 번째 차트와 같이 올바른 차트를 작성할 수 있게 된다.

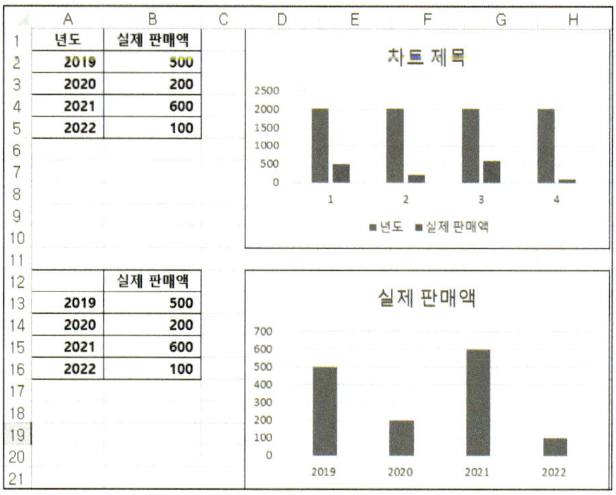

그림 6-2-16 올바른 차트 작성을 위한 데이터 준비

차트의 구성요소(차트 제목, 축 제목, 데이터 레이블)를 작성하려면 어떻게 해야 하나요?

차트는 그림 6-2-18과 같이 다양한 구성요소를 통해 차트에 대한 이해도를 높일 수 있다. 그림 6-2-17은 차트 제목이나 가로축(X축)제목, 세로축(Y축)제목, 데이터 레이블과 같은 요소들이 차트에 반영되지 않은 상태이므로 해당 차트에 대한 이해도가 떨어진다.

차트의 구성요소를 추가하거나 변경하는 방식은 크게 두 가지로 엑셀에서 미리 제공하고 있는 빠른 레이아웃을 사용하는 방식과 사용자가 직접 모든 구성요소를 설정하는 방식이 있다.

먼저 엑셀에서 제공하는 레이아웃을 사용하여 차트 구성요소를 입력하는 방법을 살펴보자. **실습파일 [레이아웃] 시트**에서 완성된 차트를 선택한 다음 **[디자인] 탭 > [차트 레이아웃] 그룹**에서 [빠른 레이아웃]의 하위 메뉴에서 사용자가 원하는 종류를 선택한다. 그림 6-2-18은 '레이아웃 9'

를 선택한 차트이다.

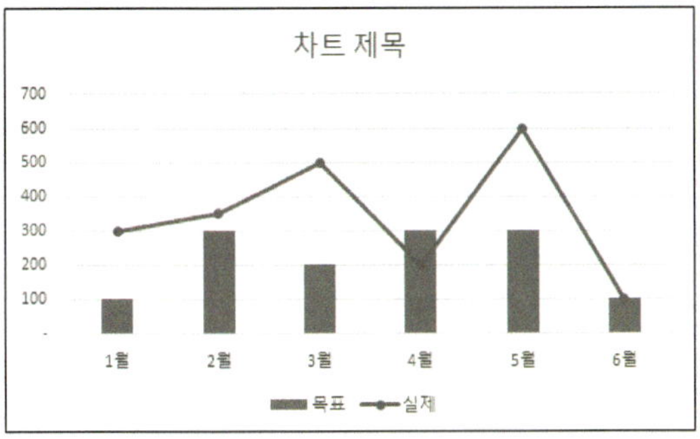

그림 6-2-17 차트 레이아웃 변경 전

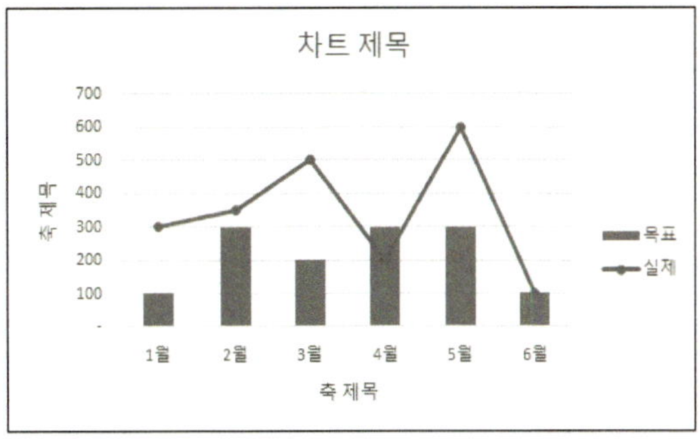

그림 6-2-18 차트 레이아웃 – '레이아웃9' 적용

다음으로 사용자가 직접 차트의 구성요소의 일일이 선택하여 추가하는 방법을 살펴보자. 먼저 그림 6-2-18과 같이 '레이아웃9'가 적용된 차트를 선택한 다음 [디자인] 탭 > [차트 레이아웃] 그룹에서 [차트 요소 추가]를 클릭한다.

먼저 범례의 위치를 오른쪽에서 아래쪽으로 바꾸기 위해 [차트 요소 추가]의 하위 메뉴에서 [범례] > [아래쪽]을 선택하면 차트의 오른쪽에 표시된 범례가 아래쪽으로 이동된 것을 확인할 수 있다. 이러한 절차를 통해 [축], [축 제목], [차트 제목], [데이터 레이블] 등의 위치 및 표시여부를 결정할 수 있다.

> 완성된 차트에서 각각의 데이터 막대에 숫자를 표시하려면 어떻게 해야 하나요?

각각의 데이터 계열 막대에 데이터 값을 표시하기 위해서는 차트 요소 중 데이터 레이블을 선택해 주면 된다. 데이터 레이블은 차트에 포함되어 있는 각 데이터 계열에 대한 값이나 이름을 표시하는 기능이다. 데이터 레이블은 가로축의 모든 데이터 계열에 데이터 레이블을 추가할 수 있으며 특정 데이터 계열에만 데이터 레이블을 추가할 수도 있다.

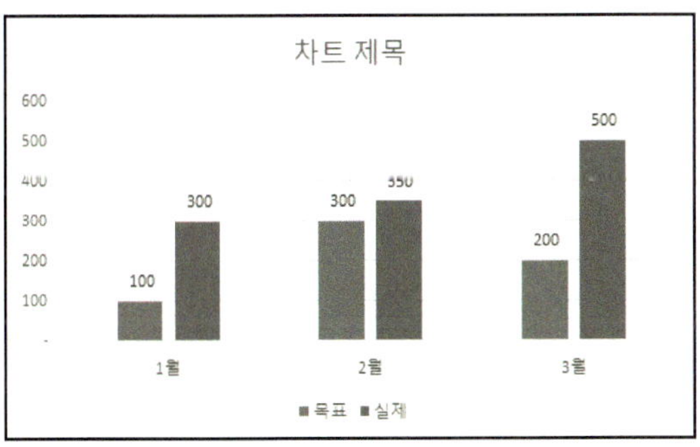

그림 6-2-19 모든 계열에 데이터 값 추가

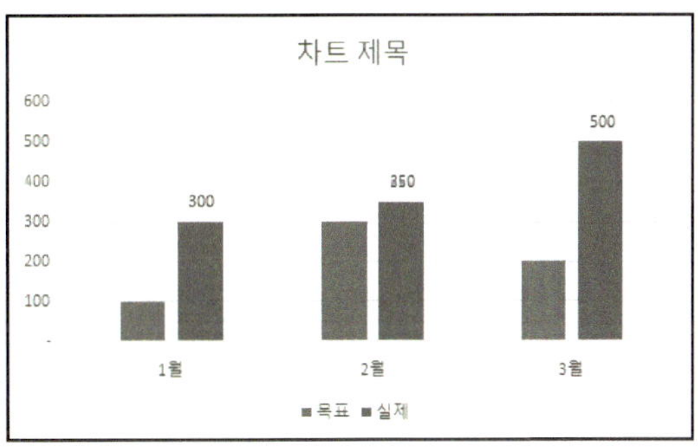

그림 6-2-20 특정 계열에 데이터 값 추가

그림 6-2-19와 같이 모든 데이터 계열에 데이터 레이블을 추가하는 방법을 살펴보자. 이를 위해 **실습파일 [데이터레이블] 시트**에서 완성된 차트를 선택한 다음 **[디자인] 탭 > [차트 레이아웃] 그룹**에서 **[차트 요소 추가]**를 클릭한다. 그리고 [데이터 레이블(D)] > [바깥쪽 끝에(O)]을 선택하면 모든 계열의 막대 끝에 데이터 값을 추가할 수 있다.

다음으로 특정 계열에만 데이터 레이블을 추가하는 방법을 살펴보자. 먼저 '실제' 막대에 해당하는 빨간 막대를 클릭하여 '실제' 계열 막대만을 선택한다. 그리고 **[디자인] 탭 > [차트 레이아웃] 그룹**에서 **[차트 요소 추가]**를 클릭한 다음 [데이터 레이블(D)] > [바깥쪽 끝에(O)]를 선택하면 '실제' 계열 막대에만 데이터 값을 추가할 수 있다.

차트와 원본 데이터를 함께 표시하려면 어떻게 해야 하나요?

데이터 데이블은 그림 6-2-21과 같이 원본 데이터를 차트 아래에 테이블 형태로 표시하는 기능이다. 이를 위해 **실습파일 [데이터테이블] 시트**에서 완성된 차트를 선택한 다음 **[디자인] 탭 > [차트 레이아웃] 그룹**에서 **[차트 요소 추가]**를 클릭한다. 그리고 [데이터 테이블(B)] > [범례 표지 포함(W)]을 선택하면 손쉽게 차트 아래에 원본 데이터를 추가할 수 있다.

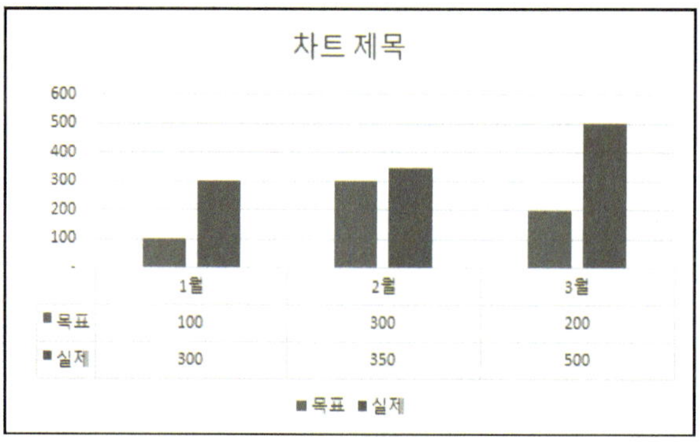

그림 6-2-21 데이터 테이블

차트에 서식을 설정하거나 변경하려면 어떻게 해야 하나요?

차트 영역, 그림 영역, 데이터 계열, 차트 제목, 축 제목, 데이터 레이블, 범례와 같은 차트 구성요소들에 대한 서식 설정 및 변경은 사용자가 보다 효과적으로 차트를 이해할 수 있도록 도와준다. 차트 구성요소에 대한 서식 설정 및 변경을 위해 먼저 **실습파일 [차트서식] 시트**에서 완성된 차트의 구성요소에서 '차트 제목'을 선택한 다음 **[서식] 탭 > [WordArt 스타일] 그룹**에서 [텍스트 채우기]를 선택하거나 **[서식] 탭 > [도형 스타일] 그룹**에서 [도형 채우기]를 선택하여 서식을 적용하거나 변경할 수 있다.

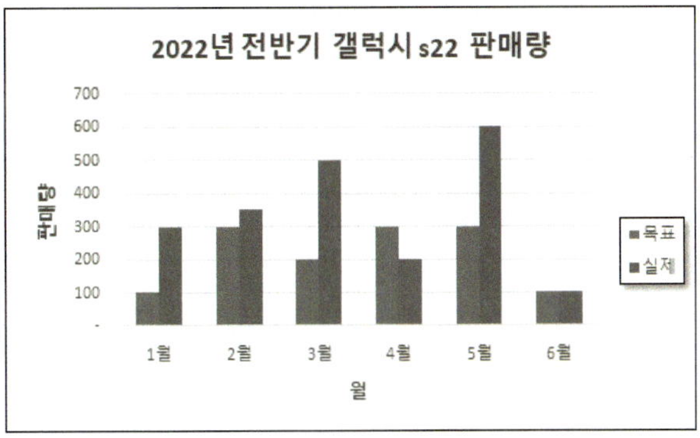

그림 6-2-22 차트 서식 적용

3 스파크라인

실습파일 : 스파크라인.xlsx

워크시트의 개별 셀 안에 맞는 작은 차트를 추가하려면 어떻게 해야 하나요?

스파크라인은 워크시트 내에 저장된 데이터를 시각적으로 표시하기 위해 원본 데이터 옆에 표시하는 작은 차트를 말한다. 스파크라인은 월별 증감이나 계절별 증감, 경기 순환과 같이 변화하는 데이터 값을 세로 막대형이나 꺾은선형 차트로 표시함으로써 사용자로 하여금 데이터 값의 변화를 쉽게 파악할 수 있도록 도와주며, 동시에 원본 데이터의 최대값이나 최소값을 차트에 강조하여 표시함으로써 특정 항목에 대한 이해를 도와준다.

스파크라인은 기존의 차트와는 달리 개체 형태로 표시되지 않고 셀 배경으로 표시되기 때문에 일반적인 데이터처럼 사용할 수 있다. 또한 여러 셀에 각각의 스파크라인을 동시에 표시함으로써 각 항목 간의 차이를 쉽게 파악할 수 있도록 만들어 준다. 이뿐만 아니라 원본 데이터 값을 변경하면 작성된 스파크라인이 즉시 반영되므로 데이터 관리도 편리하다.

실습파일 [스파크라인] 시트에 스파크라인을 추가 하기 위해 **[삽입] 탭 > [스파크라인] 그룹**에서 [꺾은선형], [열], [승패] 중 [열]을 클릭하면 [스파크라인 만들기] 대화상자가 나타난다.

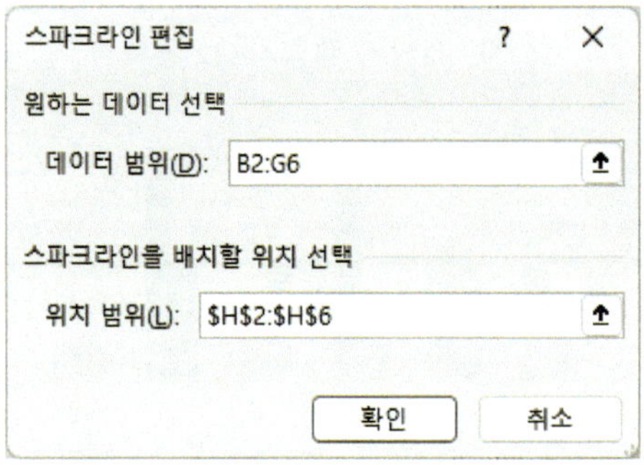

그림 6-3-1 「스파크라인 만들기」 대화상자

[스파크라인 만들기] 대화상자의 [데이터 범위(D):]에 B2:G6를 입력하고 [위치 범위(L):]에 H2:H6을 입력한 후 [확인] 단추를 클릭하여 그림 6-3-2와 같이 완성한다.

	A	B	C	D	E	F	G	H
1	제품	1월	2월	3월	4월	5월	6월	추세
2	컨실러	150	300	200	350	300	100	
3	립스틱	300	200	500	400	600	100	
4	파운데이션	200	500	150	50	100	200	
5	페이스파우더	100	200	300	500	200	100	
6	볼연지	400	100	600	100	50	300	

그림 6-3-2 스파크라인 – 열

작성한 스파크라인에서 원본 데이터의 최대값과 최소값에 해당하는 부분에 대해서 특별한 표식을 표시하여줌으로써 데이터 값의 변화를 보다 쉽게 이해할 수 있다. 이를 위해 작성한 스파크라인을 범위 H2:H6을 선택한 다음 **[디자인] 탭 > [스타일] 그룹**에서 [표식 색]의 하위 메뉴에서 [높은 점(H)]에 대한 색(빨강)을 선택한다.

	A	B	C	D	E	F	G	H
1	제품	1월	2월	3월	4월	5월	6월	추세
2	컨실러	150	300	200	350	300	100	
3	립스틱	300	200	500	400	600	100	
4	파운데이션	200	500	150	50	100	200	
5	페이스파우더	100	200	300	500	200	100	
6	볼연지	400	100	600	100	50	300	

그림 6-3-3 스파크라인 – 최대값 표식

스파크라인은 셀 배경으로 표시되기 때문에 작성된 스파크라인 위에 데이터 입력이 가능할 뿐만 아니라 Delete나 Back Space 키로는 삭제되지 않는다. 만약 작성한 스파크라인을 삭제하고자 할 경우에는 작성한 스파크라인에 셀 포인터를 위치한 후 **[디자인] 탭 > [그룹] 그룹**에서 [지우기] 드롭다운 화살표를 클릭하여 [선택한 스파크라인 지우기(C)]나 [선택한 스파크라인 그룹 지우기(L)]를 선택하여 삭제할 수 있다.

4 트리맵 차트

실습파일 : 트리맵.xlsx

데이터의 계층 구조를 비율에 따라 표시해 주는 비트맵 차트는 어떻게 만드나요?

트리맵 차트는 데이터의 계층 구조를 비율에 따라 서로 다른 색으로 표시함으로써 계층 간 데이터를 비교하는데 매우 유용하다. 트리맵 차트는 계층 내의 항목들의 비율을 통한 상대적 크기를 비교하는 데에는 유용하지만, 상위 범주와 하위 범주의 계층 수준(1차, 2차, 3차 범주)이 여러 개일 경우에는 적합하지 않다. 이에 선버스트 차트는 여러 수준의 계층 구조로 입력된 데이터를 시각적으로 표시하는데 유용하다.

실습파일 [트리맵] 시트에는 삼손전자의 스마트폰과 TV에 대한 국가별 판매량이 기록되어 있다. 트리맵을 만들기 위해 먼저 A1:C9 범위를 선택한 다음 **[삽입] 탭 > [차트] 그룹**에서 **[비트맵]**을 클릭하여 하위 메뉴에서 [**비트맵**]을 선택한다.

그림 6-4-1과 같이 트리맵은 국가별로 각 제품 판매량에 대한 상대적 크기를 보여주며, 상위 범주(국가)의 데이터에 대해서는 같은 색으로 표시해 준다. 예를 들어 스마트폰과 TV 판매량의 가장 큰 비중을 차지하는 국가는 미국이고 캐나다의 경우 스마트폰 보다는 TV 판매가 높은 것을 알 수 있다. 아울러 그림 6-4-2와 같이 상위 범주의 항목을 비트맵에 포함하고자 한다면 임의의 사각형을 선택하고 마우스 오른쪽 단추를 클릭한 다음 단축 메뉴에서 [데이터 계열 서식(F)...]를 선택한다.

그리고 워크시트 오른쪽에 표시된 [데이터 계열 서식]의 [계열 옵션]에서 **배너(B)**를 선택하면 상위 범주의 항목을 비트맵 차트에 추가할 수 있다.

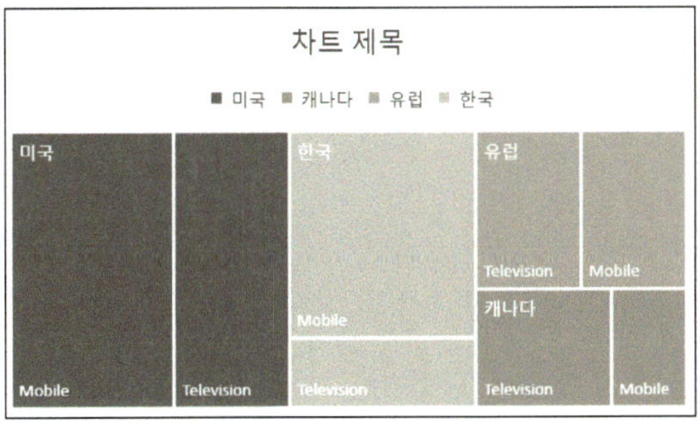

그림 6-4-1 비트맵

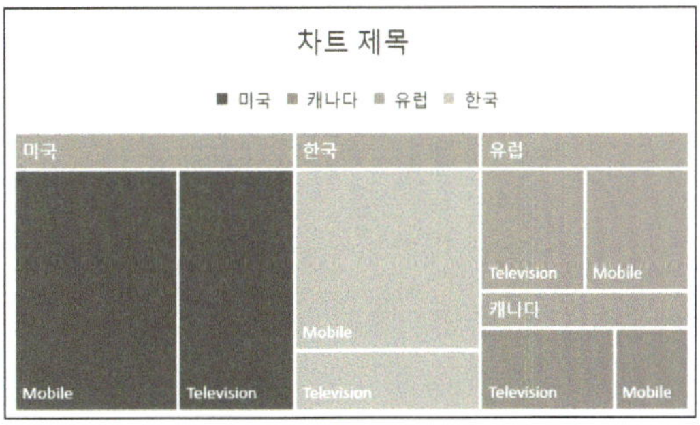

그림 6-4-2 비트맵 -데이터 계열 서식(배너) 변경

그림 6-4-2와 같이 비트맵 차트는 상위 범주(국가)와 하위 범주 사이의 계층 구조를 상대적 크기로 표시하지만 계층 구조를 여러 수준으로 표시하고자 할 경우에는 선버스트 차트가 더욱 효과적이다. 선버스트 차트는 계층 구조의 각 수준으로 원으로 표시하며 가장 안쪽에 있는 원이 계층 구조에서 가장 높은 상위 수준으로 나타낸다.

선버스트 차트 작성을 위해 **실습파일 [선버스트] 시트**의 A1:C13 범위를 선택 다음 **[삽입] 탭 > [차트] 그룹**에서 **[비트맵]**을 클릭하여 하위 메뉴에서 [선버스트]을 선택한다.

그림 6-4-6과 같이 선버스트 차트는 도넛형 차트와 모양이 유사하지만 데이터의 범주 수준을 계층적 고리로 표시한다는 점에서 구별된다.

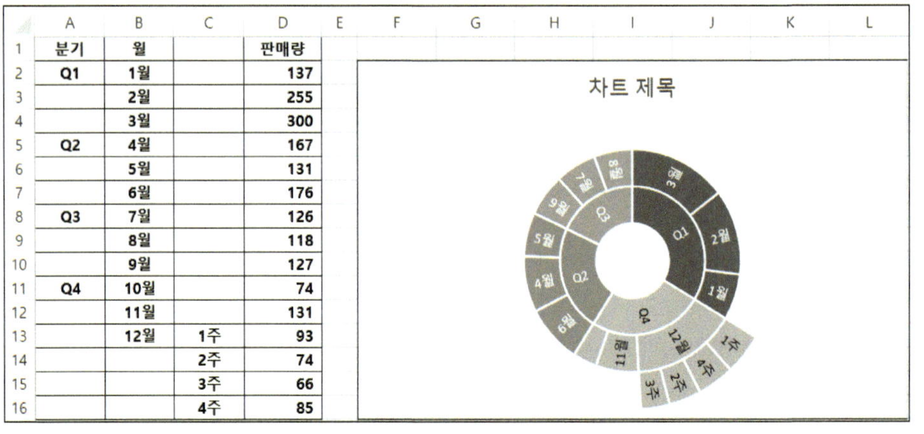

분기	월		판매량
Q1	1월		137
	2월		255
	3월		300
Q2	4월		167
	5월		131
	6월		176
Q3	7월		126
	8월		118
	9월		127
Q4	10월		74
	11월		131
	12월	1주	93
		2주	74
		3주	66
		4주	85

그림 6-4-3 선버스트 차트

5 지도 차트

실습파일 : 지도차트.xlsx

엑셀에 입력된 국가 및 도시 데이터를 사용해 지도 차트를 만들 수 있나요?

실습파일 [국가별판매액] 시트에는 5개 국가에서 발생한 국가별 판매액이 기록되어 있다. 해당 데이터를 통해 지도 차트를 만들기 전에 먼저 데이터를 엑셀 테이블로 만들어야 한다. 따라서 커서를 A1:B6 범위 내에 두고 **[홈] 탭 > [스타일] 그룹**에서 [표 서식]을 클릭하여 적절한 서식을 선택한다(2행 2열의 '파랑, 표 스타일 밝게 9'를 선택한다). 「표 서식」 대화상자에서 그림 6-5-1과 같이 **A1:B6** 범위를 선택한 다음 '확인' 단추를 클릭하여 그림 6-5-2와 같이 표 서식을 적용한다.

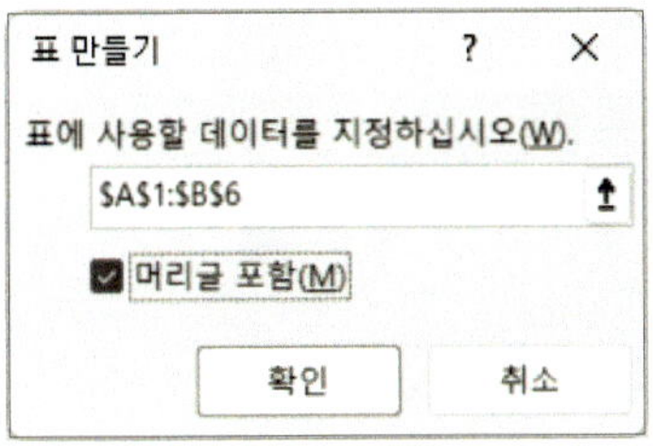

그림 6-5-1 「표 서식」 대화상자

	A	B
1	국가	판매액
2	United States	34000000
3	Canada	5000000
4	Brazil	7000000
5	China	38000000
6	Australia	1000000

그림 6-5-2 국가별 판매액

다음으로 A1:B6 범위 내에 커서를 두고 **[삽입] 탭 > [차트] 그룹**에서 [지도]를 클릭한다. 그림 6-5-3과 같이 국가별 판매액에 대한 데이터가 지도에 연결되어 표시된다. 지도에 표시된 색은 판매액이 클수록 더 진한 파란색으로 표시된다.

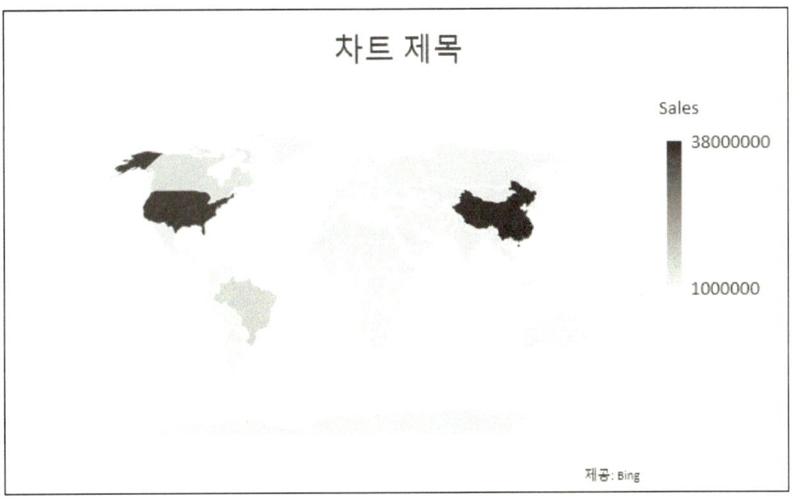

그림 6-5-3 지도 차트 결과

지도에 표시된 국가 위에서 마우스 오른쪽 버튼을 클릭하여 나타난 단축 메뉴에서 [데이터 계열 서식(F)...]을 선택하면 그림 6-5-4와 같은 메뉴가 워크시트 오른쪽에 나타난다.

- **지도 투영**에서는 네 가지 옵션을 선택하여 지도의 투영을 변경할 수 있다. 메르카토르는 1569년 제라르두스 메르카토르가 개발한 표준 투영법이며, 밀러는 Mercator 투영법을 수정한 것이며, Robinson은 전 세계를 보여주는 투영법이다.
- **지도 영역**에서는 데이터가 있는 지역만 또는 전 세계를 선택하여 확대/축소할 수 있으며 일반적으로 자동 옵션을 선호한다.
- **지도 레이블**에서는 지역에 대한 지리적 이름을 표시한다. 적당한 크기를 기준으로 이름을 표시하거나 모든 레이블을 지도에 표시할 수 있다.
- **계열 색**을 사용하면 '순차(2색)' 또는 '분기(3색)' 을 선택할 수 있으며 원하는 색 구성표를 선택할 수 있다. 데이터 값(판매액)의 차이가 클 경우에는 '분기(3색)'을 선택하는 것을 권장한다. 그리고 '가장 높은 값' 드롭다운 단추를 클릭한 다음 숫자를 선택하여 사용자가 직접 가장 큰 값을 입력할 수 있다.

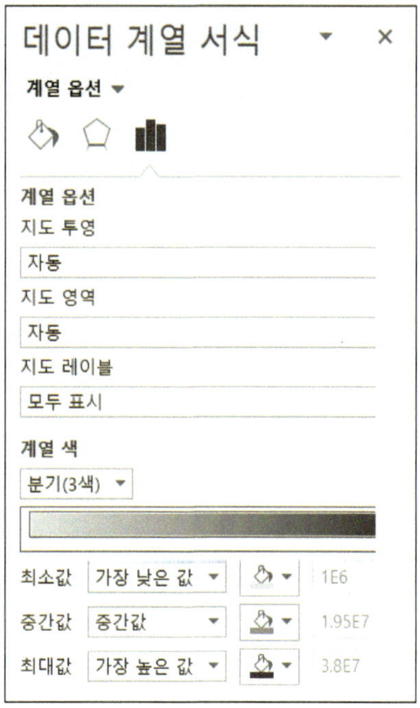

그림 6-5-4 데이터 계열 서식

[데이터 계열 서식]에서 '지도 투영'은 **자동**을 선택하고, '지도 영역'은 **자동**을 선택하고, '지도 레이블'은 **모두 표시**를 선택한다. 계열 색에서는 **분기(3색)** 옵션을 선택한다. 그리고 차트 제목은 **World Sales**을 입력하여 최종적으로 지도를 그림 6-5-6과 같이 완성한다.

다음으로 지도 차트를 선택한 다음 **[디자인] 탭 > [차트 레이아웃]** 그룹에서 [차트 요소 추가]를 클릭하여 지도에 표시된 레이블을 변경할 수 있다.

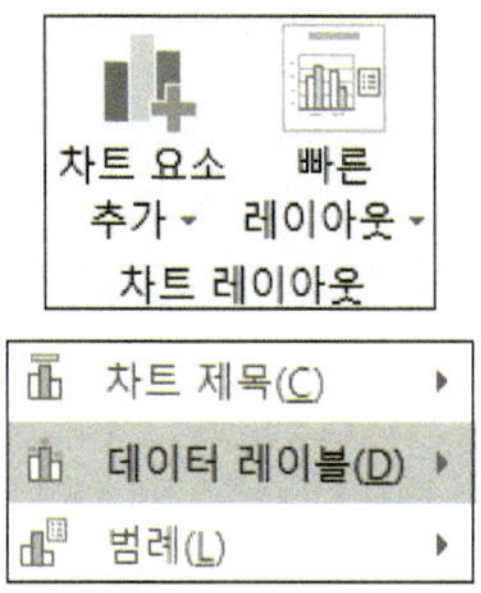

그림 6-5-5 데이터 레이블 변경

[차트 요소 추가]를 선택하여 [데이터 레이블(D)]에서 [표시(S)]를 선택하면 그림 6-5-7과 같이 B2:B6 범위의 숫자 데이터가 지도에 추가된다.

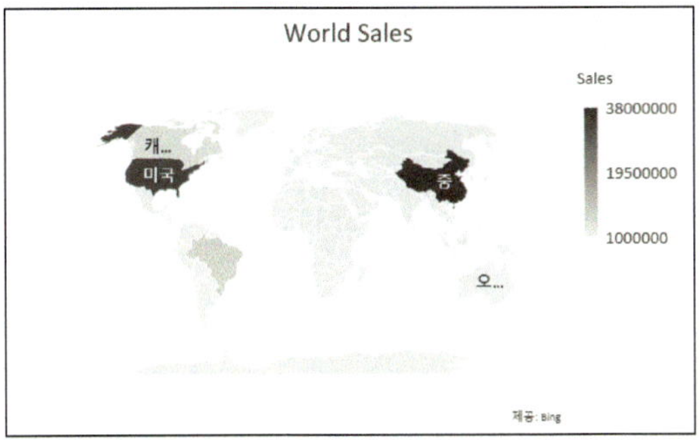

그림 6-5-6 지도 레이블 모두 표시

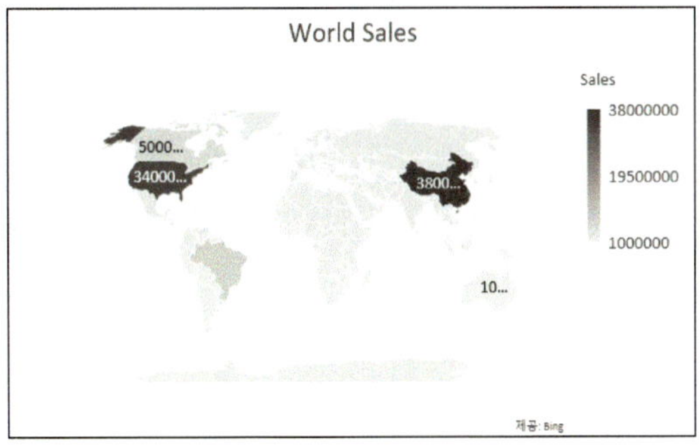

그림 6-5-7 데이터 레이블 적용

실습파일 [텍사스주] 시트에는 미국 텍사스 주의 3개의 시티에서 판매된 제품의 판매액이 기록되어 있다. 해당 데이터를 기반으로 지도를 작성하고 지역별 판매량을 지도에 표시하고자 한다. 먼저 [텍사스주] 시트의 시티별 데이터가 기록된 A1:C4 범위 내에 커서를 두고 [삽입] 탭 > [차트] 그룹에서 [지도]를 클릭하여 지도 차트를 작성한다. 만약 지도가 그림 6-5-8과 같이 국가 단위로 표시가 되어 있다며 지도에 표시된 국가 위에서 마우스 오른쪽 버튼을 클릭하여 나타난 단축 메뉴에서 [데이터 계열 서식(F)...]을 선택한다. 그리고 워크시트 오른쪽에 표시된 [데이터 계열 서식]에서 '지도 영역'을 시/도로 바꾸어준다.

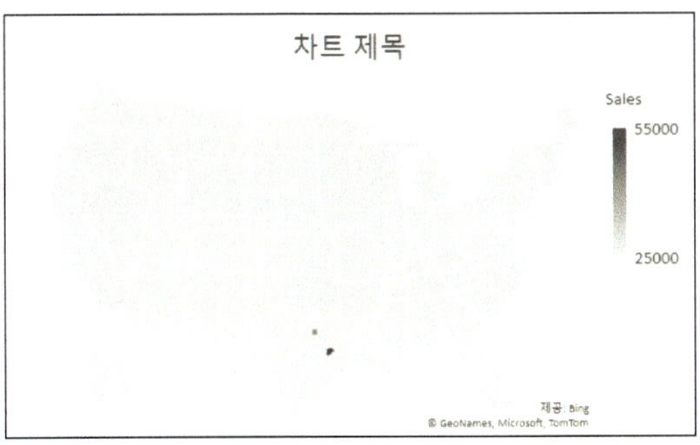

그림 6-5-8 지도 영력 - 국가/지역 단위

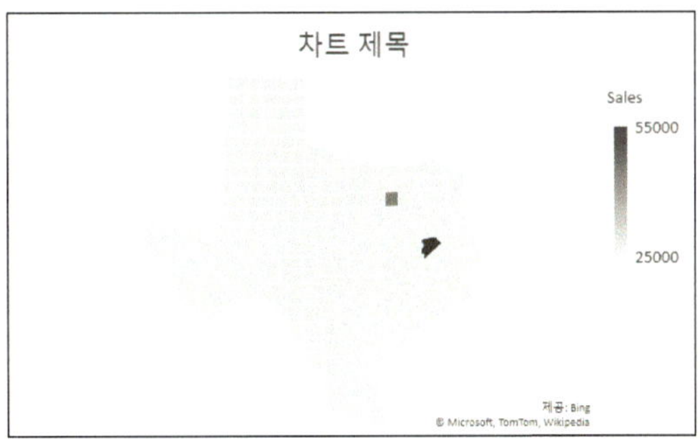

그림 6-5-9 지도 영력 - 시/도 단위

실습파일 [코로나19] 시트에는 국내 코로나19 확진자 현황(2023.01.15. 기준) 데이터가 기록되어 있다. 코로나19 통계를 사용해 지도 차트를 작성해 보자. 먼저 B3:C20 범위를 선택한 다음 [삽입] 탭 > [차트] 그룹에서 [지도]를 클릭하여 지도 차트를 작성한다. 차트에 표시된 '차트 제목'은 지우고 Alt 키를 누르고 차트 크기를 그림 6-5-10과 같이 적절히 조정한다.

그리고 지도 차트를 선택한 다음 마우스 오른쪽 단추를 클릭하여 나타난 단축 메뉴에서 [데이터 레이블 추가(B)]를 클릭하면 지도 차트 위에 데이터 값이 표시된다. 다음으로 차트의 색을 빠르게 변경하고자 한다면 차트를 선택한 다음 [디자인] 탭 > [차트 스타일] 그룹에서 [색 변경]을 클릭하여 원하는 색을 선택할 수 있다.

만약 특정 지역만 다른 색으로 변경하고자 한다면, 특정 지역(경북)을 클릭하면 해당 지역만 진한 색으로 바뀌게 된다. 그리고 선택한 지역 위에서 마우스 오른쪽 버튼을 클릭하여 [채우기]에서 색을 변경하거나, **[서식] 탭 > [도형 스타일] 그룹**에서 [도형 채우기]를 클릭하여 원하는 색으로 변경할 수 있다.

코로나19 주요통계 (2023.01.15 기준)

나라	시/도	신규환자	누적환자
대한민국	서울	5,728	5,799,099
대한민국	부산	2,151	1,768,785
대한민국	대구	1,518	1,299,032
대한민국	인천	1,978	1,733,496
대한민국	광주	867	868,163
대한민국	대전	915	869,982
대한민국	울산	908	636,915
대한민국	세종	229	236,177
대한민국	경기	8,230	8,069,360
대한민국	강원	831	879,257
대한민국	충북	1,019	934,119
대한민국	충남	1,374	1,206,027
대한민국	전북	1,210	997,292
대한민국	전남	1,100	973,269
대한민국	경북	1,718	1,360,491
대한민국	경남	2,240	1,783,384
대한민국	제주	450	374,910

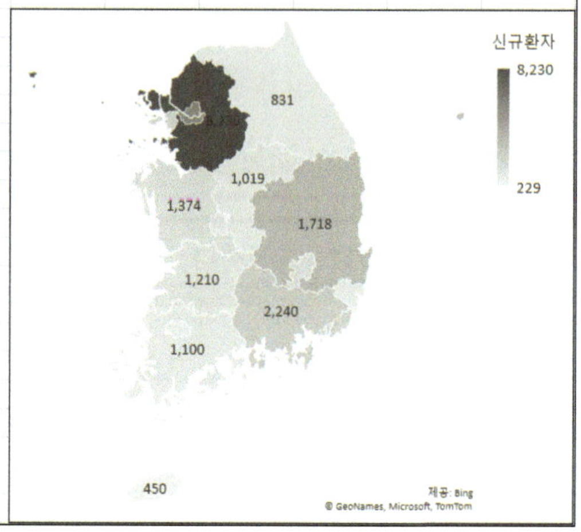

그림 6-5-10 대한민국 지도 차트 – 코로나19 주요통계

연습문제

01 **'다음은 삼손전자 부산 대리점 매출실적 현황에 관한 내용이다. [1번] 시트의 데이터를 사용하여 제시된 내용에 따라 차트를 작성하시오.**

	A	B	C	D	E
1	삼손전자 부산 대리점 매출실적 현황				
2					
3	대리점	1분기	2분기	3분기	4분기
4	해운대구	55,000	75,000	93,000	65,000
5	남구	71,000	76,000	73,000	45,000
6	금정구	51,000	56,000	53,000	54,000
7	동래구	41,000	46,000	76,000	44,000

① 데이터 범위 : 분기별 대리점 매출실적(A3:E7 범위)

② 차트 종류 : 세로 막대형 차트

③ 차트 제목 : 삼손전자 부산 대리점 매출실적 현황

④ 차트 제목은 글꼴(맑은 고딕), 글자크기(12pt), 글꼴 스타일(굵게)로 설정하시오.

⑤ Y축(값) 제목 : 금액(세로 표시)

⑥ 차트 영역 모서리 : 차트 테두리는 검정색, 모서리를 둥글게

⑦ 기타 : 차트 그림영역의 색상, 무늬, 문자크기 등은 사용자 임의로 선정

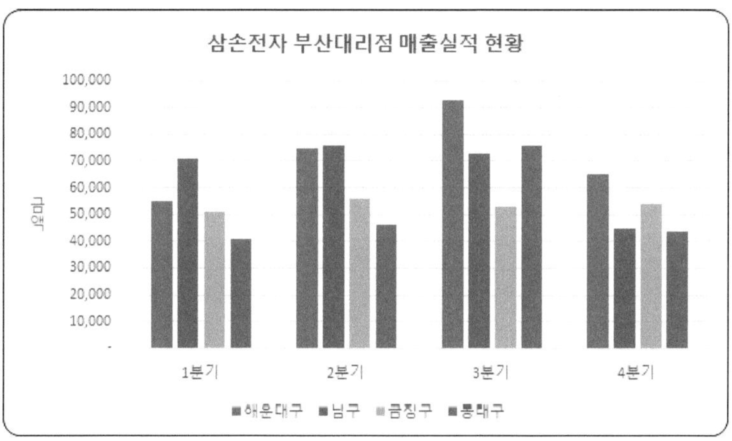

02 다음은 2019년부터 2022년까지의 하늘투어의 태국 파타야 관광객 수와 지출 내역에 관한 내용이다. [2번] 시트의 데이터를 사용하여 제시된 내용에 따라 차트를 작성하시오.

	A	B	C
1	하늘투어 관광객 및 지출 내역		
2			
3	년도	관광객	1인당지출액
4	2019	8,692	1,200,000
5	2020	2,791	1,800,000
6	2021	1,190	1,900,000
7	2022	5,300	2,500,000

① 데이터 범위 : 년도별 관광객 수와 1인당 지출액(A3:C7 범위)

② 차트 종류 : 혼합형(묶은 세로 막대형 : 관광객, 표식이 있는 꺾은선형 : 1인당지출액)

③ '1인당지출액' 계열은 '표식이 있는 꺾은선 형'으로 변경한 다음 보조 축으로 설정하시오.

④ 차트 제목 : 하늘투어 관광객 및 지출 내역

⑤ 차트 제목은 글꼴(맑은 고딕), 글자크기(14pt), 글꼴 스타일(굵게)로 설정하시오.

⑥ X축(값) 제목 : 년도

⑦ Y축(값) 제목 : 관광객 수(세로 표시)

⑧ 차트 영역 모서리 : 차트 테두리는 검정색, 모서리를 둥글게

⑨ 기타 : 차트 그림영역의 색상, 무늬, 문자크기 등은 사용자 임의로 선정

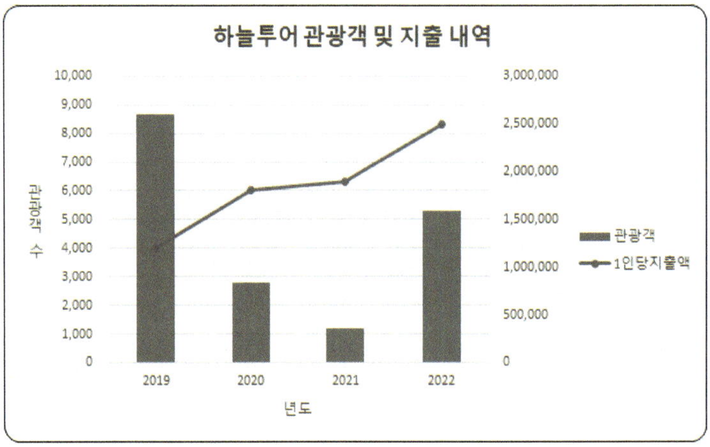

03 다음은 부산 대리점의 밀키트 판매 내역에 관한 내용이다. [3번] 시트의 데이터를 사용하여 제시된 내용에 따라 차트를 작성하시오.

	A	B	C	D	E	F
1	범주	구분	종류	가격	수량	수익
2	아침	음료	커피	2,000	10	20,000
3	아침	음료	주스	3,000	4	12,000
4	아침	음식	토스트	6,000	3	18,000
5	아침	음식	셀러드	5,000	8	40,000
6	아침	음식	고구마	6,000	5	30,000
7	저녁	음료	커피	2,000	6	12,000
8	저녁	음료	녹차	3,000	17	51,000
9	저녁	음식	돈까스	7,000	5	35,000
10	저녁	음식	호박죽	5,000	8	40,000
11	저녁	음식	치킨	9,000	12	108,000
12	저녁	음식	피자	8,000	16	128,000
13	저녁	음식	라면	3,000	22	66,000

① 데이터 범위 : 밀키트 판매 내역(A1:F13 범위)

② 차트 종류 : 트리맵

③ 차트 제목 : 밀키트 판매 내역

④ 차트 제목은 글꼴(맑은 고딕), 글자크기(14pt), 글꼴 스타일(굵게)로 설정하시오.

⑤ 계열 옵션에 대한 레이블 옵션은 '배너'로 변경하시오.

⑥ 차트의 색 변경은 '다양한 색상표 4'로 변경하시오.

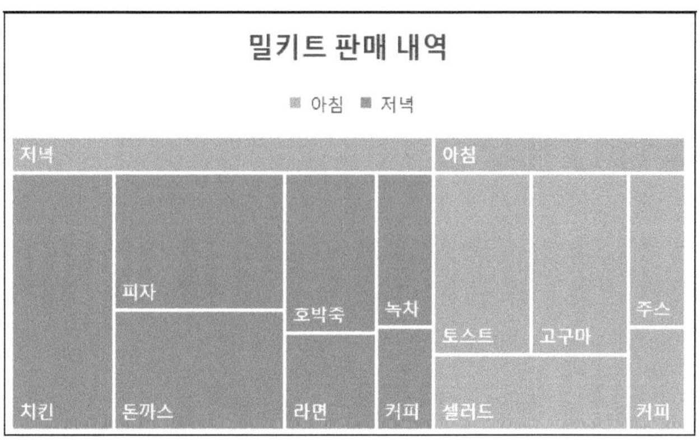

II

Access

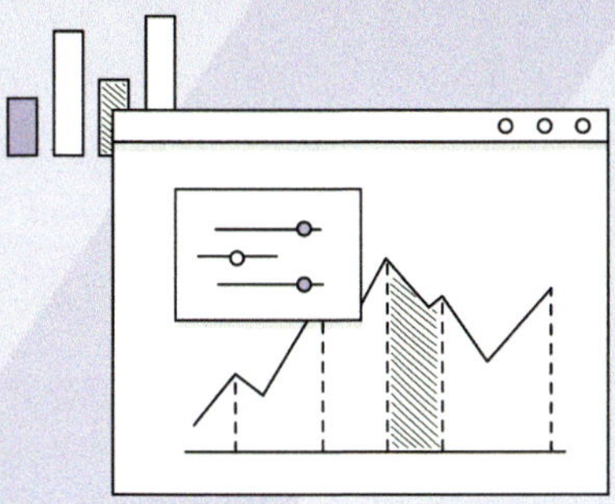

CHAPTER 07

데이터베이스와 액세스

1 데이터베이스의 이해

2 데이터 모델

3 관계형 데이터베이스 모델

4 액세스 개요

오늘날의 경영환경은 급격한 변화에 대응하기 위하여 신속한 의사결정을 요구한다. 정확하고 신속한 의사결정을 위해서는 해결해야 할 문제를 명확히 정의하여야 하고, 의사결정을 뒷받침하기 위한 자료가 준비되어 있어야 한다. 기업의 여러 구성원에 의해서 아주 다양한 유형의 의사결정이 매우 빈번히 이루어진다. 따라서 의사결정에 필요한 자료의 양도 매우 방대하다. 데이터베이스는 의사결정에 사용되는 데이터의 집합체이다.

본 장에서는 데이터베이스에 대한 이해하는데 필요한 기본 개념과 데이터베이스를 모형화하는 기법을 살펴보고, 데이터베이스를 관리하는 데 사용되는 소프트웨어 중의 하나인 마이크로소프트 액세스(Microsoft Access)의 개요를 살펴본다.

1 데이터베이스의 이해

지금 우리는 정보사회에 살고 있다. 정보사회에서는 정보의 경제적 가치에 대한 인식이 어느 때보다도 높으며 경제발전의 원동력도 정보의 획득과 전달에 관련된 산업에서 생성된다. 그렇다면 정보란 무엇인지 살펴보자.

정보의 의미를 명확하게 이해하기 위해서는 우리가 흔히 혼용하여 사용하고 있는 데이터라는 용어와 비교하는 것이 좋다. 데이터와 정보를 엄밀히 구분하기 위하여 우선 데이터를 우리가 접하는 모든 형태의 기호와 신호, 즉 인간이 오감으로 인식할 수 있으며 이를 명시적으로 표현할 수 있는 그 어떤 것도 다 포함되는 것으로 정의할 수 있다. 컴퓨터와 관련하여 살펴보면 데이터는 문자와 숫자는 물론이고 그림, 동영상, 음악 등의 멀티미디어 형태로 표현된 어떤 실체에 대한 객관적인 묘사나 관념적 표현을 의미한다.

정보란 용어는 아주 다양하게 정의되고 있다. 이 중에서 의사결정의 측면에서 살펴보면, 정보란 어떤 일을 처리할 때 유용하게 사용되는 데이터를 말한다. 즉, 어떤 사람이 문제 해결을 위해 특정한 데이터를 필요로 할 때 그 데이터는 곧 정보가 되는 것이다. 따라서 이러한 관점에서는 데이터와 정보는 형태적인 측면에서 동일하다. 단지, 정보는 특정한 시점에서 그것을 필요로 하는 사람에게만 의미가 있다는 점에서 상황 의존적이며 시간 의존적이다. 개별 데이터 그 자체가 정보가 될 수도 있지만 많은 경우에는 다수의 데이터를 요약하거나 데이터를 분석하는 과정을 거쳐서 정보가 만들어진다. 오늘날 데이터의 홍수 속에서 정보를 필요로 하는 의사결정자에게 적시에 제공할 수 있도록 데이터를 가공하는 과정은 매우 어려운 작업이기 때문에 컴퓨터를 이용한 자동화된 정보시스템이 그 어느 때보다도 절실하게 요구되고 있다.

데이터를 가공하여 정보로 변환하는 기능을 하는 정보시스템에서 데이터베이스는 데이터를 저장하는 역할을 한다. 데이터베이스는 사용자의 필요에 부응하기 위하여 체계적으로 저장되고 관리되어야 한다. 데이터베이스는 사용자가 쉽게 이용할 수 있도록 체계적으로 조직화되어 있어야 한다. 사용자가 쉽게 데이터를 저장하고 조작하고 검색할 수 있어야만 사용자가 필요한 정보를 보다 효율적으로 제공할 수 있다.

데이터를 단순히 모아놓기만 해서는 데이터베이스로서의 가치가 반감된다. 데이터베이스는 사용자가 보다 용이하게 활용할 수 있도록 논리적으로 연관된 데이터를 체계적으로 모은 것이라고 정의할 수 있다. 여기서 데이터를 모은 것이란 동일한 의미와 형태를 가진 다수의 데이터가 존재함을 나타낸다. 예를 들어 고객관리라는 데이터베이스가 있으면 다수의 고객에 대한 데이터가 여기에 포함된다는 것이다. 따라서 데이터베이스의 구조를 어떻게 만들어야 사용자가 보다 더 쉽게 활용할 수 있는가 하는 것은 매우 중요한 문제이다.

하나의 데이터베이스에 포함되는 데이터는 서로 연관성이 있어야 한다. 고객관리 데이터베이스에는 고객을 식별할 수 있는 데이터(고객의 이름, 주소, 연락처 등)와 고객이 구매한 제품에 대한 데이터(제품의 이름, 가격, 수량, 일자 등)가 포함될 수 있으며, 고객관리를 위하여 필요한 이러한 데이터는 상호 관련성을 가지고 있다.

데이터베이스를 잘 관리할 수 있도록 여러 가지 기능을 제공하는 소프트웨어를 데이터베이스관리시스템(DBMS: DataBase Management System)이라고 한다. DBMS는 크게 메인프레임/서버용과 PC용으로 구분할 수 있다. 다수의 사용자를 위하여 대용량의 데이터를 처리하기 위해 사용되는 메인프레임/서버용 DBMS로는 Oracle, Sybase, Informix, Ingres 등이 널리 활용되고 있다. PC용 DBMS로는 본서에서 다루고 있는 액세스 이외에도 Foxpro, dBase, Approach 등이 있는데, 액세스가 가장 널리 활용되고 있다.

2 데이터 모델

가. 데이터 모델의 개념과 유형

데이터 모델이란 데이터베이스에 포함된 데이터들 사이의 논리적인 연관성을 간단명료하게 표현한 것이다. 데이터 모델은 관점에 따라서 여러 가지로 구분할 수 있다. 먼저, 데이터베이스의 사용자 관점에서 데이터의 특징적인 면을 표현한 개념적 모델, 데이터베이스의 구조적 특징을 보다 상세하게 설명하는 논리적 모델, 그리고 데이터가 컴퓨터의 저장장치에 어떻게 물리적으로 저장되는가를 다루는 물리적 모델이 있다.

논리적 모델은 데이터베이스의 구조를 어떻게 만들 것인가에 따라서 다시 계층형, 네트워크형, 관계형, 객체지향형 등으로 구분된다. 이런 논리적 모델을 기초로 상용 DBMS가 만들어지며, 액세스의 경우에는 관계형 데이터 모델을 따른다. 관계형 데이터 모델은 오늘날 사용되고 있는 거의 대부분의 상용 DBMS에서 채택하고 있다.

정보시스템을 개발하는 전체적인 틀 속에서 데이터베이스를 개발하는 과정을 살펴보면 데이터베이스의 분석과 설계, 그리고 구현으로 나눌 수 있다. 데이터베이스의 개발 과정을 거치면서 데이터베이스는 개념적 모델, 논리적 모델, 그리고 물리적 모델로 점차 구체화되어 사용자가 직접 이용할 수 있는 결과물로 나타나게 된다.

나. 개체-관계성 모델

데이터베이스를 개발하면서 가장 먼저 만들어지는 개념적 데이터 모델은 데이터베이스의 구조에 대한 추상적인 표현을 담고 있다. 개념적 모델 중에서 가장 널리 쓰이는 것이 개체-관계성 모델(entity-relationship model), 줄여서 E-R 모델이다. 이것은 데이터베이스에 포함된 데이터와 데이터들 사이의 연관성을 개념적으로 표현한다.

E-R 모델의 첫 번째 기본적인 구성요소는 개체(entity)다. 개체에는 사람, 물건, 사건, 개념 등 데이터베이스에 포함시키고자 하는 그 어떤 것도 포함될 수 있다. 이러한 개체들을 독특하게 규정지을 수 있는 특징적인 면을 속성(attribute)이라고 한다. 고객이라는 개체를 예로 들면, 각 고객을 구별할 수 있는 이름, 주소, 주민등록번호, 출생지, 성별, 체중, 신장, 선호하는 상품, 출신학교 등의 헤아릴 수 없을 만큼 많은 특성을 가지고 있다. 그 중에서 데이터베이스에 포함시킬 만큼 의미 있는 특성만을 구별하여 개체의 속성에 포함시킨다.

공통적인 속성을 가진 개체들을 총칭하여 개체집합(entity set)이라고 하고, 그 개체집합에 포함된 각각의 개체를 개체 예(entity instance)라고 한다. 개체 예는 각 속성에 대하여 구체적인 속성 값을 가진다. 다시 고객을 예로 들면, 고객의 집단(개체집합)에는 개별고객(개체 예)이 있고, 그 중에서 한 고객의 이름(속성)은 '홍길동'(속성 값)이 된다.

한 개체집합에 포함된 각각의 개체 예를 구분할 수 있는 속성을 식별자(identifier) 속성이라고 한다. 식별자 속성은 데이터베이스의 설계에 있어서 핵심적인 역할을 한다. 식별자 속성을 중심으로 데이터베이스에 포함된 데이터, 즉 개체들 사이의 연관성이 맺어진다. 또한 식별자 속성은 데이터베이스의 검색을 통하여 원하는 데이터를 추출하는 데도 중요하게 사용된다. 식별자 속성이 되기 위해서는 한 개체집합 내에서 해당 속성의 속성 값이 중복될 가능성이 없어야 하며, 속성의 값이 변경될 가능성이 적은 것이 좋다. 앞에서 설명한 고객의 예에서 주민등록번호가 식별자의 역할을 할 수 있는 속성이다.

속성이 가질 수 있는 속성 값의 최대 숫자에 따라 단일 값 속성과 다중 값 속성으로 구분된다. 단일 값 속성은 하나의 속성 값만 가질 수 있다. 다중 값 속성은 복수의 속성 값을 가질 수 있는 속성으로, 고객의 취미, 가족 이름, 연락처 등이 그 예이다.

E-R 모델의 두 번째 구성요소는 관계성(relationship)이다. 관계성은 개체와 개체 사이의 연관성을 의미한다. 한 개체와 다른 개체가 어떤 관련성을 가지느냐는 그 데이터가 사용되는 상황에 따라 달라진다. 즉, 동일한 데이터라 할지라도 그 데이터를 활용하는 사용자에 따라서 다른 데이터와 관련성을 가질 수도 있고 그렇지 않을 수도 있다. 고객을 예로 들면, 어느 회사에서는 고객을 담당하는 영업직원이 별도로 배치되어 각 고객별로 담당직원이 명시적으로 지정되어 있는가하면 다른 회사에서는 그렇지 않을 수도 있다.

다. 영업관리 예제

앞에서 설명한 E-R 모델을 본 교재에서는 영업관리를 예로 들어 설명한다. ㈜효원유통은 각종 음료를 전국의 도매상에게 판매하고 있다. 전국을 서울, 중부, 남부의 세 지역으로 구분하여 고객인 도매상을 담당하고 있다. 따라서, 지점과 고객 사이에는 '담당하다'라는 관계성이 존재하고, 고객과 제품 사이에는 '구매하다'라는 관계성이 존재한다. ㈜효원유통은 제조회사와 장기계약을 체결하여 제품의 단가는 변동이 없지만, 도매상에게 판매할 때에는 해당 제품의 판매 추이, 주문 수량, 재고량, 현금결제 여부 등을 고려하여 판매 가격을 결정한다. 따라서 판매 가격은 고객별, 시기별로 변동될 수 있다.

E-R 모델을 시각적으로 표현하는 기법을 E-R 다이어그램이라고 한다. 다음 그림과 같이 개체는 직사각형으로 표시하고, 관계성은 마름모꼴로 표시한다. 아래 그림에는 나타나 있지 않지만 속성은 타원형으로 표시한다.

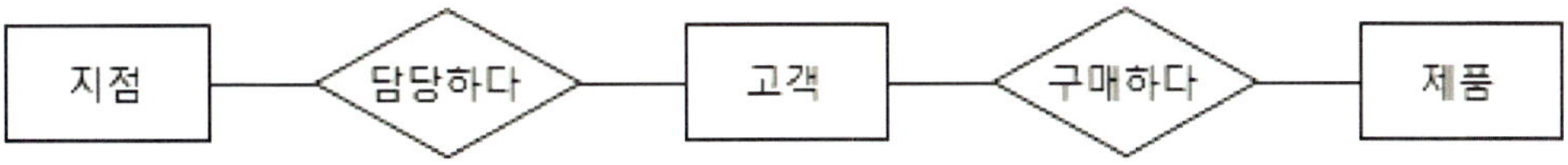

그림 7-2-1 영업관리 예제의 E-R 다이어그램

각 개체에 포함된 속성은 다음 표 7-2-1과 같다. 속성 중에서 밑줄 친 것은 식별자 속성이다. 아래 표에서 한 가지 유의할 점은 '구매하다'는 개체가 아니지만 속성을 가질 수 있다는 점이다. '구매하다'라는 관계성에 포함된 속성은 고객이나 제품에 포함될 속성이 아니다. 이들 속성은 특정한 고객이 특정한 제품을 구매할 때 생성되는 속성을 나타낸다.

표 7-2-1 영업관리 예제의 개체 및 관계성과 속성

개체/관계성	속 성
고객	고객ID, 고객명, 주소, 전화번호, 신용등급(우수, 일반, 불량으로 구분)
제품	제품번호, 제품명, 용량, 용기(캔 또는 병), 단가, 제품설명
지점	지점이름, 주소, 이메일, 전화번호, FAX번호
구매하다	판매일, 수량, 가격, 현금결제 여부
담당하다	-

3 관계형 데이터베이스 모델

논리적 데이터 모델의 일종인 관계형 데이터베이스에서는 데이터베이스의 구조를 행과 열로 구성된 이차원의 평면 테이블로 표현한다. 이 테이블(table)을 관계(relation)라고 한다. E-R 모델에서 속성은 테이블의 열(column)에 해당하고, 개체 예는 각 행(row)에 대응하는데 관계형 데이터베이스에서는 각 행을 튜플(tuple)이라고 한다. 테이블에서 행과 열이 교차하는 각각의 칸을 셀(cell)이라고 한다. 또한, 식별자 속성을 기본 키(primary key)라고 한다.

개념적 데이터 모델인 E-R 모델에서는 개체와 관계성이라는 두 구성요소를 이용하여 데이터베이스를 표현한다. 관계형 데이터 모델에서는 테이블 형태로 표시되는 관계만으로 데이터베이스의 구조를 표현한다. 개념적 데이터 모델에서 설정한 개체의 관련성, 즉 관계성을 관계형 데이터 모델에서는 두 관계에 공통적으로 포함되는 속성을 두어 표현한다.

앞 절에서 설명한 ㈜효원유통의 영업관리 예제에서 지점별로 고객을 담당하고 있다는 개념적 데이터 모델의 관점을 관계형 데이터 모델로 표현하면 다음 그림과 같다. '지점'이라는 관계에 속한 '지점이름' 속성은 기본 키 속성이 되는데, 이 속성을 '고객' 관계에 포함시킴으로써 두 관계가 관련성을 맺고 있다는 것을 나타낸다[1]. 속성이름이 '고객' 관계에서 '담당지점' 속성은 '고객'이라는 개체가 가지는 고유의 속성이 아니며, '지점' 개체와의 관련성을 표현하기 위하여 포함된 것으로 외래 키(foreign key) 속성이라고 한다. 이는 고객을 담당하는 지점이라는 의미를 명확히 하기 위해서 적절한 표현으로 변경한 것이며 속성의 이름은 달라도 상관없다.

1) E-R 모델을 관계형 데이터 모델로 전환하는 방법은 데이터베이스의 개발에 있어서 매우 중요한 내용이다. 하지만, 데이터베이스 분석과 설계에 대한 이론적인 내용은 매우 광범위하기 때문에 이 책에서는 제외한다. 그에 대한 내용은 데이터베이스 이론서를 참고하기 바란다.

지점(지점이름, 주소, 이메일, 전화번호, FAX번호)

고객(고객번호, 고객명, 주소, 전화번호, 신용등급, 담당지점)

판매(제품ID, 고객ID, 판매일, 수량, 가격, 현금결제여부)

제품(제품번호, 제품명, 용량, 용기, 단가, 제품설명)

그림 7-3-1 관계형 데이터모델 스키마의 예

관계형 데이터 모델에서 2차원의 평면 테이블로 표현되는 관계는 다음과 같은 몇 가지 특징을 갖는다.

① 각 관계(테이블)는 고유한 이름을 갖는다.

② 각 셀은 단일 값만 갖는다. 즉, 관계는 다중 값 속성을 가질 수 없다.

③ 하나의 관계 안에서 각 행(튜플)은 고유하다. 즉, 동일한 개체에 대한 데이터가 중복되어 테이블에 저장되지는 않는다.

④ 각 속성은 고유한 이름을 갖는다.

⑤ 열(속성)의 순서는 중요하지 않다.

⑥ 행의 순서는 중요하지 않다.

위의 특징 중에서 세 번째 항목인 튜플의 고유성을 결정짓는 요소는 바로 기본 키 속성이다. 기본 키가 될 수 있는 속성은 하나의 관계 내에서 동일한 속성 값이 반복되지 않기 때문이다. 이것은 관계는 반드시 기본 키 속성을 가져야 한다는 것을 의미한다. 관계형 데이터 모델의 이러한 특성은 데이터베이스의 기본적인 구조를 결정하는 본질적인 제약이라고 불린다.

관계형 데이터베이스의 구조적 제약 이외에도 데이터베이스의 정확성을 높이기 위한 무결성 제약이 두 가지 있다. 먼저, 영역 제약(domain constraint)이다. 이는 하나의 관계의 열(즉, 속성)에 나타나는 모든 값들은 동일한 영역에 속해야 한다는 것을 의미한다. 영역이란 속성에 부여할 수 있는 값의 집합을 의미하며, 속성의 이름, 의미, 데이터 형식, 크기, 허용 가능한 값이나 값의 범위 등이 영역에 해당한다. 액세스에서는 다양한 형태의 영역제약을 설정하는 기능을 제공한다.

두 번째는 참조 무결성(referencial integrity) 제약이다. 앞서 관계형 데이터 모델에서 두 관계의 관련성을 표현하기 위하여 두 관계에 공통된 속성을 둔다고 하였다. 그 속성은 하나의 관계에는 기본 키가 되고 다른 관계에서는 외래 키가 되었다. ㈜효원유통의 영업관리 예제에서 외래 키가 되는 '고객' 관계의 '담당지점'에 입력되는 속성 값은 기본 키가 되는 '지점' 관계의 '지점이름' 속성에 입력되어 있는 값 중에서 하나와 동일해야 한다. 그렇지 않으면 '지점' 관계에 존재하지 않는 지점이 담당하는 고객이 발생하게 된다. 이처럼 참조 무결성 제약은 데이터베이스의 정확성을 확보하기 위한 매우 기본적인 조건이다. 참조 무결성 제약을 적용하기 위한 기능은 상용 DBMS의 핵심적인 요소이다. 다음 그림은 액세스에서 참조 무결성을 설정한 화면을 보여준다.

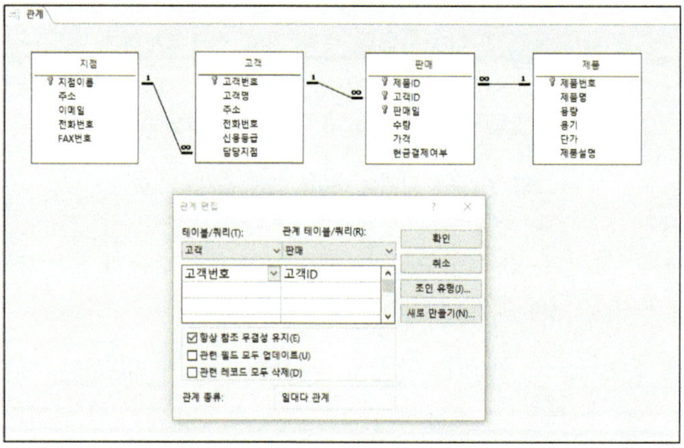

그림 7-3-2 액세스에서 참조무결성 설정

4 액세스 개요

가. 액세스의 특징

액세스는 마이크로소프트사에서 개발한 PC 기반의 상용 DBMS이다. 즉, 액세스는 데이터를 저장하고 활용하기 위한 데이터베이스를 개발하는 도구이다. 액세스는 PC에서 사용하는 대부분의 다른 응용 소프트웨어보다는 사용하기가 비교적 어려운 편에 속한다. 그 이유는 데이터베이스를 개발하기 위해서는 데이터베이스 이론에 대한 이해가 필요하기 때문이다. 액세스는 오늘날 보편적으로 적용되고 있는 관계형 데이터 모델을 기반으로 한다. 이 점 역시 데이터베이스를 개발하고 저장된 데이터를 검색하는 데 어느 정도의 사전 지식을 요구한다.

액세스는 오늘날 가장 널리 활용되고 있는 PC 기반의 DBMS인데, 데이터베이스를 개발하는데 도움을 주는 각종 메뉴와 단추, 그리고 마법사 기능을 제공함으로써 개발자의 시간과 노력을 상당히 덜어준다. 이에 따라 기초적인 지식만 어느 정도 갖춘다면 일반 사용자도 데이터베이스를 충분히 개발할 수 있다. 액세스의 최근 버전은 인터넷 환경에서 쉽게 활용될 수 있도록 다양한 기능을 제공한다. 또한 COM(Component Object Model)과 XML(eXtensible Markup Language)을 지원하여 마이크로소프트사의 통합적인 개발환경을 지원한다.

액세스가 PC에서 운영되는 DBMS라는 점으로 인하여 다수의 사용자를 가진 대용량의 데이터베이스를 개발하는 데는 적합하지 않고, 소규모의 사용자 또는 개인용 데이터베이스에 보다 더 적합하다. 또한 대용량의 데이터베이스를 다루는 DBMS에 비하여 데이터의 정확성을 보장하기 위한 보다 엄격한 제약조건을 설정하기가 어렵고, 데이터 처리 속도도 상대적으로 느리다는 한계도 있다.

나. 액세스 시작하기 및 새로운 데이터베이스 만들기

액세스 2019 프로그램을 시작하면 다음 그림과 같은 액세스 초기화면이 나타난다.

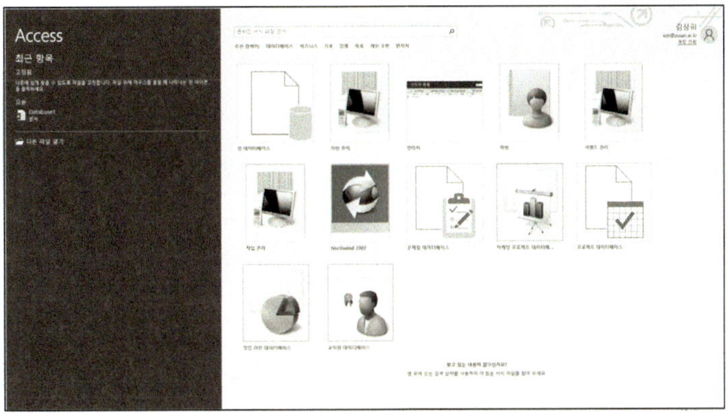

그림 7-4-1 액세스 초기 화면

액세스 초기화면에서 새로운 데이터베이스를 만드는 방법은 크게 두 가지로 구분할 수 있다. 초기화면에 나타나는 서식 파일을 선택하거나 프로그램 상단에 표시된 [온라인 서식 파일 검색] 창을 이용해 원하는 서식을 검색함으로써 다양한 형태의 테이블, 폼, 보고서 등을 손쉽게 만드는 방법과 [빈 데이터베이스]를 선택함으로써 사용자가 테이블, 폼, 보고서 등을 직접 작성하는 방법이 있다. 또한 프로그램 좌측 편의 [다른 파일 열기]를 이용하여 작성해 놓은 데이터베이스 파일을 불러올 수도 있다.

그림 7-4-2 다른 파일 열기 선택 – 기본 작업 창의 파일 탭

[다른 파일 열기]를 선택하면 기본 작업 창의 [명령] 탭 중에서 [파일] 탭으로 연결된다. [열기]-[최근 항목]을 통해 해당 PC에서 열어보았던 데이터베이스 목록을 볼 수 있으며, [옵션]을 선택하여 [Access 옵션] 대화상자에서 [클라이언트 설정]-[표시]-[표시할 최신 데이터베이스 수]에서 최근 항목 개수를 변경할 수 있다. 기본 설정은 50개로 되어 있다. 또한 [열기]에서 Microsoft Office 계정과 연결된 클라우드 저장소인 Microsoft OneDrive나 공동작업 도구인 Microsoft SharePoint에 저장된 데이터베이스 파일을 불러올 수 있으며, [이 PC]나 [찾아보기]를 선택하여 해당 PC에 저장된 파일을 불러올 수 있다.

실습 7-1 [빈 데이터베이스]를 이용하여 '영업관리' 데이터베이스 만들기

(파일명: 영업관리)

01 액세스 초기화면에서 [빈 데이터베이스]를 선택하거나 [파일] 탭 > [새로 만들기]에서 [빈 데이터베이스]를 선택한다.

파일 이름에 "영업관리"를 입력하고 해당 데이터베이스를 저장하고 싶은 위치를 지정한 후 [만들기] 단추를 클릭한다.

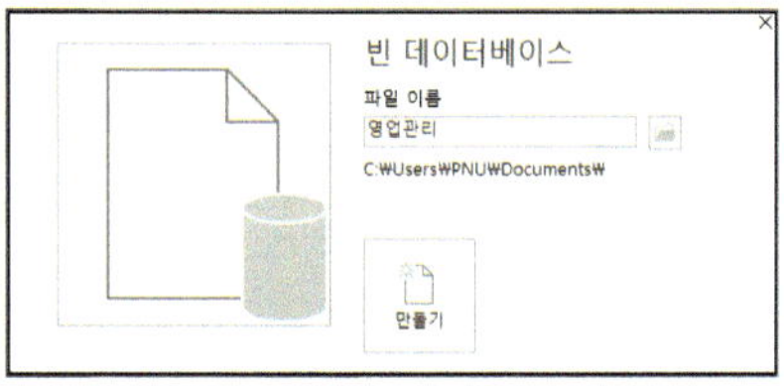

그림 7-4-3 데이터베이스 저장 창

액세스에서는 대부분의 다른 응용프로그램과 달리 파일 이름, 즉 데이터베이스 이름을 먼저 지정하여 저장한 뒤에 작업을 수행한다. 작성할 데이터베이스가 저장될 위치와 이름을 지정하고 [만들기] 단추를 클릭하면 그림 7-4-4와 같이 데이터베이스 작업 창이 나타난다.

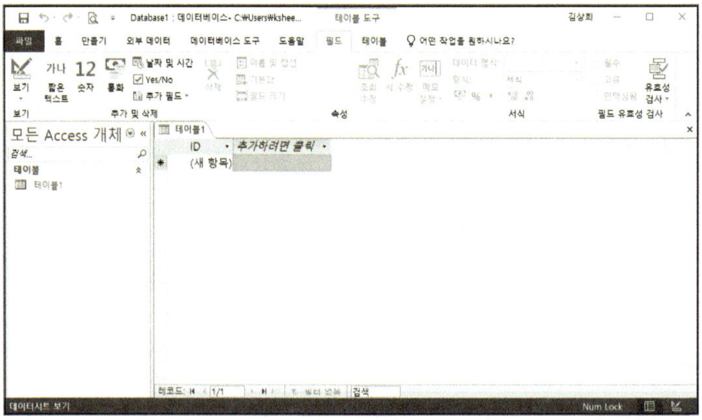

그림 7-4-4 새 데이터베이스 창

프로그램 제일 상단에 표시된 [빠른 실행 도구 모음]은 프로그램 작성 시 자주 사용하는 기능들을 모아 놓은 곳으로 기본적으로 [저장], [실행 취소], [다시 실행]과 같은 도구들이 제공된다. 여기에 [열기]나 [인쇄 미리보기]와 같은 도구를 추가하려면 [빠른 실행 도구 모음 사용자 지정]을 클릭하여 표시된 메뉴에서 해당 기능을 선택하면 된다.

그림 7-4-5 빠른 실행 도구 모음

[빠른 실행 도구 모음 사용자 지정]을 클릭하여 표시된 메뉴에서 [기타 명령]을 선택하면 메뉴에서 제공하는 도구들 외에 다양한 기능의 도구들을 선택할 수 있는 [Access 옵션] 대화상자가 표시된다. [Access 옵션]을 이용해 [빠른 실행 도구 모음]에 원하는 기능을 추가할 수 있으며, 도구들의 화면 표시 순서도 변경할 수 있다.

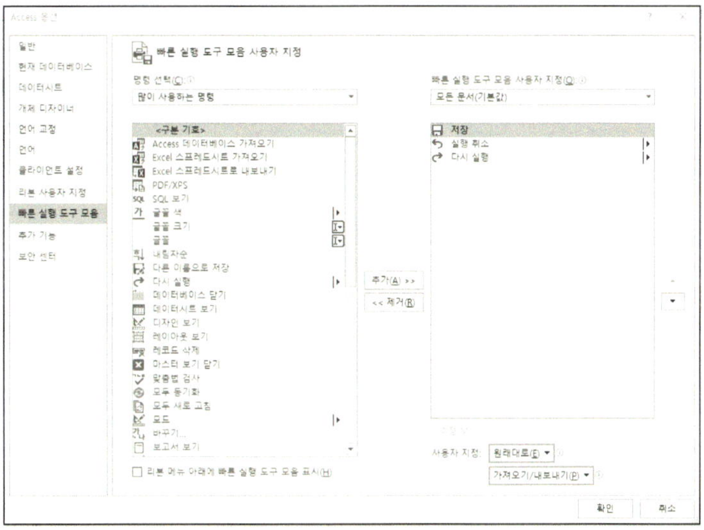

그림 7-4-6 액세스 옵션

[명령] 탭은 기본적으로 [파일], [홈], [만들기], [외부 데이터], [데이터베이스 도구] 메뉴로 구성된다.

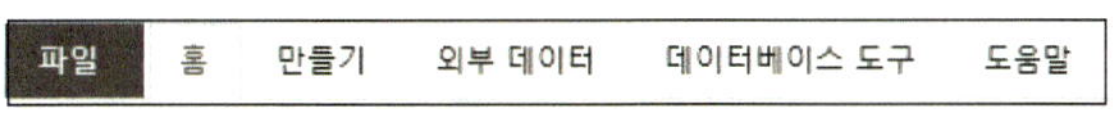

그림 7-4-7 명령 탭

각 탭을 클릭하면 탭과 연결된 형태로 하단에 그와 관련된 기능들을 그룹 형태의 리본 메뉴로 표시한다. 아래 그림은 [만들기] 탭을 클릭하여 표시된 리본 메뉴이다.

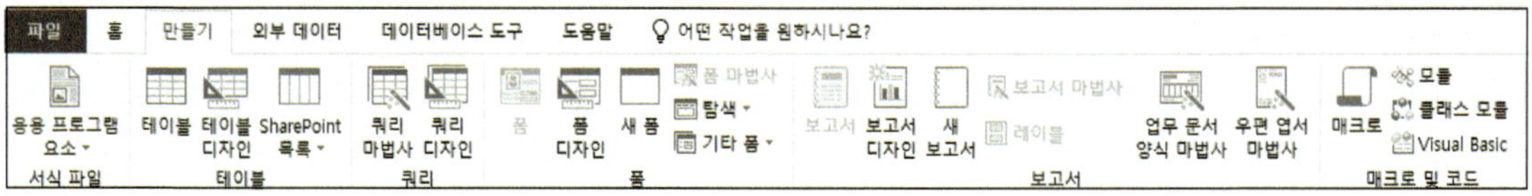

그림 7-4-8 만들기 탭의 리본 메뉴

명령 탭의 리본 메뉴 아래에 나타나는 데이터베이스 창은 탐색 창과 작업 창으로 구분된다. 왼쪽 영역을 탐색 창이라고 하며 데이터베이스 작성에 필요한 모든 개체(테이블, 쿼리, 폼, 보고서, 매크로, 모듈)를 표시하는 영역으로 개체를 손쉽게 이용할 수 있도록 개체 유형별로 구성되어 있다. 탐색 창에 표시되는 개체들을 여러 다른 형태로 표시할 수 있는데 [모든 Access 개체 ⊙] 단추를 클릭하여 [만든 날짜]나 [수정한 날짜]별로 개체를 표시할 수도 있고, 특정 개체만(테이블만, 보고서만)을 표시할 수도 있다. 보통은 [개체 유형]과 [모든 Access 개체]를 선택하여 사용한다. 그리고 검색 창 [검색...]을 통해 개체 이름의 전체 또는 일부를 입력하여 필요한 개체를 바로 찾을 수 있다. 탐색 창을 표시하거나 숨기려면 « 를 클릭하거나 F11 키를 눌러 설정할 수 있다.

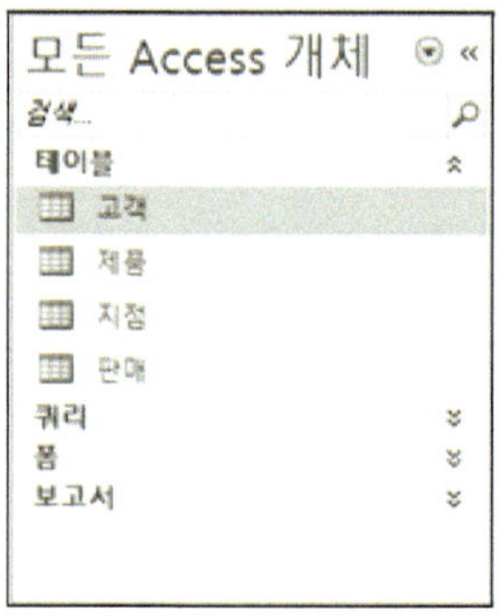

그림 7-4-9 탐색 창

오른쪽 영역은 작업 창이라고 하며 실질적인 데이터베이스 작업이 이루어지는 영역이다. 이곳 작업 창에서는 테이블, 쿼리, 폼, 보고서, 매크로, 모듈에 관한 모든 작업들이 이루어지는데, 개체를 실행할 때마다 겹치는 창이나 별도의 창으로 나타나지 않고 탭 형태로 데이터베이스 개체를 표시(테이블1 | 폼1 | 쿼리1 | 보고서1 | 매크로1)한다. 또한 데이터베이스 작업 창은 화면 보기 방법에 따라 각 개체의 구조를 설정하는 [디자인 보기] 화면과 각 개체의 구조와 데이터를 확인하는 [데이터시트 보기]나 [레이아웃 보기] 화면을 제공한다. 데이터베이스 작업 창의 화면 보기 전환은 [홈] 탭 > [보기] 그룹에서 [보기]를 선택하여 화면을 전환하거나 데이터베이스 창의 오른쪽 가장 아래에 항상 표시되어 있는 화면 보기 단추( )를 이용하여 화면을 전환할 수 있다.

그림 7-4-10 데이터베이스 작업 창

다. 액세스의 구성요소

데이터베이스 작업 창은 액세스에서 가장 기본이 되며, 작업 창에서 액세스의 개체, 즉 액세스에서 만드는 데이터베이스를 구성하는 요소들을 만드는 다양한 방법을 선택할 수 있다. 액세스의 구성요소는 다음의 여섯 가지가 있다.

① 테이블(table)은 데이터베이스에 있어서 가장 핵심적인 요소이다. 데이터베이스에 저장되는 데이터의 틀을 제공하며, 데이터에 대한 다양한 정보가 입력된다. 하나의 데이터베이스는 다수의 테이블로 구성되며, 테이블들은 상호 연관성을 가지게 된다.

② 쿼리(query)는 데이터베이스에 저장된 데이터 중에서 사용자가 원하는 데이터만을 검색하는 기능을 의미하며, 하나의 테이블 또는 여러 개의 테이블에 필요한 조건을 지정하여 데이터를 검색한다. 쿼리를 이용하여 데이터를 검색하는 기본적인 기능 이외에도 테이블에 저장된 데이터를 삭제하거나 새로운 테이블을 작성하는 기능도 있으며, 설정된 조건에 맞는 데이터의 합계나 평균을 계산할 수도 있다. 액세스에서 쿼리의 작성은 QBE(Query By Example)라는 방식을 이용하여 간편하게 작성할 수 있다. 물론 쿼리 작성에 있어서 표준화된 컴퓨터 언어인 SQL(Structured Query Language)도 액세스에서 지원된다.

③ 액세스에서는 테이블에 데이터를 바로 입력하고 테이블에서 데이터를 검색할 수 있지만 폼(form)을 이용하면 데이터베이스 사용자의 인터페이스를 향상시켜 데이터의 입력과 검색을 보다 편리하게 할 수 있다. 폼에서는 데이터의 입력과 검색을 위한 양식을 디자인할 수 있는데, 데이터 입출력을 보다 편리하게 해주는 다양한 기능을 포함시킬 수 있다.

④ 보고서(report)는 테이블에 저장된 데이터를 출력하는 기능을 제공한다. 데이터를 단순히 출력하는 기능뿐만 아니라 특정한 조건에 맞는 데이터만을 추출하고, 하위그룹으로 분류하여 합계나

평균과 같은 계산을 이용하여 요약하는 기능도 있다. 보고서에서도 폼과 같이 디자인 기능을 통하여 보다 보기 좋은 보고서 양식을 만드는 기능이 있다. 이상의 네 가지가 액세스의 기본적인 구성요소라고 할 수 있다.

⑤ 매크로(macro)는 단순하고 반복적인 작업을 쉽게 처리할 수 있도록 자동화해 주는 기능을 제공한다.

⑥ 모듈(module)은 매크로로 처리할 수 없는 복잡한 기능을 VBA(Visual Basic for Application)라는 프로그래밍 언어로 직접 프로그램을 작성하는 기능을 제공한다.

액세스에서 개체를 작성하는 방법은 크게 두 가지로 구분된다. 하나는 디자인 보기를 이용하는 방법으로 작성하고자 하는 액세스 개체를 보다 세밀하게 설계할 수 있는 기능을 제공한다. 두 번째는 마법사 기능을 이용하는 방법이다. 이는 액세스 프로그램에서 미리 준비되어 있는 절차에 따라 선택사항을 설정하면서 쉽고 빠르게 작업을 마칠 수 있지만 개체의 내용을 사용자가 원하는 형태로 작성하기에는 약간의 제약이 따르는 방법이다. 데이터베이스 창의 상단에 있는 [만들기] 탭을 선택하면 각각의 개체 그룹별로 세부적인 작성 방법이 표시된다.

라. 액세스의 리본 메뉴

리본 메뉴는 기본적으로 [파일], [홈], [만들기], [외부 데이터], [데이터베이스 도구]의 명령 탭으로 구성되며 각 명령 탭에는 서로 관련된 명령들로 그룹화한 명령 그룹이 포함된다. 또한 리본 메뉴에는 현재 작성 중인 개체에 따라서 조금씩 다르게 나타나는데, 테이블 개체의 경우에는 [테이블 도구]의 [필드], [테이블] 탭 또는 [디자인] 탭이 나타나며, 쿼리 개체의 경우에는 [쿼리 도구]의 [디자인] 탭이 나타나고, 폼 개체의 경우에는 [폼 도구]의 [디자인], [정렬], [서식] 탭이 나타난다. 보고서 개체의 경우에는 [보고서 도구]의 [디자인], [정렬], [서식], [페이지 설정] 탭 또는 [인쇄 미리 보기] 탭이 나타나며, 매크로 개체의 경우에는 [매크로 도구]의 [디자인] 탭이 나타난다. 이들 탭은 각 개체가 실행될 경우에만 나타나게 된다. 리본 메뉴는 이전 버전의 액세스에서 사용하던 바로가기 키를 그대로 사용할 수 있다. Alt 키를 누르면 리본 메뉴의 명령 탭 아래쪽에 바로가기 키가 나타나고, 이 중에서 [만들기] 탭인 C 키를 누르면 [만들기] 탭과 관련된 기능들의 바로가기 키가 나타난다. 이렇게 나타난 바로가기 키를 사용해 빠르고 간단한 방법으로 명령을 실행할 수 있다. 예를 들어 Alt 키를 누른 상태에서 C-T N 키를 누르면 새로운 테이블을 만들 수 있다.

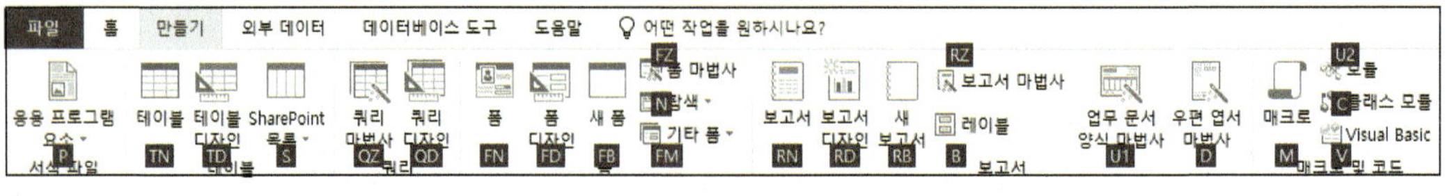

그림 7-4-11 바로가기 키

리본 메뉴에는 [파일], [홈], [만들기], [외부 데이터], [데이터베이스 도구] 탭이 포함되어 있다. [홈] 탭은 [보기], [클립보드], [정렬 및 필터], [레코드], [찾기], [텍스트 서식] 그룹으로 구성된다. 여기에서는 다른 보기 선택, 복사하기 및 붙여넣기, 글꼴 설정, 글꼴 맞춤 설정, 레코드 작업(새로 고침, 새로 만들기, 저장, 삭제, 요약, 맞춤법 검사 등), 레코드 정렬 및 필터, 레코드 찾기 기능 등을 제공한다.

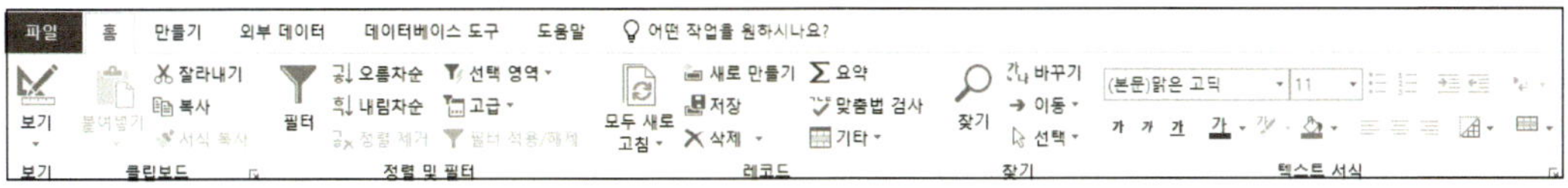

그림 7-4-12 홈 탭

[만들기] 탭은 [서식 파일], [테이블], [쿼리], [폼], [보고서], [매크로 및 코드] 그룹으로 구성된다. 여기에서는 새 테이블 만들기, 현재 테이블 또는 쿼리를 기초로 하는 새 폼 만들기, 현재 테이블 또는 쿼리를 기초로 하는 새 보고서 만들기, 새 쿼리, 매크로, 모듈 또는 클래스 모듈 만들기 기능 등을 제공한다.

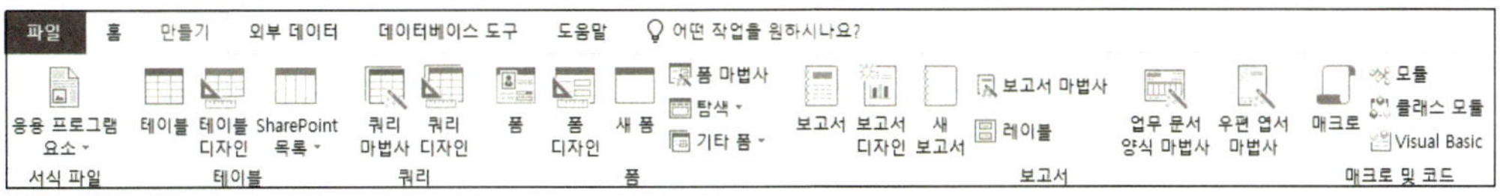

그림 7-4-13 만들기 탭

[외부 데이터] 탭은 [가져오기 및 연결], [내보내기] 그룹으로 구성된다. 여기에서는 외부 데이터 가져오기 또는 연결, 데이터 내보내기, 저장된 가져오기 및 저장된 내보내기 만들기 등을 제공한다.

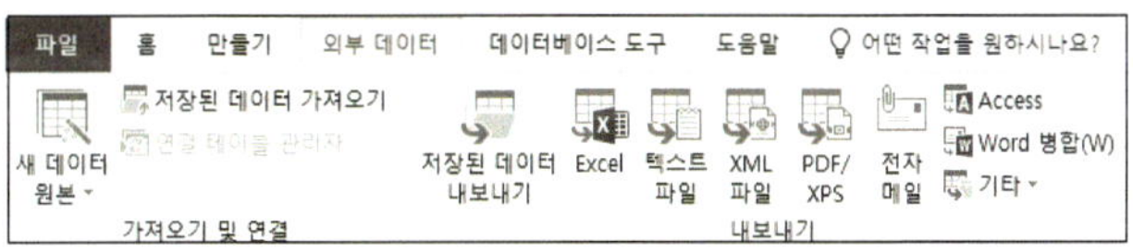

그림 7-4-14 외부 데이터 탭

[데이터베이스 도구] 탭은 [도구], [매크로], [관계], [분석], [데이터 이동], [추가 기능]으로 구성된다. 여기에서는 일부 또는 전체 데이터베이스를 SharePoint 사이트로 이동, Visual Basic Editor를 실행하거나 매크로 실행, 테이블 관계 만들기 및 보기, 개체 종속성 표시/숨기기, 데이터베이스 구조 분석 실행 또는 성능 분석, Access 데이터베이스(테이블에만 해당)로 데이터 이동, Access 추가 기능 관리 등을 제공한다.

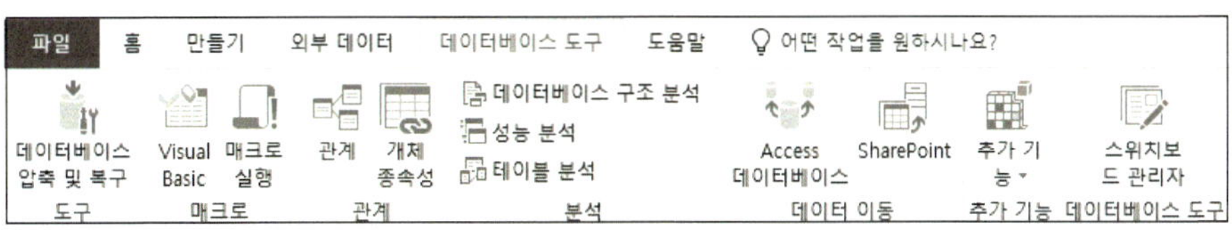

그림 7-4-15 데이터베이스 도구

연습문제

01 데이터와 정보는 어떻게 다른가?

02 데이터베이스가 필요한 이유는 무엇인가?

03 데이터 모델의 유형을 설명하시오.

04 개체-관계성 모델을 설명하시오.

05 관계형 데이터베이스의 특징을 설명하시오.

06 관계형 데이터베이스의 제약을 설명하시오.

07 액세스의 특징을 설명하시오.

08 액세스의 구성요소를 열거하고 설명하시오.

09 여러분의 주위에서 일상적으로 사용하는 데이터베이스의 예를 다섯 가지 이상 열거하시오.

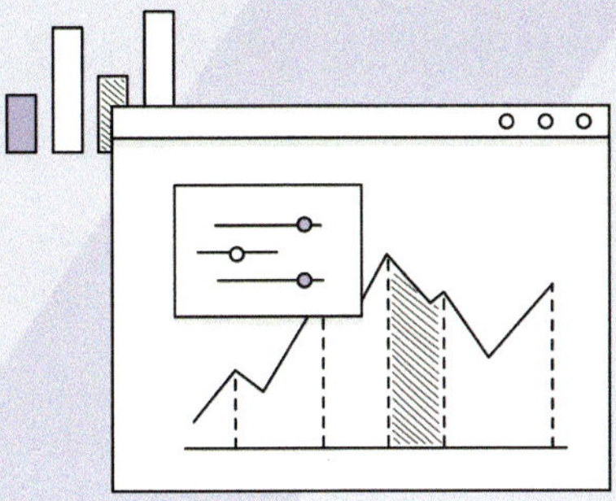

CHAPTER

08

테이블 만들기

테이블(table)은 데이터를 저장하고 관리하는 곳으로 데이터베이스에서 가장 기본이 되는 요소이다. 하나의 데이터베이스는 여러 개의 테이블로 구성된다. 한 데이터베이스에 포함된 테이블들은 상호 연관성을 가지는데, 테이블 사이의 연관성을 이용하여 여러 테이블에 저장된 데이터를 유기적으로 조합하여 데이터를 검색할 수 있다. 또한 테이블로부터 원하는 데이터를 추출하여 폼, 쿼리, 보고서 등에서 이용한다. 이 장에서는 액세스에서 테이블을 만드는 다양한 방법을 살펴보고 테이블 간의 관계를 설정하는 방법을 살펴본다.

1 테이블 만들기 개요

액세스에서는 테이블을 작성하는 여러 가지 방법을 지원한다. 액세스를 처음 시작할 때 **[파일] 탭 > [새로 만들기]**에서 [빈 데이터베이스]나 [예제 서식 파일]을 선택하는 방법은 이미 제7장에서 설명하였다. 이번 장에서는 액세스 프로그램이 열려있는 상태에서 새로운 테이블을 작성하는 방법에 대해서 살펴보기로 한다.

먼저 액세스 프로그램이 열려있는 상태에서 **[만들기] 탭 > [테이블] 그룹**에서 [테이블]이나 [테이블 디자인]을 선택하는 방법, **[만들기] 탭 > [서식 파일] 그룹**에서 [응용 프로그램 요소]를 선택하여 [문제점], [사용자], [설명], [연락처], [작업]과 같은 서식을 선택하는 방법, **[외부 데이터] 탭 > [가져오기 및 연결] 그룹**에서 [새 데이터 원본]을 선택하여 [파일에서]의 [Excel]이나 [텍스트 파일]을 선택하여 외부 데이터를 가져오면서 테이블을 작성하는 방법을 통해 새로운 테이블을 작성할 수 있다.

표 8-1-1 테이블 작성 방법

테이블 작성 방법	설 명
테이블( )을 이용해 테이블 만들기	[데이터시트 보기] 화면을 통해 엑셀의 스프레드시트 형태로 데이터를 직접 입력해서 작성하는 방법이다.
테이블 디자인( )을 이용해 테이블 만들기	[디자인 보기] 화면을 통해 테이블을 구성하는 데이터의 구조를 설계하는 기능을 제공하며, 데이터를 직접 입력하지는 않는다.
응용 프로그램 요소( )	액세스에서 제공하는 미리 작성된 여러 주제에 대한 테이블 서식을 사용한다.
테이블 가져오기	다른 외부 프로그램에서 작성한 파일의 데이터를 액세스로 가져온다.
테이블 연결	다른 외부 프로그램에서 작성한 파일의 데이터를 액세스에 연결한다.

여기에서 [테이블]을 이용해 테이블을 작성하는 방법은 [데이터시트 보기]에서 테이블을 작성하는 방법으로 스프레드시트와 비슷한 화면에 데이터를 직접 입력할 수 있는 방법이다. 하지만 이 방법은 필드

의 이름과 데이터 형식을 설정할 수 있는 것을 제외하고는 테이블의 구조에 대한 세부 설정이 어렵다. 테이블을 작성하는 방법 중 가장 널리 사용되는 방법인 [테이블 디자인]을 이용해 테이블을 작성하는 방법은 다소 복잡해 보이기는 하나 테이블의 구조를 정밀하게 설정할 수 있고 영역 제약과 참조 무결성 제약을 통하여 데이터를 입력할 때 발생할 수 있는 오류를 사전에 방지하여 데이터의 정확성을 어느 정도 보장할 수 있도록 설정하는 기능을 제공한다. 하지만 이 방법은 [테이블]을 이용해 테이블을 작성하는 방법과는 달리 데이터를 직접 입력할 수 없다.

[응용 프로그램 요소]에 포함되어 있는 여러 요소들 중에 하나를 선택하여 테이블을 작성하는 방법은 미리 저장되어 있는 서식을 이용해 테이블을 작성하는 방법으로 사용자의 요구에 맞는 서식이 없는 경우에는 테이블 작성에 있어 더 많은 시간과 노력이 요구된다. [외부 데이터] 탭 > [가져오기 및 연결] 그룹을 이용해 테이블을 작성하는 방법은 엑셀이나 텍스트 파일로 작성된 데이터를 액세스로 가져와 테이블을 작성할 수 있다.

2 테이블 도구를 이용한 테이블 만들기

[만들기] 탭 > [테이블] 그룹에서 [테이블]을 통해 테이블을 작성하는 방법은 먼저 액세스 프로그램이 열려있는 상태에서 시작하는데, 이 방법은 사용자가 직접 테이블 작성에 필요한 필드와 데이터 형식을 설정할 수 있으며 동시에 데이터를 바로 입력할 수도 있다.

실습 8-1 테이블 도구를 이용해 고객 테이블 만들기

7장의 실습에서 생성된 '영업관리' 데이터베이스를 열어 다음 표 8-2-1의 필드를 포함하는 '고객' 테이블을 만들어보자.

표 8-2-1 '고객' 테이블의 필드 이름과 데이터 형식

필드 이름	데이터 형식	데이터
고객번호	짧은 텍스트	10011
고객명	짧은 텍스트	울산상회
주소	짧은 텍스트	서울시 강동구 길동
전화번호	짧은 텍스트	024737741
신용등급	짧은 텍스트	불량
담당지점	짧은 텍스트	중부

01 '영업관리' 데이터베이스를 열고 **[만들기] 탭 > [테이블] 그룹**에서 [테이블]을 클릭하면 다음 그림과 같이 '테이블2'가 만들어진다.

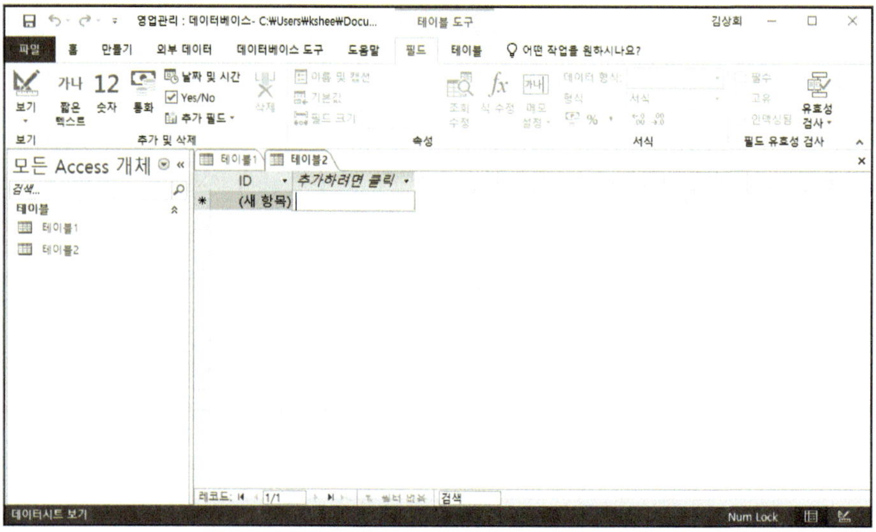

그림 8-2-1 테이블 도구를 이용한 테이블 만들기 초기 화면

02 '테이블2'에 새로운 필드를 추가하기 위해 다음 그림과 같이 오른쪽 작업 창에서 [추가하려면 클릭]을 클릭하여 나타난 목록에서 데이터 형식으로 '짧은 텍스트'를 선택하고 필드 이름으로 **고객명**을 입력하고 엔터키를 누른다.

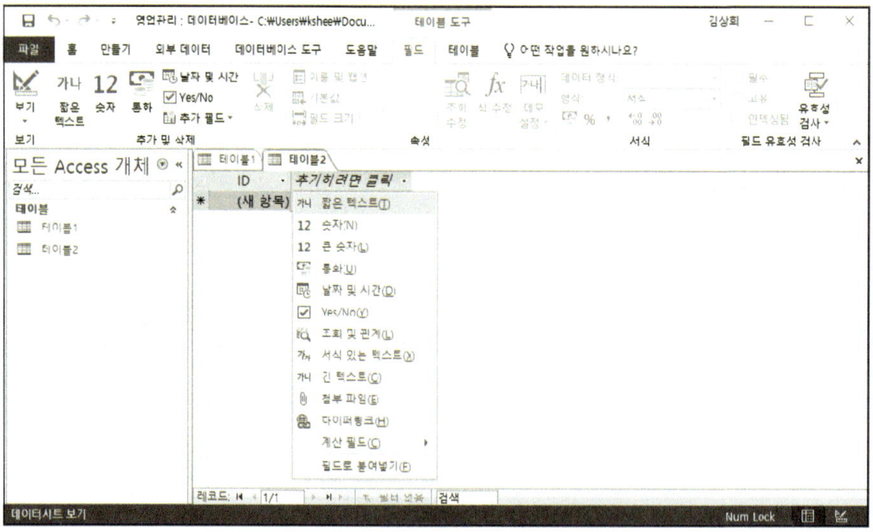

그림 8-2-2 필드 추가 및 데이터 형식 설정

03 위와 같은 방법으로 **주소**, **전화번호**, **신용등급**, **담당지점**의 필드를 추가한다. 모든 필드의 데이터 형식은 '짧은 텍스트'로 설정한다.

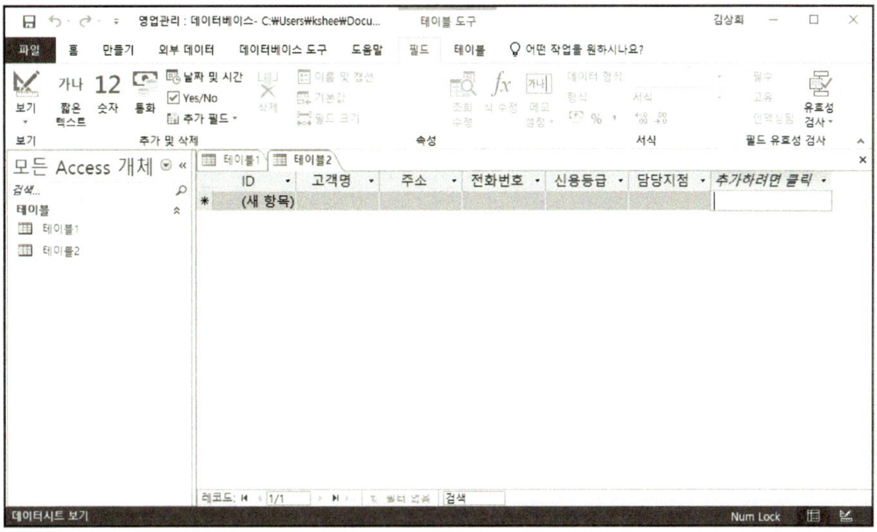

그림 8-2-3 필드 추가

04 자동으로 생성된 'ID' 필드를 '고객번호' 필드(데이터 형식: '짧은 텍스트')로 변경한다.

'ID' 필드를 더블클릭하여 셀이 활성화되면 **고객번호**를 입력하여 필드 이름을 변경하고, **[테이블 도구]의 [필드] 탭 > [서식] 그룹**의 [데이터 형식:] 목록 상자에서 '짧은 텍스트'로 변경한다.

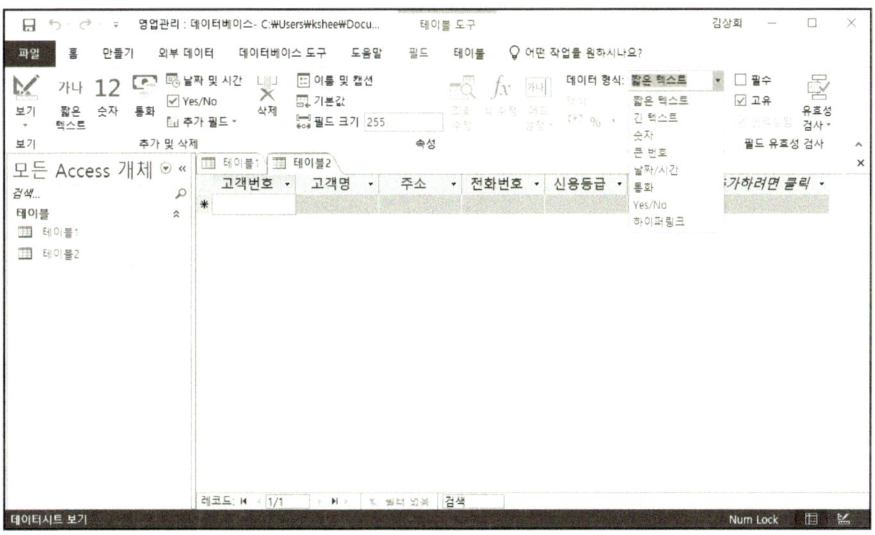

그림 8-2-4 필드 이름 및 데이터 형식 변경

> **TIP** **필드 이름 및 데이터 형식 변경 방법**
>
> ○ 필드 이름을 변경하고자 하는 경우에는 변경하고자 하는 필드 위에서 마우스 오른쪽 버튼을 클릭하여 나타난 바로가기 메뉴에서 [필드 이름 바꾸기(N)]를 선택하거나 **[테이블 도구]**의 **[필드] 탭 > [속성] 그룹**의 [이름 및 캡션]을 선택하거나 해당 필드 이름을 더블클릭하여 변경할 수 있다.
>
> ○ 데이터 형식을 변경하고자 하는 경우에는 우선 변경하고자 하는 필드를 선택하고 **[테이블 도구]**의 **[필드] 탭 > [서식] 그룹**의 [데이터 형식:] 목록 상자를 통해 변경할 수 있다.

05 완성된 테이블 구조에 실제 데이터를 입력해본다.

고객번호	고객명	주소	전화번호	신용등급	담당지점
10011	울산상회	서울시 강동구 길동	024737741	불량	중부

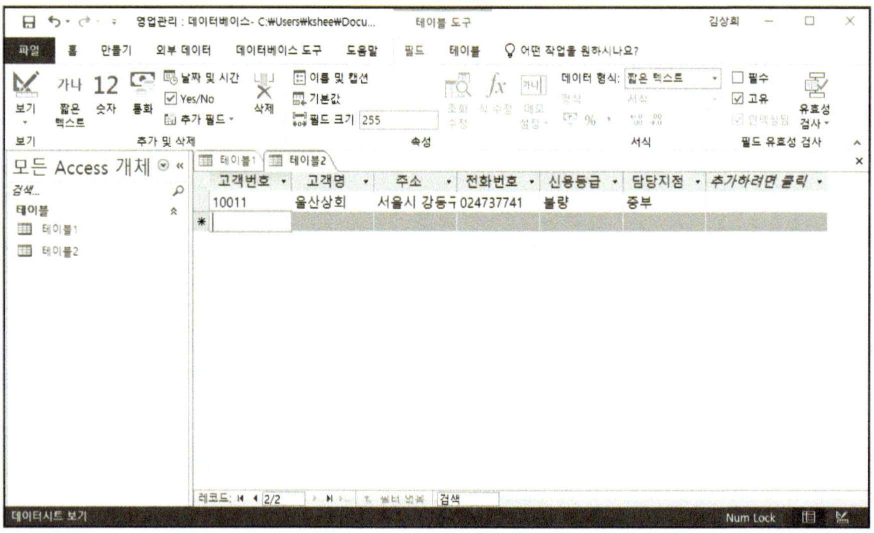

그림 8-2-5 데이터 입력

06 [빠른 실행 도구 모음]의 [저장]을 클릭하여 **고객**이라는 이름으로 테이블을 저장한다.

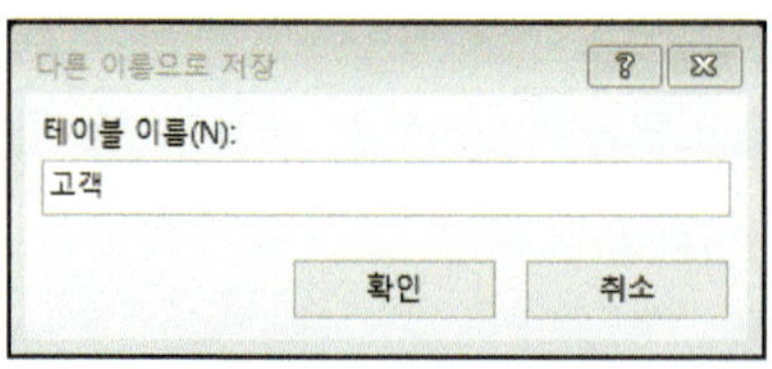

그림 8-2-6 테이블 저장

07 [데이터시트 보기] 화면에서는 실제 데이터를 볼 수 있지만 데이터 구조를 변경하기에는 어려움이 있다. 따라서 [디자인 보기] 화면으로 전환하여 필드 이름, 데이터 형식 등을 손쉽게 작성 및 변경할 수 있다.

[홈] 탭 > [보기] 그룹에서 [보기]의 [디자인 보기(D)]를 클릭한다.

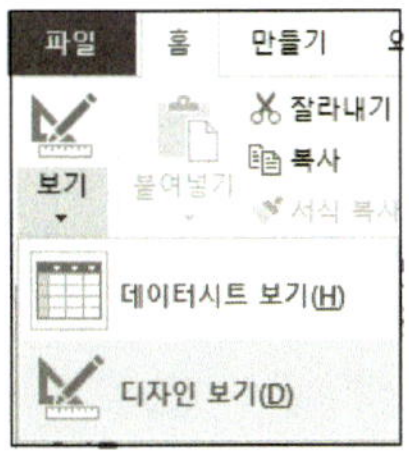

그림 8-2-7 데이터시트 보기에서 디자인 보기로 창 전환

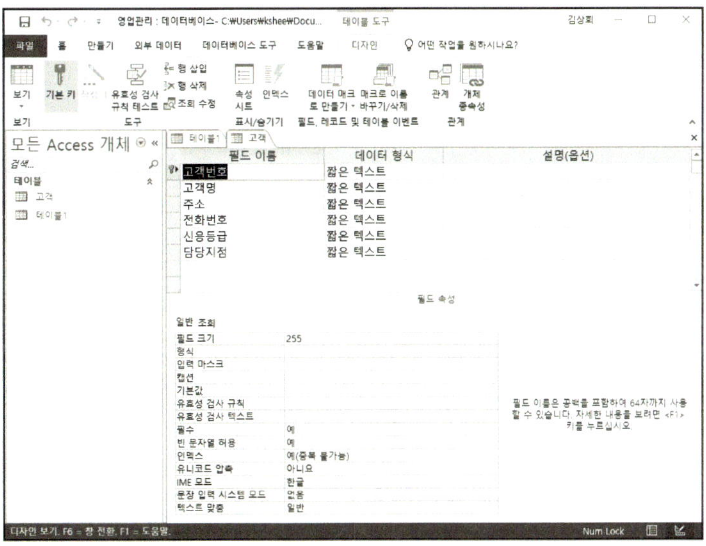

그림 8-2-8 디자인 보기 창

3 테이블 디자인을 이용한 테이블 만들기

[만들기] 탭 > [테이블] 그룹에서 [테이블 디자인]은 앞에서 설명한 [테이블] 도구와 마찬가지로 테이블을 만드는 가장 일반적인 방법이지만, [테이블] 도구와 같이 데이터를 직접 입력할 수는 없다. [테이블 디자인]은 테이블을 구성하는 데이터의 구조를 먼저 설계한 후 각 필드에 대하여 데이터 형식이나 세부 속성 등을 지정하는 방법이다.

가. 테이블 디자인 창

1) 테이블 디자인 창의 구성요소

[만들기] 탭 > [테이블] 그룹에서 [테이블 디자인]을 클릭하면 [디자인 보기] 창이 나타나며 테이블을 구성하는 모든 필드에 대한 세부적인 정보를 설정할 수 있는 기능을 제공한다. 테이블 디자인 창은 크게 두 영역으로 구분할 수 있는데 필드 이름, 데이터 형식, 설명(옵션)을 설정하는 상위 영역과 각 필드의 세부적인 형식을 설정하는 일반 탭과 조회 탭으로 구성된 하위 영역으로 구분된다.

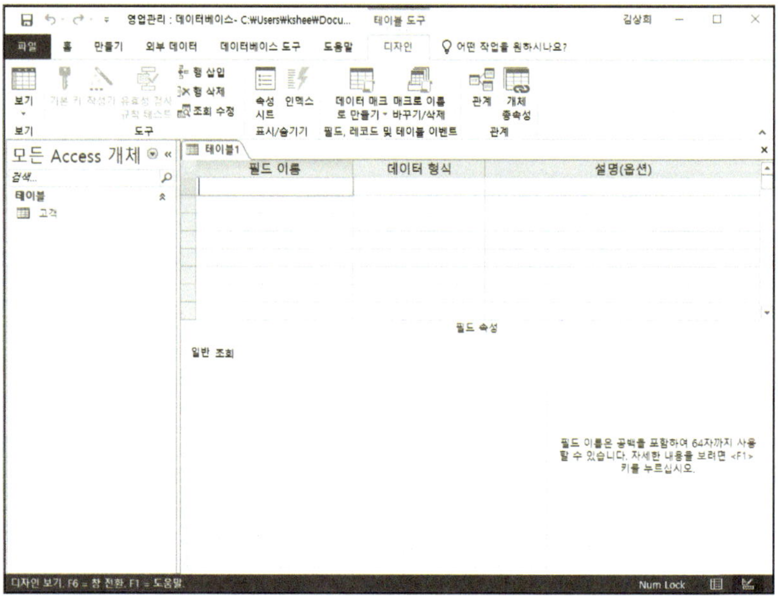

그림 8-3-1 테이블 디자인 창

먼저 상위 영역의 [필드 이름]은 한 테이블에 포함된 필드의 고유한 이름을 의미한다. 한 테이블 내에서는 동일한 필드 이름이 존재할 수 없다. 그러나 동일한 필드 이름이 다른 테이블에 있는 것은 가능하다. 필드 이름은 공백을 포함하여 최대 64자까지 입력이 가능하다. 하지만 일반적으로는 필드 이름을 그렇게 길게 입력하지 않으며 필드에 대한 자세한 설명이 필요하다면 필드의 [설명(옵션)] 칸을 사용한다.

[데이터 형식]은 필드에 입력된 데이터가 취할 수 있는 형식을 의미한다. 필드 이름을 입력한 후 데이터 형식 칸을 선택하고 드롭다운 단추( )를 클릭하면 다음 그림과 같은 데이터 형식 목록이 나타난다. 만약 데이터 형식을 지정하지 않고 다음 필드의 이름을 입력하면 데이터 형식을 기본적으로 '짧은 텍스트'로 지정된다.

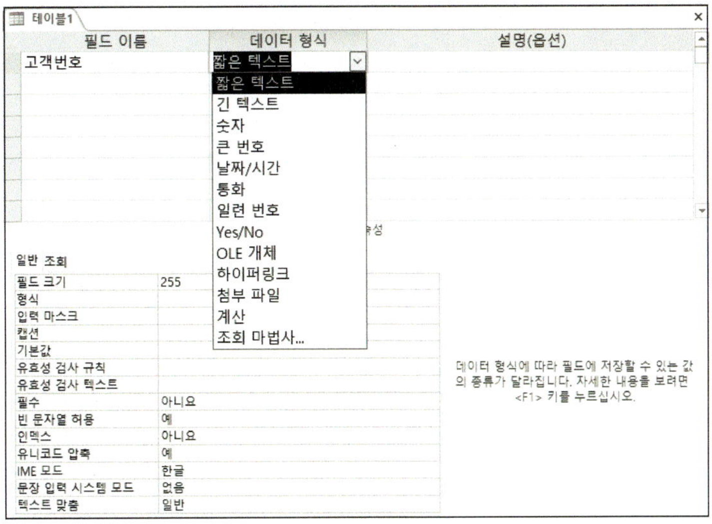

그림 8-3-2 데이터 형식 목록

다음의 표 8-3-1에서는 데이터 형식을 설명하고 있다. 필드에 입력되는 데이터 값에 따라서 적절한 데이터 형식을 선택하는 것은 데이터베이스의 저장 공간을 얼마나 효율적으로 사용하는가와 직결되는 문제이다. 또한 데이터의 정확성을 향상시키기 위해 적절한 데이터 형식을 선택하는 일은 매우 중요하다. 만약 필드에 데이터 형식을 지정하지 않아 기본적으로 제공되는 '짧은 텍스트' 형식으로 지정되었다면 제품의 판매단가나 수량과 같은 필드에 사용자가 숫자를 입력하더라도 데이터베이스는 계산을 할 수 없는 문자로 인식한다. 또한 날짜와 시간의 입력 양식을 통일하지 않았다면 나중에 데이터 검색과 같은 작업 시 데이터베이스가 정확하게 작동하지 않을 가능성이 크다. 이처럼 데이터의 정확성 향상을 위해서 필드 속성에 보다 상세한 제약조건을 설정할 필요가 있다.

표 8-3-1 액세스에서 지원되는 데이터 형식

데이터 형식	설명	최대크기
짧은 텍스트	기본값으로 전화번호처럼 계산이 필요 없는 숫자뿐만 아니라 텍스트와 숫자의 조합 또는 텍스트를 입력할 수 있다.	255자
긴 텍스트	길이가 255자를 넘는 서식 있는 문자열을 저장하는 데 사용된다. 긴 텍스트 또는 텍스트와 숫자의 조합을 입력할 수 있다.	65,535자
숫자	통화 수치가 아닌 숫자 값을 저장하는데 사용된다. 수학적 계산에 사용되는 숫자 데이터를 입력할 수 있다(-231~231-1의 범위).	4Byte

데이터 형식	설명	최대크기
큰 번호 (큰 숫자)	통화 수치가 아닌 큰 숫자 값을 저장하는데 사용된다. 큰 숫자를 효율적으로 계산하기 위해 사용될 수 있다(-263~263-1의 범위).	8Byte
날짜/시간	시간 기반 데이터를 저장하는 데 사용된다. 서기 100년부터 9999년 사이의 날짜와 시간을 입력할 수 있다. 12시간제 또는 24시간제를 모두 지원한다.	8Byte
통화	통화 데이터를 저장하는 데 사용된다. 소수점 앞 15자리와 소수점 뒤 4자리까지의 데이터를 포함하는 수학적 계산에 사용되는 통화 값 및 숫자 데이터를 입력할 수 있다. 통화 필드의 데이터는 계산 시 반올림하지 않는다.	8Byte
일련 번호	새로운 레코드가 추가될 때마다 숫자가 자동적으로 할당된다. 숫자는 임의로 할당되거나 새로운 레코드에 대해 1만큼씩 증가된다. 사용자가 필드의 값을 임의로 변화시킬 수는 없다.	4Byte
Yes/No	True/False, 예/아니오, On/Off와 같은 부울 값을 저장하는데 사용된다. 형식 속성의 설정에 따라 유효한 하나의 값만 저장된다.	1Bit
OLE 개체	Microsoft Office Excel 스프레드시트와 같은 OLE 개체를 레코드에 연결하는 데 사용된다. 하지만 일반적으로 액세스에 포함되거나 연결되는 문서, 그림, 동영상, 소리와 같은 개체를 지정할 때는 첨부 파일 형식을 사용한다. OLE는 Object Linking and Embedding의 약자로서 마이크로소프트사의 개체 연결 및 삽입 기술이다.	1GB
하이퍼링크	전자 메일 주소나 웹 사이트 URL과 같은 하이퍼링크를 저장하는데 사용된다. 다른 데이터베이스 개체의 위치, Office 문서, 웹페이지 등과 같은 문자 또는 문자와 숫자의 조합으로 구성된 하이퍼링크 주소를 지정한다.	2,048자
첨부 파일	이미지, Office 파일, 문서 파일 등을 삽입하는데 사용된다. 전자 메일에 파일을 첨부하는 것과 비슷한 방법이다.	확장명 포함 255자 이하
계산	계산 결과를 저장하는데 사용된다. 계산은 같은 테이블의 다른 필드를 참조해야 하며, [식 작성기]를 사용하여 계산을 만들 수 있다.	
조회 마법사	필드의 데이터 값을 직접 입력하지 않고 목록에서 선택하도록 한다. 이 형식을 선택하면 조회 마법사가 실행되어 선택 가능한 필드 값의 목록을 만든다.	값을 저장하기 위해 사용되는 텍스트 필드 크기

상위 영역에서 필드에 대한 [설명(옵션)]은 폼에서 필드를 선택할 때 상태 표시줄에 표시되는 메시지이며 입력하지 않아도 무관하다. [**디자인 보기**]에서 [**데이터시트 보기**]로 전환하면 [설명(옵션)] 칸에 입력된 내용이 액세스 주 화면의 가장 아래쪽에 있는 상태 표시줄 왼쪽에 표시된다. 해당 테이블을 이용하여 폼을 작성한 경우에도 동일하게 상태 표시줄에 설명 칸에 입력한 내용이 표시된다.

데이터베이스를 개발할 때 기업의 모든 데이터베이스를 한꺼번에 개발하는 것은 현실적으로 불가능하다. 또한 하나의 데이터베이스라도 한 사람이 개발하는 것이 아니라 여러 사람이 개발에 참여하게 된다. 이렇게 기존에 개발된 데이터베이스와 새로 개발하는 데이터베이스와의 통합이 필요한 경우나 데이터베이스 개발 프로젝트에 참여하는 개발자들 사이의 의사소통에 가장 어려운 부분이 바로 테이블의 필드에 대한 이음동의어와 동음이의어 문제이다.

예를 들어 고객의 이름이라는 동일한 필드를 '고객정보'라는 테이블에서는 '고객이름'으로 명명하였으나 '판매관리'라는 테이블에서는 '고객성명'이라고 할 수 있다. 따라서 가급적 설명란에 그 필드가 의미하는 바가 무엇인지 기입하여 필드의 의미를 명확히 하는 것이 좋다. 물론 이러한 이음동의어나 동음이의어 문제 이외에도 필드 이름만으로 해석하기 어려운 경우에는 해당 필드에 대한 이름을 알기 쉽게 풀어서 표시하는 것이 좋다.

실습 8-2 고객 테이블의 신용등급 필드에 조회 마법사 데이터 형식 적용하기

고객의 신용등급은 '우수', '보통', '불량'으로 구분되고, 사용자가 데이터 입력 시 텍스트를 직접 입력하지 않고 목록에서 선택하도록 조회 마법사를 적용하고자 한다.

01 이전 실습에서 저장한 '고객' 테이블을 열고 **[홈] 탭 > [보기] 그룹**에서 [보기]의 [디자인 보기(D)]를 클릭한다.

- '신용등급' 필드의 데이터 형식의 드롭다운 단추( )를 클릭하여 [조회 마법사...]를 선택한다.

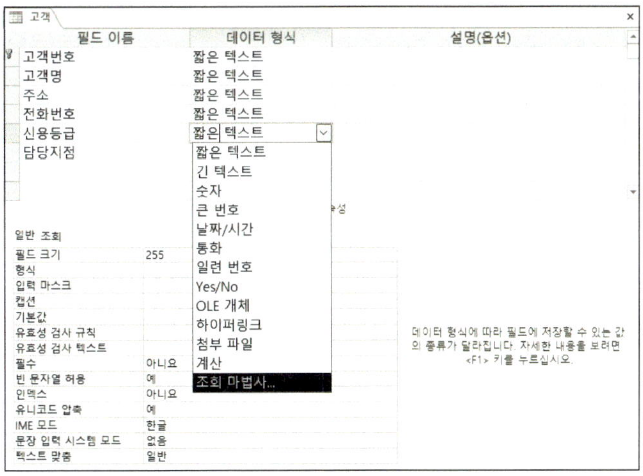

그림 8-3-3 조회 마법사 적용

02 [조회 마법사] 대화상자가 나타나고, [조회 마법사]의 첫 번째 단계에서는 조회 필드에 표시할 데이터 값을 지정한다. 두 개의 옵션이 나타나는데, 하나는 이미 만들어진 테이블이나 쿼리에 있는 값을 조회하는 방법이고 다른 하나는 조회할 데이터 값을 직접 입력하는 방법이다.

- 고객의 신용등급을 직접 입력하기 위해서는 두 번째 옵션을 선택하고 [다음(N)>] 단추를 클릭한다.

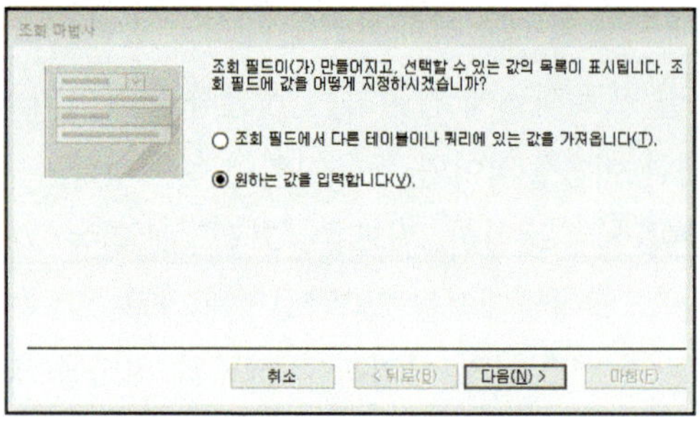

그림 8-3-4 조회 마법사 1단계

03 [조회 마법사]의 두 번째 단계에서는 데이터 목록을 입력한다. 데이터 목록을 입력할 때 주의해야 할 점은 각 데이터를 입력한 후 다음 행으로 이동할 때 엔터 키(Enter↵)를 누르지 말고 아래쪽 방향 키(↓)를 이용하여야 한다.

우수, 보통, 불량을 입력하고 [다음(N)>] 단추를 클릭한다.

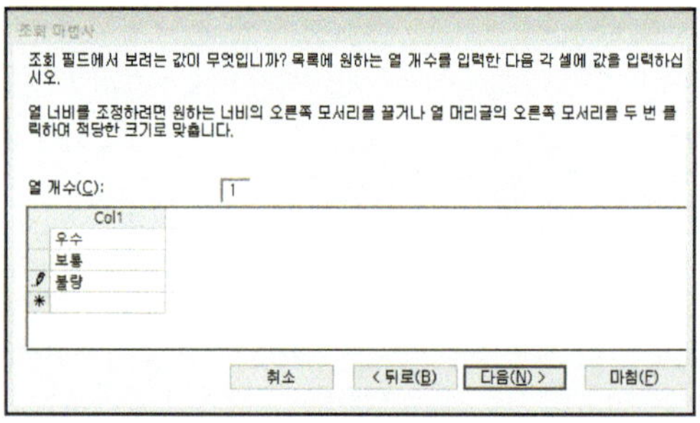

그림 8-3-5 조회 마법사 2단계

04 [조회 마법사]의 마지막 단계에서는 조회 필드에 사용할 레이블을 입력한다. 만약 조회 마법사를 실행하기 전에 필드 이름을 먼저 입력하였다면 레이블 입력란에 자동으로 나타난다.

레이블 이름을 신용등급으로 입력하고 [마침(F)] 단추를 클릭한다.

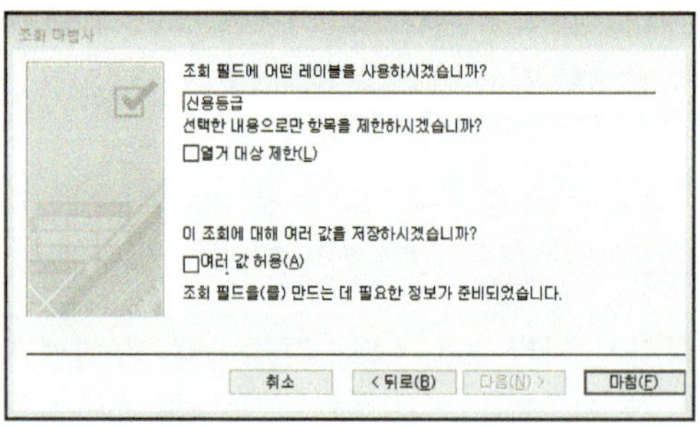

그림 8-3-6 조회 마법사 3단계

2) 테이블 디자인 도구

테이블의 [디자인 보기]를 선택하면 다음 그림과 같이 [테이블 도구]의 [디자인] 탭이 나타난다. [디자인] 탭에 나타난 다양한 도구들을 이용해 테이블과 관련된 여러 가지 기능들을 설정하거나 변경할 수 있다.

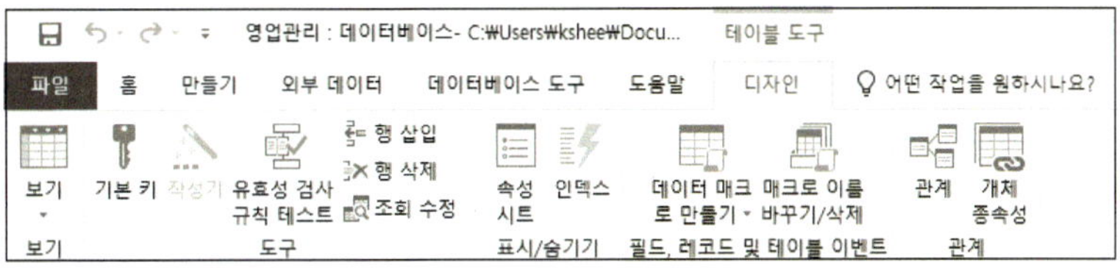

그림 8-3-7 테이블 도구의 디자인 탭 도구 모음

다음의 표 8-3-2에서는 [테이블 도구]의 [디자인] 탭에 나타나는 여러 가지 도구에 대해 설명하고 있다. 이 중에서 몇 가지를 설명하자면, 먼저 **[홈] 탭 > [보기] 그룹**의 [보기]와 동일하게 테이블의 설계 내용을 보여주는 [디자인 보기(D)]와 테이블에 포함된 데이터를 모두 보여주는 [데이터시트 보기(H)] 기능을 제공한다. 이 기능은 액세스의 모든 개체에 대한 설계 내용과 실행 결과를 빠르게 상호 전환하여 보여주는 편리성을 제공하기 때문에 액세스에서 자주 사용한다.

[기본 키]는 각 레코드를 고유하게 식별할 수 있는 값이 들어 있는 필드를 지정하는데 사용한다. 기본 키는 여러 개의 필드로 구성되는 경우가 있는데, 이때는 Ctrl 키를 누른채 여러 필드를 선택하고 [기본 키]를 클릭한다. 기본 키로 설정된 필드를 이용하여 한 데이터베이스에 속하는 테이블 사이의 관련성을 설정하게 된다. [작성기]는 각 필드에 대한 입력 마스크, 기본값, 유효성 검사 규칙에서 함수, 연산자, 상수와 같은 식을 작성할 때 여러 가지 기본 함수를 쉽게 사용할 수 있도록 [식 작성기] 창을 표시한다.

표 8-3-2 테이블 디자인 도구 설명

단추	도구이름	설명
	보기	데이터시트 보기, 디자인 보기 화면으로 전환한다.
	기본 키	각 테이블의 레코드를 고유하게 식별할 수 있는 기본 키 필드를 설정한다.
	작성기	선택한 필드나 속성의 작성기를 보여준다.
	유효성 검사 규칙 테스트	필수 입력 속성, 빈 문자열 허용 속성, 유효성 검사 규칙 등의 설정을 테스트한다.
	행 삽입	커서가 위치한 곳에 새로운 필드를 넣기 위한 행을 추가한다.
	행 삭제	커서가 위치한 필드를 삭제한다.

단추	도구이름	설명
	조회 수정	조회 필드를 생성하고 조회 필드에서 선택할 수 있는 값 목록을 지정한다.
	속성 시트	테이블 속성을 설정하기 위한 속성 시트를 보여준다.
	인덱스	데이터의 검색 속도를 향상시키기 위하여 인덱스를 작성한다.
	데이터 매크로 만들기	테이블에 데이터를 입력하거나 업데이트나 삭제 시 실행되는 데이터 매크로를 작성한다.
	매크로 이름 바꾸기/삭제	테이블에 설정된 데이터 매크로를 표시하고 삭제할 수 있는 데이터 매크로 관리자 창을 표시한다.
	관계	테이블 간의 관계를 설정하기 위한 관계 창을 표시한다.
	개체 종속성	선택한 테이블에 대한 개체 종속성을 보여준다.

나. 필드 속성

필드 속성은 필드의 성격을 규정하는 집합이라 할 수 있다. 각 필드 속성에 대한 세부적인 설정은 [테이블 디자인] 창의 하위 영역에서 [일반] 탭을 통해 설정할 수 있는데, 필드의 크기는 얼마인지, 화면에 표시되는 형태는 어떤 모습인지, 시스템에서 불리는 이름은 무엇인지, 입력 가능한 값은 무엇인지 등의 여러 가지 요소를 설정하여 필드의 성격을 결정할 수 있다. 필드의 속성을 적절하게 지정함으로써 데이터베이스의 정확성을 보다 더 향상시킬 수 있다. 하지만 반대로 속성을 잘못 정의하는 경우에는 데이터의 입력과 검색에 있어서 뜻하지 않은 오류로 이어질 수 있으므로 주의를 기울여야 한다. 필드 속성의 세부적인 항목은 어떤 데이터 형식을 지정하였느냐에 따라서 부분적으로 다르게 표시된다. 다음 그림은 '제품' 테이블의 [제품번호] 필드에 대한 속성을 보여주고 있다.

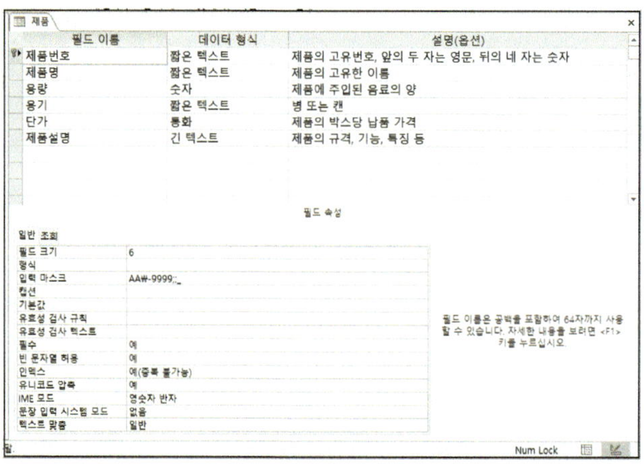

그림 8-3-8 필드 속성

1) 필드 크기

각 필드가 가질 수 있는 최대 크기는 데이터 형식에 따라 다르다. 필드 크기를 지정할 수 있는 데이터 형식은 텍스트와 숫자에 한정된다. 필드의 최대 크기가 미리 설정되어 있음에도 불구하고 필드 속성에서 필드의 크기를 다시 설정하는 이유는 저장될 데이터 크기에 알맞게 필드의 크기를 설정하면 데이터베이스의 처리 속도가 빨라지고 저장 공간도 적게 차지하기 때문이다. 따라서 필드에 입력 가능한 데이터 값의 최대 범위보다 더 크게 필드 크기를 설정할 필요는 없다.

데이터 형식이 텍스트로 지정된 필드의 경우에는 필드 크기가 기본값으로 '255'로 설정되어 있다. 대부분의 경우에는 이보다 작은 크기로 설정해도 무방함으로 해당 필드에 입력되는 데이터의 성격에 맞게 적절히 조절한다. 숫자 데이터의 경우에는 다음의 표 8-3-3과 같이 입력 가능한 값의 범위에 따라 필드 크기가 정해져 있으며 이를 드롭다운 목록에서 선택한다. 예를 들어 판매 테이블의 판매 수량의 경우에는 정수로 지정하고 사람의 나이는 바이트로 지정하는 것이 적절하다.

표 8-3-3 숫자 데이터의 종류

유형	크기	소수 자릿수	저장크기
바이트	0~255 사이의 정수를 저장한다.	지정 안함	1Byte
정수	-32,768~32,767 사이의 정수를 저장한다.	지정 안함	2Byte
정수 (Long)	-2,147,483,648~+2,147,438,647 사이의 정수를 저장한다.	지정 안함	4Byte
실수 (Single)	-3.4X1,038~+3.4X1,038 사이의 부동 소수점 숫자를 저장한다.	7	4Byte
실수 (Double)	-1.797×10,308~+1.797×10,308 사이의 부동 소수점 숫자를 저장한다.	15	8Byte
복제 ID	GUID(Globally Unique Identifier): Access 데이터베이스에서 복제에 대한 고유 식별자를 설정하는 데 사용한다.	해당 없음	16Byte
10진수	-9.999..X1,027~+9.999..X1,027 사이의 숫자를 저장한다.	해당 없음	12Byte

2) 형식

데이터가 화면에 표시되거나 출력되는 형태를 필드 속성에서 지정할 수 있다. 모든 데이터 형식에 해당되는 것은 아니며 숫자, 날짜/시간, 통화 형식에만 적용된다. 각 데이터 형식에 대해서 선택 가능한 몇 가지 데이터 표시 방식을 수록하고 있는 드롭다운 목록에서 선택한다. 예를 들어 날짜/시간 필드에 대해서 다음 그림처럼 '2015년 11월 12일 목요일'과 같이 요일을 포함한 날짜를 자세한 형태로 표시하거나 '2015-11-12'와 같이 축약형으로 표시할 수 있다.

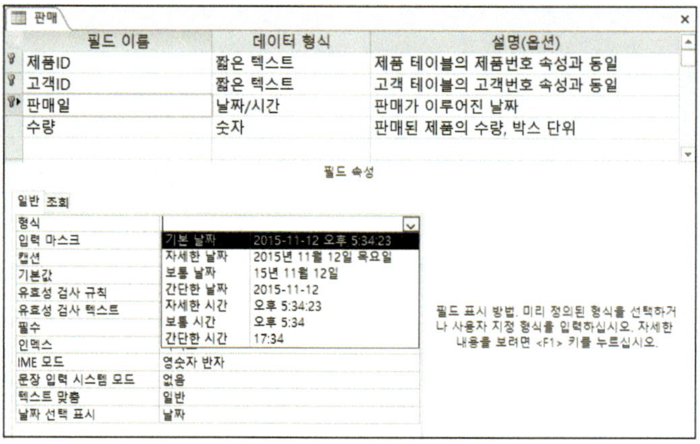

그림 8-3-9 날짜/시간 데이터의 세부 형식 목록

3) 입력 마스크

입력 마스크 속성은 입력되는 데이터의 형식을 지정하는 것으로, 데이터 형식 중에서 짧은 텍스트, 숫자, 날짜/시간, 통화에 대해서만 적용된다. 입력 마스크는 데이터 입력을 용이하게 할 뿐만 아니라 데이터의 입력 과정에서 오류가 발생하지 않도록 도와주는 역할을 한다. 문자나 숫자를 반드시 입력하거나 선택적으로 입력하도록 지정하며, 괄호나 하이픈(-)을 표시하여 데이터를 입력할 때 도움을 준다. 예를 들어 문자와 숫자가 복합적으로 구성되어 있는 자동차번호와 같은 데이터를 입력할 때 문자가 입력되어야 하는 부분에 숫자가 입력된다든지 그 반대의 경우가 발생하는 것을 방지함으로써 보다 정확한 데이터가 입력되도록 보조하는 역할을 한다. 입력 마스크는 세 개의 구역으로 구분되며 각 구역은 세미콜론(;)으로 구분한다.

표 8-3-4 입력 마스크의 세 가지 구역

구역	설명
첫 번째 구역	입력 마스크 형식을 설정한다.
두 번째 구역	데이터를 입력할 때 입력을 안내해 주는 기호를 데이터와 함께 저장할 것인지 여부를 설정한다. • 0 : 기호와 데이터가 함께 저장된다. • 1이나 공백 : 기호를 제외한 데이터만 저장된다.
세 번째 구역	데이터 입력을 안내해 주기 위해 입력할 데이터의 위치에 표시되는 기호를 설정한다. 기본값은 언더바(_)로 표시된다.

입력 마스크는 사용자가 직접 설정할 수 있지만 일반적으로 입력 마스크 마법사를 사용하여 설정한다. 입력 마스크 마법사는 **[입력 마스크]** 입력란을 선택하면 오른쪽에 입력 마스크 마법사 단추(...)가 나타나는데, 이것을 클릭하면 **[입력 마스크 마법사]** 대화상자가 나타나 쉽게 입력 마스크를 설

정할 수 있도록 해준다.

입력 마스크 형식에 사용되는 문자와 기호의 의미는 다음의 표 8-3-5에서 설명하고 있다. 표 8-3-5의 필수/선택 항목은 입력 마스크에서 설정한 문자/숫자가 입력되는 칸에 데이터가 반드시 입력되어야 하는지의 여부를 나타낸다.

표 8-3-5 입력 마스크 형식 설정에 사용되는 기호

기호	필수/선택	설명
0	필수	0부터 9까지의 숫자를 입력해야 한다.
9	선택	0부터 9까지의 숫자나 공백을 입력할 수 있다.
#	선택	0부터 9까지의 숫자나 공백을 입력할 수 있다. 공백은 편집 모드에서는 빈 칸으로 표시되지만 데이터가 저장될 때는 제거된다.
L	필수	A부터 Z까지의 영문자를 입력해야 한다.
?	선택	A부터 Z까지의 영문자를 입력할 수 있다.
A	필수	영문자나 숫자를 입력해야 한다.
a	선택	영문자나 숫자를 입력할 수 있다.
&	필수	문자나 공백을 입력해야 한다.
C	선택	문자나 공백을 입력할 수 있다.
.,:;-/		소수 자릿수, 1000단위, 날짜, 시간 등의 구분기호를 입력한다.
<		모든 문자를 소문자로 변환한다.
>		모든 문자를 대문자로 변환한다.
!		입력한 문자가 왼쪽 기준으로 입력된다.
₩		다음에 나오는 문자가 그대로 표시된다. 예를 들어 ₩A는 A만 표시된다.
" "		큰따옴표에 묶인 문자가 그대로 표시된다. 예를 들어 "A"는 A만 표시된다.

다음의 표 8-3-6은 입력 마스크의 사용 예를 보여준다. 네 번째 예를 보면, 입력되는 데이터는 최대 5자리까지 입력이 가능하며 적어도 2자리는 반드시 입력되어야 한다. 그리고 입력되는 문자열은 모두 대문자로 표시된다.

표 8-3-6 입력 마스크 사용 예

데이터 유형	입력 마스크	입력	출력
주민등록번호	000000₩-0000000	9601011234567	960101-1234567
전화번호	₩(999₩)9999₩-9999	01021125825	(010)2112-5285
날짜(연월일)	9999₩년 99₩월 99₩일	20200101	2020년 1월 1일
문자열	>LL???	apple	APPLE

실습 8-3 날짜/시간 데이터 형식에 대한 입력 마스크 설정하기

01 이전 실습에서 저장한 '고객' 테이블을 열고 **[홈] 탭 > [보기] 그룹**에서 [보기]의 [디자인 보기(D)]를 클릭한다.

[필드 이름]에 **가입일자**를 입력하고 [데이터 형식]은 '날짜/시간'으로 지정한다.

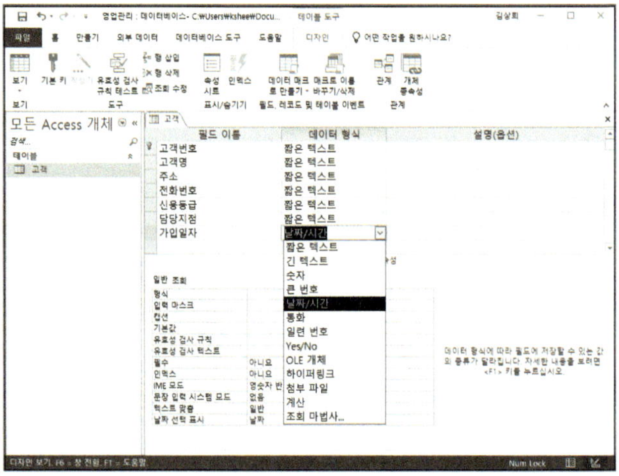

그림 8-3-10 날짜/시간 필드 만들기

02 하위 영역의 [입력 마스크] 입력란을 선택하여 오른쪽에 나타나는 입력 마스크 마법사 단추( )를 클릭하면 [입력 마스크 마법사] 대화상자가 나타난다. [입력 마스크 마법사]의 첫 번째 단계에서는 입력 마스크 형식을 서식에서 선택할 수 있다. 하단의 [시도:]에서는 테이블의 [데이터시트 보기]나 폼의 [폼 보기]와 같은 데이터 입력 화면에서 표시되는 입력 마스크의 실제 모습을 미리 보여준다.

'날짜형식(단기/서기+시각)'을 선택하고 아래 [시도:]에서 실제 사용될 입력 마스크를 확인한 후 [다음(N)>]을 클릭한다.

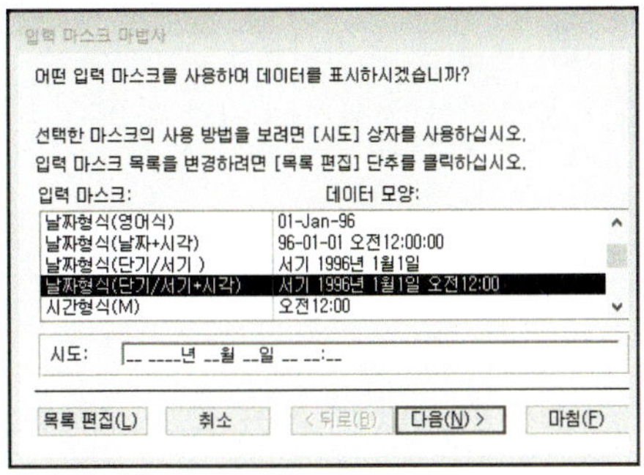

그림 8-3-11 입력 마스크 마법사 1단계

03 [입력 마스크 마법사]의 두 번째 단계에서는 이전 단계에서 선택한 입력 마스크 형식을 변경할 수 있으며 입력 마스크 기호를 지정할 수 있다.

CC 9999₩년 99₩월 99₩일 CC 99:90의 형식을 입력하고 입력 마스크 기호는 _로 두고 [다음(N)>]을 클릭한다.

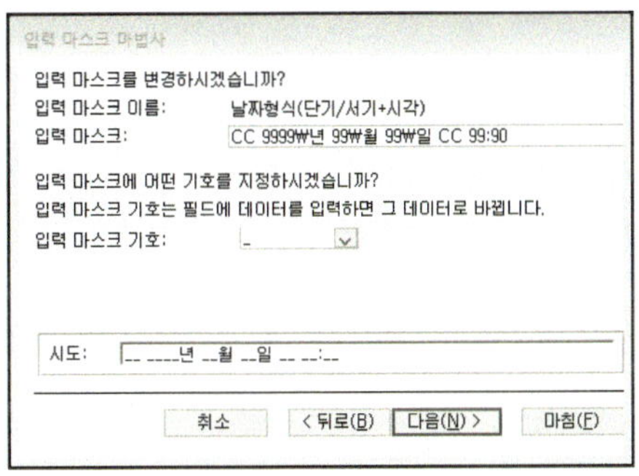

그림 8-3-12 입력 마스크 마법사 2단계

04 [입력 마스크 마법사]의 마지막 단계에서 [마침(F)]을 클릭한 후, [디자인 보기] 창에서 하위 영역의 [입력 마스크] 입력란을 보면 [입력 마스크 마법사]를 통해 설정한 입력 마스크의 세 개의 구역을 내용을 확인할 수 있다.

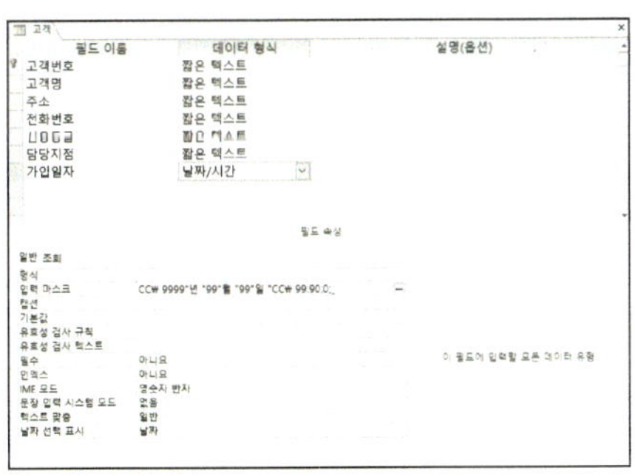

그림 8-3-13 입력 마스크 설정 완료

05 [빠른 실행 도구 모음]의 [저장]을 클릭하고 [데이터시트 보기]로 전환한다. '가입일자' 필드에 데이터를 입력하고자 클릭하면 설정한 입력 마스크가 나타난다.

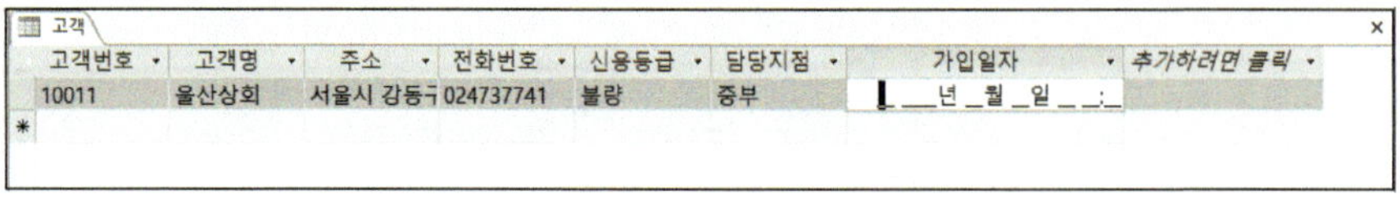

그림 8-3-14 '가입일자' 필드의 입력 마스크

4) 캡션

캡션 속성은 [데이터시트 보기]에서 필드 이름 대신에 화면에 표시되는 문자를 지정하며 최대 2,048자까지 입력이 가능하다. 물론, 필드 이름이 변경되는 것은 아니다.

5) 기본값

테이블에 새로운 레코드가 입력될 때 자동적으로 입력되는 값을 기본값 속성에서 지정할 수 있다. 일련 번호나 OLE 개체 데이터 형식의 필드를 제외한 모든 필드에 설정이 가능하다. 기본값으로 지정되어 자동적으로 입력된 레코드 값이라도 원한다면 변경할 수 있으며, 기본값 속성에 지정되는 기본값 자체도 변경이 가능하다. 후자의 경우에는 이전에 기본값으로 지정되어 이미 입력된 레코드 값에는 자동으로 적용되지 않는다.

6) 유효성 검사 규칙 및 텍스트

입력 마스크 속성과 유사하지만 보다 더 정확한 데이터가 입력될 수 있도록 입력 가능한 데이터의 값을 지정하는 기능을 유효성 검사 규칙을 통하여 설정할 수 있다. 입력 마스크는 특정 방식으로 값을 입력하도록 유도한다면 유효성 검사 규칙은 특정 값만 입력될 수 있도록 그 범위를 설정하는 것이다. 즉, 유효성 검사 규칙은 입력될 데이터 값에 미리 제한 조건을 지정하여 오류 가능성을 줄일 수 있는 기능이다. 유효성 검사 규칙을 위반하는 데이터가 입력될 때 표시될 메시지를 유효성 검사 텍스트 속성을 통해 지정할 수 있다.

액세스에서 각각의 필드에 지정되는 데이터 형식도 기초적인 유효성 검사 규칙의 역할을 한다. 예를 들면, 숫자로 지정된 필드에는 문자 데이터를 입력하지 못한다. 유효성 검사 규칙은 보다 상세한 검사 규칙을 설정하고자 하는 경우에 사용하는 필드 속성이다. 필드에 지정된 규칙을 충족하지 못하는 데이터가 입력될 경우 오류 메시지가 나타나므로 데이터의 정확성 여부를 즉각 확인할 수 있다. 유효성 검사 규칙은 입력란에 직접 입력하거나 입력란의 오른쪽에 있는 식 작성기 단추(...)를 클릭하여 나타난 [식 작성기] 대화상자를 이용하여 설정할 수 있다. [식 작성기] 대화상자를 사용하면 다양한 함수들과 상수나 연산자를 적용하여 검사 규칙을 작성할 수 있다. 다음의 표 8-3-7은 유효성 검사 규칙의 예와 이때 표시할 수 있는 오류 메시지(유효성 검사 텍스트)의 예를 보여준다.

표 8-3-7 유효성 검사 규칙과 유효성 검사 텍스트의 예

유효성 검사 규칙	유효성 검사 텍스트
<> 0	0이 아닌 값을 입력해야 합니다.
> 10 Or Is Null	10보다 큰 값을 입력하거나 비워 두어야 합니다.
Like "A????"	'A'로 시작하는 다섯 문자를 입력해야 합니다.
Between #1/1/2022# And #12/31/2022#	2022년 1월 1일에서 12월 31일 사이의 날짜를 입력해야 합니다.
In ("서울", "부산", "광주", "대구")	서울, 부산, 광주, 대구 중에서 하나를 입력하세요.

유효성 검사 규칙이 지정되면 해당 필드에 데이터가 반드시 입력되어야 한다. 만약 필드에 데이터가 입력되지 않아도 되는, 즉 빈 값이 허용되도록 하기 위해서는 표 8-3-7의 두 번째 예와 같이 유효성 검사 규칙에 'Is Null'을 추가하고, 다음에 설명하는 필수 속성의 값을 '아니오'로 설정하여야 한다.

7) 필수

이 속성은 해당 필드에 데이터가 반드시 입력되어야 하는지의 여부를 지정한다. 속성값 입력란의 오른쪽에 있는 드롭다운 단추( )를 클릭하여 '예'와 '아니오' 중에서 선택한다.

8) 소수 자릿수

숫자 또는 통화 데이터 형식을 갖는 필드에 대해서 소수점 이하 자릿수를 선택할 수 있다. 이것은 단지 숫자가 표시될 때 사용되는 자릿수에만 영향을 미칠 뿐이지 내부적으로 저장된 값의 정확도에 영향을 주는 것은 아니다. 드롭다운( ) 목록에서 소수 자릿수의 특정한 숫자를 선택하거나 '자동'을 선택한다. '자동'은 형식 속성에서 선택한 설정대로 표시된다.

9) 인덱스

데이터 형식 중에서 OLE 개체를 제외한 모든 필드에 대하여 인덱스를 설정할 수 있다. 기본 키로 설정된 필드는 자동적으로 인덱스가 정의되므로 따로 설정할 필요가 없다. 속성값 입력란의 오른쪽에 있는 드롭다운 단추( )를 클릭하여 '예(중복 가능)', '예(중복 불가능)' 그리고 '아니요' 중에서 선택한다.

인덱스로 설정된 필드는 데이터 값에 따라 미리 정렬시켜 놓음으로써 테이블의 그룹화 및 정렬 속도를 높일 수 있으며 쿼리에서의 데이터 검색 속도도 빨라진다. 하지만 인덱스를 저장하기 위한 별도

의 공간이 필요하고 레코드를 추가하거나 인덱스가 설정된 필드의 값을 변경할 때마다 인덱스를 재조직화해야 하기 때문에 갱신 속도는 느려진다. 따라서 인덱스를 설정한다고 해서 데이터베이스의 실행 속도가 반드시 향상된다고만은 할 수 없다.

10) IME 모드

IME는 Input Method Editor, 즉 문자 입력 방법 편집기를 의미한다. 텍스트, 하이퍼링크 등 문자가 입력되는 데이터 형식에 대해서 한글, 영어, 일어 등의 기본적으로 입력할 데이터의 입력 모드를 설정할 수 있다. 이 속성은 필드에 입력되는 데이터의 언어를 미리 지정함으로써 데이터 입력 시 필드에 입력되는 서로 다른 언어(한글, 영어, 일어 등)를 키보드로 일일이 변경하면서 입력하는 번거로움을 덜어준다.

11) 텍스트 맞춤

텍스트 맞춤은 [데이터시트 보기]에서 입력되는 데이터 값의 정렬 기준을 의미하며, 일반, 왼쪽, 가운데, 배분으로 지정할 수 있다. 기본값은 일반인데, 이는 텍스트와 같이 계산이 불가능한 필드 속성은 왼쪽 맞춤으로 정렬되며, 숫자, 통화, 날짜/시간과 같이 계산이 가능한 필드 속성은 오른쪽 맞춤으로 정렬된다.

다. 테이블 디자인을 이용한 테이블 만들기 예제

㈜효원유통의 '영업관리' 데이터베이스에서 [테이블 디자인] 만들기를 이용하여 네 개의 테이블을 작성해 보자. 각 필드의 데이터 형식과 설명, 그리고 필드 속성은 다음의 표 8-3-8부터 표 8-3-11에 제시되어 있다. '고객' 테이블의 [전화번호] 필드는 입력 마스크를 이용하여 괄호 안에 지역번호를 입력하도록 한다. [신용등급]과 [담당지점] 필드는 조회 마법사를 이용하여 목록에서 선택하여 데이터를 입력하도록 한다. [담당지점]의 경우에는 지점별로 고객을 그룹화하여 여러 가지 데이터 분석을 수행할 수 있도록 중복 가능한 인덱스를 설정하여 검색 속도를 향상시킨다.

이전 실습에서 작성하였던 [가입일자] 필드가 남아있다면 삭제하고, 입력했던 데이터를 삭제하고 난 후 실습을 시작한다.

표 8-3-8 '고객' 테이블

필드 이름	데이터 형식	설명	필드 크기	필드 속성
고객번호	짧은 텍스트	각 고객에 부여된 고유번호	5	기본 키
고객명	짧은 텍스트	고객의 등록된 상호	10	
주소	짧은 텍스트	고객의 영업점의 주소	40	
전화번호	짧은 텍스트	고객의 점포 연락처	20	입력 마스크: ₩(#99₩)#999₩-9999
신용등급	조회 마법사	대금납부 실적에 따라 일반, 우수, 불량으로 구분	4	
담당지점	조회 마법사	고객을 담당하는 지점명으로 서울, 중부, 남부로 구분	20	인덱스: '예(중복 가능)'

'제품' 테이블에서는 [제품번호]를 기본 키로 설정하고 영문자와 숫자의 조합으로 구성되도록 한다. 입력 마스크를 이용하여 영문자의 자릿수와 숫자의 자릿수를 구분하고, IME 모드를 영숫자 반자로 설정하여 자동적으로 영문이 입력되도록 한다.

표 8-3-9 '제품' 테이블

필드 이름	데이터 형식	설명	필드 크기	필드 속성
제품번호	짧은 텍스트	제품의 고유번호, 앞의 두 자는 영문, 뒤의 네 자는 숫자로 구성됨	6	기본 키 입력 마스크: AA₩-9999 IME 모드: 영숫자 반자
제품명	짧은 텍스트	제품의 고유한 이름	20	
용량	숫자	제품에 주입된 음료의 양	정수	
용기	조회 마법사	병 또는 캔	1	
단가	통화	제품의 박스당 납품 가격		
제품설명	긴 텍스트	제품의 규격, 기능, 특징 등		

'판매' 테이블에서는 세 개의 필드를 기본 키로 지정한다. [판매일]의 경우에는 입력 마스크 마법사를 이용하여 데이터의 입력 형식을 '간단한 날짜'로 선택하고, 기본값으로 컴퓨터의 현재 날짜를 가져오는 Date( )를 입력한다. [현금결제여부] 필드는 데이터 형식을 'Yes/No'로 선택할 수도 있고, 조회 마법사를 선택하여 '현금'과 '외상' 중에서 하나를 선택하여 입력하게 할 수도 있다. 여기에서는 'Yes/No'로 선택하고 폼에서 옵션그룹 기능을 이용하여 표시하도록 하는 방법을 선택한다.

표 8-3-10 '판매' 테이블

필드 이름	데이터 형식	설명	필드 크기	필드 속성
제품ID	짧은 텍스트	제품 테이블의 제품번호 속성과 동일	6	기본 키 입력 마스크: AA₩-9999 IME 모드: 영숫자 반자
고객ID	짧은 텍스트	고객 테이블의 고객번호 속성과 동일	5	기본 키
판매일	날짜/시간	판매가 이루어진 날짜		기본 키 형식: 간단한 날짜 기본값: Date()
수량	숫자	판매된 제품의 수량, 박스 단위	정수	
가격	통화	박스당 판매 가격으로 고객별로 판매 가격이 상이할 수 있음		
현금결제여부	Yes/No	현금과 외상으로 구분됨		

마지막으로 '지점' 테이블에서는 [이메일] 필드를 하이퍼링크로 지정하고, [전화번호]와 [FAX번호] 필드에 대해서는 입력 마스크를 설정하도록 한다.

표 8-3-11 '지점' 테이블

필드 이름	데이터 형식	설명	필드 크기	필드 속성
지점이름	짧은 텍스트	지점의 이름	20	기본 키
주소	짧은 텍스트	지점의 소재지	50	
이메일	하이퍼링크	지점장 이메일 주소		
전화번호	짧은 텍스트	지점의 대표전화번호	20	입력 마스크: ₩(#99₩)#999₩-9999
FAX번호	짧은 텍스트	지점의 FAX 번호	20	입력 마스크: ₩(#99₩)#999₩-9999

4 관계 설정

가. 관계 설정의 의미 및 방법

어떤 데이터베이스든지 간에 하나의 테이블로만 구성되는 경우는 없다. 만약, 어떤 데이터를 하나의 테이블에만 저장할 수 있다면 액세스와 같은 데이터베이스 프로그램보다는 엑셀과 같은 프로그램을 사용하는 것이 보다 더 효율적으로 데이터를 다룰 수 있는 방법을 제공할 것이다.

잘 설계된 데이터베이스에서 각 테이블은 같은 데이터베이스에 포함된 적어도 하나의 다른 테이블과 필드를 공유하게 된다. 만약 어떤 테이블이 다른 어느 테이블과도 공유하는 필드가 없다면 그 테이블은 해당 데이터베이스에 포함될 필요가 없거나 데이터베이스의 분석과 설계 과정에서 오류가 발생한 결과이다. 두 테이블이 동일한 필드를 공유함으로써 두 테이블 사이의 관련성을 부여하게 되고, 이러한 관련성을 기초로 복수의 테이블을 연결하여 연결된 테이블에 포함된 데이터를 여러 가지 검색 기법으로 추출할 수 있다. 따라서 하나의 데이터베이스에 포함된 여러 테이블을 서로 간의 관련성에 따라 연결시키는 작업은 데이터베이스의 개발에 있어서 핵심적인 내용이다.

두 테이블이 공유하는 필드는 한 테이블에서는 기본 키(primary key)라고 하고 다른 테이블에서는 외래 키(foreign key)라고 불린다. 하나의 필드가 어느 테이블에서는 기본 키가 되고 어느 테이블에서는 외래 키가 되는지는 데이터베이스의 분석과 설계 과정에서 결정된다. 액세스에서 관계를 설정하는 것은 기본 키와 외래 키가 서로 연결되어 있음을 표시하는 것을 의미한다. 관계 설정에 있어서 한 가지 유의할 사항은 연결되는 두 테이블에 공통으로 포함된 필드는 데이터 형식을 비롯하여 필드 속성이 동일해야 한다. 다만, 필드 이름은 달라도 무방하다.

실습 8-4 영업관리 데이터베이스에서 테이블 간의 관계 설정

'영업관리' 데이터베이스에서 생성한 네 개의 테이블에 대한 관계를 설정하고자 한다. '영업관리' 데이터베이스에 대한 데이터 모델은 다음의 그림 8-4-1과 같다. 하나만 설명하자면, '고객' 테이블의 [고객번호] 필드와 '판매' 테이블의 [고객ID] 필드가 화살표로 연결되어 있다. 두 테이블에서는 '고객' 테이블의 [고객번호] 필드가 기본 키이며, '판매' 테이블의 [고객ID] 필드는 '판매' 테이블이 기본 키의 일부를 구성하는 외래 키의 역할을 한다. 앞서 설명한 것처럼 두 필드는 동일한 데이터 형식과 필드 속성을 가지지만 필드 이름은 동일하지 않아도 두 필드를 연결하는 데 아무런 문제가 없다.

지점(<u>지점이름</u>, 주소, 이메일, 전화번호, FAX번호)

고객(<u>고객번호</u>, 고객명, 주소, 전화번호, 신용등급, 담당지점)

판매(<u>제품ID</u>, <u>고객ID</u>, <u>판매일</u>, 수량, 가격, 현금결제여부)

제품(<u>제품번호</u>, 제품명, 용량, 용기, 단가, 제품설명)

그림 8-4-1 '영업관리' 데이터베이스의 데이터 모델

01 모든 테이블을 작성한 후에 **[테이블 도구]**의 **[디자인] 탭 > [관계] 그룹**에서 [관계]를 클릭하거나 **[데이터베이스 도구] 탭 > [관계] 그룹**의 [관계]를 클릭하면 관계 연결을 보여주는 [관계] 창과 함께 [테이블 표시] 창이 나타난다.

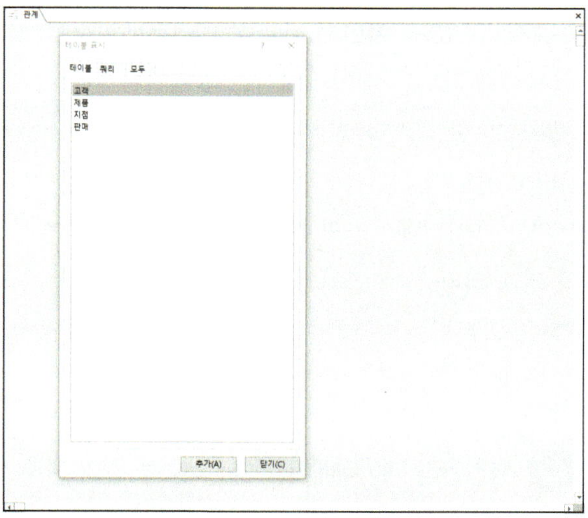

그림 8-4-2 관계 창과 테이블 표시 창

TIP 테이블 표시 창 나타내기

만약 [테이블 표시] 창이 나타나지 않는다면, **[관계 도구]**의 **[디자인] 탭 > [관계] 그룹**의 [테이블 표시]를 클릭하거나 [관계] 창 내의 아무 곳에서나 오른쪽 마우스 버튼을 클릭하여 나타난 바로가기 메뉴에서 [테이블 표시(T)...]를 선택하면 다시 [테이블 표시] 창이 나타난다.

02 [테이블 표시] 창에는 데이터베이스에 포함된 모든 테이블이 표시되며 이 중에서 관계를 설정하고자 하는 테이블을 더블클릭하여 [관계] 창에 표시한다. 여러 개의 테이블을 동시에 선택하기 위해서는 Ctrl 키를 누른 채 관계 창에 추가하고자 하는 테이블을 선택한 후 아래의 [추가(A)]를 클릭한다.

그림 8-4-3 테이블 선택

03 [관계] 창에 표시된 테이블 간의 관계를 설정하기 위해서는 두 테이블에서 기본 키와 외래 키가 되는 필드 중에서 하나를 마우스로 선택한 후 드래그하여 다른 테이블의 연관된 필드 위에 놓으면 [관계 편집] 창이 나타난다.

그림 8-4-1을 참고하여 관련 있는 테이블을 옆에 위치하도록 정렬하고 기본 키와 외래 키를 마우스로 드래그하여 나타난 [관계 편집] 창에서 [만들기(C)]를 클릭하여 관계를 설정한다.

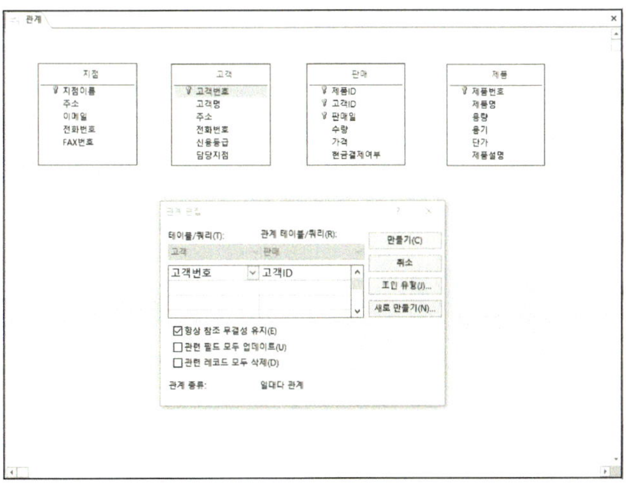

그림 8-4-4 관계 창과 관계 편집 창

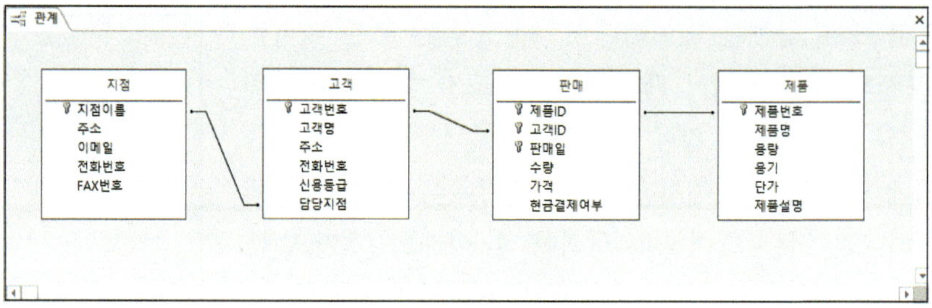

그림 8-4-5 관계 설정

나. 조인 유형

제10장에서 설명하게 될 다중 테이블 쿼리는 둘 이상의 테이블에서 관계가 설정된 공통 필드 중 서로 연결되는 값을 찾아 조합하는 작업을 말한다. 이와 같이 연결되는 항목을 찾고 조합하는 작업을 조인이라고 한다. 조인 유형은 각 관계를 정의할 때 지정하는 값으로 조인 유형에 따라 쿼리 결과에 포함되는 레코드가 결정된다.

조인 유형은 크게 내부 조인과 외부 조인으로 구분되며, 외부 조인은 왼쪽 외부 조인과 오른쪽 외부 조인으로 구분된다. 내부 조인은 두 개의 테이블에서 공통 필드(조인된 필드) 중 서로 동일한 행만을 표시하며, 외부 조인은 두 개의 테이블에서 기준이 되는 테이블에 따라서 표시되는 행이 다르게 나타난다. 예를 들어 '고객' 테이블과 '판매' 테이블에서 구매하지 않는 고객을 알고자 할 경우에는 외부 조인을 선택해야만 한다.

그림 8-4-4에서는 '고객' 테이블과 '판매' 테이블의 관계를 설정하기 위한 [관계 편집] 창이 실행되어 있는데, [조인 유형(J)...]을 클릭하면 그림 8-4-6과 같은 [조인 속성] 대화상자가 나타난다. 이때 표시되는 세 가지 옵션과 각 옵션에 해당하는 조인 유형과 실행 결과는 다음의 표 8-4-1에서 설명하고 있다. 액세스에서는 내부 조인을 기본값으로 설정하고 있으며 외부 조인에 대한 결과를 원할 때는 옵션을 변경해야 한다.

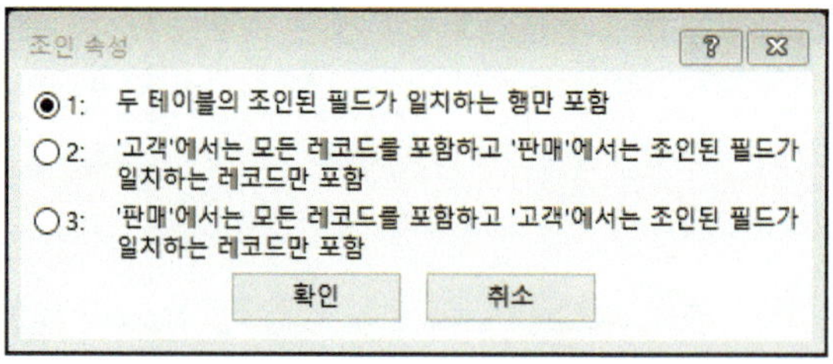

그림 8-4-6 조인 속성

표 8-4-1 조인 속성에 대한 설명

조인 속성	관계형 조인	설명
1. 두 테이블의 조인된 필드가 일치하는 행만 포함	내부 조인	왼쪽 테이블(고객 테이블)과 오른쪽 테이블(판매 테이블)이 일치하는 행만 나타난다.
2. '고객'에서는 모든 레코드를 포함하고 '판매'에서는 조인된 필드가 일치하는 레코드만 포함	왼쪽 외부 조인	왼쪽 테이블(고객 테이블)의 모든 행과 오른쪽 테이블(판매 테이블)의 연결되는 행만 나타난다.
3. '판매'에서는 모든 레코드가 포함하고 '고객'에서는 조인된 필드가 일치하는 레코드만 포함	오른쪽 외부 조인	오른쪽 테이블(판매 테이블)의 모든 행과 왼쪽 테이블(고객 테이블)의 연결되는 행만 나타난다.

다. 참조 무결성 제약 설정

7장에서 설명한 바와 같이 데이터베이스의 정확성을 유지하기 위한 기본적인 수단으로써 참조 무결성을 확인하는 방법을 액세스에서도 적용하고 있다. 다음의 그림 8-4-7과 같이 [관계 편집] 창의 상단에는 연관된 두 테이블의 필드가 표시되며, 그 아래에는 참조 무결성에 관련된 선택 항목이 세 가지 있다.

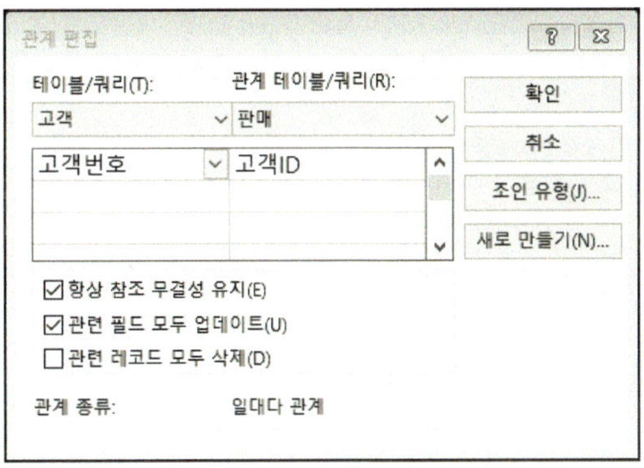

그림 8-4-7 관계 편집 창

첫 번째인 [항상 참조 무결성 유지(E)] 항목에 체크를 하면 나머지 두 항목에도 체크를 할 수 있도록 활성화된다. 그림 8-4-7과 같이 '고객' 테이블과 '판매' 테이블의 관계 설정에서 [항상 참조 무결성 유지(E)] 항목에 체크를 하면, '판매' 테이블의 [고객ID] 필드(외래 키)에 입력되는 데이터는 항상 '고객' 테이블의 [고객번호] 필드(기본 키)에 입력되어 있는 데이터 중에서 어느 한 값과 반드시 일치해야 한다는 것을 의미한다. 즉, 외래 키 속성에 사용되는 값은 참조하는 다른 테이블의 기본 키에 존재하는 값이거나 null이어야 한다는 참조 무결성 제약조건을 충족시켜 준다.

이 항목에 체크를 하면 그림 8-4-8과 같이 두 테이블의 공통된 필드를 연결하는 선 위에 대응비를 나타내는 기호가 표시된다. 그림 8-4-5에서는 테이블 간 연결하는 선 위에는 아무런 표시가 없는

데, 이는 두 테이블의 관계 설정에서 [항상 참조 무결성 유지(E)] 항목에 체크를 하지 않았기 때문이다.

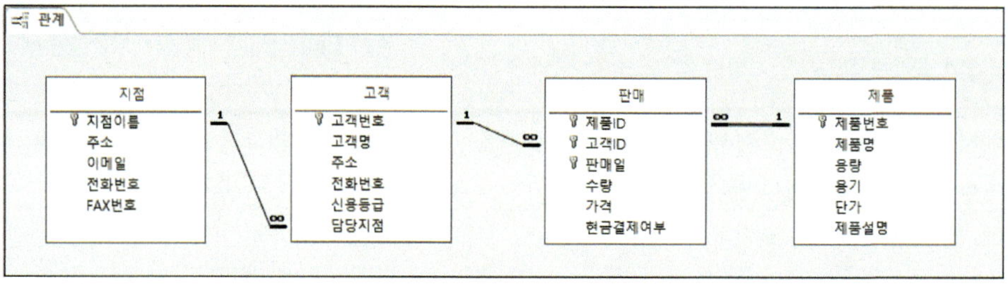

그림 8-4-8 참조 무결성 설정

그림 8-4-7과 같이 '고객' 테이블의 [고객번호] 필드(기본 키)와 '판매' 테이블의 [고객ID] 필드(외래 키)에 대해서 [항상 참조 무결성 유지(E)]를 설정한 후 '고객' 테이블의 [고객번호] 필드에 포함되는 데이터 값이 '판매' 테이블의 [고객ID] 필드에 입력되었다면 '고객' 테이블의 데이터는 삭제할 수 없다. 이는 '판매' 테이블의 [고객ID] 필드(외래 키)에 저장된 데이터 값들이 '고객' 테이블의 [고객번호] 필드(기본 키)의 데이터 값을 참조하기 때문이다. 만약 삭제하려고 한다면 다음과 같은 경고 메시지가 나타난다.

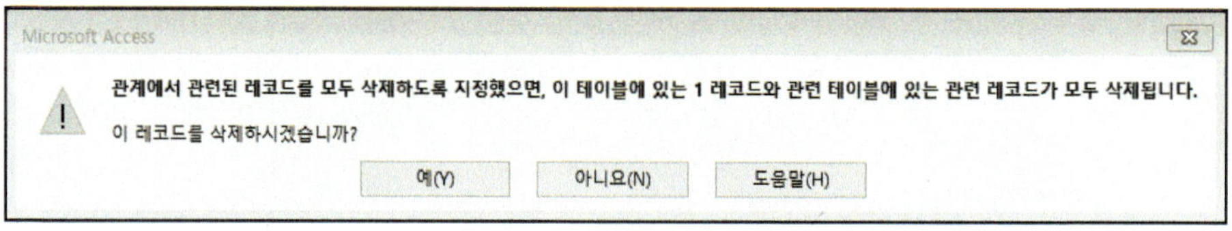

그림 8-4-9 참조 무결성 위반 경고 메시지

[관계 편집] 창의 [관련 필드 모두 업데이트(U)]는 '고객' 테이블의 [고객번호] 필드(기본 키)에 입력되어 있는 데이터가 변경되는 경우에 '판매' 테이블의 [고객ID] 필드(외래 키)에 동일한 값을 가진 데이터가 있을 때 이를 어떻게 처리할 것인가를 다룬다. 이 항목에 체크하면 '고객' 테이블의 [고객번호] 필드(기본 키)에 입력되어 있는 특정 데이터를 변경할 때 이와 연결된 '판매' 테이블의 [고객ID] 필드(외래 키)에 저장된 동일한 값들이 모두 같이 변경되게 된다. 만약 이 항목을 체크하지 않은 상태에서 '고객' 테이블의 [고객번호] 필드(기본 키)에 입력되어 있는 특정 데이터를 변경하면 '판매' 테이블의 [고객ID] 필드(외래 키)가 동일한 값으로 변경되지 않기 때문에 참조 무결성 제약조건이 위배되어 데이터베이스 관리에 혼선을 일으킬 수 있다. 정리하자면, [관련 필드 모두 업데이트(U)]를 체크하면 '고객' 테이블에 등록된 고객 중에서 필요에 따라 '고객번호'를 변경할 수 있으며, 이 경우에 상품을 구매한 적 있어 '판매' 테이블에 있는 해당 고객의 '고객번호'도 같이 변경된다는 것이다.

[관련 레코드 모두 삭제(D)]는 [관련 필드 모두 업데이트(U)]와 유사한데, '고객' 테이블의 특정한 레코드를 삭제할 때, 그 레코드와 동일한 값을 갖는 '판매' 테이블의 레코드를 처리하는 방법을 다룬다. 이 항목에 체크하지 않고 구매 이력이 있는 고객의 레코드('판매' 테이블에 존재하는 고객의 레코드)를 '고객' 테이블에서 삭제하려고 하면 그림 8-4-10의 경고 메시지가 나타난다. 이 항목을 체크하고 '고객' 테이블에서 특정 레코드를 삭제하면, 동일한 고객번호를 가진 '판매' 테이블의 레코드 삭제 여부를 묻는 메시지가 나타난다.

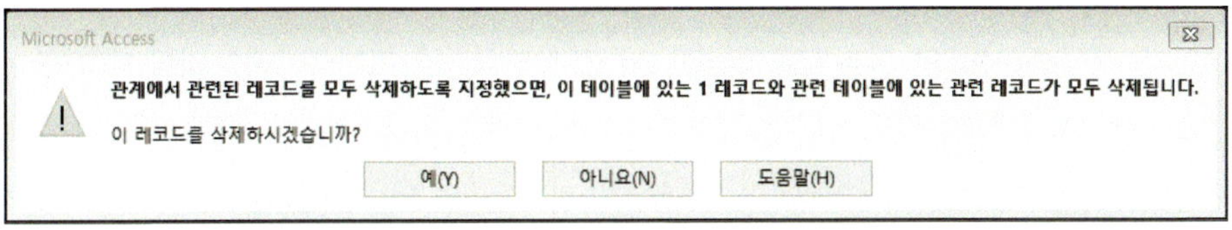

그림 8-4-10 참조 무결성이 설정된 경우 데이터 삭제 확인 메시지

[관계 편집] 창에서 참조 무결성 설정을 할 경우 몇 가지 유의사항이 있다. 테이블의 [디자인 보기] 창이나 [데이터시트 보기] 창이 열린 상태에서 [항상 참조 무결성 유지]를 설정할 수 없다. 다음 그림 8-4-11은 '고객' 테이블이 열린 상태에서 [항상 참조 무결성 유지]를 설정할 경우 나타나는 경고 메시지이다.

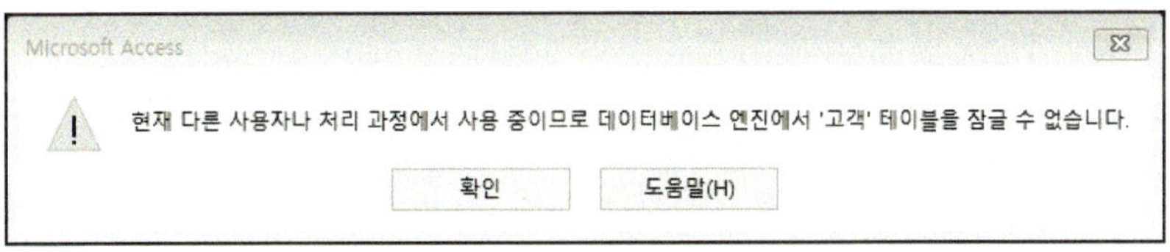

그림 8-4-11 테이블이 열려있는 경우 참조 무결성 설정 경고 메시지

또한 참조 무결성 제약을 설정하고자 하는 필드에 기본 키나 인덱스(중복 불가능)가 설정되어 있지 않은 상태에서 [항상 참조 무결성 유지]를 설정할 경우에도 다음과 같은 경고 메시지가 나타난다.

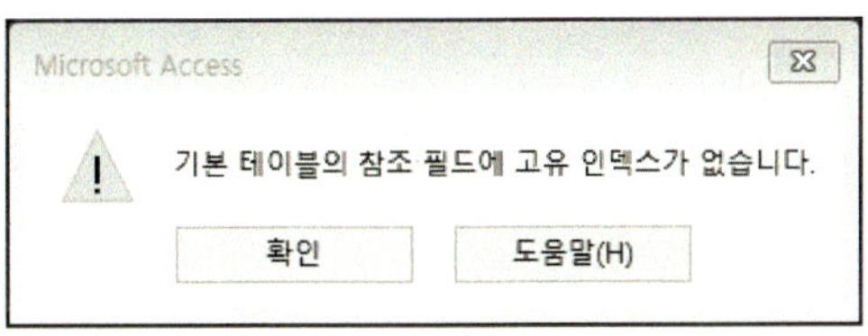

그림 8-4-12 기본 키가 설정되어 있지 않은 경우 참조 무결성 설정 경고 메시지

라. 관계의 종류

그림 8-4-7의 [관계 편집] 창의 가장 아래에는 관계를 형성하고 있는 두 테이블 사이의 대응비를 의미하는 [관계 종류:]가 표시된다. 여기에 표시되는 대응비는 데이터베이스를 작성하는 사용자가 선택할 수 있는 것이 아니라 액세스 프로그램에서 자동적으로 지정된다. 대응비는 관계를 맺은 두 테이블에서 한 테이블에 포함된 하나의 레코드가 관계를 맺을 수 있는 다른 테이블의 레코드의 최대 숫자를 의미한다.

대응비는 일 대 일, 일 대 다, 다 대 다의 세 가지 종류가 있다. 이 세 가지 유형은 데이터베이스의 분석 과정에서 테이블 사이의 관련성을 살펴보고 결정된다. '영업관리' 데이터베이스의 예를 들어 설명하면, 고객과 제품 사이에는 개념적으로 다 대 다의 대응비를 가진다. 즉, 한 고객은 여러 제품을 구입할 수 있고 동시에 한 제품은 여러 고객에게 판매될 수 있다. 여기서 한 제품이 여러 고객에게 판매된다는 것은 물리적 실체를 가진 특정한 제품을 소유하는 사람이 동시에 여러 명이 있다는 것이 아니라 동일한 형상을 가진 여러 개의 제품이 각각 다른 고객에게 판매될 수 있다는 것을 의미한다. 다른 예를 들어보면 대학에서 학생이 교과목을 수강하는 관계에 있어서 한 학생은 여러 과목을 수강할 수 있으며, 한 과목은 여러 학생에 의해 등록될 수 있다. 따라서 학생과 교과목 사이에는 다 대 다의 대응비를 가진다.

다 대 다의 대응 관계는 데이터베이스의 분석 결과를 바탕으로 액세스와 같은 관계형 데이터베이스를 설계하는 과정을 거치면서 두 개의 일 대 다의 관계로 분해된다. 다 대 다의 관계를 가진 두 테이블을 직접 연결시킬 경우에 관계형 데이터베이스의 기본적인 제약 중의 하나인 단일 값 속성의 조건을 충족시킬 수 없기 때문이다. 따라서 액세스에서는 다 대 다라는 관계 종류는 나타나지 않는다.

그러면 액세스는 어떻게 관계의 유형을 자동적으로 지정하는지 살펴보자. 액세스는 두 테이블 사이에 공통적으로 존재하는 필드가 각 테이블에서 어떤 역할을 하는지를 보고 관계의 종류를 지정한다. 한 테이블에서 기본 키가 되고 다른 테이블에서 외래 키가 될 때 두 테이블은 일 대 다의 관계가 된다. 두 테이블 모두에서 기본 키로 지정되어 있으면 일 대 일의 관계가 된다. 액세스에서는 어떤 필드가 외래 키인지를 지정하지 않으므로 실제로는 단순히 기본 키로 지정되어 있는지만 살펴본다.

마지막으로, 이미 만들어진 데이터베이스를 수정하는 경우에 관계 설정과 참조 무결성 유지와 관련하여 주의를 기울여야 한다. 테이블의 기본 키가 되는 필드의 디자인을 수정하거나 참조가 되는 테이블의 필드에 포함된 데이터를 변경하는 경우에 참조 무결성 원칙에 위배되지 않도록 조심하여야 한다.

표 8-4-2 관계의 종류

관계의 종류	설명
일 대 일 관계	한 테이블의 각 레코드가 관련 테이블의 각 레코드와 일 대 일로 연결되는 방식으로 일반적으로 일 대 일로 대응되는 정보들은 같은 테이블에 저장된다.
일 대 다 관계	기준이 되는 테이블의 한 레코드가 관련 테이블의 여러 레코드와 일 대 다로 연결되는 방식으로 기준 테이블의 기본 키를 통해 관련 테이블의 해당 레코드들을 검색할 수 있다.
다 대 다 관계	관계형 데이터베이스에서는 다 대 다 관계를 설정할 수 없기 때문에 정규화 과정을 거쳐 두 개의 일 대 다의 관계로 분해한다.

5 테이블을 만드는 다른 방법

가. 응용 프로그램 요소

[만들기] 탭 > [서식 파일] 그룹에서 [응용 프로그램 요소]를 통해 테이블을 만들 수 있다. [응용 프로그램 요소]에는 여러 가지 폼과 [문제점], [사용자], [설명], [연락처], [작업] 등 테이블 또는 폼이 포함되어 있다.

실습 8-5 응용 프로그램 요소의 [설명]을 이용해 제품 테이블 만들기

01 [만들기] 탭 > [서식 파일] 그룹에서 [응용 프로그램 요소]를 클릭한 후 하위 목록에서 [설명]을 선택한다.

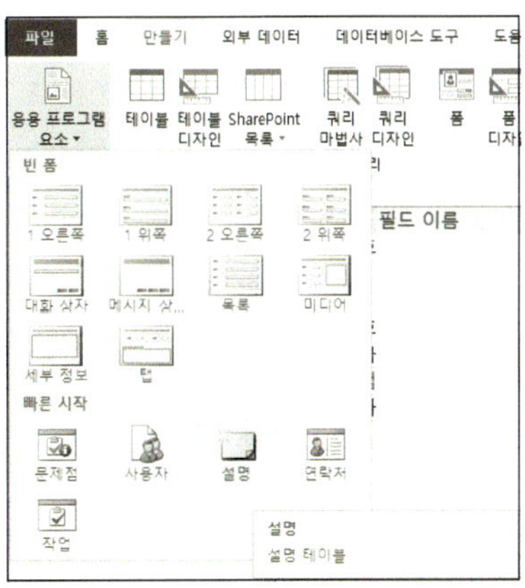

그림 8-5-1 응용 프로그램 요소

02 왼쪽 탐색 창에 '설명' 테이블이 나타나면 마우스 오른쪽 버튼을 클릭하여 나타난 바로가기 메뉴에서 [디자인 보기(D)]를 선택하여 [테이블 디자인] 창으로 전환한다.

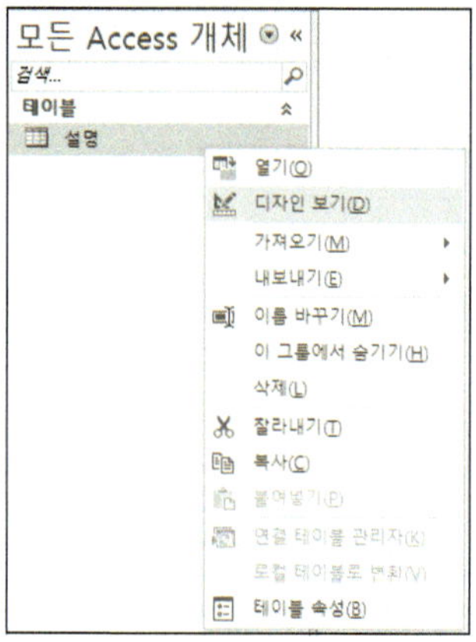

그림 8-5-2 응용 프로그램 요소로 만든 설명 테이블

03 [디자인 보기] 창의 [ID] 필드 머리글에서 마우스 오른쪽 버튼을 클릭하여 나타난 바로가기 메뉴에서 [행 삭제(D)]를 선택한다. 이러한 과정으로 불필요한 필드를 삭제할 수 있다.

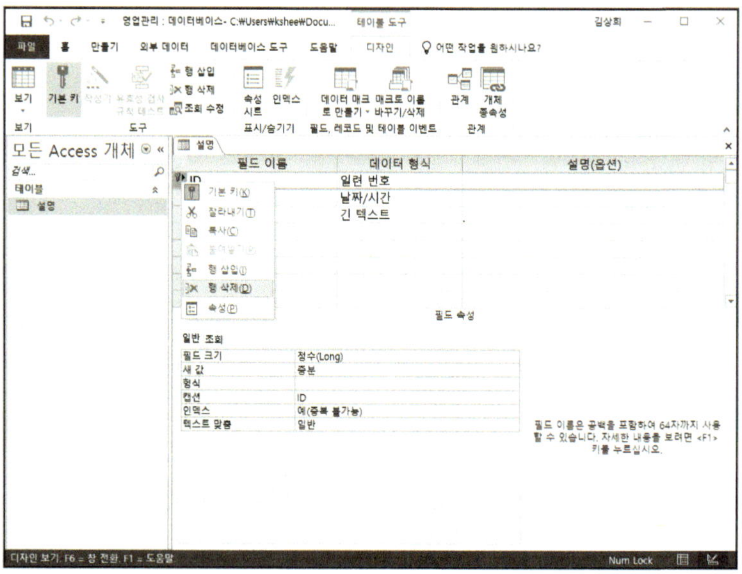

그림 8-5-3 테이블의 필드 삭제

04 표 8-5-1과 같은 필드로 변경 또는 추가하여 '제품' 테이블을 완성한다.

'영업관리' 데이터베이스에서 실습하였다면, 이미 '제품' 테이블이 있으므로 따로 저장할 필요는 없으며, 연습만 해본다.

표 8-5-1 '제품' 테이블

필드이름	데이터 형식	설명	필드 크기	필드 속성
제품번호	텍스트	제품의 고유번호, 앞의 두 자는 영문, 뒤의 네 자는 숫자로 구성됨	6	기본 키 입력 마스크: AA₩-9999 IME 모드: 영숫자 반자
제품명	텍스트	제품의 고유한 이름	20	
용량	숫자	제품에 주입된 음료의 양	정수	
용기	조회 마법사	병 또는 캔	1	
단가	통화	제품의 박스당 납품 가격		
제품설명	메모	제품의 규격, 기능, 특징 등		

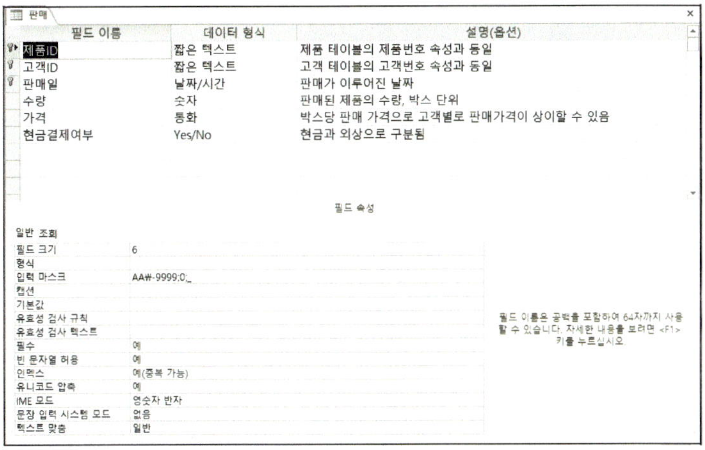

그림 8-5-4 필드 추가 후 완성된 '제품' 테이블

나. 다른 응용프로그램과의 연동

마이크로소프트에서 개발한 윈도우 운영체제를 기반으로 하는 여러 응용프로그램은 일반적으로 별다른 어려움 없이 서로 데이터 파일을 호환하여 사용할 수 있다. 액세스도 다른 응용프로그램으로 작성한 데이터를 이용하거나 액세스로 작성한 데이터베이스를 다른 응용프로그램이 이용할 수 있도록 기능을 제공한다.

테이블 작성에 있어서 [테이블 가져오기]와 [테이블 연결]은 모두 액세스 이외의 응용프로그램으로 작성한 데이터를 액세스에서 처리하는 방법이다. 두 방법의 차이점은 [테이블 가져오기]에서는 다른 응용프로그램으로 만든 데이터 원본과는 별도로 데이터 파일을 가져와서 마치 액세스에서 작성한 것처럼 아무 제한 없이 사용할 수 있는 반면 [테이블 연결]은 원본 데이터를 작성한 응용프로그램과 액세스가 그 데이터를 공동으로 사용하기 때문에 다소의 제약이 있다.

액세스에서 테이블을 연동하는 기능, 즉 [테이블 가져오기], [테이블 연결], [테이블 내보내기]는 마법사의 기능이 수행되어 단계별로 대화상자가 나타나게 된다. 액세스에서 연동할 수 있는 응용프로그램에는 이전 버전의 액세스는 물론 마이크로소프트의 엑셀과 같은 스프레드시트 프로그램, dBASE의 여러 버전과 Paradox, SQL, ODBC와 같은 데이터베이스 프로그램 등이 있다.

1) 테이블 가져오기

[가져오기 및 연결] 그룹에서 [새 데이터 원본]을 클릭하면 다양한 파일 형식의 데이터를 액세스로 가져올 수 있다. [파일에서]를 통해 Excel 파일, HTML 문서, XML 파일, 텍스트 파일을, [데이터베이스에서]를 통해 Access 파일, dBase 파일 등을, [온라인 서비스에서]를 통해 SharePoint, Dynamics 365, Salesforce 등에서 파일을, [다른 원본에서]를 통해 ODBC 데이터베이스, Outlook 폴더에서 파일을 가져올 수 있다. 엑셀의 워크시트에 저장된 데이터를 새 테이블 또는 기존 테이블로 가져오거나 테이블과 연결하여 엑셀의 원본 데이터가 변경되면 자동으로 연결된 테이블의 데이터에 반영되도록 할 수 있다.

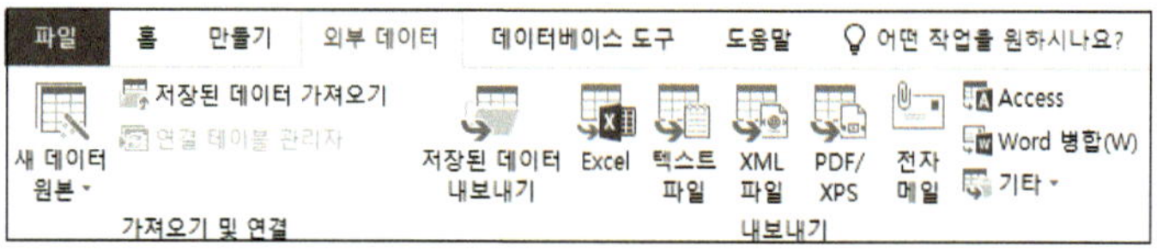

그림 8-5-5 외부 데이터 탭

실습 8-6 영업관리 데이터베이스에 엑셀 데이터 파일을 가져오기

이전 실습에서 생성된 네 개의 테이블(고객, 제품, 지점, 판매)에 교재에서 제공한 실습파일인 '액세스 본문예제-영업관리 데이터.xlsx' 엑셀 데이터 파일을 불러오자. 관계가 설정되어 있으면 생성된 테이블에 외부 데이터를 불러올 수 없으므로 **[데이터베이스 도구] 탭 > [관계] 그룹**에서 [관계]를 클릭한 다음 모든 관계를 제거하고 다음 실습을 수행한 후 다시 관계를 설정해야 한다.

01 **[데이터베이스 도구] 탭 > [관계]** 그룹에서 [관계]를 클릭한 다음 테이블 간의 관계를 삭제한다.

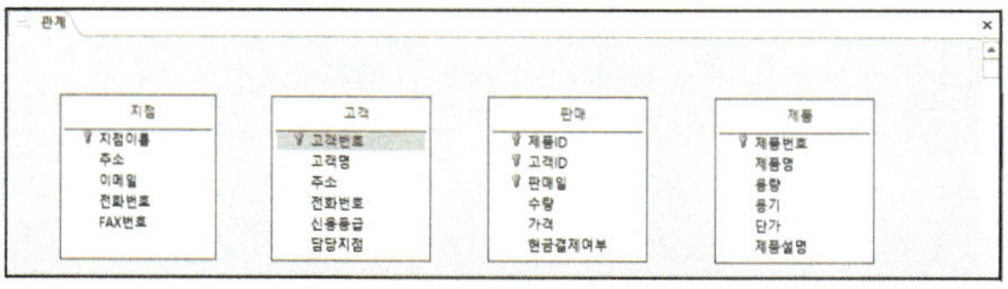

그림 8-5-6 관계 삭제

02 [외부 데이터] 탭 > [가져오기 및 연결] 그룹에서 [새 데이터 원본]-[파일에서]-[Excel]을 선택한다.

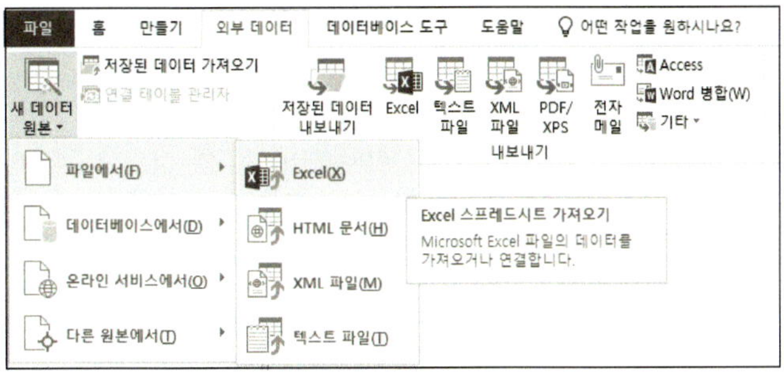

그림 8-5-7 엑셀 파일 가져오기 기능

03 [외부 데이터 가져오기 - Excel 스프레드시트] 마법사 대화상자가 나타나면, [찾아보기(R)...]를 클릭하여 가져올 엑셀 파일(액세스 본문예제-영업관리 데이터.xlsx)을 선택하고, 두 번째 옵션인 '다음 테이블에 레코드 복사본 추가(A)'에서 '고객' 테이블을 선택한 후 [확인]을 클릭한다.

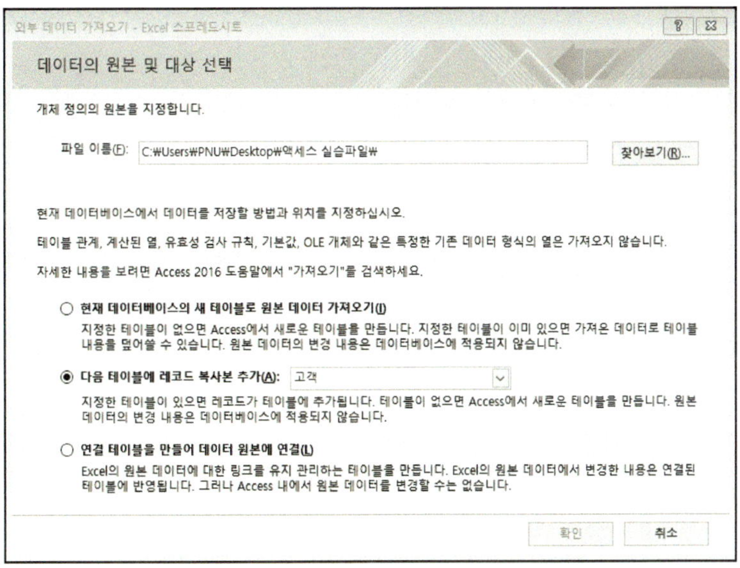

그림 8-5-8 외부 데이터 가져오기 마법사 시작

TIP 데이터 저장 방법의 세 가지 옵션

표 8-5-2 데이터베이스에 데이터 저장 방법

옵션 선택	내용
현재 데이터베이스의 새 테이블로 원본 데이터 가져오기(I)	액세스에 새로운 테이블을 만든다. 지정한 테이블이 이미 있으면 가져온 데이터로 테이블 내용을 덮어쓸 수 있으므로 테이블 이름이 중복되지 않도록 주의해야 한다. 엑셀의 원본 데이터가 변경되어도 테이블에 적용되지 않는다.
다음 테이블에 레코드 복사본 추가(A)	이미 작성된 테이블에 엑셀의 데이터를 추가한다. 테이블이 없으면 새로운 테이블을 만든다. 엑셀의 원본 데이터가 변경되어도 테이블에 적용되지 않는다.
연결 테이블을 만들어 데이터 원본에 연결(L)	엑셀의 원본 데이터에 대한 링크를 유지 관리할 수 있는 테이블을 만든다. 엑셀의 원본 데이터가 변경되면 연결된 테이블에 적용된다. 그러나 액세스 내에서 엑셀의 원본 데이터를 변경할 수는 없다.

04 [스프레드시트 가져오기 마법사]의 첫 번째 단계에서는 원하는 워크시트를 선택한다. 일반적으로 하나의 엑셀 파일은 여러 개의 워크시트로 구성되어 있으므로 액세스에서 사용하고자 하는 데이터가 들어있는 워크시트를 지정하여야 한다. [워크시트 표시(W)]를 선택하면 엑셀 파일 내의 모든 워크시트가 표시된다. 해당 워크시트가 선택되면 그 워크시트가 포함하고 있는 데이터를 하단에 보여준다.

- '고객' 워크시트를 선택하고 [다음(N)>]을 클릭한다.

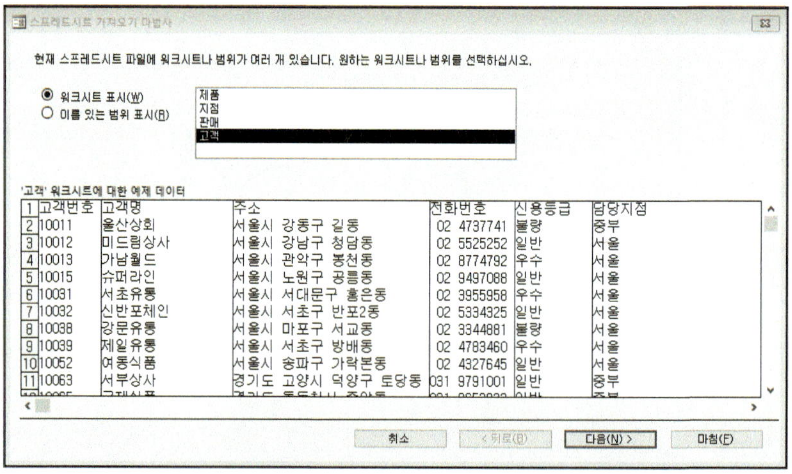

그림 8-5-9 스프레드시트 가져오기 마법사 1단계

05 [스프레드시트 가져오기 마법사]의 두 번째 단계에서는 워크시트에 포함된 열 머리글을 테이블의 필드 이름으로 변환하기 위한 작업이다.

- 워크시트의 첫 번째 행에 테이블의 필드 이름으로 사용할 수 있는 열 머리글이 있기 때문에 [첫 행에 열 머리글이 있음(I)]을 선택하고 [다음(N)>]을 클릭한다.

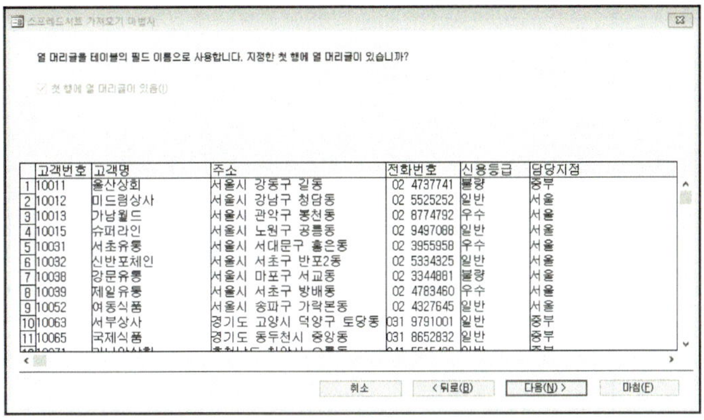

그림 8-5-10 스프레드시트 가져오기 마법사 2단계

06 [스프레드시트 가져오기 마법사]의 마지막 단계에서는 새로 만들어지는 테이블의 이름을 지정한다.

- 새로 만들 테이블 이름으로 고객을 입력하고 [마침(F)]을 클릭한다.

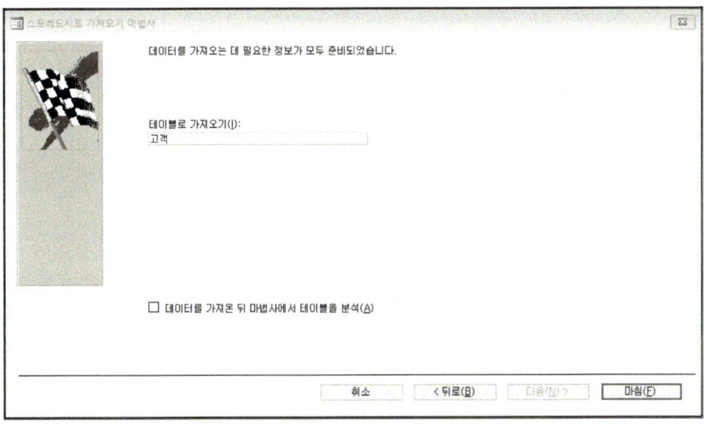

그림 8-5-11 스프레드시트 가져오기 마법사 3단계

07 지금까지의 [스프레드시트 가져오기 마법사]를 이용한 데이터 가져오기 단계를 저장하는 단계이다. 지금까지의 모든 단계를 저장한 후 다음에 또 동일한 절차를 통해 데이터를 가져오기를 원한다면 [가져오기 단계 저장(V)]을 체크한다.

- [다른 이름으로 저장(A):]에서 자동으로 입력된 '가져오기-액세스 본문예제-영업관리 데이터'를 그대로 두

거나 원하는 이름으로 수정하고 [가져오기 저장(S)]을 클릭한다.

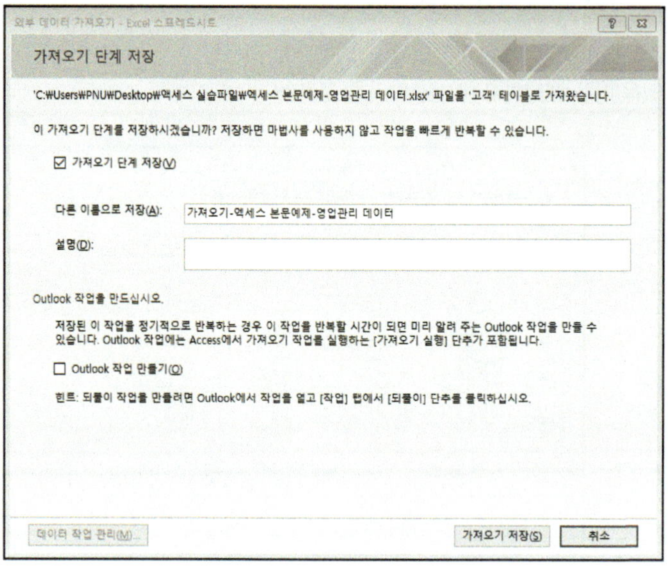

그림 8-5-12 가져오기 단계 저장

08 '고객' 테이블을 [데이터시트 보기]로 열어 데이터를 가져오기가 성공적으로 이루어졌는지 확인한다.

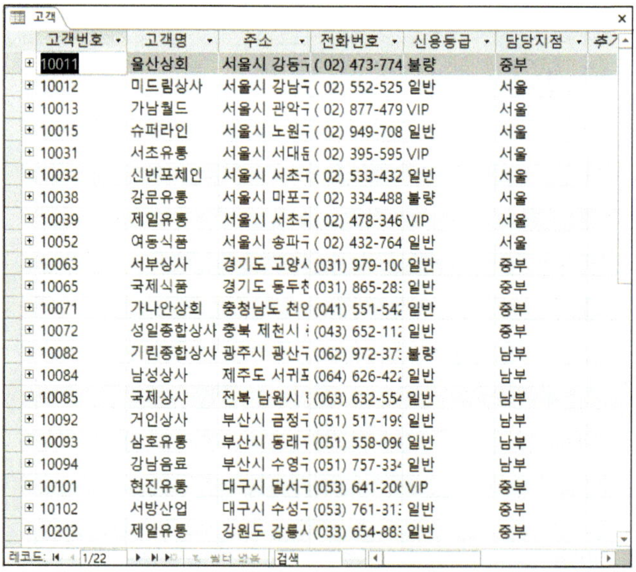

고객번호	고객명	주소	전화번호	신용등급	담당지점
10011	울산상회	서울시 강동구	(02) 473-774	불량	중부
10012	미드림상사	서울시 강남구	(02) 552-525	일반	서울
10013	가남월드	서울시 관악구	(02) 877-479	VIP	서울
10015	슈퍼라인	서울시 노원구	(02) 949-708	일반	서울
10031	서초유통	서울시 서대문	(02) 395-595	VIP	서울
10032	신반포체인	서울시 서초구	(02) 533-432	일반	서울
10038	강문유통	서울시 마포구	(02) 334-488	불량	서울
10039	제일유통	서울시 서초구	(02) 478-346	VIP	서울
10052	여동식품	서울시 송파구	(02) 432-764	일반	서울
10063	서부상사	경기도 고양시	(031) 979-10(	일반	중부
10065	국제식품	경기도 동두천	(031) 865-28:	일반	중부
10071	가나안상회	충청남도 천안	(041) 551-54:	일반	중부
10072	성일종합상사	충북 제천시	(043) 652-11:	일반	중부
10082	기린종합상사	광주시 광산구	(062) 972-37:	불량	남부
10084	남성상사	제주도 서귀포	(064) 626-42:	일반	남부
10085	국제상사	전북 남원시	(063) 632-554	일반	남부
10092	거인상사	부산시 금정구	(051) 517-19(	일반	남부
10093	삼호유통	부산시 동래구	(051) 558-09(	일반	남부
10094	강남음료	부산시 수영구	(051) 757-33	일반	남부
10101	현진유통	대구시 달서구	(053) 641-20(	VIP	중부
10102	서방산업	대구시 수성구	(053) 761-31:	일반	중부
10202	제일유통	강원도 강릉시	(033) 654-88:	일반	중부

그림 8-5-13 '고객' 테이블 데이터시트 보기

09 위와 동일한 방법으로 '제품', '지점', '판매' 세 개의 테이블에 엑셀 데이터를 불러온다.

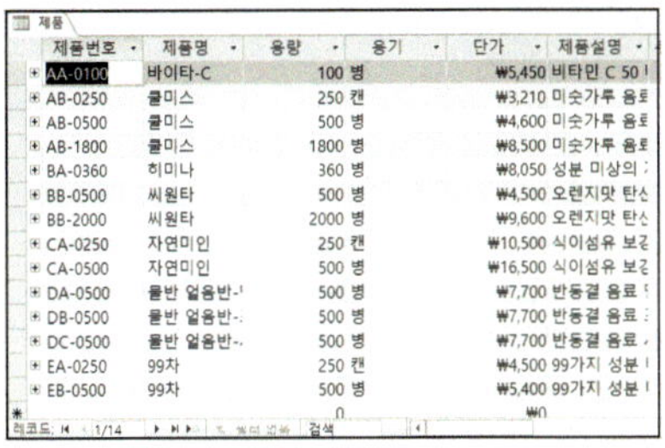

(a) '제품' 테이블

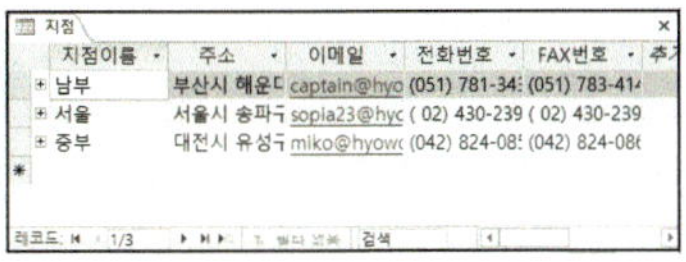

(b) '지점' 테이블

(c) '판매' 테이블

그림 8-5-14 다른 테이블 데이터시트 보기

10 **[데이터베이스 도구] 탭 > [관계] 그룹**에서 [관계]를 클릭한 다음 테이블 간 관계를 재설정한다.

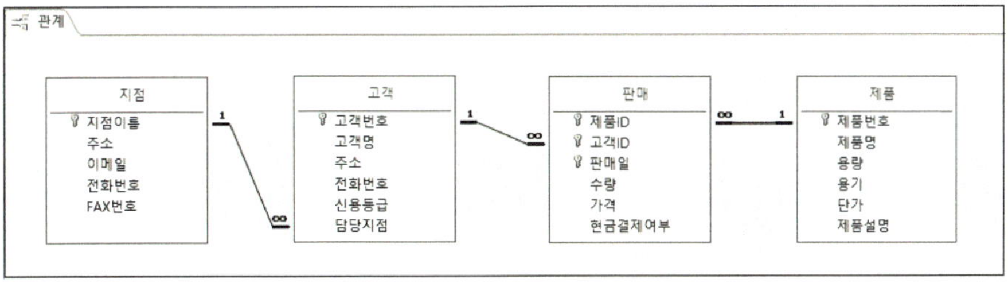

그림 8-5-15 관계 재설정

실습 8-7 이전 실습에서 저장한 가져오기 단계를 통해 데이터 가져오기

가져오기 단계를 저장하면, 이와 같은 작업을 반복적으로 할 경우에 마법사를 이용하지 않고 저장된 가져오기 단계로 쉽고 빠르게 데이터를 가져올 수 있다. 예를 들면, 이미 가져온 외부 데이터에 업데이트가 진행되어 업데이트된 데이터를 반복적으로 다시 가져와야 할 상황에 유용하게 사용된다. 이전 실습에서 저장한 [가져오기 단계]를 이용하여 '고객' 테이블을 가져와보자.

01 **[외부 데이터] 탭 > [가져오기 및 연결] 그룹**에서 [저장된 데이터 가져오기]를 클릭한다.

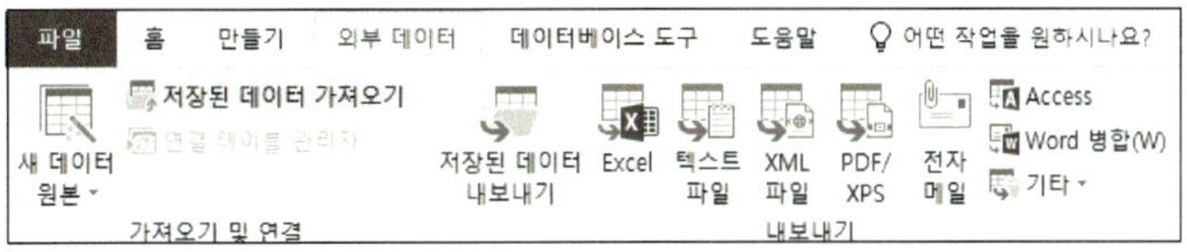

그림 8-5-16 저장된 데이터 가져오기 기능

02 [데이터 작업 관리] 대화상자가 나타나고 이전 실습의 마지막 단계에서 저장한 '가져오기-액세스 본문예제-영업관리' 파일을 확인할 수 있다.

해당 파일을 선택하고 [실행(R)] 단추를 클릭하면 [테이블 가져오기 마법사] 단계를 거치지 않고도 '고객' 테이블을 빠르게 가져올 수 있다.

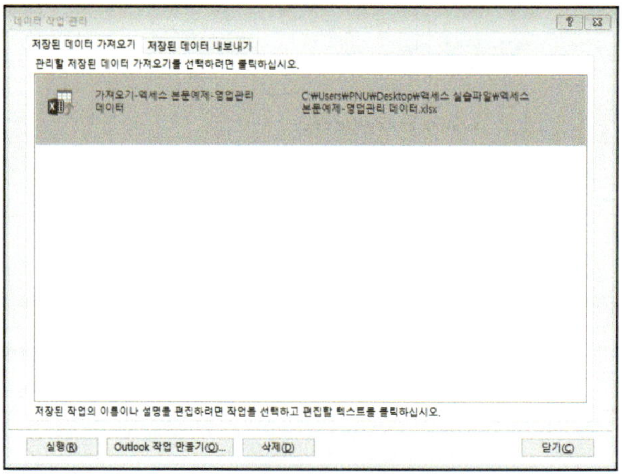

그림 8-5-17 데이터 작업 관리를 통한 외부 데이터 가져오기

03 본 예제와 같이 이미 해당 테이블이 만들어져 있다면 아래와 같은 대화상자가 나타난다. 덮어쓰기를 원한다면 [예(Y)]를 클릭한다.

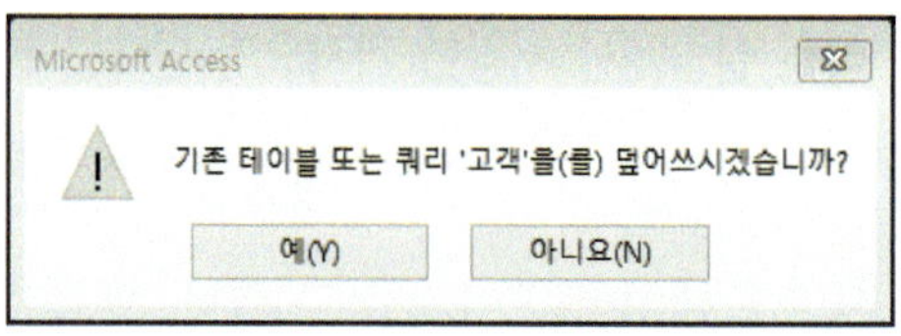

그림 8-5-18 덮어쓰기 경고창

2) 내보내기

다른 응용프로그램에서 작성된 데이터를 테이블 가져오기나 테이블 연결 기능을 통하여 액세스에서 사용할 수 있듯이 액세스에서 작성된 데이터를 다른 응용프로그램에서도 사용할 수 있다. 그리고 액세스 테이블에 저장된 데이터뿐만 아니라 쿼리, 폼, 보고서의 데이터도 Excel, 텍스트 파일, XML 파일, PDF 또는 XPS, 전자메일 등으로 내보낼 수 있다. 예를 들어 액세스 내보내기 마법사를 이용하여 테이블의 데이터를 텍스트 파일로 내보내면 해당 데이터의 복사본이 텍스트 파일(*.txt)로 만들어진다. 액세스에서 내보내기는 테이블뿐만 아니라 쿼리, 폼, 보고서에서도 가능하며 이를 위한 내보내기 방법은 테이블 내보내기 단계와 동일하다.

실습 8-8 고객 테이블을 엑셀 파일로 내보내기

01 데이터베이스 탐색 창에서 내보내고자 하는 '고객' 테이블을 선택하고, **[외부 데이터] 탭 > [내보내기] 그룹**에서 [Excel]을 선택한다.

그림 8-5-19 엑셀로 내보내기 기능

02 [내보내기 – Excel 스프레드시트] 대화상자가 나타나면, [파일 이름(F):]에는 [찾아보기(R)...]를 통해 내보낼 데이터의 저장될 위치와 파일 이름을 지정하고 [파일 형식(T):]에는 'Excel 통합 문서(*.xlsx)'를 선택한다. 만약, 데이터를 내보낼 때 데이터에 포함된 서식 및 레이아웃 정보를 데이터와 함께 내보내기를 원한다면 아래의 [서식 및 레이아웃과 함께 데이터 내보내기(W)]에 체크를 한 후 [확인]을 클릭한다.

- [찾아보기(R)...]를 통해 원하는 위치를 지정하고 파일 이름을 입력한 후, [서식 및 레이아웃과 함께 데이터 내보내기(W)]에 체크한 후 [확인]을 클릭한다.

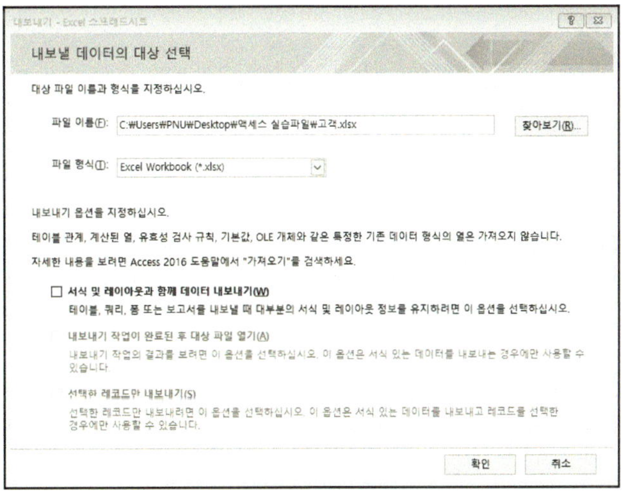

그림 8-5-20 내보내기 마법사

03 [가져오기 단계 저장]과 마찬가지로 [내보내기 단계 저장]은 내보내기 단계를 저장하여 앞으로 이와 같은 작업을 반복적으로 할 경우에 마법사를 이용하지 않고 쉽고 빠르게 작업할 수 있도록 한다.

[내보내기 단계 저장(V)]에 체크를 한 후 [다른 이름으로 저장(A):]에 내보내기 단계를 저장할 파일 이름을 **내보내기-고객**으로 입력하고 [내보내기 저장(S)]을 클릭한다.

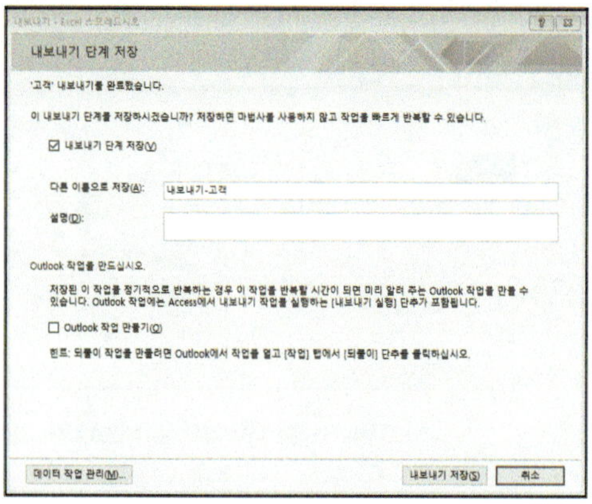

그림 8-5-21 내보내기 단계 저장

04 내보내기를 지정한 저장 위치(C:₩Users₩PNU₩Desktop₩액세스 실습파일₩고객.xlsx)에 '고객.xlsx' 파일 만들어진 것을 확인할 수 있다.

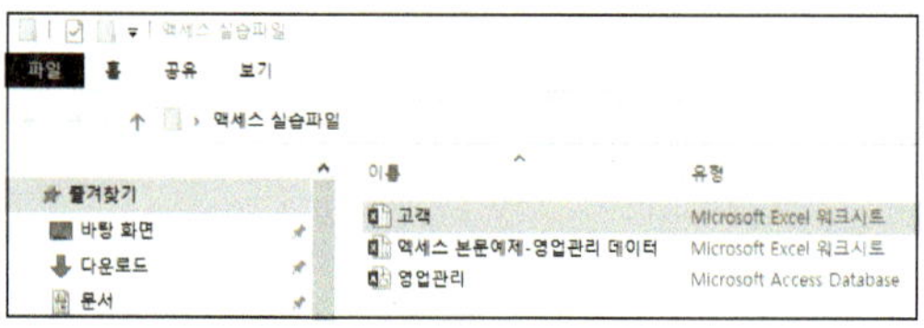

그림 8-5-22 내보내기로 생성된 엑셀 파일

05 내보내기 저장을 완료했다면, **[외부 데이터] 탭 > [내보내기] 그룹**에서 [저장된 데이터 내보내기]를 클릭하여 '내보내기-고객' 내보내기 파일을 확인할 수 있다.

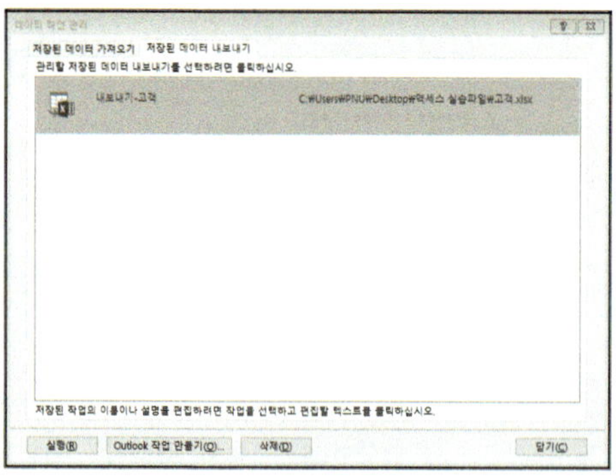

그림 8-5-23 내보내기 단계 저장

한번 더 실습 8-1 봉사관리 데이터베이스[2)]

01 '봉사관리' 데이터베이스를 만드시오(빈 데이터베이스 만들기를 이용한다).

02 외부 데이터 가져오기 마법사를 통해 '액세스 본문예제2-봉사관리 데이터.xlsx' 데이터를 새 테이블로 가져오시오(첫 번째 옵션인 [현재 데이터베이스의 새 테이블로 원본 데이터 가져오기(I)]를 이용한다).

03 테이블 구조를 아래와 같이 변경하시오.

표 8-5-3 '봉사기관' 테이블

필드 이름	데이터 형식	필드 크기	필드 속성
기관코드	짧은 텍스트	4	기본키 • 입력 마스크: 영문 대문자 1개, '-' 기호 1개와 숫자 2개가 반드시 포함되도록 함 • IME 모드: 영숫자 반자
기관명	짧은 텍스트	20	
연락처	짧은 텍스트	12	• 입력 마스크: '₩(#99₩)#999₩-9999'
주소	짧은 텍스트	40	
우수기관	Yes/No		

표 8-5-4 '봉사내역' 테이블

필드 이름	데이터 형식	필드 크기	필드 속성
봉사코드	짧은 텍스트	7	기본키 • 입력 마스크: 숫자 7개가 반드시 포함되도록 함
학번	짧은 텍스트	9	'재학생' 테이블의 [학번] 필드와 동일함
기관코드	짧은 텍스트	4	'봉사기관' 테이블의 [기관코드] 필드와 동일함
봉사내용	짧은 텍스트	20	
봉사날짜	날짜/시간	간단한 날짜	• 입력 마스크: '0000년 00월 00일' • 기본값: 오늘 날짜가 기본으로 입력되도록 함
시수	숫자	바이트	1 이상 8 이하만 입력되도록 하고, 범위를 벗어날 경우에는 '1~8 사이의 숫자만 입력하시오'라는 메시지가 나타나게 함

2) 본 교재의 〈한번 더 실습〉에서 사용하는 봉사관리 엑셀 데이터는 '컴퓨터활용능력 1급 2022년 1회 A형 기출문제'의 실습파일을 변형하였다.

표 8-5-5 '재학생' 테이블

필드 이름	데이터 형식	필드 크기	필드 속성
학번	짧은 텍스트	9	• 입력 마스크: 숫자 9개가 반드시 포함되도록 함
이름	짧은 텍스트	8	
학과	조회 마법사	10	• 조회 마법사: 국제통상과, 관광경영과, 금융정보과, 회계학과 중에서 선택하도록 설정함 • 중복가능한 인덱스를 설정함
연락처	짧은 텍스트	12	• 입력 마스크: '₩(999₩)9999₩-9999'
주소	짧은 텍스트	40	

04 위의 세 테이블 사이의 관계를 설정하시오. 항상 참조무결성이 유지되도록 설정하고, 기본키의 값들이 수정될 경우에 외래 키의 값들도 수정될 수 있도록 설정하시오.

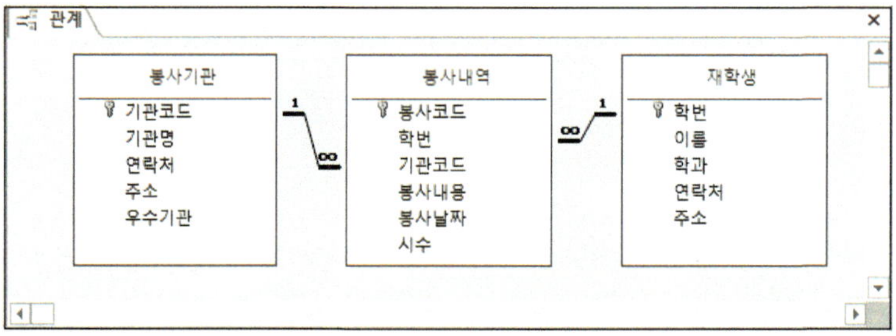

그림 8-5-24 '봉사관리' 데이터베이스의 관계 설정

연습문제

01 '학과목 수강' 데이터베이스를 아래의 지시사항에 따라 작성하시오.

(1) [테이블 디자인]을 이용해 아래와 같은 구조를 가지는 세 개의 테이블을 생성하시오.

a. '학생' 테이블

필드 이름	데이터 형식	필드 크기	필드 속성
학번	짧은 텍스트	10	기본 키
이름	짧은 텍스트	8	
전공	짧은 텍스트	10	
생년월일	날짜/시간		
성별	Yes/No		
전화번호	짧은 텍스트	11	입력 마스크를 '₩(999₩)9999₩-9999'로 설정함
이메일주소	하이퍼링크		

b. '과목' 테이블

필드 이름	데이터 형식	필드 크기	필드 속성
과목번호	짧은 텍스트	10	기본 키, 앞의 두 자리는 영문 대문자, 뒤의 네 자리는 숫자로 입력되고 영문자와 숫자 사이에 '-'가 들어가도록 입력 마스크를 설정함
과목이름	짧은 텍스트	20	
과목구분	조회마법사	10	조회 마법사를 이용하여 전공필수, 전공선택, 기초필수 중에서 선택하도록 설정함
최대수강인원	숫자	정수	200 이하만 입력되도록 하고, 초과할 경우에는 '허용된 최대수강인원을 초과하였습니다'라는 메시지가 나타남
담당교수이름	짧은 텍스트	8	중복가능한 인덱스 설정함

c. '성적' 테이블

필드 이름	데이터 형식	필드 크기	필드 속성
학번	짧은 텍스트	10	기본 키
과목번호	짧은 텍스트	10	기본 키, 입력 마스크는 과목 테이블의 [과목번호] 필드를 참조함
점수	숫자	정수	
학점	짧은 텍스트	1	영문자가 기본으로 입력되도록 함

(2) 생성된 테이블에 외부 데이터 가져오기 기능을 이용해 '8장 연습문제1 데이터.xlsx'를 레코드로 가져오시오.

(3) 위의 세 테이블 사이의 관계를 설정하시오. 항상 참조무결성이 유지되도록 설정하되, '학생' 테이블의 [학번] 필드와 '과목' 테이블의 [과목번호] 필드의 속성 값이 수정될 경우에 '성적' 테이블의 관련 필드에 반영될 수 있게 하시오.

02 **중고 자동차를 판매하는 '미리내 상사'의 데이터베이스를 다음의 지시사항에 따라 작성하시오.**

(1) 외부 데이터 가져오기 기능을 이용해 '8장 연습문제2 데이터.xlsx'의 워크시트에 있는 데이터를 각각 불러와 새로운 테이블로 생성하시오.

(2) 생성된 테이블을 [테이블 디자인]을 이용해 아래와 같은 구조를 가지는 테이블로 설정하시오.

a. '상품' 테이블

필드 이름	데이터 형식	필드 크기	필드 속성
상품번호	짧은 텍스트	5	기본 키, 영문대문자 'P'로 시작하고 '–' 다음에 숫자 네 자리가 반드시 입력되도록 함
국산여부	Yes/No		
차종	조회 마법사	10	승용차, SUV, 승합차, 화물차, 버스 중에서 선택하도록 조회 마법사로 설정함
제조사	짧은 텍스트	10	
모델	짧은 텍스트	20	
등급	짧은 텍스트	20	
변속기	조회 마법사	6	자동, 수동, 반자동, CVT 중에서 선택하도록 조회 마법사로 설정함
연식	짧은 텍스트	4	
주행거리	숫자	정수(Long)	
사고유무	Yes/No		
특이사항	긴 텍스트		
DB등록일	날짜/시간	보통날짜	
구입가	통화		
판매가	통화		설명에 "판매 예정가격이며 실제 판매가격과 다를 수 있음"이라고 입력함

b. '고객' 테이블

필드 이름	데이터 형식	필드 크기	필드 속성
고객번호	짧은 텍스트	5	기본 키, 영문대문자 'C'로 시작하고 '–' 다음에 숫자 네 자리가 반드시 입력되도록 함
고객이름	짧은 텍스트	10	
주소	짧은 텍스트	20	
전화번호	짧은 텍스트	11	입력 마스크를 '₩(999₩)9999₩–9999'로 설정함
이메일	하이퍼링크		영문자가 기본으로 입력되도록 함

c. '직원' 테이블

필드 이름	데이터 형식	필드 크기	필드 속성
직원번호	짧은 텍스트	5	기본 키, 영문대문자 'E'로 시작하고 '–' 다음에 숫자 네 자리가 반드시 입력되도록 함
직원이름	짧은 텍스트	10	
직원주소	짧은 텍스트	20	
전화번호	짧은 텍스트	11	입력 마스크를 '₩(999₩)9999₩–9999'로 설정함
입사일	날짜/시간	보통날짜	
직급	짧은 텍스트	5	중복 가능한 인덱스를 설정함

d. '판매' 테이블

필드 이름	데이터 형식	필드 크기	필드 속성
상품번호	짧은 텍스트	5	기본 키, '상품' 테이블의 [상품번호] 필드와 동일함
고객번호	짧은 텍스트	5	기본 키, '고객' 테이블의 [고객번호] 필드와 동일함
직원번호	짧은 텍스트	5	기본 키, '직원' 테이블의 [직원번호] 필드와 동일함
판매일	날짜/시간	보통날짜	'00년 00월 00일'로 나타나도록 입력 마스크를 설정함
실판매가	통화		

(3) 위의 테이블 사이의 관계를 다음 그림과 같이 설정하시오. 항상 참조무결성이 유지되도록 하시오.

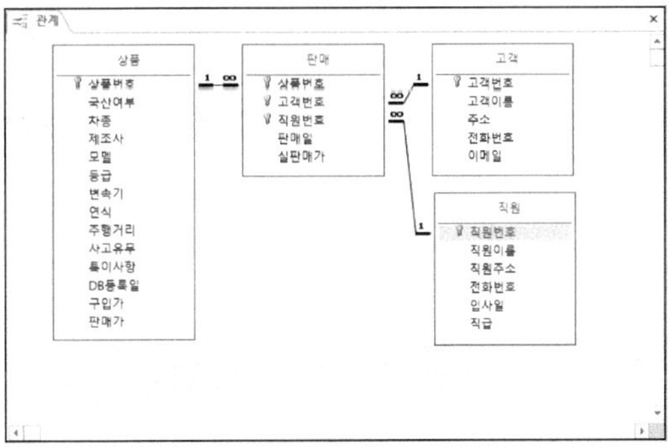

03 '효원스포츠클럽'의 고객관리 데이터베이스를 아래의 지시사항에 따라 작성하시오.

(1) 외부 데이터 가져오기 기능을 이용해 '8장 연습문제3 데이터.xlsx'의 워크시트에 있는 데이터를 각각 불러와 새로운 테이블로 생성하시오.

(2) 생성된 테이블을 [테이블 디자인]을 이용해 아래와 같은 구조를 가지는 테이블로 설정하시오.

a. '회원' 테이블

필드 이름	데이터 형식	필드 크기	필드 속성
회원번호	짧은 텍스트	5	기본 키
회원이름	짧은 텍스트	5	
전화번호	짧은 텍스트	11	입력 마스크를 '₩(999₩)9999₩-9999'로 설정함
이메일	하이퍼링크		영문자가 기본으로 입력되도록 함
회원등급	조회 마법사	2	신규, 일반, 우수 중에서 선택하도록 설정함
가입일	날짜/시간	간단한 날짜	

b. '강사' 테이블

필드 이름	데이터 형식	필드 크기	필드 속성
강사번호	짧은 텍스트	4	기본 키
강사이름	짧은 텍스트	5	
전화번호	짧은 텍스트	11	입력 마스크를 '₩(999₩)9999₩-9999'로 설정함
입사일	날짜/시간	보통 날짜	'00년 00월 00일'로 나타나도록 입력 마스크를 설정함

c. '종목' 테이블

필드 이름	데이터 형식	필드 크기	필드 속성
종목번호	짧은 텍스트	4	기본 키, 영문대문자 'T'로 시작하고 '-' 다음에 숫자 세 자리가 반드시 입력되도록 함
종목구분	조회 마법사	5	수영, 요가, 골프, 헬스, 스쿼시, 에어로빅 중에서 선택하도록 설정함
종목이름	짧은 텍스트	15	
시간	날짜/시간	간단한 시간	'13:30'과 같이 표시되도록 입력 마스크 설정
수강료	통화		

d. '등록' 테이블

필드 이름	데이터 형식	필드 크기	필드 속성
회원번호	짧은 텍스트	5	기본 키
종목번호	짧은 텍스트	4	기본 키, '종목' 테이블의 [종목번호] 필드와 동일함
시작일	날짜/시간	보통날짜	기본 키, '00년 00월 00일'로 나타나도록 입력 마스크를 설정함
종료일	날짜/시간	보통날짜	'00년 00월 00일'로 나타나도록 입력 마스크를 설정함

e. '담당종목' 테이블

필드 이름	데이터 형식	필드 크기	필드 속성
강사번호	짧은 텍스트	4	기본 키
종목번호	짧은 텍스트	4	기본 키, '종목' 테이블의 [종목번호] 필드와 동일

(3) 위의 테이블 사이의 관계를 다음 그림과 같이 설정하시오. 항상 참조무결성이 유지되도록 하시오.

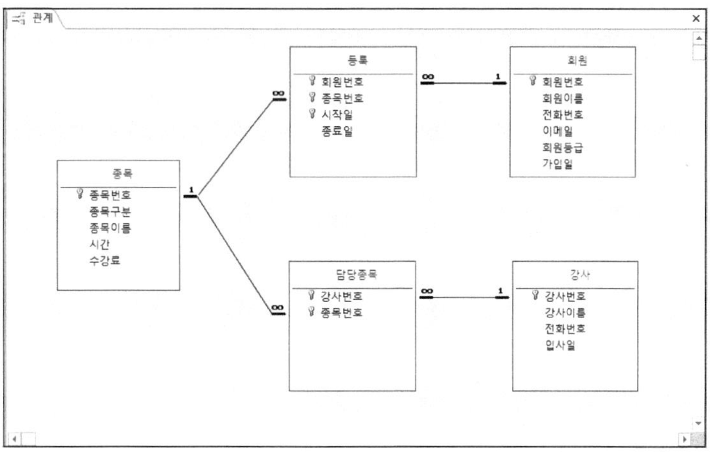

CHAPTER

09

쿼리 만들기

쿼리(query)는 '질의'라고도 하며, 데이터베이스의 특정 테이블에 특정한 조건을 주어 사용자가 원하는 자료를 검색하는 기능을 뜻한다. 특히, 액세스에 있어 쿼리는 데이터 검색 기능뿐만 아니라 쿼리를 통해 테이블로부터 정보를 추출하거나 데이터의 입력, 수정, 삭제, 테이블의 작성, 구조변경 등의 기능을 수행할 수 있다.

작성된 쿼리는 테이블과 같은 기능을 수행하므로 쿼리를 가지고 또 다른 쿼리를 작성할 수도 있다. 액세스에서는 화면상에서 검색조건을 간편하게 설정하는 QBE(Query By Example)를 지원하므로 복잡한 검색 구문을 설정하지 않고도 검색작업을 할 수 있다는 장점이 있다. 이 장에서는 먼저 쿼리의 종류를 살펴보고 쿼리 마법사를 이용한 쿼리 작성 방법 및 쿼리 디자인을 이용한 쿼리 작성 방법을 살펴본다.

1 쿼리 만들기 개요

액세스에서 쿼리는 크게 선택 쿼리와 실행 쿼리로 나눌 수 있다. 선택 쿼리는 단순히 데이터 검색만을 수행하는 기능이며 테이블 또는 쿼리에서 데이터를 검색하여 데이터 시트로 나타내는 방법이다. 선택 쿼리에서는 레코드를 그룹으로 묶어서 각 그룹에 대한 합계, 개수, 평균 등의 계산이 가능하기도 하다.

실행 쿼리는 테이블의 내용을 변경하는 쿼리로서 실제 데이터에 대한 삽입, 삭제, 수정 및 새로운 테이블 작성 등을 수행하는 쿼리를 말한다. 실행 쿼리에는 테이블 만들기 쿼리, 추가 쿼리, 업데이트 쿼리, 삭제 쿼리 등이 있다.

선택 쿼리는 하나의 테이블 또는 쿼리에서 쿼리를 생성하는 단순 선택 쿼리와 두 개 이상의 테이블 또는 쿼리에서 쿼리를 생성하는 다중 선택 쿼리의 두 가지로 구분된다. 이외에도 기타 쿼리로 매개변수 쿼리, 크로스탭 쿼리, 중복 데이터 검색 쿼리, 불일치 검색 쿼리 등이 있다.

액세스에서 쿼리를 만들기 위해서는 쿼리 마법사를 이용하는 방법과 쿼리 디자인 보기를 이용하는 방법이 있다. 쿼리 마법사는 쉽고 간편하게 쿼리를 만들 수 있는 여러 가지 절차들을 제공한다. 반면에 쿼리 디자인은 사용자가 직접 쿼리 조건을 설정하여 쿼리를 만든다. 이 장에서는 먼저 쿼리 마법사를 이용하여 쿼리를 작성하는 방법을 살펴보고, 다음으로 쿼리 디자인을 이용하여 쿼리를 작성하는 방법을 살펴보고자 한다.

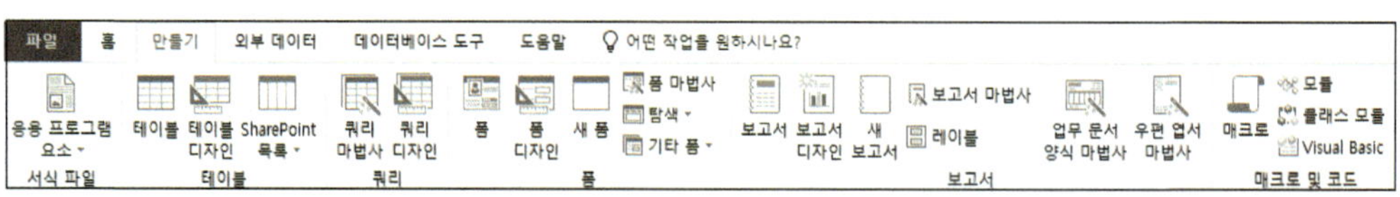

그림 9-1-1 쿼리 작성을 위한 도구 모음

2 쿼리 마법사를 이용한 쿼리 만들기

[쿼리 마법사]를 이용하면 [단순 쿼리 마법사], [크로스탭 쿼리 마법사], [중복 데이터 검색 쿼리 마법사], [불일치 검색 쿼리 마법사]인 네 가지 유형의 쿼리를 쉽고 빠르게 만들 수 있다. 쿼리 마법사 유형에 대한 설명은 표 9-2-1에 제시되어 있다.

표 9-2-1 쿼리 마법사 유형

쿼리 종류	설명
단순 쿼리 마법사	테이블에 포함되어 있는 여러 필드 중에 사용자가 원하는 필드만을 표시하는데 사용한다.
크로스탭 쿼리 마법사	요약 데이터를 보다 읽기 쉽고 이해하기 쉽도록 재구성한다. 행과 열이 교차하는 데이터의 결과를 요약하여 표시한다.
중복 데이터 검색 쿼리 마법사	하나의 테이블의 특정 필드에 대해서 중복된 값이 있는지를 파악한다.
불일치 검색 쿼리 마법사	두 개의 테이블을 비교하여 공통된 필드를 기준으로 한 테이블에는 있고 다른 테이블에는 없는 레코드가 있는지를 파악한다.

제2절에서는 [단순 쿼리 마법사]를 통한 단순 쿼리와 다중 쿼리의 작성 방법에 대해서 알아보기로 한다. 테이블이나 쿼리의 선택 수에 따라서 단순 쿼리와 다중 쿼리로 구분되는데, 하나의 테이블/쿼리를 선택하여 쿼리를 작성하면 단순 쿼리, 둘 이상의 테이블/쿼리를 선택하여 쿼리를 작성하면 다중 쿼리라고 한다.

나머지 [크로스탭 쿼리 마법사], [중복 데이터 검색 쿼리 마법사], [불일치 검색 쿼리 마법사] 유형에 대해서는 제4절에서 알아보도록 한다.

실습 9-1 고객 테이블을 검색하는 단순 쿼리 만들기

(쿼리명: 고객 테이블 쿼리)

01 [만들기] 탭 > [쿼리] 그룹에서 [쿼리 마법사]를 클릭하면 [새 쿼리] 대화상자가 나타난다.

- [새 쿼리] 대화상자에서 [단순 쿼리 마법사]를 선택하고 [확인]을 클릭한다.

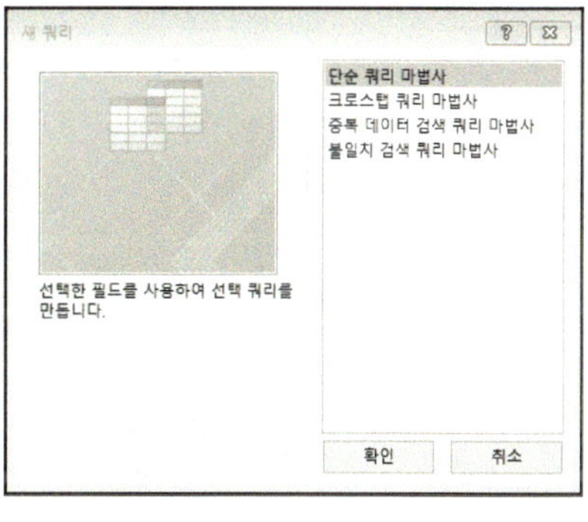

그림 9-2-1 새 쿼리 대화상자

02 [단순 쿼리 마법사]의 첫 번째 단계에서는 쿼리에 포함시키고자 하는 필드들을 선택한다.

- [테이블/쿼리(T)]에서 '테이블: 고객'을 선택한 후 [사용 가능한 필드(A):]에서 '고객' 테이블의 모든 필드를 >> 단추를 이용하여 오른쪽으로 보내고 [다음(N)]을 클릭한다.

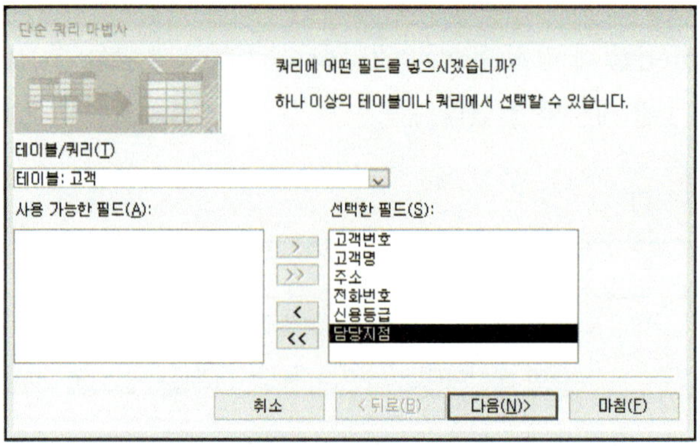

그림 9-2-2 단순 쿼리 마법사 1단계

03 [단순 쿼리 마법사]의 두 번째 단계에서는 쿼리 이름을 지정하고 저장한다.

- **고객 테이블 쿼리**를 입력하고 쿼리의 실행 결과를 보기 위해 아래에 [쿼리 정보 보기(O)]를 선택하고 [마침(F)]을 클릭한다.

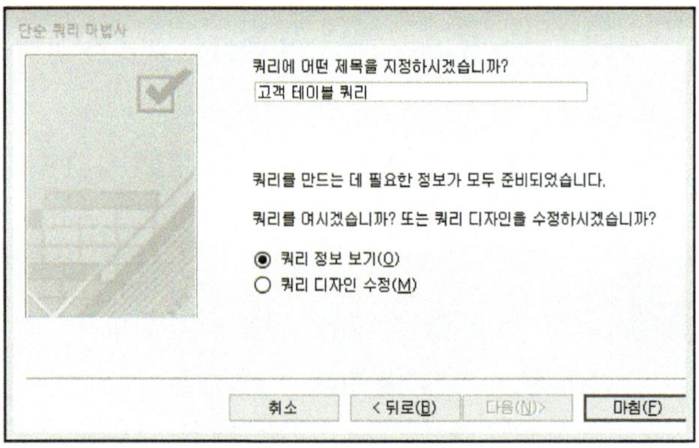

그림 9-2-3 단순 쿼리 마법사 2단계

04 [단순 쿼리 마법사]의 실행 결과가 다음 그림과 같이 [데이터시트 보기] 형식으로 화면에 나타난다. 그리고 왼쪽 탐색 창에 '고객 테이블 쿼리'가 만들어진 것을 확인할 수 있다.

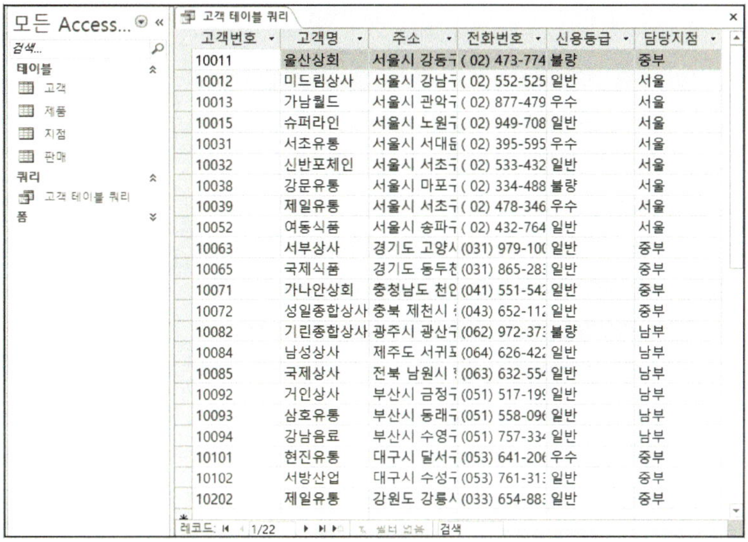

그림 9-2-4 '고객 테이블 쿼리' 실행 결과

실습 9-2 고객이 제품별로 구매한 수량의 합계를 검색하는 다중 쿼리 만들기

(쿼리명: 고객별 제품별 수량 합계)

01 단순 쿼리 만들기와 동일하게 [만들기] 탭 > [쿼리] 그룹에서 [쿼리 마법사]를 클릭한다. [새 쿼리] 대화상자에서 [단순 쿼리 마법사]를 선택하고 [확인] 단추를 클릭하면 [단순 쿼리 마법사] 대화상자가 나타난다.

- [단순 쿼리 마법사]의 첫 번째 단계에서 '고객' 테이블에서 고객명 필드를, '제품' 테이블에서 제품명 필드를, '판매' 테이블에서 수량 필드를 선택하여 [선택한 필드(S)]로 이동시킨 후 [다음(N)>]을 클릭한다.

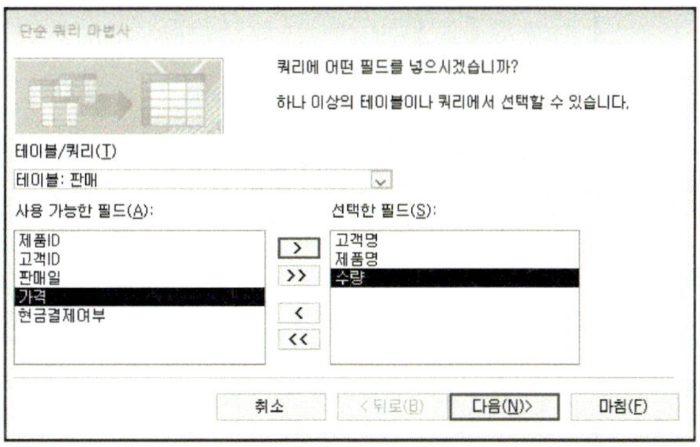

그림 9-2-5 단순 쿼리 마법사 1단계 – 여러 테이블의 필드 선택

02 [단순 쿼리 마법사]의 두 번째 단계에서는 상세 쿼리를 작성할 것인지 요약 쿼리를 작성할 것인지를 선택한다.

- 수량의 합계를 표시하기 위해 두 번째 옵션인 [요약(S)]를 선택하고 [요약 옵션(O)...] 단추를 클릭한다.

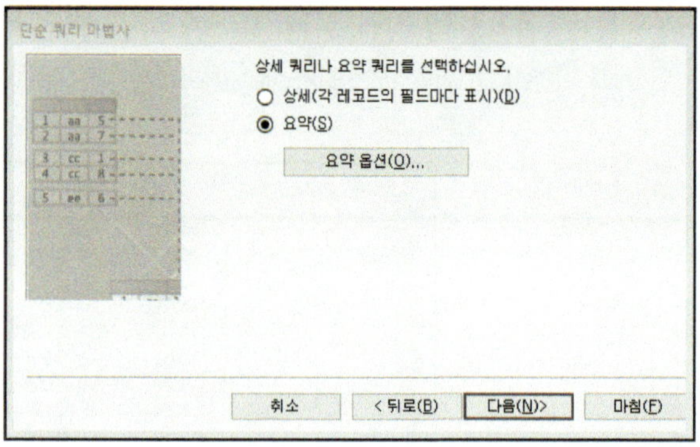

그림 9-2-6 단순 쿼리 마법사 2단계 – 요약 옵션 선택

03 [요약 옵션] 대화상자에서는 어떤 요약 값(합계, 평균, 최소, 최대)을 사용할 것인지 선택한다.

- 고객별 제품별 수량의 합계를 구하기 위해 '합계'를 선택하고 [확인]을 클릭한 후, [단순 쿼리 마법사]의 두 번째 단계 대화상자가 나오면 [다음(N)>]을 클릭한다.

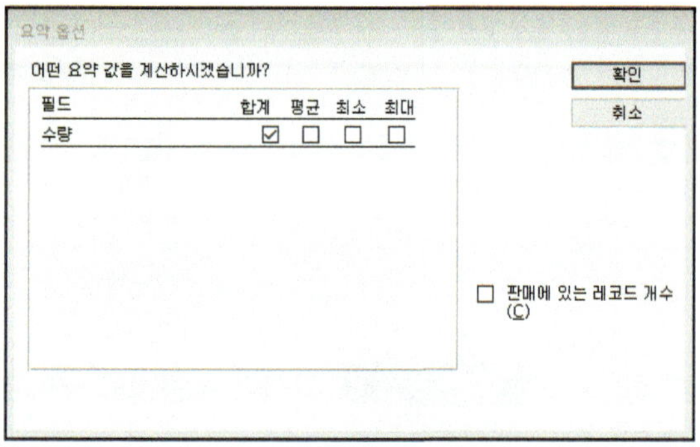

그림 9-2-7 요약 옵션 선택

04 [단순 쿼리 마법사]의 마지막 단계에서는 쿼리 이름을 지정하고 저장한다.

- **고객별 제품별 수량 합계**를 입력하고 [마침(F)]을 클릭한다.

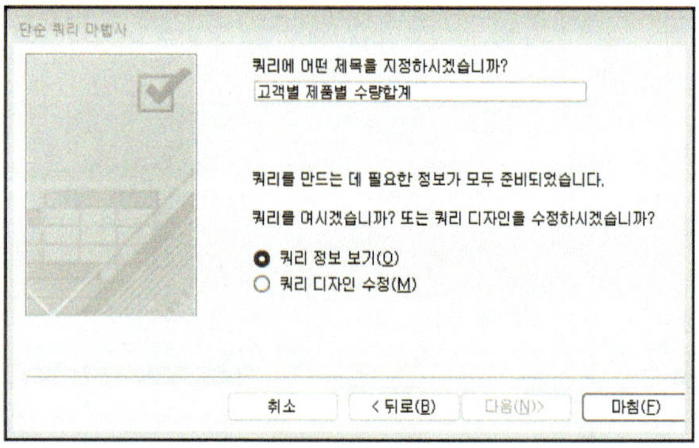

그림 9-2-8 단순 쿼리 마법사 3단계 – 제목 입력

05 [단순 쿼리 마법사]의 실행 결과로 고객명, 제품명과 함께 수량의 합계를 보여주는 다중 쿼리 검색 결과를 확인할 수 있다. 왼쪽 탐색 창에 '고객별 제품별 수량 합계' 쿼리가 만들어져 저장된 것을 확인할 수 있다.

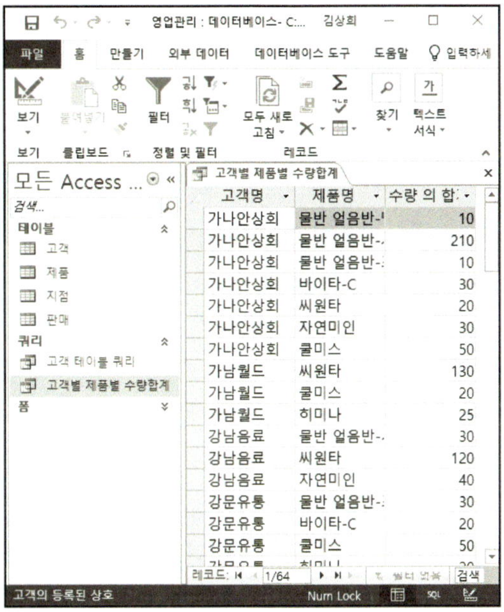

그림 9-2-9 '고객별 제품별 수량 합계' 쿼리 실행 결과

한번 더 실습 9-1 봉사관리 데이터베이스

단순 쿼리 마법사를 이용하여 아래 그림과 같이 재학생별 시수 합계를 검색하는 쿼리를 작성하시오.
(쿼리명: 재학생별 시수 합계)

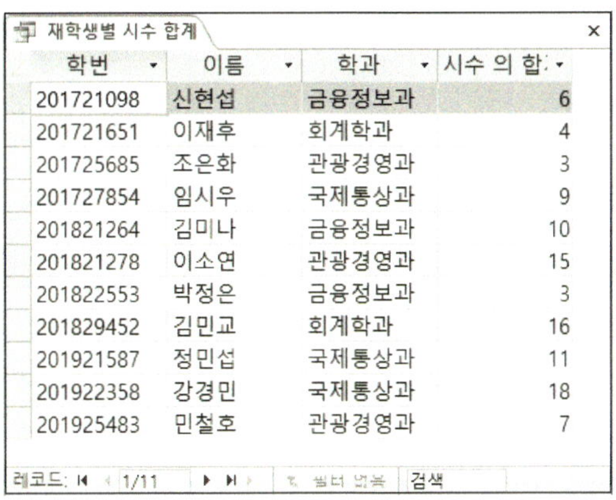

학번	이름	학과	시수 의 합계
201721098	신현섭	금융정보과	6
201721651	이재후	회계학과	4
201725685	조은화	관광경영과	3
201727854	임시우	국제통상과	9
201821264	김미나	금융정보과	10
201821278	이소연	관광경영과	15
201822553	박정은	금융정보과	3
201829452	김민교	회계학과	16
201921587	정민섭	국제통상과	11
201922358	강경민	국제통상과	18
201925483	민철호	관광경영과	7

그림 9-2-10 '재학생별 시수 합계' 쿼리 실행 결과

3 쿼리 디자인을 이용한 쿼리 만들기

[쿼리 디자인]은 [쿼리 마법사]와 달리 사용자가 직접 쿼리 조건을 설정하여 쿼리를 만들 수 있다. [쿼리 디자인]은 하나의 테이블 및 쿼리에서 특정 필드들을 선택하여 나타내는 단순 쿼리 뿐만 아니라 두 개 이상의 테이블 및 쿼리에서 특정 필드들을 선택하여 나타내는 다중 쿼리도 만들 수 있다. 또한 숫자나 통화 데이터로 구성된 특정 필드를 수식을 이용해 계산하는 계산 쿼리, 특정 필드에 존재하는 다수의 동일한 데이터를 그룹화하여 관련 필드의 요약 정보를 나타내는 요약 쿼리를 만들 수 있다.

[쿼리 디자인] 창을 이용해 쿼리를 작성하는 경우에는 [쿼리 도구]의 [디자인] 탭에서 다양한 기능을 이용할 수 있다. 다음의 표 9-3-1은 [쿼리 도구]의 [디자인] 탭에 포함되어 있는 여러 도구에 대한 설명이다.

표 9-3-1 쿼리 디자인 도구모음 설명

도구	이름	설명
	보기	쿼리를 보는 형식을 말한다. 데이터시트 보기, SQL 보기, 디자인 보기가 있다.
!	실행	쿼리를 실행한다. 쿼리 작성 후 실행 단추를 눌러 결과를 즉시 확인할 수 있다.
	선택	사용자가 쿼리에 포함시키고자 하는 필드를 테이블/쿼리에서 선택한다.
	테이블 만들기	하나 이상의 테이블/쿼리의 데이터를 검색한 후 해당 결과를 새 테이블에 저장한다.
+!	추가	하나 이상의 다른 테이블/쿼리의 데이터를 검색하여 기존 테이블의 마지막 위치에 새 레코드를 추가한다.
	업데이트	기존 데이터를 업데이트하거나 변경해야 하는 경우에 사용한다.
	크로스탭	요약 데이터를 보다 읽기 쉽고 이해하기 쉽도록 2차원 구조로 재구성한다.
	삭제	조건에 맞는 레코드를 찾아 한꺼번에 삭제한다.
	테이블 표시	쿼리 디자인 창에서 쿼리에 필요한 테이블이나 쿼리를 추가한다.
	작성기	식 작성기를 연다.
Σ	요약	합계와 같은 요약 값을 지정할 수 있는 행을 나타내거나 없앤다.
	매개변수	매개변수 쿼리를 실행하여 필드 값을 묻는 메시지가 나타나면 사용자가 입력한 값을 사용하여 쿼리 조건을 만든다.
	속성 시트	화면의 오른쪽에 쿼리의 속성을 설정할 수 있는 창을 나타낸다.

[쿼리 디자인] 창은 필드를 포함하고 있는 테이블을 표시하는 상단 부분과 그리드라인이 있는 하단 부분으로 구성된다. 하단 부분의 그리드라인은 [필드:], [테이블:], [정렬:], [표시:], [조건:], [또는:] 행으로 구성되며 각 행에 대한 구체적인 설명은 표 9-3-2와 같다.

그림 9-3-1 쿼리 디자인 창

표 9-3-2 하단 그리드라인 구성요소

이름	설명
필드	상단에 추가된 테이블/쿼리의 필드 중 쿼리를 작성할 필드를 지정한다.
테이블	필드가 추가될 경우 해당 필드의 테이블 이름이 자동으로 지정된다. 하나의 쿼리에 여러 개의 테이블이 추가될 수 있으므로 테이블 이름이 반드시 지정되어야 한다.
정렬	지정된 필드의 레코드 정렬 순서를 지정한다. 오름차순이나 내림차순으로 지정할 수 있다.
표시	필드를 추가하면 기본적으로 체크 표시(☑)가 되어 있다. 쿼리에 포함된 필드를 검색 결과에 포함시키지 않으려면 체크 표시를 해제(☐)한다.
조건	필드에서 조건에 맞는 특정한 값만 가져와야 할 경우에 사용한다.
또는	여러 개의 조건을 설정할 때 사용한다.

실습 9-3 쿼리 디자인을 이용해 고객 테이블을 검색하는 쿼리 만들기 (쿼리명: 고객별 신용등급)

01 [만들기] 탭 > [쿼리] 그룹에서 [쿼리 디자인]을 클릭하면 [쿼리 디자인] 창과 함께 [테이블 표시] 대화상자가 나타난다.

- [테이블 표시] 대화상자의 [테이블] 탭에서 '고객' 테이블을 더블클릭하여 [쿼리 디자인] 창에 추가하고 [닫기(C)]를 클릭한다.

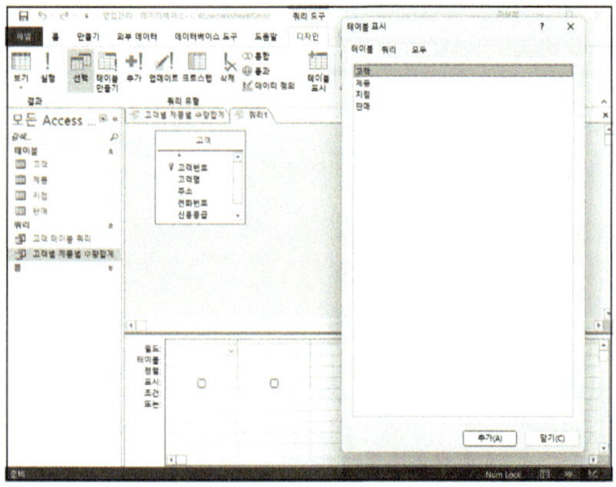

그림 9-3-2 쿼리 디자인 창과 테이블 표시 대화상자

02 테이블의 필드 목록에서 원하는 필드를 더블클릭하거나 마우스로 드래그하여 하단 그리드라인에 추가할 수 있다. 이때, Shift 키나 Ctrl 키를 누른 채 여러 개의 필드를 선택한 후 [추가]를 클릭하거나 드래그를 하면 한꺼번에 아래의 [필드:]에 추가할 수도 있다.

- '고객' 테이블의 필드 목록에서 [고객번호], [고객명], [신용등급], [담당지점] 필드를 차례로 더블클릭하여 하단 그리드라인에 추가한다.

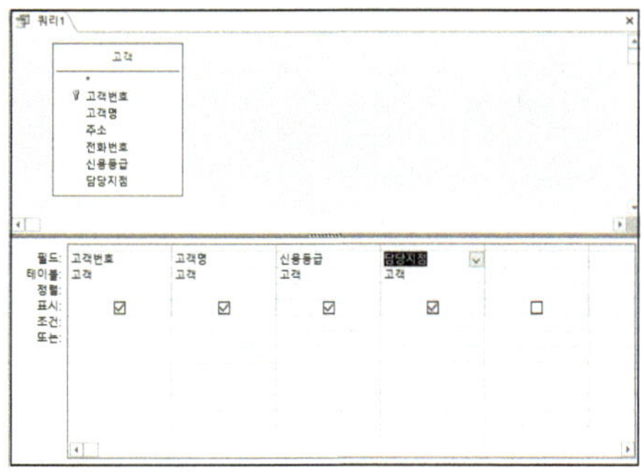

그림 9-3-3 하단 그리드라인에 필드 추가

03 [빠른 실행 도구 모음]의 [저장]을 클릭하여 **고객별 신용등급**로 저장하고, [쿼리 도구]의 [디자인] 탭 > [결과] 그룹에서 [! 실행]을 클릭하거나 [보기]를 클릭한다.

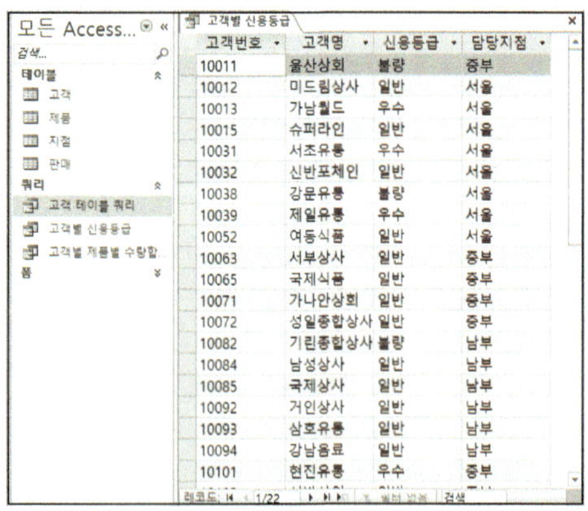

그림 9-3-4 '고객별 신용등급' 쿼리 실행 결과

가. 선택 쿼리 만들기

선택 쿼리는 사용자가 설정해 놓은 조건에 의해서 검색한 레코드를 정렬 또는 그룹화하여 데이터시트 형식으로 표시하는 가장 일반적인 쿼리 유형이다. 선택 쿼리는 테이블이나 쿼리의 선택 수에 따라서 단순 쿼리와 다중 쿼리로 구분한다.

1) 단순 쿼리 및 조건 설정

단순 쿼리는 하나의 테이블이나 쿼리에서 특정 필드를 선택하여 레코드를 검색하는 것을 의미한다. 이때, 쿼리 디자인 창에서 하단 그리드라인 영역을 통해 오름차순이나 내림차순과 같은 정렬을 지정하거나 조건식을 설정할 수 있다. 표 9-3-3은 검색 조건에 대한 여러 가지 예를 보여준다.

표 9-3-3 검색 조건의 예

검색 조건	설명
NOT "우수"	신용등급이 우수가 아닌 고객을 검색한다.
LIKE "가*"	고객명이 '가'로 시작되는 고객을 검색한다.
In("히미나", "싸원타", "99차")	제품명이 '히미나', '싸원타', '99차'인 레코드를 검색한다.
Len([고객명])<=4	고객명의 길이가 4자 이하인 레코드를 검색한다.
IS NULL	공값(필드 값이 입력되어 있지 않는)인 필드를 검색한다.
BETWEEN 100 AND 200	수량이 100과 200 사이인 레코드를 검색한다.
>200 and <500	용량이 200보다 크고 500보다 작은 레코드를 검색한다.
>=#2020-06-20#	판매일이 2020년 6월 20일 이후인 레코드를 검색한다.
>=#2020-06-10# and <=#2020-06-11#	판매일이 2020년 6월 10일부터 2020년 6월 11일까지의 레코드를 검색한다('Between #2020-06-10# and #2020-06-11#'과 동일).
DateDiff("yyyy", [판매일], Date())>=2	판매일의 연도와 오늘 날짜의 연도 간의 차이가 2년 이상인 레코드를 검색한다.

실습 9-4 고객 테이블의 모든 필드를 한 번에 선택하기 (쿼리명: 선택쿼리1)

01 새로운 [쿼리 디자인] 창을 열고 [테이블 표시] 대화상자의 [테이블] 탭에서 '고객' 테이블을 더블클릭하여 [쿼리 디자인] 창에 추가하고 [닫기(C)]를 클릭한다.

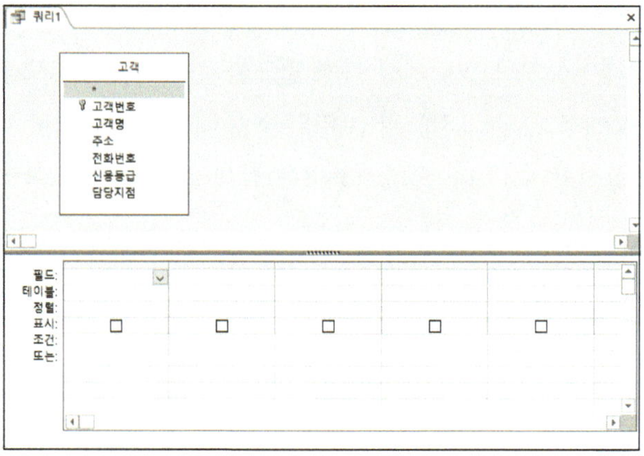

그림 9-3-5 쿼리 디자인 창에 고객 테이블 추가하기

02 '고객' 테이블의 필드 목록에서 맨 위에 있는 '*'를 더블클릭하면 [필드:] 행에 '고객 테이블:*'로 표시되면서 테이블에 포함된 모든 필드가 선택된다.

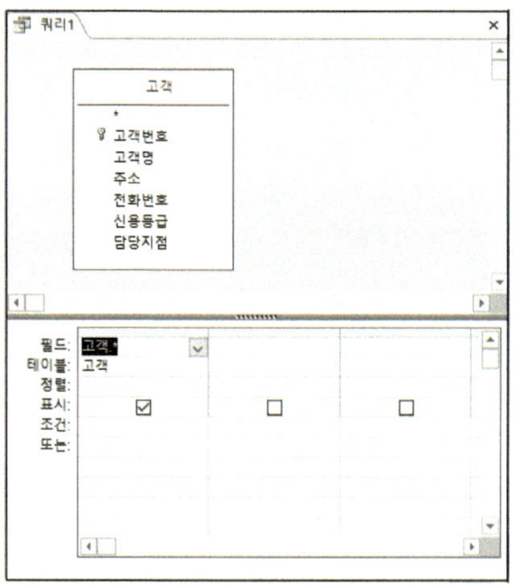

그림 9-3-6 모든 필드 한 번에 추가하기

또는 상단의 테이블 이름을 더블클릭하면 모든 필드가 선택되며 이를 하단 그리드라인으로 드래그하여 모든 필드를 한꺼번에 선택할 수 있다.

03 **[쿼리 도구]**의 **[디자인] 탭 > [결과] 그룹**에서 [! 실행]을 클릭하거나 [보기]를 클릭하여 실행 결과를 본다.

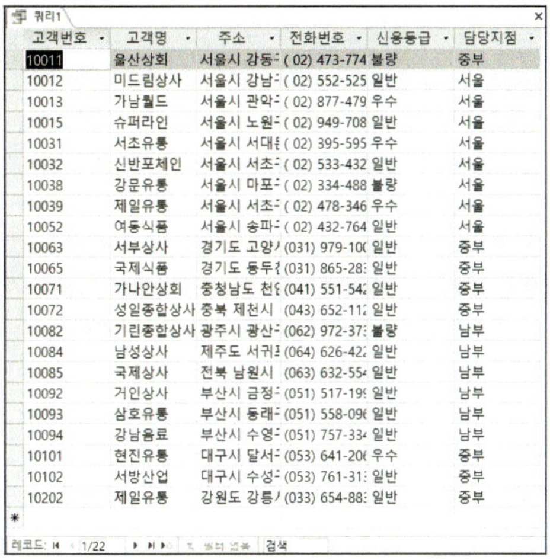

고객번호	고객명	주소	전화번호	신용등급	담당지점
10011	울산상회	서울시 강동	(02) 473-774	불량	중부
10012	미드림상사	서울시 강남	(02) 552-525	일반	서울
10013	가남월드	서울시 관악	(02) 877-479	우수	서울
10015	슈퍼라인	서울시 노원	(02) 949-708	일반	서울
10031	서조유통	서울시 서대	(02) 395-595	우수	서울
10032	신반포제인	서울시 서초	(02) 533-432	일반	서울
10038	강문유통	서울시 마포	(02) 334-488	불량	서울
10039	제일유통	서울시 서초	(02) 478-346	우수	서울
10052	여동식품	서울시 송파	(02) 432-764	일반	서울
10063	서부상사	경기도 고양	(031) 979-10	일반	중부
10065	국제식품	경기도 동두	(031) 865-28	일반	중부
10071	가나안상회	충청남도 천	(041) 551-54	일반	중부
10072	성일종합상사	충북 제천시	(043) 652-11	일반	중부
10082	기린종합상사	광주시 광산	(062) 972-37	불량	남부
10084	남성상사	제주도 서귀	(064) 626-42	일반	남부
10085	국제상사	전북 남원시	(063) 632-55	일반	남부
10092	거인상사	부산시 금정	(051) 517-19	일반	남부
10093	삼호유통	부산시 동래	(051) 558-09	일반	남부
10094	강남음료	부산시 수영	(051) 757-33	일반	남부
10101	현진유통	대구시 달서	(053) 641-20	우수	중부
10102	서방산업	대구시 수성	(053) 761-31	일반	중부
10202	제일유통	강원도 강릉	(033) 654-88	일반	중부

그림 9-3-7 고객 테이블 검색 쿼리 실행 결과

실습 9-5 고객 테이블에서 고객번호, 고객명, 신용등급, 담당지점을 검색하는 단순 쿼리 만들기 (고객번호를 기준으로 오름차순 정렬)

(쿼리명: 선택쿼리2)

01 '고객' 테이블에서 고객번호, 고객명, 신용등급, 담당지점 필드를 더블클릭하여 하단 그리드라인의 [필드:] 행에 추가한다.

- **고객번호** 필드의 [정렬:] 행을 선택하여 드롭다운 목록에서 [오름차순]을 선택한다.

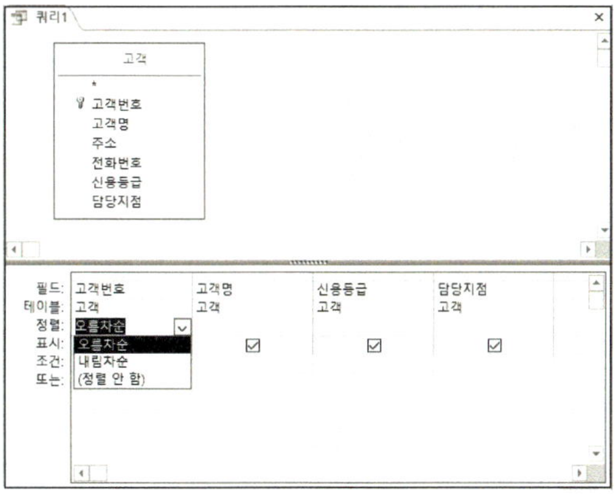

그림 9-3-8 고객번호 필드를 오름차순 정렬하기

02 [쿼리 도구]의 [디자인] 탭 > [결과] 그룹에서 [! 실행]을 클릭하거나 [보기]를 클릭하여 실행 결과를 본다.

고객번호	고객명	신용등급	담당지점
10011	울산상회	불량	중부
10012	미드림상사	일반	서울
10013	가남월드	우수	서울
10015	슈퍼라인	일반	서울
10031	서초유통	우수	서울
10032	신반포체인	일반	서울
10038	강문유통	불량	서울
10039	제일유통	우수	서울
10052	여동식품	일반	서울
10063	서부상사	일반	중부
10065	국제식품	일반	중부
10071	가나안상회	일반	중부
10072	성일종합상사	일반	중부
10082	기린종합상사	불량	남부
10084	남성상사	일반	남부
10085	국제상사	일반	남부
10092	거인상사	일반	남부
10093	삼호유통	일반	남부
10094	강남음료	일반	남부
10101	현진유통	우수	중부
10102	서방산업	일반	중부
10202	제일유통	일반	중부

그림 9-3-9 오름차순 정렬 쿼리 실행 결과

실습 9-6 고객 테이블에서 담당지점이 서울인 고객번호, 고객명, 신용등급, 담당지점을 검색하는 단순 쿼리 만들기

(쿼리명: 선택쿼리3)

01 '고객' 테이블에서 고객번호, 고객명, 신용등급, 담당지점 필드를 더블클릭하여 하단 그리드라인의 [필드:] 행에 추가한다.

'담당지점' 필드의 [조건:] 행에 서울을 입력한다. 이때 겹따옴표는 입력하지 않더라도 입력 후에 자동적으로 붙는다.

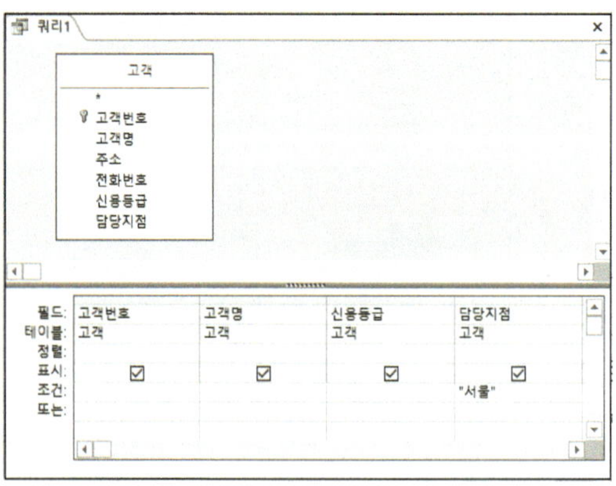

그림 9-3-10 담당지점 필드에 조건 추가

02 **[쿼리 도구]**의 **[디자인] 탭 > [결과] 그룹**에서 [! 실행]을 클릭하거나 [보기]를 클릭하여 실행 결과를 본다.

쿼리1

고객번호	고객명	신용등급	담당지점
10012	미드림상사	일반	서울
10013	가남월드	우수	서울
10015	슈퍼라인	일반	서울
10031	서초유통	우수	서울
10032	신반포체인	일반	서울
10038	강문유통	불량	서울
10039	제일유통	우수	서울
10052	여동식품	일반	서울

레코드: 1/8 검색

그림 9-3-11 조건 검색 쿼리 실행 결과

실습 9-7 고객 테이블에서 신용등급이 일반이고 담당지점이 서울인 고객번호, 고객명, 신용등급, 담당지점을 검색하는 단순 쿼리 만들기 (AND 조건)

(쿼리명: 선택쿼리4)

01 '고객' 테이블에서 고객번호, 고객명, 신용등급, 담당지점 필드를 더블클릭하여 하단 그리드 라인의 [필드:] 행에 추가한다. 모든 조건을 동시에 만족하는 AND 조건 데이터를 검색하는 방법은 각 필드에 설정할 조건을 같은 [조건:] 행에 입력한다.

신용등급 필드의 [조건:] 행에 일반, 담당지점 필드의 [조건:] 행에 서울을 입력한다.

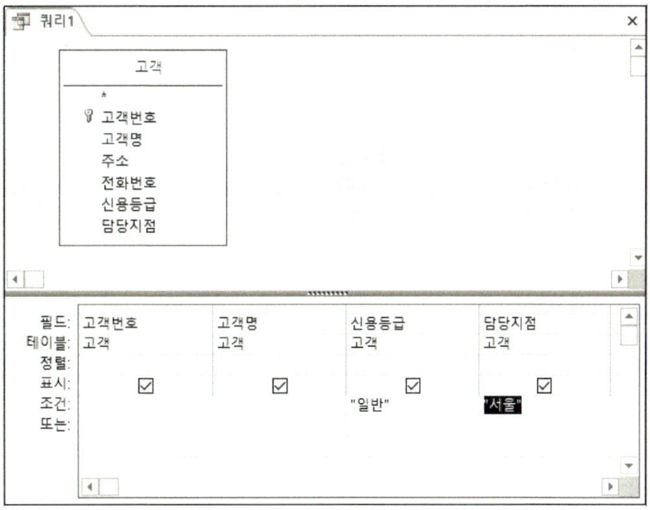

그림 9-3-12 AND 조건 추가

02 **[쿼리 도구]**의 **[디자인] 탭 > [결과] 그룹**에서 [! 실행]을 클릭하거나 [보기]를 클릭하여 실행 결과를 본다.

쿼리1

고객번호	고객명	신용등급	담당지점
10012	미드림상사	일반	서울
10015	슈퍼라인	일반	서울
10032	신반포체인	일반	서울
10052	여동식품	일반	서울

레코드: 1/4 검색

그림 9-3-13 AND 조건 쿼리 실행 결과

실습 9-8 고객 테이블에서 신용등급이 일반이거나 담당지점이 서울인 고객번호, 고객명, 신용등급, 담당지점을 검색하는 단순 쿼리 만들기 (OR 조건)

(쿼리명: 선택쿼리5)

01 '고객' 테이블에서 고객번호, 고객명, 신용등급, 담당지점을 더블클릭하여 하단 그리드라인의 [필드:] 행에 추가한다. 여러 조건 중에 하나만이라도 만족하는 OR 조건 데이터를 검색하는 방법은 조건을 입력하는 행을 달리하여 입력한다.

'담당지점' 필드의 [조건:] 행에 서울을 입력하고 [신용등급] 필드의 [또는:] 행에 일반이라고 입력한다.

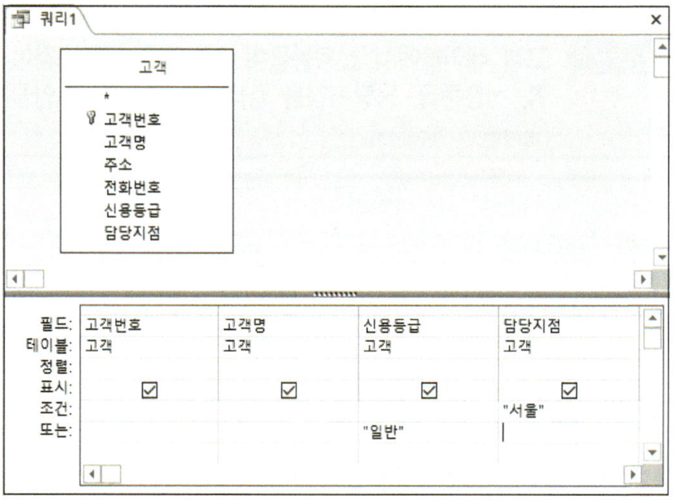

그림 9-3-14 다른 필드에 OR 조건 추가

02 [쿼리 도구]의 [디자인] 탭 > [결과] 그룹에서 [! 실행]을 클릭하거나 [보기]를 클릭하여 실행 결과를 본다.

고객번호	고객명	신용등급	담당지점
10012	미드림상사	일반	서울
10013	가남월드	우수	서울
10015	슈퍼라인	일반	서울
10031	서초유통	우수	서울
10032	신반포체인	일반	서울
10038	강문유통	불량	서울
10039	제일유통	우수	서울
10052	여동식품	일반	서울
10063	서부상사	일반	중부
10065	국제식품	일반	중부
10071	가나안상회	일반	중부
10072	성일종합상사	일반	중부
10084	남성상사	일반	남부
10085	국제상사	일반	남부
10092	거인상사	일반	남부
10093	삼호유통	일반	남부
10094	강남음료	일반	남부
10102	서방산업	일반	중부
10202	제일유통	일반	중부

그림 9-3-15 OR 조건 쿼리 실행 결과

실습 9-9 고객 테이블에서 담당지점이 중부이거나 남부인 고객번호, 고객명, 신용등급, 담당지점을 검색하는 단순 쿼리 만들기 (OR 조건)

(쿼리명: 선택쿼리6)

01 '고객' 테이블에서 고객번호, 고객명, 신용등급, 담당지점을 더블클릭하여 하단 그리드라인의 [필드:] 행에 추가한다. 하나의 필드에 대해서 여러 개의 조건을 설정하는 경우에는 직접 조건식을 입력하기도 한다.

- '담당지점' 필드의 [조건:] 행에 중부 OR 남부라고 입력한다. [조건:] 행에 중부를 입력하고 [또는:] 행에 "남부"라고 입력해도 동일한 결과를 얻는다.

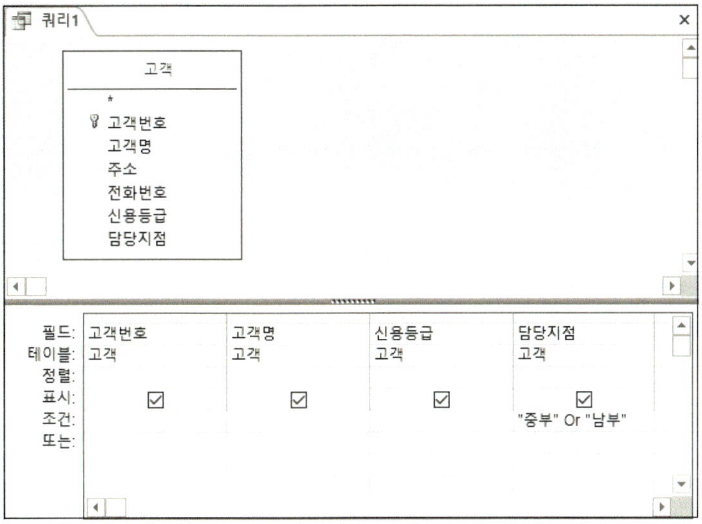

그림 9-3-16 하나의 필드에 복수의 OR 조건 추가

02 [쿼리 도구]의 [디자인] 탭 > [결과] 그룹에서 [! 실행]을 클릭하거나 [보기]를 클릭하여 실행 결과를 본다.

고객번호	고객명	신용등급	담당지점
10011	울산상회	불량	중부
10063	서부상사	일반	중부
10065	국제식품	일반	중부
10071	가나안상회	일반	중부
10072	성일종합상사	일반	중부
10082	기린종합상사	불량	남부
10084	남성상사	일반	남부
10085	국제상사	일반	남부
10092	거인상사	일반	남부
10093	삼호유통	일반	남부
10094	강남음료	일반	남부
10101	현진유통	우수	중부
10102	서방산업	일반	중부
10202	제일유통	일반	중부

그림 9-3-17 OR 조건 쿼리 실행 결과

실습 9-10 제품 단가가 10,000원 이상인 제품에 대해서 제품번호, 제품명, 제품설명을 검색하는 단순 쿼리 만들기

(쿼리명: 선택쿼리7)

01 새로운 [쿼리 디자인] 창을 열고 [테이블 표시] 창에서 '제품' 테이블을 선택한 뒤, 제품번호, 제품명, 단가, 제품설명을 각각 선택하여 하단 그리드라인의 [필드:] 행에 추가한다.

'단가' 필드의 [조건:] 행에 >=10000을 입력하고, 단가 필드는 검색 대상이 아니기 때문에 [표시:] 행의 체크 표시를 해제한다.

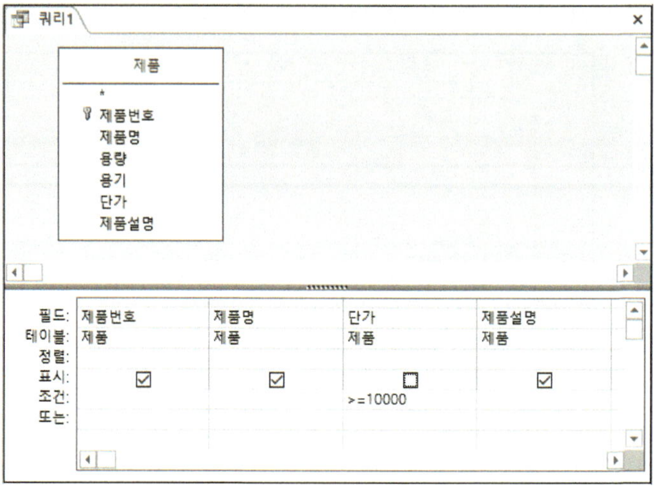

그림 9-3-18 단가 필드에 조건식 추가

02 [쿼리 도구]의 [디자인] 탭 > [결과] 그룹에서 [! 실행]을 클릭하거나 [보기]를 클릭하여 실행 결과를 본다.

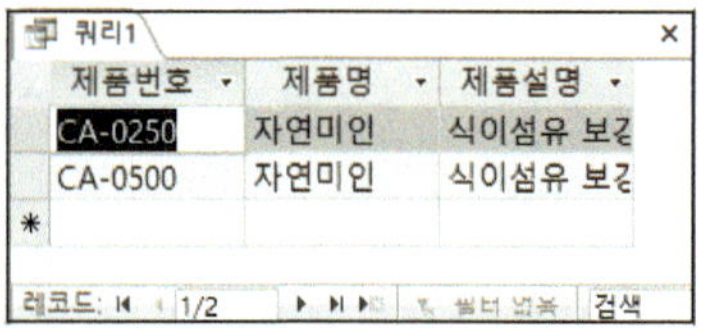

그림 9-3-19 조건식 쿼리 실행 결과

실습 9-11 담당지점이 남부이거나 중부인 고객에 대해서 고객명, 주소, 전화번호, 신용등급, 담당지점을 검색하는 단순 쿼리 만들기

(쿼리명: 선택쿼리8)

01 새로운 [쿼리 디자인] 창을 열고 [테이블 표시] 창에서 '고객' 테이블을 선택한 뒤, 고객명, 주소, 전화번호, 신용등급, 담당지점을 각각 선택하여 하단 그리드라인의 [필드:] 행에 추가한다.

[담당지점] 필드의 [조건:] 행과 [또는:] 행에 남부와 중부를 입력한다. 또는, [조건:] 행에 NOT 서울이라고 입력하여도 동일한 결과를 얻을 수 있다.

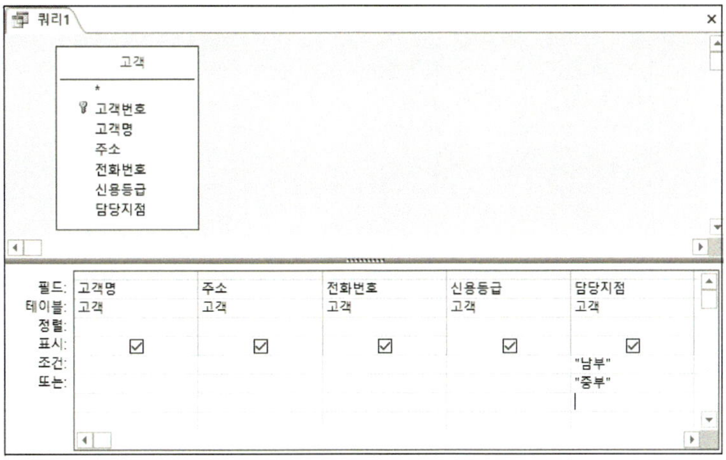

그림 9-3-20 담당지점 필드에 OR 조건 추가

02 **[쿼리 도구]**의 **[디자인] 탭 > [결과] 그룹**에서 [! 실행]을 클릭하거나 [보기]를 클릭하여 실행 결과를 본다.

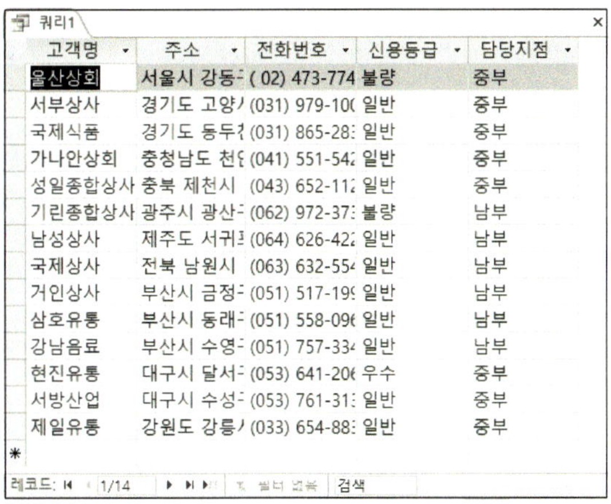

고객명	주소	전화번호	신용등급	담당지점
울산상회	서울시 강동-	(02) 473-774	불량	중부
서부상사	경기도 고양/	(031) 979-10(	일반	중부
국제식품	경기도 동두?	(031) 865-28:	일반	중부
가나안상회	충청남도 천(	(041) 551-54:	일반	중부
성일종합상사	충북 제천시	(043) 652-11:	일반	중부
기린종합상사	광주시 광산-	(062) 972-37:	불량	남부
남성상사	제주도 서귀	(064) 626-42:	일반	남부
국제상사	전북 남원시	(063) 632-55	일반	남부
거인상사	부산시 금정-	(051) 517-19	일반	남부
삼호유통	부산시 동래-	(051) 558-09	일반	남부
강남음료	부산시 수영-	(051) 757-33	일반	남부
현진유통	대구시 달서-	(053) 641-20	우수	중부
서방산업	대구시 수성-	(053) 761-31:	일반	중부
제일유통	강원도 강릉/	(033) 654-88:	일반	중부

그림 9-3-21 OR 조건 쿼리 실행 결과

실습 9-12 제품의 매출액을 계산하는 쿼리 만들기

(쿼리명: 선택쿼리9)

01 새로운 [쿼리 디자인] 창을 열고 [테이블 표시] 창에서 '판매' 테이블을 선택한 뒤, 제품ID, 판매일, 수량, 가격을 선택하여 하단 그리드라인의 [필드:] 행에 추가한다.

매출액은 제품의 가격에 수량을 곱하면 알 수 있으므로 빈 열에 **매출액:[수량]*[가격]**이라고 입력한다. **수량**과 **가격**은 검색 결과에 나타나지 않아도 되므로 [표시:]에서 체크 해제(□)한다.

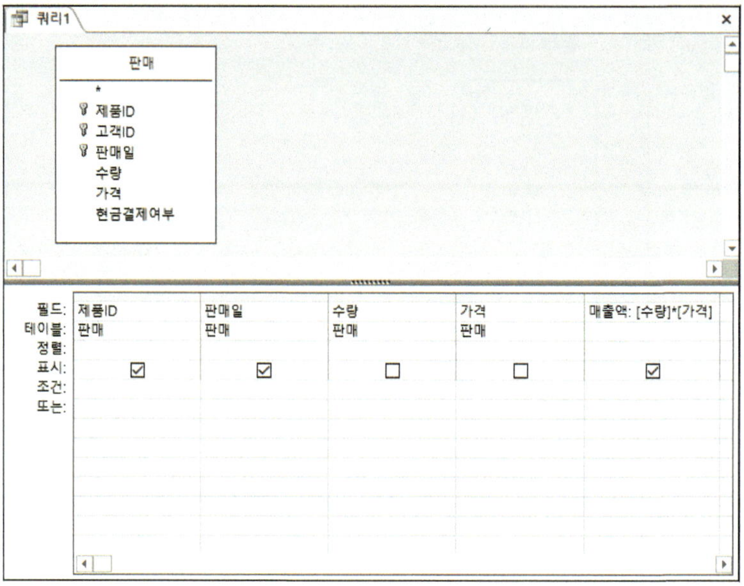

그림 9-3-22 계산 쿼리 만들기

02 [쿼리 도구]의 [디자인] 탭 > [결과] 그룹에서 [! 실행]을 클릭하면 제품ID과 판매일별로 매출액의 합계가 계산된다.

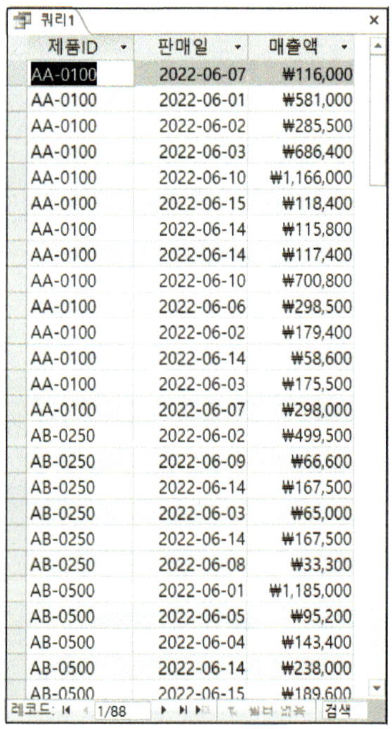

제품ID	판매일	매출액
AA-0100	2022-06-07	₩116,000
AA-0100	2022-06-01	₩581,000
AA-0100	2022-06-02	₩285,500
AA-0100	2022-06-03	₩686,400
AA-0100	2022-06-10	₩1,166,000
AA-0100	2022-06-15	₩118,400
AA-0100	2022-06-14	₩115,800
AA-0100	2022-06-14	₩117,400
AA-0100	2022-06-10	₩700,800
AA-0100	2022-06-06	₩298,500
AA-0100	2022-06-02	₩179,400
AA-0100	2022-06-14	₩58,600
AA-0100	2022-06-03	₩175,500
AA-0100	2022-06-07	₩298,000
AB-0250	2022-06-02	₩499,500
AB-0250	2022-06-09	₩66,600
AB-0250	2022-06-14	₩167,500
AB-0250	2022-06-03	₩65,000
AB-0250	2022-06-14	₩167,500
AB-0250	2022-06-08	₩33,300
AB-0500	2022-06-01	₩1,185,000
AB-0500	2022-06-05	₩95,200
AB-0500	2022-06-04	₩143,400
AB-0500	2022-06-14	₩238,000
AB-0500	2022-06-15	₩189,600

레코드: 1/88 검색

그림 9-3-23 계산 쿼리 실행 결과

매출액 필드는 어떤 테이블에도 존재하지 않는 필드로 하단 그리드라인의 빈 열에 사용자가 직접 입력한 식('매출액: [수량]*[가격]')에 의해 새로 만들어진 필드임을 알 수 있다.

2) 다중 쿼리

단순 쿼리가 하나의 테이블이나 쿼리에서 사용자가 원하는 정보를 검색하는 쿼리인 반면 다중 쿼리는 두 개 이상의 테이블이나 쿼리를 사용하여 원하는 결과를 추출하는 쿼리다. 예를 들어 올해 상반기 동안 어떤 고객이 어느 제품을 얼마나 구매하였는지 정보를 알고 싶다면 '고객' 테이블에서 고객에 대한 정보와 '판매' 테이블에서 판매량과 관련된 정보, 그리고 '제품' 테이블에서 제품 관련된 정보가 필요하다. 따라서 '고객' 테이블, '판매' 테이블, '제품' 테이블에 저장되어 있는 각 필드들을 결합하여 검색 결과를 얻는 다중 쿼리를 사용하여야 한다.

실습 9-13 어떤 고객이 어떤 제품을 언제 얼마나 구매하였는지 검색하는 다중 쿼리 만들기

(쿼리명: 다중쿼리1)

01 새로운 [쿼리 디자인] 창을 열고 [테이블 표시] 대화상자에서 '고객' 테이블, '판매' 테이블, '제품' 테이블'을 각각 더블클릭하거나 Ctrl 키와 함께 '고객' 테이블, '판매' 테이블, '제품' 테이블을 선택하고 [추가(A)] 단추를 클릭하여 [쿼리 디자인] 창에 세 개의 테이블 추가한다.

그림 9-3-24 여러 테이블 선택

02 '고객' 테이블의 필드 목록에서 고객명을 더블클릭하고, '제품' 테이블의 필드 목록에서 제품명을, '판매' 테이블의 필드 목록에서 판매일을 더블클릭하여 하단 그리드라인의 [필드:] 행에 각 필드를 추가한다. 그리고 가장 오른쪽 빈 열에 판매액: [수량]*[가격]을 입력한다. 판매액 필드를 계산하기 위해 사용된 '수량'과 '가격' 필드는 하단 그리드라인에 추가하지 않아도 무관하다.

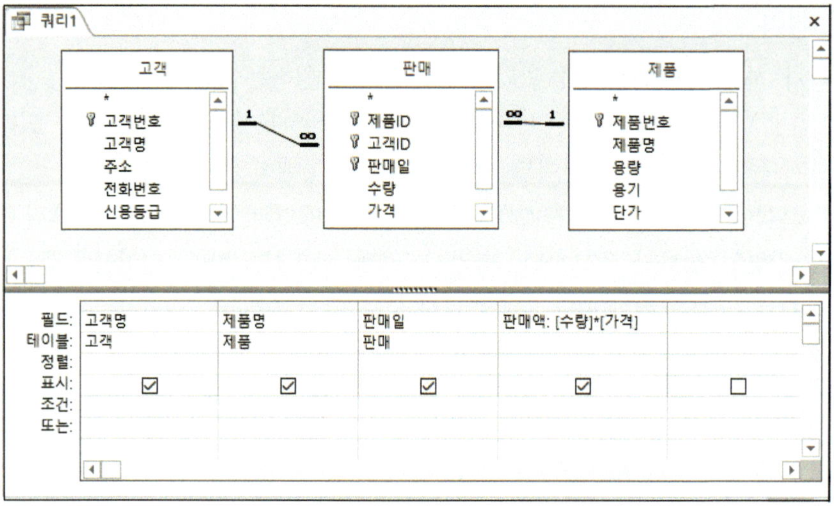

그림 9-3-25 다중 쿼리 필드 추가

03 [쿼리 도구]의 [디자인] 탭 > [결과] 그룹에서 [! 실행]을 클릭하여 쿼리 결과를 [데이터시트 보기] 형식으로 확인한다.

고객명	제품명	판매일	판매액
울산상회	바이타-C	2022-06-07	₩116,000
미드림상사	바이타-C	2022-06-01	₩581,000
미드림상사	바이타-C	2022-06-02	₩285,500
미드림상사	바이타-C	2022-06-03	₩686,400
미드림상사	바이타-C	2022-06-10	₩1,166,000
슈퍼라인	바이타-C	2022-06-15	₩118,400
신반포체인	바이타-C	2022-06-14	₩115,800
강문유통	바이타-C	2022-06-14	₩117,400
제일유통	바이타-C	2022-06-10	₩700,800
여동식품	바이타-C	2022-06-06	₩298,500
가나안상회	바이타-C	2022-06-02	₩179,400
남성상사	바이타-C	2022-06-14	₩58,600
삼호유통	바이타-C	2022-06-03	₩175,500
현진유통	바이타-C	2022-06-07	₩298,000
미드림상사	쿨미스	2022-06-02	₩499,500
미드림상사	쿨미스	2022-06-09	₩66,600
가나안상회	쿨미스	2022-06-14	₩167,500
삼호유통	쿨미스	2022-06-03	₩65,000
서방산업	쿨미스	2022-06-14	₩167,500
제일유통	쿨미스	2022-06-08	₩33,300
울산상회	쿨미스	2022-06-01	₩1,185,000
가남월드	쿨미스	2022-06-05	₩95,200
신반포체인	쿨미스	2022-06-04	₩143,400
서부상사	쿨미스	2022-06-14	₩238,000
국제상사	쿨미스	2022-06-15	₩189,600
삼호유통	쿨미스	2022-06-02	₩189,600

그림 9-3-26 다중 쿼리 실행 결과

3) 요약 쿼리

테이블을 이용하여 정기적으로 발생하는 수치 데이터를 저장하려고 할 때, 즉 거래 내역이나 제품별 판매액을 표시하려는 경우 합계 또는 평균과 같은 집계 함수를 사용하는 것이 매우 편리하다. 요약 쿼리를 이용하면 데이터를 그룹화하고 해당 필드에 대해서 집계 함수를 사용함으로써 이와 같은 작업을 손쉽게 할 수 있다.

실습 9-14 제품별 판매수량의 합계와 판매가격의 평균, 그리고 판매액의 합계를 구하는 요약 쿼리 만들기

(쿼리명: 제품별 판매 요약)

01 새로운 [쿼리 디자인] 창을 열고 [테이블 표시] 창에서 '판매' 테이블과 '제품' 테이블을 선택한다. 그리고 제품명, 수량, 가격 필드를 더블클릭하여 하단 그리드라인의 [필드:] 행에 추가하고 **판매액: [수량]*[가격]** 필드를 만든다.

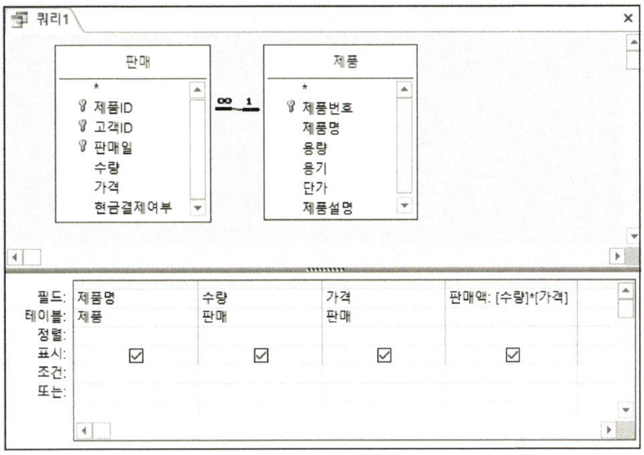

그림 9-3-27 다중 쿼리의 필드 추가

02 **[쿼리 도구]**의 **[디자인] 탭 > [표시/숨기기] 그룹**에서 [Σ 요약]을 클릭하거나 하단 그리드라인에서 마우스 오른쪽 버튼을 클릭하여 나타난 바로가기 메뉴에서 [Σ 요약]을 선택하면 하단 그리드라인 영역에 [요약:] 행이 나타난다.

- 수치 필드인 '수량, 가격, 판매액' 필드에 대해서 [요약:] 행의 드롭다운 단추를 클릭하여 다음 그림과 같이 각각 [합계], [평균], [합계]를 선택한다.

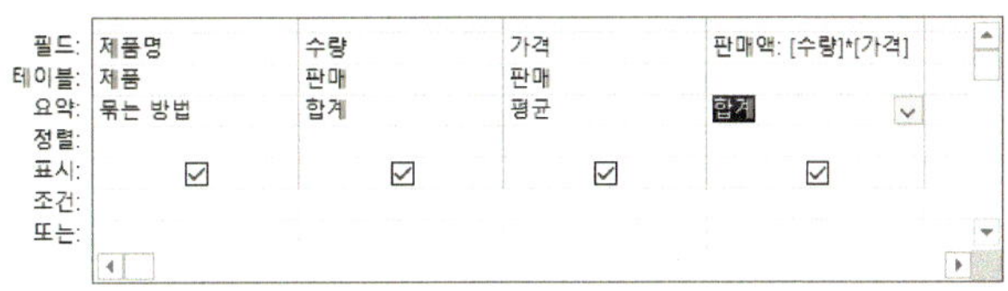

그림 9-3-28 요약 설정

03 [빠른 실행 도구 모음]의 [저장]을 클릭하여 **제품별 판매 요약**으로 저장한 후, **[쿼리 도구]**의 **[디자인] 탭 > [결과] 그룹**에서 [! 실행]을 클릭하면 다음 그림과 같이 제품별 판매수량의 합계, 판매가격의 평균과 함께 판매액의 합계를 확인할 수 있다.

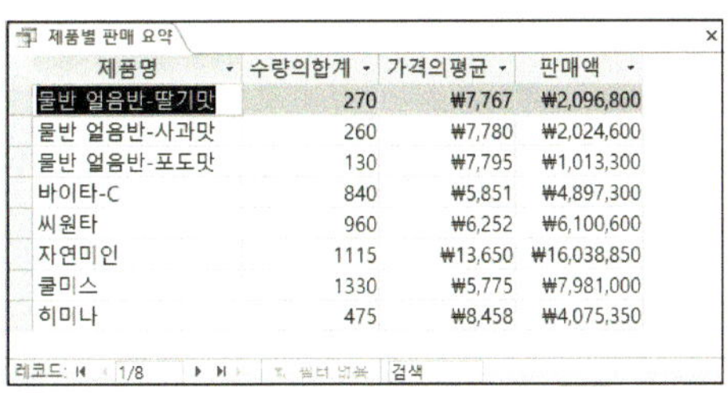

제품명	수량의합계	가격의평균	판매액
물반 얼음반-딸기맛	270	₩7,767	₩2,096,800
물반 얼음반-사과맛	260	₩7,780	₩2,024,600
물반 얼음반-포도맛	130	₩7,795	₩1,013,300
바이타-C	840	₩5,851	₩4,897,300
씨원타	960	₩6,252	₩6,100,600
자연미인	1115	₩13,650	₩16,038,850
쿨미스	1330	₩5,775	₩7,981,000
히미나	475	₩8,458	₩4,075,350

그림 9-3-29 '제품별 판매 요약' 쿼리 실행 결과

실습 9-15 지점별 매출 총액을 계산하는 쿼리 만들기
(쿼리명: 지점별 매출총액)

01 새로운 [쿼리 디자인] 창을 열고 검색에 필요한 '고객' 테이블과 '판매' 테이블을 추가한다. '고객' 테이블에서 담당지점 필드를 더블클릭하고 **매출액: [수량]*[가격]**를 입력하여 계산 필드를 만든다.

02 **[쿼리 도구]**의 **[디자인] 탭 > [표시/숨기기] 그룹**에서 [Σ 요약]을 클릭하고, 매출액 필드의 [요약:] 행의 드롭다운 단추를 클릭하여 [합계]를 선택한다.

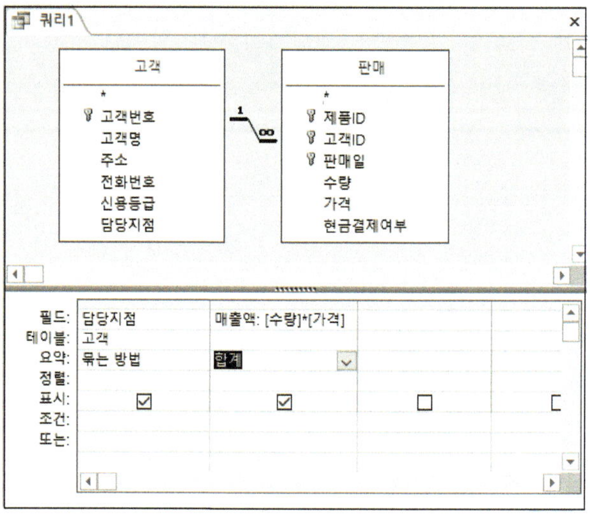

그림 9-3-30 요약 설정 2

03 [빠른 실행 도구 모음]의 [저장]을 클릭하여 **지점별 매출총액**으로 저장한 후, **[쿼리 도구]**의 **[디자인] 탭 > [결과] 그룹**에서 [! 실행]을 클릭한다.

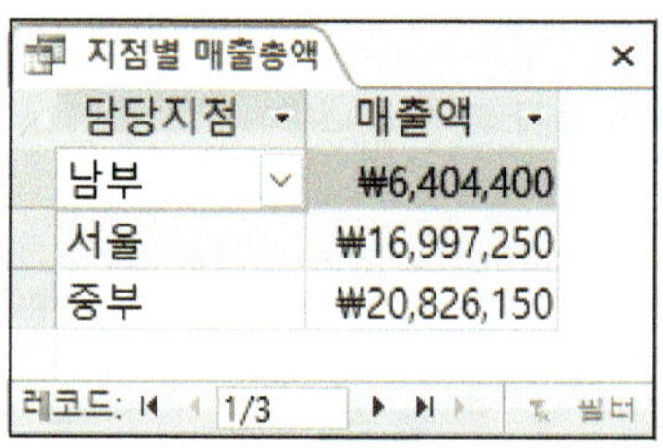

그림 9-3-31 '지점별 매출총액' 쿼리 실행 결과

실습 9-16 서울지점의 고객 중에서 현금으로 결제하는 고객의 이름을 검색하는 다중 쿼리 만들기

(쿼리명: 서울지역 현금결제 고객)

01 새로운 [쿼리 디자인] 창을 열고 검색에 필요한 '고객' 테이블과 '판매' 테이블을 추가한다. '고객' 테이블에서 고객명과 담당지점 필드를, '판매' 테이블에서 현금결제여부 필드를 더블클릭하여 하단의 그리드라인으로 이동시킨다.

02 검색 조건은 담당지점 필드의 [조건:] 행에 서울을 입력하고 현금결제여부 필드의 [조건:] 행에 Yes를 입력한다. 결과에 고객명 필드만 표시하기 위해 나머지 두 필드의 [표시:] 행의 체크를 해제한다.

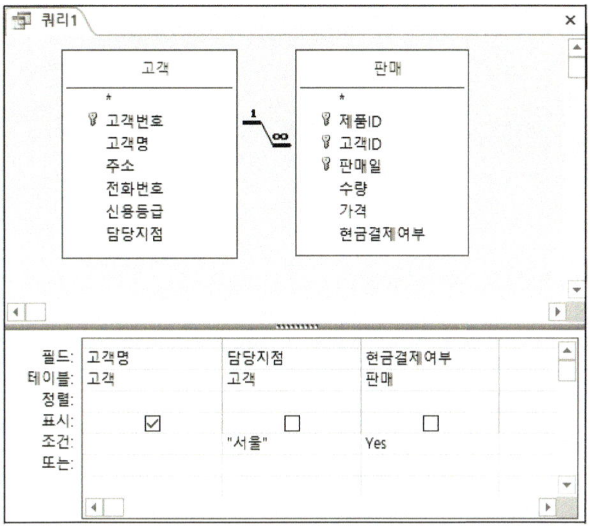

그림 9-3-32 AND 조건 입력

03 [빠른 실행 도구 모음]의 [저장]을 클릭하여 서울지역 현금결제 고객으로 저장한 후, [쿼리 도구]의 [디자인] 탭 > [결과] 그룹에서 [! 실행]을 클릭한다.

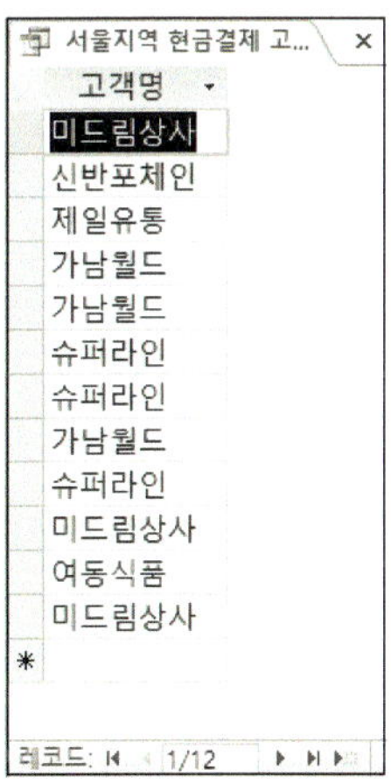

그림 9-3-33 AND 조건 쿼리 실행 결과

실습 9-17 2022년 6월 1일에서 2022년 6월 15일 사이에 쿨미스 250ml 제품을 구매한 고객명과 매출액, 그리고 매출이익을 검색하는 쿼리 만들기

(쿼리명: 쿨미스 구매 고객 매출이익)

01 새로운 [쿼리 디자인] 창을 열고 검색에 필요한 '고객' 테이블, '판매' 테이블, '제품' 테이블을 추가한다('고객' 테이블: 고객명, '판매' 테이블: 판매일, 수량, 가격 → 매출액, '제품' 테이블: 제품명, 용량).

02 매출액 필드는 [수량]*[가격]으로, 매출이익 필드는 [수량]*([가격]-[단가])로 작성한다. 검색 조건으로 판매일 필드의 [조건:] 행에 Between #2022-06-01# And #2022-06-15#을 입력하고, 제품명 필드의 [조건:] 행에 쿨미스, 용량 필드의 [조건:] 행에 250을 각각 입력한다.

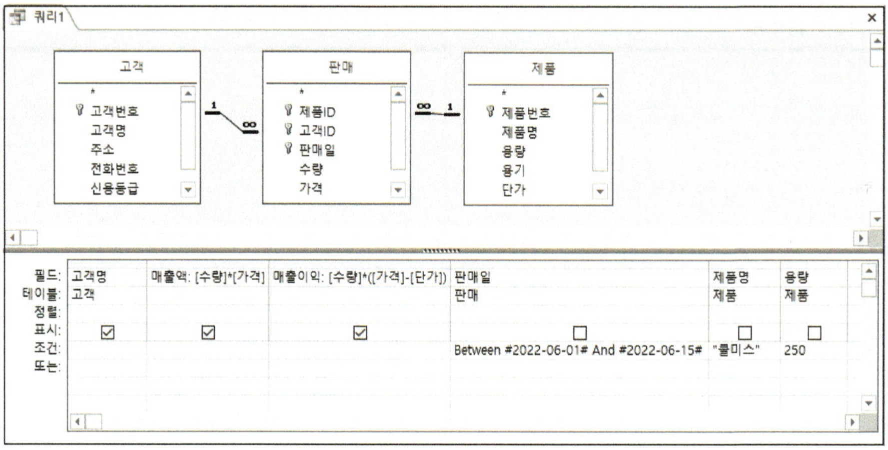

그림 9-3-34 여러 조건 설정

03 [빠른 실행 도구 모음]의 [저장]을 클릭하여 쿨미스 구매 고객 매출이익으로 저장한 후, [쿼리 도구]의 [디자인] 탭 > [결과] 그룹의 [! 실행]을 클릭한다.

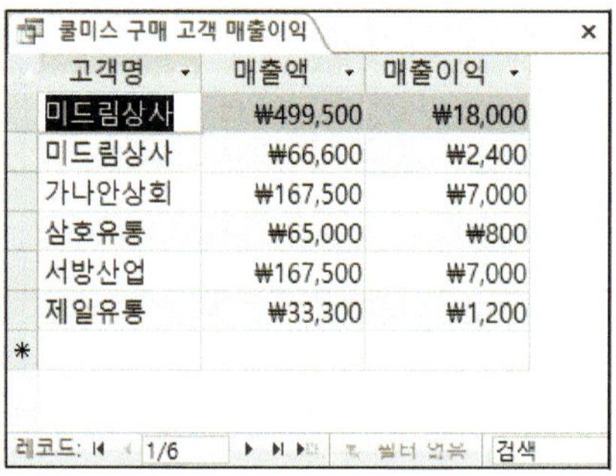

그림 9-3-35 '쿨미스 구매 고객 매출이익' 쿼리 실행 결과

한번 더 실습 9-2 봉사관리 데이터베이스

쿼리 디자인을 이용하여 다음과 같은 쿼리를 작성하시오.

01 '꿈나래 복지관'의 봉사내역 중 봉사내용과 봉사날짜를 검색하는 쿼리를 작성하시오. 봉사내용을 기준으로 오름차순 정렬하여 표시하시오. **(쿼리명: 쿼리디자인1번)**

02 '회계학과'거나 '금융정보과' 학생이 한 번에 4시수 이상 봉사활동한 기관의 이름과 우수기관 여부를 검색하는 쿼리를 작성하시오. **(쿼리명: 쿼리디자인2번)**

03 경기도에 살면서 서울의 기관에서 봉사활동을 한 학생의 이름과 연락처를 검색하는 쿼리를 작성하시오. **(쿼리명: 쿼리디자인3번)**

04 2019년 여름방학(7~8월)에 봉사활동을 한 학생의 학과, 학번, 이름을 검색하는 쿼리를 작성하시오. 최근 날짜가 먼저 오도록 정렬하시오. **(쿼리명: 쿼리디자인4번)**

05 학과별로 봉사활동을 한 학생들의 인원수와 시수의 합계를 요약하는 쿼리를 작성하시오. 필드명은 '총학생수', '총시수'로 표시하시오. **(쿼리명: 쿼리디자인5번)**

06 학생이름별로 봉사점수의 합계를 요약하는 쿼리를 작성하시오. 봉사점수는 시수당 3점이며, 필드명은 '총봉사점수'로 표시하시오. **(쿼리명: 쿼리디자인6번)**

쿼리디자인1번

봉사내용	봉사날짜
급식도우미	2019-09-10
목욕도우미	2019-06-25
빨래도우미	2019-07-16
스마트폰 활용	2019-07-17
스마트폰 활용	2019-07-09
스마트폰 활용	2019-06-11
악기 연주	2019-08-13
청소도우미	2019-06-18

레코드: 1/8

(a) 1번 쿼리 실행 결과

쿼리디자인2번

기관명	우수기관
반석 복지관	No
꿈나래 복지관	No
희망 복지관	Yes
하늘 요양원	No
믿음 청소년관	Yes

레코드: 1/5

(b) 2번 쿼리 실행 결과

쿼리디자인3번

이름	연락처
김민교	010-7451-874
김민교	010-7451-874
김민교	010-7451-874
김민교	010-7451-874

레코드: 1/4

(c) 3번 쿼리 실행 결과

쿼리디자인4번

학과	학번	이름
국제통상과	201922358	강경민
금융정보과	201822553	박정은
회계학과	201721651	이재후
국제통상과	201921587	정민섭

레코드: 1/4

(d) 4번 쿼리 실행 결과

쿼리디자인5번

학과	총학생수	총시수
관광경영과	8	25
국제통상과	10	38
금융정보과	6	19
회계학과	6	20

레코드: 1/4

(e) 5번 쿼리 실행 결과

쿼리디자인6번

이름	총봉사점수
강경민	54
김미나	30
김민교	48
민철호	21
박정은	9
신현섭	18
이소연	45
이재후	12
임시우	27
정민섭	33
조은화	9

레코드: 1/11

(f) 6번 쿼리 실행 결과

그림 9-3-36 '봉사관리' 데이터베이스의 쿼리 실행 결과

나. SQL을 이용한 선택 쿼리 만들기

데이터베이스 쿼리 작성은 표준화된 언어인 SQL(Structured Query Language, 구조화된 질의어)을 이용하여 만든다. 이전에 작업한 바와 같이 액세스에서는 쿼리 마법사나 쿼리 디자인 기능을 통해 편리하게 작업할 수 있는 인터페이스를 제공한다. 액세스에서 쿼리 마법사나 쿼리 디자인 기능을 통해 쿼리를 만들면 화면에 직접 보이지는 않지만 해당하는 내용을 자동으로 SQL 문으로 구성해나감으로써 쿼리가 작성된다. SQL 문에서 데이터를 검색하기 위해 사용되는 명령어는 표 9-3-4에 제시되어 있다.

표 9-3-4 SQL 데이터 검색 명령어

SQL절	기능	필수
SELECT	쿼리 결과에 표시할 필드 이름을 나열한다. 필드 이름을 **[테이블이름].필드이름**으로 표시한다. 테이블 이름은 단순 쿼리에서는 생략가능하며 테이블 이름에 공백이 포함되지 않는다면 대괄호를 하지 않아도 된다.	예
FROM	쿼리에 사용되는 테이블 이름을 나열한다.	예
WHERE	쿼리 결과에 포함될 필드 조건을 지정한다. 조건이 여러 개인 경우 'AND'나 'OR'로 조건을 연결할 수 있다.	아니요
ORDER BY	쿼리 결과를 정렬하는 방법을 지정한다. 기본값은 오름차순이며, 내림차순으로 정렬할 때는 필드 이름 다음에 **DESC**를 붙인다.	아니요
GROUP BY	그룹별로 분류하여 집계할 필드 이름을 나열한다.	아니요
HAVING	Group by로 집계된 필드에 적용되는 조건을 지정한다.	아니요

SQL 문을 이용하여 쿼리를 만들 경우 몇 가지 유의할 사항이 있다. SQL 문에서는 대소문자를 구분하지 않으며, 필드와 필드 사이는 쉼표(,)로 구분을 짓고, 특정한 검색 조건을 포함할 때는 WHERE를 사용하여 조건식을 만들며, 마지막에 세미 콜론(;)을 입력하여 SQL 문이 끝남을 알린다.
이제 액세스에서 SQL을 이용하여 단순 쿼리와 다중 쿼리를 작성하여 보자.

1) 단순 쿼리

액세스에서 직접 SQL을 이용하여 쿼리를 작성하기 위해서는 SQL을 입력하는 창을 열어야 한다. 먼저, **[만들기] 탭 > [쿼리] 그룹**에서 [쿼리 디자인]을 클릭하여 [테이블 표시] 대화상자와 함께 [쿼리 디자인] 창이 나타났을 때, [닫기(C)] 단추를 클릭하여 [테이블 표시] 대화상자를 닫는다.

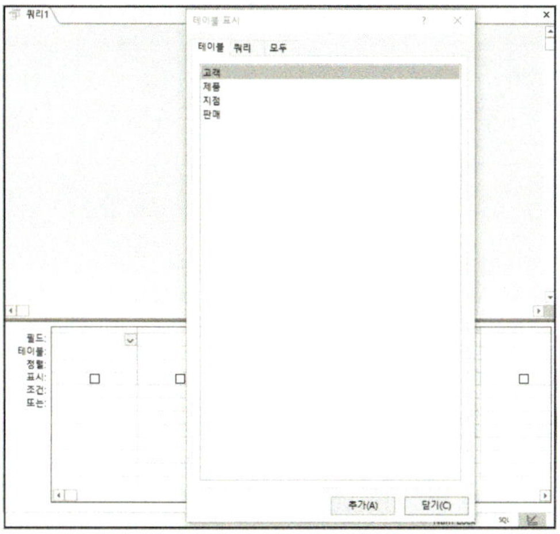

그림 9-3-37 SQL 작성을 위한 쿼리 디자인 창

[쿼리 디자인] 창의 상단 영역에서 마우스 오른쪽 버튼을 클릭하면 다음 그림 9-3-38과 같이 바로가기 메뉴가 나타나며, [SQL 보기(O)]를 선택하면 SQL 문을 작성할 수 있는 창으로 전환된다. 또는 [홈] 탭 > [보기] 그룹에서 [보기]의 [SQL 보기(O)]를 클릭해도 SQL 입력창으로 전환할 수 있다.

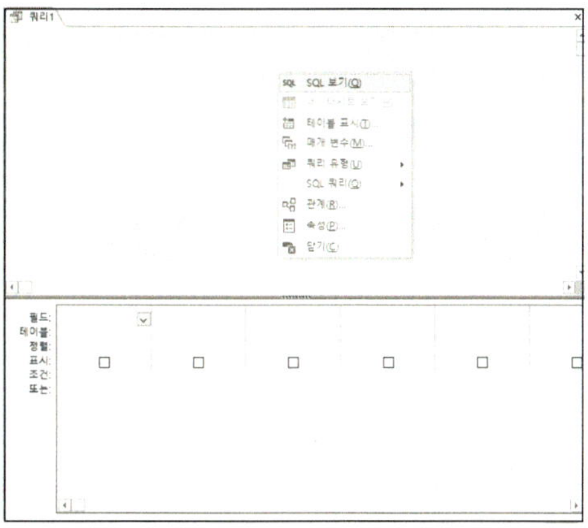

그림 9-3-38 SQL 문 작성을 위한 창 전환

다음 그림 9-3-39는 앞의 [디자인 보기] 창에서 [SQL 보기] 창으로 전환한 것이다. 작성된 SQL 문을 보면, FROM 절을 통해 현재 쿼리는 '고객' 테이블만 사용하는 단순 쿼리임을 알 수 있다. SELECT 절에 나열하고 있는 **고객번호, 고객명, 신용등급, 담당지점**의 네 개의 필드를 쿼리 결과에 표시하고자 하며, WHERE 절을 통해 **신용등급** 필드에서 일반인 텍스트만 추출하고자 조건을 추가하였으며 **고객명** 필드를 기준으로 오름차순 정렬을 하고자 하는 명령문이다. 단순 쿼리이기 때문에 테이블 이름에 대괄호[ ]는 생략해도 무관하다.

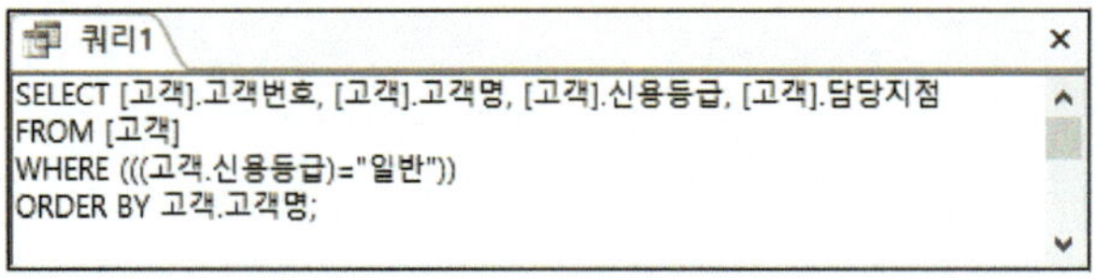

그림 9-3-39 단순 쿼리의 SQL 문

그림 9-3-39과 같이 SQL 문을 직접 작성한 후 [디자인 보기]를 클릭하면 [쿼리 디자인] 창에서 그림 9-3-40과 같은 화면을 볼 수 있다. 반대로 [쿼리 디자인] 창에서 그림 9-3-40과 같은 작업을 마친 후 [SQL 보기]를 클릭하면 그림 9-3-39과 같은 SQL 문을 볼 수 있다.

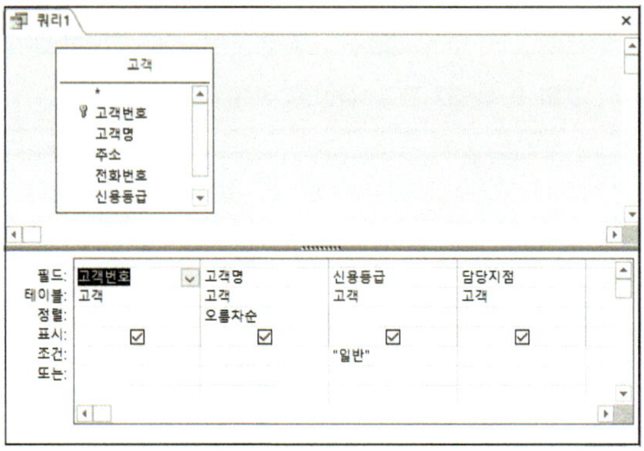

그림 9-3-40 단순 쿼리의 디자인 창

SQL 입력창에 입력을 완료한 후 **[쿼리 도구]**의 **[디자인] 탭 > [결과] 그룹**에서 [! 실행]을 클릭하면 [데이터시트 보기] 형식의 쿼리 결과를 확인할 수 있다.

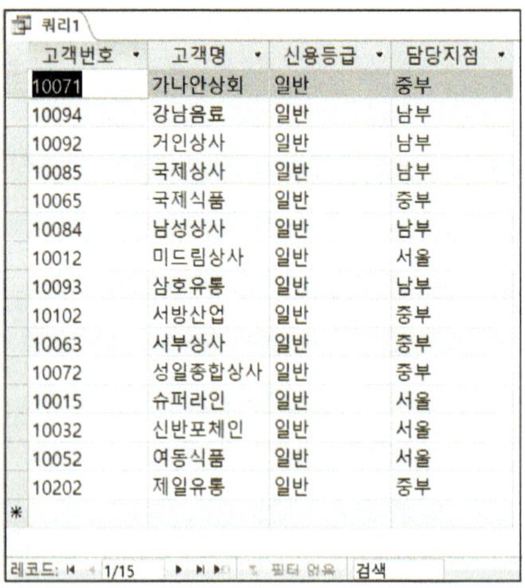

고객번호	고객명	신용등급	담당지점
10071	가나안상회	일반	중부
10094	강남음료	일반	남부
10092	거인상사	일반	남부
10085	국제상사	일반	남부
10065	국제식품	일반	중부
10084	남성상사	일반	남부
10012	미드림상사	일반	서울
10093	삼호유통	일반	남부
10102	서방산업	일반	중부
10063	서부상사	일반	중부
10072	성일종합상사	일반	중부
10015	슈퍼라인	일반	서울
10032	신반포체인	일반	서울
10052	여동식품	일반	서울
10202	제일유통	일반	중부

그림 9-3-41 단순 쿼리 실행 결과

2) SQL을 이용한 다중 쿼리

단순 쿼리는 하나의 테이블/쿼리에서 원하는 정보를 검색하는 쿼리인 반면에 다중 쿼리는 두 개 이상의 테이블/쿼리를 연결하여 원하는 정보를 검색하는 쿼리다. SQL을 이용하여 다중 쿼리를 작성하고자 할 때는 조인(JOIN)의 개념을 알아야 한다.

조인이란 두 개 이상의 테이블에 나누어져 있는 정보를 다양한 요구조건을 만족하는 하나의 테이블로 가져오기 위한 연결 방법을 말한다. 예를 들어 어떤 고객에게 어떤 제품을 얼마만큼 판매했는지를 조회할 경우 고객의 제품별 판매량을 표시하기 위해 '고객' 테이블과 '판매' 테이블 간에 조인 질의를 해야 한다.

조인의 종류에는 내부 조인(INNER JOIN)과 외부 조인(OUTER JOIN)이 있으며, 외부 조인에는 왼쪽 외부 조인(LEFT OUTER JOIN)과 오른쪽 외부 조인(RIGHT OUTER JOIN)이 있다. 다중 쿼리의 **[쿼리 디자인]** 창에서 두 테이블 사이의 연결선을 더블클릭하거나 마우스 오른쪽 버튼을 클릭하여 나타난 바로가기 메뉴에서 [**조인 속성**]을 선택하면 그림 9-3-42와 같은 [**조인 속성**] 대화상자가 나타난다. 옵션 중 1번이 내부 조인이고 2번이 왼쪽 외부 조인이며 3번이 오른쪽 외부 조인이다. 테이블 디자인 단계에서 테이블 사이의 관계를 설정하는 과정에서 조인 유형을 설정할 수도 있지만 쿼리를 디자인하면서 조인 유형을 설정할 수도 있다.

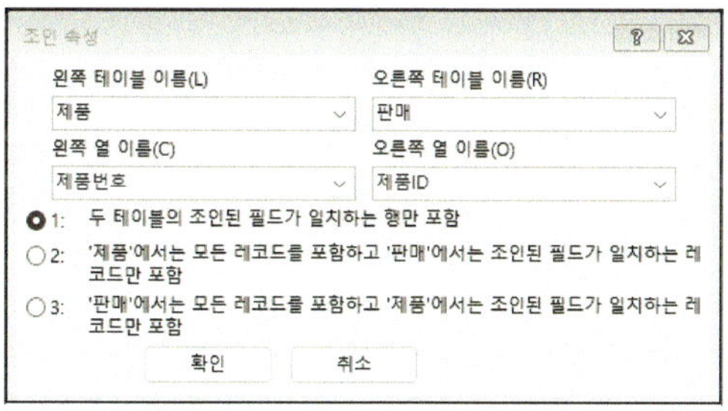

그림 9-3-42 조인 속성 지정

일반적으로 조인이라고 하면 내부 조인을 가리킨다. 이는 교집합과 같은 의미로, 결합 대상이 되는 두 테이블에 있는 레코드 중에서 결합 조건을 만족하는 것만 검색 결과에 포함한다. 이와 다르게 조건에 만족하지 않더라도 기준이 되는 테이블의 모든 레코드를 검색 결과에 포함시키는 것을 외부 조인(OUTER JOIN)이라고 한다.

내부 조인 질의는 조인 형태를 밝히지 않는 묵시적 방법과 JOIN 명령어를 써주는 명시적 조인으로 구분된다. 두 방법은 단지 표기 방법에서만 차이가 있을 뿐 실행 결과는 동일하다. 다음 그림 9-3-43과 그림 9-3-44의 두 쿼리는 다중 쿼리를 두 가지 조인 형태인 묵시적 내부 조인과 명시적 내부 조인에 대한 SQL문을 나타낸 것이다. 묵시적 내부 조인의 경우 WHERE 절에 조건으로 표시되며, 이 예제의 경우 세 개의 테이블이 결합되므로 두 개의 결합 조건이 필요하다. 명시적 내부 조인은 액세스에서 기본적으로 설정되는 형태인데, ON 다음에 결합 조건이 표시되며 결합의 순서는 괄호로 표시된다. 두 형태의 내부 조인 모두 결합 조건을 만족하는 경우에만 두 테이블의 레코드를 합치게 된다.

고객별로 제품별 판매액을 검색하고자 하는 다음과 같은 예제를 보면, 먼저 '고객' 테이블에 존재하면서 '판매' 테이블에도 존재하는 [고객번호]를 검색한 후(판매가 발생한 고객을 의미하며 WHERE 절의 첫 번째 조건을 말한다), '제품' 테이블에 존재하면서 '판매' 테이블에도 존재하는 '제품번호'를 검색한다(판매가 발생한 제품을 의미하며 WHERE 절의 두 번째 조건을 말한다).

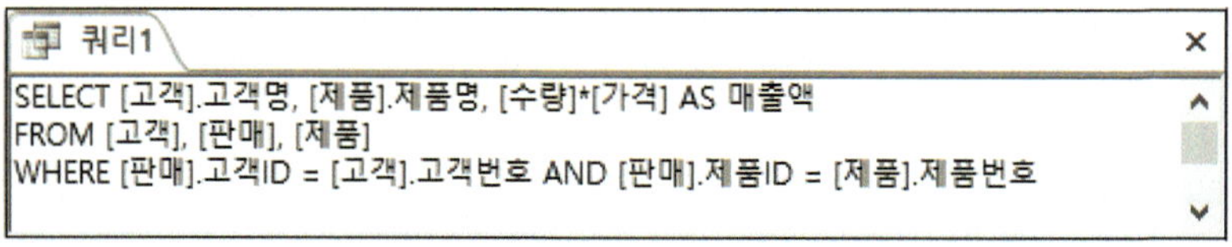

그림 9-3-43 묵시적 내부 조인

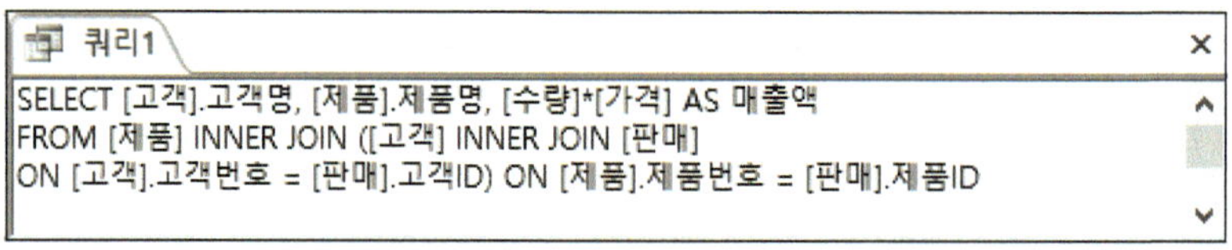

그림 9-3-44 명시적 내부 조인

그림 9-3-43과 그림 9-3-44에서 작성된 SQL 문은 다음 그림 9-3-45에서 나타난 쿼리 디자인 창에서 만들어진 쿼리와도 동일한 결과를 가진다.

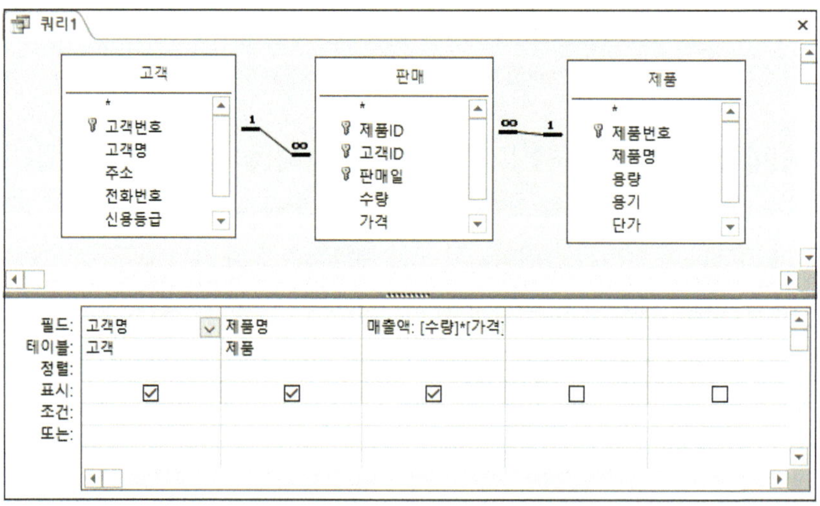

그림 9-3-45 다중 쿼리의 디자인 창

그림 9-3-43, 그림 9-3-44, 그림 9-3-45에서 만들어진 쿼리를 **[쿼리 도구]**의 **[디자인] 탭 > [결과] 그룹**에서 [! 실행]을 클릭하면 [데이터시트 보기] 형식의 쿼리 결과를 확인할 수 있다.

쿼리1

고객명	제품명	매출액
울산상회	바이타-C	₩116,000
미드림상사	바이타-C	₩581,000
미드림상사	바이타-C	₩285,500
미드림상사	바이타-C	₩686,400
미드림상사	바이타-C	₩1,166,000
슈퍼라인	바이타-C	₩118,400
신반포체인	바이타-C	₩115,800
강문유통	바이타-C	₩117,400
제일유통	바이타-C	₩700,800
여동식품	바이타-C	₩298,500
가나안상회	바이타-C	₩179,400
남성상사	바이타-C	₩58,600
삼호유통	바이타-C	₩175,500
현진유통	바이타-C	₩298,000
미드림상사	쿨미스	₩499,500
미드림상사	쿨미스	₩66,600
가나안상회	쿨미스	₩167,500
삼호유통	쿨미스	₩65,000
서방산업	쿨미스	₩167,500
제일유통	쿨미스	₩33,300
울산상회	쿨미스	₩1,185,000
가남월드	쿨미스	₩95,200

레코드: 1/88 필터 없음 검색

그림 9-3-46 다중 쿼리 실행 결과

내부 조인과 구별되는 외부 조인의 경우에는 결합 조건을 만족하지 않더라도 외부 조인의 유형에 따라 특정한 테이블에 포함된 레코드 모두를 검색 결과에 포함시킨다. 왼쪽 외부 조인을 하면 내부 조인의 결과와 함께 결합 조건의 왼쪽에 있는 테이블에 포함된 레코드 중에서 결합 조건을 만족하지 않는 레코드도 모두 검색 결과에 포함된다. 반대로 오른쪽 외부 조인은 내부 조인 결과와 함께 오른쪽 테이블의 레코드 중에서 결합 조건을 만족시키지 않는 레코드도 모두 검색 결과에 포함된다. 마지막으로 전체 외부 조인은 내부 조인 결과와 함께 결합 조건을 충족시키지 않는 양쪽 테이블의 레코드가 모두 검색 결과에 포함된다.

예를 들어 다음 그림 9-3-47과 같이 '고객' 테이블과 '판매' 테이블을 왼쪽 외부 조인한 경우를 보면 조인 조건의 왼쪽에 있는 테이블('고객' 테이블)의 모든 레코드와 함께 내부 조인 결과가 검색 결과에 포함된다. 즉, '고객' 테이블에 존재하는 모든 **고객명**이 검색 결과에 포함되는데 반해 **제품ID**와 **매출액**의 경우 판매가 발생되지 않은 레코드는 검색 결과에 포함되지 않아 다음 그림 9-3-48과 같이 공값(null)으로 나타난다.

쿼리1

```sql
SELECT 고객.고객명, 판매.제품ID, [수량]*[가격] AS 매출액
FROM 고객 LEFT JOIN 판매
ON 고객.고객번호 = 판매.고객ID;
```

그림 9-3-47 왼쪽 외부 조인 쿼리

쿼리1

고객명	제품ID	매출액
제일유통	DB-0500	₩467,400
여동식품	AA-0100	₩298,500
여동식품	BA-0360	₩1,800,000
여동식품	CA-0250	₩2,040,000
서부상사	AB-0500	₩238,000
서부상사	CA-0500	₩5,310,000
국제식품		
가나안상회	AA-0100	₩179,400
가나안상회	AB-0250	₩167,500
가나안상회	BB-2000	₩199,600
가나안상회	CA-0250	₩306,000
가나안상회	DA-0500	₩77,900
가나안상회	DB-0500	₩77,900
가나안상회	DC-0500	₩1,635,900
성일종합상사	AB-1800	₩1,738,000
성일종합상사	CA-0250	₩203,600
성일종합상사	CA-0250	₩510,500
성일종합상사	CA-0500	₩178,000
기린종합상사	BB-0500	₩229,000
기린종합상사	BB-2000	₩506,000
기린종합상사	CA-0500	₩353,000
남성상사	AA-0100	₩58,600
남성상사	AB-1800	₩233,700
남성상사	AB-1800	₩474,000

레코드: 46/89 검색

그림 9-3-48 왼쪽 외부 조인 쿼리 결과

'판매' 테이블과 '제품' 테이블을 오른쪽 외부 조인한 경우, 다음 그림 9-3-49와 같이 '판매' 테이블에는 존재하지 않지만 '제품' 테이블에는 존재하는 **제품번호**와 함께 내부 조인 결과가 질의 결과에 포함되며, '판매' 테이블에 없는 즉, 판매되지 않은 제품에 대한 **고객ID**, **매출액**은 다음 그림 9-3-50과 같이 공값(null)으로 나타난다.

쿼리1

```sql
SELECT 판매.고객ID, [수량]*[가격] AS 매출액, 제품.제품번호
FROM 판매 RIGHT JOIN 제품
ON 판매.제품ID = 제품.제품번호;
```

그림 9-3-49 오른쪽 외부 조인 쿼리

쿼리1

고객ID	매출액	제품번호
10082	₩353,000	CA-0500
10084	₩532,500	CA-0500
10101	₩886,000	CA-0500
10101	₩2,106,250	CA-0500
10012	₩155,800	DA-0500
10039	₩233,400	DA-0500
10071	₩77,900	DA-0500
10084	₩388,500	DA-0500
10092	₩311,200	DA-0500
10101	₩776,000	DA-0500
10101	₩154,000	DA-0500
10038	₩233,700	DB-0500
10039	₩467,400	DB-0500
10071	₩77,900	DB-0500
10102	₩234,300	DB-0500
10071	₩1,635,900	DC-0500
10084	₩155,600	DC-0500
10094	₩233,100	DC-0500
		EA-0250
		EB-0500

레코드: 89/90 검색

그림 9-3-50 오른쪽 외부 조인 쿼리 실행 결과

한번 더 실습 9-3 봉사관리 데이터베이스

01 '희망 복지관'에서 봉사활동을 한 학생별 봉사점수를 검색하는 내부 조인 쿼리를 SQL 문으로 작성하시오. '봉사기관' 테이블에서 기관명 필드를, '재학생' 테이블에서 이름 필드를, '봉사내역' 테이블에서 시수 필드에 3을 곱하여 봉사점수 필드를 표시하고, 학생이름을 오름차순으로 정렬하시오. **(쿼리명: SQL-내부조인 1번)**

SQL-내부조인

```
SELECT 봉사기관.기관명, 재학생.이름, [시수]*3 AS 봉사점수
FROM 재학생 INNER JOIN (봉사기관 INNER JOIN 봉사내역
ON 봉사기관.기관코드 = 봉사내역.기관코드) ON 재학생.학번 = 봉사내역.학번
WHERE (((봉사기관.기관명)="희망 복지관"))
ORDER BY 재학생.이름;
```

(a) SQL 문

SQL-내부조인

기관명	이름	봉사점수
희망 복지관	강경민	12
희망 복지관	김미나	15
희망 복지관	이소연	6
희망 복지관	이소연	9

레코드: 1/4 검색

(b) 실행 결과

그림 9-3-51 봉사관리 데이터베이스 내부 조인 쿼리

02 위의 예제에서 학생별 봉사점수를 봉사점수의 합계(필드명: 총 봉사점수)로 변경하여 검색하는 내부 조인 쿼리를 SQL 문으로 작성하시오. **(쿼리명: SQL-내부조인 2번)**

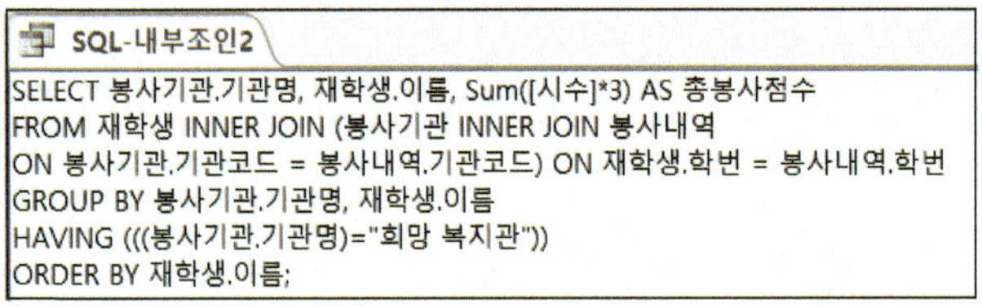

(a) SQL 문

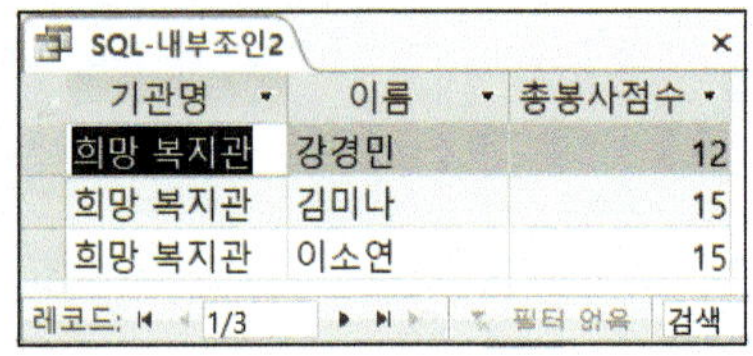

(b) 실행 결과

그림 9-3-52 요약을 추가한 내부 조인 쿼리

03 아직 봉사활동을 하지 않은 학생 명단을 검색하는 외부 조인 쿼리를 SQL 문으로 작성하시오. '재학생' 테이블의 이름 필드와 '봉사내역' 테이블의 시수 필드를 표시하시오. **(쿼리명: SQL-외부조인)**

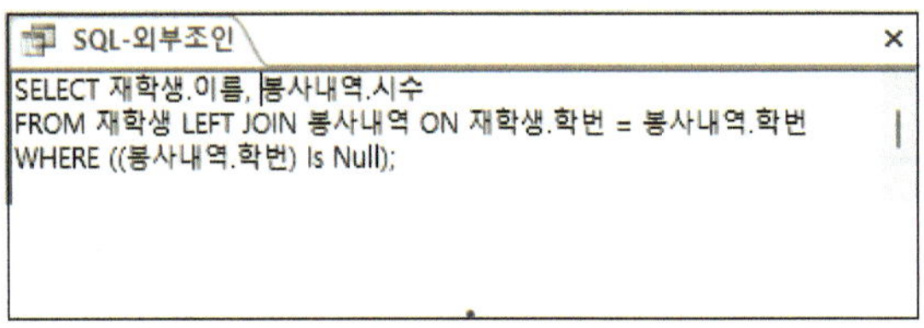

(a) SQL 문

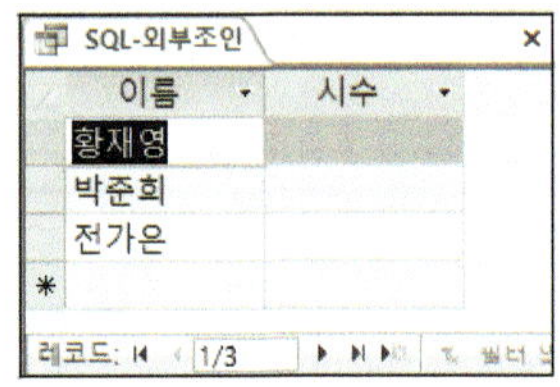

(b) 실행 결과

그림 9-3-53 왼쪽 외부 조인 쿼리

다. 실행 쿼리 만들기

실행 쿼리는 실제 레코드를 추가 및 삭제하거나 변경하는 기능을 제공한다. 실행 쿼리를 이용하여 테이블에 저장된 데이터를 이용해 새로운 테이블을 만들 수 있고, 하나 이상의 테이블에서 데이터를 검색하여 다른 테이블에 데이터를 추가할 수 있고, 테이블의 특정 데이터를 변경하거나 삭제할 수도 있다. 액세스에서 제공하는 네 가지 실행 쿼리를 살펴보면 다음의 표 9-3-5와 같다.

표 9-3-5 실행 쿼리의 예

유형	설명
테이블 만들기 쿼리	하나 이상의 테이블에서 데이터의 일부나 전체를 가져와 새로운 테이블을 만드는 쿼리다.
추가 쿼리	하나 이상의 테이블에 있는 레코드 그룹을 특정 테이블의 끝에 추가한다.
업데이트 쿼리	하나 이상의 테이블에서 특정한 레코드 그룹을 전체적으로 변경하는 쿼리다.
삭제 쿼리	특정한 조건에 맞는 레코드를 삭제하는 쿼리다.

1) 테이블 만들기 쿼리

테이블 만들기 쿼리는 하나 이상의 테이블에서 원하는 데이터를 검색하여 새로운 테이블을 만드는 쿼리다. 데이터 일부 또는 전체를 복사하거나 별도로 보관해야 하는 경우 사용할 수 있다.

실습 9-18 신용등급이 '우수'인 고객에 대한 새로운 테이블을 생성하는 쿼리 만들기

(쿼리명: 우수 신용등급 고객명단 쿼리 / 테이블명: 우수 신용등급 고객명단)

01 새로운 [쿼리 디자인] 창을 열고 [테이블 표시] 창에서 '고객' 테이블을 선택한 뒤, 상단의 테이블 이름을 더블클릭하면 모든 필드가 선택되며 이를 하단 그리드라인으로 드래그하여 [필드:]에 추가한다.

- [신용등급] 필드의 [조건:] 행에 "우수"를 입력한다.

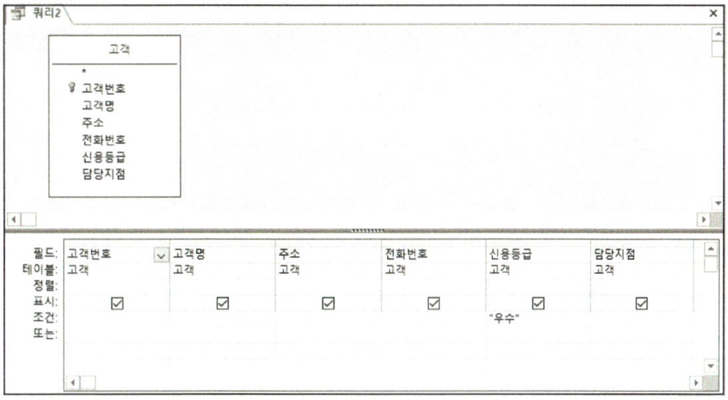

그림 9-3-54 쿼리 디자인 창에 필드 추가 및 조건 설정

02 [쿼리 도구]의 [디자인] 탭 > [쿼리 유형] 그룹에서 [테이블 만들기]를 클릭하면 [테이블 만들기] 대화상자가 실행된다.

- [테이블 이름(N):]에 새로 만들어질 테이블 이름인 우수 신용등급 고객명단을 입력하고 [확인] 단추를 클릭한다. 여기에서 입력한 테이블 이름은 새로 만들어질 테이블 이름으로 [테이블 만들기] 쿼리의 저장 이름은 아니다.

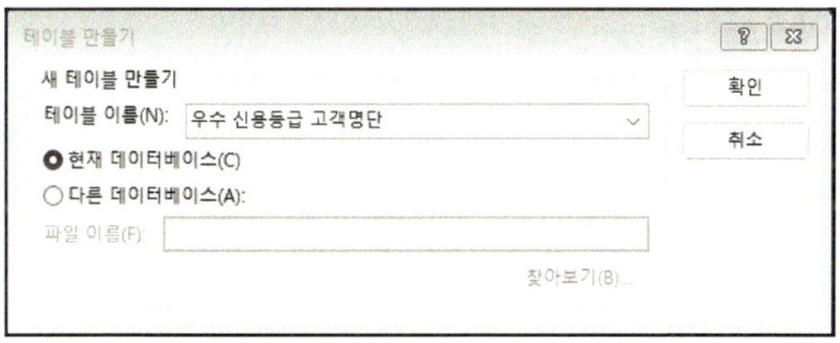

그림 9-3-55 테이블 만들기 대화상자

03 [테이블 만들기] 쿼리가 설정된 것을 확인하려면 다음 그림과 같이 [테이블 만들기] 단추가 선택되어 있는 것을 보면 알 수 있다. 아직은 쿼리가 실행된 것이 아니므로 테이블이 생성되어 있지는 않다.

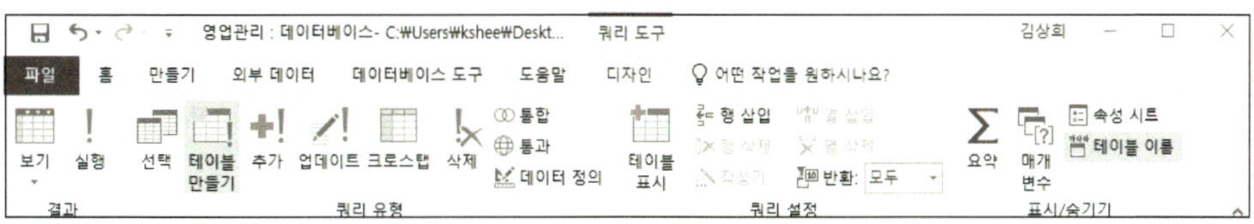

그림 9-3-56 테이블 만들기 쿼리 설정 확인

04 [빠른 실행 도구 모음]의 [💾 저장]을 클릭하고 **우수 신용등급 고객명단 쿼리**를 입력하여 쿼리를 저장한다. 왼쪽 탐색 창에서 [테이블 만들기] 쿼리가 생성된 것을 확인할 수 있다.

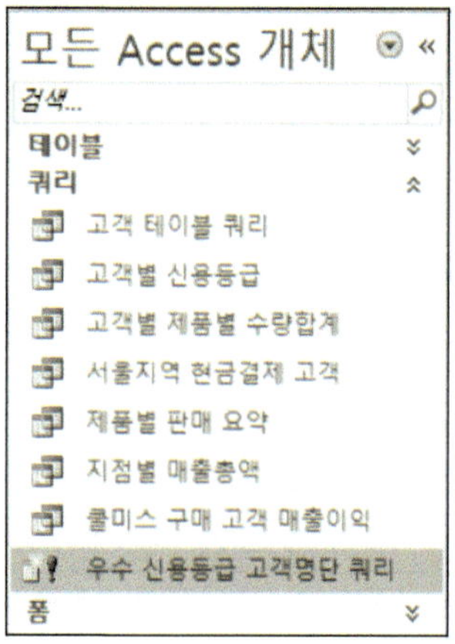

그림 9-3-57 테이블 만들기 쿼리 저장

05 **[쿼리 도구]**의 **[디자인] 탭 > [결과] 그룹**에서 [! 실행]을 클릭하면 [테이블 만들기] 쿼리의 실행 여부를 묻는 대화상자가 나타난다.

[예(Y)] 단추를 클릭한다.

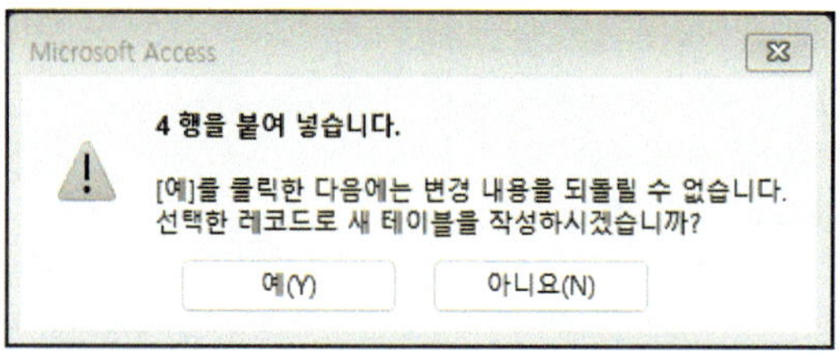

그림 9-3-58 테이블 만들기 쿼리 실행 여부 대화상자

06 [테이블 만들기] 쿼리가 실행되어 다음 그림과 같이 왼쪽 탐색 창에 '우수 신용등급 고객명단'이라는 새로운 테이블이 만들어진다.

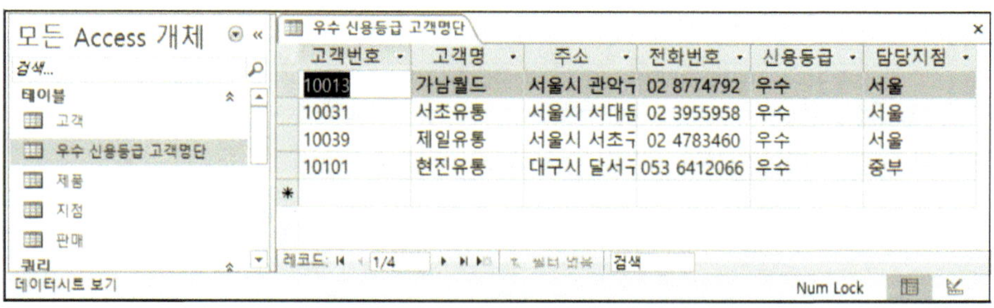

그림 9-3-59 테이블 만들기 쿼리 실행 결과

TIP **테이블 만들기 SQL 문**

위에서 [쿼리 디자인] 창을 통해 작성한 [테이블 만들기] 쿼리를 [SQL 보기] 화면으로 전환하면 다음과 같은 SQL 문을 확인할 수 있다.

우수 신용등급 고객명단 쿼리

```
SELECT 고객.고객번호, 고객.고객명, 고객.주소, 고객.전화번호, 고객.신용등급, 고객.담당지점 INTO [우수 신용등급 고객명단]
FROM 고객
WHERE (((고객.신용등급)="우수"));
```

그림 9-3-60 테이블 만들기 쿼리 SQL 문

한번 더 실습 9-4 봉사관리 데이터베이스

쿼리 디자인을 이용하여 우수기관으로 선정된 봉사기관의 기관명, 연락처, 주소를 포함하는 새로운 테이블로 만드는 쿼리를 작성하여 실행하시오. 테이블 이름은 '우수봉사기관'으로 저장하시오.

(쿼리명: 우수봉사기관 만들기 쿼리)

우수봉사기관

기관코드	기관명	연락처	주소	우수기관
S-02	희망 복지관	02-873-8741	서울시 관악구	-1
S-04	믿음 청소년관	02-244-4431	서울시 노원구	-1
*				

레코드: 1/2 검색 Num Lock

그림 9-3-61 '우수봉사기관' 테이블

2) 추가 쿼리

추가(INSERT) 쿼리는 기존 테이블의 끝에 새로운 레코드를 추가할 때 사용하는 쿼리다. 필드에 조건을 주어 원하는 레코드를 추출한 뒤 기존 테이블에 추가 가능하다.

실습 9-19 고객 테이블에서 신용등급이 '일반'인 고객을 검색하여 우수 신용등급 고객명단 테이블에 추가하는 쿼리 만들기

(쿼리명: 일반 신용등급 추가 쿼리)

01 새로운 [쿼리 디자인] 창을 열고 [테이블 표시] 창에서 '고객' 테이블을 선택한 뒤, 상단의 테이블 이름을 더블클릭하면 모든 필드가 선택되며 이를 하단 그리드라인으로 드래그하여 [필드:]에 추가한다.

- '신용등급' 필드의 [조건:] 행에 일반을 입력한다.

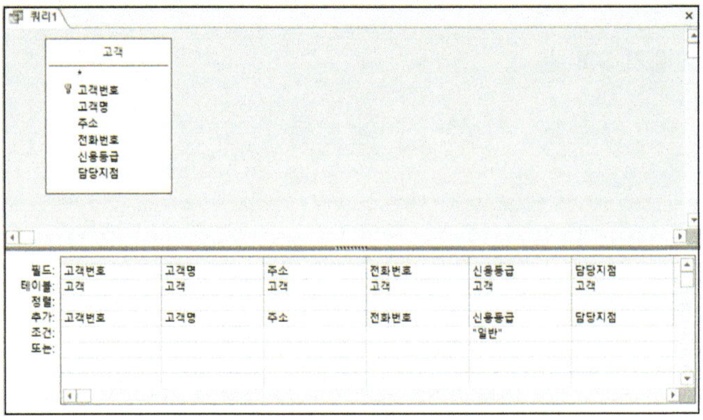

그림 9-3-62 추가 쿼리에 조건 설정

02 [쿼리 도구]의 [디자인] 탭 > [쿼리 유형] 그룹에서 [추가]를 클릭하면 다음 그림과 같은 [추가] 대화상자가 나타난다. [추가] 대화상자는 선택된 레코드가 추가될 테이블의 이름을 지정하는 곳이다.

- [테이블 이름(N):] 드롭다운 단추를 클릭해 우수 신용등급 고객명단 테이블을 선택하고 [확인] 단추를 클릭한다. 그러면 위의 그림 9-3-62와 같이 하단 그리드라인의 표시 행에 [추가:] 행이 추가된 것을 확인할 수 있다.

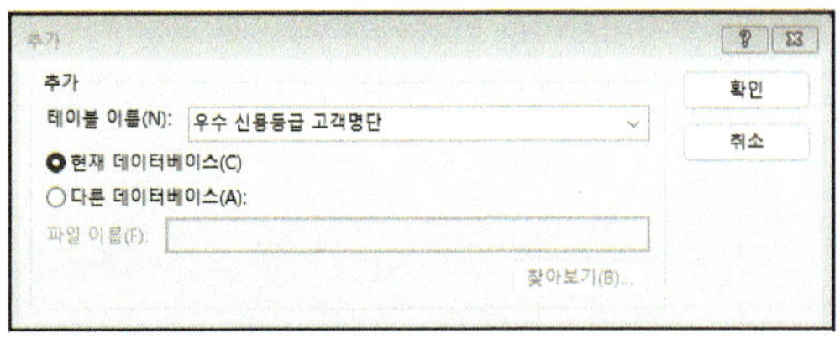

그림 9-3-63 추가 쿼리의 추가 대화상자

03 [빠른 실행 도구 모음]의 [저장]을 클릭하고 일반 신용등급 추가 쿼리를 입력하여 [추가] 쿼리를 저장한다. 왼쪽 탐색 창에서 [추가] 쿼리가 생성된 것을 확인할 수 있다.

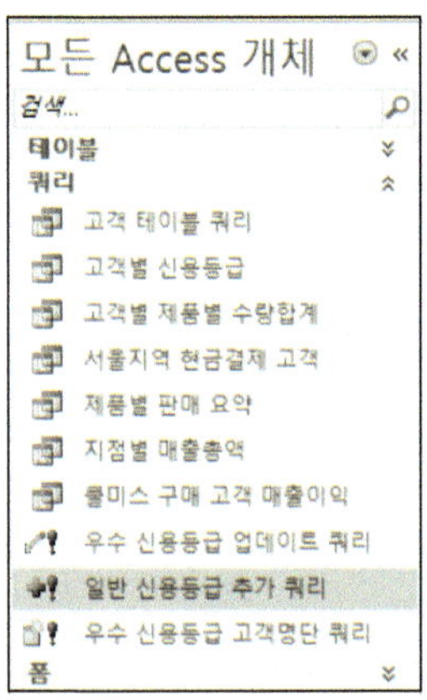

그림 9-3-64 추가 쿼리 저장

04 [쿼리 도구]의 [디자인] 탭 > [결과] 그룹에서 [! 실행]을 클릭하면 [추가] 쿼리의 실행 여부를 묻는 대화상자가 나타난다.

[예(Y)] 단추를 클릭하여 추가 쿼리를 실행한다.

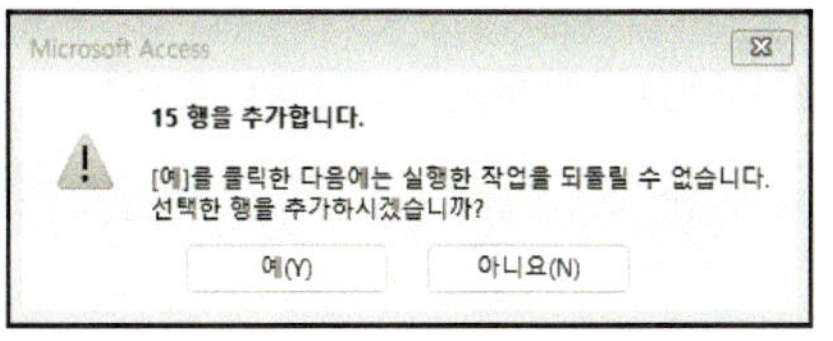

그림 9-3-65 추가 쿼리 실행 여부 대화상자

05 '우수 신용등급 고객명단' 테이블을 열어보면 신용등급 필드가 '일반'인 새로운 15개의 레코드가 추가된 것을 확인할 수 있다.

일반 신용등급 추가 쿼리 | 우수 신용등급 고객명단

고객번호	고객명	주소	전화번호	신용등급	담당지점
10013	가남월드	서울시 관악	02 8774792	우수	서울
10031	서초유통	서울시 서대	02 3955958	우수	서울
10039	제일유통	서울시 서초	02 4783460	우수	서울
10101	현진유통	대구시 달서	053 6412066	우수	중부
10012	미드림상사	서울시 강남	02 5525252	일반	서울
10015	슈퍼라인	서울시 노원	02 9497088	일반	서울
10032	신반포체인	서울시 서초	02 5334325	일반	서울
10052	여동식품	서울시 송파	02 4327645	일반	서울
10063	서부상사	경기도 고양	031 9791001	일반	중부
10065	국제식품	경기도 동두	031 8652832	일반	중부
10071	가나안상회	충청남도 천	041 5515426	일반	중부
10072	성일종합상사	충북 제천시	043 6521123	일반	중부
10084	남성상사	제주도 서귀	064 6264221	일반	남부
10085	국제상사	전북 남원시	063 6325546	일반	남부
10092	거인상사	부산시 금정	051 5171993	일반	남부
10093	삼호유통	부산시 동래	051 5580964	일반	남부
10094	강남음료	부산시 수영	051 7573343	일반	남부
10102	서방산업	대구시 수성	053 7613133	일반	중부
10202	제일유통	강원도 강릉	033 6548832	일반	중부

레코드: 1/19 검색

그림 9-3-66 추가 쿼리 실행 결과

TIP 추가 SQL 문

위에서 [쿼리 디자인] 창을 통해 작성한 [추가] 쿼리를 [SQL 보기] 화면으로 전환하면 다음과 같은 SQL 문을 확인할 수 있다.

일반 신용등급 추가 쿼리

```
INSERT INTO [우수 신용등급 고객명단] ( 고객번호, 고객명, 주소, 전화번호, 신용등급, 담당지점 )
SELECT 고객.고객번호, 고객.고객명, 고객.주소, 고객.전화번호, 고객.신용등급, 고객.담당지점
FROM 고객
WHERE (((고객.신용등급)="일반"));
```

그림 9-3-67 추가 쿼리 SQL 문

한번 더 실습 9-5 봉사관리 데이터베이스

봉사기관 테이블에서 우수기관이 아닌 일반기관을 검색하여 우수봉사기관 테이블에 추가하는 쿼리를 작성하여 실행하시오. **(쿼리명: 우수봉사기관 추가 쿼리)**

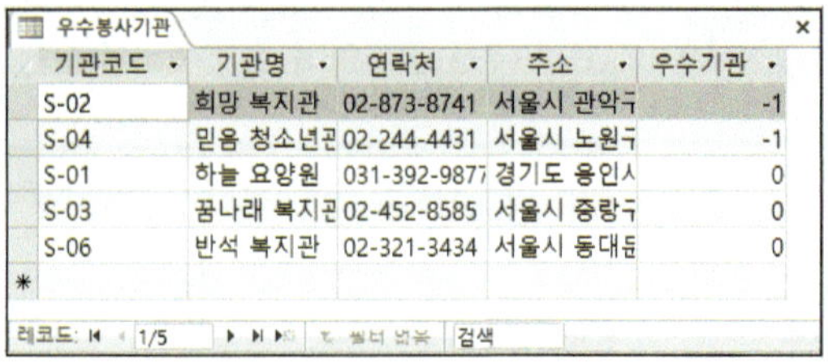

기관코드	기관명	연락처	주소	우수기관
S-02	희망 복지관	02-873-8741	서울시 관악구	-1
S-04	믿음 청소년관	02-244-4431	서울시 노원구	-1
S-01	하늘 요양원	031-392-9877	경기도 용인시	0
S-03	꿈나래 복지관	02-452-8585	서울시 중랑구	0
S-06	반석 복지관	02-321-3434	서울시 동대문	0

그림 9-3-68 우수봉사기관 추가

3) 업데이트 쿼리

업데이트(UPDATE) 쿼리는 조건과 일치하는 레코드들을 검색하여 사용자가 원하는 값으로 변경하는 쿼리다. 하나 이상의 테이블에서 특정한 레코드 그룹을 전체적으로 변경한다.

실습 9-20 고객 테이블에서 신용등급이 '우수'인 고객의 신용등급을 'VIP'로 변경하는 쿼리 만들기

(쿼리명: 우수 신용등급 업데이트 쿼리)

01 새로운 [쿼리 디자인] 창을 열고 [테이블 표시] 창에서 '고객' 테이블을 선택한 뒤, '고객' 테이블의 필드 목록에서 신용등급 필드를 더블클릭하여 하단 그리드라인의 [필드:] 행에 추가한다.

02 [쿼리 도구]의 [디자인] 탭 > [쿼리 유형] 그룹]에서 [업데이트]를 클릭하면 다음 그림과 같이 하단 그리드라인에 [업데이트:] 행이 추가된다.

- '신용등급'의 [조건:] 행에 우수를 입력하고 [업데이트:] 행에 VIP를 입력하여 추출된 레코드들을 일괄적으로 'VIP'로 변경할 수 있다.

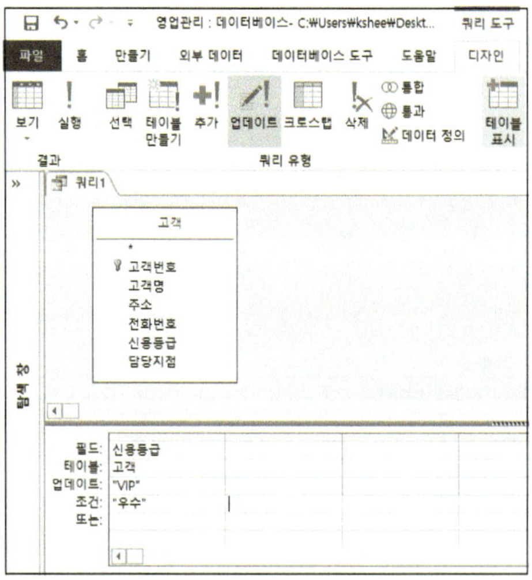

그림 9-3-69 업데이트 쿼리에 조건 설정

03 [빠른 실행 도구 모음]의 [💾 저장]을 클릭하고 **우수 신용등급 업데이트 쿼리**를 입력하여 쿼리를 저장한다. 왼쪽 탐색 창에서 [업데이트] 쿼리가 생성된 것을 확인할 수 있다.

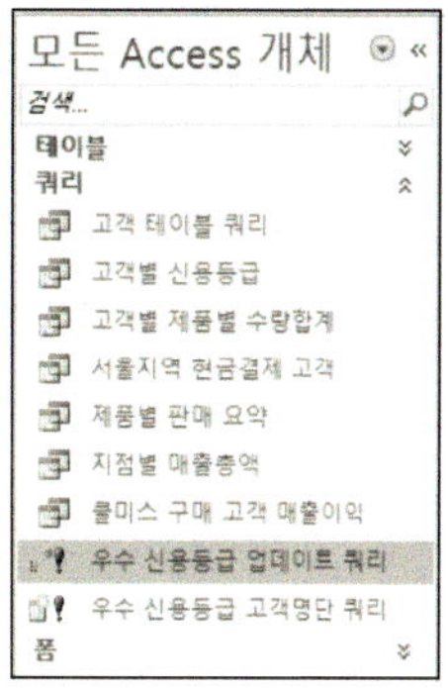

그림 9-3-70 업데이트 쿼리 저장

04 **[쿼리 도구]**의 **[디자인] 탭 > [결과] 그룹**에서 [! 실행]을 클릭하면 [업데이트] 쿼리의 실행 여부를 묻는 대화상자가 나타난다. 업데이트 쿼리가 실행되면 실행취소(↶) 단추를 사용하여 이전 상태로 복구할 수 없으므로 실행하기 전에 업데이트 내용이 정확한지 주의할 필요가 있다.

[예(Y)] 단추를 클릭하여 업데이트 쿼리를 실행한다.

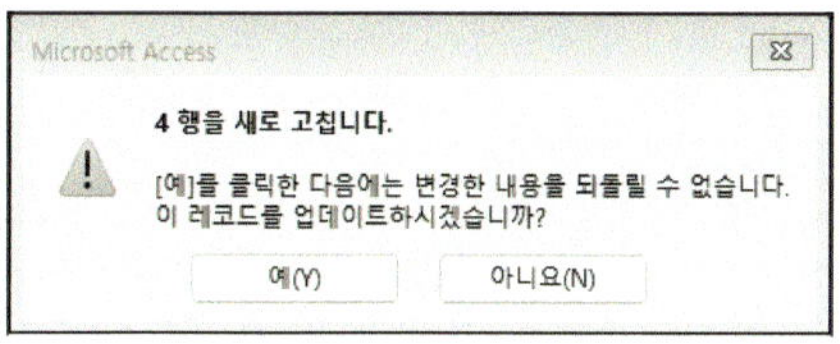

그림 9-3-71 업데이트 쿼리 실행 여부 대화상자

05 '고객' 테이블을 열어보면 신용등급 필드의 '우수' 데이터가 'VIP'로 바뀐 것을 확인할 수 있다.

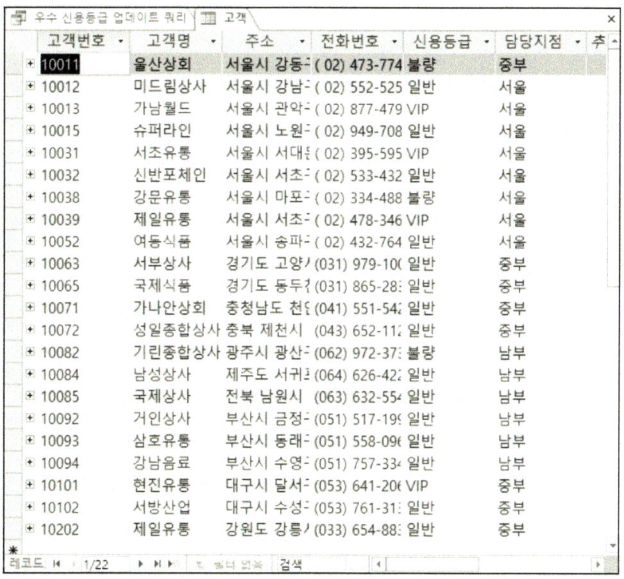

고객번호	고객명	주소	전화번호	신용등급	담당지점
10011	울산상회	서울시 강동	(02) 473-774	불량	중부
10012	미드림상사	서울시 강남	(02) 552-525	일반	서울
10013	가남월드	서울시 관악	(02) 877-479	VIP	서울
10015	슈퍼라인	서울시 노원	(02) 949-708	일반	서울
10031	서초유통	서울시 서대	(02) 395-595	VIP	서울
10032	신반포체인	서울시 서초	(02) 533-432	일반	서울
10038	강문유통	서울시 마포	(02) 334-488	불량	서울
10039	제일유통	서울시 서초	(02) 478-346	VIP	서울
10052	여동식품	서울시 송파	(02) 432-764	일반	서울
10063	서부상사	경기도 고양	(031) 979-10	일반	중부
10065	국제식품	경기도 동두	(031) 865-28	일반	중부
10071	가나안상회	충청남도 천	(041) 551-54	일반	중부
10072	성일종합상사	충북 제천시	(043) 652-11	일반	중부
10082	기린종합상사	광주시 광산	(062) 972-37	불량	남부
10084	남성상사	제주도 서귀	(064) 626-42	일반	남부
10085	국제상사	전북 남원시	(063) 632-55	일반	남부
10092	거인상사	부산시 금정	(051) 517-19	일반	남부
10093	삼호유통	부산시 동래	(051) 558-09	일반	남부
10094	강남음료	부산시 수영	(051) 757-33	일반	남부
10101	현진유통	대구시 달서	(053) 641-20	VIP	중부
10102	서방산업	대구시 수성	(053) 761-31	일반	중부
10202	제일유통	강원도 강릉	(033) 654-88	일반	중부

그림 9-3-72 업데이트 쿼리 실행 결과

TIP 업데이트 SQL 문

위에서 [쿼리 디자인] 창을 통해 작성한 [업데이트] 쿼리를 [SQL 보기] 화면으로 전환하면 다음과 같은 SQL 문을 확인할 수 있다.

우수 신용등급 업데이트 쿼리

```
UPDATE 고객 SET 고객.신용등급 = "VIP"
WHERE (((고객.신용등급)="우수"));
```

그림 9-3-73 업데이트 쿼리의 SQL문

한번 더 실습 9-6 봉사관리 데이터베이스

쿼리 디자인을 이용하여 봉사기관 테이블에서 기관코드 'S-05'를 'S-06'으로 변경하는 쿼리를 작성하여 실행하시오. **(쿼리명: 기관코드 업데이트 쿼리)**

봉사기관

기관코드	기관명	연락처	주소	우수기관	추
S-01	하늘 요양원	031-392-9877	경기도 용인시	No	
S-02	희망 복지관	02-873-8741	서울시 관악구	Yes	
S-03	꿈나래 복지관	02-452-8585	서울시 중랑구	No	
S-04	믿음 청소년관	02-244-4431	서울시 노원구	Yes	
S-06	반석 복지관	02-321-3434	서울시 동대문	No	

레코드: 1/5 필터 없음 검색

그림 9-3-74 봉사기관 테이블의 기관코드 변경

아래 그림과 같이 봉사기관 테이블과 관계를 맺고 있는 봉사내역 테이블의 기관코드 필드의 'S-05'도 'S-06'으로 변경된 것을 확인할 수 있다. 두 테이블의 관계에 대해 참조 무결성 유지와 관련 필드 모두 업데이트 설정을 하였기 때문이다.

봉사내역

봉사코드	학번	기관코드	봉사내용	봉사날짜	시수	추
2019055	201721098	S-06	영어 멘토	2019-12-20	4	
2019056	201921587	S-06	수학 멘토	2019-12-10	3	
2019057	201821278	S-06	수학 멘토	2019-12-17	2	
2019058	201922358	S-06	영어 멘토	2019-12-18	4	
2019059	201725685	S-06	영어 멘토	2019-12-24	3	
2019060	201829452	S-06	수학 멘토	2019-12-25	2	
				2023-01-09		

레코드: 1/6 필터링됨 검색

그림 9-3-75 봉사내역 테이블의 기관코드 변경

4) 삭제 쿼리

삭제(DELETE) 쿼리는 조건에 맞는 레코드를 삭제하는 쿼리다. 이 쿼리는 데이터베이스를 유지 관리 하는데 매우 유용하기는 하나 한 번 실행하면 레코드가 영구히 삭제됨으로 조심해서 사용해야 한다.

실습 9-21 우수 신용등급 고객명단 테이블에서 신용등급이 '일반'인 고객의 레코드를 삭제하는 쿼리 만들기

(쿼리명: 일반 신용등급 삭제 쿼리)

01 새로운 [쿼리 디자인] 창을 열고 [테이블 표시] 창에서 '우수 신용등급 고객명단' 테이블을 선택한 뒤, 하단 그리드라인의 [필드:] 행에 신용등급 필드를 추가한다.

[쿼리 도구]의 [디자인] 탭 > [쿼리 유형] 그룹에서 [삭제]를 클릭하면 하단 그리드라인의 표시 행에 [삭제:] 행이 추가된다.

[삭제:] 행에는 '조건'으로 설정하고 [조건:] 행에는 삭제 조건인 일반이라고 입력한다.

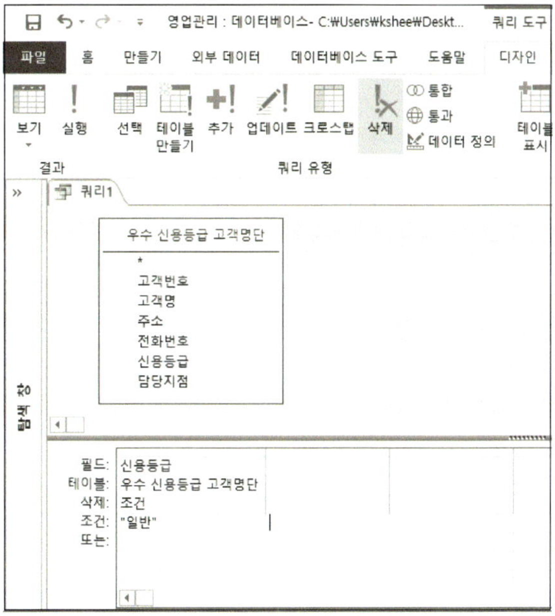

그림 9-3-76 삭제 쿼리에 조건 설정

02 [빠른 실행 도구 모음]의 [저장]을 클릭하고 일반 신용등급 삭제 쿼리를 입력하여 [삭제] 쿼리를 저장한다. 왼쪽 탐색 창에서 [삭제] 쿼리가 생성된 것을 확인할 수 있다.

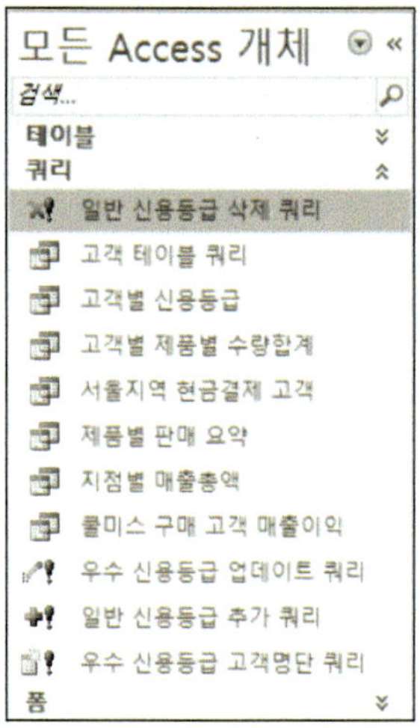

그림 9-3-77 삭제 쿼리 저장

03 [쿼리 도구]의 [디자인] 탭 > [결과] 그룹에서 [! 실행]을 클릭하면 [삭제] 쿼리의 실행 여부를 묻는 대화상자가 나타난다.

- [예(Y)] 단추를 클릭하여 삭제 쿼리를 실행한다.

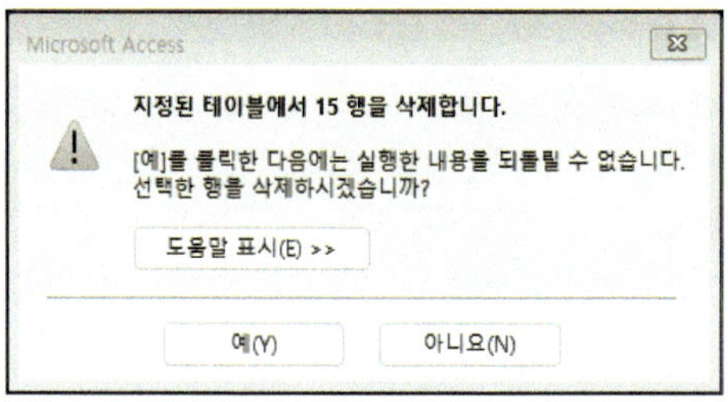

그림 9-3-78 삭제 쿼리 실행 여부 대화상자

04 '우수 신용등급 고객명단' 테이블을 열어보면 신용등급 필드가 '일반'인 15개의 레코드가 삭제된 것을 확인할 수 있다.

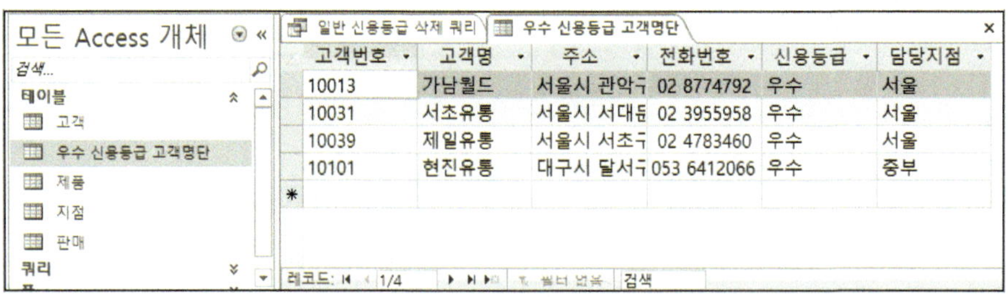

그림 9-3-79 삭제 쿼리 실행 결과

TIP 삭제 SQL 문

위에서 [쿼리 디자인] 창을 통해 작성한 [삭제] 쿼리를 [SQL 보기] 화면으로 전환하면 다음과 같은 SQL 문을 확인할 수 있다.

일반 신용등급 삭제 쿼리

```
DELETE [우수 신용등급 고객명단].신용등급
FROM [우수 신용등급 고객명단]
WHERE ((([우수 신용등급 고객명단].신용등급)="일반"));
```

그림 9-3-80 삭제 쿼리 SQL문

한번 더 실습 9-7 봉사관리 데이터베이스

우수봉사기관 테이블에서 우수기관이 아닌 기관을 검색하여 삭제하는 쿼리를 작성하여 실행하시오.
(쿼리명: 우수봉사기관 삭제 쿼리)

우수봉사기관

기관코드	기관명	연락처	주소	우수기관
S-02	희망 복지관	02-873-8741	서울시 관악구	-1
S-04	믿음 청소년관	02-244-4431	서울시 노원구	-1
*				

레코드: 1/2 필터 없음 검색

그림 9-3-81 일반기관 삭제

라. 매개변수 쿼리

매개변수 쿼리는 쿼리의 조건을 변수화하여 사용자가 쿼리를 실행할 때마다 새로운 조건을 입력하여 즉시 검색할 수 있도록 하는 쿼리다. 매개변수 쿼리를 이용하여 특정 연도에 판매된 제품을 검색할 수도 있고, 특정 신용등급에 대한 고객 명단을 검색할 수도 있다. 매개변수 쿼리는 쿼리의 검색 기준이 되는 조건이 자주 변화할 때 매우 유용하게 활용할 수 있다.

실습 9-22 고객의 신용등급별로 레코드를 검색하는 매개변수 쿼리 만들기
(쿼리명: 신용등급 매개변수 쿼리)

01 새로운 [쿼리 디자인] 창을 열고 [테이블 표시] 창에서 '고객' 테이블을 선택한 뒤, 모든 필드를 하단 그리드라인에 추가한다.

- 검색 조건이 되는 '신용등급' 필드의 [조건:] 행에 대괄호([ ])를 입력하면 매개변수 쿼리가 된다. [조건:] 행에 [신용등급을 입력하시오]라고 입력하여 매개변수 메시지(설명 문구)를 넣을 수 있다.

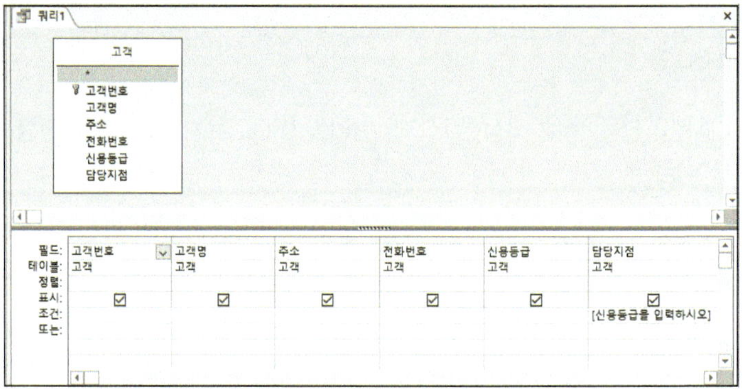

그림 9-3-82 매개변수 쿼리에 메시지 설정

02 [빠른 실행 도구 모음]의 [저장]을 클릭하고 **신용등급 매개변수 쿼리**를 입력하여 [매개변수] 쿼리를 저장한다. 왼쪽 탐색 창에서 [매개변수] 쿼리가 생성된 것을 확인할 수 있다.

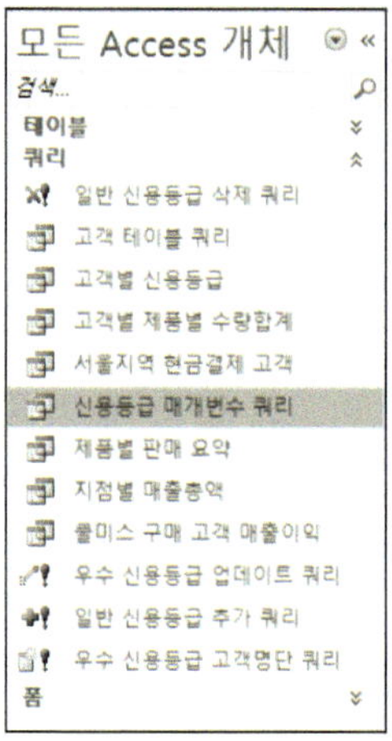

그림 9-3-83 매개변수 쿼리 저장

03 **[쿼리 도구]**의 **[디자인] 탭 > [결과] 그룹**에서 [! 실행]을 클릭하면 [매개 변수 값 입력]이라는 대화상자에 사용자의 이해를 돕기 위해 입력했던 메시지(설명 문구)와 함께 검색어를 입력하는 상자가 나타난다.

- **일반**을 입력한 후 [확인] 단추를 클릭하면 입력된 매개변수 값('일반')에 따른 쿼리의 검색 결과가 나타난다.

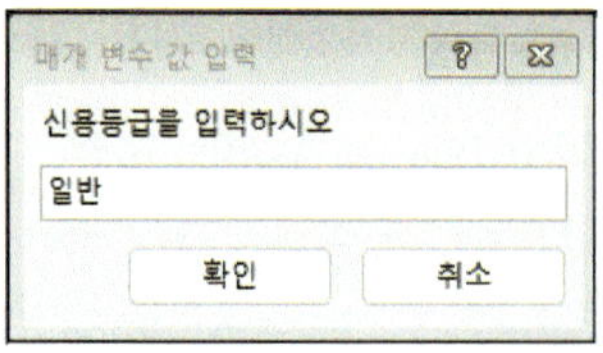

그림 9-3-84 매개변수 값 입력

신용등급 매개변수 쿼리

고객번호	고객명	주소	전화번호	신용등급	담당지점
10012	미드림상사	서울시 강남-	(02) 552-525	일반	서울
10015	슈퍼라인	서울시 노원-	(02) 949-708	일반	서울
10032	신반포체인	서울시 서초-	(02) 533-432	일반	서울
10052	여동식품	서울시 송파-	(02) 432-764	일반	서울
10063	서부상사	경기도 고양/	(031) 979-10(	일반	중부
10065	국제식품	경기도 동두	(031) 865-28	일반	중부
10071	가나안상회	충청남도 천	(041) 551-54	일반	중부
10072	성일종합상사	충북 제천시	(043) 652-11	일반	중부
10084	남성상사	제주도 서귀	(064) 626-42	일반	남부
10085	국제상사	전북 남원시	(063) 632-55	일반	남부
10092	거인상사	부산시 금정-	(051) 517-19	일반	남부
10093	삼호유통	부산시 동래-	(051) 558-09	일반	남부
10094	강남음료	부산시 수영-	(051) 757-33	일반	남부
10102	서방산업	대구시 수성-	(053) 761-31	일반	중부
10202	제일유통	강원도 강릉/	(033) 654-88	일반	중부

레코드: 1/15 필터 없음 검색

그림 9-3-85 매개변수 쿼리 실행 결과

매개변수 쿼리는 실행될 때마다 매개변수 값을 묻는 대화상자가 나타나기 때문에 검색하고자 하는 매개변수 값이 자주 변경되는 경우에 매우 유용하다.

한번 더 실습 9-8 봉사관리 데이터베이스

학과별로 봉사날짜, 기관명, 학번, 이름, 봉사내용, 시수를 검색하는 매개변수 쿼리를 작성하시오. 시수가 높은 순으로 검색되도록 하고, 검색 시 '조회할 학과명을 입력하시오'라는 메시지가 표시되도록 하시오. **(쿼리명: 학과별 검색 매개변수 쿼리)**

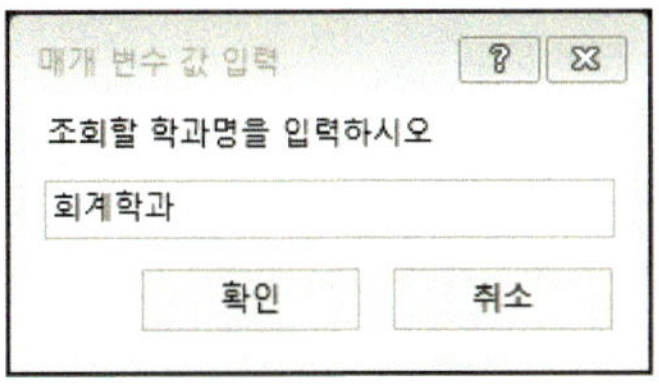

(a) 매개변수 조회 창

학과별 검색

봉사날짜	기관명	학번	이름	봉사내용	시수
2019-11-12	믿음 청소년	201829452	김민교	수학 멘토	5
2019-07-16	꿈나래 복지	201721651	이재후	빨래도우미	4
2019-03-19	하늘 요양원	201829452	김민교	어르신 말벗	4
2019-06-18	꿈나래 복지	201829452	김민교	청소도우미	3
2019-12-25	반석 복지관	201829452	김민교	수학 멘토	2
2019-06-25	꿈나래 복지	201829452	김민교	목욕도우미	2

레코드: 1/6 필터 없음 검색

(b) 회계학과 조회 결과

그림 9-3-86 학과별 매개변수 쿼리 작성

4 쿼리 마법사를 이용한 다양한 쿼리 만들기

액세스에서는 쿼리를 쉽고 간편하게 작성할 수 있도록 도와주는 쿼리 마법사를 제공한다. 쿼리 마법사의 종류에는 선택한 필드만 나타내는 단순 쿼리 마법사, 특정 필드를 요약하는 크로스탭 쿼리 마법사, 동일한 데이터를 검색하는 중복 데이터 검색 쿼리 마법사, 관계가 설정된 테이블 간에 특정 필드를 기준으로 일치하지 않는 데이터를 검색하는 불일치 검색 쿼리 마법사가 있다. 본 절에서는 이미 제2절에서 다루었던 단순 쿼리 마법사를 제외한 나머지 마법사 기능에 대해 살펴보도록 한다.

가. 크로스탭 쿼리 마법사

크로스탭 쿼리는 스프레드시트의 피벗 테이블 형식으로 데이터를 요약하고 비교할 수 있도록 해주는 쿼리다. 즉, 크로스탭 쿼리는 특정 필드를 기준으로 그룹화한 요약 쿼리를 행과 열로 구분하여 2차원 구조로 보여주는 쿼리라고 할 수 있다. 크로스탭 쿼리를 작성하기 위해서는 세 개의 필드가 필요한데, 데이터시트의 왼쪽 세로 방향의 필드를 그룹화하기 위한 행 머리글, 위쪽 가로 방향의 필드를 그룹화하기 위한 열 머리글, 그리고 행과 열이 교차하는 곳에 요약 값을 표시하기 위한 필드로 구성된다. 이처럼 크로스탭 쿼리는 여러 필드를 그룹화하고 재구성함으로서 요약 데이터를 보다 읽기 쉽고 이해하기 쉽도록 해준다. 크로스탭 쿼리 마법사를 이용할 때 주의할 점은 여러 테이블에서 필드를 불러와야 하는 경우에는 먼저 원하는 필드를 포함하고 있는 다중 선택 쿼리를 작성한 후 크로스탭 쿼리를 생성할 때 이용하여야 한다.

실습 9-23 고객에 따른 제품별 매출액을 구하는 크로스탭 쿼리 만들기

(쿼리명: 고객별 제품 매출액_Crosstab)

01 먼저 크로스탭 쿼리에 사용할 다중 선택 쿼리를 작성한다. 새로운 [쿼리 디자인] 창을 열고 고객명, 신용등급, 제품명, 매출액: 수량*가격 필드로 구성된 다중 선택 쿼리(쿼리 이름: 고객별 제품 매출액)를 만든다.

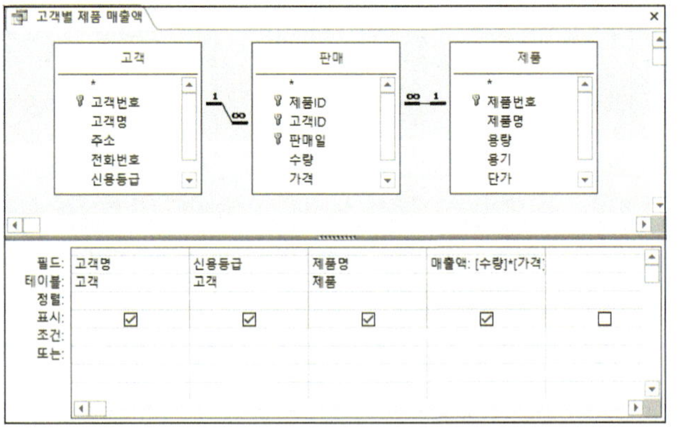

그림 9-4-1 '고객별 제품 매출액' 쿼리 작성

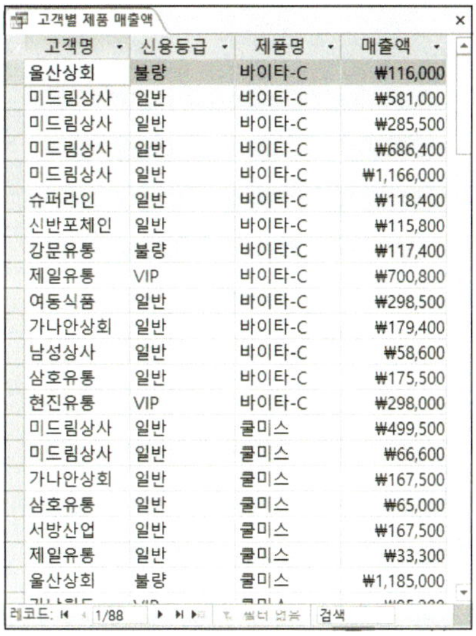

고객별 제품 매출액

고객명	신용등급	제품명	매출액
울산상회	불량	바이타-C	₩116,000
미드림상사	일반	바이타-C	₩581,000
미드림상사	일반	바이타-C	₩285,500
미드림상사	일반	바이타-C	₩686,400
미드림상사	일반	바이타-C	₩1,166,000
슈퍼라인	일반	바이타-C	₩118,400
신반포체인	일반	바이타-C	₩115,800
강문유통	불량	바이타-C	₩117,400
제일유통	VIP	바이타-C	₩700,800
여동식품	일반	바이타-C	₩298,500
가나안상회	일반	바이타-C	₩179,400
남성상사	일반	바이타-C	₩58,600
삼호유통	일반	바이타-C	₩175,500
현진유통	VIP	바이타-C	₩298,000
미드림상사	일반	쿨미스	₩499,500
미드림상사	일반	쿨미스	₩66,600
가나안상회	일반	쿨미스	₩167,500
삼호유통	일반	쿨미스	₩65,000
서방산업	일반	쿨미스	₩167,500
제일유통	일반	쿨미스	₩33,300
울산상회	불량	쿨미스	₩1,185,000

레코드: 1/88 필터 없음 검색

그림 9-4-2 '고객별 제품 매출액' 쿼리 실행 결과

02 [만들기] 탭 > [쿼리] 그룹에서 [쿼리 마법사]를 클릭하면 [새 쿼리] 대화상자가 나타난다.

- [새 쿼리] 대화상자에서 [크로스탭 쿼리 마법사]를 선택하고 [확인]을 클릭한다.

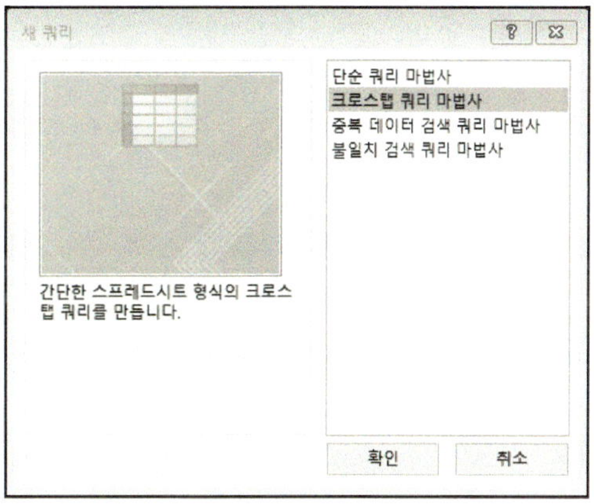

그림 9-4-3 크로스탭 쿼리 마법사 선택

03 [크로스탭 쿼리 마법사]의 첫 번째 단계에서는 작성하고자 하는 데이터 원본을 선택한다.

- 앞에서 작성해 놓은 '쿼리: 고객별 제품 매출액'를 선택한 후 [다음(N)>]을 클릭한다.

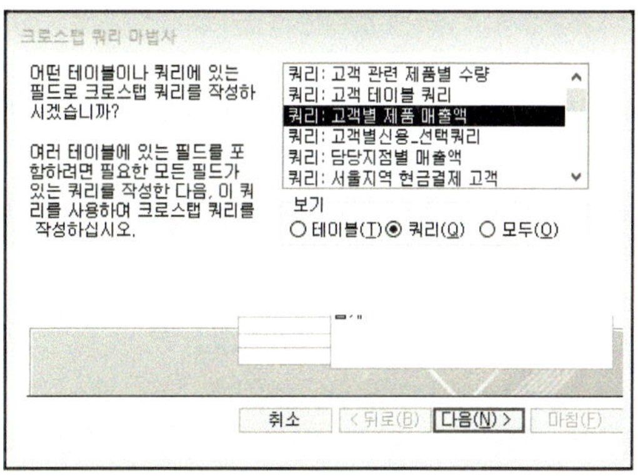

그림 9-4-4 크로스탭 쿼리 마법사 1단계

04 [크로스탭 쿼리 마법사]의 두 번째 단계에서는 행 머리글에 사용할 필드를 [사용 가능한 필드:]에서 선택하는 단계이다.

- 행 머리글에 사용할 '고객명' 필드를 선택하고 가운데 위치한 필드 이동 단추(>)를 클릭하여 [선택한 필드:]로 이동시킨 후 [다음(N)>]을 클릭한다.

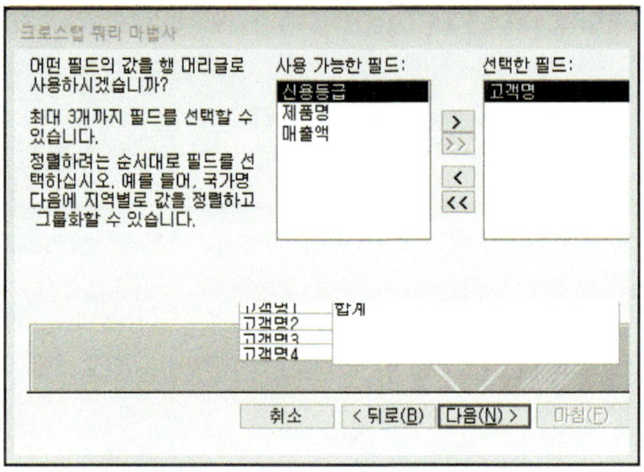

그림 9-4-5 크로스탭 쿼리 마법사 2단계

05 [크로스탭 쿼리 마법사]의 세 번째 단계에서는 열 머리글에 사용할 필드를 선택하는 단계이다.

- 열 머리글에 사용할 '제품명' 필드를 선택하고 [다음(N)>]을 클릭한다.

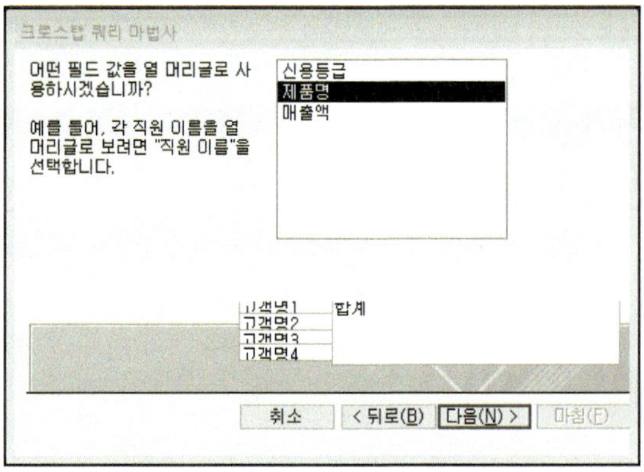

그림 9-4-6 크로스탭 쿼리 마법사 3단계

06 [크로스탭 쿼리 마법사]의 네 번째 단계에서는 행과 열이 교차하는 곳에 사용할 필드와 계산에 필요한 함수를 선택하는 단계이다.

- 행과 열이 교차하는 곳에 사용할 필드로 '매출액' 필드를 선택하고 '매출액' 필드에 적용할 함수로 '총계'를 선택하고 [다음(N)>]을 클릭한다.

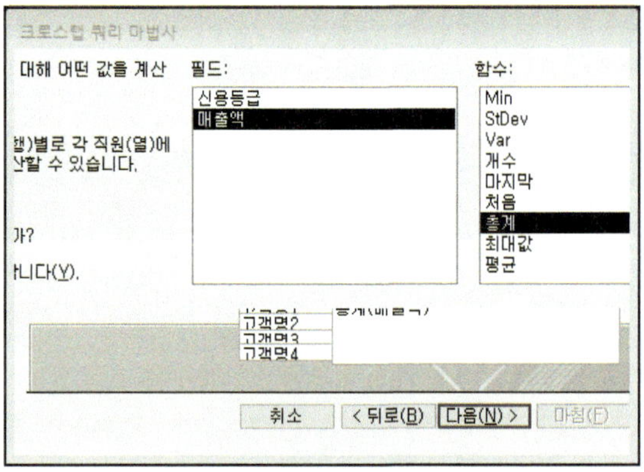

그림 9-4-7 크로스탭 쿼리 마법사 4단계

07 [크로스탭 쿼리 마법사]의 마지막 단계에서는 쿼리의 이름을 저장하고 쿼리의 결과를 보거나 쿼리 디자인을 수정할지를 선택하는 단계다. 마법사에서 자동으로 지정되는 이름을 사용해도 무방하다.

[쿼리 보기(V)]를 선택하고 [마침(F)]을 클릭한다.

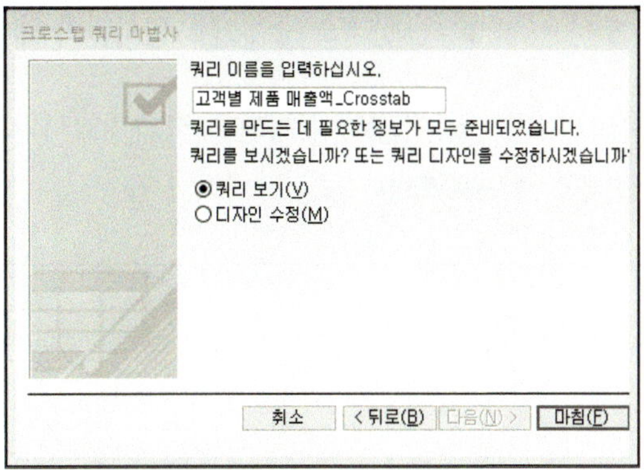

그림 9-4-8 크로스탭 쿼리 마법사 5단계

08 [크로스탭 쿼리 마법사]를 완료하면 쿼리 실행 결과를 [데이터시트 보기] 형식으로 보여준다.

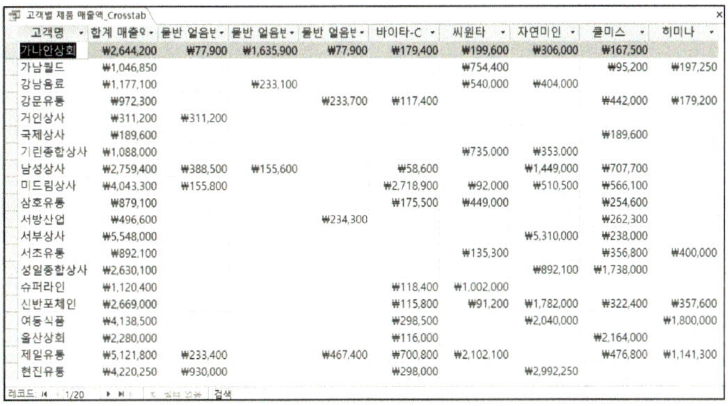

고객별 제품 매출액_Crosstab

고객명	합계 매출	물반 얼음빈	물반 얼음빈	물반 얼음빈	바이타-C	씨원타	자연미인	쿨미스	히미나
가나안상회	₩2,644,200	₩77,900	₩1,635,900	₩77,900	₩179,400	₩199,600	₩306,000	₩167,500	
가남월드	₩1,046,850					₩754,400		₩95,200	₩197,250
강남음료	₩1,177,100		₩233,100			₩540,000	₩404,000		
강문유통	₩972,300			₩233,700	₩117,400			₩442,000	₩179,200
거인상사	₩311,200	₩311,200							
국제상사	₩189,600							₩189,600	
기린종합상사	₩1,088,000					₩735,000	₩353,000		
남성상사	₩2,759,400	₩388,500	₩155,600		₩58,600		₩1,449,000	₩707,700	
미드림상사	₩4,043,300	₩155,800			₩2,718,900	₩92,000	₩510,500	₩566,100	
삼호유통	₩879,100				₩175,500	₩449,000		₩254,600	
서방산업	₩496,600			₩234,300				₩262,300	
서부상사	₩5,548,000						₩5,310,000	₩238,000	
서초유통	₩892,100					₩135,300		₩356,800	₩400,000
성일종합상사	₩2,630,100						₩892,100	₩1,738,000	
슈퍼라인	₩1,120,400				₩118,400	₩1,002,000			
신반포체인	₩2,669,000				₩115,800	₩91,200	₩1,782,000	₩322,400	₩357,600
여동식품	₩4,138,500				₩298,500		₩2,040,000		₩1,800,000
울산상회	₩2,280,000				₩116,000			₩2,164,000	
제일유통	₩5,121,800	₩233,400		₩467,400	₩700,800	₩2,102,100		₩476,800	₩1,141,300
현진유통	₩4,220,250	₩930,000			₩298,000		₩2,992,250		

레코드: 1/20 검색

그림 9-4-9 크로스탭 쿼리 마법사 실행 결과

09 [크로스탭 쿼리 마법사]를 이용해 작성한 '고객별 제품 매출액_Crosstab' 쿼리를 [디자인 보기] 형태로 전환하면 다음 그림과 같다. 즉, 지금까지의 작업을 크로스탭 쿼리 마법사가 아닌 [쿼리 디자인] 창을 통해 사용자가 직접 작성할 수도 있다.

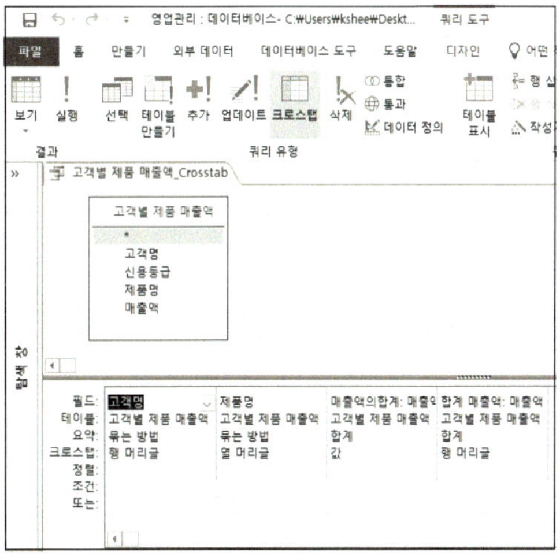

그림 9-4-10 크로스탭 쿼리 디자인 창

한번 더 실습 9-9 봉사관리 데이터베이스

쿼리 마법사를 이용하여 기관별 학과별로 봉사 횟수를 조회하는 크로스탭 쿼리를 작성하시오.
(쿼리명: 봉사횟수조회)

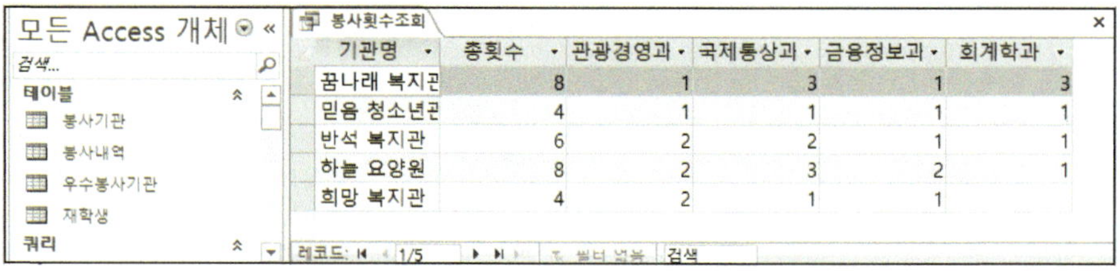

그림 9-4-11 '봉사횟수조회' 크로스탭 쿼리 결과

나. 중복 데이터 검색 쿼리 마법사

중복 데이터 검색 쿼리는 한 테이블의 특정한 필드에 입력된 데이터 중에 중복된 값을 검색하여 결과를 정렬하여 보여준다. 중복 데이터 검색 쿼리 마법사를 통해 한 테이블 내에서 중복을 검색할 필드를 선택함으로써 중복 데이터 검색을 간편하게 이용할 수 있다.

실습 9-24 고객별로 여러 번 구매한 제품이 있는지를 검색하는 쿼리 만들기

(쿼리명: 판매에 대한 중복 데이터 찾기)

01 [만들기] 탭 > [쿼리] 그룹에서 [쿼리 마법사]를 클릭하면 [새 쿼리] 대화상자가 나타난다.
[중복 데이터 검색 쿼리 마법사]를 선택하고 [확인]을 클릭한다.

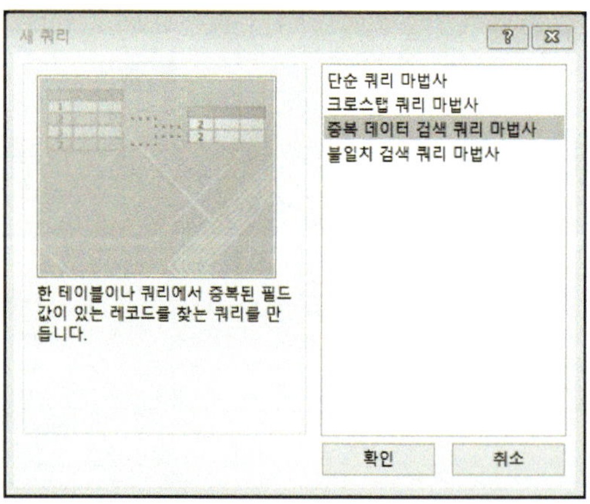

그림 9-4-12 중복 데이터 검색 쿼리 마법사 시작하기

02 [중복 데이터 검색 쿼리 마법사]의 첫 번째 단계에서는 검색 대상이 되는 테이블을 선택한다.

- '판매' 테이블을 선택하고 [다음(N)>]을 클릭한다.

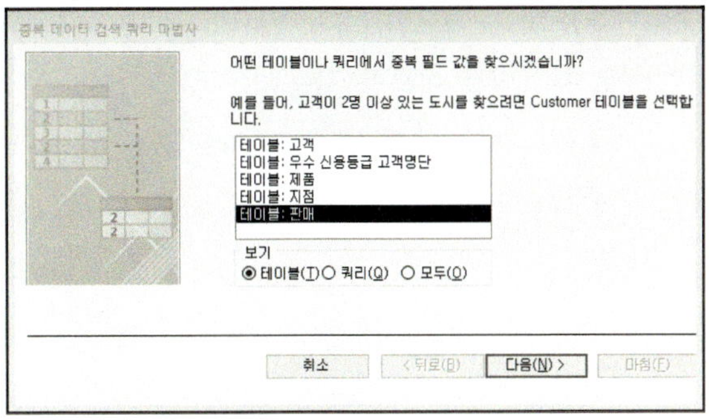

그림 9-4-13 중복 데이터 검색 쿼리 마법사 1단계

03 [중복 데이터 검색 쿼리 마법사]의 두 번째 단계에서는 중복된 데이터를 검색하고자 하는 필드를 지정한다. 복수의 필드를 지정해도 무방하며, 여기에서 지정된 필드는 정렬 기준의 역할을 한다.

- [중복된 필드:]에 '고객ID'와 '제품ID'를 차례로 보내고 [다음(N)>]을 클릭한다. 이는 '고객ID' 순으로 정렬한 다음 정렬된 '고객ID' 안에서 '제품ID' 순으로 정렬함을 의미한다.

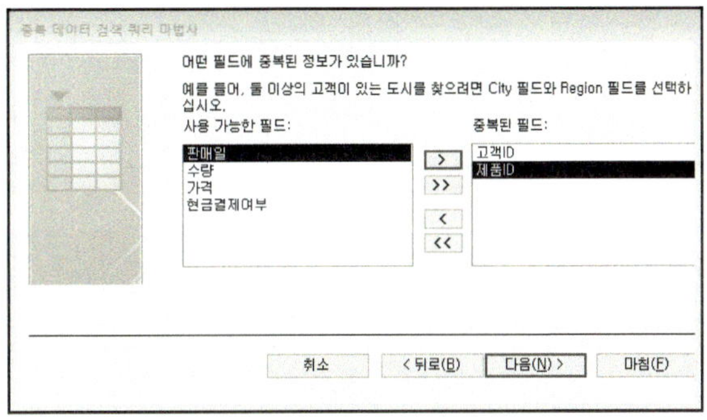

그림 9-4-14 중복 데이터 검색 쿼리 마법사 2단계

04 [중복 데이터 검색 쿼리 마법사]의 세 번째 단계에서는 중복된 값의 검색 대상 필드와 함께 같이 표시할 필드를 선택한다.

- [추가 쿼리 필드:]로 '판매일', '수량', '가격', '현금결제여부'를 보내고 [다음(N)>]을 클릭한다.

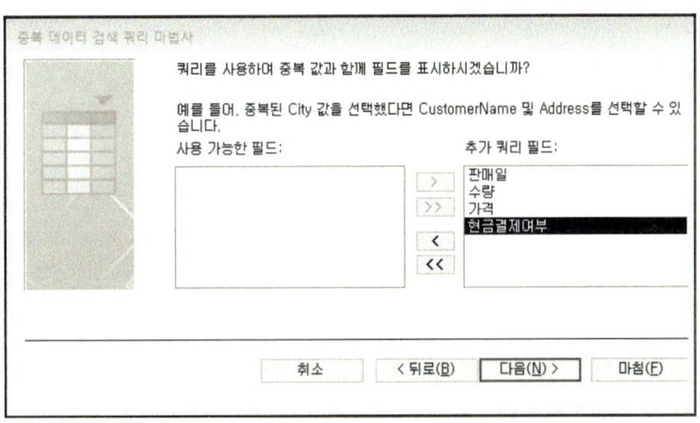

그림 9-4-15 중복 데이터 검색 쿼리 마법사 3단계

05 [중복 데이터 검색 쿼리 마법사]의 마지막 단계에서는 쿼리 이름을 지정한다. 마법사에서 자동으로 지정되는 이름을 사용해도 무방하다.

[결과 보기(V)]를 선택하고 [마침(F)]을 클릭한다.

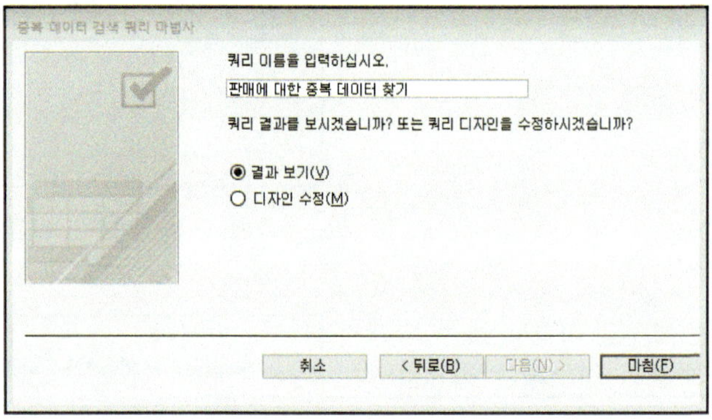

그림 9-4-16 중복 데이터 검색 쿼리 마법사 4단계

06 [중복 데이터 검색 쿼리 마법사]를 완료하면 쿼리 실행 결과를 [데이터시트 보기] 화면으로 보여준다. 중복 데이터 검색 쿼리 마법사의 두 번째 단계에서 설정한 중복된 값의 검색 대상 필드를 기준으로 정렬한다.

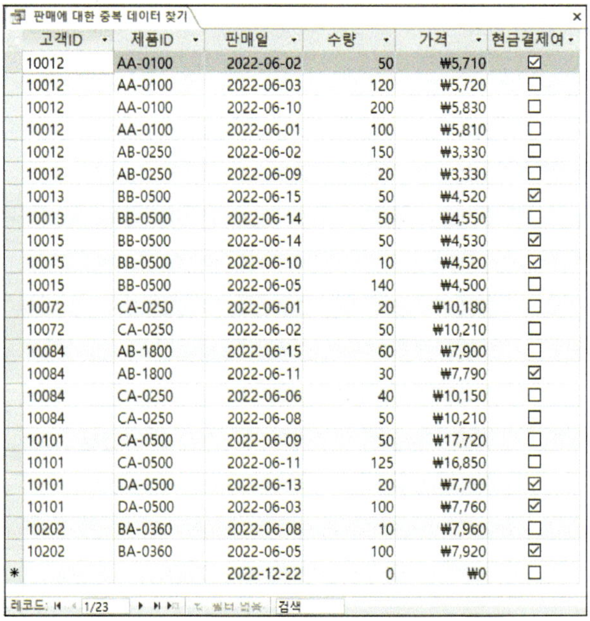

판매에 대한 중복 데이터 찾기

	고객ID	제품ID	판매일	수량	가격	현금결제여부
	10012	AA-0100	2022-06-02	50	₩5,710	☑
	10012	AA-0100	2022-06-03	120	₩5,720	☐
	10012	AA-0100	2022-06-10	200	₩5,830	☐
	10012	AA-0100	2022-06-01	100	₩5,810	☐
	10012	AB-0250	2022-06-02	150	₩3,330	☐
	10012	AB-0250	2022-06-09	20	₩3,330	☐
	10013	BB-0500	2022-06-15	50	₩4,520	☑
	10013	BB-0500	2022-06-14	50	₩4,550	☐
	10015	BB-0500	2022-06-14	50	₩4,530	☑
	10015	BB-0500	2022-06-10	10	₩4,520	☑
	10015	BB-0500	2022-06-05	140	₩4,500	☐
	10072	CA-0250	2022-06-01	20	₩10,180	☐
	10072	CA-0250	2022-06-02	50	₩10,210	☐
	10084	AB-1800	2022-06-15	60	₩7,900	☐
	10084	AB-1800	2022-06-11	30	₩7,790	☑
	10084	CA-0250	2022-06-06	40	₩10,150	☐
	10084	CA-0250	2022-06-08	50	₩10,210	☐
	10101	CA-0500	2022-06-09	50	₩17,720	☐
	10101	CA-0500	2022-06-11	125	₩16,850	☐
	10101	DA-0500	2022-06-13	20	₩7,700	☑
	10101	DA-0500	2022-06-03	100	₩7,760	☑
	10202	BA-0360	2022-06-08	10	₩7,960	☐
	10202	BA-0360	2022-06-05	100	₩7,920	☑
*			2022-12-22	0	₩0	☐

레코드: 1/23 검색

그림 9-4-17 중복 데이터 검색 쿼리 실행 결과

한번 더 실습 9-10 봉사관리 데이터베이스

쿼리 마법사를 이용하여 한 학생이 동일한 기관에 여러번 봉사한 적이 있는지 검색하는 쿼리를 작성하시오. **(쿼리명: 봉사내역에 대한 중복 데이터 찾기)**

봉사내역에 대한 중복 데이터 찾기

학번	기관코드	봉사내용	봉사날짜	시수
201821278	S-02	악기 연주	2019-05-21	2
201821278	S-02	청소도우미	2019-05-14	3
201829452	S-03	목욕도우미	2019-06-25	2
201829452	S-03	청소도우미	2019-06-18	3

레코드: 1/4 검색

그림 9-4-18 봉사내역 중복 데이터 검색 쿼리 결과

다. 불일치 검색 쿼리 마법사

불일치 검색 쿼리는 두 테이블을 비교하여 한쪽 테이블에는 있지만 다른 쪽 테이블에는 없는 레코드를 검색하는 쿼리다. 영업관리 예제에서 불일치 검색 쿼리는 한 테이블에 특정 항목(제품)에 대한 데이터를 저장하고 다른 테이블에 해당 항목과 관련된 데이터(판매)가 저장되어 있을 경우 불일치 레코드(판매되지 않은 제품이 무엇인지)를 확인하고자 할 경우에 사용될 수 있다. 이외에도 유사한 데이터를 저장하고 있지만 테이블 이름이 서로 다른 두 개의 테이블을 하나로 통합하려는 경우 두 테이블 중에 어느 한쪽에만 있는 레코드가 무엇인지 확인하고자 할 경우에 사용될 수 있다. 불일치 검색 쿼리 마법사는 여러 테이블의 불일치 레코드 검색을 손쉽게 이용할 수 있게 해준다.

실습 9-25 아직 판매가 되지 않은 제품이 무엇인지 검색하는 쿼리 만들기

(쿼리명: 판매되지 않은 제품)

01 [만들기] 탭 > [쿼리] 그룹에서 [쿼리 마법사]를 클릭하면 [새 쿼리] 대화상자가 나타난다.

[불일치 검색 쿼리 마법사]를 선택하고 [확인]을 클릭한다.

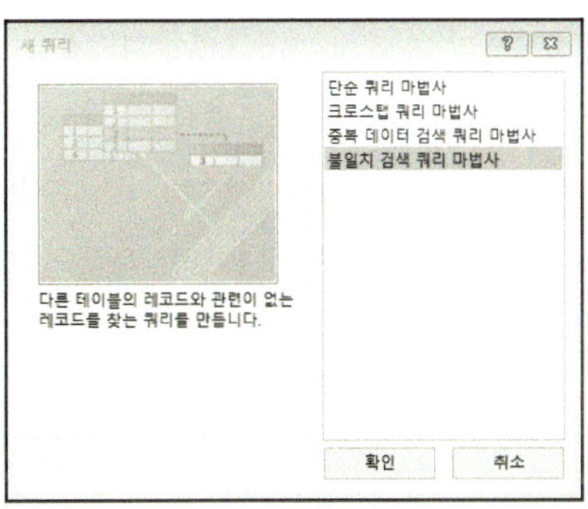

그림 9-4-19 불일치 검색 쿼리 마법사 시작하기

02 [불일치 검색 쿼리 마법사]의 첫 번째 단계에서는 일치하지 않는 레코드가 들어있는 기준이 되는 테이블을 선택한다.

- '제품' 테이블과 '판매' 테이블에서 판매가 되지 않는 제품을 알고자 하기 때문에 기준이 되는 '제품' 테이블을 선택하고 [다음(N)>]을 클릭한다.

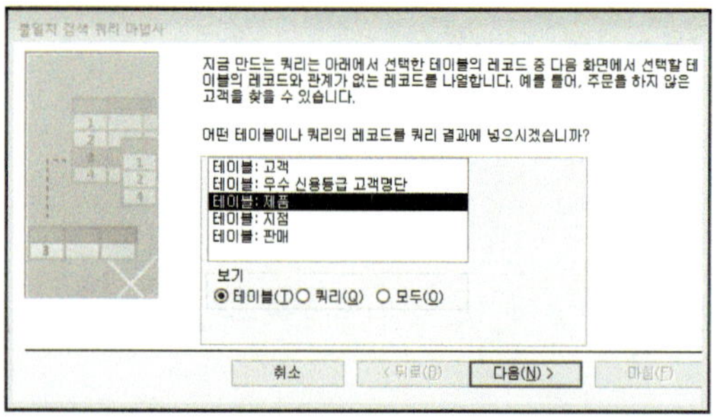

그림 9-4-20 불일치 검색 쿼리 마법사 1단계

03 [불일치 검색 쿼리 마법사]의 두 번째 단계에서는 첫 단계에서 선택한 테이블과 비교할 테이블을 선택한다.

- 첫 번째 단계에서 '제품' 테이블을 선택했으므로 여기에서는 '판매' 테이블을 선택하고 [다음(N)>]을 클릭한다.

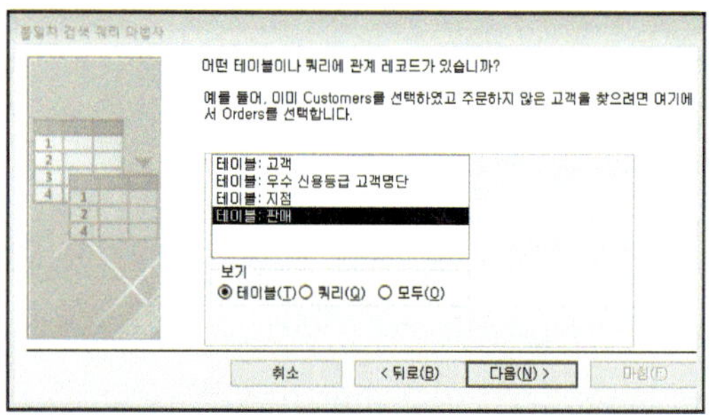

그림 9-4-21 불일치 검색 쿼리 마법사 2단계

04 [불일치 검색 쿼리 마법사]의 세 번째 단계에서는 두 테이블에서 공통적으로 일치하는 필드를 선택한다. 이때 테이블별로 필드는 하나만 선택할 수 있으며 필드 이름이 서로 다르더라도 필드 속성이 동일하면 문제가 없다.

- ['제품'의 필드:]에서는 '제품번호'를 선택하고 ['판매'의 필드:]에서는 '제품ID'를 선택하고 가운데 일치 단추(<=>)를 클릭한다. 선택한 두 필드가 정확하게 지정되었는지 하단의 [일치 필드:]에서 확인하고 [다음(N)>]을 클릭한다.

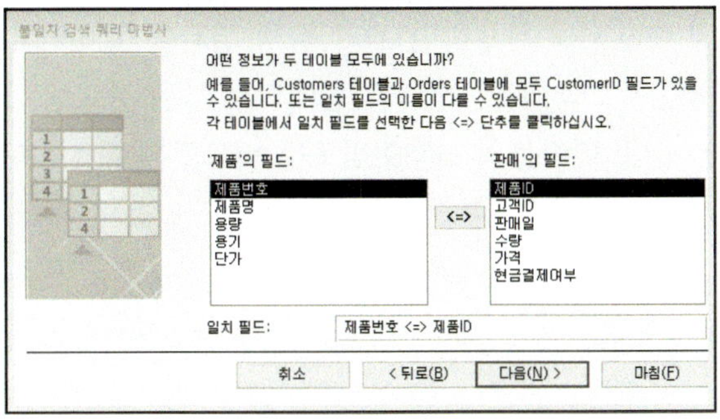

그림 9-4-22 불일치 검색 쿼리 마법사 3단계

05 [불일치 검색 쿼리 마법사]의 네 번째 단계에서는 결과로 표시할 필드를 선택한다. 첫 번째 단계에서 설정한 기준이 되는 테이블의 필드가 나열된다.

[사용 가능한 필드:]에서 나열된 '제품' 테이블의 모든 필드를 이동 단추(>>)를 이용하여 [선택한 필드:]로 이동시키고 [다음(N)>]을 클릭한다.

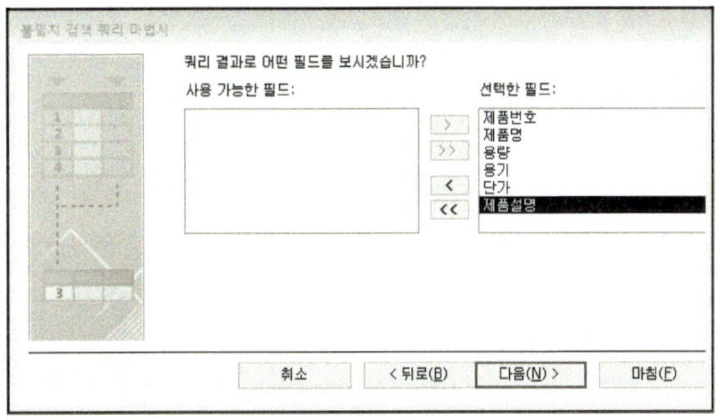

그림 9-4-23 불일치 검색 쿼리 마법사 4단계

06 [불일치 검색 쿼리 마법사]의 마지막 단계에서는 쿼리 이름을 지정한다. 마법사에서 자동으로 지정되는 이름을 사용해도 무방하다.

판매되지 않은 제품을 입력한 후 [결과 보기(V)]를 선택하고 [마침(F)]을 클릭한다.

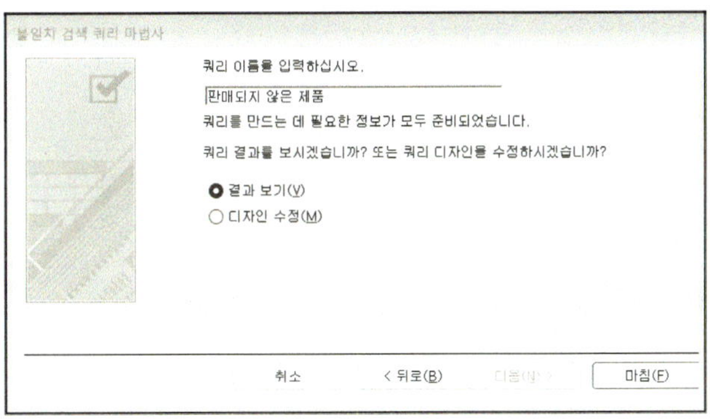

그림 9-4-24 불일치 검색 쿼리 마법사 5단계

07 [불일치 검색 쿼리 마법사]를 완료하면 쿼리 실행 결과를 [데이터시트 보기] 형식으로 보여준다. 다음 결과에서처럼 두 개의 제품이 아직 판매되지 않은 것으로 나타났다. 즉, '제품' 테이블의 **제품번호** 필드와 '판매' 테이블의 **제품ID** 필드를 비교했을 때, 제품 테이블에는 있지만 아직 판매되지 않아 판매 테이블에는 존재하지 않는 레코드 값들이 결과로 나타났다.

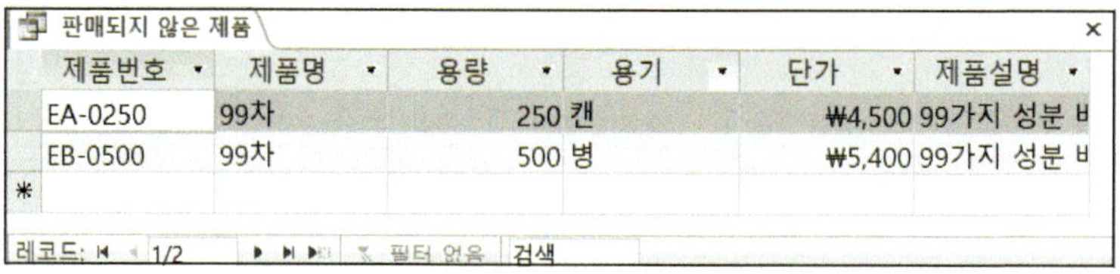

그림 9-4-25 '판매되지 않은 제품' 쿼리 실행 결과

08 [불일치 검색 쿼리 마법사]를 이용해 작성한 '판매되지 않은 제품' 쿼리를 [디자인 보기] 형태로 전환하면 다음 그림과 같다. 즉, 지금까지의 작업을 불일치 검색 쿼리 마법사가 아닌 [쿼리 디자인] 창을 통해 사용자가 직접 작성할 수도 있다. 이때, 불일치 검색 쿼리에서 가장 중요한 부분은 두 테이블 간의 조인 속성이 외부 조인으로 설정되어야 한다는 것이다.

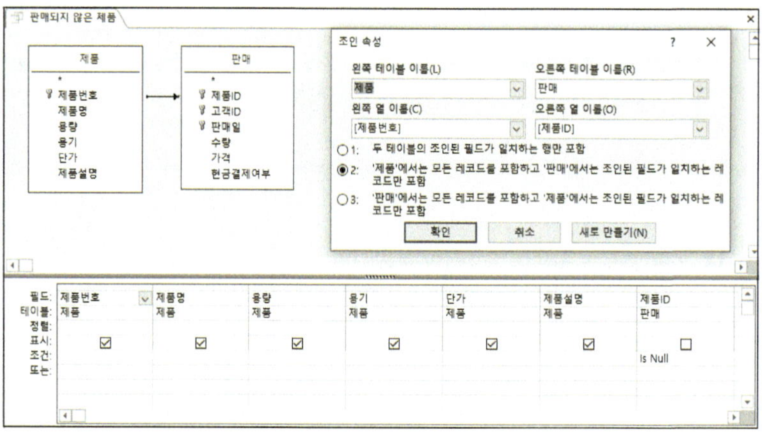

그림 9-4-26 '판매되지 않은 제품' 쿼리 디자인 창

실습 9-26 구매 내역이 없는 고객을 검색하는 쿼리 만들기

(쿼리명: 구매내역이 없는 고객)

위 실습 예제와 동일한 과정으로 [불일치 검색 쿼리 마법사]를 통해 쿼리를 작성한다. 아직 구매를 하지 않은 고객을 검색해야 하므로 '고객' 테이블과 '판매' 테이블이 필요하다. 쿼리 결과 값으로 고객에 대한 정보를 보여줘야 하므로 '고객' 테이블을 기준이 되는 테이블로 지정한다. [불일치 검색 쿼리

마법사]를 단계에 따라 설정하여 완료하면 다음과 같은 실행 결과를 볼 수 있다.

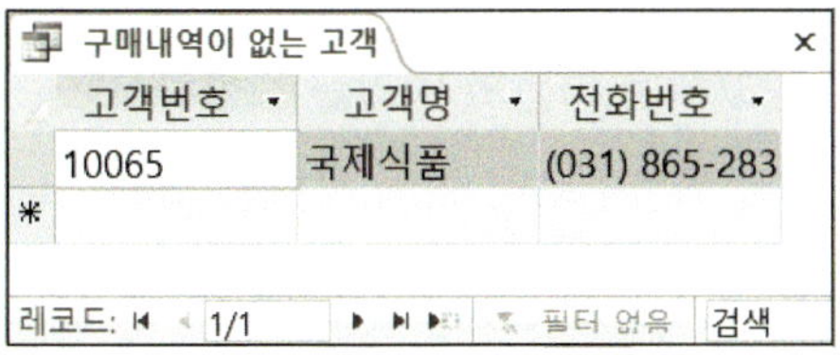

그림 9-4-27 '구매내역이 없는 고객' 쿼리 실행 결과

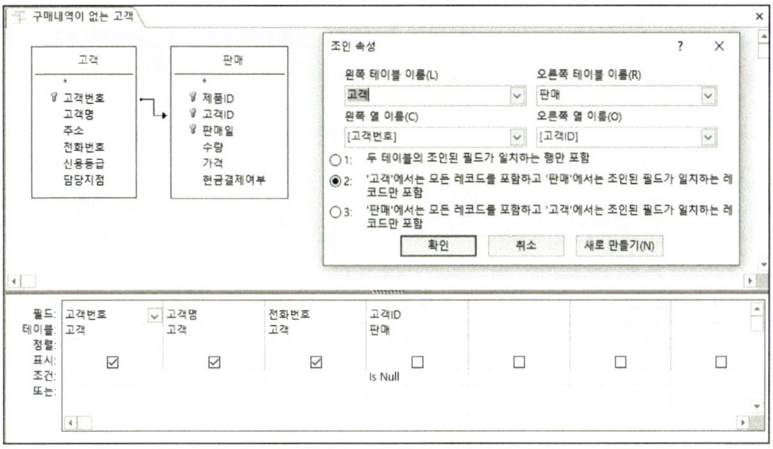

그림 9-4-28 '구매내역이 없는 고객' 쿼리 디자인 창

한번 더 실습 9-11 봉사관리 데이터베이스

쿼리 마법사를 이용하여 아직 봉사활동을 하지 않은 학생 명단을 검색하는 쿼리를 작성하시오.
(쿼리명: 미봉사 학생명단)

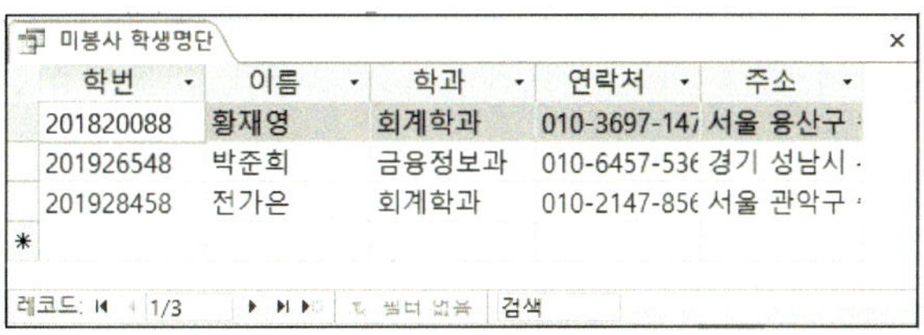

그림 9-4-29 '미봉사 학생명단' 쿼리 실행 결과

연습문제

01 제8장의 연습문제 1번을 참고하여 다음의 쿼리를 작성하시오.

(1) '데이터베이스' 과목을 강의하는 교수의 이름만을 검색하는 쿼리를 작성하시오.

(2) '경영학' 전공 학생 중에서 '경영정보통신' 과목의 성적이 '80점 이상'인 학생의 이름과 학점을 검색하는 쿼리를 작성하시오.

(3) [과목이름]별로 수강생의 수가 '수강인원'이라는 필드 이름으로 나타나는 쿼리를 작성하시오([쿼리 도구]의 [디자인] 탭에서 [Σ 요약]을 활용).

(4) 교수별 담당 과목의 평균점수를 크로스탭 쿼리로 작성하시오.

(5) '학생' 테이블의 모든 필드를 포함하는 휴학생(한 과목도 수강하지 않은 학생) 명단을 불일치 검색 쿼리 마법사를 이용하여 작성하시오.

(6) 전공별로 학생의 학번, 이름, 이메일주소를 검색할 수 있는 매개변수 쿼리를 작성하시오. 매개변수 값 입력 창에 '전공을 입력하시오'라는 메시지가 나타나게 하시오.

(7) 학점이 'A'인 학생의 학번, 이름, 전공, 과목이름, 점수를 포함한 새로운 테이블을 만드는 쿼리를 작성하시오. 새 테이블의 이름은 '우등생명단'이라고 하시오.

(8) '무역학' 전공 학생 중에서 '2004년'에 태어난 학생의 이름과 평균점수를 검색하는 쿼리를 작성하시오.

02 제8장의 연습문제 2번을 참고하여 다음의 쿼리를 작성하시오.

(1) 사고가 발생한 차량의 상품번호와 모델을 검색하는 쿼리를 작성하시오.

(2) 주행거리가 '100,000킬로미터 이하'이면서 구입가가 '5,000,000원 이하'인 차량의 상품번호, 주행거리, 구입가를 주행거리가 많은 순서대로 검색하는 쿼리를 작성하시오.

(3) '부산'과 '울산'에 거주하는 고객의 이름과 전화번호를 검색하는 쿼리를 작성하시오.

(4) 변속기가 '자동'이면서 사고가 없었던 차량을 구매한 고객의 이름과 주소를 검색하는 쿼리를 작성하시오.

(5) 아직 팔리지 않은 차의 상품번호, 차종, 제조사, 모델, 구입가를 검색하는 쿼리를 불일치 검색 쿼리 마법사를 이용하여 작성하시오.

(6) 위의 문제에서 작성한 쿼리를 이용하여 아직 팔리지 않은 차 중에서 차종이 '승용차'가 아닌 상품만 검색하는 쿼리를 작성하시오.

(7) 두 번 이상 구매한 고객의 고객번호, 고객이름, 주소, 전화번호, 이메일과 함께 구매횟수를 검색하는 쿼리를 작성하시오. [쿼리 도구]의 [디자인] 탭에서 [Σ 요약]을 이용하여 구매횟수를 나타내는 필드를 추가하고 필드 이름을 '구매횟수'라고 표시하시오.

(8) 위의 (7)번 문제에서 작성한 쿼리의 검색 결과를 '우수고객'이라는 테이블로 만드는 쿼리를 작성하시오.

(9) 2022년 하반기에 판매된 제품에 대해 직원이름, 고객이름, 제조사, 모델, 등급, 실판매가를 날짜가 빠른 순으로 검색하는 쿼리를 작성하시오.

(10) 직원별로 수당의 합계를 계산하는 쿼리를 작성하시오. 수당은 실판매가의 5%이며, 수당의 합계를 '수당합계'라는 필드 이름으로 표시하시오. 형식은 '통화'로 변경하시오.

03 8장의 연습문제 3번을 참고하여 다음의 쿼리를 작성하시오.

(1) '요가'와 '에어로빅' 종목의 종목번호와 수강료를 검색하는 쿼리를 작성하시오.

(2) 회원등급이 '우수'인 회원의 이름과 수강하는 종목의 이름을 검색하는 쿼리를 작성하시오.

(3) '회원' 테이블에서 회원의 등급이 '신규'인 회원만을 따로 모아서 '신규회원'이라는 새로운 테이블을 만드는 쿼리를 작성하시오.

(4) 세 종목 이상 담당하는 강사의 이름을 검색하는 쿼리를 작성하시오.

(5) 강사이름별로 종목이름별 수강료와 수강생의 수를 계산하는 쿼리를 작성하시오.

(6) 강사별로 수강생의 수를 검색하는 쿼리를 작성하되 수강생의 수가 많은 순서로 나타나게 하시오.

(7) 종목이름을 행으로 강사이름을 열로 하여 수강생의 수를 검색하는 쿼리를 크로스탭 쿼리로 작성하시오.

CHAPTER

10

폼 만들기

1 폼 만들기 개요

2 폼 마법사를 이용한 폼 만들기

3 폼 도구를 이용한 폼 만들기

4 새 폼을 이용한 폼 만들기

5 폼 디자인을 이용한 폼 만들기

폼(form)은 데이터베이스에 데이터를 입력하거나 조회하는 인터페이스 역할을 한다. 테이블의 데이터시트 보기 기능을 이용해서 데이터를 입력하거나 조회할 수도 있지만 폼에 다양한 기능을 추가하여 보다 편리하게 데이터베이스를 다룰 수 있는 환경을 제공한다. 이 장에서는 디자인 보기를 이용한 폼 작성 방법과 함께 액세스에서 지원하는 다양한 폼 작성 방법을 살펴본다.

1 폼 만들기 개요

폼을 작성하기 위해서는 폼에서 다루는 데이터가 저장되어 있는 테이블이 미리 작성되어 있어야 한다. 먼저, **[만들기] 탭 > [폼] 그룹**에서는 다양한 방법의 폼 작성 방법을 제공하고 있다. 대표적인 폼 작성 방법에는 [폼 디자인]을 이용하는 방법과 [폼 마법사]를 이용하는 방법이 있다. 테이블을 작성할 때와 동일하게 [폼 마법사]를 이용하면 쉽고 간편하게 폼을 작성할 수는 있으나 다양한 형태와 기능을 추가할 수 없다는 단점이 있다. 반면 [폼 디자인]의 디자인 보기를 이용하여 폼을 작성하면 작성에 다소 많은 시간이 소요되지만 다양한 기능을 가진 폼을 설계할 수 있다는 장점이 있다. [폼]은 선택한 테이블에 대해서 즉시 자동으로 폼을 작성하며 선택한 테이블과 관계 설정이 되어 있는 테이블을 '하위 폼/하위 보고서'로 표시한다. [새 폼]은 [레이아웃 보기] 형태의 화면에서 사용자가 직접 [필드 목록]을 통해 필드를 추가하면서 폼을 작성할 수 있으며 다양한 서식 등을 쉽게 설정할 수 있다.

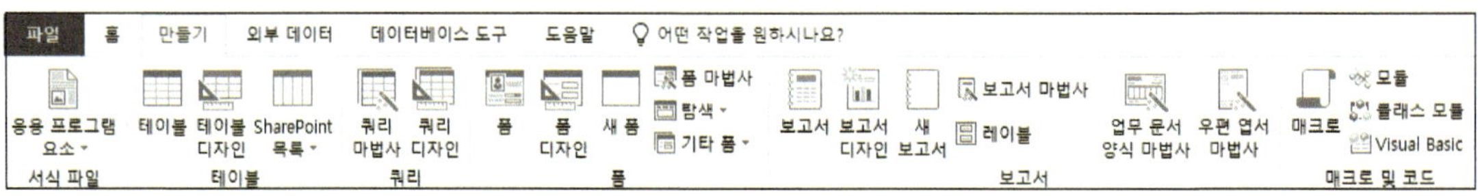

그림 10-1-1 폼 작성을 위한 도구 모음

[기타 폼]에는 [여러 항목], [데이터시트], [폼 분할], [모달 대화 상자] 기능이 존재한다. [폼 분할(P)]은 두 화면으로 분할하여 상단 영역에는 [폼 보기] 형태로 데이터를 표시하고, 하단 영역에는 [데이터시트 보기] 형태로 모든 데이터를 표시한다. [여러 항목(U)]은 [레이아웃 보기] 형태로 모든 데이터를 표시한다. [모달 대화 상자(M)]는 [확인]과 [취소] 실행 단추를 포함한 [디자인 보기] 형태의 화면에서 폼을 작성할 수 있으며, 폼 작성 후 [폼 보기]에 표시된 데이터를 변경한 뒤 [확인] 단추를 클릭하면 변경 내용이 테이블에 반영된다. [데이터시트]는 선택한 테이블을 [데이터시트 보기] 형태로 즉시 작성하여 준다.

CHAPTER
01
02
03
04
05
06
07
08
09
10
11

2 폼 마법사를 이용한 폼 만들기

[폼 마법사]를 이용하여 폼을 작성하면 [폼 디자인]을 통해 폼을 작성하는 것과는 달리 다양한 컨트롤을 세부적으로 설정할 수는 없지만 쉽고 빠르게 작업을 수행할 수 있다.

실습 10-1 폼 마법사를 이용해 고객 폼 만들기

01 왼쪽 탐색 창에서 '고객' 테이블을 선택하고, **[만들기] 탭 > [폼] 그룹**에서 [폼 마법사]를 클릭한다.

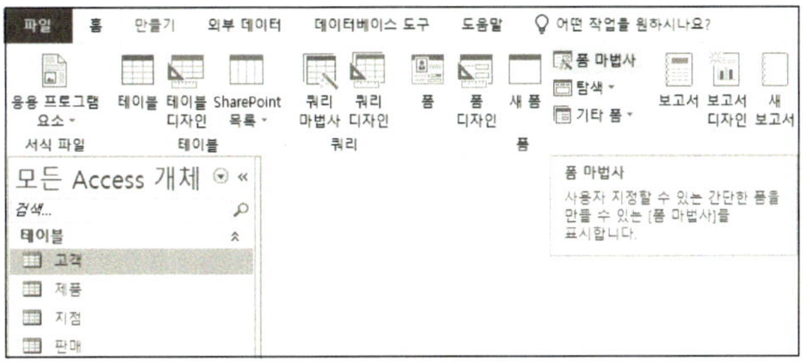

그림 10-2-1 만들기 탭의 폼 마법사 기능

02 [폼 마법사]의 첫 번째 단계는 폼에 넣고자 하는 필드를 선택하는 단계이다. [테이블/쿼리(T)]에서 데이터 원본으로 사용할 테이블이나 쿼리를 선택하면 [사용 가능한 필드(A)]에 해당 테이블이나 쿼리의 모든 필드가 표시된다.

- [테이블/쿼리(T)]에서 '테이블: 고객'을 선택하고 [사용 가능한 필드(A)]의 모든 필드를 [선택한 필드(S)]로 이동시킨 후 [다음(N)>]을 클릭한다.

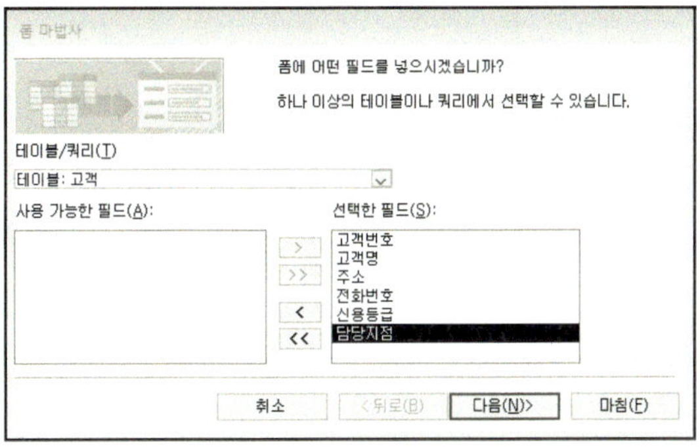

그림 10-2-2 폼 마법사의 1단계

03 [폼 마법사]의 두 번째 단계는 폼의 모양을 지정하는 단계이다. 열 형식, 테이블 형식, 데이터시트, 맞춤 중에서 사용자가 원하는 형식을 선택하다.

[열 형식(C)]을 선택한 후 [다음(N)>]을 클릭한다.

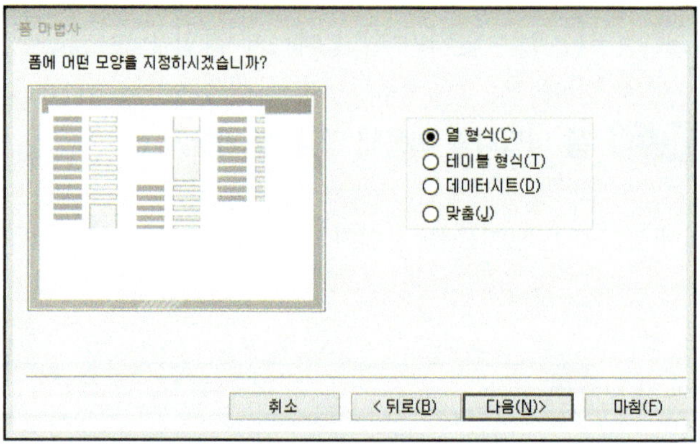

그림 10-2-3 폼 마법사의 2단계

04 [폼 마법사]의 세 번째 단계는 폼을 저장하는 단계이다. 원하는 폼 이름을 입력하고 지금까지 [폼 마법사]를 통해 작성한 폼 정보를 [폼 보기] 화면으로 열어 확인하기를 원하면 [폼 정보를 보거나 입력(O)]을 선택하고, 작성한 폼을 [디자인 보기] 화면으로 열어 수정하기를 원하면 [폼 디자인 수정(M)]을 선택한다.

폼 이름을 고객 폼으로 입력하고 [폼 정보를 보거나 입력(O)]을 선택한 후 [마침(F)] 단추를 클릭한다.

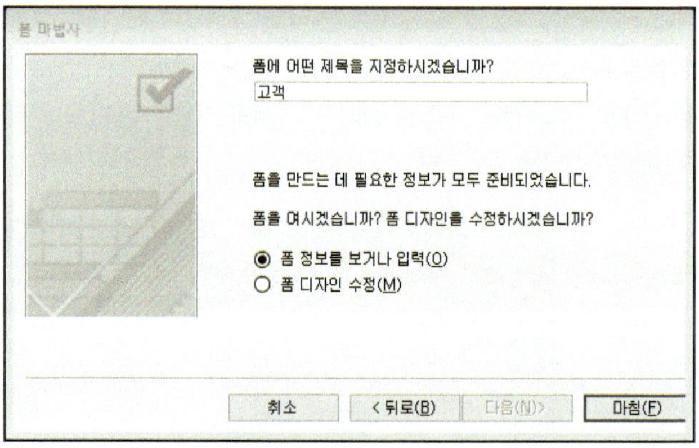

그림 10-2-4 폼 마법사의 3단계

05 폼 마법사를 완료하면 작성된 폼이 [폼 보기] 화면으로 나타나며 왼쪽 탐색 창에 '고객' 폼이 저장된 것을 확인할 수 있다. 이때, 폼의 디자인을 변경하고자 한다면 **[홈] 탭 > [보기] 그룹**에서 [보기]의 [디자인 보기(D)]를 클릭해 컨트롤의 크기와 위치를 변경할 수 있다.

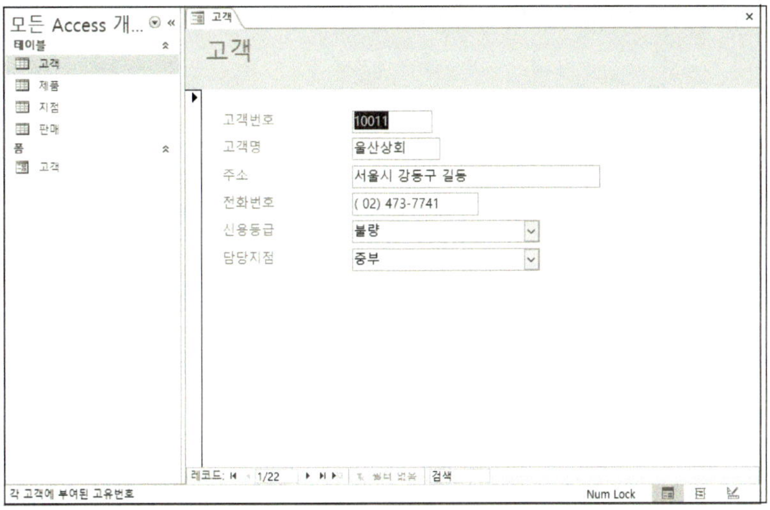

그림 10-2-5 폼 마법사를 이용한 폼 작성 결과 - 열 형식

한번 더 실습 10-1 봉사관리 데이터베이스

폼 마법사를 이용해 아래 그림과 같이 '재학생 명단'을 테이블 형식으로 폼을 작성하시오.

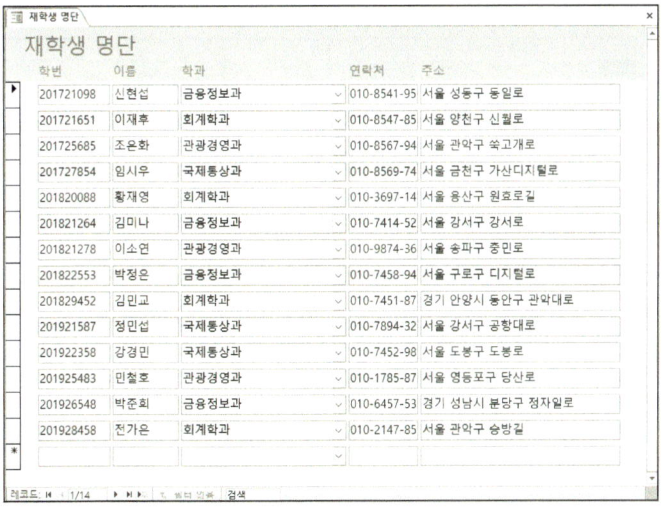

그림 10-2-6 '재학생 명단' 폼 작성 - 테이블 형식

3 폼 도구를 이용한 폼 만들기

[폼] 도구는 선택한 테이블에 대해서 자동으로 즉시 폼을 만들어 주는 방식으로, [폼] 도구를 이용하여 폼을 작성하면 선택한 테이블뿐만 아니라 선택한 테이블과 연결된 테이블도 하위 폼으로 표시하여 준다.

실습 10-2 폼 도구를 이용해 고객 폼 만들기

01 왼쪽 탐색 창에서 '고객'을 선택하고, [만들기] 탭 > [폼] 그룹에서 [폼]을 클릭한다.

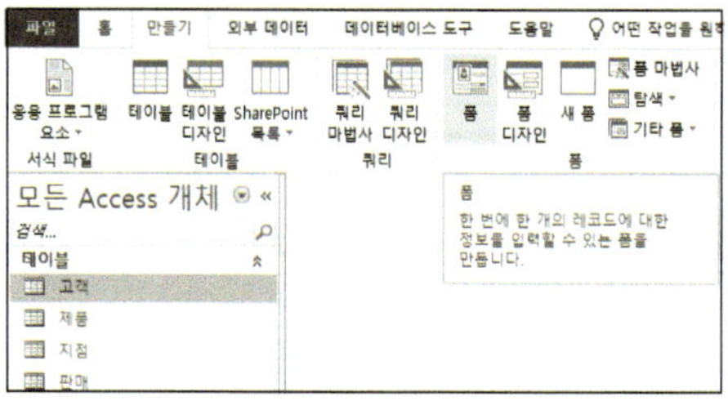

그림 10-3-1 만들기 탭의 폼 도구 기능

02 자동으로 폼이 작성되고 '고객' 테이블의 첫 번째 레코드가 표시된다. 그리고 하단에 '고객' 테이블의 첫 번째 레코드와 연결된 '판매' 테이블의 레코드들이 하위 폼 형태로 표시되는 것을 볼 수 있다. 폼 보기 형태는 [레이아웃 보기] 형태로 표시되며, 폼 레이아웃 도구에서 원하는 대로 편집이 가능하다.

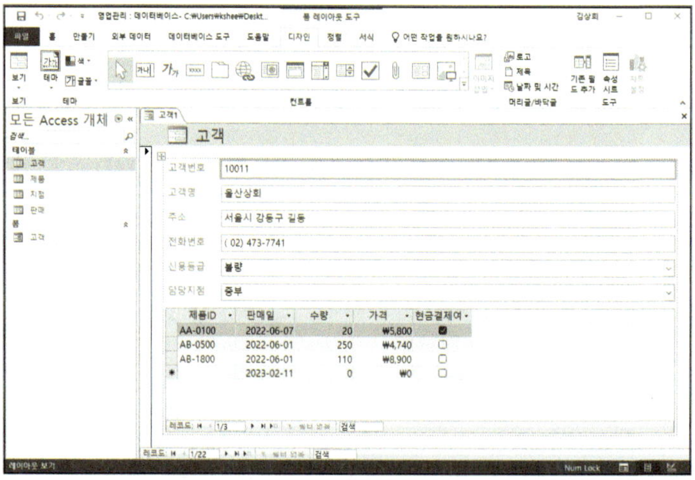

그림 10-3-2 폼 도구를 이용한 폼 작성 결과

TIP 기본 폼과 하위 폼의 관계

다음 그림은 [폼] 도구를 이용한 작성 과정에서 '고객' 테이블과 '판매' 테이블의 관계에 대한 이해를 돕기 위해 [관계] 설정 창을 보여준다. [관계] 창에서 '고객' 테이블과 '판매' 테이블이 '일대다(1:M)'의 관계를 형성하고 있다. 즉, 한 고객은 여러 제품을 구매할 수 있다. 위의 폼 만들기 결과에서는 이러한 관계를 하위 폼을 통해 편리하게 볼 수 있도록 해준다.

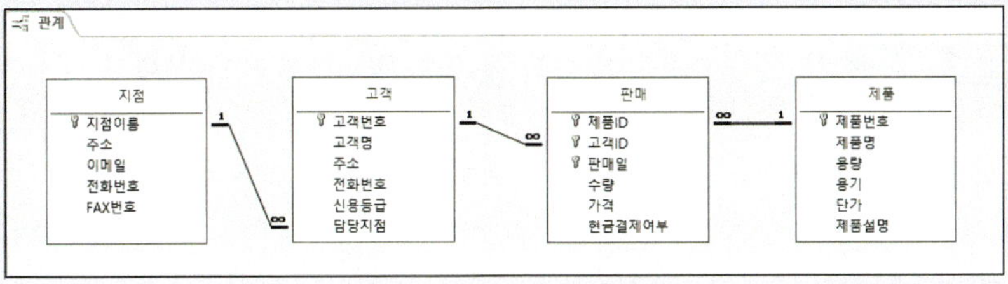

그림 10-3-3 관계 설정 창

03 [빠른 실행 도구 모음]의 [저장]을 클릭하여 고객1이라는 이름으로 폼을 저장한다.

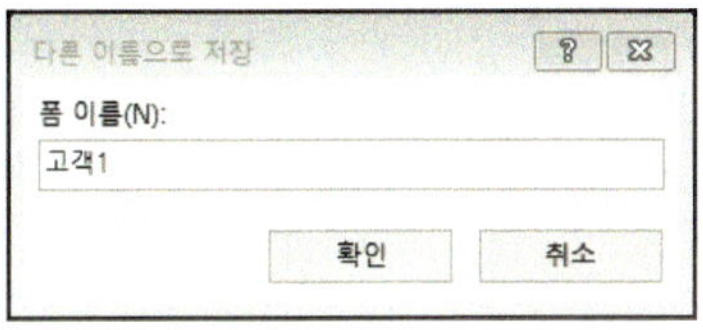

그림 10-3-4 '고객1' 폼 저장

한번 더 실습 10-2 봉사관리 데이터베이스

폼 도구를 이용해 아래 그림과 같이 '재학생 봉사현황' 폼을 작성하시오.

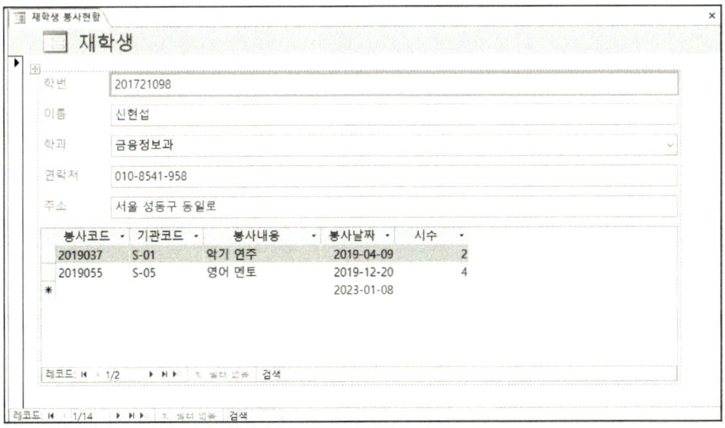

그림 10-3-5 '재학생 봉사현황' 폼 작성

4 새 폼을 이용한 폼 만들기

[새 폼]은 [레이아웃 보기] 형태의 빈 화면에 [필드 목록]을 통해 사용자가 직접 원하는 필드를 선택하여 폼을 작성하는 방식으로 서식 설정에 대한 다양한 기능을 제공한다. 폼에 적용할 서식 설정은 [폼 레이아웃 도구]의 [디자인], [정렬], [서식] 탭을 통해 가능하다.

실습 10-3 새 폼을 이용하여 고객 폼 만들기(누적형 레이아웃)

01 **[만들기] 탭 > [폼] 그룹**에서 [새 폼]을 클릭하면 [레이아웃 보기] 화면의 명령 탭에는 [폼 레이아웃 도구]가 나타나며, 작업 창에는 [레이아웃 보기] 창과 [필드 목록] 창이 나타난다. 만약, [필드 목록] 창이 나타나지 않으면 [폼 레이아웃 도구]의 **[디자인] 탭 > [도구] 그룹**에서 [기존 필드 추가]를 클릭하면 나타난다.

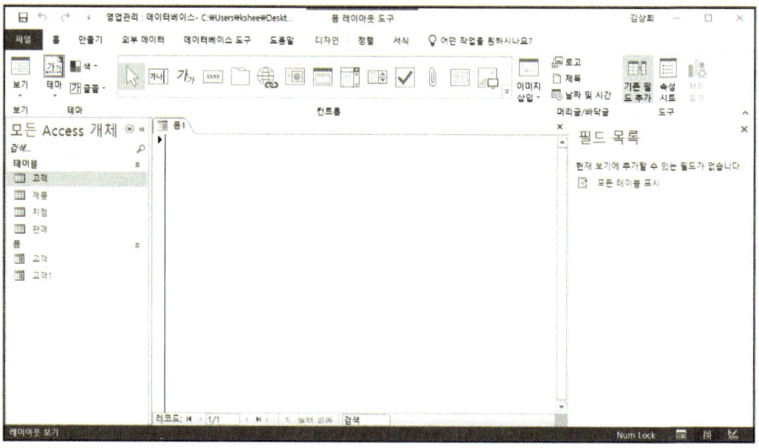

그림 10-4-1 새 폼을 이용한 폼 만들기 시작

02 오른쪽 [필드 목록] 창에 나타난 [모든 테이블 표시]를 클릭한다. 현재 생성되어 있는 모든 테이블이 나타나고 테이블 이름 앞의 ⊞ 기호를 클릭하면 테이블에 포함된 모든 필드가 나타난다.

'고객' 테이블의 ⊞ 기호를 클릭하여 모든 필드를 나타낸다.

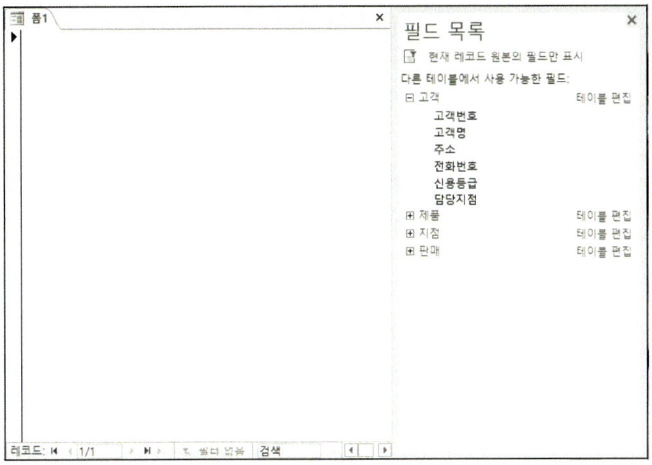

그림 10-4-2 레이아웃 보기 창과 필드 목록 창

03 [필드 목록] 창에서 '고객' 테이블의 모든 필드를 드래그하거나 더블클릭하여 [레이아웃 보기] 창에 필드를 추가하여 폼을 만든다. 이때, [레이아웃 보기] 창에서는 추가된 필드들이 [누적형 레이아웃] 형태로 나타난다.

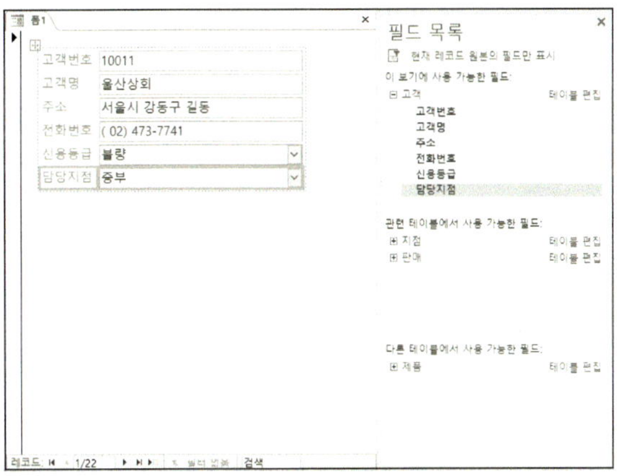

그림 10-4-3 레이아웃 보기에 필드 추가

04 [빠른 실행 도구 모음]의 [저장]을 클릭하여 고객2이라는 이름으로 폼을 저장한다.

그림 10-4-4 '고객2' 폼 저장

05 [홈] 탭 > [보기] 그룹에서 [보기]의 [폼 보기(F)]를 클릭하면 작성한 폼을 확인할 수 있다.

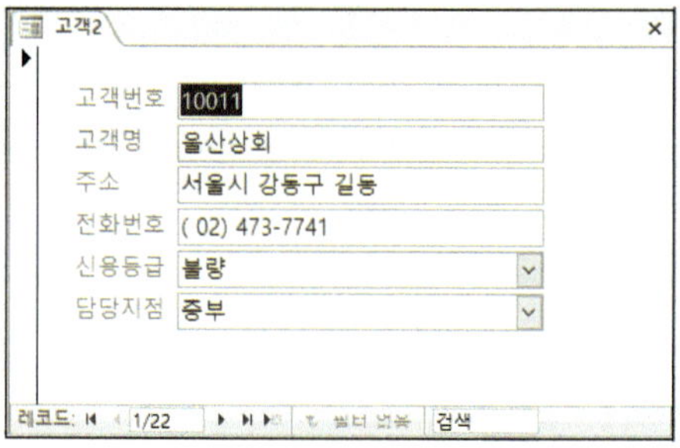

그림 10-4-5 '고객2' 폼 보기

실습 10-4 새 폼을 이용하여 고객 폼 만들기 (테이블 형식 레이아웃)

폼에 나타나는 컨트롤 표시 방법에는 [누적형 레이아웃]과 [테이블 형식 레이아웃]의 두 가지 방법이 있다. 일반적으로는 [누적형 레이아웃]으로 나타나는데 [테이블 형식 레이아웃]으로 변경해보자.

01 [만들기] 탭 > [폼] 그룹에서 [새 폼]을 클릭하여 [필드 목록] 창에서 '고객' 테이블의 첫 번째 필드인 [고객번호] 필드를 드래그하거나 더블클릭한다.

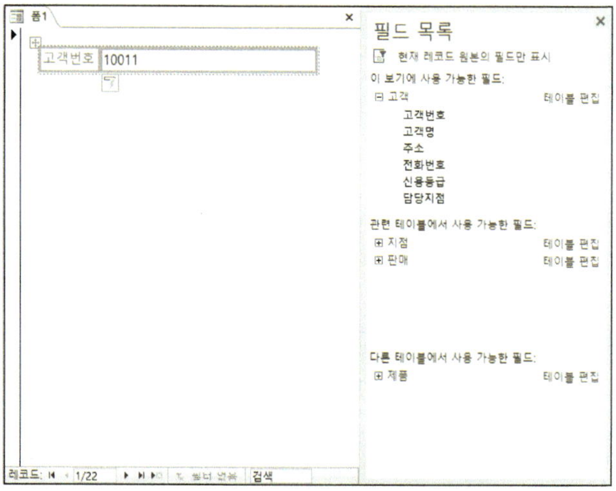

그림 10-4-6 누적형 레이아웃 화면

02 첫 번째 필드를 추가하면 나타나는 모양의 컨트롤을 클릭하여 [테이블 형식 레이아웃으로 표시(T)]를 선택하거나 컨트롤에서 마우스 오른쪽 단추를 클릭하면 나타나는 바로가기 메뉴에서 [레이아웃]-[가로형]을 선택하여 테이블 형식 레이아웃으로 변경한다.

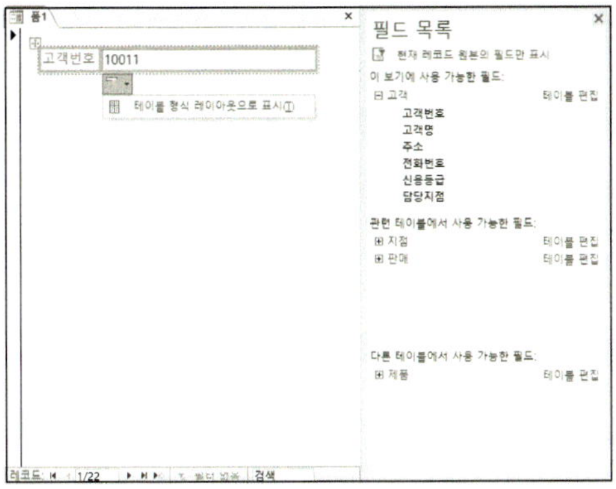

(a) 첫 번째 방법

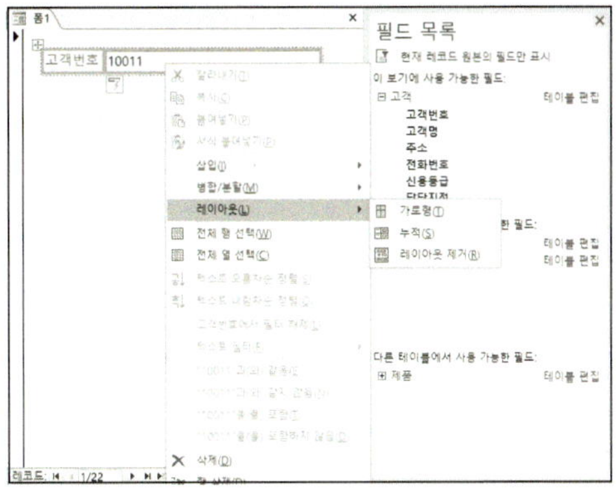

(b) 두 번째 방법

그림 10-4-7 레이아웃 변경 방법

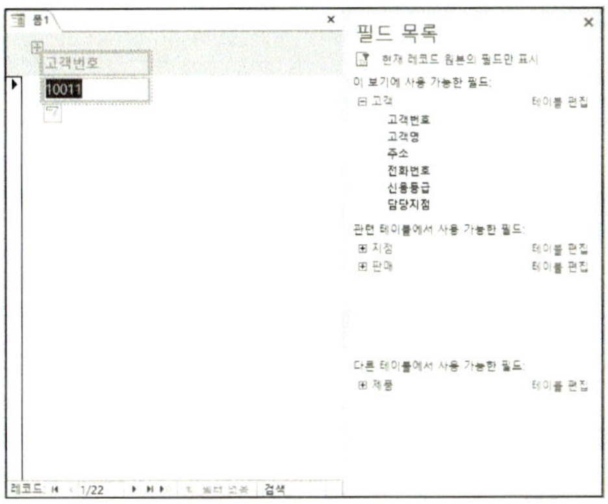

그림 10-4-8 데이터 형식 레이아웃 변경 완료

03 [필드 목록] 창에서 '고객' 테이블에서 [고객명], [담당지점]을, [관련 테이블에서 사용한 가능한 필드]의 '지점' 테이블에서 [전화번호]를 드래그하거나 더블클릭하여 폼에 추가한다.

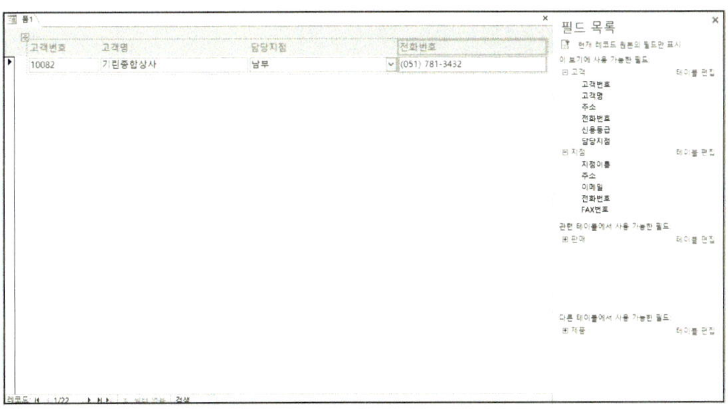

그림 10-4-9 데이터 형식 레이아웃 필드 추가

04 [빠른 실행 도구 모음]의 [저장]을 클릭하여 **고객3**이라는 이름으로 폼을 저장한다.

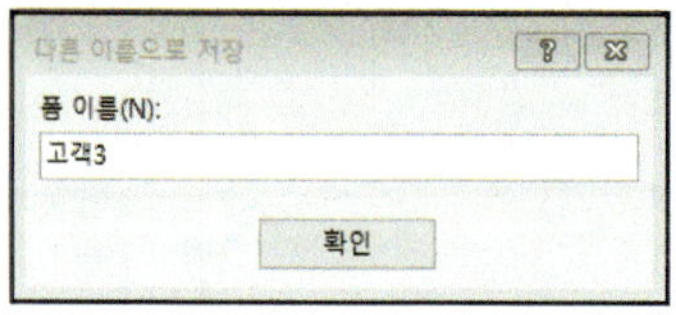

그림 10-4-10 '고객3' 폼 저장

05 **[홈] 탭 > [보기] 그룹**에서 [보기]의 [폼 보기(F)]를 클릭하면 작성한 폼을 확인할 수 있다.

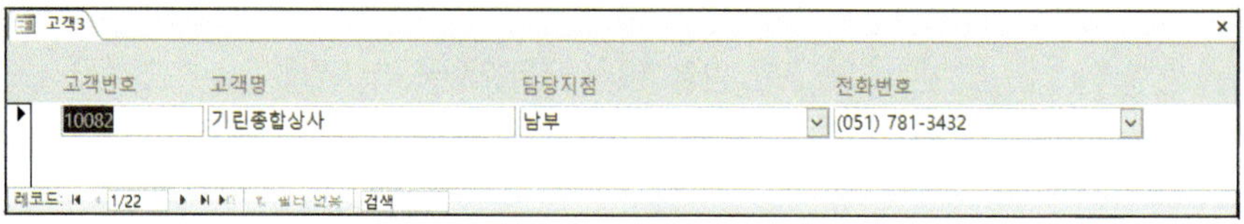

그림 10-4-11 '고객3' 폼 보기

한번 더 실습 10-3 **봉사관리 데이터베이스**

새 폼을 이용해 아래 그림과 같이 데이터 형식 레이아웃으로 '봉사내역' 폼을 작성하시오.

그림 10-4-12 '봉사내역' 폼 작성

5 폼 디자인을 이용한 폼 만들기

가. 폼 디자인 개요

[만들기] 탭 > [폼] 그룹에서 [폼 디자인]을 클릭하면 다음 그림 10-5-2와 같은 [폼 디자인] 창이 나타난다. [폼 디자인] 창은 폼을 디자인하는 기본 화면에 해당하는 격자무늬의 [폼] 창과 함께 오른쪽에 [필드 목록]이나 [속성 시트]가 표시된다. 만약 [필드 목록]이나 [속성 시트]가 화면에 나타나지 않는다면 [폼 디자인 도구]의 **[디자인] 탭 > [도구] 그룹**에서 [기존 필드 추가](Alt+F8)나 [속성 시트](Alt+Enter↵)를 선택하여 화면에 표시한다.

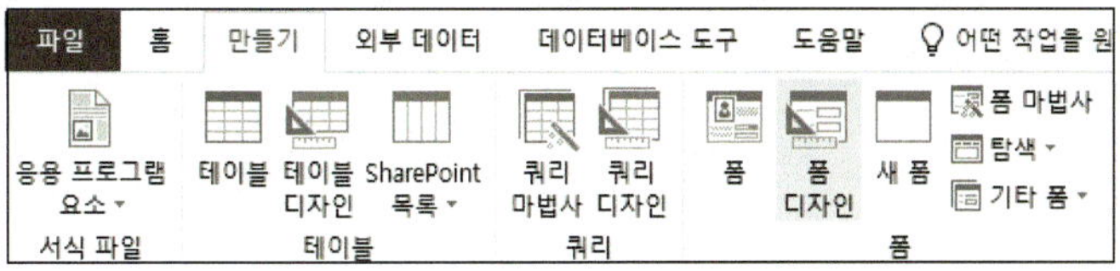

그림 10-5-1 만들기 탭의 폼 디자인 기능

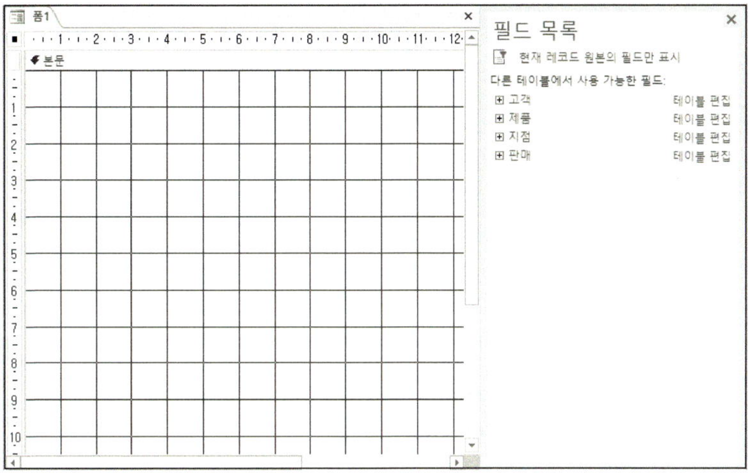

그림 10-5-2 폼 디자인 창과 필드 목록

[폼 디자인]을 이용해 폼을 작성하는 방식에는 두 가지 방식이 있다. 첫 번째 방식은 앞서 설명한 [새 폼]을 이용한 폼 만들기와 동일한 방식으로 [필드 목록]에 나타난 필드를 사용해 폼을 작성하는 방식이다. 두 번째 방식은 다음 그림 10-5-3과 같이 [폼 디자인 도구]의 **[디자인] 탭 > [컨트롤] 그룹**에서 [컨트롤 도구 모음]에 있는 여러 컨트롤들을 사용해 폼을 작성하는 방식이다. 도구 모음에 포함된 각 컨트롤에 대한 설명은 다음의 표 10-5-1과 같다.

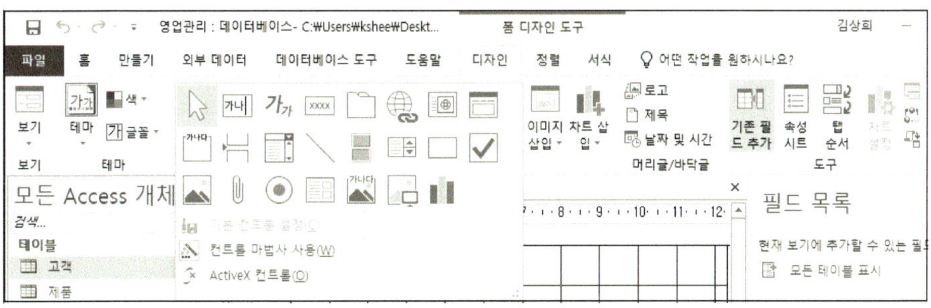

그림 10-5-3 컨트롤 도구 모음

표 10-5-1 폼 작성에 사용되는 컨트롤

도구	이름	설명
가나	텍스트 상자	폼에 텍스트, 숫자, 날짜, 시간 필드 등을 표시할 때 사용한다. 값을 직접 입력할 수도 있고 기존 테이블의 값을 불러올 수도 있다.
가가	레이블	주로 제목이나 캡션과 같은 고정된 문자열을 입력할 때 사용한다.
xxxx	명령 단추	명령 단추를 사용하여 매크로나 VBA 함수를 호출할 수 있다.
	탭 컨트롤	여러 페이지로 구성된 탭 형식의 폼을 작성할 때 사용한다.
	하이퍼링크	전자메일이나 웹페이지 주소 같은 하이퍼링크 값이 들어 있는 텍스트 필드에 하이퍼링크 컨트롤을 연결할 때 사용한다.
	웹 브라우저 컨트롤	폼에 직접 특정 웹 페이지의 콘텐츠를 표시하고자 할 때 사용한다.
	탐색 컨트롤	탐색 단추의 모음으로 탐색 단추를 클릭할 경우 연결된 폼이나 보고서가 서브폼(SubForm)에 표시된다.
가나다	옵션 그룹	하나 이상의 토글 단추, 옵션 단추, 확인란 등을 묶어주는 역할을 한다.
	페이지 나누기	폼이 여러 페이지로 구성되어 있을 경우에 쪽 구분을 표시해준다.
	콤보 상자	목록 상자와 입력란의 기능이 결합된 것이다. 콤보 상자의 오른쪽 편에 아래로 향한 화살표를 누르면 여러 항목들 가운데 하나를 선택할 수 있으며, 콤보 상자에 데이터를 직접 입력할 수도 있다.
	선	선을 그린다. 폼을 보기 좋게 꾸밀 때 사용한다.
	토글 단추	설정/해제, 참/거짓, 혹은 예/아니오 등의 값을 가질 수 있는 단추이다. 전환 단추를 눌러 단추가 눌러져 있는 형태를 하면 –1의 값이 설정되며, 설정, 참 또는 예를 의미한다. 다시 한 번 눌러 단추가 위로 올라오면 0의 값이 설정되며, 해제, 거짓 또는 아니오를 의미한다.
	목록 상자	여러 항목들 가운데 하나를 선택할 수 있다.
	사각형	사각형을 그린다. 폼을 보기 좋게 꾸밀 때 사용한다.
	확인란	설정/해제, 참/거짓 또는 예/아니오의 값을 가질 수 있다. 확인란 단추를 눌러 도형 안에 체크 표시가 나타나면 –1의 값이 설정되며, 다시 눌러 체크 표시가 없어지면 0의 값이 설정된다.
	언바운드 개체 틀	테이블 혹은 쿼리와 연결되지 않는 언바운드 컨트롤을 입력한다. OLE를 지원하는 응용프로그램에서 가져온 그림, 소리, 그래프 혹은 슬라이드 등의 개체를 추가할 때 사용한다.
	첨부 파일	첨부 파일 데이터 형식의 필드를 폼에 표시할 때 사용한다. 일반적으로 그래픽 파일, 텍스트 파일, 로그 파일, 압축 파일을 첨부할 수 있다.
	옵션 단추	설정/해제, 참/거짓, 혹은 예/아니오 등의 값을 가질 수 있는 단추이다. 옵션 단추를 눌러 원 안에 검은 원이 나타나면 –1의 값이 설정되며, 다시 한 번 눌러 검은 원이 없어지면 0의 값이 설정된다.

도구	이름	설명
	하위 폼/하위 보고서	현재의 폼에 관련된 테이블의 데이터를 하위 폼이나 보고서로 표시할 때 사용한다.
	바운드 개체틀	원본으로 사용하는 테이블이나 쿼리의 필드에 연결된 바운드 컨트롤을 입력한다. 바운드 컨트롤을 사용하여 테이블의 필드에 저장된 값을 표시하거나 필드에 입력할 수 있다.
	이미지	폼에 그림을 표시한다. 액세스에서 그림을 수정할 수는 없다.
	차트	폼이나 보고서에 액세스 데이터를 그래픽으로 표시하는 차트를 포함할 때 사용한다.
	ActiveX 컨트롤	ActiveX 컨트롤 목록을 보여준다.

나. 폼 창의 구성

폼 화면은 폼 머리글, 페이지 머리글, 본문, 페이지 바닥글, 폼 바닥글의 다섯 영역으로 나누어진다. [폼 디자인] 창을 열면 본문만 표시되는데 나머지는 본문에서 마우스 오른쪽 버튼을 클릭하면 나타나는 바로가기 메뉴에서 [페이지 머리글/바닥글(A)]이나 [폼 머리글/바닥글(H)]을 선택해 추가하거나 제거할 수 있다. 폼에 대한 형태 및 속성에 대한 전반적인 설정은 폼 창의 왼쪽 맨 위에 있는 폼 선택 단추(■)를 더블클릭하거나 **[폼 디자인 도구] 탭 > [도구] 그룹**에서 [속성 시트]를 클릭하면 오른쪽에 나타나는 [속성 시트] 창에서 지정할 수 있다.

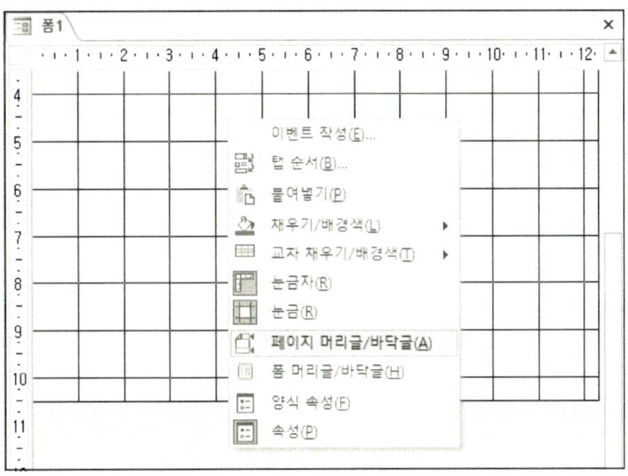

그림 10-5-4 폼 디자인 창의 바로가기 메뉴

그림 10-5-5 폼 디자인 창과 속성 시트 창

폼 머리글에는 폼 제목과 같이 [폼 보기] 화면에서 상단에 표시되는 정보를 입력한다. 폼 머리글에 입력한 제목은 [폼 보기] 화면에서 각 레코드마다 폼의 상단에 항상 표시되어 있지만, [인쇄 미리 보기]에서는 첫 페이지의 상단에 한 번만 표시된다. 폼 머리글에 표시할 폼 제목과 날짜 및 시간 등은 [폼 디자인 도구]의 [디자인] 탭 > [머리글/바닥글] 그룹에서 [로고], [제목], [날짜 및 시간]을 클릭하여 쉽게 표시할 수 있다.

페이지 머리글에는 인쇄할 때 모든 페이지마다 페이지 상단에 동일하게 표시되는 정보가 입력되는데, 주로 페이지 번호나 날짜 등을 입력한다. 페이지 머리글에 입력된 정보는 [파일] 탭 > [인쇄] > [인쇄 미리 보기]에서 확인할 수 있다. 본문에는 테이블에 저장된 실제 데이터가 표시되는 영역이며, 테이블이나 쿼리와 연결된 컨트롤을 추가함으로써 데이터가 표시되며 사용자가 원하는 다양한 형태의 컨트롤 도구를 추가할 수 있다.

페이지 바닥글은 날짜나 페이지 번호와 같이 인쇄할 때 모든 페이지의 하단에 동일하게 표시되는 정보가 입력된다. 페이지 머리글과 동일하게 [인쇄 미리 보기]에서 확인할 수 있다. 폼 바닥글에는 레코드의 전체 개수와 특정 필드의 전체 합계와 같이 전체 데이터에 관한 요약 정보를 입력한다. 폼 바닥글에 입력한 요약 정보는 [폼 보기] 화면에서 각 레코드마다 폼의 하단에 항상 표시되어 있지만, [인쇄 미리 보기]에서는 마지막 페이지에 한번만 표시된다.

실습 10-5 폼 머리글에 로고와 제목을 삽입하기

01 [만들기] 탭 > [폼] 그룹에서 [폼 디자인]을 클릭하여 [폼 디자인] 창을 열고 마우스 오른쪽 버튼을 클릭하여 [폼 머리글/바닥글]을 추가한다.

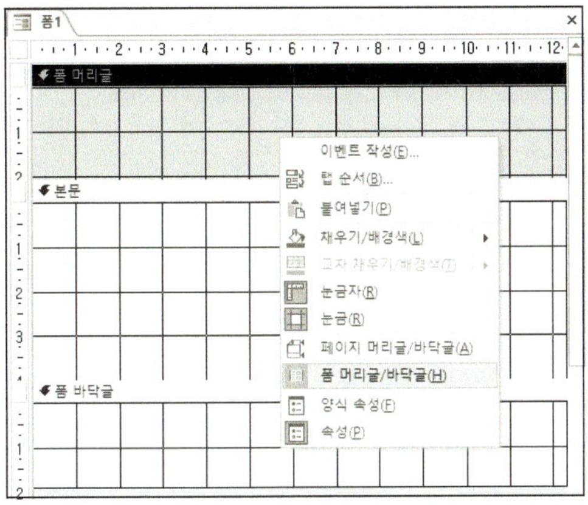

그림 10-5-6 폼 디자인 창에서 폼 머리글/바닥글 추가

02 [폼 디자인 도구]의 [디자인] 탭 > [머리글/바닥글] 그룹에서 [로고]를 클릭하여 삽입할 이미지 파일(실습파일: 로고.jpg)을 선택한다. 삽입된 로고의 크기 및 위치를 원하는 대로 조정한다.

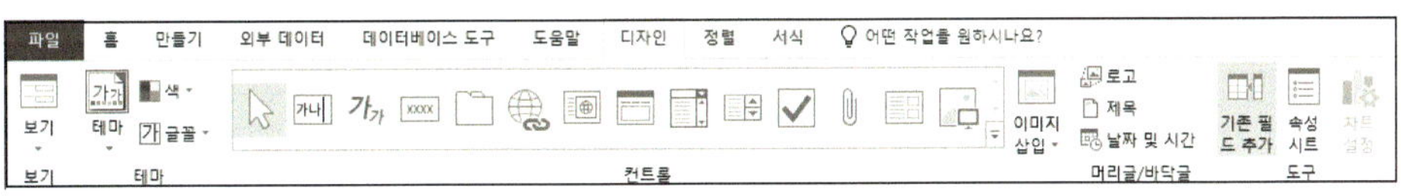

그림 10-5-7 폼 디자인 도구의 디자인 탭의 머리글/바닥글 기능

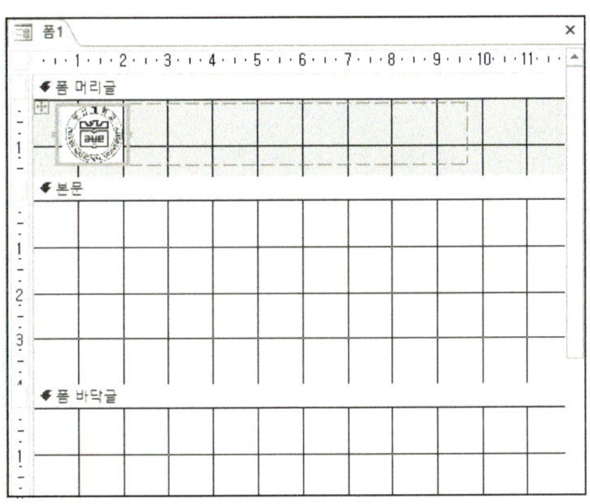

그림 10-5-8 폼 머리글에 로고 추가

03 로고를 삽입하는 과정에서 자동으로 생성된 [제목] 영역에 **고객 관리 폼**이라고 입력하고 **[홈] 탭 > [텍스트 서식] 그룹**에서 글자 크기 [24pt], [가운데 정렬]로 설정하여 폼 머리글을 완성한다.

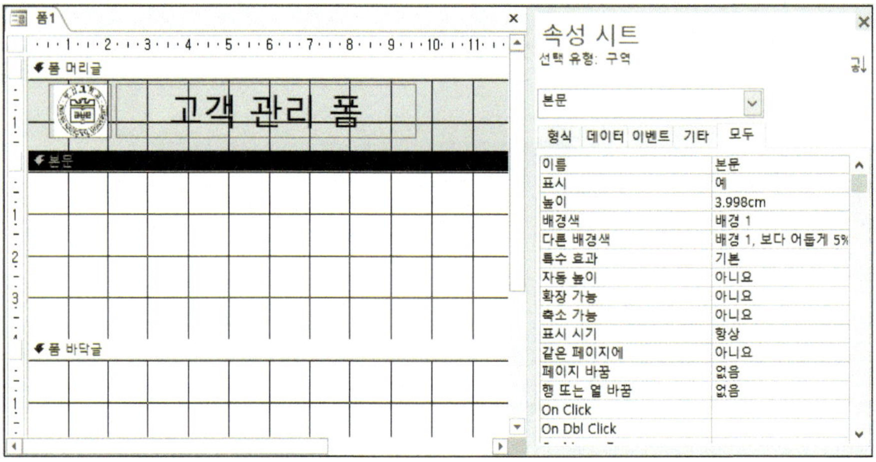

그림 10-5-9 폼 머리글에 제목 추가

다. 필드 추가

[폼 디자인]을 이용한 폼 작성에 있어서 가장 중요한 작업은 본문 영역에 사용자가 원하는 필드를 추가하는 것이다. [필드 목록]에 표시된 필드를 Ctrl 키나 Shift 키를 누른 채 여러 필드를 한꺼번에 선택하여 본문 영역에 추가할 수 있다. 만약 필드를 본문 영역에 추가하는 과정에서 본문 영역의 크기가 작아 조절해야 할 필요가 있다면 본문 영역의 우측이나 하단의 경계선 부분을 드래그하여 조절할 수 있다.

폼에 추가하는 모든 구성요소를 컨트롤이라고 한다. 컨트롤은 크게 바운드 컨트롤, 언바운드 컨트롤, 계산 컨트롤로 구분된다. 바운드 컨트롤은 테이블/쿼리의 데이터를 원본으로 사용하는 컨트롤을 말하며, 언바운드 컨트롤은 제목처럼 데이터 원본이 없는 컨트롤을 말한다. 계산 컨트롤은 데이터 원본으로 사용하는 필드 대신 계산식을 사용하는 컨트롤을 말한다.

[필드 목록]을 통해 폼에 추가하는 컨트롤은 테이블/쿼리의 데이터를 원본으로 사용하는 바운드 컨트롤이다. 이 컨트롤은 필드의 이름을 표시하는 레이블 부분과 테이블/쿼리의 데이터를 표시하는 텍스트 상자 부분으로 구성된다. 폼에 포함된 컨트롤의 위치와 크기는 자유롭게 조절이 가능하다. 컨트롤을 선택한 후 Ctrl 키와 방향키를 눌러 컨트롤의 위치를 조절할 수 있으며, Shift 키와 방향키를 눌러 컨트롤의 크기를 조절할 수 있다.

실습 10-6 필드 목록을 이용하여 바운드 컨트롤 만들기

01 이전의 실습을 완성한 파일에서 [폼 디자인 도구]의 [디자인] 탭 > [기존 필드 추가]를 클릭하여 [필드 목록]을 연다.

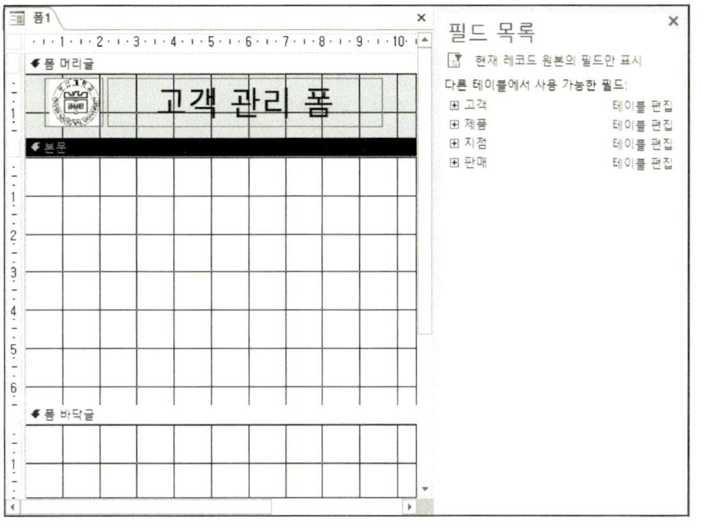

그림 10-5-10 필드 목록 창 열기

02 [필드 목록]에서 '고객' 테이블의 모든 필드를 드래그 또는 더블클릭하여 [폼 디자인] 창의 [본문] 영역으로 가져온다. Ctrl 키나 Shift 키를 이용하여 여러 필드를 한꺼번에 선택할 수 있다.

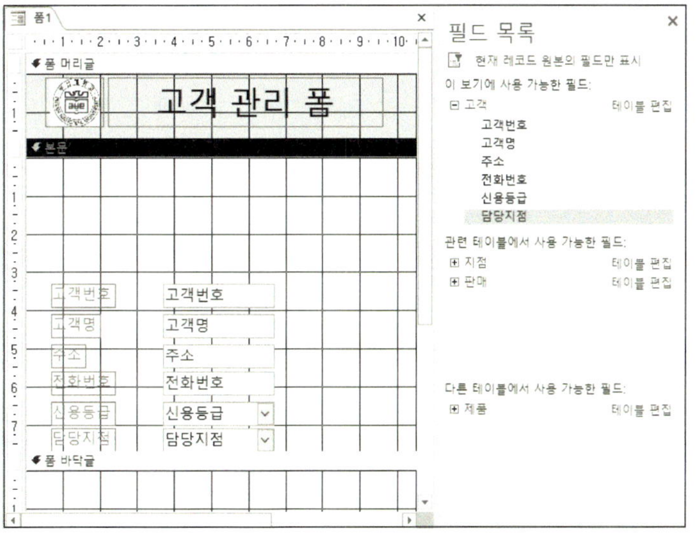

그림 10-5-11 폼 디자인 창에 필드 추가

03 각 컨트롤을 방향키나 마우스 드래그를 이용하여 컨트롤의 위치나 크기를 조절한다. Ctrl 키와 방향키를 이용하여 컨트롤의 위치를 조절하고, Shift 키와 방향키를 이용하여 컨트롤의 크기를 조절한다.

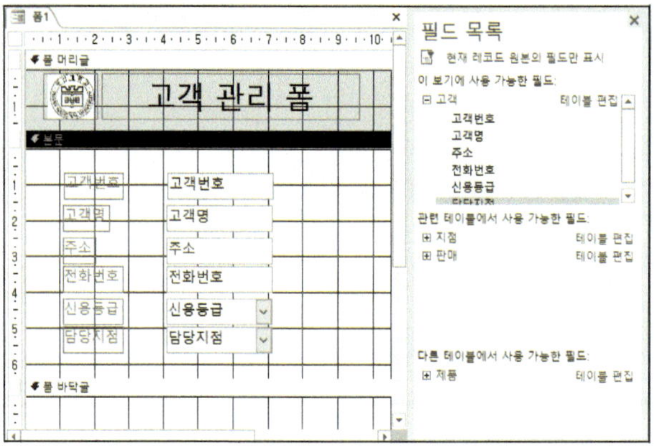

그림 10-5-12 컨트롤 위치 및 크기 조절

04 [빠른 실행 도구 모음]의 [저장]을 클릭하여 **고객 관리 폼**이라는 이름으로 폼을 저장한다.

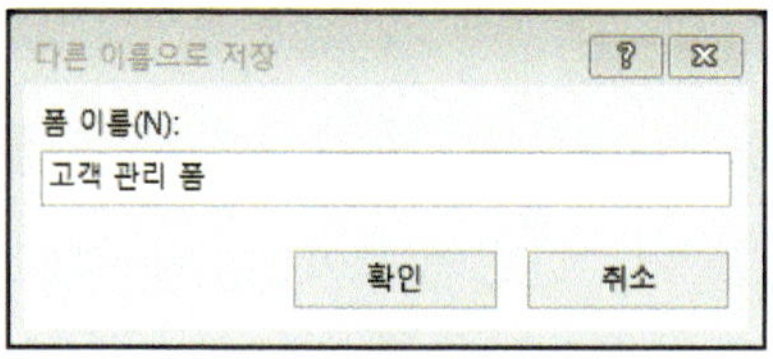

그림 10-5-13 '고객 관리 폼' 폼 저장

05 **[홈] 탭 > [보기] 그룹**에서 [보기]의 [폼 보기(F)]를 클릭하면 작성한 폼을 확인할 수 있다.

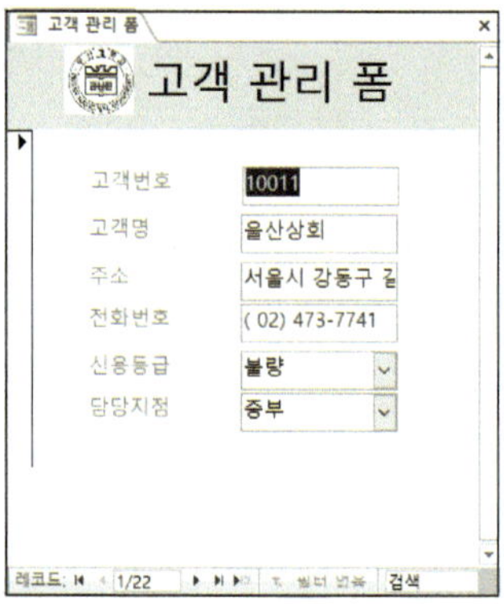

그림 10-5-14 '고객 관리 폼' 폼 보기

한번 더 실습 10-4 봉사관리 데이터베이스

폼 디자인을 이용해 아래 그림과 같이 '재학생 명부' 폼을 작성하시오(실습파일: 로고.jpg 이용).

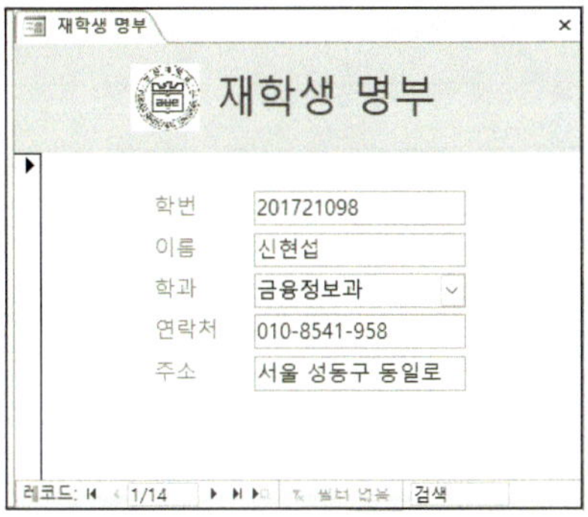

그림 10-5-15 '재학생 명부' 폼 작성

라. 레이블과 텍스트 상자

지금까지 폼 머리글에 [로고]와 [제목]을 이용하여 제목을 추가하는 방법과 본문 영역에 [필드 목록]을 이용하여 컨트롤을 추가하는 방법에 대해서 알아보았다. 다음은 사용자가 직접 원하는 형태의 폼을 작성하기 위해 다양한 컨트롤을 조작하는 방법에 대해서 알아보도록 한다.

먼저, 레이블은 제목이나 각종 안내 문구를 입력할 때 사용한다. [폼 디자인 도구]의 [디자인] 탭 > [컨트롤] 그룹에서 컨트롤 모음 중 [가 레이블]을 선택하고 폼 디자인의 본문 영역으로 마우스를 옮기면 마우스 포인터가 +A 모양으로 바뀐다. 원하는 위치에 마우스를 드래그하여 레이블의 위치와 크기를 정한 후 원하는 텍스트를 입력한다. 텍스트를 입력한 후에 레이블을 더블클릭하면 오른쪽에 [속성 시트]가 나타나는데, [속성 시트]를 이용해 레이블에 원하는 형태의 서식 및 특수효과(예: 그림자)를 적용할 수 있다. [폼 디자인 도구]의 [서식] 탭도 레이블에 적용가능한 다양한 서식 기능을 제공한다.

실습 10-7 폼 디자인을 이용하여 레이블 추가하기

01 [만들기] 탭 > [폼] 그룹에서 [폼 디자인]을 클릭하여 [폼 디자인] 창을 열고 마우스 오른쪽 버튼을 클릭하여 [폼 머리글/바닥글]을 추가한다.

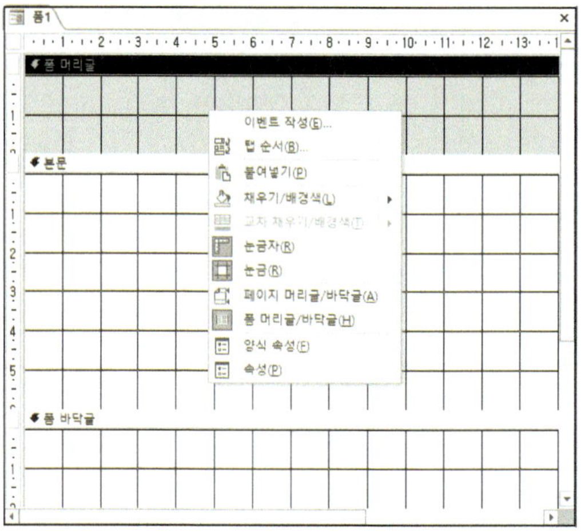

그림 10-5-16 폼 머리글/바닥글 추가

02 [폼 디자인 도구]의 [디자인] 탭 > [컨트롤] 그룹에서 컨트롤 모음 중 [가가 레이블]을 선택하고 [폼 머리글]에 마우스를 드래그하여 레이블의 위치와 크기를 정한 후 **고객 관리 폼**이라는 텍스트를 입력한다.

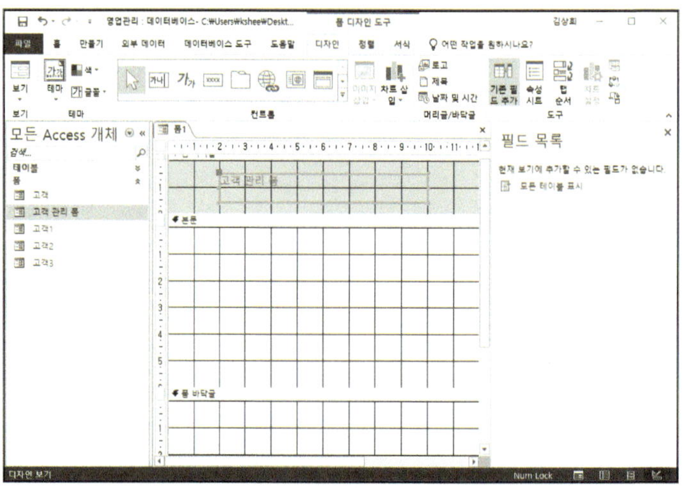

그림 10-5-17 폼 머리글에 레이블 추가

03 레이블을 선택한 후 마우스 오른쪽 버튼을 클릭하여 [속성(P)]을 선택하거나 **[폼 디자인 도구]**의 **[디자인] 탭 > [도구] 그룹**에서 [속성 시트]를 클릭하면 [속성 시트] 창이 나타난다.

[속성 시트] 창에서 레이블의 이름을 [제목], 글꼴 크기를 [25], 텍스트 맞춤을 [가운데], 테두리 스타일을 [실선], 테두리 두께를 [2pt], 특수효과를 [그림자], 문자색을 [짙은 파랑색]으로 변경한다.

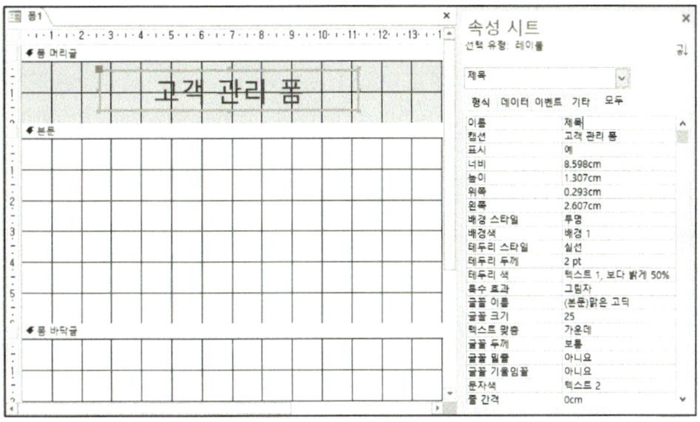

그림 10-5-18 속성 시트 창에서 서식 변경

또한 [속성 시트] 창 외에도 **[폼 디자인 도구]**의 **[서식] 탭**에서 글꼴, 표시형식, 배경, 도형 등 일부 서식을 변경할 수 있다.

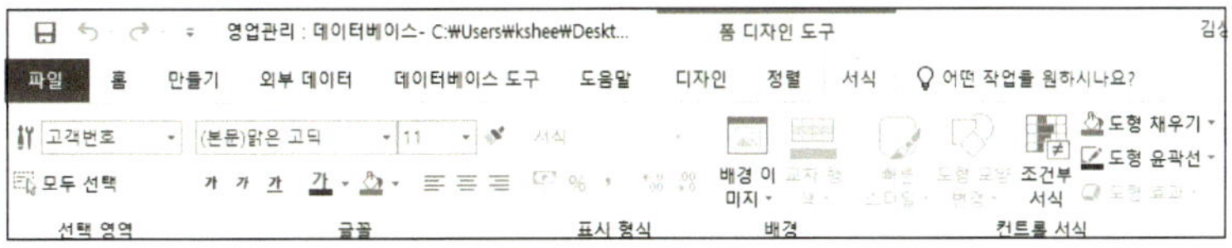

그림 10-5-19 폼 디자인 도구의 서식 탭

04 [빠른 실행 도구 모음]의 [저장]을 클릭하여 **고객 관리 폼 2**로 저장하고, **[홈] 탭 > [보기] 그룹**에서 [보기]의 [폼 보기(F)]를 클릭하여 작성된 폼을 확인한다.

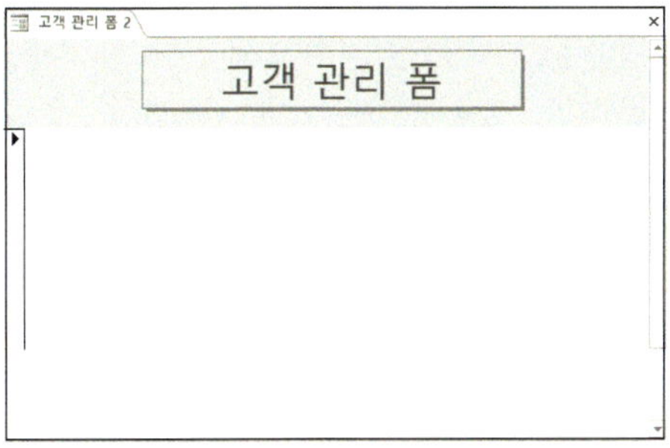

그림 10-5-20 '고객 관리 폼 2' 폼 보기

[가나 텍스트 상자]는 데이터가 입력되거나 출력되는 임시적인 저장 공간이다. **[폼 디자인 도구]**의 **[디자인] 탭 > [컨트롤] 그룹**에서 컨트롤 모음 중 [가나 텍스트 상자]를 선택하고 [폼 디자인] 창에서 원하는 위치와 크기로 드래그하여 텍스트 상자를 완성하면 나타나는 [텍스트 상자 마법사] 대화상자로 손쉽게 텍스트 상자를 추가할 수 있다. [텍스트 상자 상자 마법사]를 통해 데이터의 서식, IME 모드, 텍스트 상자 이름을 지정할 수 있다. 만약 마법사가 나타나지 않으면 도구상자의 [컨트롤 마법사 단추( )]를 활성화시킨 후에 텍스트 상자를 실행하면 된다.

폼에 텍스트 상자를 추가하면 그림 10-5-21과 같이 레이블과 텍스트 상자가 함께 나타난다. 레이블에는 원하는 이름을 입력할 수 있으며 원하지 않으면 선택하여 삭제할 수 있다. 텍스트 상자에는 '언바운드'라고 쓰여 있는데, 텍스트 상자가 테이블이나 쿼리에 있는 데이터에 연결되어 있지 않은 상태임을 의미한다.

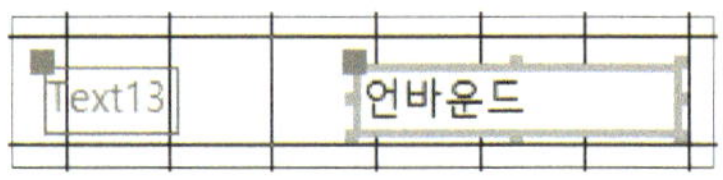

그림 10-5-21 텍스트 상자 추가

앞서 설명한 대로 컨트롤은 데이터와의 연결 여부에 따라 바운드 컨트롤과 언바운드 컨트롤로 구분된다. 바운드 컨트롤은 테이블이나 쿼리의 필드에 연결하여 입력된 데이터를 불러와서 표시할 수 있음을 의미한다. [폼 디자인] 창에 추가된 '언바운드'의 텍스트 상자는 [속성 시트] 창에서 바운드 컨트롤로 변경할 수 있다. [속성 시트] 창에서 [데이터] 탭이나 [모두] 탭을 클릭한 후 [컨트롤 원본]의 드롭다운 단추( )를 클릭하면 폼 작성을 시작할 때 선택한 테이블이나 쿼리에 포함된 필드 목록이 나타난다.

만약, [컨트롤 원본]의 드롭다운 단추를 클릭해도 필드 목록이 나타나지 않는다면 [폼 디자인] 창의 왼쪽 맨 위에 있는 폼 선택 단추(■)를 더블클릭한다. 나타난 폼 전체의 [속성 시트] 창의 [데이터] 탭 또는 [모두] 탭에서 [레코드 원본]의 드롭다운 단추를 클릭하면 저장된 테이블 목록이 나타나는데, 그 중에서 필요한 필드의 테이블을 선택하면 된다.

폼을 작성하기 위해 필요한 필드가 두 개의 테이블에 각각 포함되어 있어 두 개의 테이블 모두를 레코드 원본으로 사용해야 하는 경우에는 [레코드 원본]의 드롭다운 단추 옆의 ...를 클릭하여 [쿼리 작성기]를 실행한다. [쿼리 작성기]를 이용해 두 개 이상의 테이블에서 사용자가 원하는 필드만을 골라 폼의 레코드 원본으로 사용할 수 있다.

실습 10-8 고객 테이블의 고객번호 필드의 텍스트 상자 만들기

01 이전 실습에서 완성한 '고객 관리 폼 2'의 [디자인 보기] 창을 연다. **[폼 디자인 도구]**의 **[디자인] 탭 > [컨트롤] 그룹**에서 컨트롤 모음 중 [가나| 텍스트 상자]를 선택하고 [본문] 영역에 드래그하여 텍스트 상자를 추가하면 [텍스트 상자 마법사]가 나타난다.
[텍스트 상자 마법사]의 첫 번째 단계에서는 텍스트 상자 서식을 지정할 수 있는데, 글꼴 크기를 [14pt]로 변경하고 [다음(N)>]을 클릭한다.

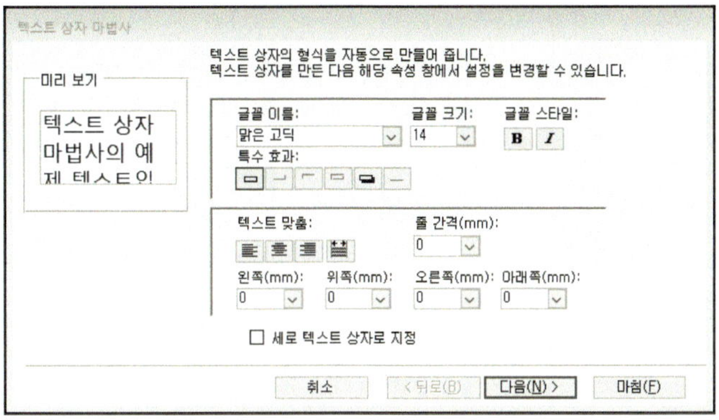

그림 10-5-22 텍스트 상자 마법사 1단계

02 [텍스트 상자 마법사]의 두 번째 단계에서는 문자의 입력언어(한글, 영어 등)를 선택하는 IME 모드를 지정하는 단계인데, '현재 상태 유지'로 두고 [다음(N)>]을 클릭한다.

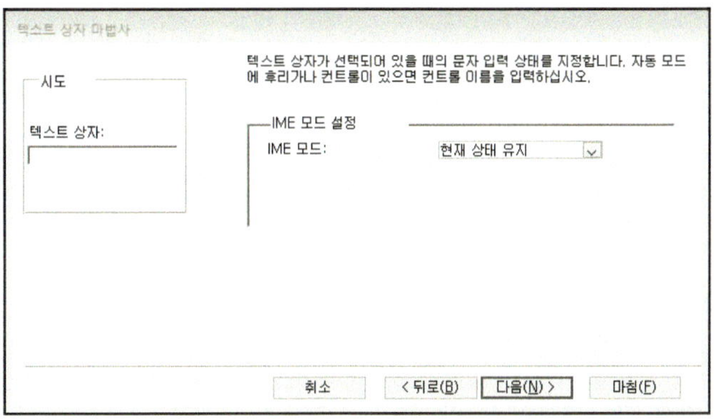

그림 10-5-23 텍스트 상자 마법사 2단계

03 [텍스트 상자 마법사]의 세 번째 단계에서는 텍스트 상자의 이름을 지정하는 단계이다.

고객번호를 입력하고 [마침(F)]을 클릭한다. 텍스트 상자의 이름과 동일하게 레이블의 이름도 변경된다.

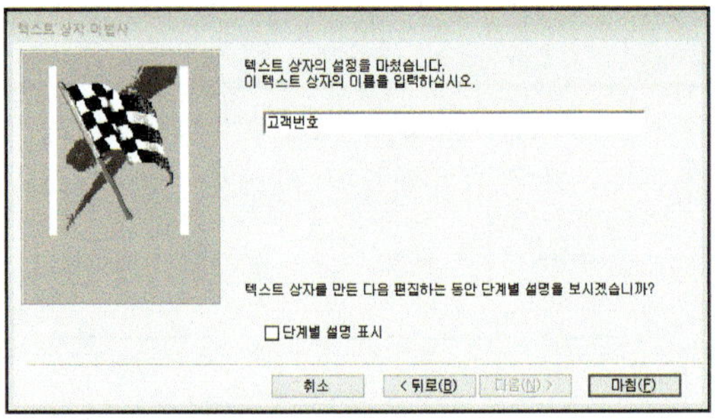

그림 10-5-24 텍스트 상자 마법사 3단계

04 [폼 디자인] 창의 왼쪽 맨 위에 있는 폼 선택 단추(■)를 더블클릭하면 폼 전체의 [속성 시트] 창이 나타난다. [데이터] 탭 또는 [모두] 탭의 [레코드 원본]에서 드롭다운 단추를 클릭하여 '고객' 테이블을 선택한다.

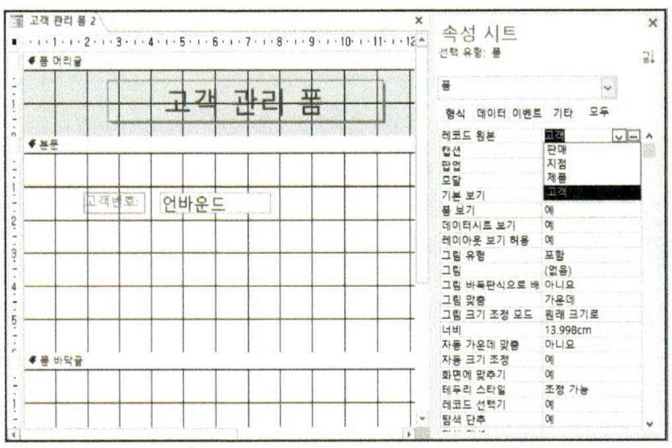

그림 10-5-25 폼 전체의 속성 시트 창

05 [속성 시트] 창이 나타난 있는 상태에서 [본문] 영역의 텍스트 상자를 클릭하면 해당 텍스트 상자의 [속성 시트] 창으로 변경된다. [데이터] 탭 또는 [모두] 탭의 [컨트롤 원본]에서 드롭다운 단추를 클릭하면 앞서 폼 전체의 [레코드 원본]에서 선택한 '고객' 테이블의 모든 필드가 나타나는데, 그 중 [고객번호] 필드를 선택한다.

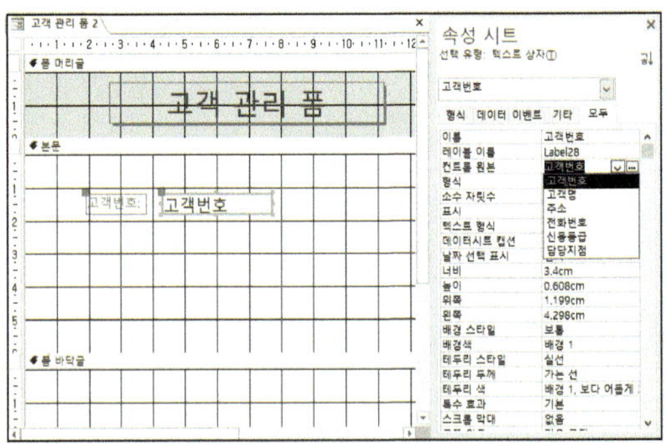

그림 10-5-26 텍스트 상자의 바운드 컨트롤 설정

06 [빠른 실행 도구 모음]의 [저장]을 클릭하여 저장하고, **[홈] 탭 > [보기] 그룹**에서 [보기]의 [폼 보기(F)]를 클릭하여 작성된 폼을 확인한다.

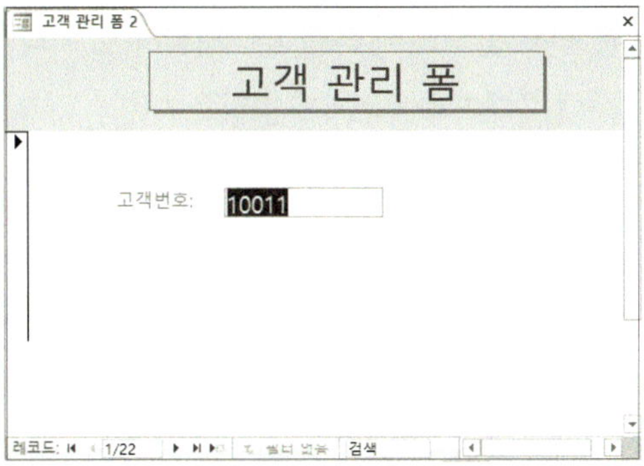

그림 10-5-27 추가된 '고객 관리 폼 2' 폼 보기

실습 10-9 고객이름, 담당지점, 현금결제여부 필드의 텍스트 상자 추가하기

01 이전 실습에서 완성한 '고객 관리 폼 2'의 [디자인 보기] 창을 연다. **[폼 디자인 도구]**의 **[디자인] 탭 > [컨트롤] 그룹**에서 컨트롤 모음 중 [가나 텍스트 상자]를 추가해도 되지만 이미 생성된 '고객번호' 텍스트 상자를 복사(Ctrl+C)와 붙여넣기(Ctrl+V)(바로가기 메뉴를 이용해도 무관하다)를 하면 동일한 서식의 텍스트 상자를 생성할 수 있다.

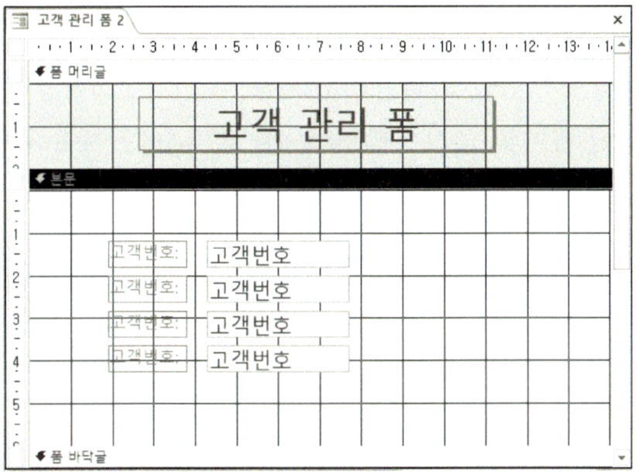

그림 10-5-28 복사와 붙여넣기로 텍스트 상자 추가

02 폼을 작성하기 위한 필드가 두 개의 테이블에 속하므로 [폼 디자인] 창의 왼쪽 맨 위에 있는 폼 선택 단추(■)를 더블클릭하여 폼 전체의 [속성 시트] 창을 열고 [레코드 원본]의 드롭다운 단추 옆의 ...를 클릭하여 [쿼리 작성기]를 실행한다.
'고객' 테이블과 '판매' 테이블을 이용하기 위해 **[쿼리 도구]의 [디자인] 탭 > [쿼리 설정] 그룹**에서 [테이블 표시]를 클릭하여 [테이블 표시] 창을 연다.

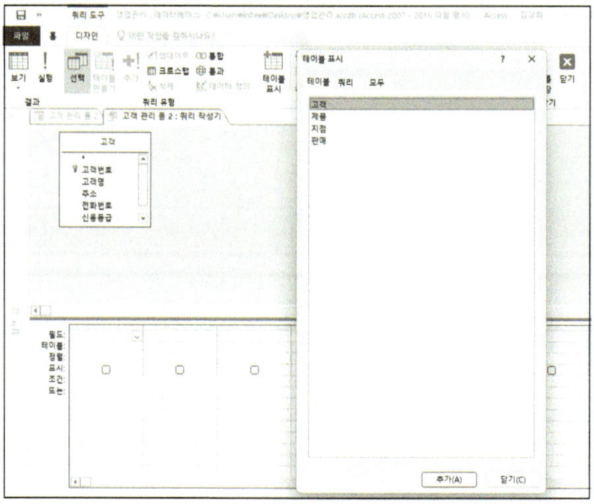

그림 10-5-29 쿼리 작성기 실행

03 [테이블 표시] 창에서 '고객' 테이블과 '판매' 테이블을 더블클릭하여 [쿼리 작성기] 창에 반영된 것을 확인하고 [닫기(C)]를 클릭한다.
[쿼리 작성기] 창에 나타난 '고객' 테이블에서 [고객번호], [고객명], [담당지점] 필드를, '판매' 테이블에서 [현금결제여부] 필드를 더블클릭하여 아래의 [필드] 영역에 반영한다.

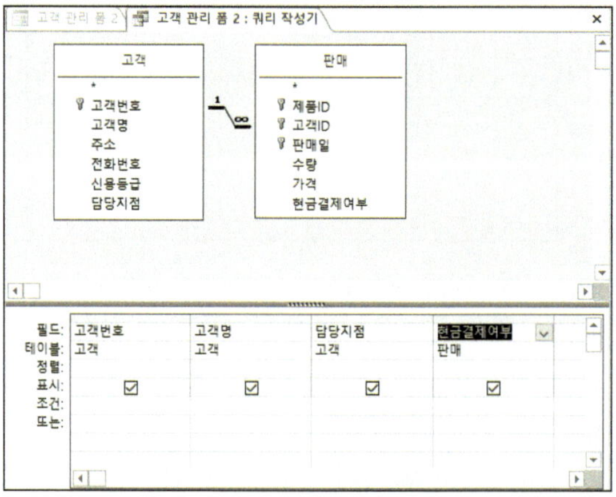

그림 10-5-30 쿼리 작성기에 필드 추가

04 [쿼리 도구]의 [디자인] 탭 > [닫기] 그룹에서 [닫기]를 클릭하면 [쿼리 작성기]에서 선택한 필드들을 [레코드 원본]에 포함할 것인지에 대해서 묻는 대화상자가 나타난다. 여기에서 [예(Y)] 단추를 클릭하여 지금까지의 작업을 [레코드 원본]에 반영한다.

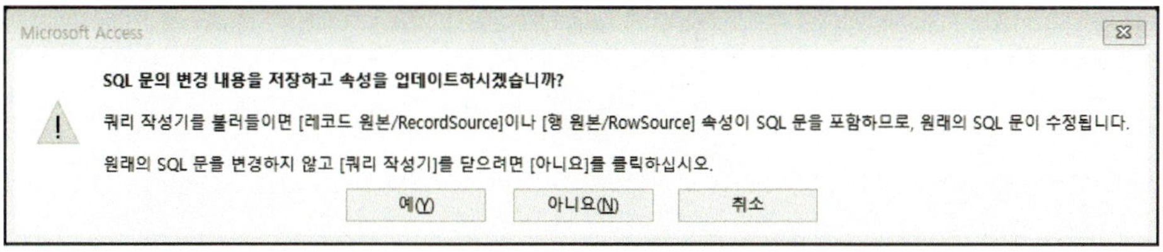

그림 10-5-31 쿼리 작성기에서 선택한 필드를 폼의 레코드 원본으로 반영

TIP **SQL 쿼리문 변환**

쿼리 작성기를 통해 완료한 작성을 [레코드 원본]에 표 10-5-2와 같이 SQL 쿼리문으로 변환하여 표시된다.

표 10-5-2 레코드 원본에 표시된 SQL문

```
SELECT 고객.고객번호, 고객.고객명, 고객.담당지점, 판매.현금결제여부
FROM 고객 INNER JOIN 판매 ON 고객.고객번호 = 판매.고객ID;
```

05 아래 그림 9-5-32와 같이 각 텍스트 상자의 [속성 시트] 창에서 [컨트롤 원본]을 지정하고, 각 [레이블 이름]도 변경한다. 그리고 레이블과 텍스트 상자를 원하는 위치와 크기를 마우스로 드래그하여 조정한다. 이때, [폼 디자인 도구]의 [정렬] 탭에서 [크기 및 순서 조정]의 [맞춤] 기능이 도움이 된다.

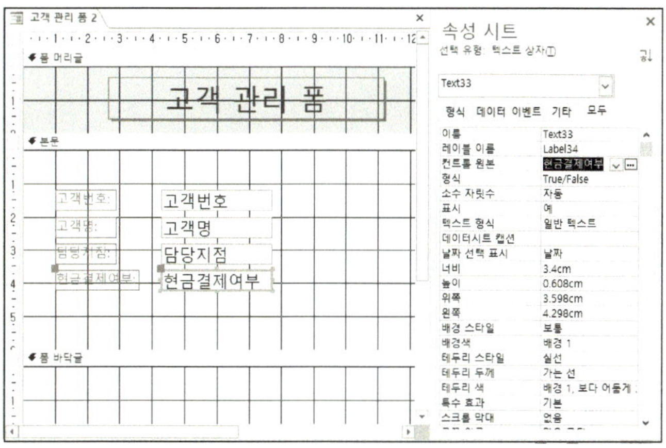

그림 10-5-32 텍스트 상자의 컨트롤 원본 지정

06 [빠른 실행 도구 모음]의 [저장]을 클릭하여 저장하고, **[홈] 탭 > [보기] 그룹**에서 [보기]의 [폼 보기(F)]를 클릭하여 작성된 폼을 확인한다.

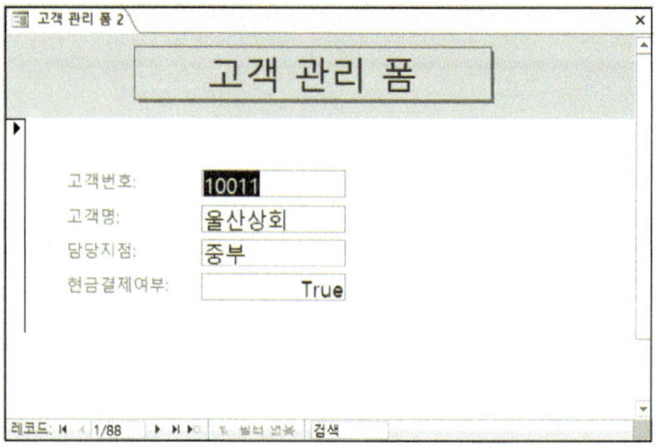

그림 10-5-33 '고객 관리 폼 2' 폼 보기

한번 더 실습 10-5 봉사관리 데이터베이스

폼 디자인을 이용해 아래 그림과 같이 '봉사내역입력' 폼을 작성하시오.

- 폼 머리글에는 제목과 날짜를 추가하고, 본문에는 다음과 같이 세 개의 테이블에 포함되는 필드를 추가하여 위치와 크기를 적절하게 배치하시오.

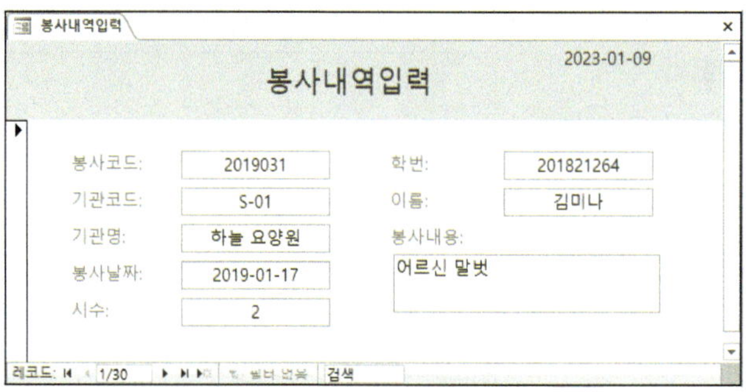

그림 10-5-34 '봉사내역입력' 폼 작성

마. 옵션 그룹

폼에는 옵션 그룹을 사용하여 데이터를 직접 입력하지 않고 옵션 단추나 확인란, 토글단추와 같이 데이터를 선택하는 컨트롤을 넣을 수 있다. 옵션 그룹은 남자와 여자, 예와 아니오, 회원과 비회원 등과 같은 'Yes/No' 데이터 형식에 적합하며, 'Yes/No'와 같이 두 개의 값 중에서 하나를 선택하는 데이터뿐만 아니라 입력값이 정해진 필드(세 개 이상의 값도 가능함)에 대해서도 옵션 그룹을 적용할 수 있다.

실습 10-10 판매 테이블의 현금결제여부 필드(Yes/No 형식)의 옵션 그룹 만들기

01 [폼 디자인] 창을 열고 **[폼 디자인 도구]**의 **[디자인] 탭 > [컨트롤] 그룹**에서 컨트롤 모음 중 [옵션 그룹]을 선택하고 [폼 디자인] 창에 드래그하면 [옵션 그룹 마법사] 대화상자가 나타난다. 만약 마법사가 나타나지 않으면 컨트롤 도구상자에서 [컨트롤 마법사 단추( )]를 활성화시킨 후에 실행하면 된다.

[옵션 그룹 마법사]의 첫 번째 단계에서는 선택할 항목, 즉 옵션 이름으로 사용할 데이터를 [레이블 이름] 열에 입력한다. '판매' 테이블의 [현금결제여부] 필드에 연결하기 위해 레이블 이름으로 **현금**(☑–Yes)과 **외상**(☐–No)을 입력한다.

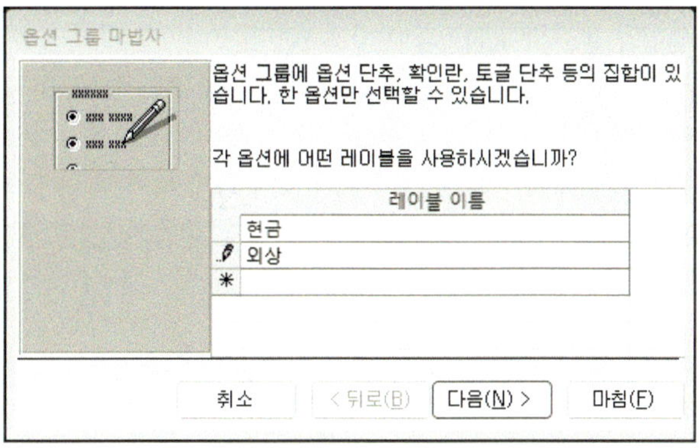

그림 10-5-35 옵션 그룹 마법사의 1단계

02 [옵션 그룹 마법사]의 두 번째 단계에서는 설정한 옵션 중에서 하나를 기본값으로 지정할지 여부를 결정한다. 기본값을 지정하면 새로운 레코드의 해당 필드에 지정된 기본값이 자동적으로 입력된다. 첫 번째 단계에서 입력한 '현금', '외상' 중 '현금'을 기본값으로 설정한다.

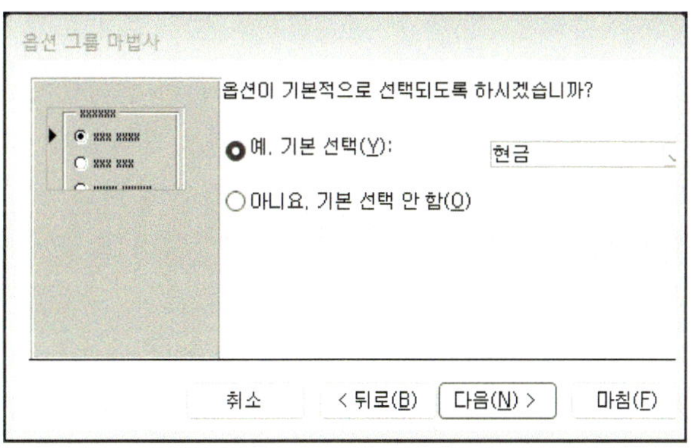

그림 10-5-36 옵션 그룹 마법사의 2단계

03 [옵션 그룹 마법사]의 세 번째 단계에서는 각 옵션에 할당할 값을 지정한다. 두 번째 단계에서 기본값으로 선택한 현금에는 "−1"을 외상에는 "0"을 입력해 주어야 한다.

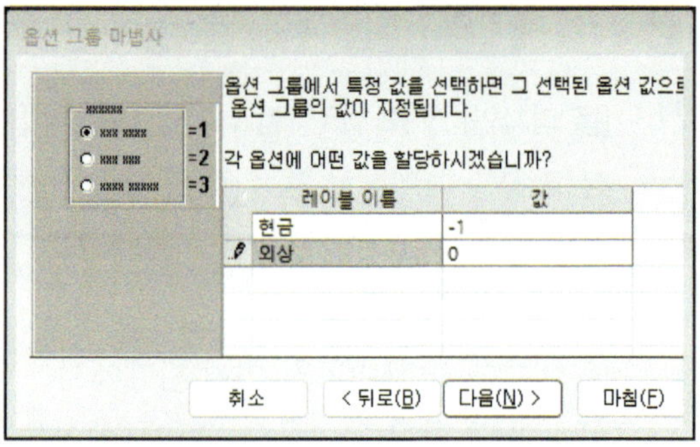

그림 10-5-37 옵션 그룹 마법사의 3단계

TIP 속성 시트 창에서 옵션 값 할당하기

만약, 이 단계를 뛰어넘거나 값을 제대로 할당하지 않은 경우에는 옵션 그룹 작성이 완료된 후에도 [속성 시트] 창에서 옵션 값을 변경할 수 있다. '현금' 옵션 단추를 선택한 후 [속성 시트] 창의 [데이터] 탭에서 [옵션 값]을 "−1"로 변경하고 '외상' 옵션 단추는 "0"으로 변경하면 된다.

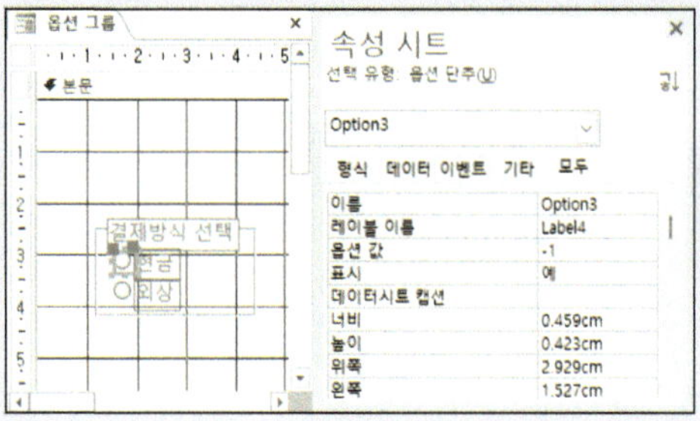

(a) '현금'(기본값)의 옵션 값: −1

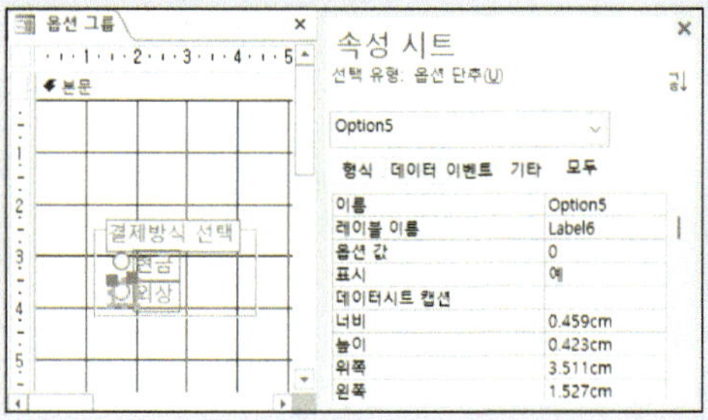

(b) '외상'의 옵션 값: 0

그림 10-5-38 옵션 값 변경하기

04 [옵션 그룹 마법사]의 네 번째 단계에서는 옵션 그룹에서 선택한 값을 처리하는 단계로 옵션 그룹과 연결할 테이블의 필드를 선택한다. 옵션 그룹을 테이블의 필드와 연결되지 않은 언바운드 컨트롤로 사용할 경우에는 [다음에 사용하기 위해 값을 저장(S)]을 선택하고, 옵션 그룹을 테이블의 필드와 연결되는 바운드 컨트롤로 사용할 경우에는 [값을 저장할 필드(V)]를 선택하여 바운드 컨트롤과 연결할 필드를 선택한다.

- 옵션 그룹을 '판매' 테이블의 [현금결제여부] 필드에 연결하기 위해 [값을 저장할 필드(V)]에 '현금결제여부'를 선택하도록 한다. 만약, 다른 테이블의 필드가 나타나거나 이 단계를 생략하고 다음 단계로 바로 넘어간다면 '판매' 테이블이 레코드 원본으로 지정되지 않았기 때문이다. 마법사를 취소하고 폼 전체의 [속성 시트] 창에서 [레코드 원본]을 '판매' 테이블을 지정한 후 다시 시작한다.

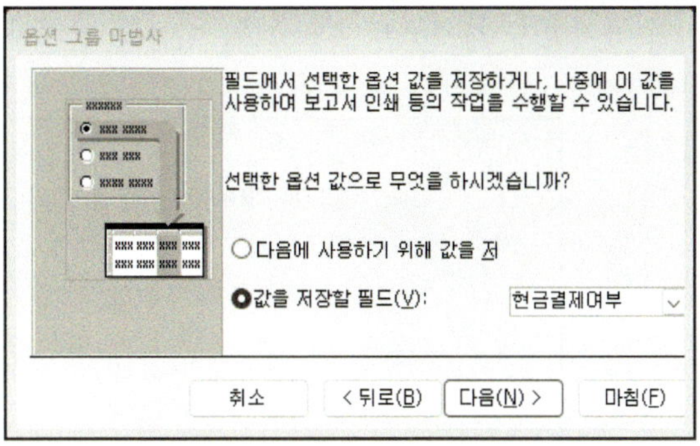

그림 10-5-39 옵션 그룹 마법사 4단계

TIP 속성 시트 창에서 바운드 컨트롤 만들기

이 단계에서 원하는 필드에 제대로 연결되지 않았거나 이 단계가 생략되어 옵션 그룹에 연결하는 필드가 제대로 설정되지 않았다면 옵션 그룹 마법사를 완료하고 나서 [속성 시트] 창에서 지정할 수 있다. 옵션 그룹 프레임의 [속성 시트] 창에서 [데이터] 탭 또는 [모두] 탭의 [컨트롤 원본]을 '판매' 테이블의 [현금결제여부] 필드로 선택한다. 만약, 해당 필드가 나타나지 않으면 폼 전체의 [속성 시트] 창에서 [레코드 원본]을 '판매' 테이블로 지정하여야 한다.

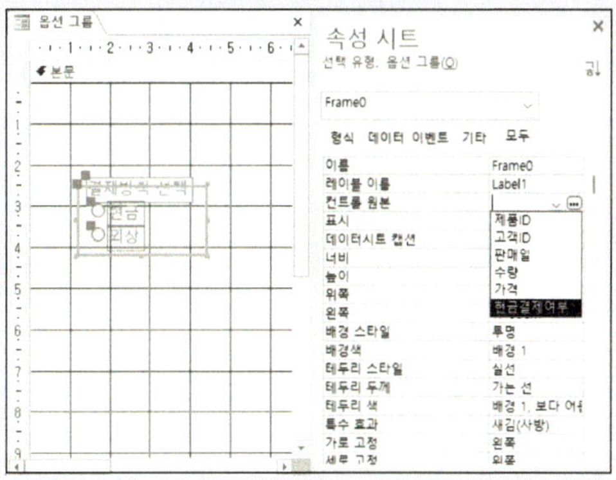

그림 10-5-40 옵션 그룹을 바운드 컨트롤로 만들기

05 [옵션 그룹 마법사]의 다섯 번째 단계에서는 옵션 그룹에서 사용할 컨트롤의 종류와 옵션 그룹이 폼에 표시되는 스타일을 선택한다. 옵션 그룹에서 사용할 컨트롤의 종류에는 [옵션 단추(O)], [확인란(C)], [토글 단추]가 있다.

[옵션 단추(O)]를 선택하고 [새김(사방)(E)] 스타일을 적용한다.

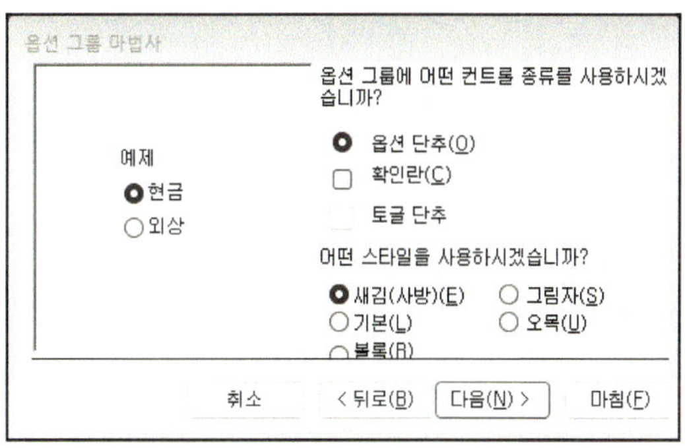

그림 10-5-41 옵션 그룹 마법사의 5단계

06 [옵션 그룹 마법사]의 마지막 단계에서는 옵션 그룹 이름을 입력한다.

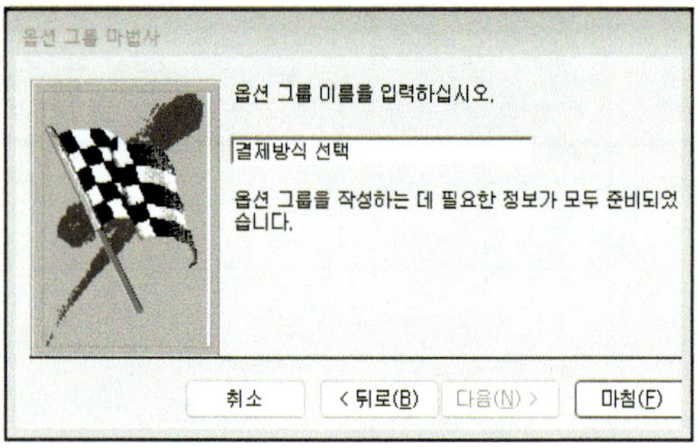

그림 10-5-42 옵션 그룹 마법사의 6단계

07 [빠른 실행 도구 모음]의 [저장]을 클릭하여 **옵션 그룹**으로 저장하고, **[홈] 탭 > [보기] 그룹**에서 [보기]의 [폼 보기(F)]를 클릭하여 작성된 폼을 확인한다.

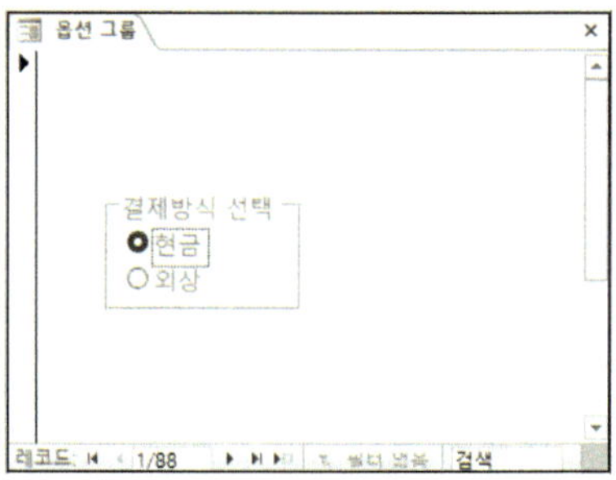

그림 10-5-43 '옵션 그룹' 폼 보기

08 위의 과정을 반복하여 [폼 디자인] 창에 '판매' 테이블의 [현금결제여부] 필드의 옵션 그룹을 '확인란' 컨트롤의 '그림자' 스타일로, '토글 단추' 컨트롤의 '볼록' 스타일로 더 만들어본다.

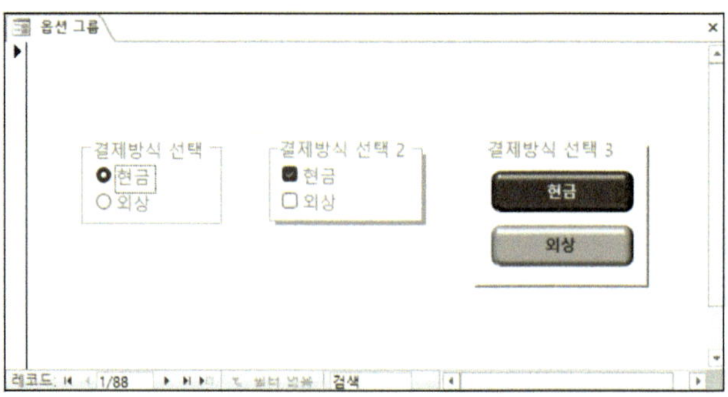

그림 10-5-44 추가된 '옵션 그룹' 폼 보기

한번 더 실습 10-6 봉사관리 데이터베이스

이전 실습에서 저장한 '봉사내역입력' 폼에 아래 그림과 같이 '우수기관' 필드(Yes/No 형식)의 옵션 그룹을 작성하시오.

- 우수기관(Yes), 일반기관(No) 중 일반기관이 기본값이 되도록 설정하고, 옵션 그룹의 종류는 확인란, 스타일은 오목(U)으로 작성하시오.

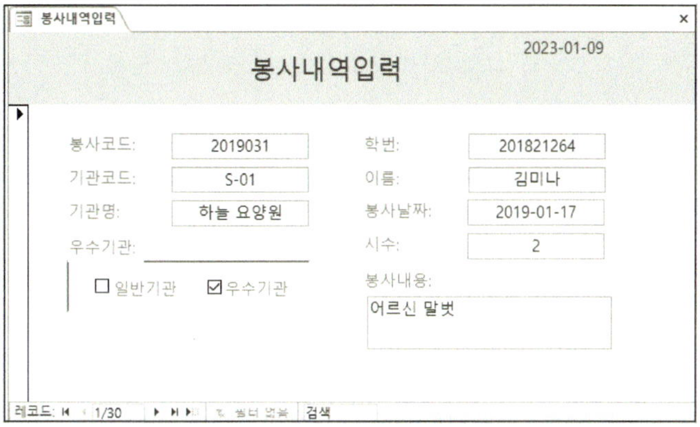

그림 10-5-45 '봉사내역입력' 폼에 옵션 그룹 추가

바. 콤보 상자와 목록 상자

앞에서 옵션 그룹 컨트롤을 사용하여 제한된 수의 데이터 값을 입력하는 방법을 살펴보았는데, 콤보 상자나 목록 상자를 사용해서도 동일한 기능을 수행할 수 있다. 콤보 상자와 목록 상자 컨트롤의 차이점을 살펴보면, 콤보 상자는 목록 값 중에서 하나의 값을 선택할 수 있을 뿐만 아니라 텍스트 상자처럼 직접 값을 입력할 수도 있다. 그에 반해 목록 상자는 표시된 목록 값에서만 값을 선택할 수 있다. 목록 상자는 모든 값들을 표시할 수 있어 한눈에 모든 값을 파악할 수 있다는 장점을 가지고 있다.

실습 10-11 고객 테이블의 신용등급 필드는 콤보 상자로, 담당지점 필드는 목록 상자로 만들기

01 [폼 디자인] 창을 열고 **[폼 디자인 도구]**의 **[디자인] 탭 > [컨트롤] 그룹**의 컨트롤 모음 중 [콤보 상자]를 선택하고 원하는 위치에 드래그하면 [콤보 상자 마법사] 대화상자가 나타난다.
[콤보 상자 마법사]의 첫 번째 단계에서는 콤보 상자 목록에 표시하고자 하는 데이터의 목록을 테이블에서 가져올 것인지 아니면 직접 입력할 것인지를 결정한다.

- [원하는 값을 입력합니다(V)]를 선택하고 [다음(N)>]을 클릭한다.

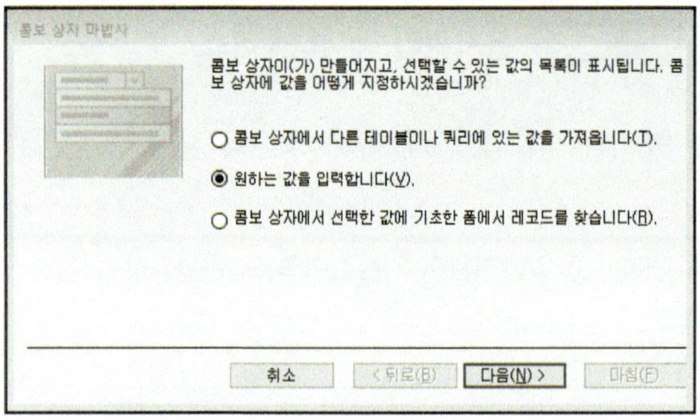

그림 10-5-46 콤보 상자 마법사 1단계

02 [콤보 상자 마법사]의 두 번째 단계에서는 데이터 목록을 직접 입력할 수 있는 화면이 나타난다. 이 화면은 테이블의 필드 속성을 정의할 때 사용하였던 조회마법사와 매우 유사하다.

- '고객' 테이블의 [신용등급] 필드 속성을 정의할 때 조회마법사에서 설정하였던 목록인 일반, 우수, 불량을 동일하게 입력하고 [다음(N)>]을 클릭한다.

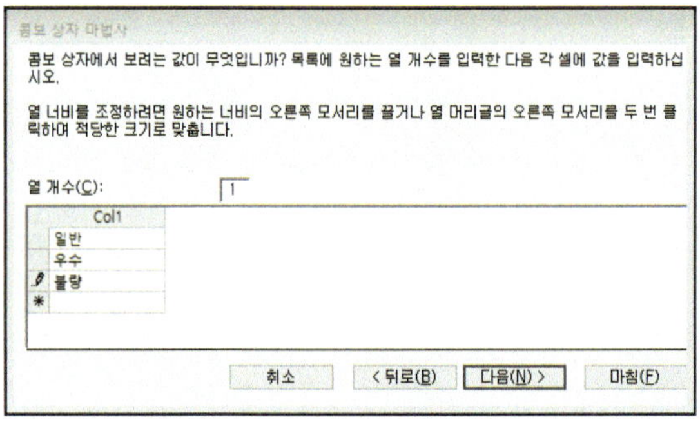

그림 10-5-47 콤보 상자 마법사 2단계

03 [콤보 상자 마법사]의 세 번째 단계에서는 콤보 상자 컨트롤과 연결할 필드를 선택한다.

- [이 필드에 값을 저장합니다(S):]를 선택하고 옆의 드롭다운 단추를 클릭하여 나타난 '고객' 테이블의 필드 목록에서 [신용등급] 필드를 선택하고 [다음(N)>]을 클릭한다.

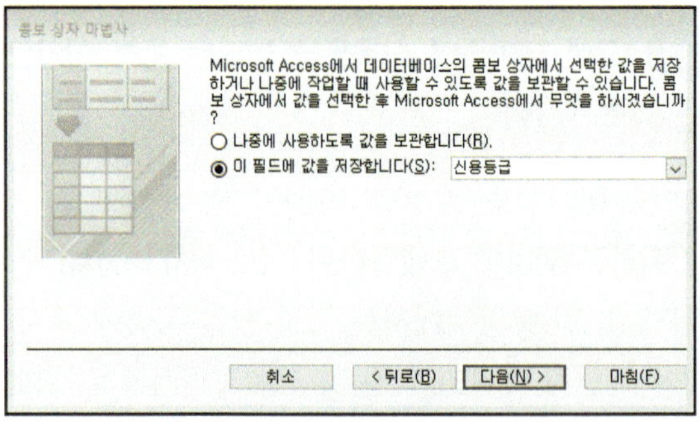

그림 10-5-48 콤보 상자 마법사 3단계

TIP **속성 시트 창에서 바운드 컨트롤 만들기**

만약, 이 단계가 나타나지 않는다면 폼 전체의 [레코드 원본]으로 '고객' 테이블이 지정되어 있지 않았기 때문이다. 다음 단계를 거쳐 대화상자를 완료하고 난 후, 폼 전체의 [속성 시트] 창에서 [레코드 원본]을 '고객' 테이블으로 지정한다. 그 다음, '언바운드'라고 나타난 콤보 상자 프레임을 선택하고 [속성 시트] 창에서 [데이터] 탭 또는 [모두] 탭의 [컨트롤 원본]을 '고객' 테이블의 [신용등급] 필드를 선택하여 바운드 컨트롤로 만들어준다.

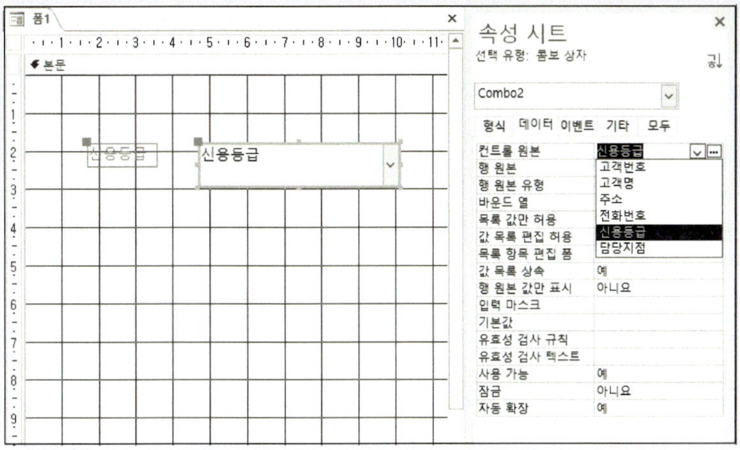

그림 10-5-49 콤보 상자 바운드 컨트롤 만들기

04 [콤보 상자 마법사]의 마지막 단계에서는 콤보 상자의 레이블에 표시할 이름을 입력한다.

신용등급을 입력하고 [마침(F)]을 클릭한다.

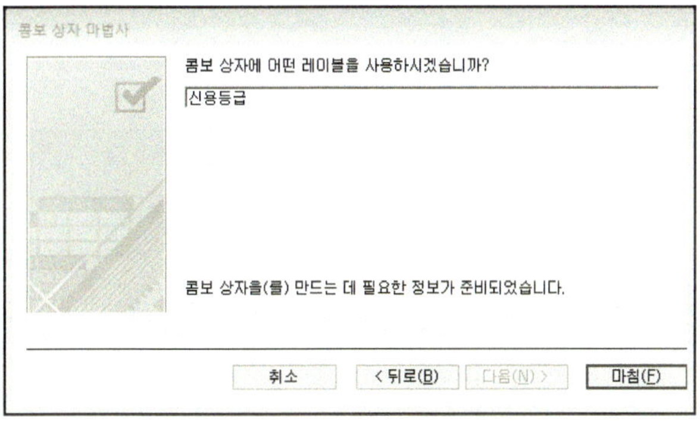

그림 10-5-50 콤보 상자 마법사 4단계

05 콤보 상자 아래에 컨트롤 모음에서 [목록 상자] 컨트롤을 삽입하고 위와 동일한 과정으로 '고객' 테이블의 [담당지점] 필드의 목록 상자(서울, 중부, 남부)를 만든다.

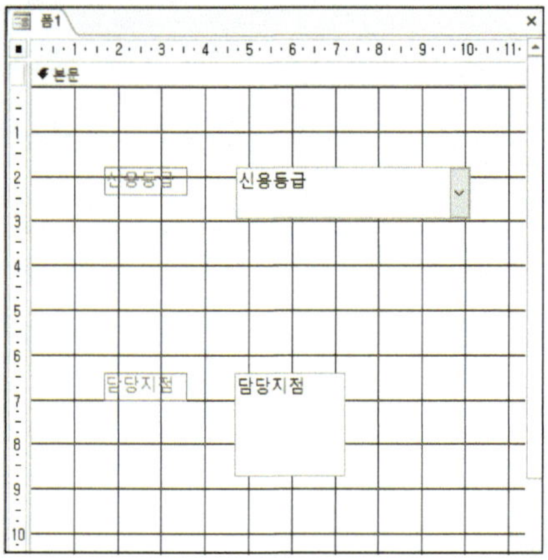

그림 10-5-51 콤보 상자와 목록 상자 만들기

06 [빠른 실행 도구 모음]의 [저장]을 클릭하여 폼 이름을 **콤보상자 목록상자**로 저장하고, **[홈] 탭 > [보기] 그룹**에서 [보기]의 [폼 보기(F)]를 클릭하여 작성된 폼을 확인한다.

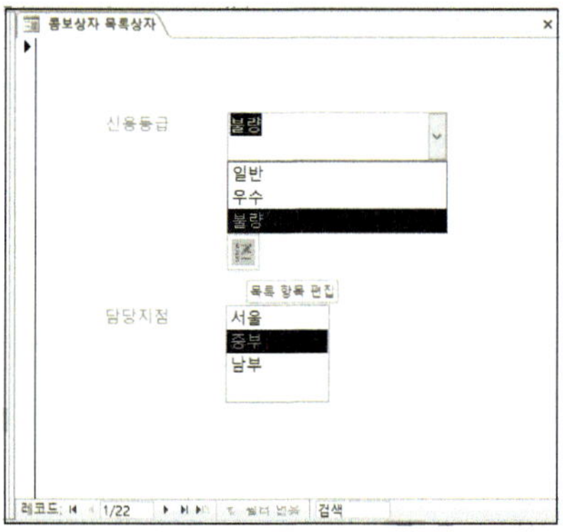

그림 10-5-52 '콤보상자 목록상자' 폼 보기

07 위의 그림과 같이 콤보 상자와 목록 상자를 클릭하면 [목록 항목 편집] 단추가 나타나는데, 이 대화상자를 통해 편리하게 데이터 목록을 편집할 수 있다.

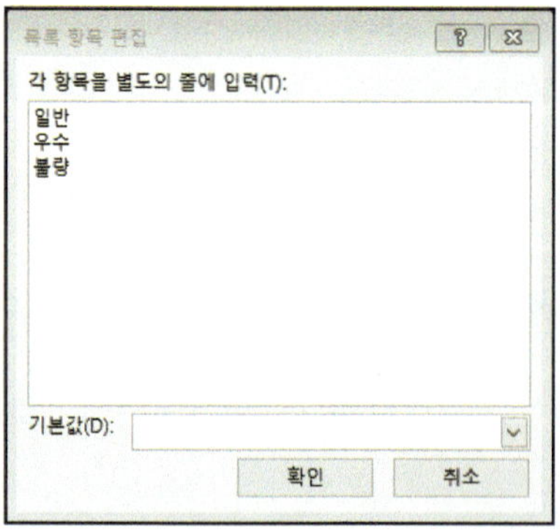

그림 10-5-53 목록 항목 편집 대화상자

한번 더 실습 10-7 봉사관리 데이터베이스

이전 실습에서 저장한 '봉사내역입력' 폼에 아래 그림과 같이 [학과] 필드의 콤보 상자를 작성하시오.

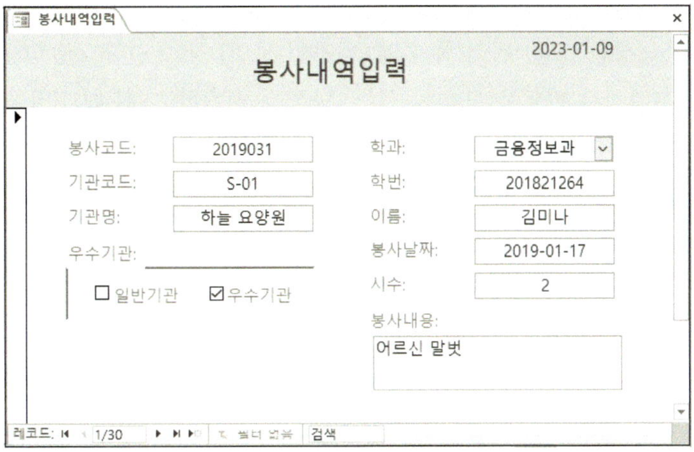

그림 10-5-54 '봉사내역입력' 폼에 콤보 상자 추가

사. 명령 단추

액세스에는 레코드 검색, 인쇄, 다른 응용프로그램 실행 등 폼에 포함시킬 수 있는 다양한 기능을 제공하는 명령 단추(xxxx)라는 컨트롤이 있다. 명령 단추는 일종의 매크로 함수로 'Click' 이벤트에 매크로나 VBA를 연결하여 사용한다. 명령 단추는 다른 컨트롤과 달리 레이블이 없고 단추 안에 텍스트나 그림으로 표시한다. 액세스에서 명령 단추로 표시할 수 있는 종류는 다음의 표 10-5-3과 같다.

표 10-5-3 명령 단추의 종류

종류	기능
레코드 탐색	다음 레코드로 이동, 다음 찾기, 레코드 찾기, 마지막 레코드로 이동, 이전 레코드로 이동, 첫 레코드로 이동
레코드 작업	레코드 삭제, 레코드 저장, 레코드 인쇄, 레코드 취소, 새 레코드 추가, 중복 레코드
폼 작업	폼 닫기, 폼 데이터 새로 고침, 폼 열기, 폼 인쇄, 폼 필터 적용, 현재 폼 인쇄
보고서 작업	메일로 보고서 보내기, 보고서 미리 보기, 보고서 인쇄, 파일에 보고서 보내기, 보고서 미리보기
응용 프로그램	응용 프로그램 끝내기
기타	매크로 실행, 전화 걸기, 쿼리 실행, 테이블 인쇄

실습 10-12 고객 관리 폼에 명령 단추 만들기

[폼 바닥글] 영역에 [레코드 탐색]의 [이전 레코드로 이동], [다음 레코드로 이동]과 [레코드 작업]의 [레코드 인쇄]와 [폼 작업]의 [폼 닫기] 명령 단추를 만들어보자.

01 이전 실습에서 저장한 '고객 관리 폼 2'의 [디자인 보기] 창을 연다. **[폼 디자인 도구]**의 **[디자인] 탭 > [컨트롤] 그룹**에서 컨트롤 모음 중 [xxxx 단추]를 선택하고 [폼 디자인] 창의 원하는 위치에 드래그하면 [명령 단추 마법사]가 시작된다. 명령 단추 마법사의 첫 번째 단계에서는 단추를 눌렀을 때 실행될 함수 종류를 지정한다.

'폼 바닥글' 영역에 명령 단추를 드래그하여 나타난 [명령 단추 마법사]에서 [종류(C):]에서 [레코드 탐색]을 선택하고 [매크로 함수(A):]에서 [이전 레코드로 이동]을 선택한 후 [다음(N)>]을 클릭한다.

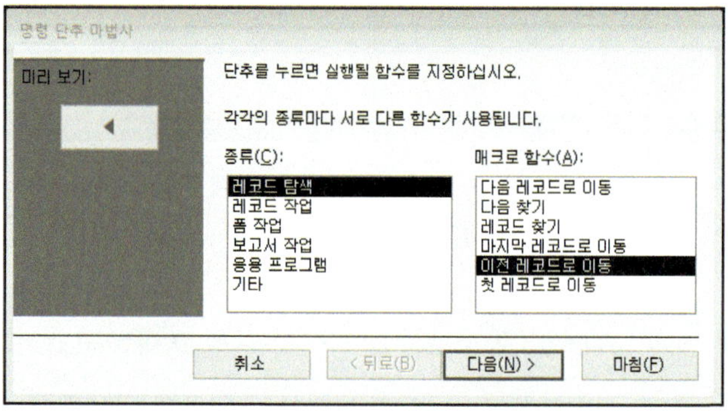

그림 10-5-55 명령 단추 마법사 1단계

02 [명령 단추 마법사]의 두 번째 단계에서는 명령 단추에 표시할 텍스트나 그림을 선택한다.

두 번째 옵션인 [그림(P):]에서 [이전으로 이동]을 선택하여 왼쪽의 [미리 보기:]에서 명령 단추에 삽입될 그림을 확인한 후 [다음(N)>]을 클릭한다.

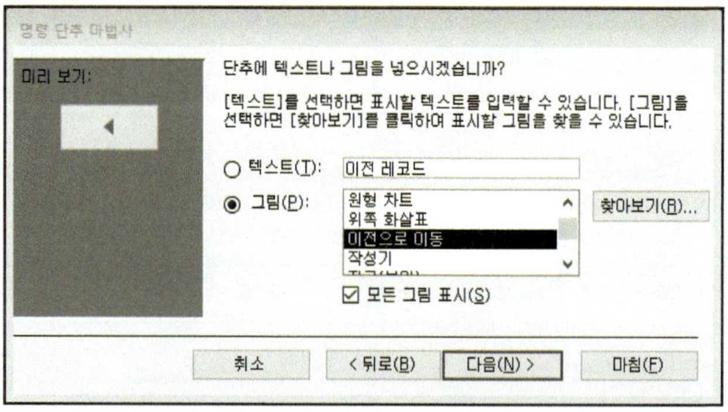

그림 10-5-56 명령 단추 마법사 2단계

03 [명령 단추 마법사]의 마지막 단계에서는 나중에 명령 단추를 쉽게 참조할 수 있도록 명령 단추의 이름을 입력한다.

- 명령 단추의 이름으로 **이전으로 이동**을 입력하고 [마침(F)]을 클릭한다.

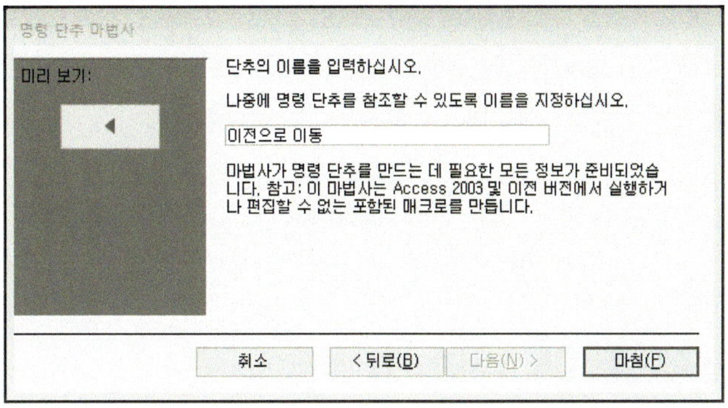

그림 10-5-57 명령 단추 마법사 3단계

04 위와 동일한 과정으로 아래 그림과 같이 네 개의 명령 단추를 만든다.

- [폼 바닥글] 영역에 [레코드 탐색]의 [이전 레코드로 이동], [다음 레코드로 이동]과 [레코드 작업]의 [레코드 인쇄]와 [폼 작업]의 [폼 닫기] 명령 단추를 만든다.

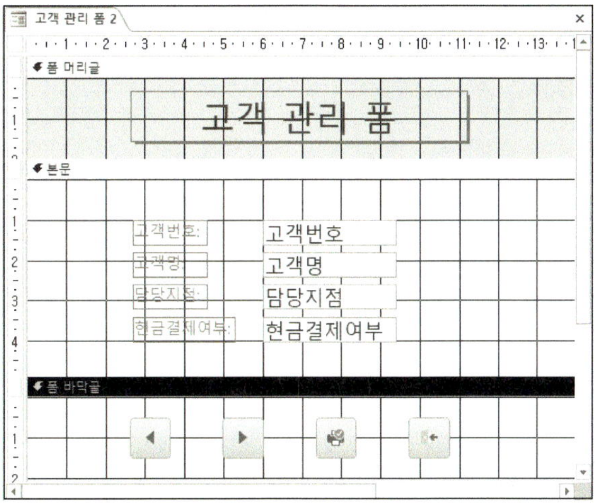

그림 10-5-58 폼 디자인 창에 명령 단추 만들기

05 [빠른 실행 도구 모음]의 [저장]을 클릭하여 저장하고, **[홈] 탭 > [보기] 그룹**에서 [보기]의 [폼 보기(F)]를 클릭하여 작성된 폼을 확인한다.

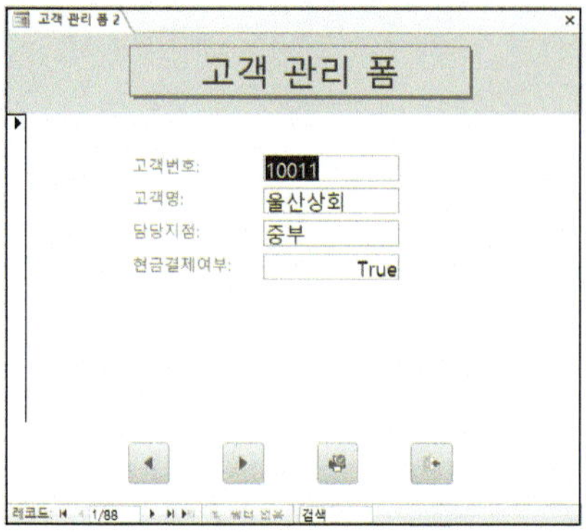

그림 10-5-59 명령 단추가 추가된 '고객 관리 폼 2' 폼 보기

한번 더 실습 10-8 **봉사관리 데이터베이스**

이전 실습에서 저장한 '봉사내역입력' 폼의 본문 하단에 아래 그림과 같이 명령 단추(이전 레코드로 이동, 다음 레코드로 이동, 새 레코드 추가, 레코드 저장, 폼 닫기)를 추가하고, 속성 시트를 이용해 폼 하단의 탐색 단추를 보이지 않게 하시오.

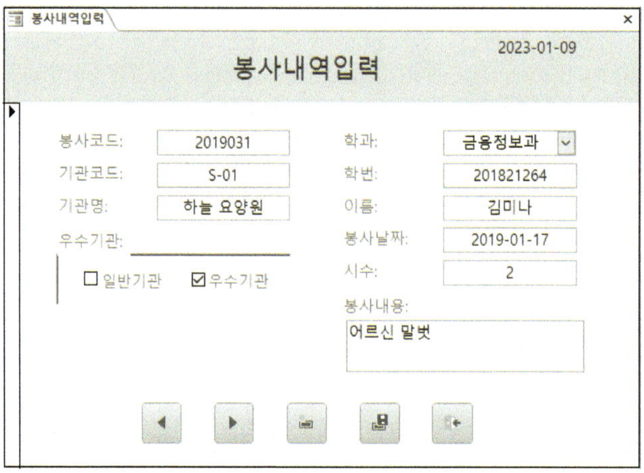

그림 10-5-60 '봉사내역입력' 폼에 실행 단추 추가

아. 하위 폼

하위 폼은 폼 안에 또 다른 폼을 포함시키는 것으로, 특정 고객이 구매한 모든 제품에 대한 정보를 표시하거나 특정 제품을 구매한 모든 고객을 표시하는 것과 같이 서로 연관된 데이터를 하나의 폼에서 표시하고자 할 때 사용한다. 특정 고객이 구매한 모든 제품을 표시하는 하위 폼을 작성하는 경우에 고객 데이터를 보여주는 폼을 기본 폼이라고 하고, 제품 데이터를 보여주는 폼을 하위 폼이라고

한다.

기본 폼의 레코드 원본으로 사용하는 테이블/쿼리와 하위 폼의 레코드 원본으로 사용하는 테이블/쿼리는 서로 연관된 필드를 가지고 있어야 한다. 즉 기본 폼에서 사용하는 테이블/쿼리는 기본 키를 가지고 있어야 하며, 하위 폼에서 사용하는 테이블/쿼리는 외래 키를 가지고 있어야 한다. 하위 폼은 폼 마법사를 이용하거나 도구상자의 하위 폼 마법사를 이용하여 작성할 수 있다.

실습 10-13 특정 고객이 구매한 모든 제품을 표시하는 하위 폼 만들기

01 새로운 [폼 디자인] 창을 열고 [폼 머리글/바닥글] 영역을 추가한 다음 [폼 머리글] 영역에 제목을 작성한다.

[폼 디자인 도구]의 [디자인] 탭 > [머리글/바닥글] 그룹에서 [제목]을 클릭하여 고객별 판매 제품 하위폼이라고 입력한 후, [로고]를 클릭하여 이미지 파일(실습파일: 폼.png)을 선택한다.

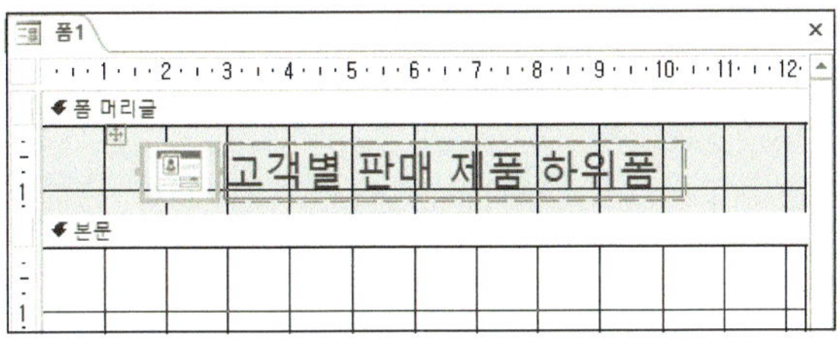

그림 10-5-61 폼 머리글 영역에 로고와 제목 만들기

02 서로 관계성이 존재하는 두 테이블(고객, 판매) 중에서 기본 키를 가지고 있는 '고객' 테이블을 기본 폼으로 작성한다. 이때, 기본 폼에서 기본 키 필드는 반드시 폼에 삽입되어야 한다.

[폼 디자인 도구]의 [디자인] 탭 > [도구] 그룹에서 [기존 필드 추가]를 클릭하여 [필드 목록] 창에서 '고객' 테이블의 [고객번호], [고객명], [전화번호] 필드를 더블클릭하여 추가한다.

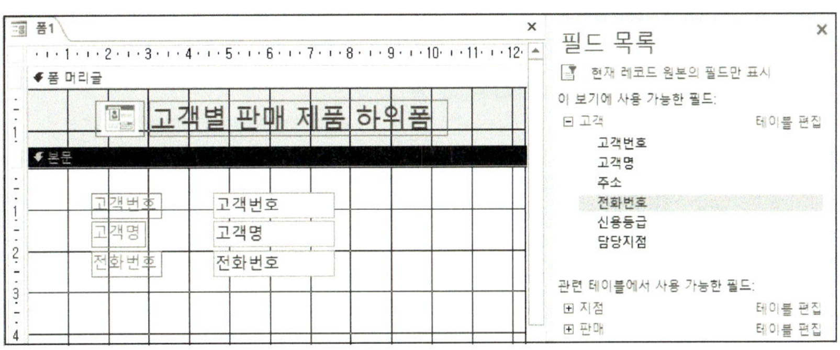

그림 10-5-62 필드 목록 창을 이용해 기본 폼 만들기

03 [폼 디자인 도구]의 [디자인] 탭 > [컨트롤] 그룹에서 컨트롤 모음 중 [하위 폼/하위 보고서]를 선택하고 하위 폼을 추가할 위치에 적절한 크기로 드래그하면 [하위 폼 마법사]가 나타난다. [하위 폼 마법사]의 첫 번째 단계에서는 하위 폼을 새로 만들지 아니면 기존 폼을 하위 폼으로 사용할지 결정한다.

- 첫 번째 옵션인 [기존 테이블 및 쿼리 사용(T)]을 선택하고 [다음(N)>]을 클릭한다.

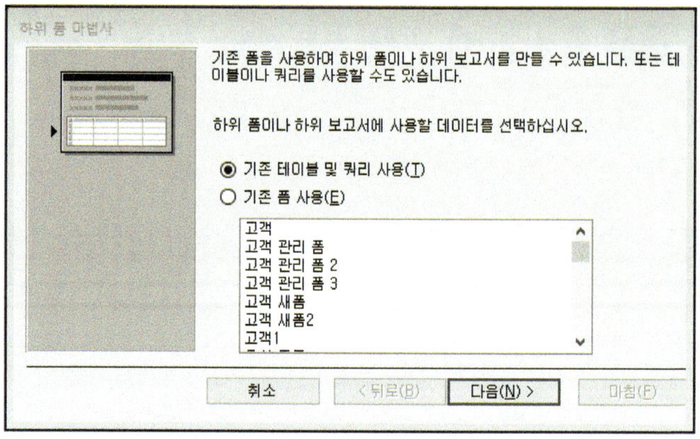

그림 10-5-63 하위 폼 마법사 1단계

04 [하위 폼 마법사]의 두 번째 단계에서는 하위 폼에 사용될 테이블/쿼리를 지정하고 하위 폼에 포함될 필드를 선택한다.

- [테이블/쿼리]에서 [테이블: 판매]를 선택하고 [제품ID], [판매일], [수량], [가격] 필드를 선택하고 [다음(N)>]을 클릭한다.

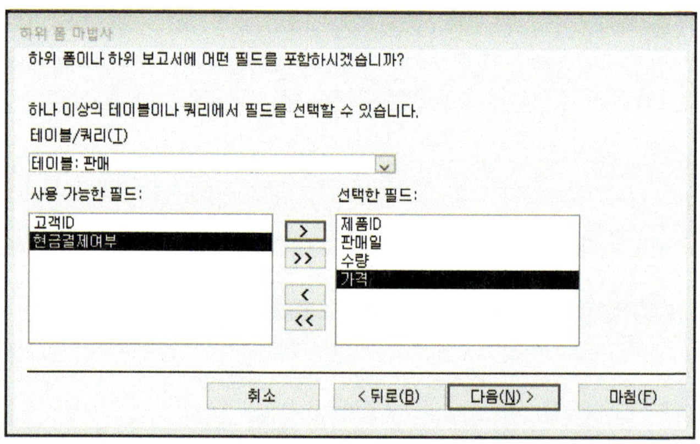

그림 10-5-64 하위 폼 마법사 2단계

05 [하위 폼 마법사]의 세 번째 단계에서는 기본 폼과 하위 폼을 연결할 필드를 선택하거나 직접 지정한다.

기본 폼에서 사용하는 '고객' 테이블의 [고객번호]와 하위 폼에서 사용하는 '판매' 테이블의 [고객ID]는 관계 설정에서 이미 설정되어 있으므로 [목록에서 선택(C)]을 선택하고 [다음(N)>]을 클릭한다.

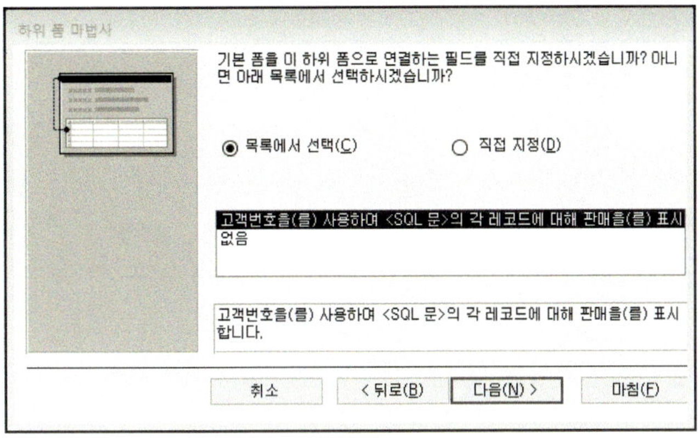

그림 10-5-65 하위 폼 마법사 3단계

06 [하위 폼 마법사]의 마지막 단계에서는 하위 폼의 이름을 입력한다.

판매 테이블 하위 폼을 입력하고 [마침(F)]을 누른다.

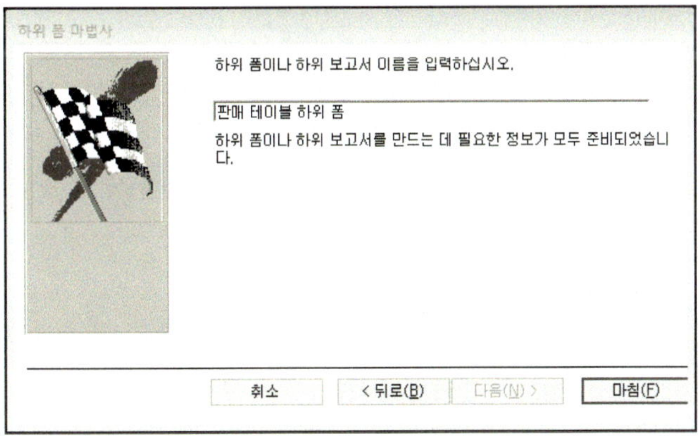

그림 10-5-66 하위 폼 마법사 4단계

07 [하위 폼 마법사]를 완료하고 나면, 왼쪽 탐색 창에 '판매 테이블 하위 폼'이 만들어진 것을 확인할 수 있다. 즉, 하위 폼은 독립적인 개체라는 것이다. [폼 보기] 창과 동일하게 보이지만 편집이 가능한 화면인 [레이아웃 보기] 창을 통해 하위 폼에 포함된 필드 사이의 간격을 조절한다.

[폼 레이아웃 도구]의 **[디자인] 탭 > [보기] 그룹**에서 [레이아웃 보기]를 클릭하여 [레이블]과 [하위 폼]

의 위치와 크기를 적절히 조절한다.

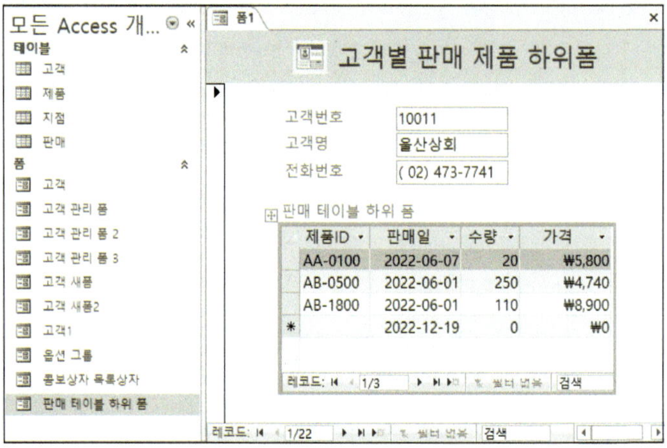

그림 10-5-67 레이아웃 보기 화면에서 편집하기

08 [빠른 실행 도구 모음]의 [저장]을 클릭하여 **고객별 판매 제품 하위폼**으로 저장하고, **[홈] 탭 > [보기] 그룹**에서 [보기]의 [폼 보기(F)]를 클릭하여 작성된 폼을 확인한다.

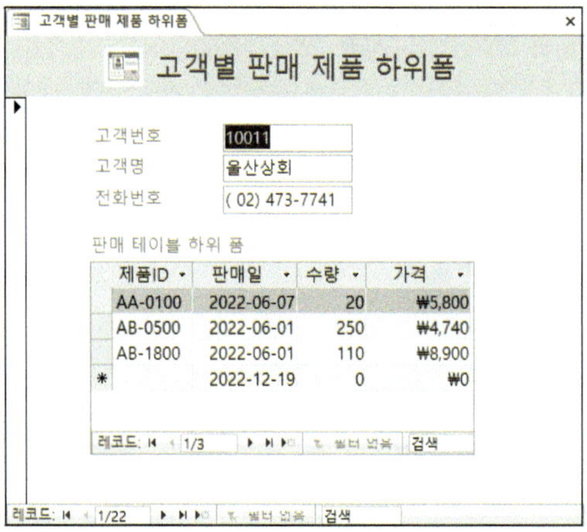

그림 10-5-68 '고객별 판매 제품 하위폼' 폼 보기

[폼 보기] 화면에서는 기본 폼의 [고객번호]와 하위 폼의 [고객ID]가 연결된 데이터를 볼 수 있다. 화면 하단에 레코드 탐색 단추를 눌러 기본 폼의 레코드를 변경하면 그와 관련된 판매 테이블의 레코드들이 하위 폼에 표시되는 것을 확인할 수 있다.

한번 더 실습 10-9 봉사관리 데이터베이스

아래 그림과 같이 폼 머리글에는 제목을, 본문에는 기본 폼과 하위 폼을 설정하여 '기관별 봉사내역' 폼을 작성하시오.

- 폼 머리글의 배경색(하얀색)과 제목의 테두리(실선)와 특수효과(새김)를 설정하시오.

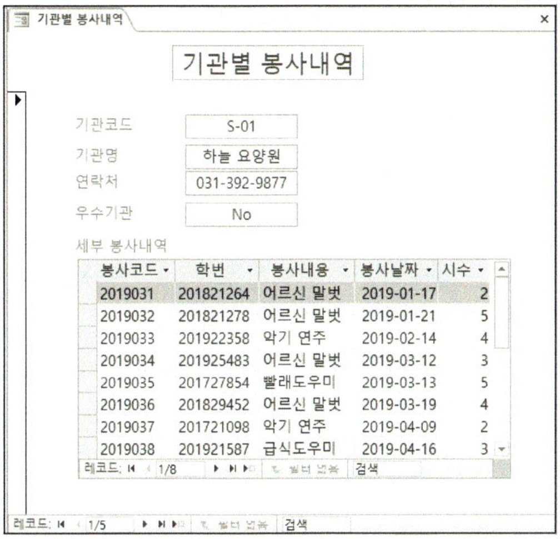

그림 10-5-69 '기관별 봉사내역' 폼 작성

자. 폼의 속성

[폼 디자인] 창의 왼쪽 맨 위에 있는 폼 선택 단추(■)를 더블클릭하면 폼의 속성을 보여주는 [속성 시트] 창이 나타난다. 폼의 속성은 형식, 데이터, 이벤트, 기타의 네 가지로 구분된다. [형식] 탭에서는 폼의 모양과 관련된 속성을 설정하고, [데이터] 탭에서는 폼에 연결될 데이터를 설정하며, [이벤트] 탭에서는 폼에서 특정 이벤트가 발생할 때마다 어떤 처리를 해야 할지를 지정하며, 그 외의 속성들은 [기타] 탭에서 설정한다. 다음 표들은 폼에 대한 주요 속성을 보여주고 있다.

표 10-5-4 폼의 형식 속성

속성 이름	설 명
캡션	캡션에 입력한 텍스트가 폼 보기 형식에서 제목표시줄에 나타난다.
기본 보기	기본 보기는 폼이 보여지는 형태를 결정하는 것으로, 단일 폼, 연속 폼, 데이터시트, 분할 표시 폼의 네 가지 보기 형식이 있다. 단일 폼은 한 번에 하나의 레코드만 표시하며, 연속 폼은 현재 창의 크기만큼 여러 레코드를 표시하고, 데이터시트는 행과 열로 구성된 형태로 레코드를 표시한다.

속성 이름	설 명
스크롤 막대	화면에 모든 데이터를 나타내지 못할 경우 스크롤 막대를 사용하여 숨겨진 데이터를 볼 수 있도록 설정하는 속성으로 폼의 오른쪽에 세로, 아래쪽에 가로 스크롤 막대를 만든다. 표시 안 함, 가로만, 세로만, 모두의 네 가지 설정이 가능하다.
레코드 선택기	레코드 선택기는 현재 실행 모드로 열려 있는 폼에서 레코드를 선택하는 왼쪽의 세로 막대를 말하는 것으로 이 막대를 누르게 되면 현재 열려 있는 레코드가 모두 선택된다.
탐색 단추	레코드와 레코드 사이를 이동할 때 쓰는 단추로, 실행 중인 폼의 하단에 나타난다.
자동 크기 조정	자동 크기 조정을 '예'로 설정하면, 레코드를 모두 표시할 수 있도록 폼 작성창의 크기가 자동으로 조정된다.
자동 가운데 맞춤	자동 가운데 맞춤을 '예'로 설정하면 폼이 항상 화면의 중앙에 위치한다.
테두리 스타일	테두리 스타일 속성을 사용해 폼에 사용할 테두리의 종류와 테두리 요소를 지정할 수 있다. 일반적으로 일반 폼, 팝업 폼, 사용자 정의 대화상자에는 서로 다른 테두리 스타일이 사용된다. 테두리 스타일의 속성 값은 없음, 가늘게, 조정 가능, 대화상자가 있다.
컨트롤 상자	폼 제목 표시줄의 메뉴 단추를 의미하는 것으로 '예'로 설정할 경우 폼의 빠른 메뉴를 호출할 수 있다.
최소화 · 최대화 단추	최소화 단추와 최대화 단추가 보이게 할 것인지를 지정할 수 있다.
닫기 단추	폼에서 닫기 단추를 사용할지의 여부를 지정한다.
그림	폼의 배경으로 사용할 그림을 지정한다.

표 10-5-5 폼의 데이터 속성

속성 이름	설명
레코드 원본	폼에 연결할 테이블 또는 쿼리를 선택한다.
필터	폼에 어떤 조건을 주어 그에 맞는 데이터만 표시할 때 사용한다.
필터 사용	필터 속성에서 설정한 조건에 맞는 레코드를 적용할지 여부를 '예/아니오'로 선택한다.
편집/삭제/추가 기능	편집/삭제/추가 기능은 폼에 연결된 테이블의 레코드를 수정하거나 삭제, 또는 새로운 레코드를 입력할 수 있도록 해주는 속성이다. 이들이 '아니오'로 설정되어 있으면 데이터의 수정이나 신규 입력 작업을 할 수 없다.
데이터 입력	폼을 처음 열 때 빈 레코드를 보여줄지, 아니면 기존의 레코드를 보여줄 것인지를 결정하는 것으로 데이터 입력 속성을 '예'로 설정하고 폼을 열면 입력란이 비어 있어 바로 레코드를 입력할 수 있다.
레코드 잠금	여러 명이 데이터베이스를 공유할 경우 하나의 레코드를 여러 사람이 동시에 사용하여 데이터가 일관성을 가지지 못하는 경우가 발생할 수 있다. 레코드 잠금 속성은 한 사용자가 데이터를 편집할 때, 다른 사용자의 데이터베이스 접근을 막는 기능이다.

표 10-5-6 폼의 기타 속성

속성 명	설명
팝업	'예'로 설정하면 항상 다른 창 위에 폼을 팝업 형태로 표시한다.
모달	'예'로 설정하면 그 폼을 닫기 전까지는 다른 화면을 선택할 수 없어 다른 어떤 작업도 할 수 없게 된다.
메뉴 모음	사용자가 지정한 메뉴 모음의 이름을 지정한다.
태그	폼 개체와 함께 저장할 추가 데이터를 지정한다.

차. 컨트롤의 속성

테이블의 각 필드에 대해서 세부적인 속성을 부여할 수 있었던 것처럼 폼에 포함된 컨트롤에 대해서도 여러 가지 속성을 부여할 수 있다. 컨트롤의 종류에 따라서 부여할 수 있는 세부 속성은 조금씩 다르다. 컨트롤 속성도 폼 속성과 마찬가지로 데이터, 형식, 이벤트, 기타로 분류한다.

표 10-5-7 컨트롤의 형식 속성

속성 이름	설명
형식	컨트롤에 표시되는 데이터의 표시형식을 지정한다.
소수 자릿수	컨트롤의 데이터에 소수점 이하의 자릿수를 지정한다.
표시	화면에 컨트롤의 표시 여부를 지정한다.
특수효과	볼록, 오목, 새김, 그림자 등과 같은 특수효과를 설정한다.
문자색	컨트롤의 텍스트 색을 지정한다.
열 개수, 열 너비	콤보 상자와 목록 상자 컨트롤에서 열의 개수와 너비를 지정한다.
읽는 순서	컨트롤 텍스트의 읽는 순서를 지정한다.

표 10-5-8 컨트롤의 데이터 속성

속성 이름	설명
컨트롤 원본	컨트롤에 연결할 데이터를 지정한다.
기본값	새로운 레코드가 추가될 때 기본적으로 입력될 값을 지정한다.
입력 마스크	컨트롤에 입력 가능한 데이터의 서식이나 형식을 지정한다.
유효성 검사 규칙	컨트롤에 입력 가능한 데이터의 조건을 지정한다.
행 원본 유형	콤보 상자와 목록 상자 컨트롤에서 사용할 데이터를 선택하는 방법을 테이블/쿼리, 필드 목록, 값 목록 중에서 선택한다.
행 원본	콤보 상자와 목록 상자에서 사용할 데이터를 지정한다.
잠금	폼 보기에서 컨트롤의 데이터 변경을 금지할지를 지정한다.

표 10-5-9 컨트롤의 이벤트 속성

속성 이름	설명
Before Update	필드나 레코드를 업데이트하기 전에 실행되는 매크로나 함수를 지정한다.
After Update	필드나 레코드를 업데이트하고 난 후 실행되는 매크로나 함수를 지정한다.
On Dirty	필드를 수정하기 전에 실행하는 매크로나 함수를 지정한다.
On Change	콤보 상자, 텍스트상자, 탭컨트롤의 데이터가 변경될 때 실행할 매크로나 함수를 지정한다.
On Enter	컨트롤이 처음 포커스를 가질 때 실행되는 매크로나 함수를 지정한다.
On Exit	컨트롤이 포커스를 잃었을 때 실행되는 매크로나 함수를 지정한다.
On Click	컨트롤을 눌렀을 때 실행되는 매크로나 함수를 지정한다.

표 10-5-10 컨트롤의 기타 속성

속성 이름	설명
이름	컨트롤의 식별자가 되는 이름을 지정한다.
상태 표시줄 텍스트	컨트롤을 선택했을 때 상태 표시줄에 나타나는 메시지를 지정한다. 테이블에서 필드에 대한 설명이 자동으로 표시되기도 한다.
IME 모드	기본 입력 언어를 설정한다.
탭 정지	탭키(↹)를 이용하여 컨트롤 사이의 이동이 가능한지를 지정한다.
탭 인덱스	컨트롤의 탭 순서를 지정한다.
태그	개체와 함께 저장할 추가 데이터를 지정한다.

연습문제

01 제8장의 연습문제 1번에서 '학생' 테이블을 이용하여 다음 그림과 같이 폼을 작성하시오.

(1) 폼 머리글에 제목을 '학생 정보'라고 입력하고 글꼴을 [HY견명조], 글자크기 [18], 그리고 [굵게]로 설정하시오.

(2) 폼 머리글의 오른쪽에 'xx년 xx월 xx일'과 같은 날짜 형식으로 현재 날짜를 표시하시오.

(3) '학생' 테이블의 모든 필드를 폼 본문에 넣으시오.

(4) 전공은 경영학, 무역학, 회계학, 경제학 중에서 선택되도록 콤보 상자로 만드시오.

(5) 성별은 옵션그룹(종류: 옵션단추)을 사용하여 표시하시오.

(6) 폼 하단의 탐색 단추를 보이지 않게 하시오.

(7) 본문 하단에 [이전 레코드로 이동], [레코드 찾기], [다음 레코드로 이동], [폼 닫기] 명령단추를 삽입하시오.

(8) '과목'과 '성적' 테이블에 대해서 위의 내용을 참고하여 적절한 폼을 작성하시오.

02 제8장 연습문제 2번의 '상품' 테이블에 대한 폼을 아래 그림을 참고하여 다음과 같이 작성하시오.

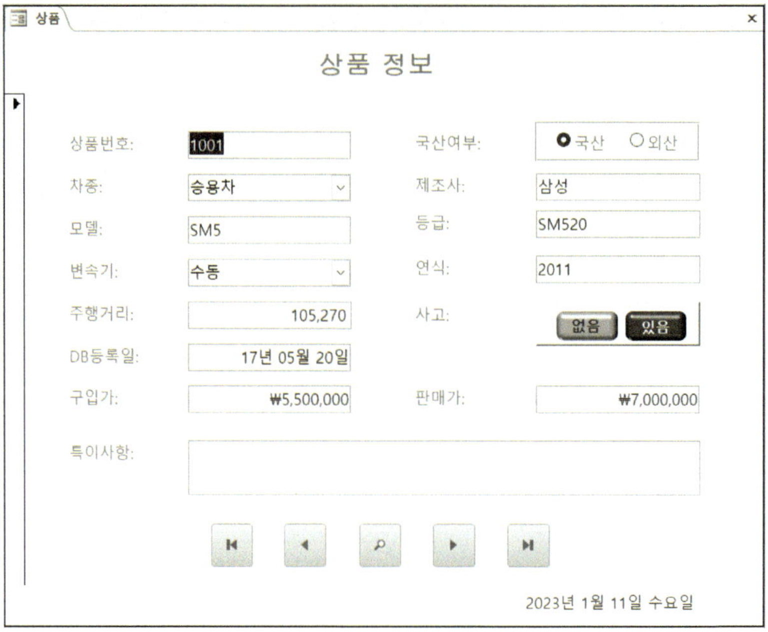

(1) 폼 머리글에 제목을 '상품 정보'라고 입력하고 글꼴을 [굴림], 글자크기 [18], 그리고 [굵게], 배경색을 [하얀색]으로 설정하시오.

(2) 폼 바닥글의 오른쪽에 'xxxx년 xx월 xx일 x요일'과 같은 날짜 형식으로 현재 날짜를 표시하시오.

(3) '상품' 테이블의 모든 필드를 폼 본문에 적절히 배치하시오.

(4) [국산여부]와 [사고유무] 필드를 그림과 같이 옵션그룹으로 표시하시오.

(5) [주행거리] 필드는 천 단위마다 쉼표가 표시되도록 하되 소수점 이하는 표시되지 않게 하시오.

(6) [특이사항] 필드를 가장 아래로 이동하시오.

(7) 본문 하단에 위의 그림과 같이 [첫 레코드로 이동], [이전 레코드로 이동], [레코드 찾기], [다음 레코드로 이동], [마지막 레코드로 이동] 명령단추를 삽입하시오.

(8) 폼 하단의 탐색 단추를 보이지 않게 하시오.

(9) '고객', '직원' 및 '판매' 테이블에 대해서도 적절한 폼을 작성하시오.

03 제8장 연습문제 3번의 '회원' 테이블에 대한 폼을 아래 그림을 참고하여 다음과 같이 작성하시오.

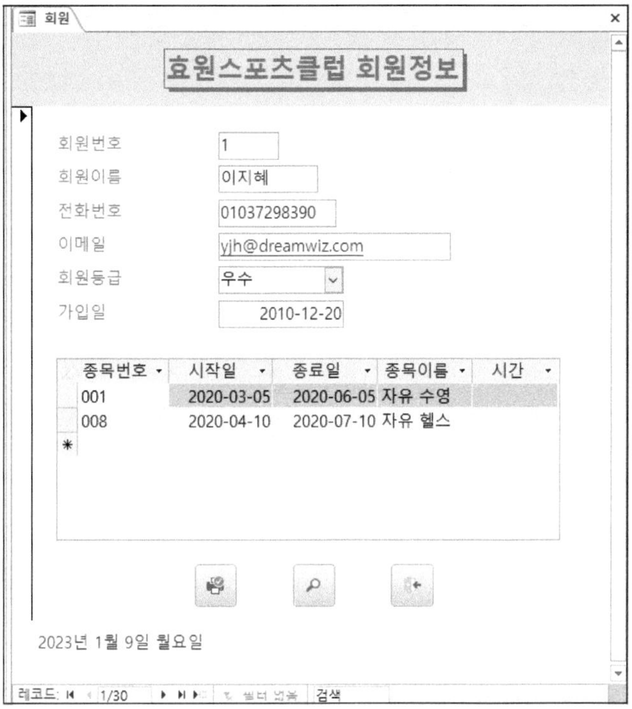

(1) [폼 마법사] 기능을 이용하여 위 그림에서 나타난 데이터를 포함하는 기본 폼을 작성하고, 컨트롤 도구를 이용하여 하위 폼을 작성하시오.

(2) 폼 머리글에 제목을 '효원스포츠클럽 회원정보'라고 입력하고 글꼴을 [맑은 고딕], 글자크기 [18], [굵게], 테두리 [실선], 특수효과 [그림자]로 설정하시오.

(3) 폼 바닥글의 왼쪽에 'xxxx년 xx월 xx일 x요일'과 같은 날짜 형식으로 현재 날짜를 표시하시오.

(4) 하위 폼의 하단에 탐색 단추가 보이지 않게 하시오.

(5) 하위 폼의 시작일과 종료일을 '2020-03-05'와 같이 표시되게 하시오.

(6) 하위 폼 아래에 [현재 폼 인쇄], [레코드 찾기], [폼 닫기] 명령단추를 삽입하시오.

(7) '회원' 테이블 이외의 테이블들에 대해서도 적절한 폼을 작성하시오.

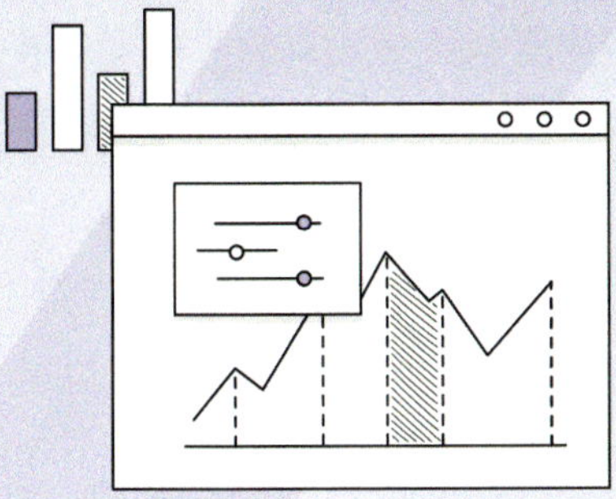

CHAPTER 11

보고서 만들기

폼이 데이터베이스에 저장된 데이터를 조회하거나 입력 및 갱신을 하기 위한 사용자 인터페이스라면 보고서는 데이터베이스에 저장된 데이터를 요약 또는 그룹화하여 출력하기에 편리한 형식으로 나타내고자 하는 기능이다. 데이터시트나 폼에서 직접 인쇄 명령을 통해 출력할 수도 있지만 보다 다양한 형태로 출력하기 위해서는 보고서를 사용하는 것이 좋다. 예를 들어 고객 등급별, 지점별, 제품별로 그룹화 또는 정렬하여 보기를 원하거나 판매 수량이나 판매 금액에 대한 그룹별 합계나 평균을 구하여 출력하거나 사용자가 보기 편한 형태로 필드를 재배치하고자 한다면 보고서 만들기를 이용하여 원하는 형태의 인쇄물을 작성할 수 있다.

보고서를 만드는 방법은 폼을 디자인하는 방법과 유사하지만 보고서에서는 데이터 입력이나 추가, 삭제 등이 불가능하다. 보고서는 폼과 마찬가지로 보고서 디자인을 이용하여 수동으로 만드는 방법과 보고서 마법사를 이용하여 자동으로 만드는 방법이 있다. 보고서를 작성할 때에는 데이터 원본으로 테이블이나 쿼리를 연결하여 보고서를 작성할 수 있다. 테이블을 연결하여 보고서를 작성하는 경우 테이블에 들어 있는 모든 레코드가 검색되어 나타나는 반면 쿼리를 연결하여 보고서를 작성하는 경우에는 사용자가 먼저 원하는 데이터를 검색한 후 만들어진 쿼리를 보고서에 연결시키므로 더 정교한 자료를 출력할 수 있다.

1 보고서 만들기 개요

액세스에서는 보고서를 작성하는 여러 가지 방법을 지원한다. **[만들기] 탭 > [보고서] 그룹**에서 [보고서], [보고서 디자인], [새 보고서], [보고서 마법사], [레이블], [업무 문서 양식 마법사], [우편 엽서 마법사] 등 다양한 방법을 이용해 보고서를 만들 수 있다.

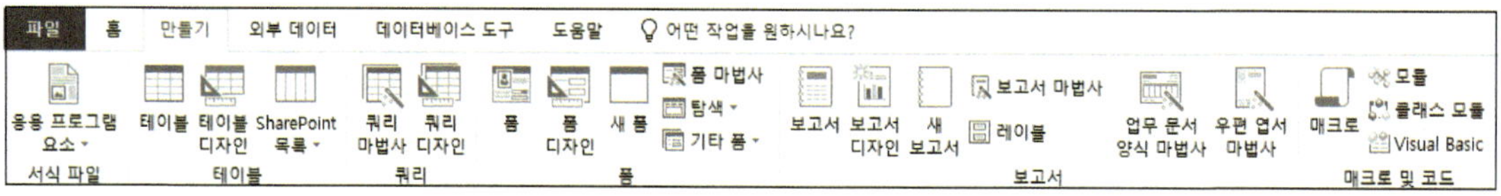

그림 11-1-1 보고서 작성을 위한 도구 모음

[보고서 마법사]는 보고서 작성을 정해진 순서에 따라 손쉽게 만들 수 있도록 도와주며, [보고서]는 사용자가 선택한 테이블이나 쿼리를 이용해 보고서를 자동으로 즉시 만들어 준다. [보고서 디자인]은 다양한 종류의 컨트롤을 사용하여 사용자가 원하는 형태의 보고서를 만들 수 있으며, [새 보고서]는 필드 목록에서 원하는 필드를 선택하여 드래그나 더블클릭만으로 손쉽게 보고서를 만들

수 있다. 그리고 [레이블], [업무 문서 양식 마법사], [우편 엽서 마법사] 등을 이용하여 실무에서 자주 활용되는 형식으로 보고서를 작성할 수도 있다.
보고서를 작성하는 여러 방법 중 어느 한 가지 방법만을 사용하기보다는 **[보고서 마법사]**를 이용하여 보고서를 어느 정도 손쉽게 작성한 후 **[디자인 보기]**에서 필드나 컨트롤을 추가하거나 수정하는 방식을 사용하는 것을 권장한다. 이상에서 설명한 보고서를 작성하는 방법을 정리하면 다음의 표 11-1-1과 같다.

표 11-1-1 보고서 작성 방법

형식	설명
보고서	먼저 테이블이나 쿼리를 선택하고 한 번의 클릭만으로 보고서 양식에 맞추어 자동으로 보고서를 만들 수 있다.
보고서 디자인	[디자인 보기]의 빈 영역에 사용자가 직접적으로 테이블이나 쿼리의 필드를 본문 영역에 드래그하거나 더블클릭하여 보고서를 만들 수 있다.
새 보고서	[레이아웃 보기]의 빈 영역에 사용자가 직접적으로 테이블이나 쿼리의 필드를 본문 영역에 드래그하거나 더블클릭하여 보고서를 만들 수 있다.
보고서 마법사	[보고서 마법사] 대화상자를 이용하여 정해진 절차에 따라 보고서를 만드는 방식으로 특정 필드를 기준으로 그룹화, 정렬, 모양, 용지 방향 등을 설정할 수 있다.
레이블	[레이블 마법사] 대화상자를 이용하여 우편봉투에 사용될 주소 레이블을 만들 수 있다.
업무 문서 양식 마법사	[업무 양식 마법사] 대화상자를 이용하여 거래명세서나 세금계산서와 같은 업무 양식을 만들 수 있다.
우편 엽서 마법사	[우편 엽서 마법사] 대화상자를 이용하여 우편엽서를 만들 수 있다.

2 보고서 마법사를 이용한 보고서 만들기

보고서 마법사는 정해진 절차에 따라 보고서를 만들어 주는 기능으로 필드의 그룹 수준과 정렬 기준 등을 지정하면 원하는 형태의 보고서를 간단히 만들 수 있다. 필요에 따라 디자인 보기를 통하여 레이아웃을 수정할 수 있으므로 마법사 기능과 디자인 보기 기능을 상호보완적으로 사용할 수 있다. 보고서 마법사의 형태는 앞서 언급한 폼 만들기의 마법사 기능과 유사하며 보고서의 형태이므로 레코드에 대한 정렬 순서를 지정할 수 있다는 점이 다르다.

실습 11-1 고객에 대한 데이터를 담당지점별로 그룹화하고 그룹 내에서 고객명을 기준으로 오름차순으로 정렬하여 출력하는 보고서 만들기

01 [만들기] 탭 > [보고서] 그룹에서 [보고서 마법사]를 클릭하면 [보고서 마법사] 대화상자가 나타난다. [보고서 마법사]의 첫 번째 단계에서는 데이터 원본으로 사용될 테이블이나 쿼리를 선택한다.

- [테이블/쿼리(T)]에서 데이터 원본으로 사용할 '고객' 테이블을 선택하고, 필드 이동 단추(> 또는 >>)를 클릭하여 모든 필드를 [선택한 필드(S):]로 이동시킨 후 [다음(N)]을 클릭한다.

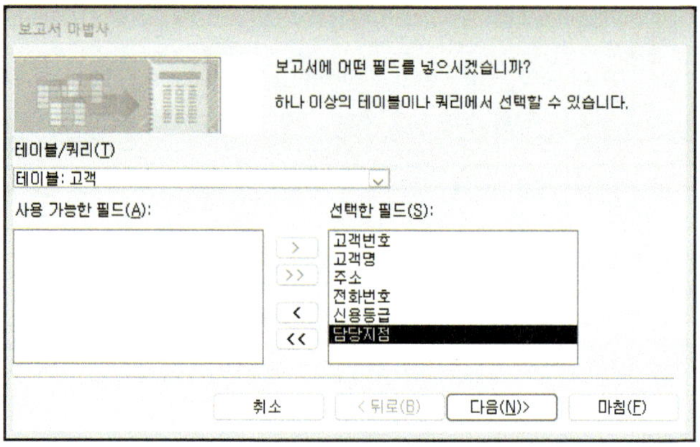

그림 11-2-1 보고서 마법사 1단계

02 [보고서 마법사]의 두 번째 단계에서는 보고서 그룹 수준을 지정한다.

- 그룹 수준으로 '담당지점' 필드를 선택하고 > 을 클릭하여 오른쪽 화면에 '담당지점'과 나머지 필드들이 구분된 것을 확인하고 [다음(N)]을 클릭한다.

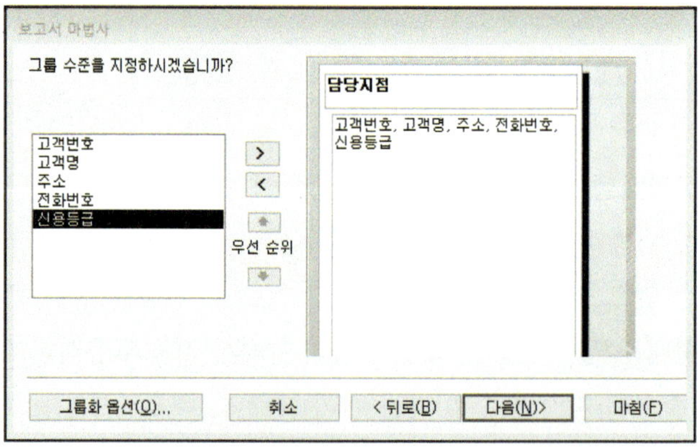

그림 11-2-2 보고서 마법사 2단계

TIP 복수의 그룹 수준 지정하기

어떤 필드를 기준으로 그룹 수준을 지정하느냐에 따라서 보고서의 형태는 달라지며 그룹 수준 지정은 하나의 필드뿐만 아니라 여러 필드에도 지정할 수도 있다.
예) 담당지점별 신용등급에 따라 그룹화할 경우
[보고서 마법사]의 두 번째 단계에서 먼저 [담당지점] 필드를 그룹 필드로 지정하고 그 다음에 [신용등급] 필드를 그룹 필드로 지정하면 된다. 그룹 수준을 위해 이미 지정된 필드의 우선순위를 변경하려면 ⬆ 단추를 이용한다.

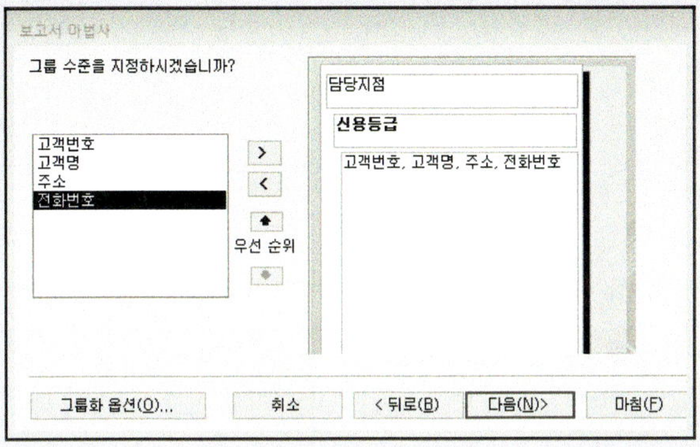

그림 11-2-3 보고서 마법사의 2단계 – 복수의 그룹 수준 지정

03 [보고서 마법사]의 두 번째 단계에서 왼쪽 아래의 [그룹화 옵션(O)...]을 클릭하여 그룹으로 지정할 필드의 그룹화 간격을 지정할 수 있다.

- [그룹 수준 필드:]인 '담당지점' 필드의 [그룹화 간격:]은 따로 지정하지 않고 기본으로 둔다.

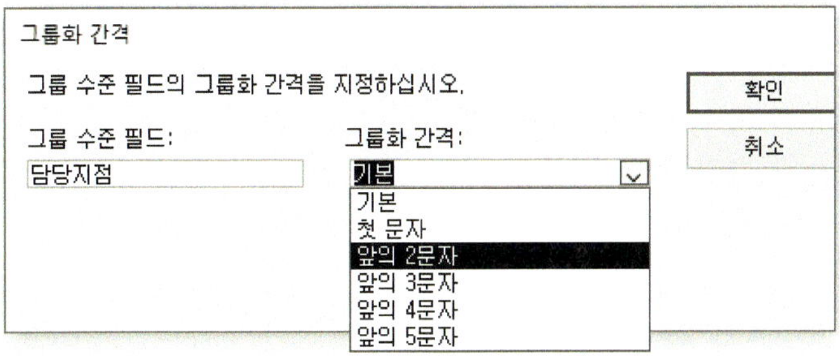

그림 11-2-4 그룹화 간격 지정

TIP 그룹화 간격

그룹화 간격은 그룹 수준 필드의 데이터 형식(텍스트, 날짜, 숫자 등)에 따라 다르게 표시되는데 그룹 필드가 텍스트 형식이라면 몇 번째 문자까지 그룹화할 것인지, 날짜 형식이라면 간격을 연도 간격으로 할 것인지 아니면 월 간격으로 할 것인지 등을 설정하는 옵션이다. 예를 들어 텍스트 형식의 경우 필드에 포함된 데이터의 첫 문자를 기준으로 혹은 앞의 2문자를 기준으로 그룹화할 수 있으며, 날짜/시간 형식의 경우 필드에 포함된 데이터의 연도를 기준으로 혹은 분기, 월, 주, 일, 시, 분 등을 기준으로 그룹화할 수 있다. 숫자 형식의 경우 필드에 포함된 데이터를 10단위로 혹은 50, 100, 500, 1,000 등의 단위로 그룹화할 수 있다.

04 [보고서 마법사]의 세 번째 단계에서는 레코드를 정렬하기 위해 정렬 기준이 되는 필드를 선택하는 단계이다. 정렬을 위해 최대 4개의 필드를 선택할 수 있다. 오른쪽의 [오름차순] 단추는 클릭할 때마다 [오름차순]과 [내림차순]으로 번갈아 바뀐다.

- 드롭다운 단추를 클릭해 정렬 기준이 되는 '고객명' 필드를 선택하여 오름차순으로 설정하고 [다음(N)]을 클릭한다.

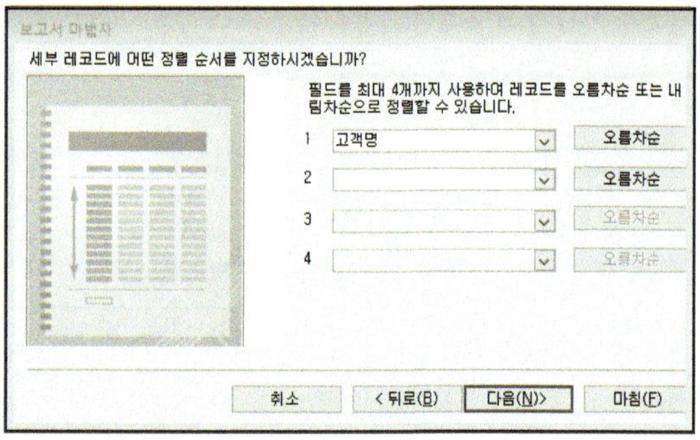

그림 11-2-5 보고서 마법사 3단계

05 [보고서 마법사]의 네 번째 단계에서는 보고서의 형태를 지정하는 단계이다. 보고서의 모양과 용지방향을 선택하여 사용자가 원하는 스타일의 모양으로 보고서를 만들 수 있다. 이 대화상자의 오른쪽 아래에 있는 [모든 필드가 한 페이지에 들어가도록 필드 너비 조정(W)]을 선택하면 보고서의 전체 폭에 맞추어 필드 크기가 자동으로 조절된다.

- [모양]은 [단계(S)]로, [용지 방향]은 [세로(P)]로 설정하고 [모든 필드가 한 페이지에 들어가도록 필드 너비 조정(W)]에 체크한 후 [다음(N)]을 클릭한다.

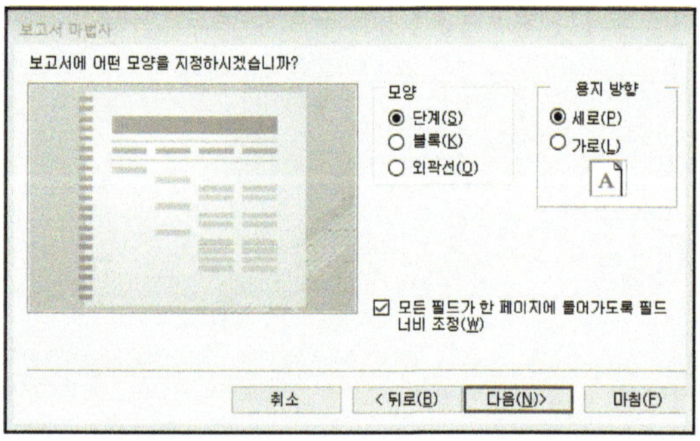

그림 11-2-6 보고서 마법사 4단계

06 [보고서 마법사]의 다섯 번째 단계에서는 보고서의 제목을 지정하는 단계이다. 여기에서 입력하는 제목은 보고서의 첫 페이지 상단에 나타날 뿐만 아니라 보고서를 저장할 때 이름으로도 사용된다.

보고서 제목은 **고객 명단 보고서**를 입력하고 [보고서 미리 보기(P)]를 선택한 후 [마침(F)]을 클릭한다.

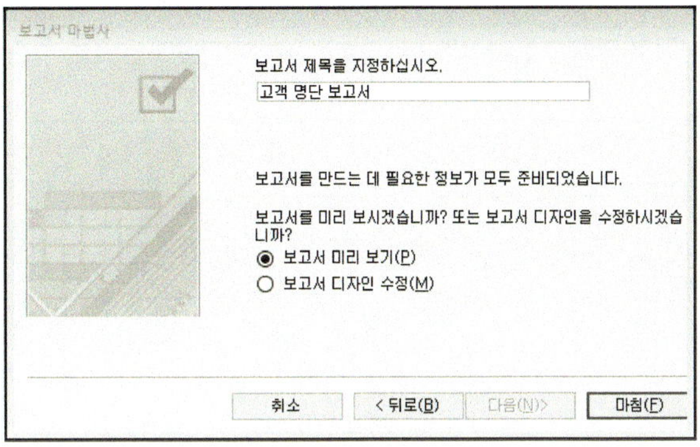

그림 11-2-7 보고서 마법사 5단계

07 [보고서 마법사]를 완료하면 보고서 실행 결과를 [인쇄 미리 보기] 형식으로 보여준다. 보고서 마법사를 통해 설정한 담당지점별로 그룹화된 결과와 보고서 이름을 확인할 수 있다.

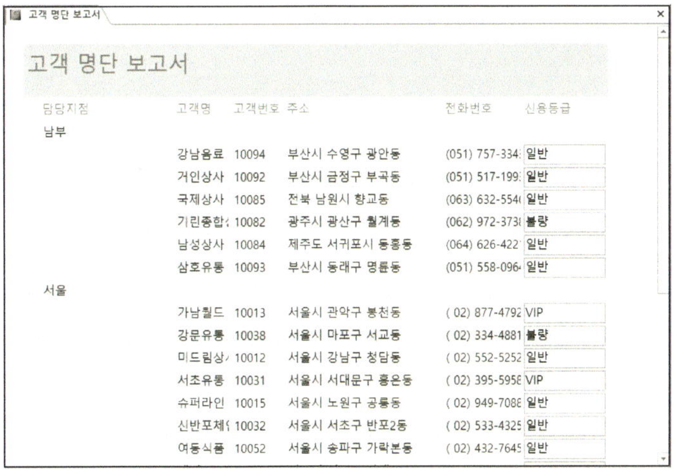

그림 11-2-8 보고서 마법사 실행 결과

08 만약 보고서의 형태를 수정해야 할 필요가 있다면 **[홈] 탭 > [보기] 그룹**에서 [보기]의 [디자인 보기(D)] 또는 [레이아웃 보기(Y)]를 클릭하여 수정할 수 있다. [레이아웃 보기] 창은 [인쇄 미리 보기(V)]와 동일한 화면에서 편집할 수 있으므로 보다 편리한 방법으로 레이블과 컨트롤의 크기를 조절할 수 있을 뿐만 아니라 다양한 서식을 적용할 수 있다. 그리고 로고, 제목, 페이지 번호, 날짜 및 시간 등을 보고서에 쉽게 추가할 수도 있다.

[레이아웃 보기] 창에서 필요에 따라 필드 영역을 조정하고 가운데 정렬을 하는 등 보고서 형태를 조정한다.

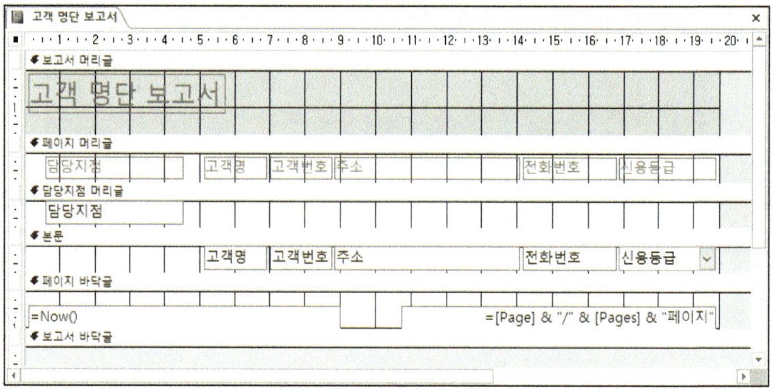

그림 11-2-9 보고서 마법사 실행 결과의 디자인 보기

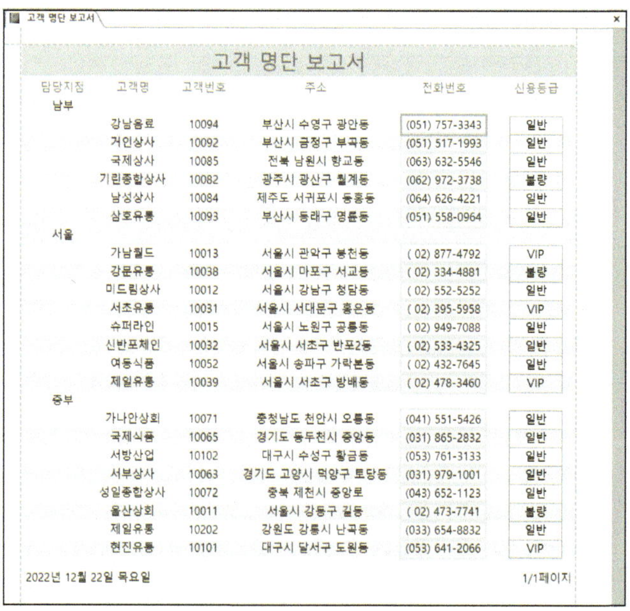

고객 명단 보고서

담당지점	고객명	고객번호	주소	전화번호	신용등급
남부					
	강남음료	10094	부산시 수영구 광안동	(051) 757-3343	일반
	거인상사	10092	부산시 금정구 부곡동	(051) 517-1993	일반
	국제상사	10085	전북 남원시 향교동	(063) 632-5546	일반
	기린종합상사	10082	광주시 광산구 월계동	(062) 972-3738	불량
	남성상사	10084	제주도 서귀포시 동홍동	(064) 626-4221	일반
	삼호유통	10093	부산시 동래구 명륜동	(051) 558-0964	일반
서울					
	가남월드	10013	서울시 관악구 봉천동	(02) 877-4792	VIP
	강문유통	10038	서울시 마포구 서교동	(02) 334-4881	불량
	미드림상사	10012	서울시 강남구 청담동	(02) 552-5252	일반
	서초유통	10031	서울시 서대문구 홍은동	(02) 395-5958	VIP
	슈퍼라인	10015	서울시 노원구 공릉동	(02) 949-7088	일반
	신반포체인	10032	서울시 서초구 반포2동	(02) 533-4325	일반
	여동식품	10052	서울시 송파구 가락본동	(02) 432-7645	일반
	제일유통	10039	서울시 서초구 방배동	(02) 478-3460	VIP
중부					
	가나안상회	10071	충청남도 천안시 오룡동	(041) 551-5426	일반
	국제식품	10065	경기도 동두천시 중앙동	(031) 865-2832	일반
	서방산업	10102	대구시 수성구 황금동	(053) 761-3133	일반
	서부상사	10063	경기도 고양시 덕양구 토당동	(031) 979-1001	일반
	성일종합상사	10072	충북 제천시 중앙로	(043) 652-1123	일반
	울산상회	10011	서울시 강동구 길동	(02) 473-7741	불량
	제일유통	10202	강원도 강릉시 난곡동	(033) 654-8832	일반
	현진유통	10101	대구시 달서구 도원동	(053) 641-2066	VIP

2022년 12월 22일 목요일 1/1페이지

그림 11-2-10 보고서 마법사 실행 결과의 레이아웃 보기

한번 더 실습 11-1 봉사관리 데이터베이스

보고서 마법사를 이용하여 아래 그림과 같이 학과별 이름별로 그룹화하고 그룹 내에서는 기관명을 기준으로 오름차순하여 정렬하는 보고서를 작성하시오. 보고서 이름은 '학과별 봉사내역'으로 저장하시오.

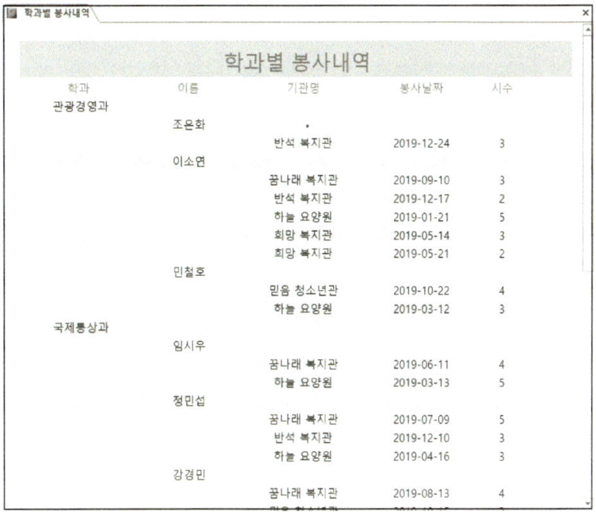

그림 11-2-11 '학과별 봉사내역' 보고서

3 보고서 디자인을 이용한 보고서 만들기

[보고서 디자인] 작업 환경은 [폼 디자인]과 거의 유사하며 보고서를 작성하는 방식도 폼을 작성하는 방법과 거의 유사하다. 즉, [폼 디자인] 방법과 마찬가지로 [보고서 디자인] 방법도 사용자가 [필드 목록]과 [컨트롤 도구상자]를 이용하여 보고서를 작성할 수 있다.

액세스에서 [만들기] 탭 > [보고서] 그룹에서 [보고서 디자인]을 클릭하면 격자 무늬의 [디자인 보기] 창과 함께 [필드 목록]이 나타난다. 만약 [필드 목록]이 나타나지 않으면 [보고서 디자인 도구]의 [디자인] 탭 > [도구] 그룹에서 [기존 필드 추가]를 클릭하면 나타난다.

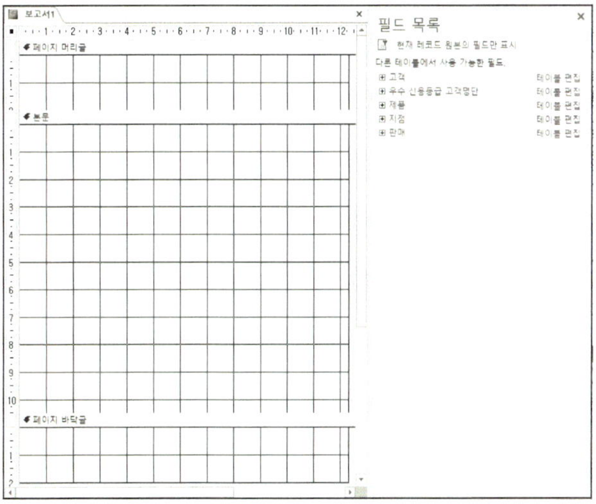

그림 11-3-1 디자인 보기 창과 필드 목록

[디자인 보기] 창과 더불어 상위 주 메뉴에 **[보고서 디자인 도구]의 [디자인], [정렬], [서식], [페이지 설정] 탭**이 나타난다. [보고서 디자인]을 이용해 보고서를 작성하는 경우에는 [보고서 디자인 도구]의 네 가지 탭에 포함되어 있는 기능들을 잘 숙지할 필요가 있다. **[디자인] 탭**은 아래 그림과 같이 [보기], [테마], [그룹화 및 요약], [컨트롤], [머리글/바닥글], [도구] 그룹으로 구성된다.

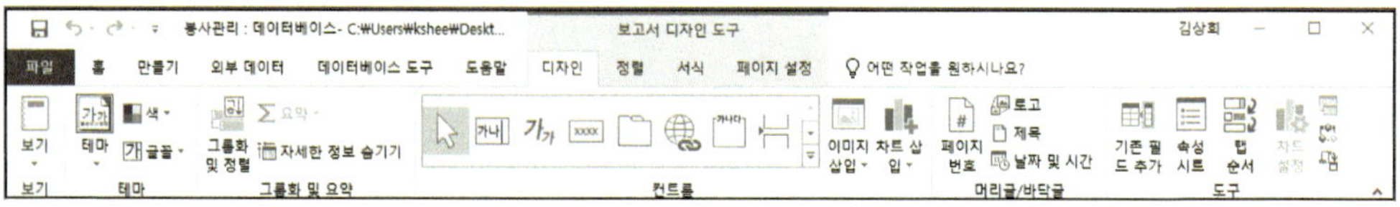

그림 11-3-2 보고서 디자인 도구의 디자인 탭

[정렬] 탭은 [표], [행 및 열], [병합/분할], [이동], [위치], [크기 및 순서 조정] 그룹으로 구성된다.

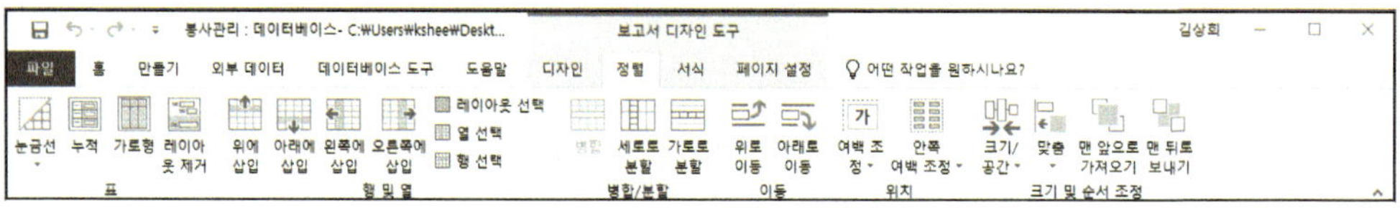

그림 11-3-3 보고서 디자인 도구의 정렬 탭

[서식] 탭은 [선택 영역], [글꼴], [표시 형식], [배경], [컨트롤 서식] 그룹으로 구성된다.

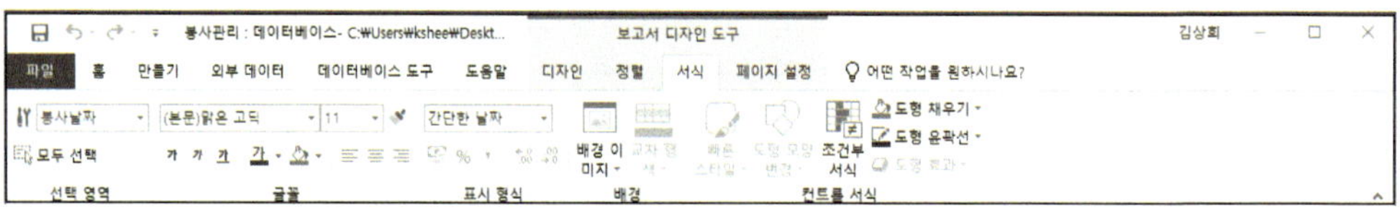

그림 11-3-4 보고서 디자인 도구의 서식 탭

[페이지 설정] 탭은 [페이지 크기]와 [페이지 레이아웃] 그룹으로 구성된다.

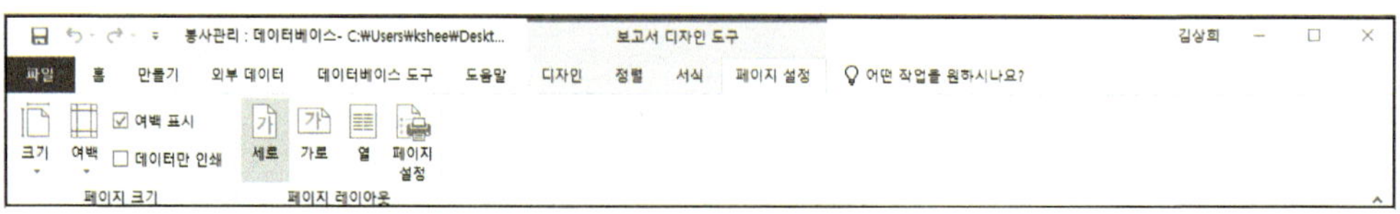

그림 11-3-5 보고서 디자인 도구의 페이지 설정 탭

[보고서 디자인 도구]의 네 가지 탭 중에 가장 많이 활용되는 탭은 [디자인] 탭이다. **[디자인] 탭 > [그룹화 및 요약] 그룹**에서는 특정 필드를 기준으로 그룹화하거나 오름차순이나 내림차순으로 정렬할 수 있고, [컨트롤] 그룹에서는 보고서에 여러 가지 기능들을 추가할 수 있는 컨트롤 도구들을 모아 놓았

으며, [머리글/바닥글] 그룹에서는 페이지 번호, 로고, 제목, 날짜 및 시간을 표시할 수 있으며, [도구] 그룹에서는 [보고서 디자인] 창에 포함할 수 있는 각 테이블의 모든 필드를 보여주는 [기존 필드 추가]와 보고서의 세부적인 속성을 설정할 수 있는 [속성 시트]를 이용할 수 있다.

가. 보고서 창의 구성

[디자인 보기] 창은 기본적으로 보고서 머리글, 보고서 바닥글, 페이지 머리글, 페이지 바닥글, 본문의 다섯 영역으로 나누어진다. [디자인 보기] 창을 열면 페이지 머리글, 본문, 페이지 바닥글만 표시되므로 필요에 따라 보고서 디자인 영역에서 마우스 오른쪽 버튼을 클릭하여 나타난 바로가기 메뉴에서 [페이지 머리글/바닥글(A)] 또는 [보고서 머리글/바닥글(H)]을 선택하여 표시하거나 숨길 수 있다.

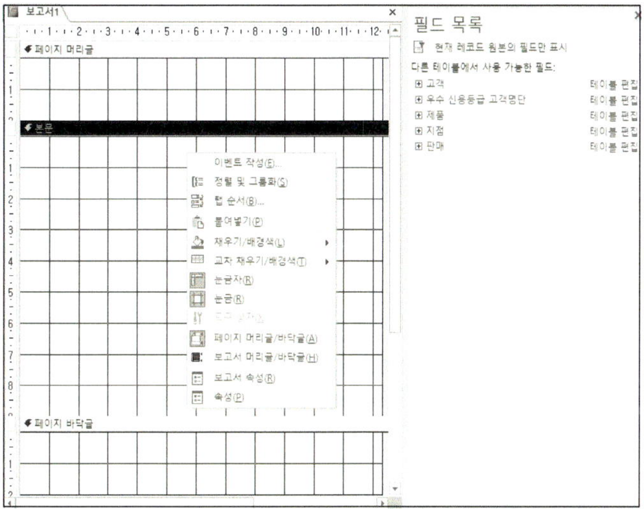

그림 11-3-6 페이지 머리글/바닥글 및 보고서 머리글/바닥글 선택

[보고서 머리글]에는 보고서 제목이나 로고 및 날짜 등과 같이 보고서 전체에 대해 설명하는 정보를 입력하는데, 이 정보는 인쇄 미리 보기( ) 상태에서 첫 페이지 상단에 한 번만 표시된다. [페이지 머리글]에는 모든 페이지의 상단에 동일하게 표시되는 정보를 입력하는데, 주로 필드의 이름을 입력하여 모든 페이지에 반복적으로 표시하기 위해 사용한다.

[본문]에는 테이블 및 쿼리에서 가져온 레코드들이 표시되며 본문을 구성하는 여러 가지 컨트롤도 여기에 추가할 수 있다. [페이지 바닥글]에는 주로 페이지 번호나 날짜와 같은 모든 페이지의 하단에 동일하게 표시될 정보를 입력한다. [보고서 바닥글]에는 총합계와 같은 보고서 전체에 대한 요약 정보를 입력하는데, 보고서 머리글과 마찬가지로 마지막 페이지 하단에 한 번만 표시된다. 다음의 표 11-3-1은 보고서 영역의 종류와 용도를 설명한다.

표 11-3-1 보고서 영역의 종류와 용도

구역 이름	용도
보고서 머리글	출력되는 보고서의 첫 페이지 상단에 한 번만 표시되며, 주로 보고서 제목, 로고, 날짜 등이 삽입된다.
페이지 머리글	모든 페이지의 상단에 동일하게 표시된다. 즉, 출력물이 10쪽일 경우 페이지 머리글은 10번 출력된다.
본문	보고서에서 나타내고자 하는 테이블 및 쿼리의 레코드가 표시되는 부분이다.
페이지 바닥글	페이지 머리글과 마찬가지로 모든 페이지의 하단에 동일하게 표시 된다. 주로 날짜나 페이지 번호를 입력한다.
보고서 바닥글	보고서 머리글과 마찬가지로 마지막 페이지 하단에 한 번만 표시되며, 주로 합계나 평균과 같은 보고서 요약 등의 정보를 입력한다.
그룹 머리글	레코드를 그룹화한 경우 각 그룹 상단에 표시되는 정보를 입력한다. 주로 그룹 이름을 표시하는 경우에 사용한다.
그룹 바닥글	레코드를 그룹화한 경우 각 그룹의 하단에 표시되는 정보를 입력한다. 주로 그룹에 대한 합계나 평균과 같은 요약 정보를 표시하는 경우에 사용한다.

나. 필드 추가

[디자인 보기]를 이용한 보고서 작성에 있어 가장 기본적인 작업은 [디자인 보기] 창에 필드를 추가하는 것이다. **[보고서 디자인 도구]**의 **[디자인] 탭 > [도구] 그룹**에서 [기존 필드 추가]를 클릭하거나 단축키(Alt+F8)를 이용하면 [디자인 보기] 창의 우측에 [필드 목록] 창이 나타나 보고서 작성에 필요한 필드를 간편하게 추가할 수 있다.

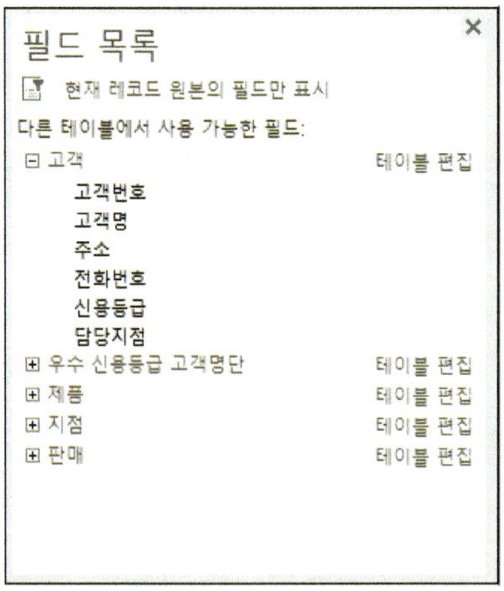

그림 11-3-7 필드 목록

[필드 목록]에서 테이블 이름 앞의 ⊞ 를 클릭하여 추가할 필드를 확인한 후 원하는 필드를 [디자인 보기] 창의 [본문] 영역으로 드래그하거나 더블클릭하여 추가한다. [필드 목록] 창을 통해 [본문] 영역에 추가된 필드는 필드 이름을 나타내는 레이블과 실제 데이터 값이 표시되는 텍스트 상자로 구성되며, 기본적으로 칼럼 형식으로 표시된다. 칼럼 형식은 데이터를 표시할 때 레코드 단위로 보고서에 표시된다.

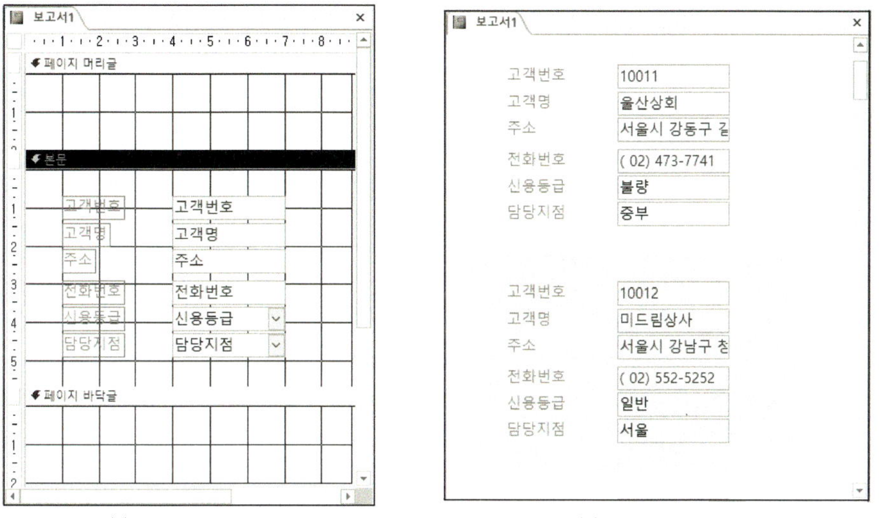

(a) 디자인 보기 창 (b) 보고서 보기 창

그림 11-3-8 칼럼 형식

이를 데이터 시트와 같은 탭 형식으로 변경하기 위해서는 각 필드의 레이블 부분만을 잘라내어 페이지 머리글 부분에 붙여넣기를 해야 한다. 레이블 부분과 텍스트 상자 부분을 분리하여 이동하기 위해서는 다음 그림 11-3-9와 같이 레이블 부분을 클릭한 후 잘라내기(Ctrl +X)를 한 후, [페이지 머리글] 영역을 클릭하고 붙여넣기(Ctrl +V)를 하면 된다.

이렇게 각 필드에 대한 레이블을 하나씩 이동하여 [페이지 머리글] 영역에 일렬로 정렬하고 [본문] 영역에 남아 있는 텍스트 상자 또한 위치 및 크기를 적절하게 조절한다. 이때, [본문] 영역의 세로 길이는 나중에 [보고서 보기]에서 각 레코드 사이의 간격이 됨으로 적절한 크기로 조절할 필요가 있다. [페이지 머리글] 영역의 레이블에 대한 서식 설정은 [보고서 디자인 도구]의 [서식] 탭을 이용하여 변경이 가능하다.

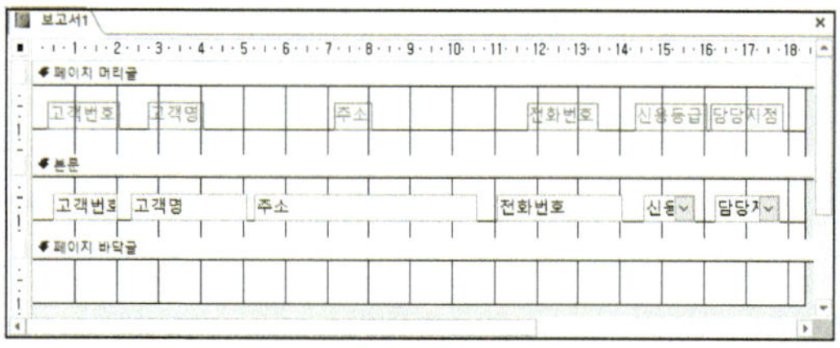

(a) 디자인 보기 창

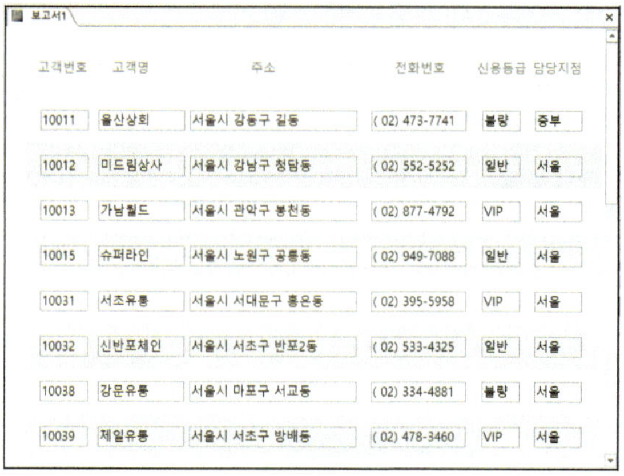

(b) 보고서 보기 창

그림 11-3-9 탭 형식

다. 날짜 및 페이지 번호 삽입

페이지 번호는 **[보고서 디자인 도구]**의 **[디자인] 탭 > [머리글/바닥글] 그룹**에서 [페이지 번호]를 클릭하면 나타나는 [페이지 번호] 대화상자에서 설정할 수 있다. 그림 11-3-10과 같이 [페이지 번호] 대화상자에서는 페이지 번호의 형식, 위치, 맞춤을 설정할 수 있다.

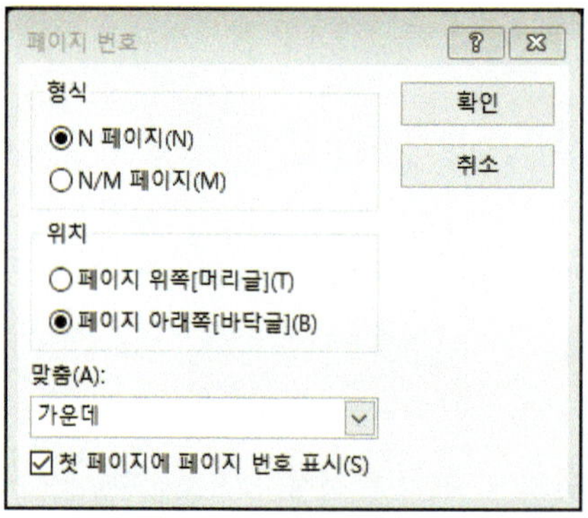

그림 11-3-10 페이지 번호 대화상자

날짜 및 시간은 **[보고서 디자인 도구]**의 **[디자인] 탭 > [머리글/바닥글] 그룹**에서 [날짜 및 시간]을 클릭하면 나타나는 [날짜 및 시간] 대화상자에서 설정할 수 있다. 그림 11-3-11과 같이 [날짜 및 시간] 대화상자에서는 사용자가 원하는 날짜 및 시간의 형식을 지정할 수 있다. 이때, [페이지 머리글]이나 [페이지 바닥글] 영역에 삽입되는 [페이지 번호]와는 달리 [날짜 및 시간]은 [보고서 머리글] 영역에 삽입된다.

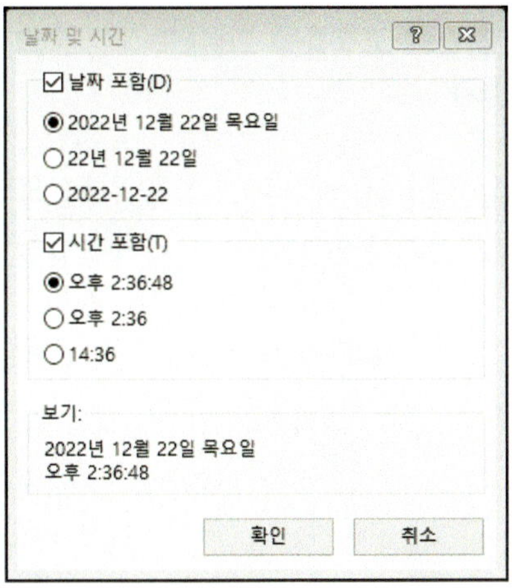

그림 11-3-11 날짜와 시간 대화상자

다음 그림 11-3-12는 [보고서 머리글] 영역에 삽입된 [날짜 및 시간]과 [페이지 바닥글] 영역에 삽입된 [페이지 번호] 컨트롤을 보여주고 있다. 다른 영역에 위치하기를 원한다면 잘라내기(Ctrl+X)를 한 후 원하는 영역에 붙여넣기(Ctrl+V)를 하면 된다.

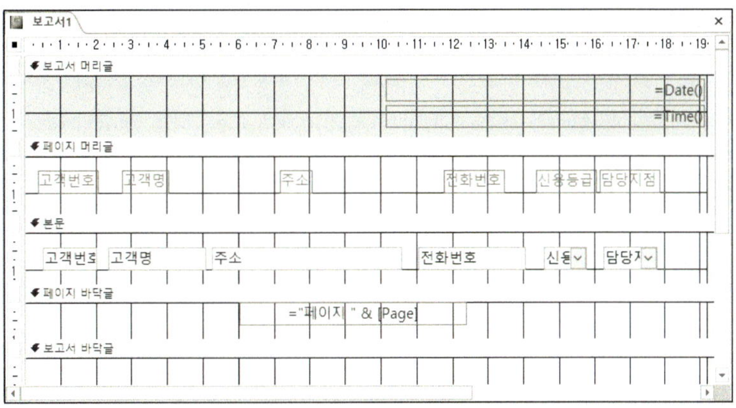

그림 11-3-12 디자인 보기 창에 날짜 및 페이지 번호 추가

라. 보고서의 그룹화 및 정렬

보고서의 그룹화 및 정렬은 레코드들을 그룹으로 구분함으로써 사용자가 보다 쉽게 보고서를 이해할 수 있도록 하는 것이다. 즉 그룹화 및 정렬은 사용자의 이해를 돕기 위해 특정 필드를 기준으로 그룹화하고 정렬하여 보고서에 나타내는 기능이다.

실습 11-2 담당지점별로 고객들을 그룹화하고 고객의 신용등급에 따라 정렬하는 보고서 만들기

01 이전 실습에서 작성한 보고서의 [보고서 디자인] 창을 열고 **[보고서 디자인 도구]**의 **[디자인] 탭 > [그룹화 및 요약] 그룹**에서 [그룹화 및 정렬]을 클릭하면 [디자인 보기] 창의 하단에 [그룹, 정렬 및 요약] 창이 나타난다.

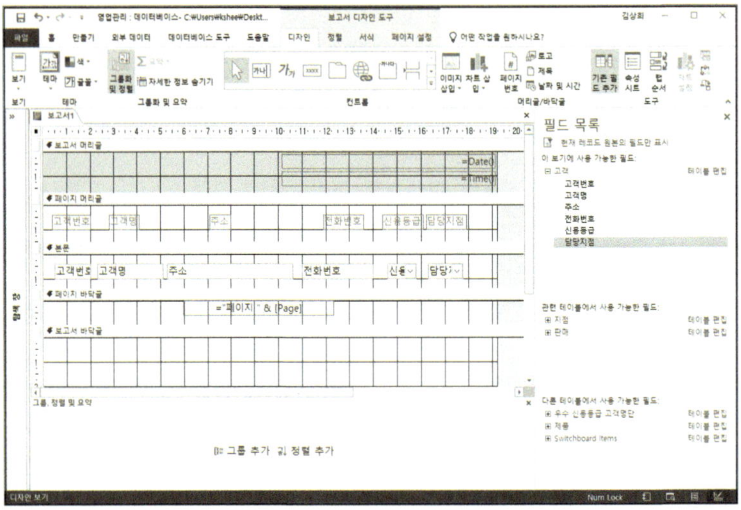

그림 11-3-13 그룹화 및 정렬 선택과 그룹, 정렬 및 요약 창

02 [그룹, 정렬 및 요약] 창에서 [그룹 추가] 단추를 클릭하여 그룹화 기준이 되는 필드를 선택한다.

필드 목록에서 '담당지점'을 선택한다.

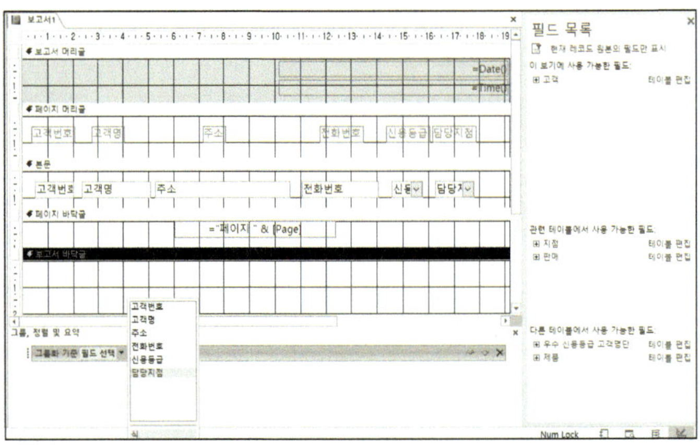

그림 11-3-14 그룹화 기준 필드 선택

03 그룹화 기준으로 지정한 **담당지점** 필드에 대하여 **[담당지점 머리글]** 영역이 생성된 것을 확인할 수 있으며, 그룹화의 기준 필드가 되는 **담당지점**에 대한 정렬이 오름차순으로 지정되어 있다.

- 정렬 순서로 '오름차순'을 선택하고 [자세히 ▶]를 클릭한다.

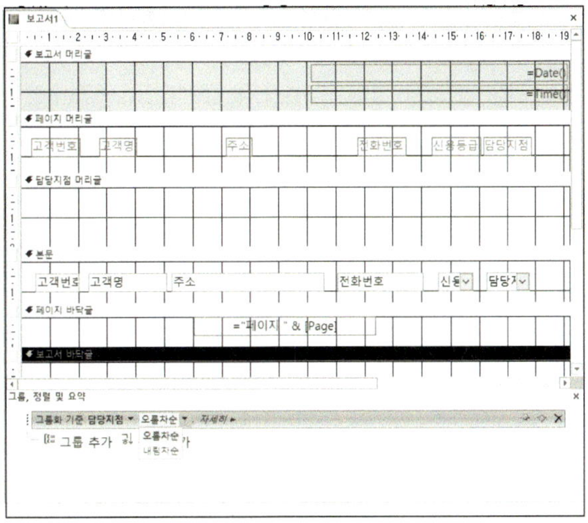

그림 11-3-15 정렬 순서 지정

04 [그룹, 정렬 및 요약] 창에서 구체적인 기능이 나타나며, [전체값 ▾]을 선택하여 레코드가 그룹화되는 방식을 설정할 수 있다. [전체값 ▾]은 그룹화 기준이 되는 필드의 데이터 형식에 따라 다르게 나타난다. 만약 그룹화 기준이 날짜 필드일 경우에는 요일, 주, 월, 분기 등을 기준으로 그룹화할 수 있다.

- 레코드를 그룹화하는 방식은 '전체 값'으로 둔다.

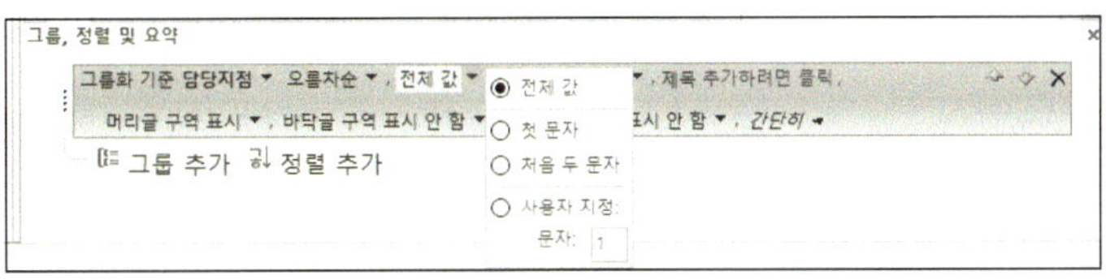

그림 11-3-16 그룹화 방식 선택

05 [요약 표시 안함 ▾]을 선택하여 요약 기준 필드와 요약할 형식, 그리고 요약값 표시 방법을 선택한다.

- [요약 기준]의 드롭다운 단추를 클릭하여 [고객번호]를 요약할 필드로 선택하고 [형식]의 드롭다운 단추를 클릭하여 [레코드 개수]를 선택한다. 그리고 요약 정보를 표시할 영역을 설정하기 위해 [그룹 바닥글에 소계 표시]를 체크한다.

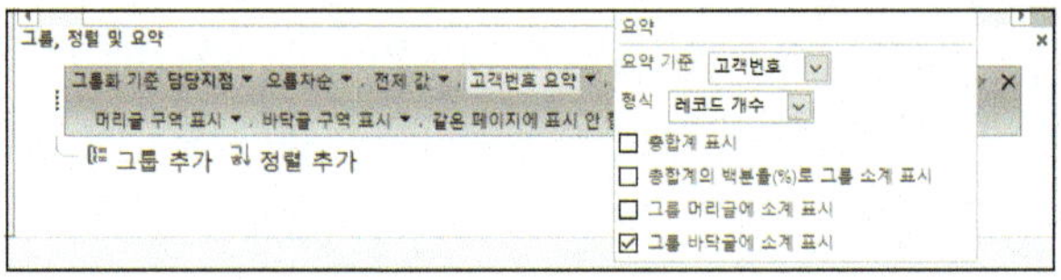

그림 11-3-17 그룹 바닥글에 소계 표시 선택

그룹 바닥글인 [담당지점 바닥글] 영역이 추가되었고 레코드 개수를 요약하는 함수식(=Count(*))의 텍스트 상자가 생성되었음을 확인할 수 있다.

그림 11-3-18 그룹 바닥글

06 [제목 추가하려면 클릭]은 [그룹 머리글]에 제목 레이블을 표시하고자 할 경우에 사용한다.

- 클릭하여 나타난 [확대/축소] 대화상자에 **담당지점별 분류**라고 입력한 후 [확인]을 클릭하면 [담당지점 머리글] 영역에 해당 레이블이 생성된 것을 확인할 수 있다.

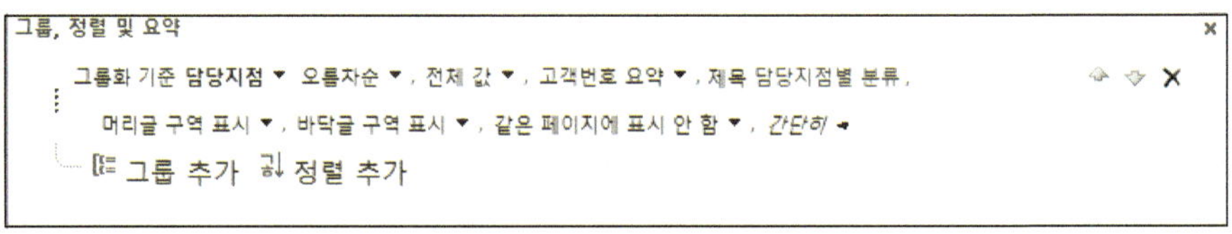

그림 11-3-19 제목 레이블 추가

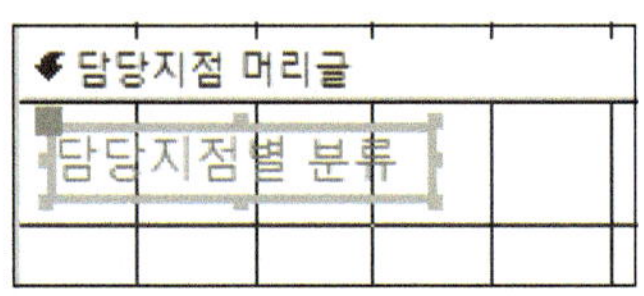

그림 11-3-20 그룹 제목 레이블 생성

07 [머리글 구역 표시 안 함 ▾]을 클릭하여 [머리글 구역 표시]를 선택하고, [바닥글 구역 표시 안 함 ▾]을 클릭하여 [바닥글 구역 표시]를 선택한다. 이는 그룹 머리글과 그룹 바닥글 영역 표시 여부를 나타낸다.

- 요약 설정과 제목 레이블 설정으로 이미 머리글 구역과 바닥글 구역이 표시되어 있으므로 생략한다.

08 [정렬 추가]를 클릭하여 그룹 내에서 정렬시킬 기준 필드를 선택한다.

- 필드 목록에서 [신용등급]을 선택하고 [오름차순]으로 지정한다.

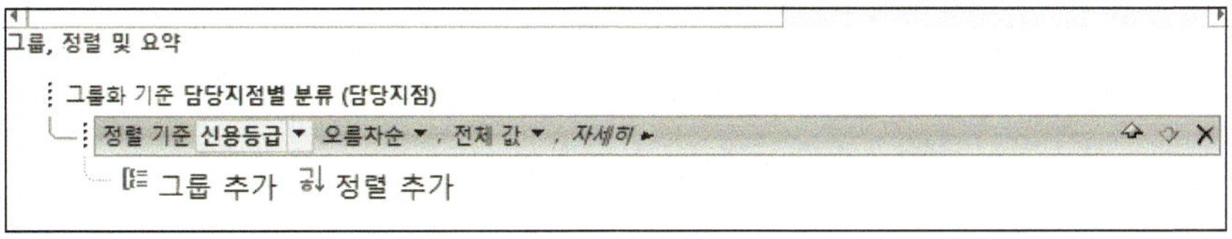

그림 11-3-21 정렬 기준 필드 선택

> **TIP** **보고서의 그룹 수준 및 정렬 수준**
>
> 보고서의 그룹 수준 및 정렬 수준은 최대 10개까지 정의할 수 있으며 그룹을 추가하고자 할 경우에는 [그룹 추가]를 클릭한다.

09 [홈] 탭 혹은 [보고서 디자인 도구]의 [디자인] 탭 > [보기] 그룹에서 [보고서 보기] 또는 [인쇄 미리 보기] 창으로 전환하여 결과를 확인한다.

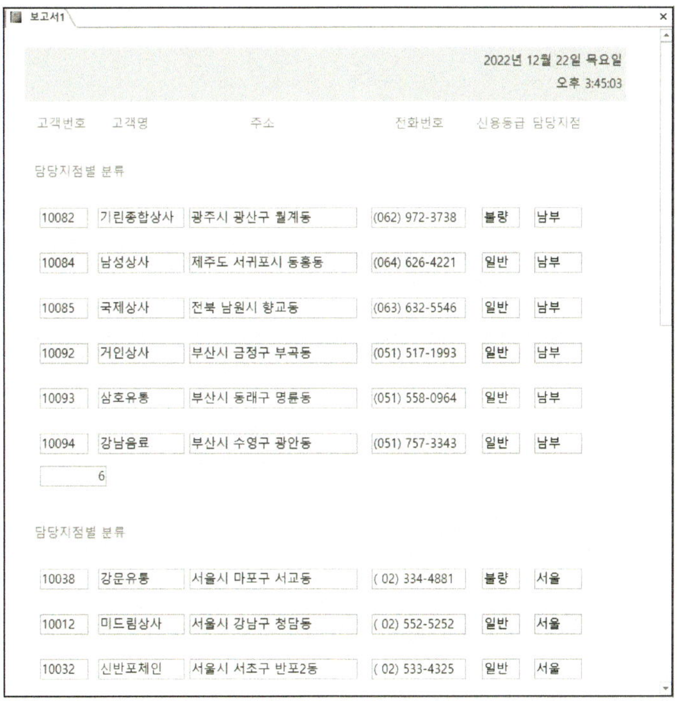

그림 11-3-22 보고서 실행 결과

10 보고서를 보다 이해하기 편리하도록 편집할 수 있다. [디자인 보기] 창으로 돌아가 그룹 머리글과 그룹화한 필드의 위치를 조절한다.

[페이지 머리글] 영역에 있는 '담당지점' 레이블을 맨 앞으로 옮기고 나머지 레이블의 위치를 조절한다. [본문] 영역에 있는 '담당지점' 컨트롤을 잘라내기(Ctrl+X)한 후, [담당지점 머리글](그룹 머리글) 영역을 클릭하고 붙여넣기(Ctrl+V)를 하여 이동하고 컨트롤의 크기 및 위치를 조절한다.

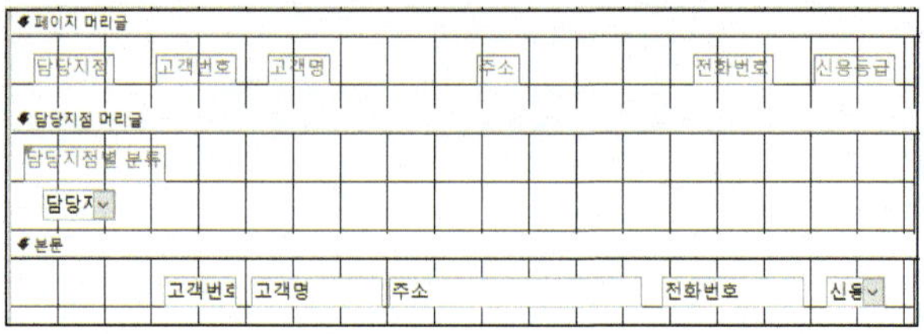

그림 11-3-23 그룹 머리글에 컨트롤 이동

11 [그룹 바닥글]의 요약 값에 대한 정보를 표시하기 위해 레이블을 추가한다.

[보고서 디자인 도구]의 **[디자인] 탭 > [컨트롤] 그룹**에서 컨트롤 모음 중 [가가 레이블]을 선택하여 [담당지점 바닥글]에 드래그한 후, 레이블에는 **지점별 고객수:**를 입력한다.

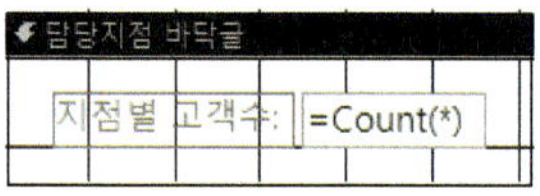

그림 11-3-24 그룹 바닥글에 레이블 추가

TIP **컨트롤 도구를 이용한 요약 컨트롤 설정**

그룹 바닥글인 [담당지점 바닥글] 영역에 담당지점별 고객수를 출력하는 컨트롤 넣기

1. **[보고서 디자인 도구]**의 **[디자인] 탭 > [컨트롤] 그룹**에서 컨트롤 모음 중 [가나 텍스트 상자]를 선택하고 [담당지점 바닥글] 영역에서 마우스를 드래그하여 언바운드된 컨트롤을 삽입한다.
2. 레이블 입력란에 **지점별 고객수**라고 입력하고, 텍스트 상자에 **=Count([고객번호])**라고 입력하면 지점별로 고객의 수가 계산되어 각 그룹의 하단에 표시된다.
3. 지점별 고객 수를 보기 위한 COUNT 함수 외에도 필드의 데이터 형식에 따라 합계(SUM), 평균(AVG), 최대값(MAX), 최소값(MIN) 등 다양한 함수를 사용할 수 있다.

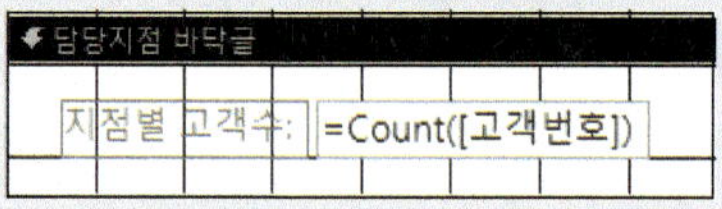

그림 11-3-25 그룹 바닥글에 요약 컨트롤 추가

12 [홈] 탭 혹은 [보고서 디자인 도구]의 [디자인] 탭 > [보기] 그룹에서 [보고서 보기] 또는 [인쇄 미리 보기] 창으로 전환하여 결과를 확인한다.

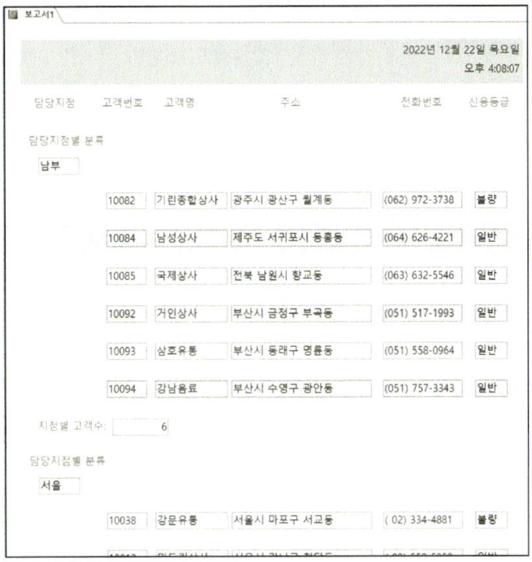

그림 11-3-26 그룹화 및 정렬 실행 결과

담당지점별로 그룹화되고 각 그룹의 하단(담당지점 바닥글 영역)에 지점별 고객수가 표시되는 것을 확인할 수 있다.

마. 보고서 머리글과 바닥글

보고서 머리글과 바닥글에 입력된 내용은 보고서 전체에 걸쳐 한 번만 표시된다. 보고서 머리글에는 일반적으로 제목, 로고, 날짜와 같이 표지에 나타나는 정보를 입력하고, 바닥글에는 총합계와 같은 보고서 전체 내용을 요약하는 정보를 입력한다.

실습 11-3 보고서 머리글 영역에 보고서 제목 입력

01 [보고서 디자인 도구]의 [디자인] 탭 > [컨트롤] 그룹에서 컨트롤 모음 중 [가 레이블]을 선택하고 드래그하여 레이블의 위치와 크기를 결정하고 **지점별 고객 명단**을 입력한다.

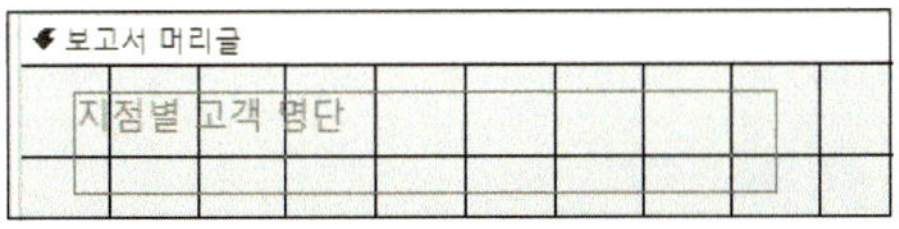

그림 11-3-27 보고서 머리글 영역에 제목 추가

02 레이블을 클릭하여 **[보고서 디자인 도구]**의 **[서식] 탭**에서 글꼴 [HY헤드라인M], 크기 [20], [파랑색]을 선택하여 서식을 변경한다.

그림 11-3-28 보고서 제목 설정

실습 11-4 보고서 바닥글 영역에 '총 고객 수' 요약 컨트롤 삽입

01 **[보고서 디자인 도구]**의 **[디자인] 탭 > [컨트롤] 그룹**에서 컨트롤 모음에서 [가나 텍스트 상자]를 선택하고 [보고서 바닥글] 영역에서 마우스를 드래그하여 언바운드된 컨트롤을 만든다.

02 레이블 입력란에 **총 고객수:**라고 입력하고, 텍스트 상자에 **=Count([고객번호])**라고 입력하면 보고서의 맨 마지막에 전체 고객의 수가 계산되어 표시된다.

그림 11-3-29 보고서 바닥글 요약 컨트롤 삽입

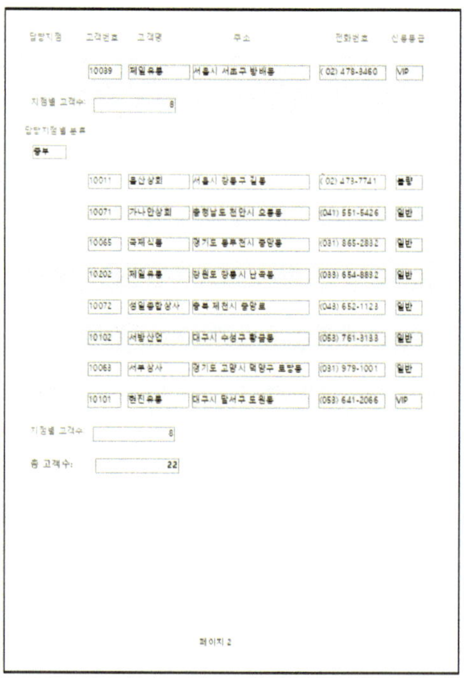

그림 11-3-30 보고서 마지막 페이지

한번 더 실습 11-2 봉사관리 데이터베이스

보고서 디자인을 이용하여 아래 그림과 같이 보고서를 작성하시오. 기관명별로 그룹화하고 그룹 내에서는 학과와 이름으로 오름차순하여 정렬하시오. 보고서 이름은 '기관별 봉사현황'으로 저장하시오(Tip: 텍스트 상자에서 계산식과 함께 & 연산자를 이용하여 문자도 삽입할 수 있다).

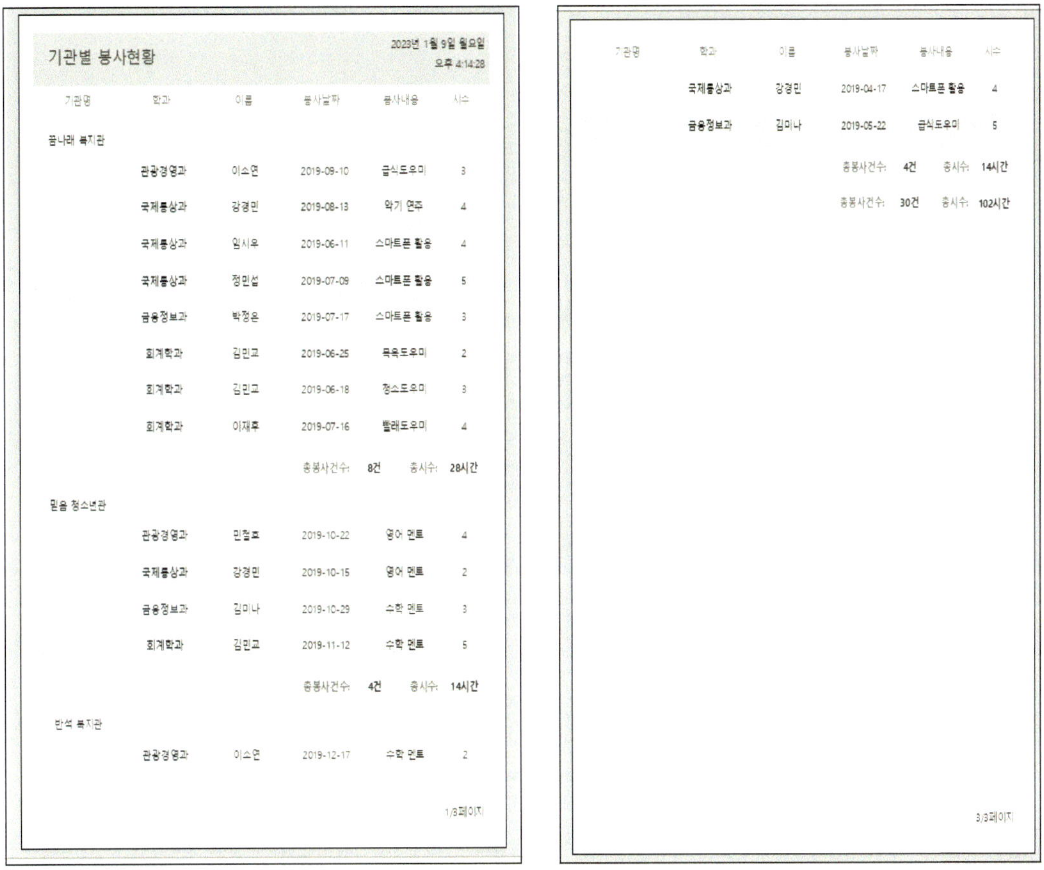

(a) 첫 페이지 (b) 마지막 페이지

그림 11-3-31 '기관별 봉사현황' 보고서

바. 보고서의 속성

보고서의 속성은 보고서와 관련된 여러 항목의 모양을 변경하거나 동작을 지시하는 기능으로 형식, 데이터, 이벤트, 기타의 네 가지로 구분된다. 보고서의 속성들은 [디자인 보기] 화면에서 설정할 수 있으며 보고서 전체의 속성을 설정할 수도 있고 각 구역별의 속성 및 각 컨트롤의 속성을 설정할 수도 있다.

보고서 전체의 속성을 보기 위해서는 [디자인 보기] 창에서 왼쪽 맨 위에 있는 보고서 선택 단추(▪)를 더블클릭하거나 **[보고서 디자인 도구]**의 **[디자인] 탭 > [도구] 그룹**에서 [☰ 속성 시트]를 클릭하거나 [디자인 보기] 창에서 마우스 오른쪽 버튼을 클릭하여 나타난 바로가기 메뉴에서 [☰ 보고서 속성(R)]을 선택하면 다음 그림과 같은 보고서 전체에 대한 [속성 시트]가 나타난다.

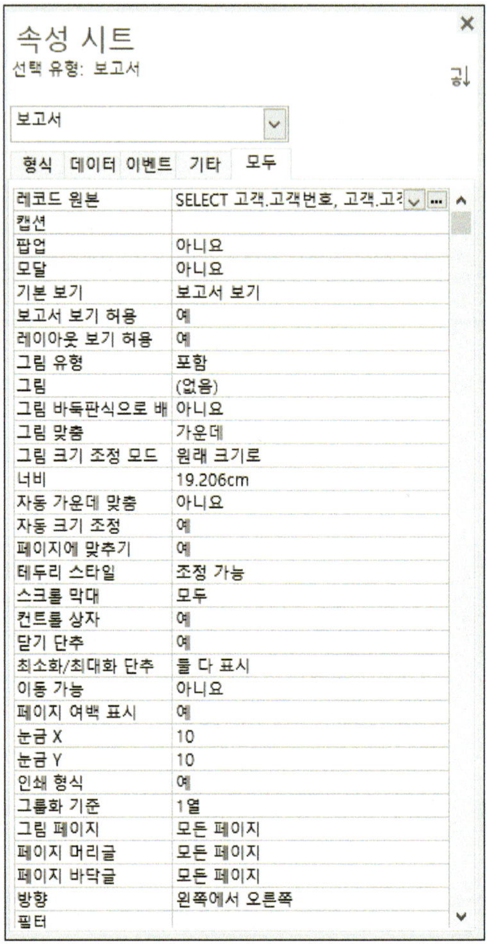

그림 11-3-32 보고서 속성 시트

[속성 시트]의 [형식] 탭에서는 보고서의 모양과 관련된 속성을 설정하고, [데이터] 탭에서는 보고서에 연결될 데이터를 설정하며, [이벤트] 탭에서는 보고서에서 특정 이벤트가 발생할 때마다 어떤 처리를 할 것인가를 설정하고, 그 외 속성들은 [기타] 탭에서 설정한다. 다음의 표 11-3-2, 표 11-3-3, 표 11-3-4는 [속성 시트]를 구성하고 있는 탭에 대한 주요 속성을 설명하고 있다. 참고로 [속성 시트]의 각 탭에 표시되는 항목들은 각 구역별, 컨트롤별로 조금씩 다르게 나타난다.

표 11-3-2 보고서의 형식 속성

속성 이름	설명
캡션	보고서 창 상단의 제목 표시줄에 표시되는 텍스트를 설정한다.
그림 유형	보고서의 배경으로 사용할 그림을 포함할 것인지 연결할 것인지 지정한다.
그림	보고서의 배경으로 사용할 그림을 지정한다.
그림 바둑판식으로 배열	'예'로 설정하면 배경 그림을 페이지 전체에 반복하여 표시한다.
그림 맞춤	삽입된 그림의 위치를 지정한다.
그림 크기 조정 모드	삽입된 그림의 크기 및 비율을 조정한다.
너비	보고서의 너비를 지정한다.
자동 가운데 맞춤	자동 가운데 맞춤을 '예'로 설정하면 보고서가 항상 화면의 중앙에 위치한다.
자동 크기 조정	자동 크기 조정을 '예'로 설정하면 레코드를 모두 표시할 수 있도록 보고서 작성 창의 크기가 자동으로 조정된다.
테두리 스타일	보고서에 사용할 테두리의 종류와 테두리 요소를 지정할 수 있다. 일반적으로 일반 보고서, 팝업 보고서, 사용자 정의 대화상자에는 서로 다른 테두리 스타일이 사용된다. 테두리 스타일의 속성값은 없음, 가늘게, 조정 가능, 대화상자가 있다.
컨트롤 상자	보고서 제목 표시줄의 메뉴 단추를 의미하는 것으로 '예'로 설정할 경우 보고서의 빠른 메뉴를 호출할 수 있다.
닫기 단추	보고서에서 닫기 단추를 사용할 것인지 여부를 지정한다.
최소화/최대화 단추	최소화 단추와 최대화 단추를 표시할 것인지를 지정할 수 있다.
그룹화 기준	데이터를 그룹화할 기준으로 사용할 대상을 지정한다.
페이지 머리글/바닥글	페이지 머리글이나 바닥글의 표시 여부를 설정한다.

표 11-3-3 보고서의 데이터 속성

속성 이름	설명
레코드 원본	보고서를 연결할 테이블 또는 쿼리를 선택한다.
필터	보고서에 어떤 조건을 주어 그에 맞는 데이터만 표시할 때 사용한다.
정렬 기준	정렬 기준을 설정한다.
필터 사용	필터 속성에서 설정한 조건에 맞는 레코드를 적용할지 여부를 '예/아니오'로 선택한다.

표 11-3-4 보고서의 기타 속성

속성 이름	설명
팝업	'예'로 설정하면 항상 다른 창 위에 보고서를 표시한다.
모달	'예'로 설정하면 그 보고서를 닫기 전까지는 다른 화면을 선택할 수 없어 다른 어떤 작업도 할 수 없게 된다.
날짜 그룹화	날짜를 기준으로 그룹화할 때 사용할 날짜 형식을 지정한다.
레코드 잠금	여러 명이 데이터베이스를 공유할 경우 하나의 레코드를 여러 사람이 동시에 사용하여 데이터가 일관성을 가지지 못하는 경우가 발생할 수 있다. 레코드 잠금 속성은 한 사용자가 데이터를 편집할 때 다른 사용자의 데이터베이스 접근을 막는 기능을 설정한다.
태그	보고서 개체와 함께 저장할 추가 데이터를 지정한다.

사. 보고서 만들기 예제

실습 11-5 **아래의 보고서가 작성될 수 있도록 제품 테이블을 이용하여 다음의 지시사항에 따라 보고서를 만들어 보자.**

01 [보고서 마법사를 사용하여 보고서 만들기] 기능을 이용하여 보고서를 작성한다. '제품' 테이블에 포함된 모든 필드를 보고서에 포함시킨다.

02 제품명을 기준으로 그룹 수준을 지정한다.

03 보고서 모양은 [블록]으로, 용지 방향은 [가로]로 한다.

04 보고서 제목은 **제품정보**로 한다.

05 [디자인 보기]와 [레이아웃 보기] 기능을 이용하여 아래 그림과 같이 필드 간의 간격을 조정한다.

06 [보고서 바닥글]에 아래 그림과 같이 제품의 수를 계산하는 컨트롤을 삽입하고 오른쪽에는 오늘 날짜를 [2022년 12월 22일 목요일]과 같은 형식으로 삽입한다.

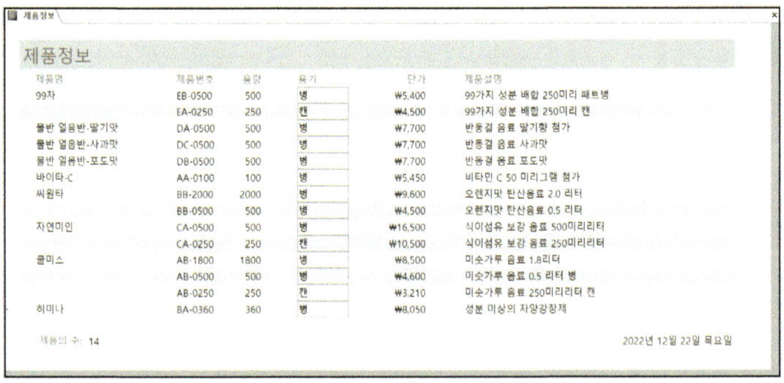

제품정보

제품명	제품번호	용량	용기	단가	제품설명
99차	EB-0500	500	병	₩5,400	99가지 성분 배합 250미리 패트병
	EA-0250	250	캔	₩4,500	99가지 성분 배합 250미리 캔
물반 얼음반-딸기맛	DA-0500	500	병	₩7,700	반동결 음료 딸기향 첨가
물반 얼음반-사과맛	DC-0500	500	병	₩7,700	반동결 음료 사과맛
물반 얼음반-포도맛	DB-0500	500	병	₩7,700	반동결 음료 포도맛
바이타-C	AA-0100	100	병	₩5,450	비타민 C 50 미리그램 첨가
씨원타	BB-2000	2000	병	₩9,600	오렌지맛 탄산음료 2.0 리터
	BB-0500	500	병	₩4,500	오렌지맛 탄산음료 0.5 리터
자연미인	CA-0500	500	병	₩16,500	식이섬유 보강 음료 500미리리터
	CA-0250	250	캔	₩10,500	식이섬유 보강 음료 250미리리터
쿨미스	AB-1800	1800	병	₩8,500	미숫가루 음료 1.8리터
	AB-0500	500	병	₩4,600	미숫가루 음료 0.5 리터 병
	AB-0250	250	캔	₩3,210	미숫가루 음료 250미리리터 캔
히미나	BA-0360	360	병	₩8,050	성분 미상의 자양강장제

제품의 수: 14　　2022년 12월 22일 목요일

그림 11-3-33 보고서 만들기 예제 1

실습 11-6 아래의 보고서가 작성될 수 있도록 먼저 쿼리를 만들고 이를 이용하여 보고서를 만들어보자.

01 아래의 보고서에 표시되는 필드를 포함하는 쿼리(쿼리 이름: 판매 실적 정보)를 작성한다.

02 [보고서 머리글] 중앙에 제목을 **판매 실적 정보**라고 입력하고, 글꼴은 [바탕]으로, 글꼴크기는 [20], 글꼴 [진하게], 특수효과는 [볼록]으로 지정한다.

03 [페이지 머리글]의 필드 이름 아래에 선을 삽입하되, 테두리 스타일은 [점선]으로 한다.

04 고객명과 제품명을 기준으로 그룹화하며, 판매일을 기준으로 오름차순 정렬한다.

05 고객명 바닥글에는 **고객별 매출액 합계:**라고 레이블을 만들고 매출액의 합계를 계산하는 통화 형식의 컨트롤을 삽입한다. [고객명 바닥글]의 위와 아래에 [페이지 머리글]의 선과 동일한 선을 넣는다.

06 각 페이지 밑의 왼쪽에는 오늘 날짜를 [2022년 12월 22일 목요일]과 같은 형식으로, 오른쪽에는 페이지 번호를 [1/2페이지]와 같은 형식으로 삽입한다.

07 보고서 바닥글에 **총 매출액 합계:**라는 레이블을 만들고 통화 형식의 컨트롤을 삽입한다. 그 아래에 위와 동일한 선을 넣는다.

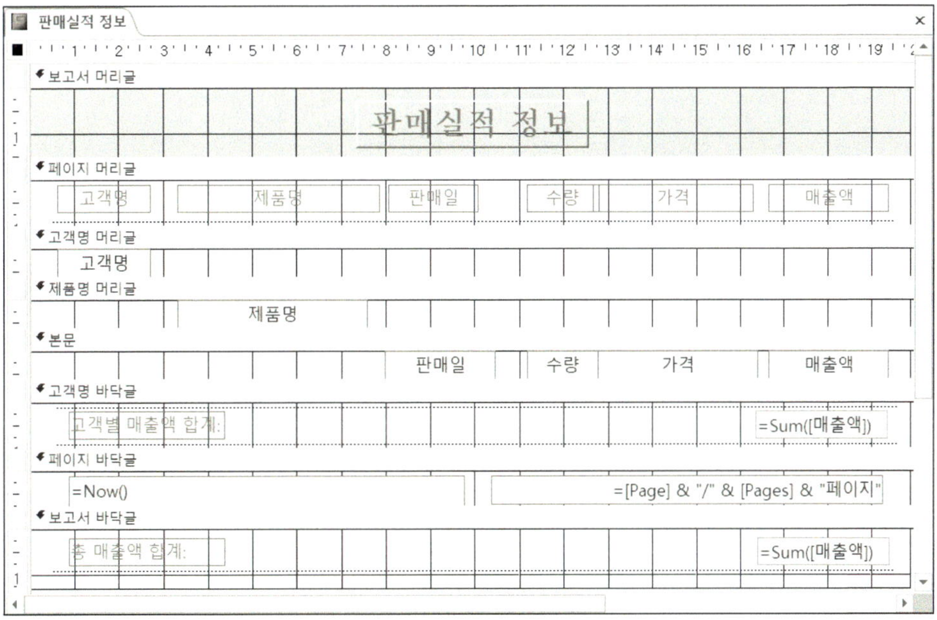

그림 11-3-34 보고서 만들기 예제 2

한번 더 실습 11-3 봉사관리 데이터베이스

보고서 마법사를 이용해 제목 및 필드 추가, 그룹화 등을 지정하고 보고서 모양은 [외곽선]으로 용지 방향은 [세로]로 설정하시오. 다음으로 보고서 디자인 창을 이용해 아래의 그림과 같이 보고서를 완성하시오.

- 그룹화: 기관명, 학과, 정렬: 이름(오름차순), 봉사날짜(내림차순)
- 보고서 머리글: 배경색(하얀색), 제목 테두리(실선, 2pt) 및 특수효과(그림자)
- 페이지 바닥글: 날짜와 페이지 번호 삽입
- 기관명 그룹 머리글 위, 보고서 바닥글 위/아래: 선(대시-점) 삽입
- 학과 그룹 바닥글, 보고서 바닥글 요약 컨트롤: 사각형 삽입
- 이외에도 그림을 참고하여 최대한 유사하게 완성한다.

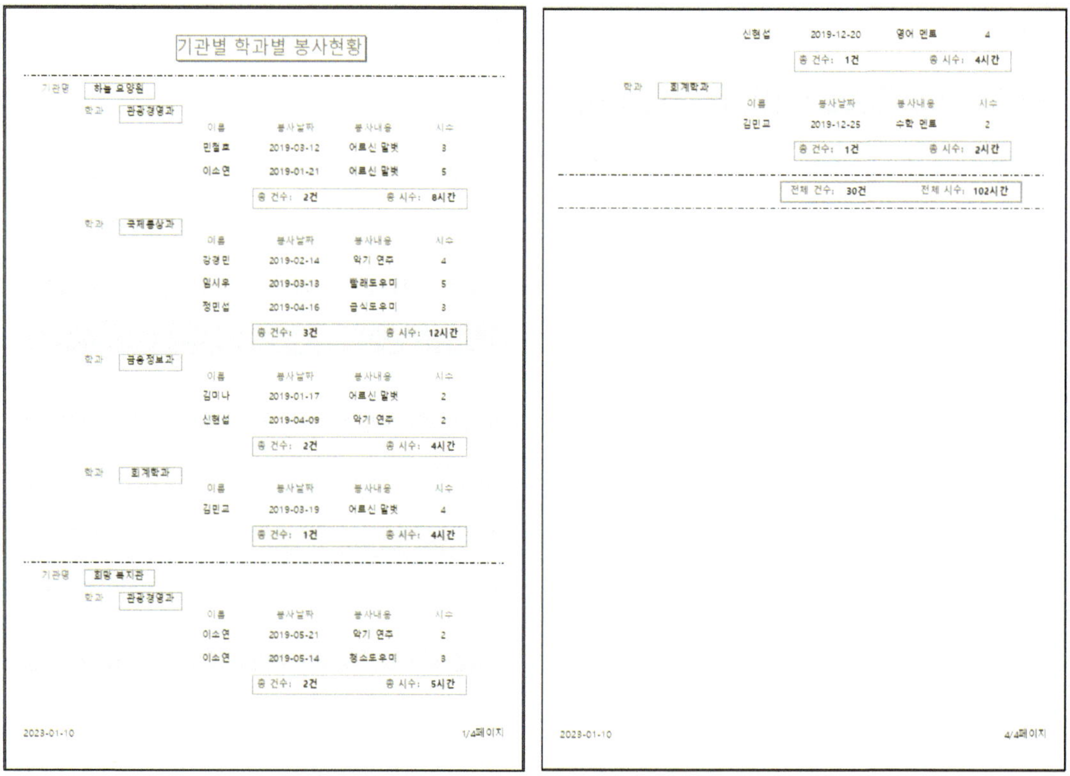

(a) 첫 페이지

(b) 마지막 페이지

그림 11-3-35 '기관별 봉사현황' 보고서

4 보고서 도구를 이용한 보고서 만들기

[만들기] 탭 > [보고서] 그룹에서 [보고서]를 이용하여 새로운 보고서를 자동으로 빠르게 만들 수 있다. 먼저, 왼쪽의 [모든 Access 개체] 탐색 창에서 보고서 작성에 필요한 테이블이나 쿼리를 선택하고 [만들기] 탭 > [보고서] 그룹에서 [보고서]를 클릭하면, 선택한 테이블이나 쿼리의 모든 필드가 [레이아웃 보기] 형식으로 나타난다. 이 방법은 보고서를 만들기 위한 세부적인 절차 없이 신속하게 선택한 테이블이나 쿼리의 모든 레코드를 확인할 수 있는 매우 효과적인 방법이다.

실습 11-7 보고서 도구를 이용하여 판매 보고서 만들기

01 왼쪽 탐색 창에서 '판매' 테이블을 선택하고 [만들기] 탭 > [보고서] 그룹에서 [보고서]를 클릭하면 다음 그림과 같은 [레이아웃 보기] 형식으로 '판매' 보고서가 자동으로 만들어진다.

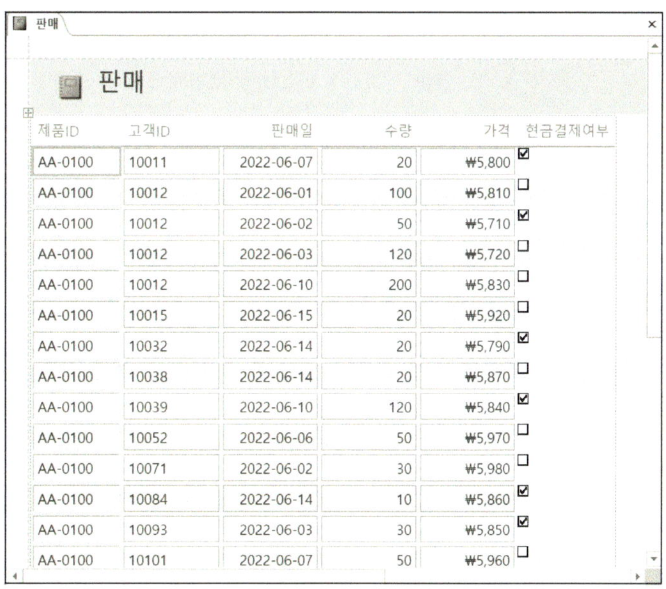
판매

판매

제품ID	고객ID	판매일	수량	가격	현금결제여부
AA-0100	10011	2022-06-07	20	₩5,800	☑
AA-0100	10012	2022-06-01	100	₩5,810	☐
AA-0100	10012	2022-06-02	50	₩5,710	☑
AA-0100	10012	2022-06-03	120	₩5,720	☐
AA-0100	10012	2022-06-10	200	₩5,830	☐
AA-0100	10015	2022-06-15	20	₩5,920	☐
AA-0100	10032	2022-06-14	20	₩5,790	☑
AA-0100	10038	2022-06-14	20	₩5,870	☐
AA-0100	10039	2022-06-10	120	₩5,840	☑
AA-0100	10052	2022-06-06	50	₩5,970	☐
AA-0100	10071	2022-06-02	30	₩5,980	☐
AA-0100	10084	2022-06-14	10	₩5,860	☑
AA-0100	10093	2022-06-03	30	₩5,850	☑
AA-0100	10101	2022-06-07	50	₩5,960	☐

그림 11-4-1 판매 테이블 보고서 작성

02 특정 필드가 수치 데이터일 경우에는 합계나 평균, 개수, 최대값, 최소값 등의 요약 방법을 선택하여 보고서 하단에 표시할 수 있다.

[본문] 영역의 '수량' 필드를 선택하고, **보고서 레이아웃 도구**의 **[디자인] 탭 > [그룹화 및 요약] 그룹**에서 [Σ 요약] 드롭다운 단추에서 [합계]를 선택하면 가장 아래 [보고서 바닥글] 영역에 **수량** 필드에 대한 전체 합계가 나타난다.

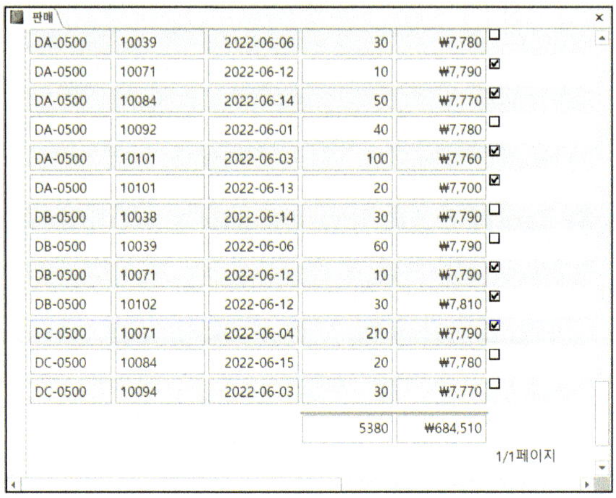

그림 11-4-2 레이아웃 보기에서 요약 추가

03 [레이아웃 보기]에서도 특정 필드를 기준으로 그룹화 및 정렬을 설정할 수 있다.

[보고서 레이아웃 도구]의 **[디자인] 탭 > [그룹화 및 요약] 그룹**에서 [그룹화 및 정렬]을 클릭하고, 하단의 [그룹, 정렬 및 요약] 창에서 [그룹 추가] 단추를 클릭하여 [그룹화 기준]에서 '제품ID' 필드를 선택하면 [제품ID 머리글](그룹 머리글) 영역이 생기면서 '제품ID'별로 그룹화된 것을 확인할 수 있다.

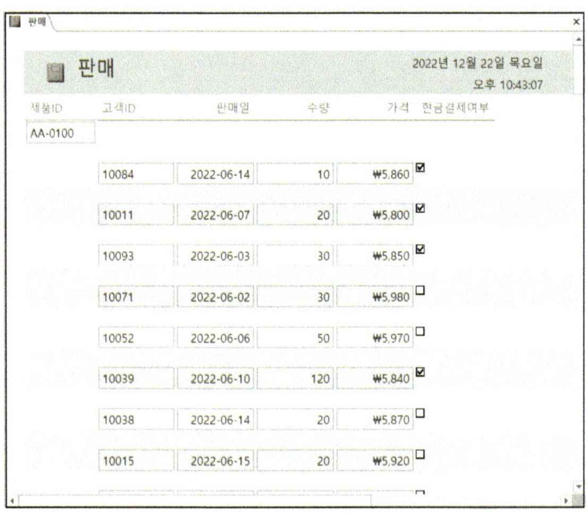

그림 11-4-3 레이아웃 보기에서 그룹화 추가

한번 더 실습 11-4 봉사관리 데이터베이스

보고서 도구를 이용하여 아래 그림과 같이 봉사내역 보고서를 작성하시오.

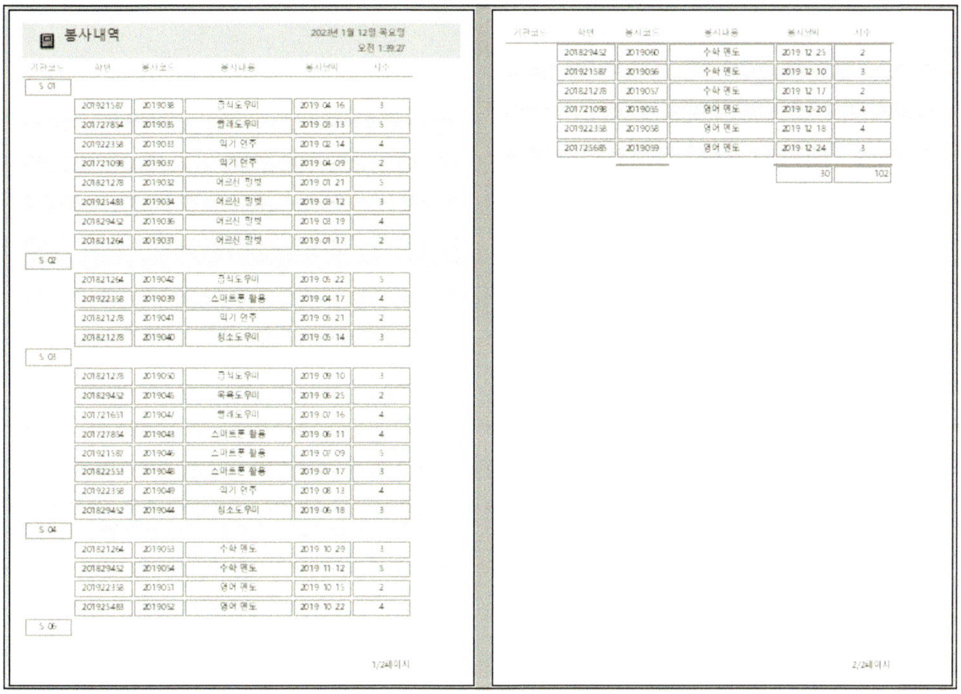

그림 11-4-4 '봉사내역' 보고서

5 새 보고서를 이용한 보고서 만들기

[새 보고서]는 기본적으로 [레이아웃 보기] 형식으로 작성된다. [새 보고서]는 모든 필드를 대상으로 보고서를 작성하는 [보고서]와는 달리 [필드 목록]을 통해 필요한 필드만을 선택하여 보고서를 작성할 수 있다.

실습 11-8 새 보고서를 이용해 지점별 고객 목록 보고서 만들기

01 [만들기] 탭 > [보고서] 그룹에서 [새 보고서]를 클릭하면 [레이아웃 보기] 형식의 빈 영역과 함께 [필드 목록]이 나타난다. 만약 오른쪽 [필드 목록]이 표시되지 않으면 [보고서 디자인 도구]의 [디자인] 탭 > [도구] 그룹에서 [기존 필드 추가]를 클릭하여 나타낸다.

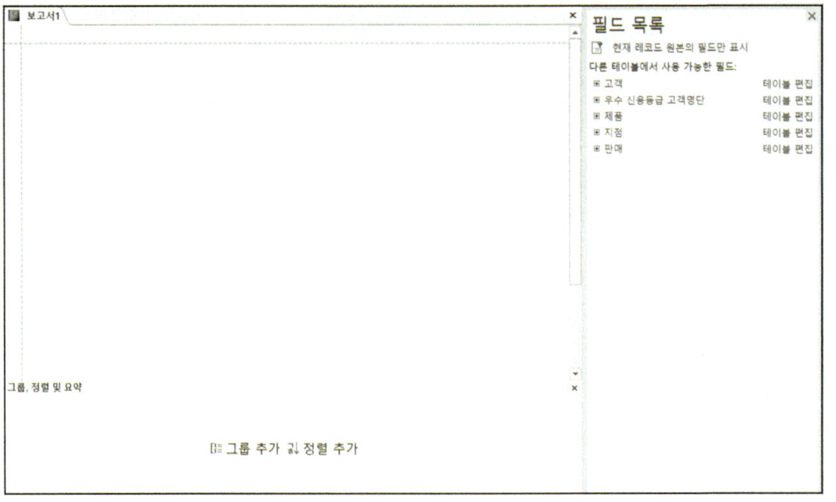

그림 11-5-1 새 보고서를 이용한 보고서 작성

02 [필드 목록] 창에서 '고객' 테이블에서 고객번호, 고객명, 신용등급 필드를 더블클릭하여 보고서에 추가하고, '지점' 테이블에서 지점이름, FAX번호 필드를 더블클릭하여 보고서에 추가한다.

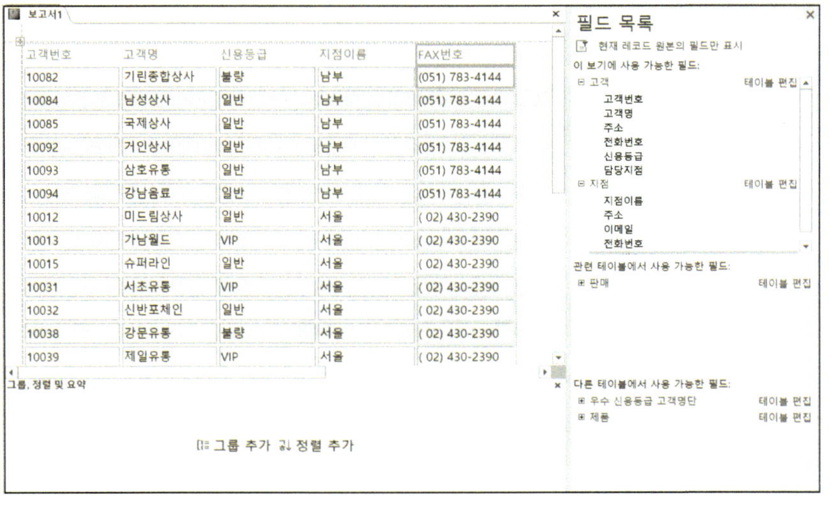

그림 11-5-2 레이아웃 보기에서 필드 추가

03 **[보고서 레이아웃 도구]**의 **[디자인] 탭 > [그룹화 및 요약] 그룹**에서 [그룹화 및 정렬]을 클릭하고 하단의 [그룹, 정렬 및 요약] 창에서 [그룹 추가] 단추를 클릭한다.

[그룹화 기준]에서 '지점이름'을 선택하면 필드 순서가 바뀌어 지점이름이 맨 앞으로 위치됨과 동시에 지점이름별로 그룹화된 것을 확인할 수 있다.

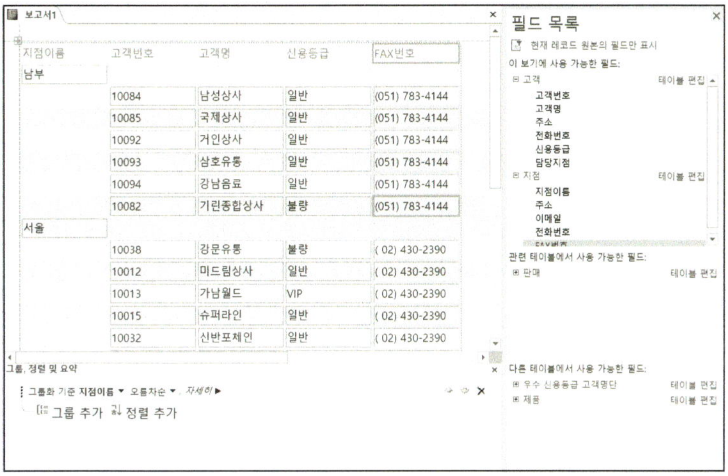

그림 11-5-3 레이아웃 보기에서 그룹화 기준 필드 선택

04 **[보고서 레이아웃 도구]**의 **[디자인] 탭 > [머리글/바닥글] 그룹**에서 [제목]을 클릭하여 **지점별 고객 목록**을 입력하고, [날짜 및 시간]을 클릭하여 날짜와 시간을 추가한다.

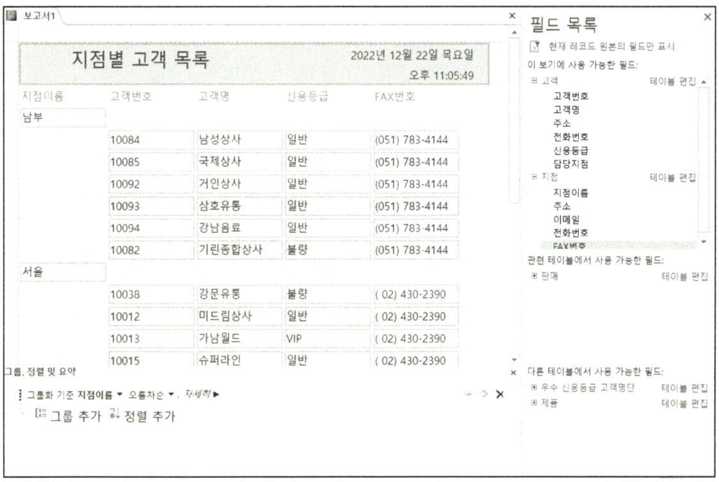

그림 11-5-4 레이아웃 보기에 제목과 날짜 및 시간 추가

05 **[홈] 탭 > [보기] 그룹**에서 [보기]의 [인쇄 미리 보기(V)]를 클릭하면 지금까지 작성한 보고서를 인쇄 형식으로 확인할 수 있다.

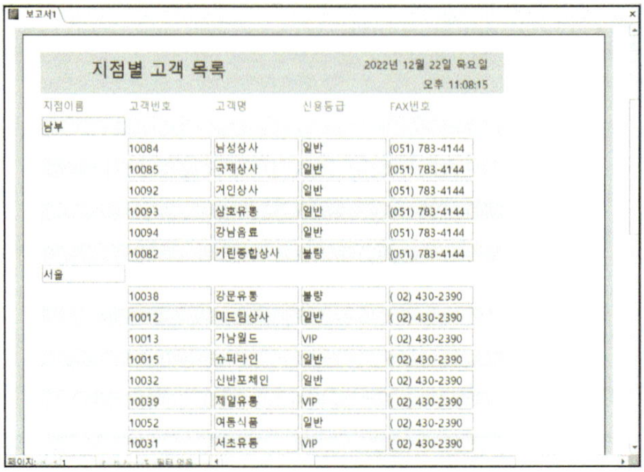

그림 11-5-5 새 보고서를 이용한 보고서 작성 실행 결과

06 지금까지 작성한 보고서를 인쇄하기 전에 올바른 인쇄를 위한 몇 가지 기본적인 인쇄 설정이 필요한데, **[인쇄 미리 보기] 탭**을 통해 인쇄 설정을 변경할 수 있다.

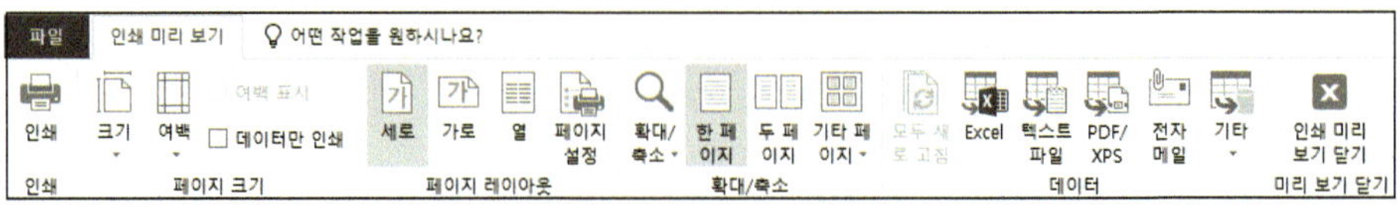

그림 11-5-6 인쇄 미리 보기 설정

[인쇄 미리 보기] 탭 > [페이지 레이아웃] 그룹에서 [페이지 설정]을 클릭하여 나타난 [페이지 설정] 대화 상자에서 인쇄에 관련된 용지 여백, 용지 크기(용지 종류), 용지 방향, 프린터 선택 등을 설정할 수 있다.

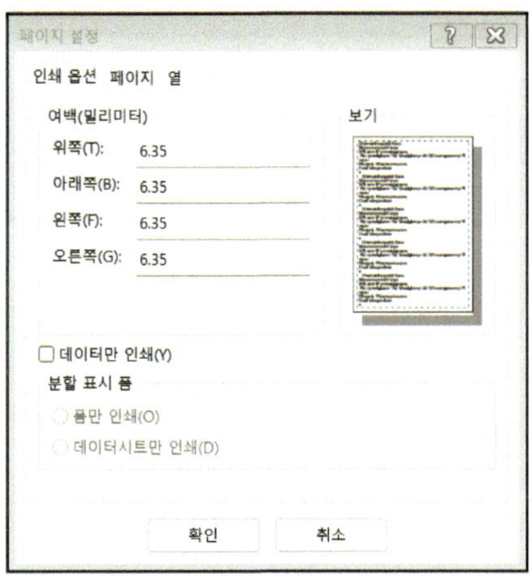

그림 11-5-7 페이지 설정

한번 더 실습 11-5 봉사관리 데이터베이스

새 보고서를 이용해 아래 그림과 같이 기관별 봉사내역 보고서를 작성하시오.

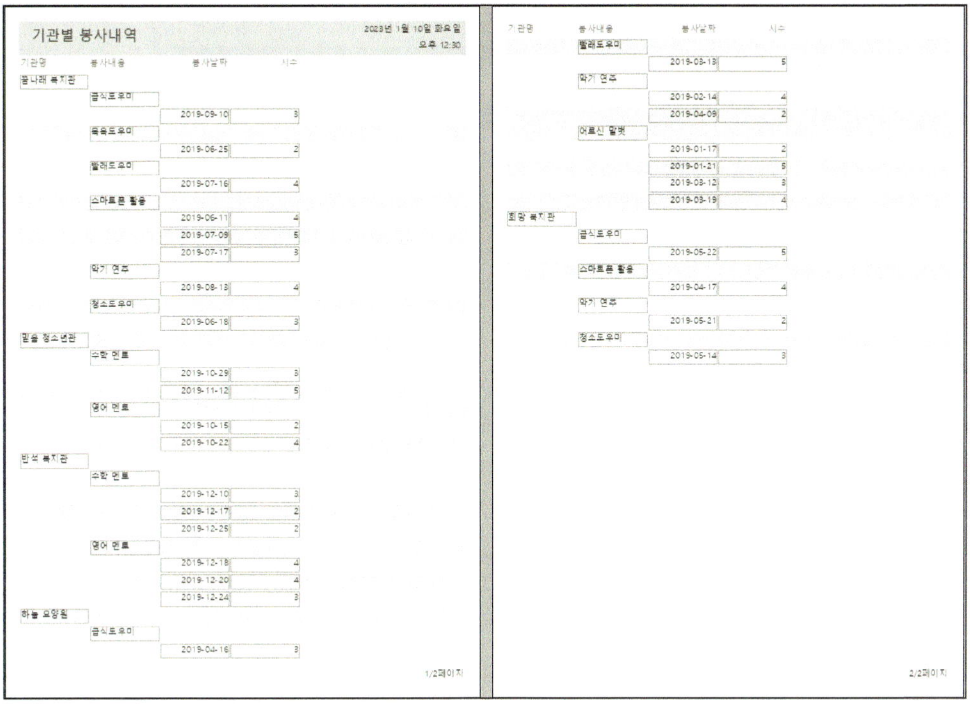

그림 11-5-8 '기관별 봉사내역' 보고서

6 레이블 마법사

레이블 마법사는 우편봉투에 사용될 주소 레이블을 인쇄하기 위해 사용되며 발신인의 특정한 정보나 문구를 포함할 수 있다.

실습 11-9 고객의 주소를 우편 레이블로 작성

01 데이터 원본으로 사용할 '고객' 테이블을 선택하고 **[만들기] 탭 > [보고서] 그룹**에서 [레이블]을 클릭하면 [우편물 레이블 마법사]가 시작된다.

[우편물 레이블 마법사]의 첫 번째 단계에서는 사용할 레이블의 크기를 지정하는 단계이다. 레이블의 용도를 고려하여 레이블 형식을 지정한 후 적절한 크기를 선택하거나 사용할 레이블

의 제조업체를 선택하면 나열되는 제품번호를 선택한다.

[제품 번호:]가 [C2166]인 레이블을 선택하고 [다음(N)>]을 클릭한다.

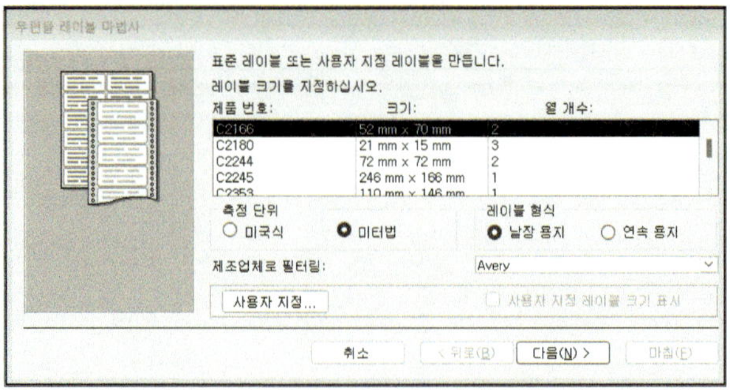

그림 11-6-1 우편물 레이블 마법사 1단계

02 [우편물 레이블 마법사]의 두 번째 단계에서는 레이블에서 나타나는 텍스트의 글꼴 모양, 크기, 색 등을 지정하는 단계이다.

사용자가 원하는 스타일의 형태를 고른다.

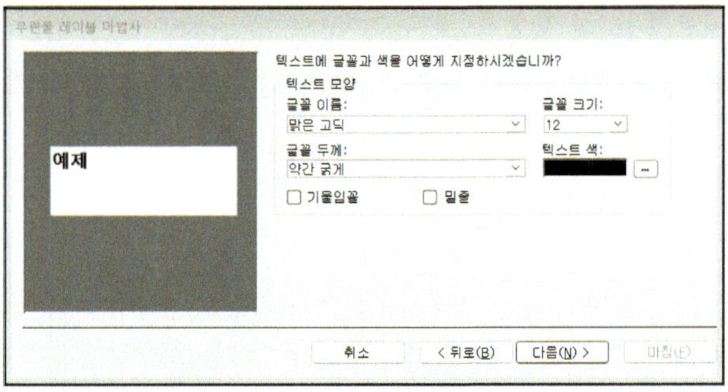

그림 11-6-2 우편물 레이블 마법사 2단계

03 [우편물 레이블 마법사]의 세 번째 단계에서는 레이블에 넣을 내용을 선택하는 단계이다. [사용 가능한 필드:]에서 레이블에 표시하고자 하는 필드를 [예제:]로 이동시킨다. 필드이동 후 Enter↵ 키를 클릭해 [예제:]에 있는 필드를 다음 줄로 이동시킬 수 있다.

아래 그림에서와 같이 고객번호:나 구매담당자 앞과 같은 반복할 텍스트를 직접 입력하여 레이블을 완성한다.

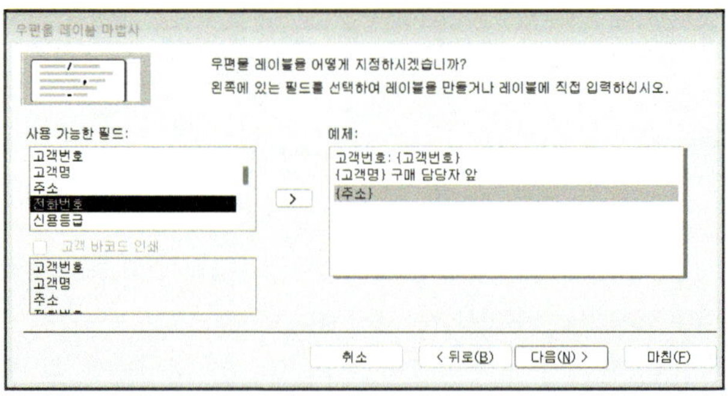

그림 11-6-3 우편물 레이블 마법사 3단계

04 [우편물 레이블 마법사]의 네 번째 단계에서는 레이블을 인쇄할 때 정렬 기준을 선택하는 단계이다.

- '고객명' 필드를 정렬 기준으로 사용한다.

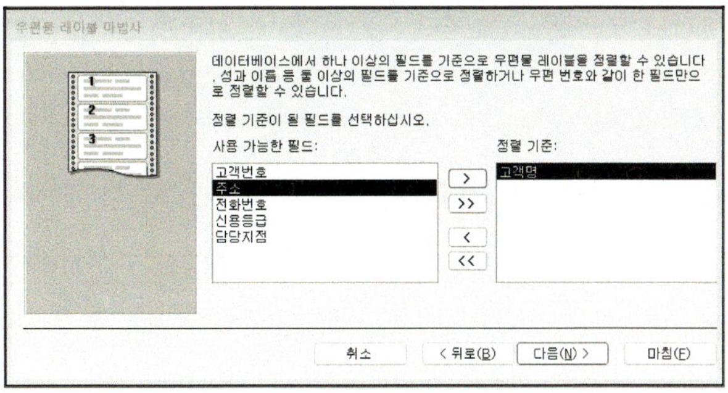

그림 11-6-4 우편물 레이블 마법사 4단계

05 [우편물 레이블 마법사]의 마지막 단계에서는 레이블이 포함된 보고서의 이름을 지정하는 단계이다. 보고서 이름을 입력하고 마법사를 마친 후 우편물 레이블을 미리 보기로 볼지 디자인을 수정할지를 지정한다.

- [인쇄될 우편물 레이블 미리 보기]를 선택하고 [마침(F)] 단추를 클릭한다.

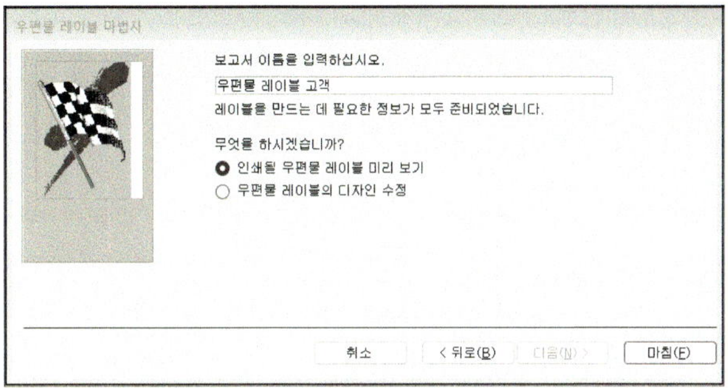

그림 11-6-5 우편물 레이블 마법사 5단계

06 [우편물 레이블 마법사]를 완료하면 우편 레이블 출력 결과를 [인쇄 미리 보기] 형식으로 확인할 수 있다.

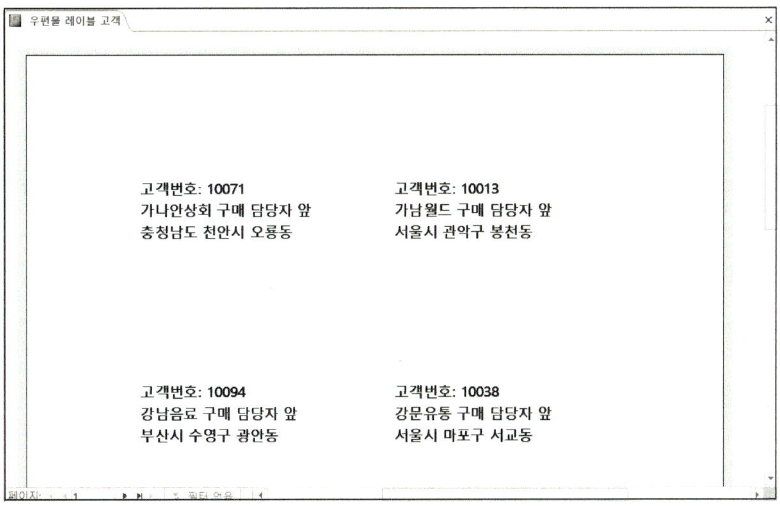

그림 11-6-6 우편물 레이블 마법사 실행 결과

한번 더 실습 11-6 봉사관리 데이터베이스

봉사기관의 주소를 아래 그림과 같이 레이블로 작성하시오.

제품번호: [C2353], 글꼴: [나눔고딕], [18], [보통], [검정]

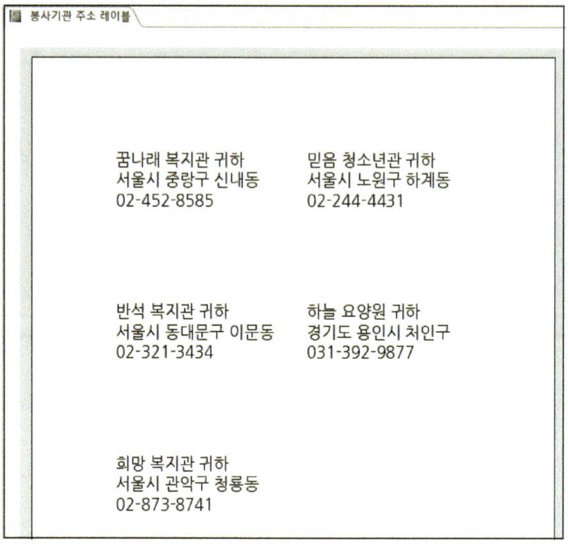

그림 11-6-7 봉사기관 주소 레이블 작성

7 조건부 서식 만들기

조건부 서식을 사용하면 컨트롤의 내용에 따라 컨트롤에 텍스트 색, 배경, 밑줄, 굵게 등의 다양한 서식을 설정할 수 있다. 엑셀의 사용자 지정 서식 기능과 매우 유사하며 특정 조건에 맞는 데이터에 대해서 서식을 다르게 나타냄으로써 보고서의 내용을 더욱 쉽게 파악할 수 있도록 도와준다.

실습 11-10 고객 명단 보고서에서 신용등급 필드의 VIP 값에 조건부 서식 적용하기

01 이전 보고서 마법사 실습으로 생성하였던 '고객 명단 보고서'를 열고 [홈] 탭 > [보기] 그룹에서 [보기]의 [레이아웃 보기(Y)]를 클릭한다.

조건부 서식을 적용할 '신용등급' 필드의 데이터를 선택하고 [보고서 레이아웃 도구]의 [서식] 탭 > [컨트롤 서식] 그룹에서 [조건부 서식]을 클릭한다.

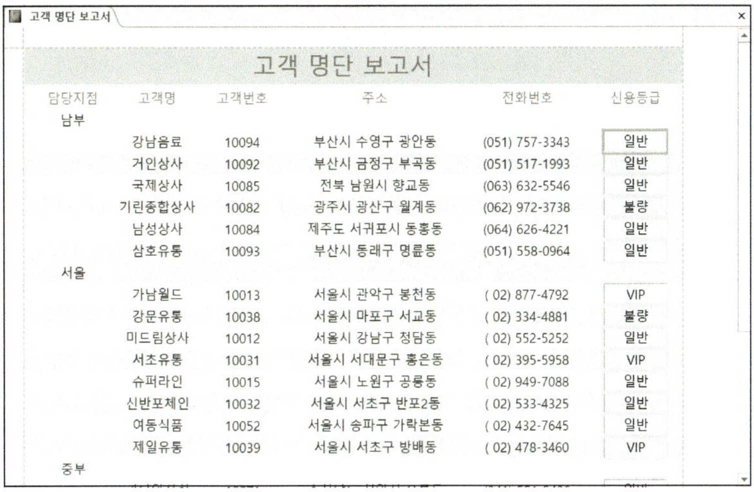
고객 명단 보고서

담당지점	고객명	고객번호	주소	전화번호	신용등급
남부					
	강남음료	10094	부산시 수영구 광안동	(051) 757-3343	일반
	거인상사	10092	부산시 금정구 부곡동	(051) 517-1993	일반
	국제상사	10085	전북 남원시 향교동	(063) 632-5546	일반
	기린종합상사	10082	광주시 광산구 월계동	(062) 972-3738	불량
	남성상사	10084	제주도 서귀포시 동홍동	(064) 626-4221	일반
	삼호유통	10093	부산시 동래구 명륜동	(051) 558-0964	일반
서울					
	가남월드	10013	서울시 관악구 봉천동	(02) 877-4792	VIP
	강문유통	10038	서울시 마포구 서교동	(02) 334-4881	불량
	미드림상사	10012	서울시 강남구 청담동	(02) 552-5252	일반
	서초유통	10031	서울시 서대문구 홍은동	(02) 395-5958	VIP
	슈퍼라인	10015	서울시 노원구 공릉동	(02) 949-7088	일반
	신반포체인	10032	서울시 서초구 반포2동	(02) 533-4325	일반
	여동식품	10052	서울시 송파구 가락본동	(02) 432-7645	일반
	제일유통	10039	서울시 서초구 방배동	(02) 478-3460	VIP
중부					

그림 11-7-1 조건부 서식을 적용하기 위한 필드 선택

02 [조건부 서식 규칙 관리자] 대화상자의 [서식 규칙 표시(S):] 드롭다운 단추에 신용등급 필드가 선택되어 있는 것을 확인할 수 있다. 조건부 서식을 설정할 필드를 변경하려면 [서식 규칙 표시(S):]의 드롭다운 단추를 클릭하여 변경할 수 있다.

- '신용등급' 필드에 조건부 서식을 설정하기 위해 [새 규칙(N)] 단추를 클릭하면 새로운 [새 서식 규칙] 대화상자가 나타난다.

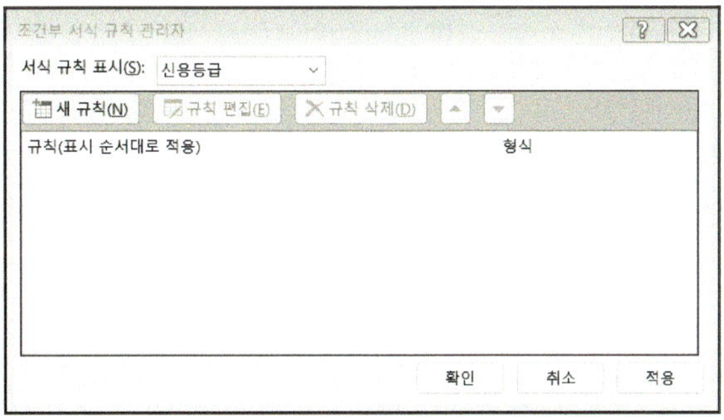

그림 11-7-2 조건부 서식 규칙 관리자 대화상자

03 [새 서식 규칙] 대화상자에서는 신용등급 필드에 포함된 데이터 중에 원하는 조건에 맞는 데이터를 찾기 위한 조건식을 입력하고, 조건에 맞는 데이터에 적용할 서식을 설정한다.

- [규칙 유형 선택(S):]에서는 [현재 레코드의 값 확인 또는 식 사용]을 선택하고, [규칙 설명 편집:]에서는 데이터를 찾을 조건식과 서식을 설정한다. [다음과 같은 셀만 서식 설정(O):]에서는 [필드 값이], [다음 값과 같음], VIP를 입력하고 원하는 서식을 선택하고 [확인] 단추를 클릭한다.

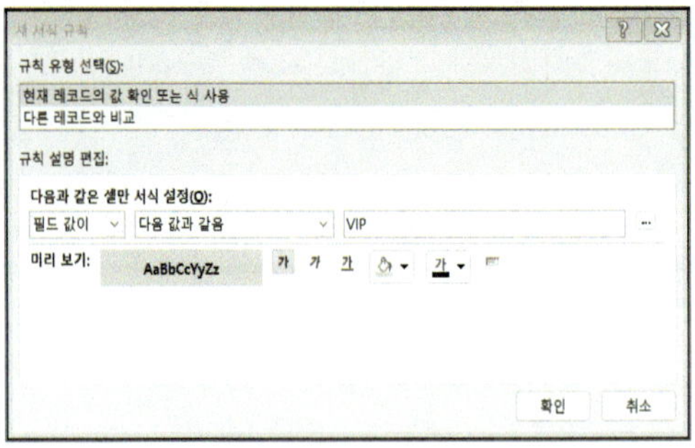

그림 11-7-3 서식 규칙 편집 대화상자

04 [새 서식 규칙] 대화상자에서 설정한 조건부 서식 규칙이 다음 그림과 같이 [조건부 서식 규칙 관리자] 대화상자의 본문에 표시된 것을 확인하고 [확인] 단추를 클릭한다.

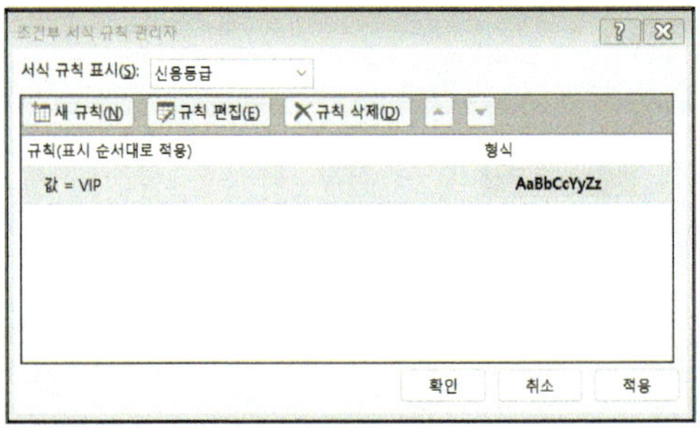

그림 11-7-4 조건부 서식 규칙 설정

05 다음 그림과 같이 [신용등급] 필드에 포함된 데이터 중에서 'VIP'인 데이터의 서식이 모두 변경된 것을 확인할 수 있다.

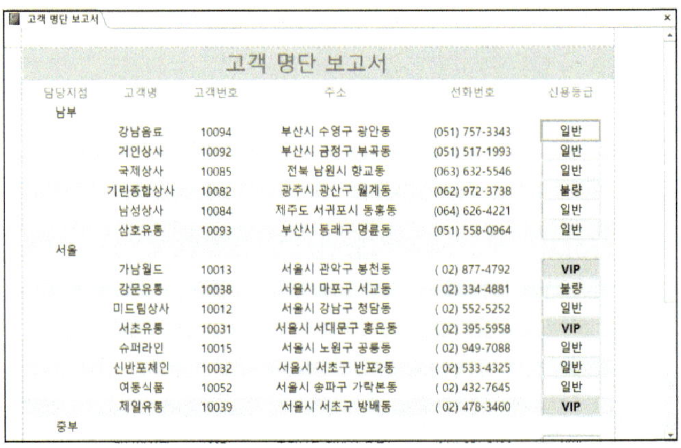

그림 11-7-5 조건부 서식 실행 결과

한번 더 실습 11-7 봉사관리 데이터베이스

이전 실습에서 저장한 '학과별 봉사내역' 보고서를 열고 봉사시수가 4시간 이상인 레코드에 배경색(노랑) 및 글자색(빨강)의 조건부 서식을 적용하시오.

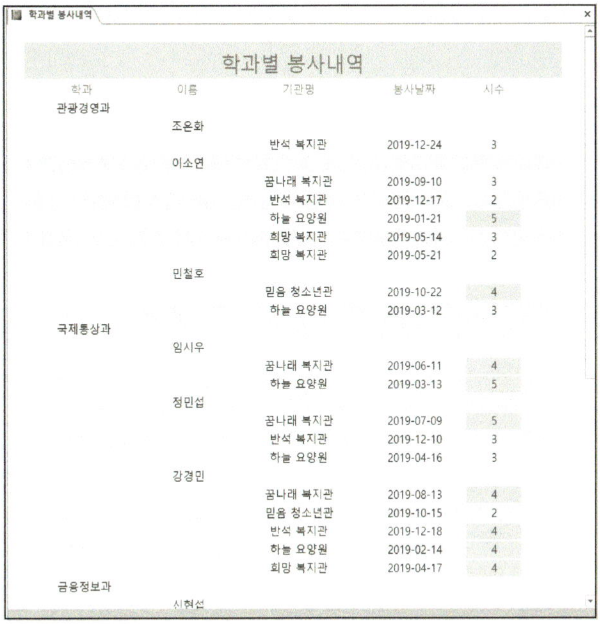
학과별 봉사내역

학과별 봉사내역

학과	이름	기관명	봉사날짜	시수
관광경영과				
	조온화			
		반석 복지관	2019-12-24	3
	이소연			
		꿈나래 복지관	2019-09-10	3
		반석 복지관	2019-12-17	2
		하늘 요양원	2019-01-21	5
		희망 복지관	2019-05-14	3
		희망 복지관	2019-05-21	2
	민철호			
		믿음 청소년관	2019-10-22	4
		하늘 요양원	2019-03-12	3
국제통상과				
	임시우			
		꿈나래 복지관	2019-06-11	4
		하늘 요양원	2019-03-13	5
	정민섭			
		꿈나래 복지관	2019-07-09	5
		반석 복지관	2019-12-10	3
		하늘 요양원	2019-04-16	3
	강경민			
		꿈나래 복지관	2019-08-13	4
		믿음 청소년관	2019-10-15	2
		반석 복지관	2019-12-18	4
		하늘 요양원	2019-02-14	4
		희망 복지관	2019-04-17	4
금융정보과				
	시현선			

그림 11-7-6 '학과별 봉사내역' 보고서에 조건부 서식 적용

8 하위 보고서 만들기

하위 보고서는 이미 작성된 기본 보고서를 기준으로 관계가 설정된 테이블이나 쿼리를 하위 보고서로 삽입하여 기본 보고서의 관련 테이블이나 쿼리의 레코드들을 나타내는 기능으로 기본 보고서의 레코드에 관계가 설정된 하위 보고서의 관련 레코드를 일목요연하게 확인할 수 있다.

실습 11-11 고객별 판매 목록 보고서 만들기

01 [만들기] 탭 > [보고서] 그룹에서 [보고서 디자인]을 클릭하고 오른쪽 [필드 목록]에서 '고객' 테이블의 고객번호, 고객명, 전화번호, 신용등급, 담당지점 필드를 [디자인 보기] 창의 [본문] 영역에 추가하여 위치와 크기를 조정한다.

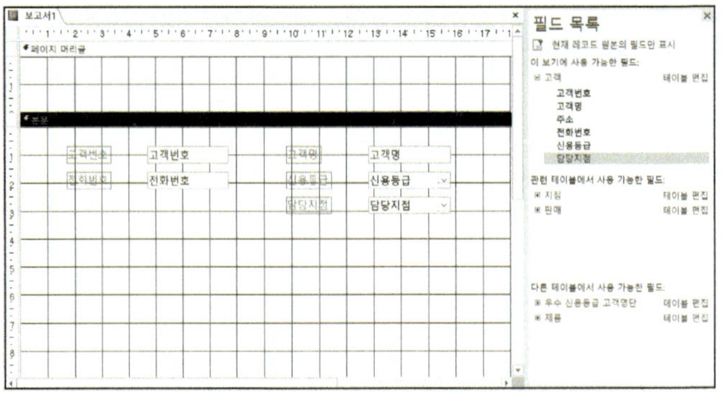

그림 11-8-1 하위 보고서 작성을 위한 기본 보고서

02 하위 보고서를 추가하기 위해 [보고서 디자인 도구]의 [디자인] 탭 > [컨트롤] 그룹에서 컨트롤 모음 중 [하위 폼/하위 보고서]를 선택한 후, [디자인 보기] 창의 [본문] 영역에 원하는 크기로 드래그하면 [하위 보고서 마법사]가 나타난다.

- [하위 보고서 마법사]의 첫 번째 단계에서는 [기존 테이블 및 쿼리 사용(T)]을 선택하고 [다음(N)]을 클릭한다.

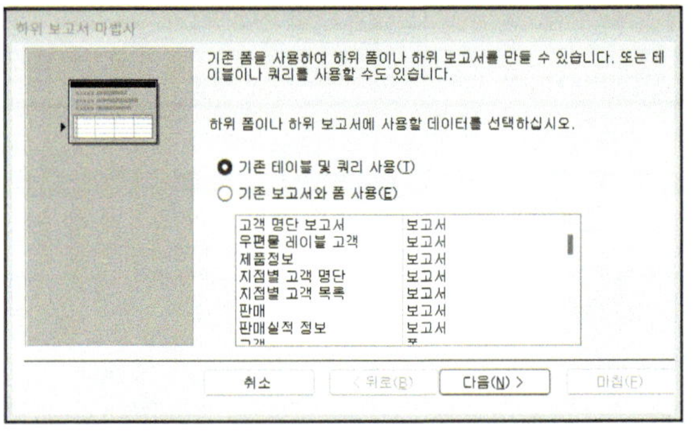

그림 11-8-2 하위 보고서 마법사 1단계

03 [하위 보고서 마법사]의 두 번째 단계에서는 하위 보고서에 사용할 테이블과 필드를 선택한다.

- [테이블/쿼리(T)]의 드롭다운 단추를 클릭하여 '테이블: 판매'를 선택하고, '제품ID', '판매일', '수량', '가격', '현금결제여부' 필드를 [선택한 필드:]로 보내고 [다음(N)>]을 클릭한다.

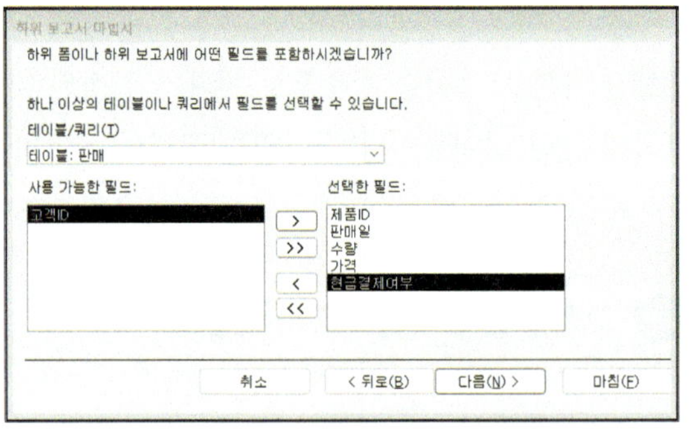

그림 11-8-3 하위 보고서 마법사 2단계

04 [하위 보고서 마법사]의 세 번째 단계에서는 기본 보고서와 하위 보고서의 관련 필드를 연결시킨다.

[목록에서 선택]을 선택하여 이미 관계설정 되어 있는 기본 보고서의 특정 필드(고객번호)와 관련된 하위 보고서의 특정 필드(고객ID)가 연결된 것을 확인한 후 [다음(N)>]을 클릭한다.

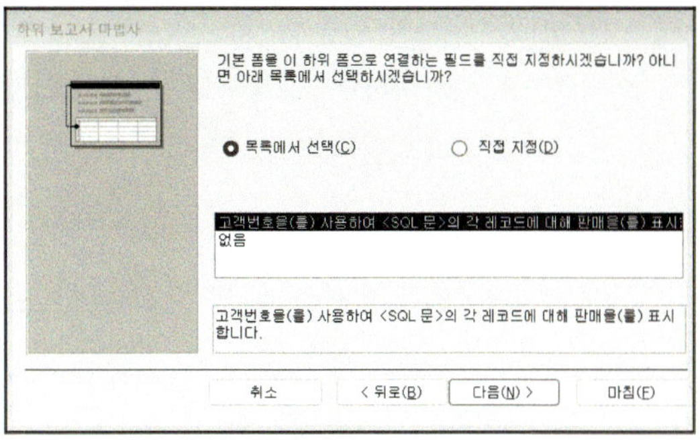

그림 11-8-4 하위 보고서 마법사 3단계

05 [하위 보고서 마법사]의 네 번째 단계에서는 작성한 하위 보고서를 저장한다.

판매 테이블 하위 보고서를 입력하고 [마침(F)]을 클릭한다.

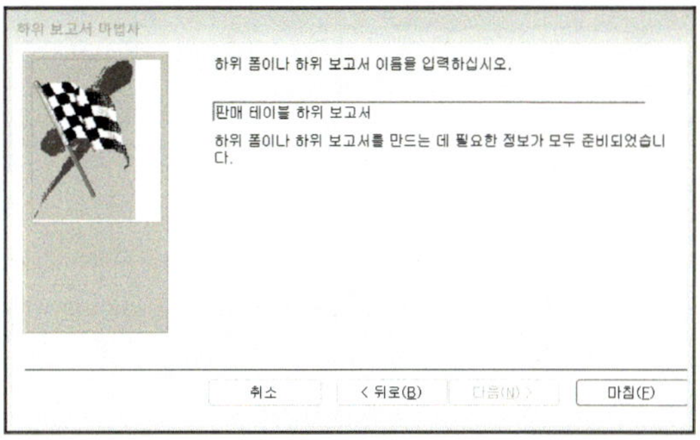

그림 11-8-5 하위 보고서 마법사 4단계

06 [하위 보고서 마법사]를 완료하면 [디자인 보기] 창에 '판매 테이블 하위 보고서'가 작성된 것을 확인할 수 있다. 하위 보고서의 전체 크기와 위치 및 레이블과 컨트롤의 크기와 위치를 적절하게 조절한다.

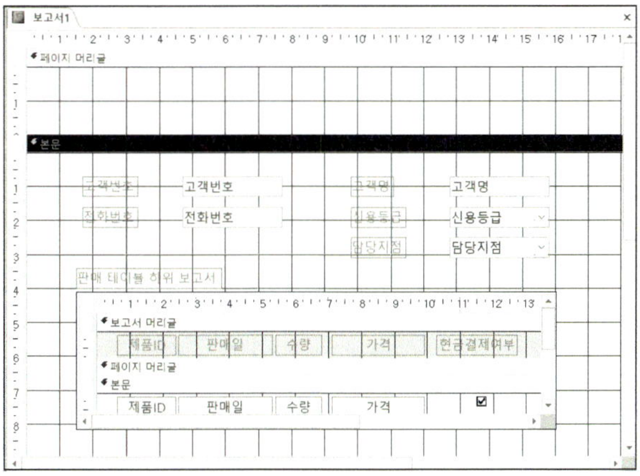

그림 11-8-6 하위 보고서 컨트롤 위치 및 크기 조절

07 [본문] 영역에서 마우스 오른쪽 버튼을 클릭하여 나타난 바로가기 메뉴에서 [페이지 머리글/바닥글(A)]을 선택하여 제거하고 [보고서 머리글/바닥글(H)]을 선택하여 추가한다.

[보고서 머리글] 영역에 제목을 추가하고 **고객별 판매 목록**이라고 입력한다.

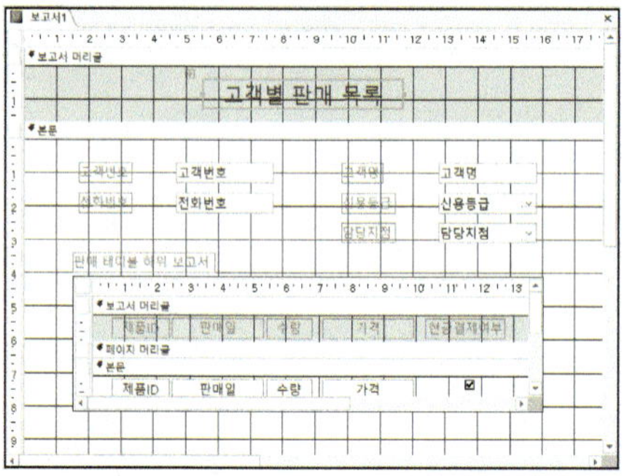

그림 11-8-7 보고서에 제목 추가

08 [빠른 실행 도구 모음]의 [저장]을 클릭하여 **고객별 판매 목록**이라는 이름으로 기본 보고서를 저장한다.

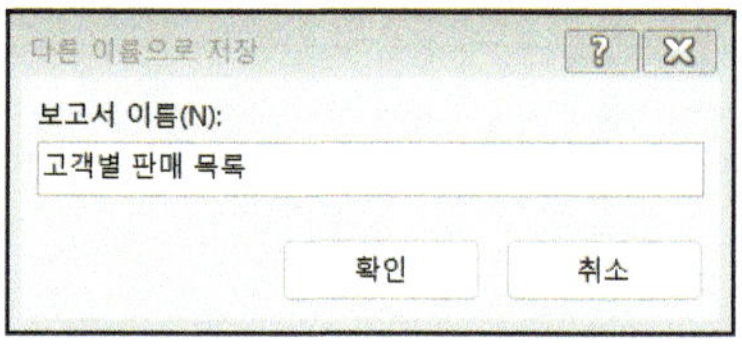

그림 11-8-8 기본 보고서 저장

09 **[홈] 탭 > [보기] 그룹**에서 [보기]의 [인쇄 미리 보기(V)]를 클릭하면 기본 보고서의 레코드와 관련된 하위 보고서의 레코드를 확인할 수 있다.

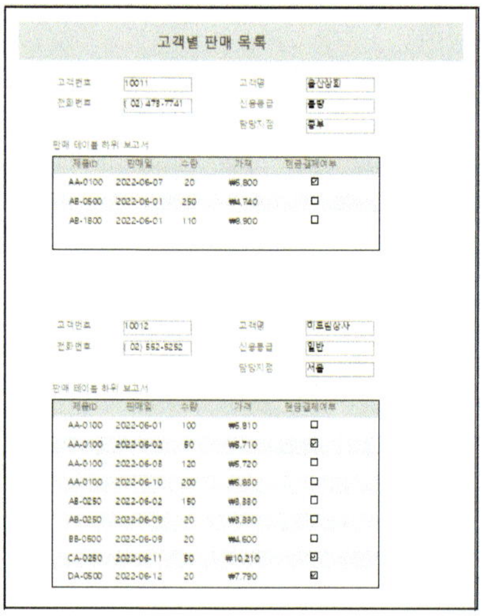

그림 11-8-9 '고객별 판매 목록' 보고서 실행 결과

한번 더 실습 11-8 봉사관리 데이터베이스

보고서 디자인을 이용하여 아래 그림과 같이 학생별 봉사현황 보고서를 작성하시오. 하위 보고서의 이름은 '세부 봉사내역'으로 저장하시오.

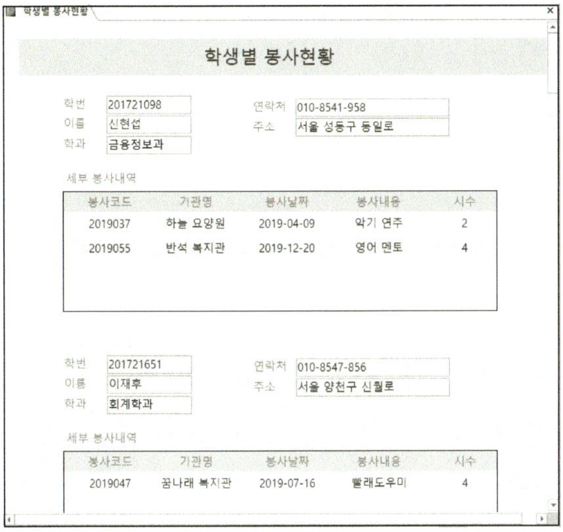

그림 11-8-10 '학생별 봉사현황' 그림 11-8-7 보고서에 제목 추가보고서

9 스위치보드 만들기

스위치보드(switchboard)는 액세스에서 만든 여러 폼이나 보고서를 실행할 수 있는 기능을 의미한다. 데이터베이스 사용자가 테이블이나 폼, 보고서에 개별적으로 직접 접근하지 않고 스위치보드를 통해 접근함으로써 사용자의 편의성을 향상시킬 수 있으며, 또한 사용자가 직접 개체에 접근하는 것을 제한함으로써 보안성을 향상시킬 수 있다.

스위치보드를 작성하기 위해서는 먼저 [스위치보드 관리자] 창을 열어야 하는데, **[데이터베이스 도구] 탭 > [데이터베이스 도구] 그룹**에서 [스위치보드 관리자]를 클릭한다. 만약, **[데이터베이스 도구] 탭**에 [스위치보드 관리자]가 표시되어 있지 않으면 **[파일] 탭**의 [옵션]을 클릭하여 나타난 [Access 옵션] 창에서 [스위치보드 관리자]를 추가할 수 있다. [스위치보드 관리자]를 추가하기 위해서는 우선 [Access 옵션] 창에서 [리본 메뉴 사용자 지정]을 선택하고 오른쪽 [리본 메뉴 사용자 지정(B):] 아래의 목록상자에서 [데이터베이스 도구]를 선택한 후 [새 그룹(N)] 단추를 클릭한다. 그리고 새로 생성된 [새 그룹 (사용자 지정)]을 선택하고 [이름 바꾸기(M)...] 단추를 클릭하여 나타난 [이름 바꾸기] 대화상자의 [표시 이름:]에서 **데**

이터베이스 도구로 입력하고 [확인] 단추를 눌러 [데이터베이스 도구 (사용자 지정)] 그룹을 생성한다. 다음으로 새로 생성된 [데이터베이스 도구 (사용자 지정)]을 선택된 상태에서 왼쪽 [명령 선택(C):]의 드롭다운 단추를 클릭하여 [리본 메뉴에 없는 명령]을 선택한다. 그리고 아래의 목록상자에서 [스위치보드 관리자]를 선택하고 [추가(A)>>] 단추를 클릭하면 오른쪽 목록상자에 [스위치보드 관리자]가 추가된다. 마지막으로 [확인] 단추를 클릭하면 **[데이터베이스 도구] 탭 > [데이터베이스 도구] 그룹**에 [스위치보드 관리자]가 생성된 것을 확인할 수 있다.

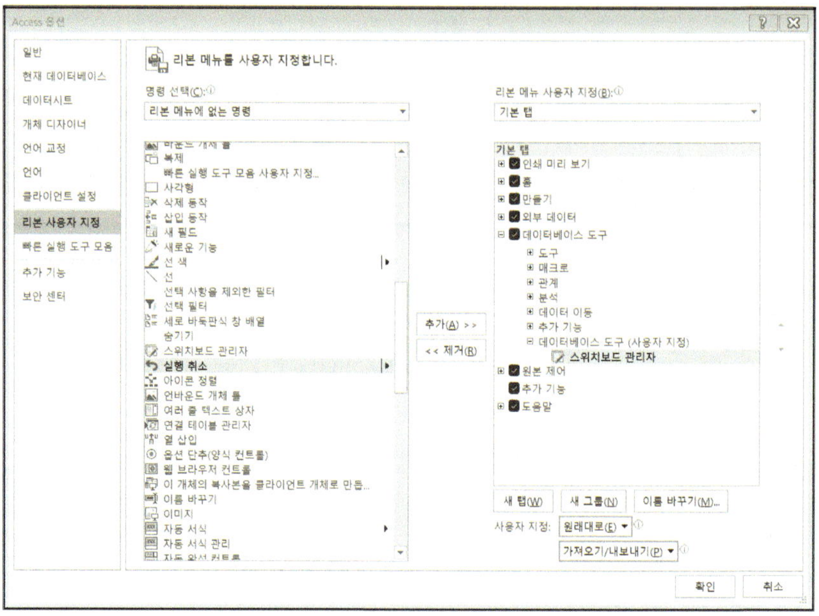

그림 11-9-1 액세스 옵션 창 - 스위치보드 리본 메뉴 추가

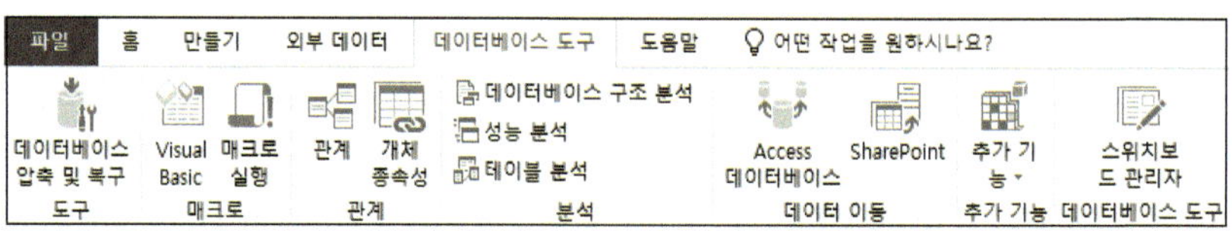

그림 11-9-2 스위치보드 리본 메뉴 생성

실습 11-12 영업관리 데이터베이스 스위치보드 만들기

스위치보드는 데이터베이스에 포함된 폼이나 보고서를 실행시키는 컨트롤의 집합이며, 우리가 일상적으로 사용하는 소프트웨어의 메뉴에 해당하는 기능을 제공한다. 따라서 하나의 상위 메뉴에 여러 가지의 하위 메뉴가 트리 형태로 구성될 수 있다.

아래 그림 11-9-3에서 보여주듯이 상위 메뉴(영업관리)와 함께 테이블에 데이터를 입력하는 메뉴

(데이터 입력)와 보고서를 출력하는 메뉴(보고서 출력)를 작성하고 각 메뉴와 연결된 하위 메뉴로 구성된 스위치보드를 작성해보자.

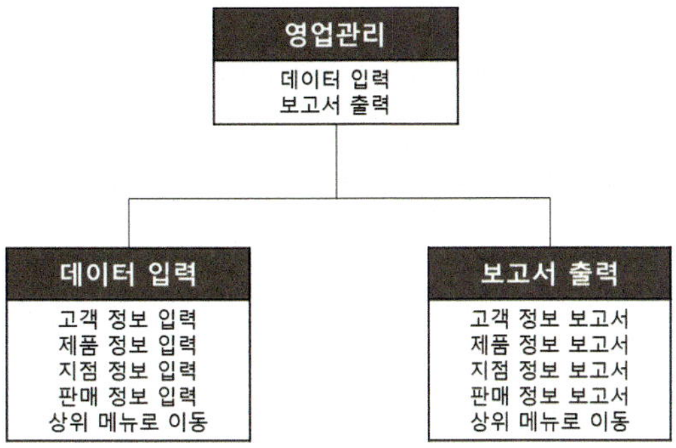

그림 11-9-3 스위치보드 메뉴 트리

01 [데이터베이스 도구] 탭 > [데이터베이스 도구] 그룹에서 [스위치보드 관리자]를 클릭한다. 데이터베이스에서 처음으로 스위치보드를 작성할 경우에는 다음과 같이 스위치보드 작성 여부를 묻는 대화상자가 나타난다. [예(Y)]를 클릭한다.

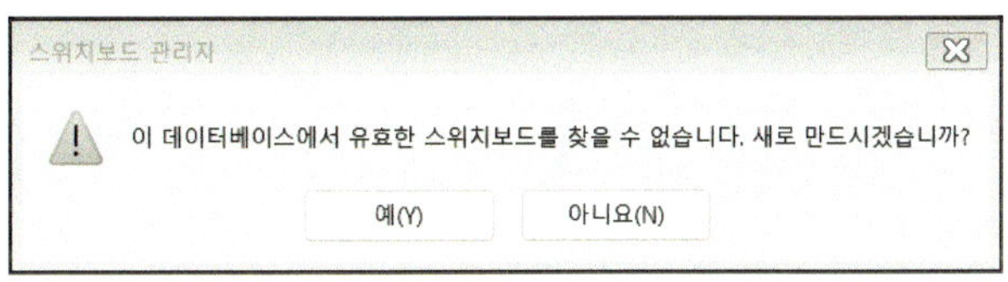

그림 11-9-4 스위치보드 새로 만들기

02 [스위치보드 관리자] 대화상자에서 [새로 만들기(N)...]를 클릭하면 스위치보드 페이지 이름을 입력하는 [새로 만들기] 대화상자가 다음 그림과 같이 나타난다.

새로 작성할 스위치보드 페이지 이름을 **영업관리**라고 입력하고 [확인]을 클릭한다.

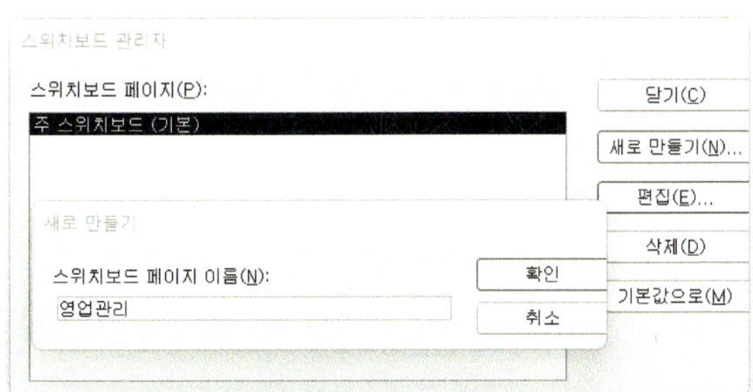

그림 11-9-5 스위치보드 관리자

03 [스위치보드 관리자] 대화상자에서 [새로 만들기(N)...]를 클릭하여 하위메뉴인 **데이터 입력**, **보고서 출력**이라는 이름으로 [스위치보드 페이지(P):]를 각각 만든다. 그림 11-9-3의 메뉴 트리에 제시되어 있는 세 개의 스위치보드 페이지가 만들어진 것을 확인할 수 있다.

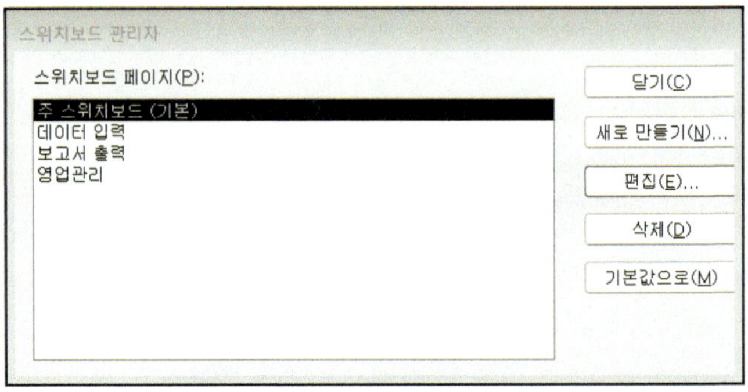

그림 11-9-6 스위치보드 페이지 만들기

04 상위 메뉴(영업관리)와 하위 메뉴(데이터 입력, 보고서 출력)를 연결하기 위해 상위 메뉴인 [영업관리] 스위치보드 페이지를 선택하고 [편집(E)...]을 클릭하면 다음과 같이 '영업관리' 메뉴의 [스위치보드 페이지 편집] 대화상자가 나타난다.

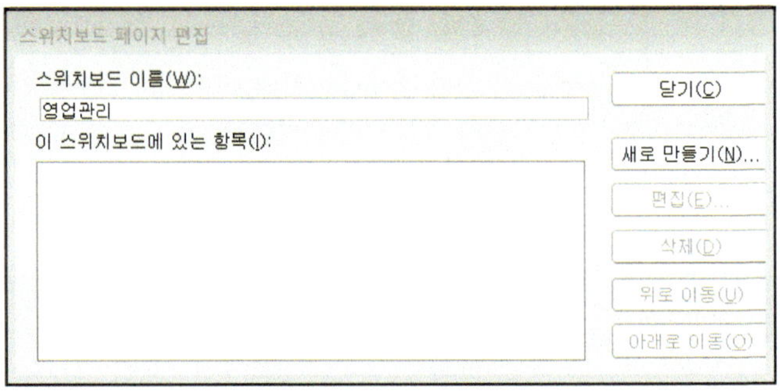

그림 11-9-7 영업관리 메뉴 스위치보드 페이지 편집

05 [스위치보드 페이지 편집] 대화상자에서 [새로 만들기(N)...]를 클릭하면 [스위치보드 항목 편집] 대화상자가 나타난다. 이 대화상자는 상위 메뉴인 '영업관리'와 하위 메뉴로 사용될 '데이터 입력'과 '보고서 출력'을 연결하는 기능을 제공한다.

- [스위치보드 항목 편집] 대화상자의 [텍스트(T):]에는 앞서 작성한 스위치보드 페이지 이름인 **데이터 입력**을 입력하고, [명령(C):]의 드롭다운 단추를 클릭해 [스위치 보드로 이동]을 선택한다. [스위치보드(S):]의 드롭다운 단추를 클릭해 앞서 작성한 스위치보드 페이지 이름인 [데이터 입력]을 선택하고 [확인] 단추를 클릭한다.

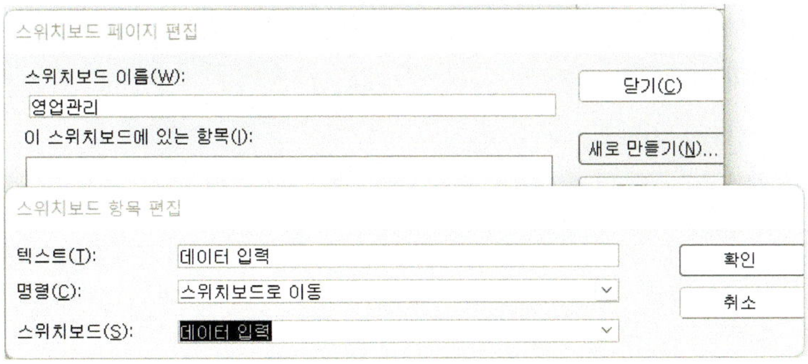

그림 11-9-8 스위치보드 항목 편집 – 영업관리와 데이터 입력 연결

06 위와 동일한 방법으로 상위 메뉴인 '영업관리'와 하위 메뉴인 '보고서 출력'도 연결한다.

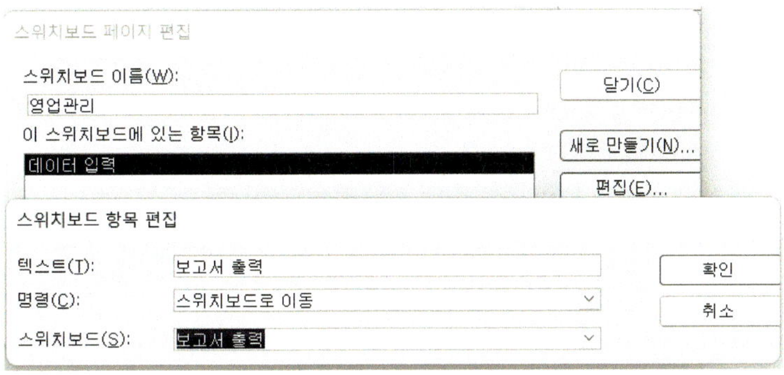

그림 11-9-9 스위치보드 항목 편집 – 영업관리와 보고서 출력 연결

07 데이터베이스를 열었을 때 기본적으로 표시될 스위치보드 페이지를 [영업관리]로 지정하기 위하여 [스위치보드 관리자] 대화상자에서 [영업관리] 스위치보드를 선택하고 [기본값으로(M)]를 클릭하고 [닫기(C)]를 클릭한다.
[주 스위치보드] 페이지는 필요하지 않으므로 삭제한다.

그림 11-9-10 스위치보드 관리자 – 기본 페이지 설정

08 왼쪽 탐색창의 폼 영역에서 '스위치보드' 항목을 찾을 수 있으며, 더블클릭하여 실행한 화면은 다음 그림 11-9-11과 같다. 만약 스위치보드의 서식(글꼴, 크기, 색 등)을 변경하기를 원한다면 탐색 창의 폼 개체에서 '스위치보드'의 [디자인 보기] 창을 통하여 수정할 수 있다.

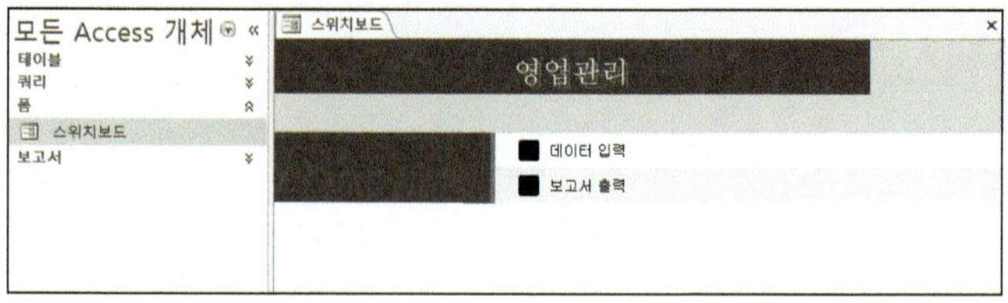

그림 11-9-11 스위치보드 실행 화면

09 '데이터 입력' 메뉴와 '보고서 출력' 메뉴에 포함되는 하위 메뉴를 작성하고 연결한다.

[스위치보드 관리자]를 열고 [데이터 입력]을 선택하고 [편집(E)...]을 클릭한다. [스위치보드 페이지 편집] 대화상자에서 [새로 만들기(N)...]를 클릭한 후 [스위치보드 항목 편집] 대화상자의 [텍스트(T):]에서 **고객 정보 입력**을 입력하고, [명령(C):]에서 [추가 모드에서 폼 열기], [폼(F):]에서 [고객 관리 폼]을 선택하고 [확인]을 클릭한다.

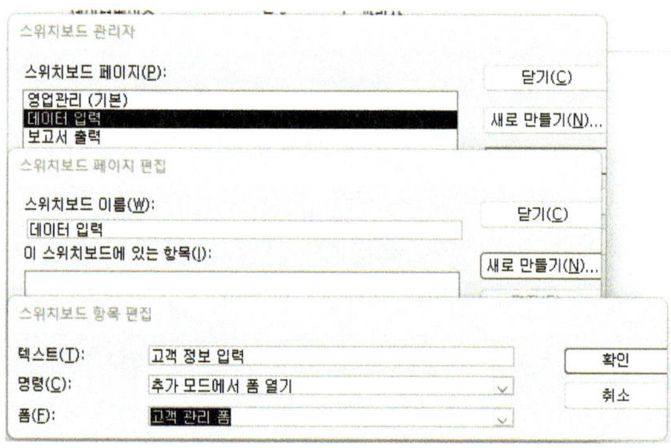

그림 11-9-12 데이터 입력에 대한 스위치보드 항목 편집

10 위와 동일한 방법으로 '제품 정보 입력', '지점 정보 입력', '판매 정보 입력'의 스위치보드 항목을 작성한다.

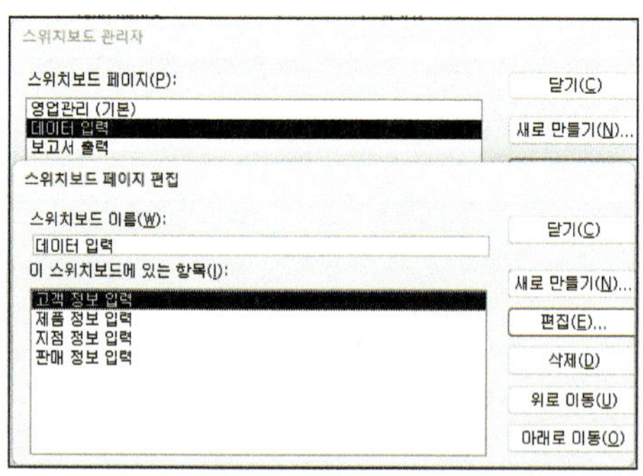

그림 11-9-13 데이터 입력에 대한 스위치보드 항목 편집 완료

11 [데이터 입력] 페이지에서 상위 메뉴인 [영업관리] 페이지로 이동할 수 있는 항목을 추가한다.

- [스위치보드 항목 편집] 대화상자에서 [텍스트(T):]에서 [상위 메뉴로 이동]을 입력하고, [명령(C):]에서 [스위치보드로 이동], [스위치보드(S):]에서 [영업관리]를 선택하고 [확인] 단추를 클릭한다.

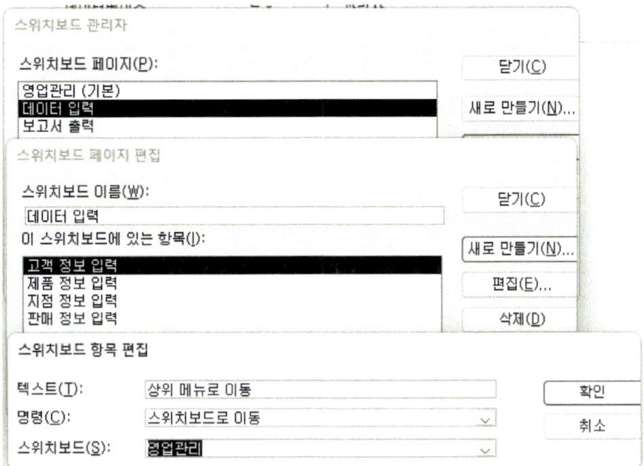

그림 11-9-14 상위 메뉴로 이동하는 항목 추가

12 왼쪽 탐색창에서 '스위치보드' 폼 개체를 더블클릭하여 실행하여 [영업관리] 기본 페이지에서 [데이터 입력]을 선택한 화면이다. 앞서 만든 스위치보드 페이지 항목이 모두 포함되어 있다.

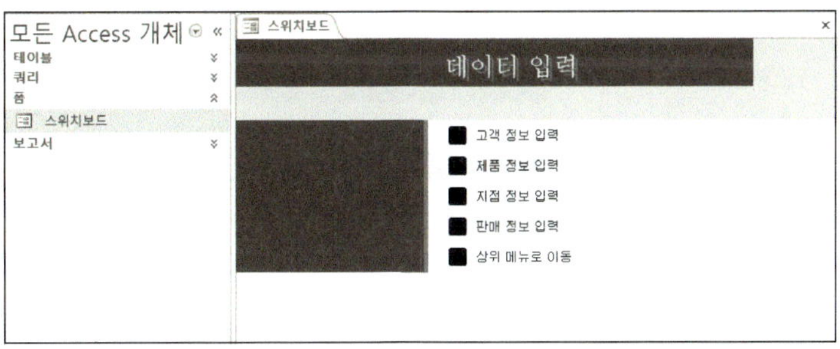

그림 11-9-15 데이터 입력 스위치보드의 하위 메뉴

13 '보고서 출력' 메뉴에 대한 하위 메뉴 작성 방법도 '데이터 입력' 메뉴에 대한 하위 메뉴 작성 방법과 동일하다.

- [스위치보드 관리자] 대화상자에서 [보고서 출력]을 선택하고 [편집(E)...]을 클릭한다. 그리고 [스위치보드 페이지 편집] 대화상자에서 [새로 만들기(N)...]를 클릭한 후 [스위치보드 항목 편집] 대화상자의 [텍스트(T):]에서 **고객 정보 보고서**를 입력하고, [명령(C):]에서 [보고서 열기], [보고서(R):]에서 [고객 명단 보고서]를 선택하고 [확인]을 클릭한다.

- 동일한 방법으로 다음 그림과 같이 '제품 정보 보고서', '지점 정보 보고서', '판매 정보 보고서'의 스위치보드 항목을 작성한다.
- '상위 메뉴로 이동'하는 항목도 만든다.

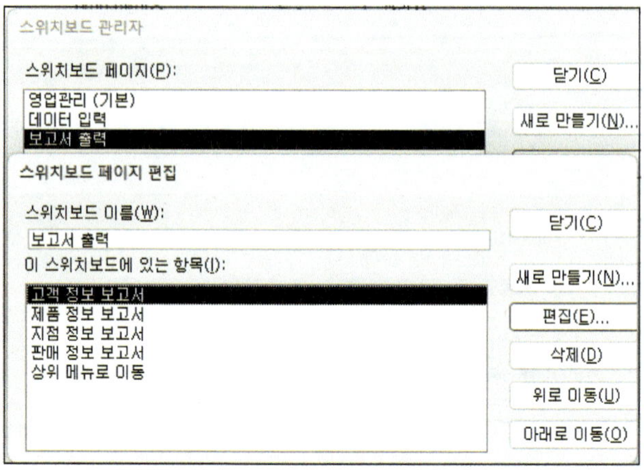

그림 11-9-16 보고서 출력에 대한 스위치보드 항목 편집 완료

14 왼쪽 탐색창에서 '스위치보드' 폼 개체를 더블클릭하여 실행하여 [영업관리] 기본 페이지에서 [보고서 출력]을 선택한 화면이다. 앞서 만든 스위치보드 페이지 항목이 모두 포함되어 있다.

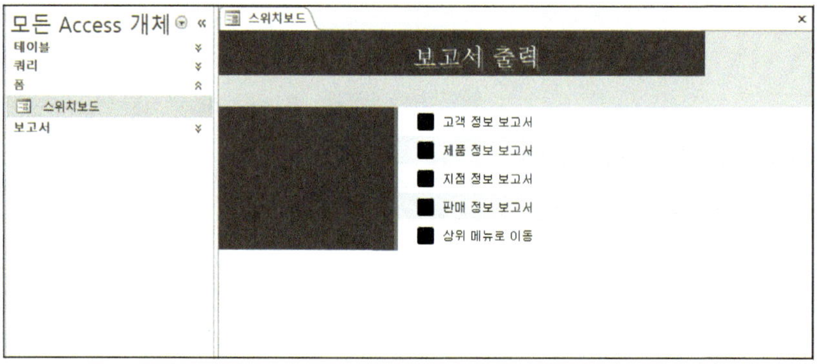

그림 11-9-17 보고서 출력 스위치보드의 하위 메뉴

15 데이터베이스를 시작할 때마다 시작 화면에 스위치보드를 항상 나타나게 할 수 있다. **[파일] 탭**의 [옵션]을 클릭하면 다음의 그림 11-9-18과 같이 나타나는 [Access 옵션] 창에서 [현재 데이터베이스]를 선택하고 [폼 표시(D)]의 드롭다운 단추를 클릭하여 [스위치보드]를 선택하고 [확인]을 클릭한다.

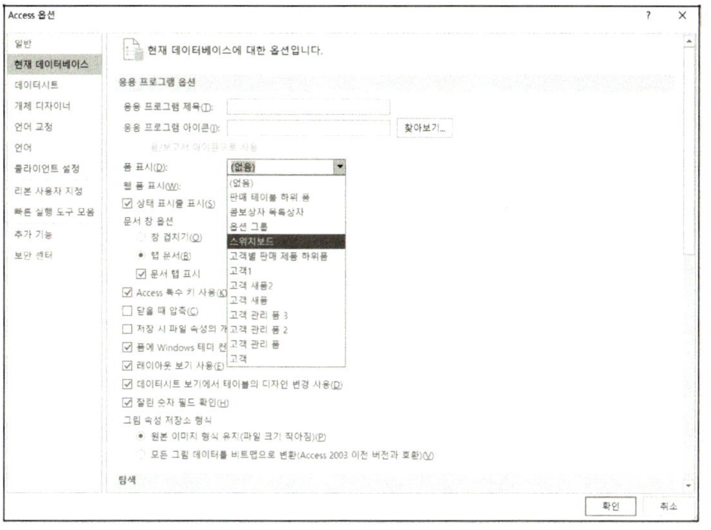

그림 11-9-18 Access 옵션에서 스위치보드 설정

16 현재 데이터베이스를 닫았다가 다시 열어야 한다는 메시지가 나타난다.

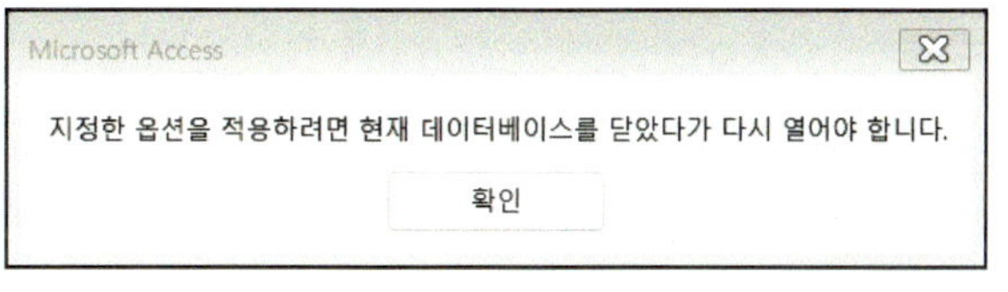

그림 11-9-19 자동 실행 스위치보드 설정 확인창

17 액세스를 닫았다가 다시 열면 자동으로 스위치보드가 실행되어 화면에 나타난다.

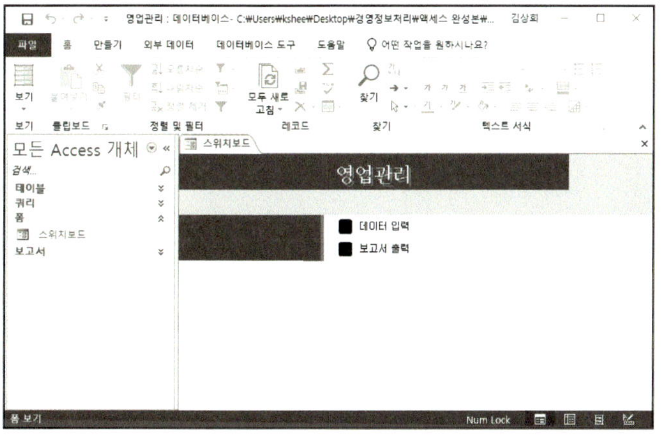

그림 11-9-20 액세스 초기 화면 스위치보드 자동 실행

한번 더 실습 11-9 봉사관리 데이터베이스

다음 그림과 같이 스위치보드를 작성하여 이전 실습에서 저장한 폼 및 보고서와 연결하시오. 해당 데이터베이스를 시작할 때마다 시작 화면에 스위치보드를 항상 나타날 수 있도록 설정하시오.

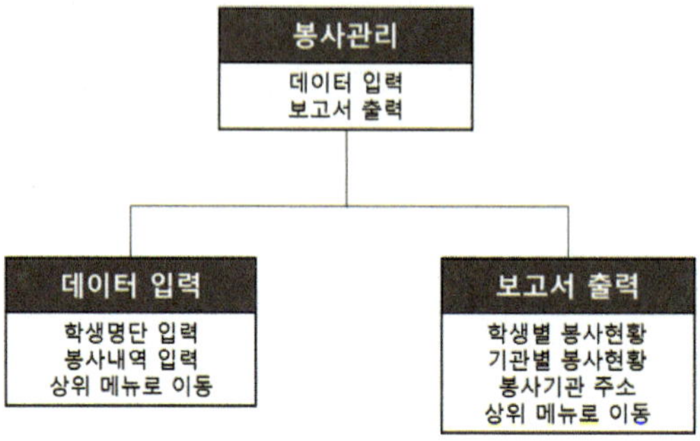

그림 11-9-21 '봉사관리' 데이터베이스 스위치보드 메뉴 트리

연습문제

01 제8장의 연습문제 1번을 참조하여 다음 그림과 같이 과목별 성적현황 보고서를 작성하시오.

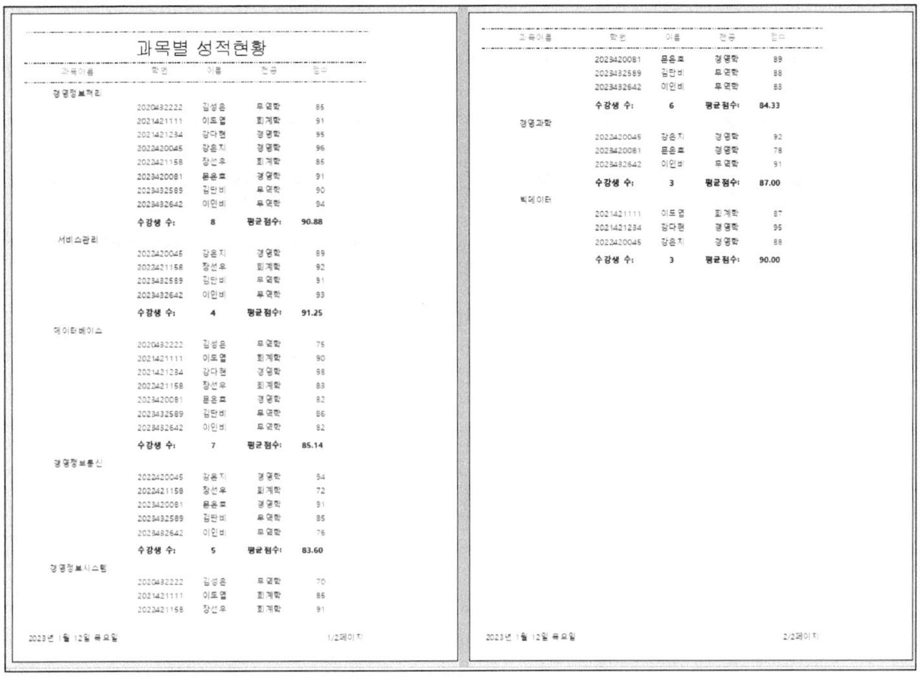

(1) 보고서 머리글에 제목을 '과목별 성적현황'으로 입력하고, 글꼴은 [굴림]으로, 글꼴크기는 [24], [검정색]로 지정하시오. 배경색을 [하얀색]으로 변경하시오.

(2) 과목이름별로 학번, 이름, 전공, 점수 필드를 표시하시오. 과목이름과 학번을 오름차순으로 표시하시오.

(3) 제목의 위와 필드 이름의 위와 아래에 그림과 같이 선을 삽입하시오.

(4) 각 과목 내에서 학번 순으로 정렬하여 표시하시오.

(5) 각 과목별로 수강생 수와 평균점수를 계산하여 표시하시오. 평균점수의 표시 형식은 '표준'으로 설정하고 소수 이하 자릿수 두 자리까지 표시하도록 설정하시오. 진하게 표시하시오.

(6) 각 페이지 아래의 왼쪽에는 'xxxx년 xx월 xx일 x요일'과 같은 형식으로 현재 날짜를 표시하고, 오른쪽에는 페이지 번호를 '1/2페이지'와 같은 형식으로 표시하시오.

(7) '학과목 수강' 데이터베이스에 포함된 폼과 보고서를 포함하는 스위치보드를 작성하시오.

02 제9장의 연습문제 2번의 (9)에서 작성한 쿼리를 이용하여 다음 그림과 같이 보고서를 작성하시오.

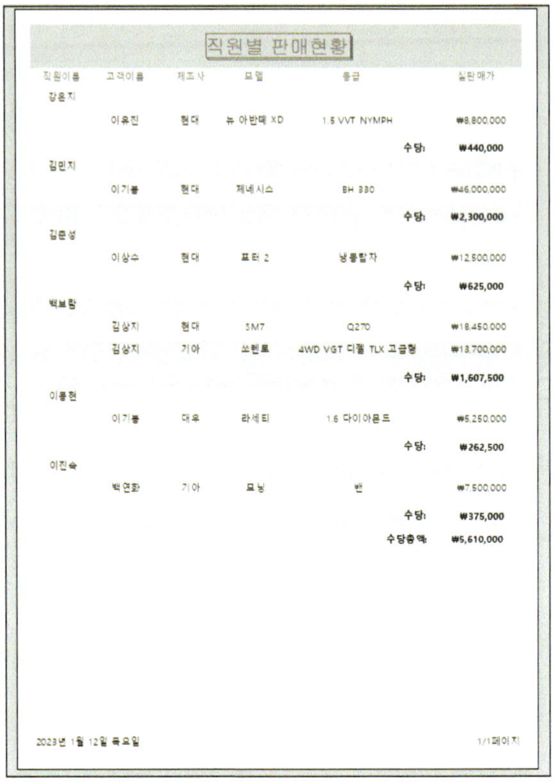

직원별 판매현황

직원이름	고객이름	제조사	모델	등급		실판매가
강은지						
	이유진	현대	뉴 아반떼 XD	1.5 VVT NYMPH		₩8,800,000
					수당:	₩440,000
김민지						
	이기봉	현대	제네시스	BH 330		₩46,000,000
					수당:	₩2,300,000
김문성						
	이상수	현대	포터 2	냉동탑차		₩12,500,000
					수당:	₩625,000
백보람						
	김상지	현대	SM7	Q270		₩18,450,000
	김상지	기아	쏘렌토	4WD VGT 디젤 TLX 고급형		₩13,700,000
					수당:	₩1,607,500
이봉현						
	이기봉	대우	라세티	1.6 다이아몬드		₩5,250,000
					수당:	₩262,500
이진숙						
	백연화	기아	모닝	밴		₩7,500,000
					수당:	₩375,000
					수당총액:	₩5,610,000

2023년 1월 12일 목요일 1/1페이지

(1) 보고서 머리글에 '직원별 판매현황'으로 제목을 입력하고, 글꼴은 [굴림], 글꼴크기는 [22], 특수효과는 [그림자]로 지정하시오.

(2) 직원이름별로 고객이름, 제조사, 모델, 등급, 실판매가 필드를 표시하시오. 직원이름과 고객이름을 가나다순으로 표시하시오.

(3) 직원별로 수당의 총액을 그룹 바닥글에 통화 형식으로 표시하시오. 수당은 실판매가의 5%이다. 서식은 테두리 없이 진하게 표시하시오.

(4) 보고서 바닥글에 직원의 수당 총액을 통화 형식으로 표시하시오. 서식은 그룹 바닥글과 동일하게 하시오.

(5) 각 페이지 아래의 왼쪽에는 'xxxx년 xx월 xx일 x요일'과 같은 형식으로 현재 날짜를 표시하고, 오른쪽에는 페이지 번호를 '1/2페이지'와 같은 형식으로 표시하시오.

(6) 위에서 작성한 보고서와 함께 10장의 연습문제 2번 문제에서 작성한 폼을 포함하는 스위치보드를 만드시오.

03 제9장의 연습문제 3번의 (5)에서 작성한 쿼리를 이용하여 다음 그림과 같이 보고서를 작성하시오.

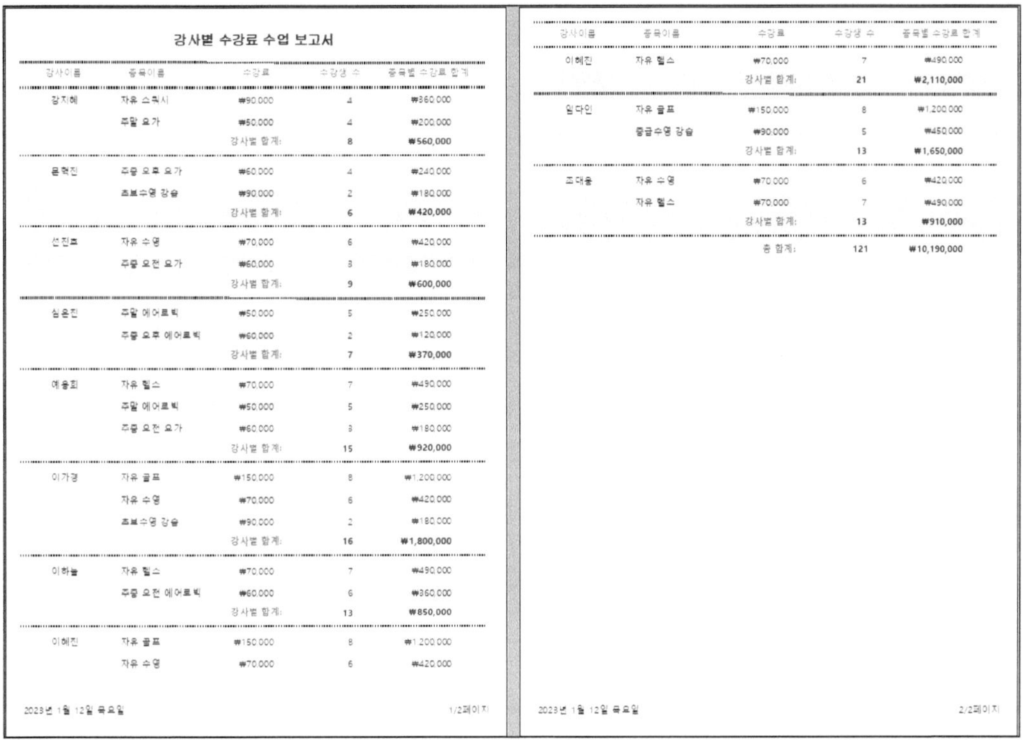

강사별 수강료 수업 보고서

강사이름	종목이름	수강료	수강생 수	종목별 수강료 합계
강지혜	자유 스쿼시	₩90,000	4	₩360,000
	주말 요가	₩50,000	4	₩200,000
		강사별 합계:	**8**	**₩560,000**
문혁진	주중 오후 요가	₩60,000	4	₩240,000
	초보수영 강습	₩90,000	2	₩180,000
		강사별 합계:	**6**	**₩420,000**
선진표	자유 수영	₩70,000	6	₩420,000
	주중 오전 요가	₩60,000	3	₩180,000
		강사별 합계:	**9**	**₩600,000**
심온진	주말 에어로빅	₩50,000	5	₩250,000
	주중 오후 에어로빅	₩60,000	2	₩120,000
		강사별 합계:	**7**	**₩370,000**
예용희	자유 헬스	₩70,000	7	₩490,000
	주말 에어로빅	₩50,000	5	₩250,000
	주중 오전 요가	₩60,000	3	₩180,000
		강사별 합계:	**15**	**₩920,000**
이가경	자유 골프	₩150,000	8	₩1,200,000
	자유 수영	₩70,000	6	₩420,000
	초보수영 강습	₩90,000	2	₩180,000
		강사별 합계:	**16**	**₩1,800,000**
이하늘	자유 헬스	₩70,000	7	₩490,000
	주중 오전 에어로빅	₩60,000	6	₩360,000
		강사별 합계:	**13**	**₩850,000**
이혜진	자유 골프	₩150,000	8	₩1,200,000
	자유 수영	₩70,000	6	₩420,000

2023년 1월 12일 목요일 1/2페이지

강사이름	종목이름	수강료	수강생 수	종목별 수강료 합계
이혜진	자유 헬스	₩70,000	7	₩490,000
		강사별 합계:	**21**	**₩2,110,000**
임다인	자유 골프	₩150,000	8	₩1,200,000
	중급수영 강습	₩90,000	5	₩450,000
		강사별 합계:	**13**	**₩1,650,000**
조대웅	자유 수영	₩70,000	6	₩420,000
	자유 헬스	₩70,000	7	₩490,000
		강사별 합계:	**13**	**₩910,000**
		총 합계:	**121**	**₩10,190,000**

2023년 1월 12일 목요일 2/2페이지

(1) 보고서 머리글에 '강사별 수강료 수입 보고서'로 제목을 입력하고, 글꼴은 [굴림], 글꼴 크기는 [16], [진하게], 글꼴색은 [파랑색], 배경색은 [하얀색]으로 지정하시오.

(2) 강사이름별로 종목이름, 수강료, 수강생 수, 종목별 수강료 합계 필드를 표시하시오. 강사이름와 종목이름을 오름차순으로 표시하시오.

(3) 강사별로 수강생 수의 합계와 종목별 수강료의 합계(통화 형식)를 그룹 바닥글에 표시하시오.

(4) 보고서 바닥글에 전체 수강생 수의 합계와 모든 종목의 수강료의 합계를 표시하시오.

(5) 각 페이지 아래의 왼쪽에는 'xxxx년 xx월 xx일 x요일'과 같은 형식으로 현재 날짜를 표시하고, 오른쪽에는 페이지 번호를 '1/2페이지'와 같은 형식으로 표시하시오.

(6) 위의 그림과 같이 필드 이름의 위와 아래, 그리고 강사별 합계 아래에 선을 표시하시오(높이는 [0.005cm], 특수효과는 [기본], 테두리 스타일은 [점선], 테두리 두께는 [3pt]로 지정하시오).

(7) 효원스포츠클럽의 고객관리 데이터베이스에 포함된 폼과 보고서를 포함하는 스위치보드를 작성하시오.